Menschen Tore & Sensationen

Geschichte und Geschichten

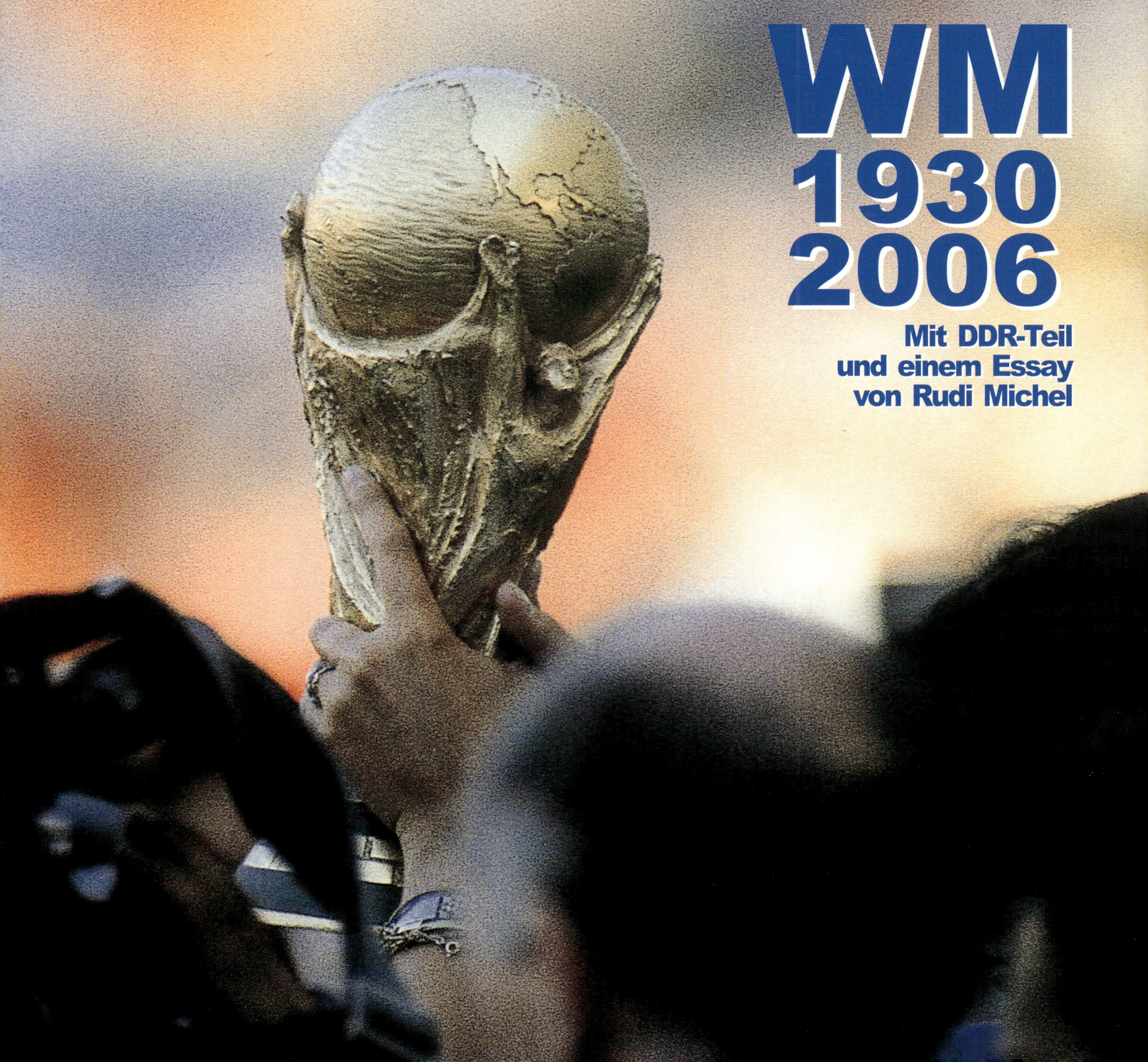

Waldemar Hartmann
Günter Netzer
Wolfgang Jost
Robert Kauer

WM 1930 2006

Mit DDR-Teil und einem Essay von Rudi Michel

Impressum

Herausgeber:
Verlag wero press
Anne Kauer
Schwabenmatten 3
79292 Pfaffenweiler

1. Auflage, April 2002

Idee, Konzeption und Layout:
Robert Kauer (Pfaffenweiler)

Titelgestaltung:
Robert Kauer (Pfaffenweiler)
Michael Pieper (Köln)

Titelfoto:
Horst Müller (Düsseldorf)

Layout, Scans und technische Durchführung:
Anne Kauer (Pfaffenweiler)
Klaudija Mocnik (Freiburg)
Michael Pieper (Köln)

Lektorat:
Raymund Stolze (Berlin)

Fotos:
Horst Müller (Düsseldorf),
Fred Joch (München),
Sven Simon (Essen),
Foto Bongarts (Düsseldorf),
Deutscher Fußball-Bund (DFB),
Herbert Rudel (Stuttgart), Archiv wero press,
Telekom, ARD, ZDF, DPA.

Projektbetreuung/Anzeigen:
Verlag wero press
Anne Kauer (Pfaffenweiler)

Druck und Verarbeitung:
Poppen&Ortmann
Druck und Verlags GmbH (Freiburg)

wero press

ISBN: **3-9806973-7-1**
© 2002 by Verlag wero press,

Alle Rechte vorbehalten. Das Werk einschließlich aller seiner Teile ist urheberrechtlich geschützt. Jede Verwertung außerhalb der engen Grenzen des Urheberrechts ist ohne Zustimmung des Verlages und der Autoren unzulässig und strafbar. Dies gilt insbesondere für Vervielfältigungen, Übersetzungen, Mikroverfilmungen und die Einspeicherung und Verarbeitung in elektronischen Systemen.
Trotz intensiver Bemühungen waren die Urheber des Bildmaterials nicht in allen Fällen zu ermitteln. Es wird gegebenenfalls um Mitteilung an den Verlag gebeten.

Autoren

Robert Kauer (Jahrgang 1948) ist seit 1987 Sportchef der „Badischen Zeitung" in Freiburg, VDS-Preisträger. Er berichtete u.a. für die BZ vor der WM 2002 über je drei Fußball-Welt- und Europameisterschaften sowie über die Ski-WM 1991. Er veröffentlichte drei Bücher über den SC Freiburg sowie den Band „Titel, Tränen & Triumphe" - Geschichte und Geschichten, EM 1960-2000, sowie das offizielle Buch zur 50. Vierschanzen-Tournee: „Fliegen & Siegen - Hannawalds grandioser Grand Slam".

Wolfgang Jost (Jahrgang 1952) war von Mitte 1990 bis Anfang 1998 Ressortleiter Sport des „Tagesspiegel Berlin". Davor mehrere Jahre lang Redakteur und stellvertretender Sportchef der „Schwäbischen Zeitung" in Leutkirch. Mehrfacher Preisträger des Verbandes Deutscher Sportjournalisten (VDS), auch in den Jahren 2001 und 2002. Unter anderem Autor des Buches „Titel, Tränen & Triumphe" - Geschichte und Geschichten, EM 1960-2000. Jost lebt heute als freier Journalist in Berlin.

Waldemar Hartmann (Jahrgang 1948), gebürtiger Nürnberger. „Waldi" ist seit 25 Jahren beim Bayrischen Rundfunk beschäftigt und moderiert die ARD-Sportschau seit 1985. Er berichtete und kommentierte von je vier Fußball-Welt- und Europameisterschaften sowie von fünf Olympischen Winter- und vier Sommerspielen. Guter Freund vieler Sportgrößen, außerdem geschätzt wegen seiner enormen Begabung fürs Entertainment. Er schrieb für dieses Buch unter anderem die Kolumne „Waldis Welt".

Günter Netzer (Jahrgang 1944) bestritt 37 Länderspiele zwischen 1965 und 1975, schoss für Deutschland sechs Tore. Zehn Jahre spielte er für Borussia Mönchengladbach, bevor er zu Real Madrid wechselte. Er schoss den vielleicht entscheidenden Elfmeter beim ersten deutschen Sieg über England im legendären Wembley-Stadion. Lebt seit 1986 in der Schweiz als Werbemanager. Co-Kommentator bei Fußball-Übertragungen der ARD, u.a. auch Kolumnist. Nicht nur in diesem Buch ist Günter Netzer „Der Experte".

Weitere Autoren
Axel Meier (Jahrgang 1952) ist seit 1992 stellvertretender Ressortleiter Sport bei der Mitteldeutschen Zeitung in Halle. Er schrieb den DDR-Teil dieses Buches.
Rudi Michel (Jahrgang 1921), langjähriger Sportchef des Südwestfunks Baden-Baden, verfasste unter anderem das Essay für dieses Buch.

Lektorat
Raymund Stolze (Jahrgang 1945) war von 1988 bis 1999 verantwortlicher Projektmanager und Cheflektor im Sportverlag Berlin. Lebt heute als freier Journalist in Hönow bei Berlin.

Der Verlag bedankt sich bei
Dr. Gerhard Mayer-Vorfelder (Stuttgart) für sein Vorwort.

bei den „Zeitzeugen" **Fritz Walter** (WM 1954), **Heinrich Kwiatkowski** (1958), **Wolfgang Fahrian** (1962), **Uwe Seeler** (1966), **Gerd Müller** (1970), **Franz Beckenbauer** (1974), **Bernd Hölzenbein** (1978), **Karlheinz Förster** (1982), **Toni Schumacher** (1986), **Andreas Brehme** (1990), **Jürgen Sparwasser** (DDR-Teil), **Jürgen Klinsmann** (1994), **Christian Wörns** (1998), **Rudi Völler** (2002).

für Statements bei **Wolfgang Clement**, **Uli Hoeneß**, **Johannes B. Kerner**, **Ottfried Fischer**, **Georg Hackl**, **Udo Jürgens**, **Dr. Klaus Kinkel**, **Helmut Markwort**, **Henry Maske**, **Markus Merk**, **Rosi Mittermaier**, **Uwe Ochsenknecht**, **Martin Schmitt**, **Gerhard Schröder**, **Katja Seizinger**, **Edmund Stoiber**, **Jan Ullrich**, **Harry Valérien** und **Katharina Witt** (in alpabetischer Reihenfolge genannt).

bei den Kollegen für Schilderungen persönlicher Erlebnisse: **Rudi Michel** (früher SWF, Baden-Baden, WM 1954), **Wolfgang Hempel** (früher Radio-DDR, 1958), **Hartmut Scherzer** (freier Journalist, 1962), **Uwe Fajga** (tz-München, 1966), **Klaus Schlütter** (BILD-Stuttgart, 1970), **Heinz Fricke** (Weser-Kurier Bremen, 1974), **Willi Wittke** (Westfälische Rundschau, 1978), **Reinhard Leßner** (Badische Zeitung Freiburg, 1982), **Harald Stenger** (früher Frankfurter Rundschau, heute Pressechef des DFB, 1986), **Rolf Töpperwien** (ZDF, 1990), **Axel Meier** (Mitteldeutsche Zeitung, DDR-Teil), **Andreas Lorenz** (Berliner Morgenpost, 1994), **Dieter Matz** (Hamburger Morgenpost, 1998), **Heiko Rehberg** (Hannoversche Allgemeine Zeitung, 2002).

Der spezielle Dank des Verlages gilt **allen Sponsoren** sowie ganz besonders **Berthold Erb** vom „Munzinger Sportarchiv". Außerdem **Wolfgang Niersbach** und **Jens Grittner** vom Deutschen Fußball-Bund (DFB/OK WM 2006) für die reibungslose Zusammenarbeit und Unterstützung sowie **Matthias Hestermann** (AOC Werbung, Pfaffenweiler), **Hans-Peter Renner** (FC Bayern München), **Ulrich Dost** (Bayer Leverkusen), **Josef Schneck** (Borussia Dortmund), **Michael Novak** (1. FC Kaiserslautern), **Michael Dörfler** und **René Kübler** (beide Badische Zeitung, Freiburg).

Mehr über den Verlag und weitere Titel: www.weropress.de

Die Popularität des Fußballs kennt keine Grenzen

Immer wieder aufs Neue zieht der Fußball rund um den Globus junge und alte Menschen in seinen Bann. Millionen Fans fiebern mit, wenn ihr Verein um die Meisterschaft oder gegen den Abstieg spielt, ihre Lieblinge spektakuläre Tore erzielen oder mit tollen Kombinationen glänzen. Oft ist daher von „König Fußball" die Rede, weil unser Sport wie nur wenige Ereignisse die Massen fasziniert und für packende Diskussionen sorgt. Die Popularität des Fußballs kennt folglich im wahrsten Sinne des Wortes keine Grenzen.

Ob in den Stadien oder vorm Fernseher, auf dem Bolzplatz oder in Straßen – wenn der Ball rollt, ist die Begeisterung bei Aktiven und Zuschauern groß. Am Eindrucksvollsten zeigen das die Einschaltquoten bei den TV-Übertragungen, wenn alle vier Jahre die Weltmeisterschaft ein sportliches Spektakel außergewöhnlicher Güteklasse bietet. Selbst in den entlegensten Winkeln der Erde verfolgen die Fußball-Anhänger die Ergebnisse und Leistungen der Nationalmannschaften mit nicht mehr zu überbietender Leidenschaft, werden die Anhänger in allen Kontinenten die Siege ihrer Lieblinge bejubeln und über Niederlagen traurig sein.

Deshalb bin ich auch sicher, dass dieses WM-Buch mit großem Interesse gelesen und viel Anklang finden wird. Die attraktive Darstellung der Weltmeisterschafts-Historie in Wort und Bild dürfte für jüngere und ältere Leser genauso aufschlussreich sein wie die unterhaltsame Schilderung von persönlichen WM-Erlebnissen aus der Feder von bekannten deutschen Fußballstars und Sportjournalisten.

Viel Spaß bei der Lektüre

Gerhard Mayer-Vorfelder, DFB-Präsident

Inhalt

Kapitel 1 - WM 1930, Seiten 11-18
Der Beginn einer Faszination
Zwischen Fiasko, Fest und Faszination - so lässt sich die erste WM auf einen Nenner bringen. Erst wollten die Europäer das Festival des Fußballs als Gegengewicht zu Olympia unbedingt, dann hagelte es Absagen. Am Ende waren sich aber alle - nicht nur Weltmeister Uruguay - einig: Wer in Südamerika nicht dabei war, hatte etwas versäumt. Rückblick und wie in allen Kapiteln Starporträt, Glosse, Zeitthemen, Namen & Nachrichten, andere Daten, ausführliche Statistik.

Kapitel 2 - WM 1934, Seiten 19-26
Der Befehl zum Sieg
Diktator Mussolini auf der Tribüne - die Schiedsrichter verunsichert. Es konnte und durfte in Italien nur einen Sieger geben: Italien. Deutschland nahm zum ersten Mal an einer WM teil und erreichte gegen Österreich einen achtbaren dritten Platz. Der Star des Turniers: Matthias Sindelar, genannt der „Papierene", Vertreter der Wiener Fußballschule.

Kapitel 3 - WM 1938, Seiten 27-34
Der Beweis der Italiener
Als der hässliche Weltmeister war Italien beim Turniersieg im eigenen Land in die Geschichtsbücher des Fußballs eingegangen. „Wir werden in Frankreich zeigen, dass wir der wahre Weltmeister sind", hatte Teamchef Vittorio Pozzo schon 1934 in Rom versprochen. Die Italiener traten in Paris den Beweis an und siegten verdient. In der Epoche der großen Torhüter als Starporträt: Frantisek Planicka.

Kapitel 4 - WM 1950, Seiten 35-42
Das Drama von Rio
Selbst ein Unentschieden im letzten Turnierspiel hätte Gastgeber Brasilien zum Gewinn seiner ersten Weltmeisterschaft genügt. Im neu erbauten Maracana-Stadion von Rio de Janeiro erlebten jedoch knapp 200 000 Zuschauer ein Fußball-Drama: Brasilien ging in Führung und verlor am Ende doch gegen Uruguay. Da nutzten auch die neun Tore des Superstars von damals nichts: Ademirs Traum blieb unerfüllt.

Kapitel 5 - WM 1954, Seiten 43-58
Das Wunder war geplant
„Was wollt ihr denn dort?" So verabschiedeten deutsche Zöllner die deutsche Nationalmannschaft in die Schweiz. Deutschlands Elf war krasser Aussenseiter. Doch dieses Team hatte mit Sepp Herberger einen Chef, der akribisch ein Wunder geplant hatte. Gegen die als unschlagbar geltenden Ungarn siegte Deutschland 3:2. Porträts von Fritz Walter, Ferenc Puskas, Sepp Herberger. Und von diesem Kapitel an: Kolumnen von Waldemar Hartmann (Waldis Welt) und Günter Netzer (Der Experte), sowie der Journalist und die Rubrik: Der Zeitzeuge. Über 1954 erzählt Fritz Walter vom stolzesten Tag des deutschen Fußballs.

Kapitel 6 - WM 1958, Seiten 59-72
Die Zauberer vom Zuckerhut
In Schweden, im Land der Mitternachtssonne, gingen die Sterne von Rio auf. Brasiliens Samba-Fußballer „verzauberten" die Gegner, Pelé trat ins Rampenlicht der Fußball-Welt, der Franzose Just Fontaine stellte einen WM-Torrekord auf, und der rundliche Brasilianer Feola war der „Trainer des Turniers". Zeitzeuge: Heinrich Kwiatkowski, der Mann, der beim Spiel um Platz drei gegen Frankreich sechs Tore kassierte.

Kapitel 7 - WM 1962, Seiten 73-86
Die Endstation für Herberger
Bei der „WM der Treter" schied Deutschland im Achtelfinale aus. Brasilien verteidigte mit Superstar Garrincha, der den verletzten Pelé glänzend vertrat, den Titel gegen die starken Tschechen mit Josef Masopust. Für Sepp Herberger, den Bundestrainer, endete dieses Turnier mit einer Enttäuschung. Und Wolfgang Fahrian sagt, was in Chile wirklich los war.

Kapitel 8 - WM 1966, Seiten 87-100
Das Tor von Wembley
War der Ball nun drin oder nicht? „Niemals, kein Tor", sagt Zeitzeuge und Superstar Uwe Seeler auch heute. Und er befindet sich damit in bester Gesellschaft. Auch durch ein spektakuläres Tor von „Emma" Emmerich hatte Deutschland das Finale in London erreicht, doch in der Verlängerung gegen England und dessen Coach „Sir" Alf Ramsey mit 2:4 verloren. Und über das „Wembley-Tor" wird heute noch diskutiert.

Kapitel 9 - WM 1970, Seiten 101-114
Das Jahrhundert-Spiel
Nie vorher und wohl auch nie mehr danach hat es eine stimmungsvollere Weltmeisterschaft und spannendere Spiele als in Mexiko 1970 gegeben. Superstar Gerd Müller erzählt, wie die Zusammenarbeit mit Uwe Seeler klappte, wie Bobby Charlton und seine Engländer ausgeschaltet wurden und erinnert sich ungern an das 3:4 gegen Italien. Weltmeister wurde zum dritten Mal Brasilien, wieder mit Pelé als Denker und Lenker.

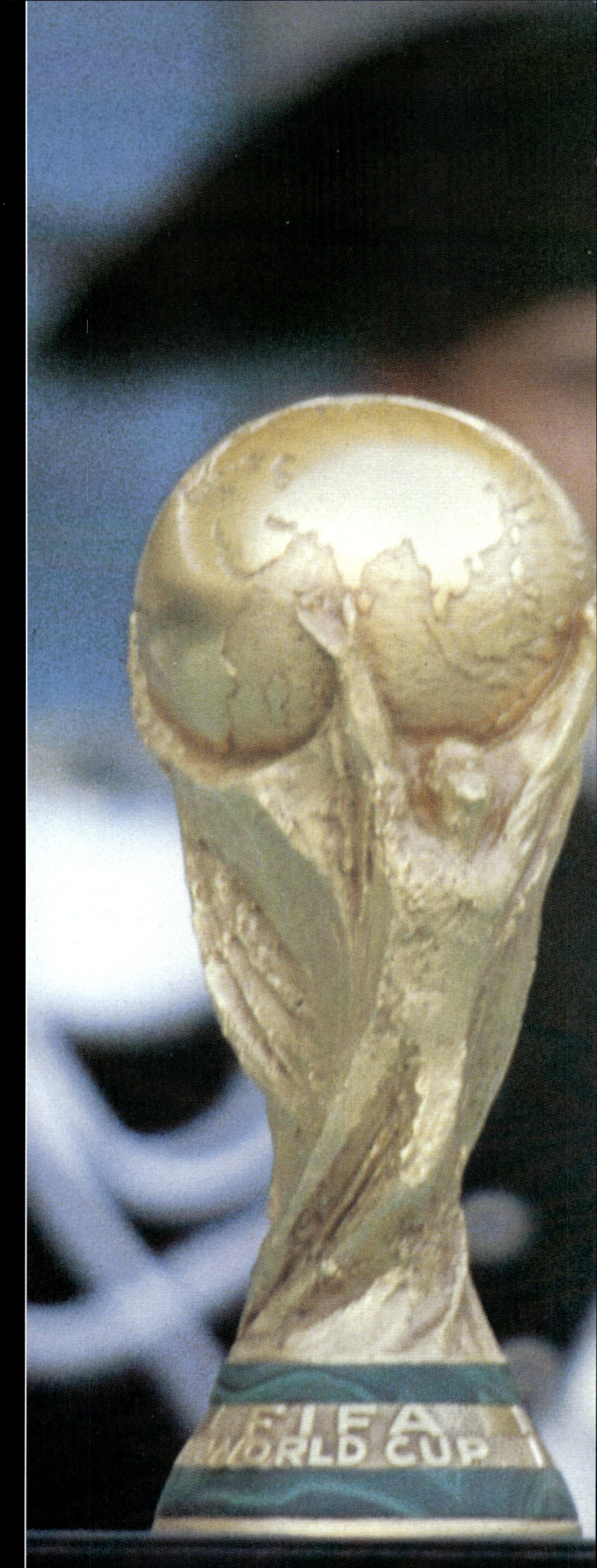

Streng bewacht - das Objekt der Begierde, der goldene WM-Pokal. Wer wird ihn am 30. Juni 2002 in Yokohama (Japan) in Händen halten?

Kapitel 10 - WM 1974, Seiten 115-130
Der Triumph über Holland

Johan Cruyff mit Holland war das Maß aller Dinge in jenen Tagen. Die Deutschen mit Trainer Helmut Schön fanden nur leidlich ins Turnier. „Wir mussten uns nach dem 0:1 gegen die DDR erst zusammenraufen", erinnert sich Zeitzeuge Franz Beckenbauer. Der Triumph über Holland klappte, weil die Niederländer in ihrem Plan einen Fehler hatten: Sie wollten nicht nur gewinnen, sie wollten die Deutschen auch demütigen.

Kapitel 11 - WM 1978, Seiten 131-144
Die Schmach von Cordoba

Ein Sieg gegen Österreich war normal und geplant. Doch die deutsche Mannschaft verlor in der Zwischenrunde und schied nach der „Schmach von Cordoba" aus. Bernd Hölzenbein erinnert sich: „Wir hätten locker Dritter werden können." Weltmeister wurde im eigenen Land Argentinien mit Superstar Mario Kempes und Trainer Cesar Luis Menotti.

Kapitel 12 - WM 1982, Seiten 145-158
Die Schande von Gijón

Wieder Österreich - und der „Schmach von Cordoba" folgte die „Schande von Gijón". Deutsche und Österreicher hatten auf dem Platz spontan einen „Nichtangriffspakt" geschlossen und machten sich damit keine Freunde. Immerhin: Erst im Endspiel wurde die deutsche Elf von Italien, dessen Star Paolo Rossi und dem Trainer Enzo Bearzot gestoppt. Karlheinz Förster sagt: „Dieses Turnier war wie eine Fahrt mit der Achterbahn."

Kapitel 13 - WM 1986, Seiten 159-172
Die Hand Gottes

Erneut erreichte Deutschland das Endspiel, wieder aber hatte sich die Öffentlichkeit bessere Spiele erträumt. Unter dem neuen Teamchef Franz Beckenbauer lief noch nicht alles rund, wie sich auch Torwart und Zeitzeuge Toni Schumacher erinnert. Star des Turniers und des späteren Weltmeisters Argentinien war Diego Armando Maradona. Der auch schon mal ein Tor mit dem Arm erzielte und dann von der „Hand Gottes" sprach.

Kapitel 14 - WM 1990, Seiten 173-188
Die Krönung des „Kaisers"

WM in Italien - die Krönung des „Kaisers" in Rom stand an. Franz Beckenbauer und die Seinen schafften es, Argentinien mit Diego Maradona Paroli zu bieten. Stark in diesen stimmungsvollen WM-Tagen zwischen Como und Catania: Lothar Matthäus. Und Andreas Brehme, der den entscheidenden Elfmeter verwandelte, war klar: „Als mein Schuss drin war, wusste ich, dass wir Weltmeister sind."

Kapitel 15 - DDR-Teil, Seiten 189-196
Die Sensation von Hamburg

Die WM-Geschichte der DDR mit Porträts von Bernd Bransch, Jürgen Croy und Georg Buschner. Jürgen Sparwasser, der Schütze des legendären 1:0 beim Sieg der DDR über die Bundesrepublik erzählt heute: „Dieses verdammte Tor wird mich bis ins Grab begleiten."

Kapitel 16 - WM 1994, Seiten 197-210
Der Blackout von New York

Jürgen Klinsmann berichtet: „Mit einer Niederlage gegen Bulgarien hatte keiner gerechnet. Wir haben den Titel zum Fenster rausgeworfen." Deutschlands Aus im Viertelfinale nach dem „Blackout von New York" war eine Überraschung. Brasilien mit Superstar Romário und Trainer Parreira besiegte nach torlosem Finale im ersten Elfmeterschießen der WM-Geschichte Italien mit Roberto Baggio, der den entscheidenden Ball vom Punkt in den sonnengleißenden Himmel von Los Angeles jagte.

Kapitel 17 - WM 1998, Seiten 211-224
Das Festival von Paris

Waren es eine Million Franzosen oder noch viel mehr, die allein in Paris den ersten Weltmeistertitel ihrer „Equipe Tricolore" feierten? Frankreich mit dem überragenden Zinedine Zidane hatte im Endspiel Brasilien besiegt, doch Trainer Aimé Jaquet trat zurück. Berti Vogts war gescheitert - wie 1994 kam das Aus im Viertelfinale, Rücktritt ein paar Wochen später. Zeitzeuge Christian Wörns nach „Rot" gegen Kroatien: „In der Kabine hat mich sogar Bundeskanzler Kohl getröstet."

Kapitel 18 - WM 2002, Seiten 225-242
Das Debüt in Asien

Rudi Völler erzählt über die Qualifikation und was er seiner Mannschaft bei der ersten WM in Asien zutraut. Günter Netzer hofft aufs Viertelfinale- „vielleicht ja sogar auf mehr". Wer werden die Stars sein? Oliver Kahn? Luis Figo? Oder andere? Spielplan, Mannschaftsquartier, Stadien, Land und Leute und vieles mehr bietet dieser Vorschau-Teil auf die WM 2002.

Kapitel 19 - WM 2006, Seiten 243-248
Das Heimspiel in Deutschland

Die WM 2006 im eigenen Land wirft ihre Schatten voraus. Wie kam es nach Deutschland, was ist geplant, wie weit sind die Vorbereitungen gediehen? Alles das bietet Kapitel 19 dieses Buchs. „Ein Geschenk für Deutschland", sagt Wolfgang Niersbach. Und im Interview kündigt OK-Chef Franz Beckenbauer an: „Wir wollen 2006 ein guter Gastgeber sein."

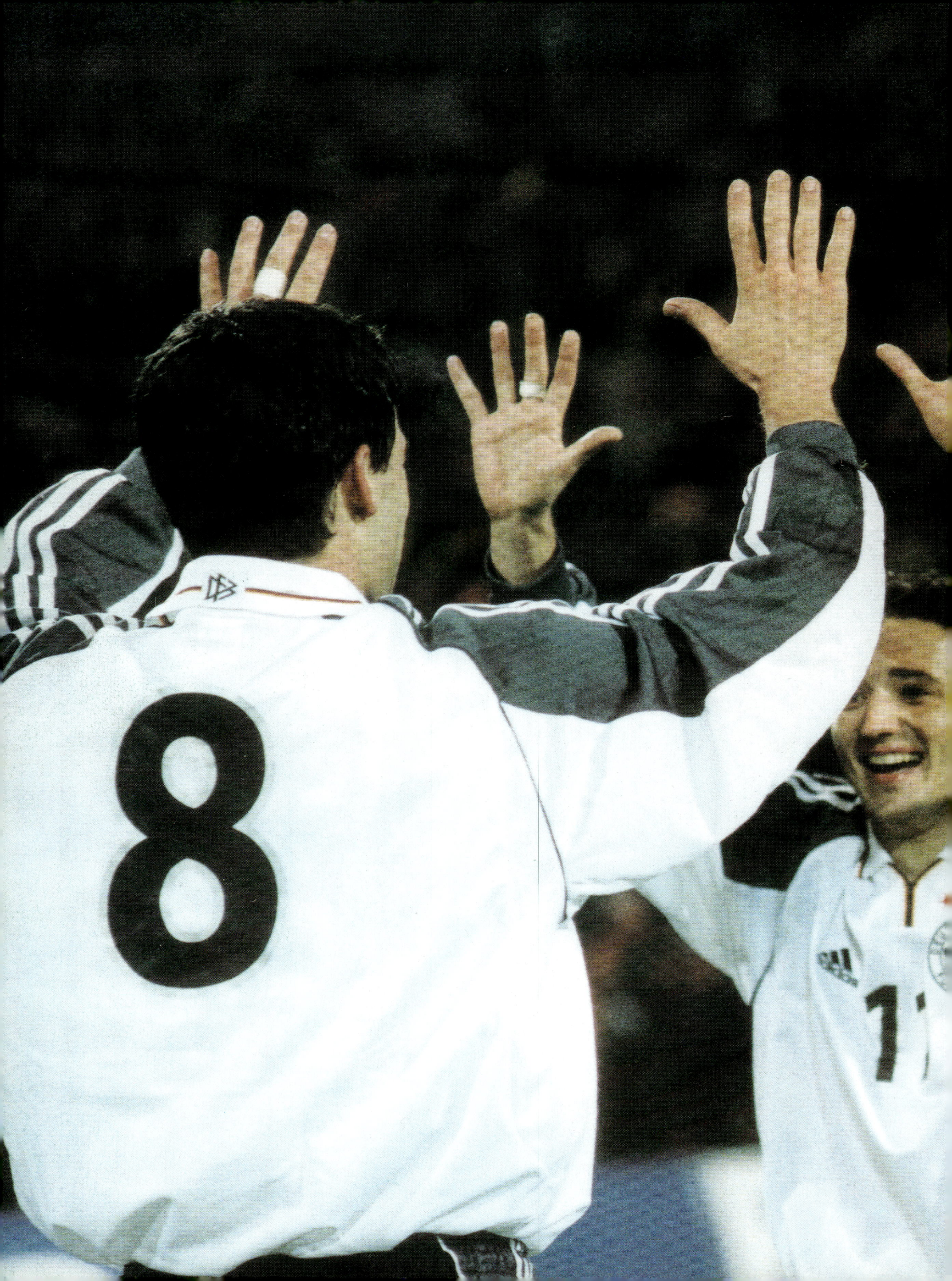

Geschafft!

...und die Hände zum Himmel. Michael Ballack, Oliver Neuville und Bernd Schneider (von links) bejubeln einen Torerfolg im entscheidenden Spiel gegen die Ukraine. Mit einem 4:1 qualifizierte sich die deutsche Elf im „Nachsitzen" doch noch für die WM. „Wir sind dadurch stärker geworden", sagt Oliver Kahn, Welttorhüter 2001. Und Rudi Völler, der Teamchef, glaubt: „In diesem Spiel konnten alle lernen." Nun fiebern Spieler und Fans den Begegnungen in Asien entgegen. Das Erreichen des Achtelfinales ist Pflicht, mehr wäre - so DFB-Präsident Gerhard Mayer-Vorfelder - ein Erfolg.

Auf nach Asien...

Essay

Fantasievolle Buchtitel wie „Ein Ball fliegt um die Welt", „Jahrhundertfußball im Fußball-Jahrhundert", „Fußball-Fieber", „Rätsel Fußball", oder gar „Zauberwelt Fußball" assoziieren den Enthusiasmus der Gesellschaft unserer Zeit um ein Spektakel, das älter ist als hundert Jahre. Zur Realität führen Zahlen, die der Weltverband FIFA vor der WM 2002 veröffentlicht hat: Die Qualifikation für den FIFA-Weltpokal in Japan und Südkorea erforderte 777 Spiele in sechs Konföderationen mit mehr als 17 Millionen Zuschauern in den Stadien. Das Gefälle dazu: Nur 20 Personen wollten die in Jordanien ausgetragene Begegnung zwischen Turkmenistan und Chinese Taipeh sehen. Von 204 FIFA-Verbänden hatten 199 für den Wettbewerb gemeldet. Fußball weltweit.

Vergessen scheinen die Startprobleme in den Pionierzeiten auf dem europäischen Festland in den Jahren um 1900, die der DFB-Funktionär Carl Koppehel vor langer Zeit festgehalten

„Die Welt ist zwar kein Fußball, aber im Fußball findet sich eine ganze Menge Welt."
Ror Wolf, Schriftsteller

hat: „Die aus Besenstielen und Schnur bestehenden 'deutschen Tore' hatten 1903 richtiggehenden Toren Platz gemacht. Der Mangel an Fußballstiefeln war durch eine, wenn auch bescheidene deutsche Sportartikelindustrie gemildert. Aus abgeschnittenen Zivilhosen waren 'richtiggehende' Sporthosen geworden, die allerdings noch bis über die Knie reichten. Die Spielregeln waren sehr unterschiedlich. Zu dieser Zeit, als Reisen in eine andere Stadt noch als Wagnis angesehen wurden, interessierten sich nahezu 500 Zuschauer beim ersten deutschen Endspiel am Pfingstsonntag 1903 in Altona für das Spektakel einer Sportart, die wenige Jahre zuvor von ihren zahlreichen Gegnern als roh, ungesund und undeutsch geschmäht wurde. In den Annalen ist nachzulesen: Die Einnahme betrug 473 Goldmark. Das Geld war auf Tellern und in Hüten gesammelt worden."

In der Eröffnungsrede zur Gründung eines deutschen Fußball-Bundes hatte ein Herr Kirmse drei Jahre zuvor gesagt: „In Laienkreisen stößt man leider immer noch auf die Fragen: Was ist ein Fußballspiel? Was sind das für Leute?" Heute ist Fußball ein Tagesthema bei arm und reich, in allen Schichten der Gesellschaft, bei Intellektuellen wie bei Industriellen im Gespräch, so wie in der Familie, in der Firma, in der Fabrik, in den Ferien. Ein Spiel hat längst vor dem Anpfiff begonnen und es ist mit dem Schlusspfiff nicht vorbei, denn das nächste wird ja je nach Konstellation in die Debatten einbezogen.

Die Freizeitgesellschaft giert geradezu nach Entertainment mit Fußball im Fernsehen. Im Ranking der Einschaltquoten nimmt der Fußball die Spitzenposition vor Formel-1-Rennen ein, denn das Spiel ist längst mehr als nur ein Wochenendvergnügen. Eigentlich findet durch permanente Wiederholungen täglich ein Spiel im TV statt. Irgendwo spielen irgendwann immer zweimal elf Akteure gegeneinander. Die einst verfeindeten Brüder Fußball und Fernsehen sind im absoluten Abhängigkeitsverhältnis verflochten. Schon vor zwölf Jahren sollen weltweit mehr als neunhundert Millionen Menschen via Satelliten-TV zugeschaut haben, als sich Andreas Brehme im WM-Finale 1990 mit der Gelassenheit und Ruhe des Routiniers den Ball fast behutsam auf den Elfmeterpunkt legte. Jeder fünfte Erdenbürger, die jüngsten und die ältesten eingeschlossen, war am 8. Juli 1990 Zeuge dieses Vorgangs im Endspiel zwischen Deutschland und Argentinien, als Brehme den Strafstoß zum 1:0-Siegtreffer ins Tor schoss. In Rom zeigten die Uhren 21.40 Uhr mitteleuropäischer Sommerzeit an. In Buenos Aires war es 16.40 Uhr, die Avenidas der Weltstadt wirkten menschenleer, verlassen. Jenseits der Datumsgrenze, in Peking, schrieb man 3.40 Uhr den 9. Juli, und in Sydney graute um 5.40 Uhr der Montagmorgen. 900 Millionen Menschen hatten ihren Tagesrhythmus nach der Fernsehübertragung ausgerichtet oder Stunden ihrer Nachtruhe geopfert. Die Faszination des Spiels vereinte sie ohne Rücksicht auf soziale, gesellschaftliche oder politische Unterschiede und Meinungen. Das moderne Medium hatte es möglich gemacht. Die Fußball-(Welt) ein Fernseh-Dorf, die Satellitentechnik eine Sache der Ratio, die globale Faszination ein Phänomen. Im neuen Jahrtausend wird die Milliardengrenze an TV-Zuschauern bei WM-Finals überschritten werden und das big business fast nicht mehr kontrollierbar sein. Und wie bescheiden begann doch diese WM-Geschichte 1930 in Uruguay, als die Öffentlichkeit in Europa davon nur knapp Notiz nahm. Transatlantikflüge waren zwar in der Planung, aber noch nicht zu realisieren, und deshalb reisten die vier europäischen Teilnehmer per Schiff nach Montevideo. Deutsche Tageszeitungen informierten in einer Zwei-Zeilen-Meldung über die Ergebnisse, und vom Endspiel druckten die Blätter einen 22-Zeilen lan-

Eröffnungsfeier der Fußball-WM 1994 in Chicago – der Fußball, symbolisiert durch eine Weltkugel.

gen Agenturbericht. Das war's dann. Eine internationale Kommunikation kam erst mit Hilfe des Fernsehens zustande. Seit mehr als drei Jahrzehnten genießen Mannschaften aus der ganzen Welt überall einen Bekanntheitsgrad wie vorher nur Regionalkicker in der engeren Heimat. Fußballstars gastieren wie Filmgrößen via Bildschirm in jeder Familie oder Fangemeinde. Der Franzose Jules Rimet, FIFA-Präsident von 1920 bis 1954, schreibt in seinen Memoiren über die erste WM in Montevideo: „Nie zuvor habe ich solche Beispiele von emotionaler Leidenschaft, Enthusiasmus und Begeisterung erlebt. Ein Sieg des Fußballs und seiner kommunikativen Wirkung.

Zwei technische Errungenschaften des vorigen Jahrhunderts, Flugzeug und Fernsehen, haben mit ihrer Fortentwicklung die Sonderstellung des Fußballs in Europa mitbewirkt. Und im sogenannten Medienzeitalter konnten und wollten sich die Massen dem Faszinosum Fußball im Stadion und in den Stuben daheim nicht entziehen. In Deutschland hat der Stellenwert dieser Sportart nach drei WM-Titeln und zahlreichen internationalen Erfolgen der Klubmannschaften in fünf Jahrzehnten einen geradezu gigantischen Gipfel erreicht. Da tut auch so mancher Fehltritt keinen Abbruch. Niemand kann leugnen, dass die nationale Komponente eine entscheidende Rolle bei den sogenannten Fernseh-Einschaltquoten gespielt hat. Fußball ist gesellschaftsfähig geworden, Fußball ist mehr als ein 1:0. Eine zeitgeschichtliche Entwicklung in der modernen Gesellschaft, die offen ist für jede Sparte des Entertainments mit der Vorliebe Sport, weil Sport in seiner Unberechenbarkeit ein Garant für spontane Ablenkung von Alltagsproblemen zu sein scheint. Und weil man über Fußball stundenlang so emotional diskutieren kann, während des Spiels, davor und danach. Fußball ist Gesprächsstoff über Tage, für Wochen, Monate, manchmal über Jahre oder gar über Jahrzehnte. Das Wembley-Tor bleibt seit 1966 bis zum Sankt Nimmerleinstag diskutabel.

Das Spiel ist endlos.

Was löst diese Faszination Fußball aus – mit und ohne das TV-Medium? Psychologen und Soziologen versuchen immer wieder hinter die Geheimnisse rund um das unberechenbarste aller Ballspiele zu kommen. Vielleicht trifft der deutsche Soziologe Gerd Hortle, der mit seinen Thesen das Phänomen in einigen, sicher aber nicht in allen Punkten: „Das Fußballspiel ist ein Plädoyer für das Nicht-Planbare, für Überraschung und Sensation, für Symbolik inmitten einer sehr nüchternen Realität. Die Begeisterung für den Fußballsport spiegelt den Wunsch einer Gesellschaft nach Irrationalem wider...!"

Sepp Herberger hat als Vereinfacher auf die selbstgestellte Frage, warum die Zuschauer zum Fußball gehen, als Antwort die lapidare Formel geprägt: „Weil sie nicht wissen, wie's ausgeht."

Fußball löst wie kein anderes Spiel Emotionen aus, im Stadion und nach dem Schlusspfiff. Bis zum nächsten Spiel diskutieren sie in der Kreis- und Bezirksklasse, Probleme um die Bundesliga und die Champions League. Sie schreien, jubeln, jammern, toben im Stadion, wo ihnen kein Lärminstrument zu laut und kein Blouson zu bunt ist. Sie kritisieren den Schiedsrichter, fordern den elektrischen Oberschiedsrichter, wollen permanent die Regeln ändern, echauffieren und beruhigen sich wieder. Im Gewühle der Gefühle geht es nicht immer gewaltfrei zu. Jeder Fan hält sich für einen Fachmann, der in der Niederlage die bessere Taktik als der Trainer parat hat, und der Siege feiert als seien sie allein sein Verdienst. Im Wir-Gefühl machen sie sich selbst zum Weltmeister.

So oder so: Die Identifikation der Fans ist ein Teil des Spiels. In den 70-er Jahren hat das Spruchband in einer Gasse Neapels, dort wo die sozial schwachen Tifosi wohnen, den Stellenwert eines einzigen Stars für sie, so plastisch wie drastisch mit dem Schriftzug „Es ist besser, mit Maradona Hunger zu haben als ohne ihn" dargestellt. Dagegen muss die intellektuelle Analyse des italienischen Schriftstellers Umberto Eco nachdenklich stimmen, wonach „der Fußball einer am weitesten verbreiteten religiösen Aberglauben unserer Zeit ist. Er ist heute das wirkliche Opium des Volkes."

Der Dr. phil. Umberto Eco, Dozent an den Universitäten von Mailand und Bologna, hat mit seiner These dann recht, wenn die Nebensache Fußball im Leben der Fans zur Hauptsache wird. Aber nach dem Urteil des englischen Verhaltensforschers Desmond Morris ist eben Fußball „das Spiel, mit dem wir leben". Alle Faktoren der Faszination lassen sich mit der Ratio nicht ausloten.

Der Literat Ror Wolf hat das Spiel mit der ihm eigenen Formulierungskunst so dargestellt: „Die Welt ist zwar kein Fußball, aber im Fußball, das ist kein Geheimnis, findet sich eine ganze Menge Welt. Es ist eine zuweilen bizarre Welt, in der unablässig Gefühlsschübe aufeinanderprallen, Emotionen, die jederzeit in ihr Gegenteil umschlagen können. Entzücken in Entsetzen, Begeisterung in Wut, Verzweiflung wieder in Entzücken."

Wohin rollt der Ball?

Einen Blick in die Zukunft hat Bundespräsident Johannes Rau in seiner Leipziger Rede zur 100-Jahr-Feier des Deutschen Fußball-Bundes gewagt und die Relationen zurecht-

Rudi Michel, der Autor dieses Beitrages, mit Sepp Herberger und Fritz Walter (oben) und Helmut Schön (Foto unten).

gerückt: „Trotz bedenklicher Entwicklungen glaube ich, dass der Fußball eine große Zukunft haben wird, solange in so vielen Vereinen so viele junge Spielerinnen und Spieler dem Ball hinterherjagen und trainieren, solange sie davon träumen, in einem WM- oder Champions-League-Finale oder auch nur in ihrer Schulmeisterschaft das entscheidende Tor zu machen, solange wird auf dieser Welt Fußball gespielt – und zum Glück auch hier bei uns."

Fußball kann nicht nur Spektakel im Stadion, TV-Unterhaltung und Show-Sport sein, wie seine Kritiker bemängeln und ihn gar als big business mit Vermarktungszweck zur Geldvermehrung verdammen. Fußball hat im Strukturwandel der Gesellschaften eine sozial-politische Aufgabe zu erfüllen, insbesondere wenn es um die Integration ausländischer Mitbürger und deren Kinder geht. Klubs mit Jugendlichen aus zehn und mehr Nationen sind keine Seltenheit. „Der Ball ist unser Dolmetscher, und deshalb gibt es so gut wie keine Sprachprobleme," sagen die Trainer. Das ist die Basisarbeit in den Vereinen ohne Medienecho.

Der Ball wird weiter in allen Dörfern und in allen Städten, in allen Stadien und auf allen Bolzplätzen um die Welt fliegen und keiner kann ihn stoppen.

Am 30. Juni, beim Anpfiff des Finales in Yokohama um die Fußball-Weltmeisterschaft 2002, ist es bei uns zwölf Uhr Mittag. Ein Sonntag, so etwas wie Primetime für die Live-Übertragung im ZDF mit einer Sehbeteiligung von einigen Millionen Zuschauern. Kumulativ werden mehr als 40 Milliarden Menschen die 64 Spiele rund um die Welt im TV verfolgen. Eine unvorstellbare Zahl. Dimensionen unserer Zeit.

IT'S MY FEVER

FEVERNOVA™: OFFICIAL MATCH BALL OF THE 2002 FIFA WORLD CUP™
FOOTBALL NEVER FELT BETTER

CATCH THE FEVER AT adidas.com/football

Der Beginn einer Faszination

Ganz schön lässig, mit der Hand in der Hosentasche, nimmt Uruguays Verbandspräsident Dr. Raúl Jaunde den Weltpokal aus der Hand von FIFA-Präsident Jules Rimet entgegen.

1930

Uruguay

Argentinien

Jugoslawien

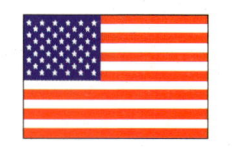

USA

*Zwischen Fest und Fiasko -
so könnte man am besten
die erste Fußball-Weltmeisterschaft
auf einen kurzen, gemeinsamen Nenner bringen.
Der Beginn einer Leidenschaft hatte
mit Kinderkrankheiten zu kämpfen.
Und mit politischem Ränkespiel.
Erst wollten die Europäer unbedingt eine WM
als Gegengewicht zu den Olympischen Spielen,
dann boykottierten sie fast geschlossen
die Veranstaltung,
die schließlich in Uruguay über die Bühne ging.*

BUCHKATALOG.DE

Die erste Weltmeisterschaft zwischen Fest und Fiasko

Erst wollten die Europäer die WM, die sie dann boykottierten – Uruguay gewinnt im eigenen Land

Ein Fußballfest sollte es werden – um ein Haar wäre die erste Fußball-Weltmeisterschaft aber in einem Fiasko geendet. Sie war im Vorfeld eine Geschichte politischer Irrungen, organisatorischer Wirrungen und kleinkarierter Interessen der nationalen Sportverbände. Eine traurige Komödie kleingeistiger Funktionäre. Der Schlag gegen die vom Weltfußballverband (FIFA), der 1904 von den nationalen Verbänden Frankreichs, Belgiens, Hollands, Dänemarks, Spaniens, Schweden und der Schweiz (Deutschland und England fehlten) gegründet worden war, ungeliebten Olympischen Spiele wäre um ein Haar so ausgegangen wie weiland das „Hornberger Schießen". Weil die Olympioniken „König" Fußball an den Rand ihres Sportprogramms gedrängt hatten und der olympische Fußball-Wettbewerb bereits mehrere Monate vor den eigentlichen Spielen stattfinden musste, beschloss der FIFA-Kongress 1928 in Amsterdam, zwei Jahre später die erste WM zu veranstalten. So weit, so gut: Nur - die hohen Herren hatten vergessen, auch einen Austragungsort zu bestimmen.

Eine Kommission wurde gebildet mit den Herren Hugo Meisl (Generalsekretär des österreichischen Verbandes und Bundeskapitän der Nationalelf), Henri Delauney, dem französischen Vater der späteren Europameisterschaften) und Felix Linnemann, dem Präsidenten des Deutschen Fußball-Bundes (DFB), im Zivilberuf Kriminal-Kommissar in Berlin. Er, der gegen den in Österreich, der Tschechoslowakei und Ungarn schon eingeführten Profi-Fußball war, hatte

FIFA-Präsident Jules Rimet (Mitte) bei der WM in Uruguay.

DER RÜCKBLICK

eine Niederlage in der Abstimmung um eine FIFA-Weltmeisterschaft bezogen, weil der Österreicher Meisl die Delegierten für eine WM hinter sich gebracht hatte.

Und nun – so die Hoffnung der FIFA – sollten ausgerechnet diese Deutschen die erste WM ausrichten. Der Plan funktionierte nicht. Weil sich die Deutschen weiter gegen den Profi-Fußball aussprachen, verzichteten sie – das Deutschland des Jahres 1929 wäre für eine Veranstaltung dieser Art auch noch nicht reif gewesen. Wien galt nun als nächster heißer Kandidat – doch es fehlte ein großes Stadion, das erst 1929 genehmigt wurde. Schweden spielte eine Zeitlang mit dem Gedanken einer Bewerbung, Italien ebenso – doch beide Staaten sagten ab. Das war der Gipfel der Ironie: Ausgerechnet die Europäer, die die WM unbedingt gewollt hatten, fingen nun an, sie zu boykottieren.

Der WM-Traum schien schon geplatzt, als Uruguay, Olympiasieger von 1924 und 1928, zugriff. Anlässlich des 100. Jahrestages der Staatsgründung holten die Politiker die WM in ihr Land, versprachen gutes Geld und ein schönes, neues und großes Stadion. Die FIFA nickte nur ab und war froh, dass es für sie ohne Gesichtsverlust abgegangen war. Sollten die „Urus" doch schauen, wie sie die Europäer zu sich nach Hause über den großen Teich locken würden. Keiner wollte reisen. Die Strapazen, die Dauer der Überfahrt und die immensen Kosten in Zeiten der Weltwirtschaftskrise schreckte alle ab. Englands FA-Sekretär Frederick J. Wall war die Absage seines Verbandes an die WM-Organisatoren gerade einmal zwei Zeilen wert, nicht einmal eine Begründung fügte er bei.

Heutzutage, bei Millionen-Investitionen für WM-Bewerbungen, ist es einfach nicht nachzuvollziehen, dass selbst zwei Monate vor dem ersten Spiel noch kein europäischer Verband eine Zusage abgegeben hatte. Erst als FIFA-Präsident Jules Rimet, auch Chef seines Verbandes, die Franzosen dazu überredet hatte, nach Uruguay zu reisen, schlossen sich nach weiteren Bittgängen Rimets durch ganz Europa schließlich Belgien, Rumänien und Jugoslawien der fußballerischen Expedition ins unbekannte Land an. Der FIFA-Boss hatte mit netten Worten geworben, Uruguay mit hohen Spesen und Reisekostenzuschüssen gelockt.

Franzosen, Belgier und Rumänen – von ihrem deutschsprachigen König Carol II., einem im Lande unpopulären Despoten selbst handverlesen und von der Arbeit freigestellt, machten sich auf einem Dampfer auf die lange Reise. Mit an Bord der Conte Verde auch der FIFA-Präsident mit dem FIFA-Pokal, der einfach im Schiffssafe verstaut wurde, und die beiden europäischen Schiedsrichter Jan Langenus (Belgien) und Fritz Fischer (Ungarn), die sich nebenbei auch noch als Korrespondenten der deutschen Fachzeitschrift „Kicker" ein bescheidenes Zubrot verdienten (mehr in der Rubrik Namen & Nachrichten). Während Franzosen, Belgier und Rumänen auf dem Deck ihres Schiffes eifrig trainierten, ließen es sich die Jugoslawen an Bord der Florida und bei vielen Zwischenstops gut gehen. Ihr Trainer schaute missmutig drein, als die Formen seiner Spieler immer runder wurden.

In Rio de Janeiro stiegen schließlich die Brasilianer, von 10 000 Fans begeistert verabschiedet, auf die Conte Verde zu – und gemeinsam ging man, frenetisch umjubelt, in Montevideo vor Anker. Die erste Fußball-WM mit 13 teilnehmenden Ländern konnte endlich beginnen – auch wenn die europäischen Zeitungsschreiber aus der Ferne spotteten: „Das Märchen von der Weltmeisterschaft."

Sicher, die vier europäischen Mannschaften stammten aus der zweiten Reihe. Die Brasilianer waren noch keine Weltmacht, die USA eine Art Geheimfavorit. Und so waren sich die Experten schon vorher ziemlich sicher, dass das

Sie haben es geschafft und schauen stolz in die

ANDERE DATEN

1930
- Hertha BSC besiegt im Endspiel der Deutschen Meisterschaft Holstein Kiel mit 5:4-Toren und wird zum ersten Mal Deutscher Fußball-Meister.

1931
- Hertha BSC gewinnt die Deutsche Fußball-Meisterschaft gegen 1860 München mit 3:2-Toren in Köln und verteidigt damit seinen Titel.

1932
- Bayern München holt seine erste Deutsche Meisterschaft und besiegt im Finale in Nürnberg vor 55 000 Zuschauern Eintracht Frankfurt 2:0.

1933
- Fortuna Düsseldorf heißt der neue Titelträger. Im Finale gewinnt die Fortuna 3:0 gegen Schalke 04.

DER PROMINENTE

Eine Fußball-WM fasziniert mich, weil...

...man in wahnsinnig kurzer Zeit tolle Fußballspiele und alle Weltstars im Fernsehen sehen kann.

Martin Schmitt, Weltmeister und Olympia-Sieger im Skispringen.

WM-Endspiel eine Neuauflage des olympischen Finales werden würde. Sie sollten Recht behalten. Doch an Spannung und Skandalen konnte diese erste WM gut mit ihren Erben mithalten.

Das Turnier litt aber vor allem unter schwachen Schiedsrichterleistungen – vor allem der Brasilianer Rego pfiff erst die Franzosen, später die Jugoslawen vorzeitig nach Hause. „Ein glatter Versager", schimpfte Final-Schiri Langenus über seinen Kollegen. Heute würde er nach solch einer Bemerkung nie mehr international pfeifen dürfen. Recht hin oder her.

Die Faszination einer Weltmeisterschaft erfasste die Fans in Uruguay allerdings nur, wenn ihre Landsleute spielten. Dann war das neue Estadio Centenario, das erst am sechsten WM-Tag verspätet eröffnet werden konnte (eine 13-monatige Regenperiode hatte die Fertigstellung immer wieder verzögert) proppenvoll.

Über 100 000 Fans sollen bei der Eröffnungspartie gegen Peru im Stadion gewesen sein, die Angaben verschiedener Quellen widersprechen sich allerdings. Aus Sicherheitsgründen wurde das Fassungsvermögen vorerst auf 70 000 Zuschauer begrenzt, im Finale gegen Argentinien differieren die überlieferten Zahlen zwischen 60 000 und 93 000. Und es war damals so wie heute: Die Polizei hatte ein Sicherheitsproblem. Zehntausende Argentinier kamen trotz dichten Nebels in Schiffen und unzähligen kleinen Booten den Rio de la Plata heraufgeschippert, um ihrer Mannschaft, die inzwischen unter Polizeischutz stand, den Rücken zu stärken. In ganz Argentinien hatte Büros und Geschäfte geschlossen, rund 50 000 Menschen drängten sich allein auf den Straßen der Innenstadt von Buenos Aires, um aus von Zeitungsredaktionen aufgestellten Lautsprechern die Reportage aus Montevideo zu hören. Als Argentinien am Ende trotz eines 2:1-Vorsprungs zur Pause doch noch mit 2:4 verloren hatte, zogen Tausende vor das Konsulat Uruguays und bewarfen es mit Steinen. Die Polizei konnte die Menge nur mit Warnschüssen vom Sturm auf das Gebäude abhalten.

Für Uruguay aber hatte sich die Entscheidung, die WM ins Land zu holen, ausbezahlt. Der Imagegewinn war unbezahlbar, der Titel blieb im Land, die Finanzen stimmten und sogar die Europäer, die nach der WM gut honoriert noch übers Land tingelten, waren zufrieden. Als alle schließlich nach rund zwei Monaten wieder zu Hause waren, sagten sie: „Jeder, der nicht in Uruguay gewesen ist, hat einen Fehler gemacht."

Kamera des Fotografen: Die Fußballer aus Uruguay holten im eigenen Land den ersten Weltmeistertitel.

ZEITTHEMEN

Als Maxe zuschlug und Deutschland vor die Hunde ging...

1930: Als im Juli der Fußball Tango tanzt am anderen Ende der Welt, wird im Zentrum der alten Welt die größte Katastrophe des 20. Jahrhunderts heraufbeschworen. Fünf Tage, bevor am 19. Juli der Reichstag aufgelöst wird, sagt auf dem Gautag der thüringischen NSDAP in Gera deren Führer Adolf Hitler: „Wir sind nur eine Minderheitsbewegung, aber Weltgeschichte wird von Minderheitsbewegungen gemacht, weil sie mehr Disziplin aufbringen können." Bei den Neuwahlen im September ziehen bereits 107 Braununiformierte ins deutsche Parlament ein. Seit dem 12. Juni freut sich Deutschland derweil an seinem größten Box-Triumph aller Zeiten: Der aus der Uckermark stammende Max Schmeling, heute noch ein Volksidol, besiegt an diesem Abend vor 80 000 Zuschauern im New Yorker Yankee-Stadion den US-Boy Jack Sharkey durch Disqualifikation in der vierten Runde und ist Weltmeister aller Klassen. - Mit einem „Feldzug der Gehorsamverweigerung" startet Mahatma Ghandi in Indien die (erfolgreiche) Loslösung des Subkontinents von britischer Herrschaft. - Der Film des Jahres: „Der blaue Engel" mit Marlene Dietrich, Schlager des Jahres: „Ein Freund, ein guter Freund" mit Heinz Rühmann und Willy Fritsch. - Die Zahnradbahn zur Zugspitze wird eingeweiht und das Flugschiff Do-X geht auf große Fahrt. - In Spanien fordern die Rebellen die Ausrufung der Republik.

1931: Nach 13-monatiger Bauzeit wird im Mai das lange Zeit höchste Gebäude der Welt eingeweiht: Das Empire State Building in New York ist 381 Meter hoch. - Deutschland ist weiter auf dem Weg in den NS-Staat: Im Oktober empfängt der greise Reichspräsident Hindenburg erstmals Adolf Hitler, der Kanzler Brüning des „Verrats am deutschen Volk" bezichtigt. - Die Arbeitslosenzahl schnellt auf weit über fünf Millionen Erwerbslose hoch. - Thomas Alva Edison, der Vater von 2000 bahnbrechenden Erfindungen, stirbt im Alter von 84 Jahren am 18. Oktober. - In Europa wird Charlie Chaplin auf seiner Reise umjubelt. - In Britisch-Indien wird Neu-Dehli als neue Hauptstadt eingeweiht. - Japan und China führen einen grausamen Krieg um die Mandschurei.

1932: Am 2. März wird das Baby des ersten Ozeanfliegers Charles A. Lindbergh entführt und später ermordet. - Inmitten der Weltwirtschaftskrise zelebriert Los Angeles Olympia in Glanz und Pomp: Die US-Ausbeute von 110 Medaillen (44 Gold) bedeutet olympischen Rekord. Der prominenteste US-Sportler jener Zeit wechselt danach das Metier: Johnny Weissmüller (67 Schwimm-Weltrekorde) wird Tarzan und Filmschauspieler! - Noch schneller als Adolf Hitler auf dem Weg zur Macht ist dessen faschistischer Gesinnungsgenosse: Benito Mussolini übernimmt in Italien am 30. Oktober die Gewalt in Italien.

1933: Am 30. Januar ernennt Reichspräsident Paul von Hindenburg den NSDAP-Führer Adolf Hitler zum neuen Kanzler. Binnen weniger Monate schafft dessen erst 35-jähriger Reichsminister für Volksaufklärung und Propaganda, Joseph Goebbels, dass ein ganzes Volk gleichgeschaltet und seiner Kultur beraubt wird. Am 20. März wird in Dachau das erste Konzentrationslager des NS-Staates eröffnet. - In Deutschland kommt der erste Volksempfänger auf den Markt und das Radio tritt seinen Siegeszug an.

NAMEN & NACHRICHTEN

Nur 13 waren dabei
An der ersten Weltmeisterschaft beteiligten sich insgesamt 13 Nationen, Qualifikationsspiele gab es nicht. Zum ersten und gleichzeitig letzten Mal waren Mannschaften aus Südamerika im Vergleich zu den Europäern in der Überzahl.

Das Nationalstadion
Es ist heute einfach nicht vorstellbar, dass ein WM-Stadion, sogar das Wichtigste, wenige Monate vor Beginn einer Weltmeisterschaft noch nicht fertiggestellt ist. 1930 war es so, für die im Juni beginnenden Spiele wurde mit dem Bau des Estadio Centenario erst im Februar des gleichen Jahres begonnen. Weil die Bauarbeiten auch noch durch Regen stark behindert wurden, schufteten am Ende mehr als 1000 Arbeiter im Drei-Schicht-System, um den Termin doch noch zu halten. Der war jedoch nicht mehr zu schaffen. Erst am sechsten Tag der WM war das Stadion wenigstens so weit, dass die Eröffnungsfeier und weitere Spiele darin stattfinden konnten. 100 000 Zuschauer kamen damals ins größte Stadion zur Eröffnung, 40 000 mussten vor den Toren bleiben. Aus Sicherheitsgründen wurde die Kapazität für die folgenden WM-Spiele offiziell auf 70 000 bzw. 90 000 Fans reduziert.

Das erste Spiel
Es fand am Nachmittag des 13. Juni 1930 statt, einem Sonntag. Vor 6000 Zuschauern schlug Frankreich mit 4:1-Toren Mexiko. Das erste WM-Tor erzielte der Franzose Laurent in der 19. Minute. Kapitän der Franzosen war ein gewisser Alex Villaplane, der später von der französischen Résistance wegen Kollaboration mit dem NS-Regime erschossen wurde.

Skandalspiel
Als der Franzose Marcel Langiller ganz allein aufs argentinische Tor zulief, pfiff Schiedsrichter Rego (Brasilien) das Spiel einfach ab. Viel zu früh, wie ihn die wütenden Franzosen belehrten. Der Schiedsrichter ließ sich nach heftigen Protesten zwar umstimmen und pfiff nach einer längeren Unterbrechung das Spiel trotz Zuschauertumulten wieder an. Doch die Franzosen kamen nicht mehr ins Spiel, und es blieb beim 0:1. Uruguays Zuschauer verhöhnten die Argentinier, die daraufhin beleidigt mit ihrer Abreise drohten. Mit Mühe und Not konnte ein Skandal abgewandt werden.

Ein Geschäft
Die Kosten dieser ersten Weltmeisterschaft wurden auf 200 000 Pesos veranschlagt. Als die WM-Macher am Ende Bilanz zogen, konnten sie erfreut feststellen, dass sie ein erkleckliches Plus erwirtschaftet hatten - rund 66 000 Pesos. So war schon die erste Weltmeisterschaft ein Geschäft. Und auch die Zuschauerzahlen befriedigten. Insgesamt 446 500 Fans (Quelle WM 1930 in Uruguay, Agon Sportverlag) besuchten die Spiele, wobei festgestellt werden muss, dass sich das Interesse von 93 Prozent der Fans auf fünf Spiele konzentrierte. Und fünf Spiele hatten nur 1000 oder weniger Zuschauer. Als Negativrekord geht in die WM-Geschichte das Spiel Rumänien - Peru (1:4) ein. Am 14. Juni 1930 wollten diese Partie nur 2000 Zuschauer sehen.

HÄTTEN SIE'S GEWUSST?

Das erste Mal

- Das erste Tor einer WM schoß der Franzose Lucien Laurent am 13. Juli im Spiel gegen Mexiko in der 19. Minute.
- Den ersten Elfmeter bei einer WM verwandelte der Mexikaner Manuel Rosas am 19. Juli 1930 in Montevideo beim Spiel gegen Argentinien.
- Das erste Eigentor unterlief ebenfalls Manuel Rosas aus Mexiko am 16. Juli in Montevideo beim Spiel gegen Chile.
- Das erste Mal mit fest zugeteilten Rückennummern spielten die Mannschaften 1954 beim WM-Turnier in der Schweiz.
- Die erste Verlängerung gab es am 27. Mai 1934 beim Spiel Österreich gegen Frankreich.
- Das erste Wiederholungsspiel einer WM fand am 1. Juni 1934 zwischen Italien und Spanien statt.
- Das erste Elfmeterschießen einer WM gewann am 8. Juli 1982 in Sevilla Deutschland gegen Frankreich.
- Das erste Golden Goal der WM-Geschichte erzielte Laurant Blanc am 28. Juni 1998 in Lens beim Spiel Frankreich - Paraguay.

Das letzte Tor im Finale zwischen Uruguay und Argentinien durch Héctor Castro (Zweiter von rechts) zum 4:2-Endstand - Argentiniens Torhüter Juan Botasso fliegt zwar wunderschön, aber vergeblich. Während in Montevideo gespielt wurde, versammelten sich Menschenmassen in Argentiniens Hauptstadt Buenos Aires, um der Rundfunkreportage, die ins Freie übertragen wurde, zu lauschen (Foto links).

Geschmeidig am Ball und im Leben: Jose Leandro Andrade, der absolute Liebling der Fans, obwohl er beim Titelgewinn der „Urus" kein einziges Tor geschossen hatte.

Der erste Weltstar des Fußballs

Jose Leandro Andrade war Tänzer auf und neben dem Rasen

Erst ein Jahr vor Turnierbeginn hatte Uruguay den Zuschlag für die erste Fußball-Weltmeisterschaft bekommen, doch in dem kleinen südamerikanischen Land ließ man sich im Feuereifer für dieses historische Ereignis durch nichts, aber auch gar nichts bremsen. Nicht durch den „Schwarzen Freitag" am 24. Oktober 1929 an der New Yorker Börse, und auch nicht durch den Umstand, dass nur vier Nationalmannschaften aus Europa der Einladung zur „Campeonato Mundial de Football" folgten. Innerhalb von wenigen Monaten wurde das Stadion „Centenario" in Montevideo auf 100 000 Plätze erweitert, die zwei Haupttribünen trugen die Namen „Colombes" und „Amsterdam" nach den Stätten, an denen Uruguays Elf 1924 und 1928 ihre Olympiasiege erspielt hatte, und den Rasen betraten die „Götter in Himmelblau", wie sie im Volksmund hießen, über einen Laufsteg.

Eine Bühne wie geschaffen für den Größten im damals größten Fußball-Team der Welt: Der elegante Läufer Jose Leandro Andrade war, wenn er nicht Fußball spielte, Tänzer. Er trat als Varieté-Star auf und war der am meisten umschwärmte und bejubelte Mann im Team der Gastgeber - auch wenn er kein einziges der 15 WM-Tore Uruguays erzielte. Bester Torschütze der „Urus" war damals Pedro Cea mit fünf Treffern in vier Spielen, die Torjägerkrone sicherte sich der Argentinier Guillermo Stábile mit sagenhaften acht Einschüssen.

Aber was sind schon Tore gegen die unvergleichliche Eleganz des geschmeidigen „La Maravilla Negra", des „schwarzen Wunders", wie sie den in armen Verhältnissen aufgewachsenen Mann aus dem Hafenviertel der Hauptstadt nannten? Jose Leandro Andrade war sein halbes Leben lang ein Straßenfußballer. Erst mit 19 Jahren schloss er sich einem halbwegs großen Verein an, dem allerdings nicht erstklassigen FC Misiones Montevideo, denn der berühmte CA Penarol Montevideo verschmähte den „Tänzer". Erst als 30-Jähriger landete Andrade schließlich für drei Jahre doch noch bei Uruguays Spitzenklub. Er war wohl „der erste Weltstar des Fußballs", wie die Frankfurter Allgemeine Zeitung (FAZ) einmal schrieb und nach Diktion des FIFA-Magazins (1991) „an Eleganz, Wirkung und Ausstrahlung ohne Weiteres mit Pelé vergleichbar".

Schon beim ersten olympischen Fußballturnier in Paris 1924 hatte Andrade im siegreichen Team Uruguays für Aufsehen gesorgt. In der „Fußball-Weltzeitschrift" des Weltverbandes der Fußballhistoriker und Statistiker (IFFHS) von 1994 liest sich die Lobpreisung so: „Er beherrschte den Scherenschlag, Fallrückzieher, Flugkopfball wie ein Perfektionist. Was er mit dem Ball alles anstellte, war faszinierend und zugleich so harmonisch mit seinem Körper abgestimmt. Er bewegte sich so elastisch, elegant und leicht federnd mit dem Ball, dabei waren seine Schritte so raumgreifend." Etwas anders drückte es damals die deutsche Fachzeitschrift „Fußball" aus: „Bei den Läufern vertrat ein waschechter Neger namens Andrade die exotische Note mit seiner Couleur. Aber der Mann kann mehr als nur dadurch Aufmerksamkeit auf sich lenken. Ein zielbewussteres, taktisch vollendeteres Spiel lässt sich kaum denken. Sein fabelhaftes Können rief spontan Beifall hervor."

Bei den Olympischen Spielen in Paris hatte der damals weltbeste Fußballer wiederum einen solchen Gefallen an der französischen Metropole gefunden, dass er noch viele Monate an der Seine blieb, des Abends tanzend und singend durch die Nachtbars zog, dieses Leben dann auch in Montevideo noch monatelang fortsetzte und seine Mannschaftskameraden im gleichen Jahr die Südamerika-Meisterschaft alleine verteidigen ließ.

Erst 1926 stand er wieder im siegreichen „Copa América"-Team Uruguays, war dann auch beim zweiten Olympiasieg 1928 in Amsterdam erneut Dreh- und Angelpunkt und zeigte bei der WM 1930 als knapp Dreißigjähriger (das genaue Geburtsdatum ist ungeklärt) „noch immer sein außergewöhnliches Können, obwohl es unübersehbar war, dass er den Zenit seiner Laufbahn bereits überschritten hatte" (FAZ). Mit seiner Technik und seinem Ideenreichtum war er auf der Position des Außenläufers im WM-Spielsystem jener Zeit derjenige, der den Rhythmus seiner Elf vorgab, das Spielgeschehen bestimmte.

Das WM-Finale am 30. Juli 1930 war das 33. und zugleich letzte Länderspiel des so lebensfreudigen Jose Leandro Andrade und auch der Höhepunkt in der stabilsten Phase seines Lebens, als er, der zehn Mal in seiner 16-jährigen Karriere den Verein wechselte, immerhin sechs Jahre lang dem Club Nacional de Football Montevideo die Treue hielt (1925-1931). Danach verschwindet Andrade zumindest aus dem sportlichen Bewußtsein in Europa. Von einer unheilbaren Lungenkrankheit ist in „Beckmanns Sportlexikon" von 1933 die Rede, worauf auch sein früher Tod mit gerade 57 Jahren am 4. Oktober 1957 in Montevideo hindeutet.

Aber Ende der 30er Jahre, nach Abschluss seiner Karriere, tauchte er nochmals in Paris, der Stadt, in der sein Ruhm begründet wurde, auf und verdiente sich als Sänger, Tänzer und Klavierstimmer in der Gegend rund um den Monmartre seine Brötchen. „Die Musik liegt ihm im Blut und die Frauen ihm zu Füßen. Darunter leidet sein Privatleben. Zwei Ehen gehen zu Bruch", heißt es in dem Buch „100 Highlights des Fußballs" (Sportverlag Berlin 1998).

Aber noch einmal findet sich der Name Andrade, 20 Jahre nach dem ersten WM-Endspiel der Geschichte zwischen Uruguay und Argentinien: Sein Neffe, Victor Rodriguez Andrade, gehörte 1950 zum zweiten Weltmeister-Team Uruguays, und er spielte, wie der Onkel, auf der Läuferposition!

DER SUPER-STAR

Jose Leandro Andrade - er war ein Liebling der Massen und der Damen.

ANDERE STARS

Jan Langenus
(8.12.1891/1.10.1952) – selten, aber wahr: Einer der Stars der ersten WM war ein Schiedsrichter, der viele Sprachen sprach: Jan Langenus, Beamter aus Belgien, der auch das Finale pfiff. Langenus nahm auch an den Weltmeisterschaften 1934 und 1938 teil. Er leitete 85 internationale, davon 64 Länderspiele. Er pfiff meist mit Schildmütze, in Knickerbockern, Samtweste und fast immer mit Krawatte.

Luis Fernando Monti
(15.1.1901/1983) stand als einziger Spieler in der WM-Geschichte mit zwei verschiedenen Ländern in einem WM-Finale. 1930 wurde er mit Argentinien Vize-Weltmeister, wechselte zu Juventus Turin, wurde in Italien eingebürgert und holte vier Jahre später als äußerst hart agierender Stopper mit Italien den Titel. 17 Länderspiele für Argentinien, 18 für Italien.

Guillermo Stábile
(1906/27.12.1966) – der WM-Torschützenkönig begann das Turnier nur auf der Ersatzbank. Erst im zweiten Spiel wechselte Argentiniens Trainer Olaza den Stürmer von Huracán Buenos Aires ein. Der bedankte sich mit insgesamt acht Treffern. Stábile wechselte nach der Weltmeisterschaft nach Europa, spielte für Genua, Rom und Paris. Als in Europa der Zweite Weltkrieg ausbrach ging er zurück, wurde Nationaltrainer und gewann zwischen 1939 und 1960 sechs Mal die Copa América. 1958 argentinischer Nationaltrainer bei der WM in Schweden.

DIE GLOSSE

Als die Briefe noch per Schiff kamen...

Es muss kurios gewesen sein, damals, als die Fußball-Weltmeisterschaft im fernen Uruguay ihre ersten Gehversuche machte. Man erfuhr aber wenig davon in Europa, denn so schrieb die deutsche „Fußball-Woche" vom 15. September 1930, sechs Wochen nach (!) dem Endspiel, „wir können unsere Original-Berichterstattung erst jetzt fortsetzen, weil die Schnelldampfer-Verbindung von Südamerika im August so schlecht war, dass wochenlang kein Brief expediert werden konnte."
So las man in der alten Welt erst mit großer Verspätung, was sich zugetragen hatte. Beispielsweise dass...

...der Unparteiische im Endspiel, der Belgier John Langenus, im Radfahrerdress mit Knickerbockern, vor dem Finale wegen der ortsüblichen Knallerei mit Pistolen auf den Abschluss einer Lebensversicherung und der Leibesvisitation aller 60 000 Besucher bestand. Es wurden 1600 Revolver beschlagnahmt!

...Langenus' Amtskollege, der Brasilianer Rego, im Halbfinale zwischen Uruguay und Jugoslawien die 2:1-Führung der „Urus" zuließ, obwohl zuvor ein Polizist den ins Aus getrudelten Ball ins Feld zurück gekickt hatte.

...dass eben dieser Senor Rego das Gruppenspiel Frankreich - Argentinien sechs Minuten zu früh abpfiff. Als er in der Kabine seinen Irrtum bemerkte, ließ er einfach nachspielen!

...dass im zweiten Halbfinale zwischen Argentinien und den USA ein US-Betreuer versuchte, seinen Medikamentenkoffer auf dem Kopf von John Langenus zu zertrümmern. Der belgische Referee kam unverletzt davon, doch beim Einsammeln des Kofferinhalts öffnete sich eine Chloroformflasche und Langenus weilte für geraume Zeit im Land der Träume.

...dass der bolivianische Schiedsrichter Saucedo im Spiel Argentinien - Mexiko auf Strafstoß erkannte und feststellen musste, dass gar kein Elfmeterpunkt markiert worden war. Er schritt die Distanz dann eben ab - aber wohl in Meilenstiefeln, denn er landete kurz vor der Strafraumgrenze. Die Tatsachenentscheidung des Schiedsrichters war aber auch damals unumstößlich.

Wesentlich aktueller als die eingangs erwähnte „Fußball-Woche" berichteten seinerzeit die Agenturen. Und so lesen wir in der „Schwäbischen Zeitung" vom 1. August 1930 unter „Neues vom Tage" folgenden Kabel-Bericht: „Zu wilden Szenen kam es vor der uruguayischen Gesandtschaft in Buenos Aires, als bekannt wurde, dass Uruguay beim Fußballspiel Argentinien geschlagen hatte. Die Polizei ging gegen die Demonstranten mit blanker Waffe vor. Mehrere Personen, darunter zwei Frauen, wurden schwer verletzt." Die Überschrift über der Meldung lautete übrigens „Treibt man deshalb Sport?" Das Ergebnis wurde (natürlich) nicht erwähnt. Die Fußballfreunde konnten sich so in aller Ruhe auf die „Fußball-Woche" in sechs Wochen freuen!

ANDERE FAKTEN

1930 – Endrunde in Uruguay (13.7.-30.7.)

Gruppe 1
Frankreich – Mexiko	4:1
Argentinien – Frankreich	1:0
Chile – Mexiko	3:0
Chile – Frankreich	1:0
Argentinien – Mexiko	6:3
Argentinien – Chile	3:1

Endstand:
1. Argentinien (6:0 Punkte / 10:4 Tore),
2. Chile (4:2/5:3), 3. Frankreich (2:4/4:3),
4. Mexiko (0:6/4:13).

Gruppe 2
Jugoslawien – Brasilien	2:1
Jugoslawien – Bolivien	4:0
Brasilien – Bolivien	4:0

Endstand: 1. Jugoslawien (4:0 Punkte/6:1 Tore), 2. Brasilien (2:2/5:2), 3. Bolivien (0:4/0:8).

Gruppe 3
Rumänien – Peru	3:1
Uruguay – Peru	1:0
Uruguay – Rumänien	4:0

Endstand: 1. Uruguay (4:0 Punkte / 5:0 Tore), 2. Rumänien (2:2/3:5), 3. Peru (0:4/1:4).

Gruppe 4
USA – Belgien	3:0
USA – Paraguay	3:0
Paraguay – Belgien	1:0

Endstand: 1. USA (4:0 Punkte/ 6:0 Tore), 2. Paraguay (2:2/1:3), 3. Belgien (0:4/0:4).

Halbfinale
Argentinien – USA	6:1
Uruguay – Jugoslawien	6:1

Endspiel (30. Juli)
Uruguay – Argentinien 4:2
Uruguay: Ballestrero, Nasazzi, Mascheroni, Andrade, Fernández, Gestido, Dorado, Scarone, Castro, Cea, Iriarte.
Argentinien: Bolasso, Torre, Paternoster, J. Evaristo, Monti, Suárez, Peucelle, Varallo, Stábile, Ferreira, M. Evaristo.
Schiedsrichter: Langenus (Belgien).
Zuschauer: 60 000 (Montevideo).
Tore: 1:0 Dorado (12.), 1:1 Peucelle (20.), 1:2 Stábile (37.), 2:2 Cea (57.), 3:2 Iriarte (68.), 4:2 Castro (89.).

Torjäger des Turniers
Guillermo Stábile (Argentinien)	8
Pedro Cea (Uruguay)	5
Bert Patenaude (USA)	4
Carlos Peucelle (Argentinien)	3
Ivan Bek (Jugoslawien)	3
Peregrino Anselmo (Uruguay)	3
Preguinho (Brasilien)	3

Geschossene Tore	70
Tordurchschnitt pro Spiel	3,88
Die meisten Tore	Argentinien 18
Das schnellste Tor	Adalbert Desu
	(1. Minute bei Rumänien – Peru)
Elfmeter	4
	(davon 3 gehalten)
Platzverweise	1
De Las Casas (Peru)	

Uruguays Torwart Ballestrero geschlagen, Argentinien jubelt im Finale über das 1:1 durch Peucelle.

DAS ZITAT

„Ein glatter Versager!"

Final-Schiedsrichter Langenus (Belgien) über seinen brasilianischen Kollegen Rego, der zwei Spiele verpfiff.

Einmarsch der Nationen im Estadio Centenario.

Der Befehl zum Sieg

1934

Jubel bei der italienischen Mannschaft: Der erste Titel ist gewonnen.

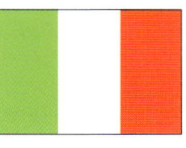

Italien

CSSR

Deutschland

Österreich

*Keine Frage: Im eigenen Land
sollte und musste Italien Weltmeister werden.
Das war eine Frage der Ehre
und auch eine Demonstration der Stärke
der politischen Führung.
Italien wurde Weltmeister.
Und die Deutschen?
Sie nahmen zum ersten Mal teil und schlugen
sogar die sieggewohnten Österreicher.
Obwohl die sogar ihren „Mozart des Fußballs"
dabei hatten...*

BUCHKATALOG.DE

Schiedsrichter machen Italien stark - Mussolini jubelt über den Titel

Gegen den Gastgeber hatten alle Teams so gut wie keine Chance auf den Gewinn der 2. Weltmeisterschaft

Selbst Vittorio Pozzo, der legendäre Teamchef der „Squadra Azzurra", fühlte sich nach dem Finalsieg Italiens über die Tschechoslowakei offenbar nicht ganz wohl in seiner Haut. Oder wie anders könnte noch heute seine Ankündigung zu verstehen gewesen sein: „1938 werden wir beweisen, wer der wahre Weltmeister ist", sagte der frühere Sportjournalist der „La Stampa" und legte damit den Schluss nahe, dass auch er Zweifel an der Berechtigung des Titelgewinns seiner Mannschaft hatte. Die Engländer, die großmannssüchtig wieder einmal nicht teilgenommen hatten, waren im übrigen schon immer der Ansicht gewesen, dass sie die stärkste Mannschaft der Welt stellen würden. Und als der amtierende Weltmeister Italien im November 1934 auf der Insel 2:3 verloren hatte, fühlten sich die Briten bestätigt und posaunten stolz in alle Welt hinaus: „Der wahre Weltmeister sind wir."
Als der „schmutzige Weltmeister" ist Italien in die Geschichtsbücher des Fußballs eingegangen. Als ein Titelträger, der schon von vornherein feststand. Es durfte bei der politischen Großwetterlage in Europa, in Zeiten, als Faschisten und Nationalsozialisten in Italien und Deutschland herrschten, in Italien eben niemand anders als Italien gewinnen. Diktator Benito Mussolini sorgte mit seiner persönlichen Anwesenheit bei allen italienischen Spielen für Druck von der Tribüne, Schiedsrichter wurden mit Einladungen umschmeichelt oder anders gefügig gemacht. Italien spielte im Prinzip immer in Überzahl. Zudem mit Spielern, die den FIFA-Statuten gemäß nicht hätten eingesetzt werden dürfen. Und wenn das eigene Können trotzdem nicht reichte, dezimierten die Hausherren meist ungestraft die Reihen des sportlichen Gegners durch üble Fouls.
Ein paar Beispiele gefällig? Bitte schön! Luis Monti und Enrique Guaita, die so genannten argentinischen Italiener, hätten gesperrt werden müssen, da sie schon zuvor das argentinische Nationaltrikot getragen hatten. Doch keiner scherte sich um diesen Fakt.

DER RÜCKBLICK

Bei Italien - Spanien, als der legendäre Torwart Ricardo Zamora im ersten Spiel (1:1 nach Verlängerung) die Italiener schier zur Verzweiflung brachte, traten die Italiener ungestraft die Spanier zusammen. 24 Stunden später, im Wiederholungsspiel, fehlten Trainer Garcia Salazar gleich sieben Stammspieler, darunter Zamora, der beim ersten Aufeinandertreffen einen Faustschlag ins Gesicht erhalten hatte und wegen eines stark geschwollenen Auges nicht mitspielen konnte. Im Wiederholungsspiel ließ der schweizerische Unparteiische Mercet den Italienern so ziemlich alles durchgehen, auch Meazzas Foulspiel beim alles entscheidenden 1:0. Gerade noch mit sieben gesunden Feldspielern beendete Spanien das Spiel - Mercet wurde später vom eigenen Verband auf Lebzeiten gesperrt, doch das nutzte den Iberern wenig – sie waren ausgeschieden, mussten mit leeren Händen die Heimreise antreten.
Im Halbfinale gegen Österreich „glänzte" der schwedische Schiedsrichter Eklind durch unglaubliche Entscheidungen. Als während des Spiels einmal eine Vorlage in den freien Raum kam und der Österreicher Zischek allein aufs gegnerische Tor hätte zulaufen können, köpfte der Schiedsrichter in Manier eines Verteidigers den Ball einfach weg. Und beim alles

ANDERE DATEN

1934
- Erste deutsche Fußball-Meisterschaft für Schalke 04. Der 1. FC Nürnberg unterliegt den Knappen in Berlin mit 1:2

1935
- Schalke 04 verteidigt im Finale durch ein 6:4 über den VfB Stuttgart seinen Titel vor 74 000 Zuschauern in Köln.
- Den erstmals ausgespielten Pokalwettbewerb gewinnt der 1. FC Nürnberg durch ein 2:0 über Schalke 04.

1936
- Nach 1924 feiert der „Frankenstolz" 1. FC Nürnberg seinen zweiten Titel. In der Verlängerung wird im Endspiel Fortuna Düsseldorf 2:1 geschlagen.
- Pokalsieger: VfB Leipzig – FC Schalke 2:1.
- Italien sichert sich im Olympischen Turnier die Goldmedaille.

1937
- Schalke setzt sich im DM-Finale mit 2:0 gegen den 1. FC Nürnberg durch.
- Schalke gewinnt das Pokal-Endspiel gegen Fortuna Düsseldorf mit 2:1-Toren.

In der Zeit der großen Torhüter gehörte er zu den besten: Österreichs Torsteher Peter Platzer,

DER PROMINENTE

Eine Fußball-WM fasziniert mich, weil...

...Kamerun, Nigeria, Argentinien oder Brasilien für mich eine Reise zu jedem Punkt der Welt wert sind.

Johannes B. Kerner, ZDF-Moderator, darunter die „Johannes B. Kerner-Show".

---

entscheidenden italienischen 1:0 durch Guaita standen zwei Italiener abseits. Mehr noch: Österreichs Torwart Platzer hatte die Flanke schon abgefangen, doch mehrere Italiener stießen ihn drei Meter einfach vor dem Tor um - trotzdem entschied der Schwede, der später auch noch das Finale pfeifen durfte, auf Tor für Italien. Übrigens: Eklind lag eine persönliche Einladung Mussolinis vor – ob er sich wohl erkenntlich zeigen wollte?

Im Finale gegen die Tschechoslowakei ging soweit alles mit rechten Dingen zu. Vor allem am überragenden Torhüter Planicka bissen sich die Italiener lange die Zähne aus, doch auch er konnte den 2:1-Sieg der „Squadra Azzurra" nach Verlängerung nicht verhindern. Der von Pozzo verordnete WM-Stil und die ans Brutale grenzende Härte hatten sich durchgesetzt. Deshalb geriet der neue Weltmeister weltweit in die Kritik. Und selbst der deutsche „Kicker", gemäß den damaligen politischen Verhältnissen dem WM-Gastgeber durchaus wohlgesonnen, titelte anschließend empört: „Rohheit triumphiert". Weiter hieß es dort: „Monti und einige andere Italiener gehörten einfach nicht aufs Spielfeld. Das, was sich auf dem Rasen abspielte, hatte mit Fußball und Sport nichts mehr zu tun" (Die Geschichte der Fußball-Weltmeisterschaften, Verlag die Werkstatt, 2001). Die Italiener mussten sich den berechtigten Vorwurf gefallen lassen, dass sie mehrmals die Grenzen minimalster Fairness überschritten hatten.

Ob sich so der von Mussolini erhoffte Propagandaerfolg für sein Land eingestellt hatte, darf in Nachhinein bezweifelt werden. Aber, auch das blieb am Ende dieses zweiten WM-Turniers stehen: Die Fußball-Weltmeisterschaft hatte sich etabliert. Wollten beim WM-Debüt 1930 in Uruguay gerade einmal 13 Länder dabei sein, so hatten sich für Italien 32 Teams beworben und so gab es erstmals Qualifikationsspiele. Dass der amtierende Weltmeister freiwillig auf die Titelverteidigung verzichtete, war eine sich nie mehr wiederholende Novität, die Absage der „Urus" hing damit zusammen, dass vier Jahre zuvor viele europäische Mannschaften die WM in Südamerika boykottiert hatten.

Die Südamerikaner, in Italien nur durch Argentinien und Brasilien vertreten, spielten keine Rolle und mussten - da von Anfang an im K.o.-System gespielt wurde - schon nach nur jeweils einem Spiel die Heimreise antreten. Die USA und Ägypten teilten dieses sportliche Schicksal, sodass vom Viertelfinale an nur noch europäische Mannschaften vertreten waren.

Deutschland, das mit einem Durchschnittsalter von nur 23 Jahren das jüngste Team stellte und sich durch ein 9:1 gegen Luxemburg für die Endrunde qualifiziert hatte, wurde nach Erfolgen über Belgien (5:2 nach 1:2-Rückstand und drei Treffern des 19-jährigen Ed Conen), Schweden (2:1) und Österreich (3:2) überraschend Dritter, nur im Halbfinale verloren die Schützlinge von Bundestrainer Otto Nerz und seines Assistenten Sepp Herberger gegen den späteren Finalisten Tschechoslowakei 1:3. Und als sich wenige Tage nach dem Endspiel in Venedig die Diktatoren Mussolini und Adolf Hitler zu politischen Gesprächen trafen, rühmten beide ihre Teams: Italien war Weltmeister und die Deutschen stellten - so Hitler - die „beste Amateurmannschaft der Welt". Denn während die Deutschen in der Tat lupenreine Amateure aufs Feld schickten, war in Italien, der Tschechoslowakei und Österreich schon längst der Profi-Fußball installiert worden.

hier bei einer gelungenen Parade.

ZEITTHEMEN

Als Olympia zur Propaganda-Schau verkommen ist...

1934: Nachdem er am 30. Juni seinen Gegenspieler, den SA-Führer Ernst Röhm, hat ermorden lassen, geht am 19. August endgültig alle Macht in Deutschland an Adolf Hitler über. Per Volksentscheid lässt der Führer sich neben der Kanzlerschaft auch noch das Amt des (am 2. August verstorbenen) Reichspräsidenten Paul von Hindenburg übertragen und die Reichswehr auf sich einschwören. - Die Nazis senken die drückende Arbeitslosigkeit im Land zwar rapide - vom Höchstand von sieben Millionen auf 5,03 im Mai 1933 und dann auf 2,52 Mio ein weiteres Jahr später - was ihnen begeisterte Zustimmung einbringt. Dass es sich um Scheinbeschäftigungen und Arbeit zur Kriegsvorbereitung handelt, nimmt kaum jemand wahr. - Im Oktober beginnt Mao Tse Tung, der Führer der chinesischen Kommunisten, seinen „Langen Marsch", der ein Jahr dauert und am Ende das gesamte Festland kommunistisch eint. Die Nationalchinesen unter Tschiang Kaischek flüchten nach Formosa, dem späteren Taiwan. - Straßenkämpfe erschüttern Paris, auch in Frankreich versucht die Rechte, die Macht an sich zu reißen.

1935: Am 1. März entscheidet sich das unter Verwaltung des Völkerbundes stehende Saarland mit 90,8 Prozent für die Rückkehr nach Deutschland. - In der Filmmetropole Berlin gibt es ein neues Medium: Der erste TV-Versuchssender strahlt an drei Abenden pro Woche von 20.30 bis 22.00 Uhr ein Programm aus. - Alle Deutschen zwischen 18 und 25 Jahren werden ab Juni zum Arbeitsdienst verpflichtet. - Am 15. September beschließt der NSDAP-Parteitag die Rassengesetze: Bürger ist nur der „Staatsangehörige deutschen Blutes, der beweist, dass er gewillt ist und geeignet ist, dem deutschen Volk zu dienen". Juden sind demnach Menschen zweiter Klasse und werden immer rigoroser verfolgt. - In Spanien wird der Kriegszustand ausgerufen. - In Oberammergau finden zum 300. Mal die Passionsfestspiele statt. Gestorben: Maler Max Liebermann (87), Schriftsteller Kurt Tucholksky (45).

1936: Olympia in Berlin wird im August zur größten Sportveranstaltung der Welt und eine Propaganda-Veranstaltung ohnegleichen für die Nazis. Die Gastgeber landen mit 89 Medaillen (33 Gold) auf dem Spitzenplatz. - Am 19. Juni schlägt Max Schmeling den „braunen Bomber" Joe Louis vor 40 000 Zuschauern im New Yorker Yankee-Stadion in der 12. Runde K.o. und ist endgültig größter Boxer seiner Zeit. - Ebenfalls im Juni beginnt in Spanien der Bürgerkrieg zwischen linkem und rechtem Lager. - Die „Hindenburg" eröffnet den regelmäßigen Zeppelin-Verkehr zwischen Deutschland und den USA.

1937: Die „Hindenburg" explodiert am 6. Mai in Lakehurst/USA (33 Tote), das Zeppelin-Zeitalter ist vorbei. - Die deutsche „Legion Condor" eilt Spaniens Faschistenführer Franco zu Hilfe und zerbombten unter anderem am 26. April die Stadt Guernica. Danach entsteht Pablo Picassos berühmtestes Werk gleichen Namens. - Bei Weimar wird das Konzentrationslager (KZ) Buchenwald errichtet, in dem bis 1945 etwa 240 000 Menschen interniert werden, 60 000 sterben.

NAMEN & NACHRICHTEN

Wunder von Neapel
Wenn man vom „Wunder von Bern" redet, weiß jeder Fußballfan sofort: Das war der deutsche WM-Sieg 1954 über die Ungarn im Finale von Bern. Doch auch schon 30 Jahre zuvor wurde ein Fußball-Wunder gefeiert, jenes von Neapel. Im Spiel um Platz drei der WM 1934 traf die junge deutsche Amateur-Mannschaft als krasser Aussenseiter auf die Fußball-Profis von Österreich. Die mussten zwar auf ihren Vordenker Matthias Sindelar verzichten, waren aber dennoch haushoher Favorit. Am Ende hatten die Deutschen 3:2 gewonnen. Und spielentscheidend war wohl ein taktischer Kniff des Trainergespanns, das die Idee von Sepp Herberger aufgegriffen hatte: Reinhold Münzenberg wurde auf den Stopperposten gestellt und Fritz Szepan spielte im Mittelfeld. Münzenberg war extra vor der schon geplanten Hochzeit nach Italien beordert und nach dreijähriger Länderspielpause wieder einmal eingesetzt worden. Damit gelang den Deutschen die Revanche für zwei Niederlagen drei Jahre zuvor. 0:5 in Wien und 0:6 in Berlin waren sie gedemütigt worden. Österreich, das als großer Favorit nach Italien gereist war, war mit Platz vier unzufrieden, hatten es doch vor der WM Italien in Turin 4:2 geschlagen, die Schweiz in Genf 3:2 besiegt und die Ungarn in Wien mit 5:2 deklassiert. Doch bei WM-Turnier hatte die Mannschaft den Zenit, den sie 1932 erreicht hatte, bereits überschritten.

Finanzieller Erfolg
3,6 Millionen Lire betrugen die Einnahmen dieser Weltmeisterschaft – ein finanzieller Erfolg. 1,4 Millionen Lire wurden als Antrittsgelder an die teilnehmenden Verbände wieder ausgeschüttet. 390 000 Zuschauer sahen die 17 Endrundenspiele.

Reisefreudige Fans
Rund 7000 Niederländer, 10 000 Schweizer und auch 10 000 Österreicher reisten zu den Spielen ihrer Nationalteams an, für damalige Zeiten fast eine „Völkerwanderung".

Als WM-Bücher noch „Groschen-Hefte" waren: 30 Pfennige kostete damals die Dokumentation des „Kicker" der WM 1934 den interessierten Leser.

In Afrika
Anlässlich der Qualifikation für die WM 1934 fand auch das erste WM-Qualifikationsspiel in Afrika statt. Am 16. März besiegte Ägypten in Kairo die Mannschaft Palästinas 7:1, das Rückspiel endete 4:1.

Drei Tage vorher
In Mittelamerika hatte Mexiko die Qualifikation gegen Haiti und Kuba gewonnen. Drei Tage vor dem WM-Start in Italien kam es dann zur Ausscheidung gegen die USA. Mexiko verlor und musste, ohne ein einziges WM-Spiel ausgetragen zu haben, die lange Heimreise antreten.

Trikottausch
Eine der Merkwürdigkeiten dieser Weltmeisterschaft: Das Spiel um Platz drei wollten (oder hatten) Deutsche und Österreicher in (fast) identischer Spielkleidung beginnen (begonnen) – nämlich in schwarzer Hose und weißem Hemd. So weit, so gut. Doch die spärlichen Quellen von damals unterschieden sich grundlegend. Während eine (Kicker-Buch WM 1934, Agon Sportverlag) berichtet, die Österreicher hätten schließlich nach Losentscheid vor dem Spiel und deswegen mit einer halbstündigen Verspätung in azurblauen Trikots das Stadion betreten, besagt eine andere (Die Geschichte der Fußball-WM, Copress Verlag): „Erst nach heftigen Zuschauerprotesten unterbrach Schiedsrichter Carraro (Italien) das Spiel und ließ losen". Welche der Varianten stimmt, lässt sich knapp 70 Jahre nach dem Anpfiff nicht mehr hundertprozentig klären.

Wiederholung
Den 1:1-Ausgleich im Finale gelang Raimundo Orsi beim 2:1 der Italiener gegen die Tschechoslowakei. Der schnelle Linksaußen täuschte nach einem Sololauf einen Schuss mit dem linken Fuß an, schoss dann aber doch überraschend mit rechts. Der „Flatterball" war für Frantisek Planicka unhaltbar. Einen Tag später sollte Orsi seinen Kunstschuss auf Bitten der dafür extra versammelten Presse-Fotografen wiederholen. Nach dem zwanzigsten vergeblichen Versuch gab er auf. Endspiel-Tore lassen sich nun eben einmal nicht beliebig wiederholen.

Turnier der Torhüter
Schlechte Schiedsrichterleistungen einerseits, hervorragende Torhüterparaden andererseits, prägten die Weltmeisterschaft 1934. Ricardo Zamora, der überragende Spanier, der vier Jahre später wegen des Bürgerkriegs im eigenen Lande nicht mehr dabei war und der Tschechoslowake Frantisek Planicka haben heute noch wohlklingende Namen. Und bei den Italienern war der Torwart gleichzeitig der Kapitän – Gianpierro Combi.

Neue Stadien
Nachdem Italien im Jahr 1932 in Stockholm den Zuschlag für die Weltmeisterschaft 1934 bekommen hatte, ließ Benito Mussolini gleich drei neue Stadien (in Turin, Florenz und Mailand) bauen, der Rest in Rom, Neapel, Genua und Bologna wurde aufwendig modernisiert. Die hohen Ausgaben für die WM brachte die Lira in Bedrängnis. Wenige Tage vor der WM-Eröffnung konnte Mussolini sogar Lohnkürzungen nicht mehr ausschließen.

HÄTTEN SIE'S GEWUSST?

Häufigste Ergebnisse bei WM`s

1:0	100 Mal
2:1	86 Mal
2:0	56 Mal
1:1	53 Mal
3:1	47 Mal
0:0	46 Mal

Das ausverkaufte „National-Stadion der faschistischen Partei" in Rom beim Endspiel, und Italien lässt als Weltmeister grüßen (Foto unten).

DFB-Kader 1934

Eingesetzt: Bender, Busch, Conen, Gramlich, Haringer, Heidemann, Hohmann, Jakob, Janes, Kobierski, Kreß, Lehner, Münzenberg, Noack, Siffling, Szepan, Zielinski.
Nicht eingesetzt: Albrecht.
Auf Abruf: Buchloh, Dienert, Steb.

Ein Könner am Ball: Matthias Sindelar, der Kopf der Österreicher, der von ihnen als „Mozart des Fußballs" verehrt wurde.

Wie der „Papierene" zur Legende wurde...

Matthias Sindelar „scheiberlte" als Kapitän des „Wiener Wunderteams" - und er war Nazi-Gegner

Die Spekulation mögen manche für müßig halten, aber sie war vor und nach dem zweiten Weltkrieg über Jahrzehnte Gesprächsstoff der Fußballfreunde - nicht nur in den Wiener Kaffeehäusern: Hätte die zweite Weltmeisterschaft der Geschichte ein oder zwei Jahre früher stattgefunden - am Fußball-Weltmeister Österreich mit seinem genialen Mittelstürmer Matthias Sindelar wäre kein Weg vorbei gegangen!
Der Mann, den sie zu Hause im Wiener Arbeiterviertel Favoriten ob seiner schmächtigen Gestalt (1,75 Meter groß, 72 Kilo schwer) nur den „Papierenen" nannten, war die zentrale Figur des österreichischen Wunderteams, dessen Geburtsstunde im Mai 1931, bei einem 5:0 über Schottland, geschlagen hatte. Der „Papierene", zwei Jahre zuvor noch aus der Nationalelf ausgeschlossen, weil er Widerspruch gegen die Taktik des Trainers vorzubringen gewagt hatte, war auf Druck der Wiener Presse wieder zurück im Team, und unter der Regie des Filigrantechnikers vom FK Austria Wien spielte Österreichs Elf das, was fortan im Wiener Schmäh nur noch „Scheiberln" genannt wurde: Ball und Gegner laufen lassen, mit spielerischer Intelligenz und Technik den kraftvollen Einsatz der anderen verpuffen lassen.
Auch den Erzrivalen Deutschland ließen die Vertreter der neuen „Wiener Schule" in zwei Länderspielen (5:0 und 6:0) spüren, dass denkender, spielerischer Fußball dem auf Kraft und Kondition basierenden „preußisch-deutschen" Fußballverständnis überlegen sein konnte. Die Österreicher mit Kapitän „Sindi" oder „Motzl", wie der „Papierene" im Mannschaftskreis auch genannt wurde, blieben in zwölf Spielen ungeschlagen.
Bei der WM in Italien war Matthias Sindelar, der 1903 in Kozlau (Mähren) geboren wurde, dessen Eltern noch vor dem Ersten Weltkrieg nach Wien zogen, wo sein Vater in der Südstadt als Maurer und er zunächst als Schlosser arbeitete, mit 27 Jahren zwar noch im besten Fußballalter, aber die Zeit der berauschenden Siege für das „Wunderteam" war bereits vorbei. Sindelar wurde in Italien gnadenlos attackiert. Im Halbfinale gab es eine knappe 0:1-Niederlage gegen den späteren Weltmeister Italien, im Spiel um Platz drei (ohne den angeschlagenen Sindelar) hatte Deutschland mit 3:2 wieder die Nase vorn.
Für „Sindi", der in 43 Länderspielen immerhin 27 Treffer erzielte, war die WM mit nur einem Tor (bei drei Einsätzen) eigentlich unter seiner Würde. Seine Spielweise fand gleichwohl höchste Beachtung. In ihm sahen zumindest die Europäer „einen aus weichem Holz geschnitzten, geist- und listenreichen, kunstvollen Fußballvirtuosen, der auch ein kluger Taktiker war". So heißt es im Porträt des Internationalen Fußballstatistiker-Verbandes IFFHS, auf dessen Anregung hin Matthias Sindelar 1998 auch zu Österreichs „Fußballer des Jahrhunderts" gewählt wurde.
Wie jedes Genie war Sindelar, wenn auch von einfacher Herkunft, kein einfacher Mensch. Was wiederum daran lag, dass sein zur Ballästhetik entwickeltes Fußballspiel nicht von jedermann verstanden wurde. Das „Scheiberln" löste bei den Freunden Beifallstürme, bei den Gegnern aber Verzweiflung und dumpfen Hass aus. Mit Fußball ließ sich zudem zwar Geld verdienen, und Sindelar verdiente durch Einnahmen aus Werbung (Zigaretten, Milch, Uhren), doch dass die Familie, deren Vater im Ersten Weltkrieg gefallen war, plötzlich nicht mehr nur von der als Wäscherin arbeitenden Mutter ernährt wurde und eine von drei Schwestern des Fußballers plötzlich einen Kolonialwarenladen hatte,

DER SUPER-STAR

Matthias Sindelar, 27 Tore in 43 Länderspielen: Österreichs Jahrhundert-Fußballer.

nährte Missgunst. Am meisten aber setzten die auch in Österreich aufkommenden Nationalsozialisten dem Arbeitersohn zu, weil der aus seinen Antipathien gegen ihre Ideen keinen Hehl machte. Nach dem „Anschluss" Österreichs 1938 an das „Großdeutsche Reich" wagte es Sindelar gar, einem enteigneten Wiener Juden dessen Kaffeehaus nicht für den üblichen symbolischen Preis, sondern für die dem tatsächlichen Wert entsprechende Summe von 20 000 Reichsmark abzukaufen.
Aber mit den braunen Herren hatte er es sich da schon endgültig und auch bewusst verdorben. Dem Reichstrainer Sepp Herberger, der ab 1938 eine aus Österreichern und Deutschen gemischte Auswahl aufzustellen hatte, gab er für künftige Einsätze eine freundliche, aber bestimmte Absage, weil er „doch schon zu alt" sei. Im „Vereinigungsspiel" im April 1938, als „Deutsch-Österreich" gegen das „Altreich" spielte, zog der 35-Jährige aber nochmal alle Register seines Könnens und seiner Abneigung gegen die neuen Machthaber. Laut Weisung sollte Sindelar kein Tor für die „Ostmärker" schießen dürfen, aber er tat es - nachdem er zuvor mehrere Male zentimetergenau vorbei geschossen hatte - dann doch zum 1:0. Und nach dem Treffer zum 2:0-Endstand seines Freundes Karl Sesta führte er vor den Nazi-Bonzen Freudentänze auf. Für viele war es eindeutig, woran der „Papierene" gestorben war, als man ihn am 23. Januar 1939 tot im Bett liegend neben seiner Freundin Camilla Castagnola, einer italienischen Halbjüdin, fand. Auch Sindelars Partnerin starb tags darauf. Kohlenmonoxidvergiftung hieß es im offiziellen Obduktionsbefund. Ob es sich aber um einen Unfall, Selbstmord oder Mord handelte, wurde offiziell nie geklärt.
Doch die Legende Matthias Sindelar lebte weiter. Auch Dichter (Friedrich Torberg), Schriftsteller (Alfred Polgar) und andere Intellektuelle belebten sie für einen Menschen, der letztlich nicht mehr leben konnte in einer entfesselten Zeit, der so vieles zum Opfer fiel, zu Teilen auch der Wiener Fußball. Am 28. Januar, einem kalten Wintertag, folgten 15 000 Wiener dem Sarg Sindelars. Sie trugen ihren „Mozart des Fußballs" zu Grabe.

ANDERE STARS

Ricardo Martinez Zamora (21.1.1901/18.9.1978) galt in seiner Zeit als der weltbeste Torwart, ein Mann, mit Spaß an der Show (schwarzer Pullover, weiße Stutzen, gelbe Handschuhe) und berühmt für seine „Ellbogenabwehr". In Spanien, wo er 16 Jahre lang das Tor der Nationalmannschaft hütete, besaß er die Beinamen „El Divino" - der Göttliche. Er nahm nur an einer Weltmeisterschaft teil, weil Spanien 1938 in den Wirren des Bürgerkriegs versank und kein Team nach Italien geschickt hatte.

Gianpiero Combi (18.12.1902/13.8.1956) war der Rückhalt der italienischen WM-Mannschaft 1934. Der Torwart war Kapitän und Garant für eine sattelfeste Abwehr. Bei seinem Debüt (gegen Ungarn) hatte die Nummer eins von Juventus Turin allerdings Pech gehabt, er musste sieben Mal hinter sich greifen. Später stand er 47 Mal im Tor der „Squadra Azzurra" und war jahrelang die unumstrittene Nummer eins. Erst Dino Zoff übertraf ihn, was die Zahl der Einsätze anbelangt.

Guiseppe Meazza (23.8.1910/21.8.1979) – den jungen Guiseppe, Spitzname „Peppino", wollte der AC Milan nicht haben, Inter griff zu und schon mit 19 Jahren war der schmächtige Junge italienischer Torschützenkönig. Dies schaffte er auch in den Jahren 1936 und 1938. Meazza stand - wie nur zwei andere Italiener auch - in der Weltmeistermannschaft 1934 und 1938. Nach ihm ist das Stadion in Mailand seit der WM 1990 benannt. 54 Länderspiele für Italien, 33 Tore.

DIE GLOSSE
Als Deutsche gegen Österreicher zu Neapolitanern wurden...

Wir müssen dem Fußballgott, wenn es ihn denn als solchen tatsächlich gibt, unendlich dankbar sein für die deutsch-österreichische Fußballfeindschaft. Oh! Haben wir geschrieben... Feindschaft? Freundschaft muss es natürlich heißen, Freundschaft! Aber eigentlich ist das auch egal, denn es ist eben seit jeher eine Hassliebe gewesen. So wie im Film zwischen Walter Matthau und Jack Lemmon - beide total verschieden und doch gleich in ihren Traditionen, Sehnsüchten und Ansprüchen und deshalb nolens volens doch verbunden. „Ösis" gegen „Piefkes", das ist Underdog gegen Großkopferte, schlampiges Genie gegen verlässliche Ordnung oder Erdäpfelsalat gegen Bockwurst. Beides zusammen könnte schon auch schön passen, geht aber nicht wg. - siehe oben. Jedenfalls: Ein ewiger Quell neuer Kapriolen.
Ein bemerkenswertes Stück gemeinsamen Gegeneinanders lieferte so auch das Spiel um Platz drei zwischen Deutschland und Österreich am 7. Juli 1934 in Neapel. Die 7000 Zuschauer im Asarelli-Stadion trauten damals ihren Augen nicht: Alle 22 Spieler liefen in gleicher Kluft ein - schwarze Hose, weißes Hemd. Dem italienischen Schiedsrichter Carraro waren die Hände gebunden, denn es gab kein Reglement, wie zu verfahren wäre, und beide Seiten weigerten sich (natürlich!) beharrlich, das Leibchen zu wechseln. Während sich die Spieler nach dem Anpfiff noch leidlich auseinander halten konnten, stand das italienische Publikum voll auf dem Schlauch. Es jubelte schließlich dem augenscheinlich Besseren, dem vermeintlichen „Wunderteam" aus Wien, zu, und applaudierte folglich lautstark bei dessen offensichtlicher 1:0-Führung. Doch das Tor hatte der Augsburger Ernst Lehner für Deutschland erzielt, und die Lautsprecherdurchsage „Germania uno - Austria zero" brachte die Zuschauer so in Rage, dass Carraro schließlich unterbrach und einfach per Los bestimmte, wer das Trikot zu wechseln hatte.
Der Zeugwart des SSC Neapel wusste zum Glück auszuhelfen und steckte die deutschen Spieler in die seinerzeit feuerroten Hemden der Neapolitaner. Mit einem Schlag hatte sich das beim 1:0 noch ausgebuhte Germania für die Galerie nun in deren Lieblingself verwandelt, und nach deren 3:1-Führung zur Pause war für die demoralisierten Österreicher mehr als der Anschluss zum 2:3 nicht mehr drin.
A propos Anschluss: Als vier Jahre später per Verordnung von „oben" die österreichischen Kicker zu deutschen wurden, war dies natürlich ein Schmarrn und brachte sportlich überhaupt nichts. Tafelspitz mit Sauerbraten ist halt längst kein Sonntagsessen. Der Tag aber, an dem die Deutschen zu Neapolitanern mutierten, hat's voll gebracht - Deutschland wurde bei seiner ersten WM-Teilnahme gleich Dritter!

ANDERE FAKTEN

1934 – Endrunde in Italien (27.5.-10.6.)

1.Runde
Italien – USA	7:1
Tschechoslowakei – Rumänien	2:1
Deutschland – Belgien	5:2

(Tore für Deutschland: 1:0 Kobierski, 2:2 Siffling, 3:4, 4:2, 5:2 Conen)

Österreich – Frankreich	n.V. 3:2
Spanien – Brasilien	3:1
Schweiz – Holland	3:2
Schweden – Argentinien	3:2
Ungarn – Ägypten	4:2

Viertelfinale
Deutschland – Schweden	2:1

(Tore für Deutschland: 1:0, 2:0 Hohmann)

Österreich – Ungarn	2:1
Italien – Spanien	n.V. 1:1
Italien – Spanien (Wiederholung)	1:0
Tschechoslowakei – Schweiz	3:2

Halbfinale
Italien – Österreich	1:0
Tschechoslowakei – Deutschland	3:1

(Tor für Deutschland: 1:1 Noack)

Spiel um Platz 3 (7. Juni)
Deutschland – Österreich	3:2

Deutschland: Jakob, Janes, Busch, Zielinski, Münzenberg, Bender, Lehner, Siffling, Conen, Szepan, Heidemann.
Österreich: Platzer, Cisar, Sesta, Wagner, Smistik, Urbanek, Zischek, Braun, Bican, Horvath, Viertl.
Schiedsrichter: Carraro (Italien).
Zuschauer: 7000 (Neapel)
Tore: 1:0 Lehner (1.), 2:0 Conen (29.), 2:1 Horvath (30.), 3:1 Lehner (42.), 3:2 Sesta (55.).

Endspiel (10. Juni)
Italien – Tschechoslowakei	n.V. 2:1

Italien: Combi, Monzeglio, Allemandi, Ferraris IV., Monti, Bertolini, Gualia, Meazza, Schiavio, Ferrari, Orsi.
Tschechoslowakei: Plánicka, Zenisek, Ctyroky, Kostálek, Cambal, Krcil, Junik, Svoboda, Sobotka, Nejedly, Puc.
Schiedsrichter: Eklind (Schweden).
Zuschauer: 55 000 (Rom).
Tore: 0:1 Puc (69.), 1:1 Orsi (80.), 2:1 Schiavio (97.).

Torjäger des Turniers
Oldrich Nejedly (Tschechoslowakei)	5
Angelo Schiavio (Italien)	4
Edmund Conen (Deutschland)	4
Raimondo Orsi (Italien)	3

Geschossene Tore	70
Tordurchschnitt pro Spiel	4,375
Die meisten Tore	Italien 12

Müde, aber siegreich schritten sie vom Platz: Deutschland hatte gerade 2:1 gegen Schweden gewonnen.

DAS ZITAT

„Eine Fußball-WM kann man nicht verschieben, eine Hochzeit schon eher".

Sepp Herberger, Assistent des Bundestrainers Otto Nerz, zur Nachnominierung des Stoppers Reinhold Münzenberg.

Das schnellste Tor	Ernst Lehner
	(30. Sec. bei Deutschland – Österreich)
Elfmeter	3
	(alle verwandelt)
Platzverweise	1
Markos (Ungarn)	

Spielszene WM 1934 mit deutscher Beteiligung.

Der Beweis der Italiener

1938

Vittorio Pozzo im Kreis seiner erneut siegreichen Mannschaft.

Italien

Ungarn

Brasilien

Schweden

„Wir werden in Frankreich beweisen,
wer die beste Mannschaft der Welt ist."
Vittorio Pozzo, Italiens Trainer, hatte es 1934 gesagt
- als es verständliche Zweifel an der Richtigkeit
des Titelgewinns des „Squadra Azzurra"
gegeben hatte. Pozzo und seine Mannschaft
hielten vier Jahre später Wort.
Die Deutschen, ergänzt mit den Österreichern,
erlebten dagegen ihr Debakel.
Marschmusik und Wiener Walzer harmonierten
nicht - das peinliche Aus schon in der ersten Runde
gegen die Schweiz im Wiederholungsspiel.

BUCHKATALOG.DE

Marschmusik und Wiener Walzer - eine Melodie mit Disharmonien

Herberger sollte Deutsche, Österreicher sowie zwei verschiedene Spielsysteme einen und scheiterte

Die Welt stand am Vorabend des dritten WM-Turniers vor einem Flächenbrand. In Spanien tobte seit Juli 1936 der blutige Bürgerkrieg, Nazi-Deutschland hatte sich Österreich einverleibt und schielte nun unverhohlen auf die Tschechoslowakei. Die Fußballnationalelf Österreichs, die sich durch ein 2:1 über Lettland für die Weltmeisterschaft sportlich qualifiziert hatte, bestand nicht mehr. Aufgelöst nach einem 2:0-Sieg beim letzten Auftritt gegen die deutsche Mannschaft am 3. April 1938 (der DFB führt dieses Treffen allerdings nicht als offizielles Länderspiel), nun integriert in das Team des Großdeutschen Reiches. Doch die „Einbürgerung" der Fußballer klappte nicht.

Nicht nur auf politischer Ebene war die Großwetterlage düster, auch auf der sportlichen Schiene gab es Unfrieden. Die FIFA, der Weltfußballverband, hatte während der Olympischen Sommerspiele in Berlin (1936) getagt und die WM 1938 war – nach Absprache mit den Deutschen – an Frankreich vergeben worden. Quasi als eine Verbeugung vor Jules Rimet, dem französischen FIFA-Präsidenten, der sich um die Weltmeisterschaft wahrlich verdient gemacht hatte. Deutschland, so hatten die Herren Funktionäre hinter verschlossenen Türen beschlos-

DER RÜCKBLICK

sen, sollte für sein Stillhalten mit der WM 1942 entschädigt werden, Österreich und die Tschechoslowakei gemeinsam das Weltturnier 1946 ausrichten. Der Zweite Weltkrieg machte diese langfristigen Verabredungen jedoch zunichte. Sie waren letztlich nicht das Papier wert, auf dem sie festgehalten worden waren.

Verärgert reagierten die Südamerikaner. Sie hatten auf die früher verabredete Rotation der Erdteile bestanden, Argentinien war ihrer Meinung nach an der Reihe. Als die Europäer jedoch ihre Entschlüsse durchgeboxt hatten, zogen sich fast alle südamerikanischen Verbände (bis auf Brasilien) zurück und die Argentinier kündigten an: „Wir werden in den nächsten 20 Jahren an keiner Weltmeisterschaft mehr teilnehmen." So stellten sich außer zwölf europäischen Mannschaften (nur Spanien und England fehlten von den Top-Nationen) lediglich drei aus Übersee: Brasilien, mit dem alles überragenden schwarzen Torjäger Leónidos da Silva, den sie alle „Diamante negro" nannten, Kuba und Niederländisch Indien. Während die starken Brasilianer ohne Leónidas da Silva, dem „Katzenmenschen", den Trainer Pimenta schon fürs Endspiel schonte, erst im Halbfinale am späteren Weltmeister Italien mit 1:2 scheiterten (ein offizieller Protest Brasiliens auf Wiederholung des Spiels wegen eines irregulären Tores wurde abgeschmettert), war für Niederländisch-Indien schon das erste Spiel das letzte – 0:6 gegen Ungarn. Kuba setzte sich in der Wiederholung überraschend gegen Rumänien durch, bezog dann aber im Viertelfinale beim 0:8 gegen die Schweden fürchterliche Prügel. Aber immerhin waren die Boys von der Zuckerrohrinsel weiter gekommen als ihre deutschen Kollegen, denen man allgemein die Rolle eines Mitfavoriten zugetraut hatte. Nie hat eine deutsche Nationalelf schlechter abgeschnitten als bei dieser Weltmeisterschaft. Nachdem die Deutschen im ersten Spiel gegen die Schweiz über ein 1:1 nicht hinausgekommen waren, blamierten sie sich im Wiederholungsspiel bis auf die Knochen und schieden nach einem 2:4 aus. Das war ein ähnliches Debakel wie jenes unter den Augen von Adolf Hitler, als Deutschlands Fußballer bei Olympia 1936 in Berlin 0:2 gegen den Fußballzwerg Norwegen verloren und der Führer vor Wut getobt hatte. Und jetzt das Aus in Frank-

Auftakt im Prinzenpark-Stadion - die Mannschaften aus Deutschland und der Schweiz stellten sich

---

ANDERE DATEN

1938
- Ein neuer Verein feiert die Deutsche Meisterschaft. Im ersten Finalspiel trennen sich Hannover 96 und Schalke 04 3:3 nach Verlängerung. Das Wiederholungsspiel geht erneut in die Verlängerung. Dann siegt Hannover mit 4:3.
- Rapid Wien schlägt im Pokalfinale den FSV Frankfurt mit 3:1.

1939
- Schalke 04 besiegt im Endspiel Admira Wien mit 9:0-Toren.
- Der 1. FC Nürnberg gewinnt das Pokalfinale gegen den SV Waldhof mit 2:0.

1940
- Schalke verteidigt mit einem 1:0 gegen den Dresdner SC den Titel.
- Nach Verlängerung gewinnt der Dresdner SC 2:1 gegen den 1. FC Nürnberg.

1941
- Rapid Wien schlägt Schalke vor 95 000 Zuschauern im Finale von Berlin mit 4:3.
- Wieder gewinnt Dresden den Pokal, diesmal durch ein 2:1 über Schalke 04.

1942
- Schalke wieder und zum sechsten Mal Deutscher Meister – 2:0 gegen First Vienna FC.
- Der TSV 1860 München gewinnt seinen ersten großen Titel: Pokalsieg (2:0) gegen Schalke.

1943
- Der Dresdner SC holt sich mit einem 3:0 gegen den FV Saarbrücken die Deutsche Fußball-Meisterschaft.
- First Vienna Wien wird Deutscher Pokalsieger durch einen 3:2-Sieg (nach Verlängerung) über den LSV Hamburg.

1944
- Der Dresdner SC schlägt im Finale um die Deutsche Meisterschaft den LSV Hamburg mit 4:0.

DER PROMINENTE

Eine Fußball-WM fasziniert mich, weil...

...ich mich auch als Schiedsrichter als Fußballer fühle. Und was gibt es Größeres für einen Fußballer, als an einer Fußball-WM teilzunehmen?

Dr. Markus Merk, Zahnarzt und einziger deutscher Schiedsrichter bei der WM 2002.

Marschmusik ließen sich nicht vereinen und zudem mangelte es Herberger, der letztendlich auf eine deutsche Verteidigung und einen österreichischen Sturm setzte, an einem Kopf für seine Mannschaft. Herberger hatte von Matthias Sindelar, dem Supertechniker aus Wien, einen Korb bekommen – der Österreicher wollte nicht für das NS-Regime um Ball und Ehre kämpfen. So zog Herberger nach der Niederlage gegen die Schweizer diese traurige Bilanz: "Man hat eine Milchmädchenrechnung aufgemacht. Man glaubte, aus zwei sehr guten Mannschaften ein

Finale Tore: Das 2:1 für Italien (kleines Foto links) und Ungarns Anschlusstreffer zum 2:3 (oben).

reich. Die Franzosen, die die Deutschen beim Nazigruß wütend ausgepfiffen hatten, hielten sich vor Lachen die Bäuche und zu Hause in der Heimat herrschte Sprachlosigkeit. Sepp Herberger, der Otto Nerz wenige Monate vor der WM abgelöst hatte, war gescheitert.

Gescheitert an den Vorgaben der Politiker aus Berlin. Herberger sollte nämlich aus Deutschen und Österreichern eine gemeinsame Mannschaft formen. 5:6 oder 6:5 musste das Verhältnis zwischen Deutschen und Österreichern betragen – so die exakte Vorgabe aus der Parteizentrale. So war Herberger gezwungen, seine eingespielte „Breslauer Elf", 16 Mal hintereinander ungeschlagen und eine der besten ihrer Zeit, auseinander zu reißen. Er musste zwei völlig verschiedene Spielsysteme unter einen Hut bringen. Doch Wiener Walzer und preußische

Superteam zusammenbasteln zu können." So war der Weg frei für die Italiener. Außer später den Brasilianern verteidigten sie ihren vier Jahre zuvor in Italien errungenen Titel. Als „hässlicher Weltmeister" waren sie angereist, als verdienter Titelträger reisten die Akteure um den Fußballartisten Guiseppe Meazza nach ihrem 4:2-Finalsieg über Ungarn zurück nach Rom. Und Trainer Vitorrio Pozzo, der mit der „Squadra Azzurra" 1936 Olympiasieger geworden war, hatte sein Versprechen eingelöst: „In Frankreich werden wir zeigen, wer der wahre Weltmeister ist", hatte er 1934 nach dem Sieg in Rom angekündigt. In Paris gewann Italien verdient den Titel. Die beste Mannschaft mit dem überragenden Innensturm Meazza, Piola und Ferrari sowie den bärenstarken Verteidigern Rava und Foni hatte sich zu Recht durchgesetzt.

auf zur Nationalhymne – und die Deutschen präsentierten den „Hitler-Gruß", die Franzosen pfiffen.

ZEITTHEMEN

Als ab 4.45 Uhr zurückgeschossen wird...

1938: Im Sommer befand sich die Welt bereits am Vorabend des Zweiten Weltkrieges, dessen bevorstehender Beginn deutlich spürbar war. Nachdem Hitler-Deutschland am 12. März Österreich „heim ins Reich" geholt und den Westmächten im Münchner Abkommen auch noch die Vereinnahmung des Sudetenlandes am 1. Oktober und damit das Ende der Tschechoslowakei (sie besteht fortan nur noch als Protektorat Böhmen-Mähren) abgerungen hat, glaubt nur ein Teil der Weltöffentlichkeit, dass Hitlers Expansionspolitik damit endlich beendet sei. - Der Terror gegen Juden im Inland wird derweil mit der so genannten „Reichskristallnacht", in der am 10. November die meisten Synagogen und jüdischen Geschäfte zerstört werden bzw. in Flammen aufgehen, fortgesetzt. - Andere Warnzeichen vor der Nazi-Herrschaft: Der Friedensnobelpreisträger von 1935, der Publizist Carl von Ossietzky, stirbt in Berlin, 49jährig, an den Folgen seiner seit 1933 erlittenen KZ-Haft (4. Mai). Der evangelische Pastor Martin Niemöller muss trotz zunächst offenbar fairen Prozesses für seine Kritik am NS-Staat statt in Festungshaft ebenfalls ins KZ. - Das deutsche Volk freut sich derweil auf ein in Bälde in Aussicht gestelltes Auto für jedermann: Der von Ferry Porsche konstruierte Volkswagen für nur 990 Reichsmark geht in der neuen Autostadt Wolfsburg am 26. Mai in Serienproduktion. - Eine Erfindung von damals noch nicht absehbarer Tragweite gelingt im Dezember den Forschern um Otto Hahn: Die Spaltung von Uranatomen durch Neutronenbeschuss und damit die mögliche Gewinnung von Atomenergie. - Und sonst? Max Schmeling verliert die Revanche gegen Joe Louis in der ersten Runde; Film des Jahres ist „Leoparden küsst man nicht" mit Audrey Hepburn und Clark Gable. - Kemal Attatürk, der Vater der Türkei, stirbt im Alter von 57 Jahren in Istanbul. - Ein Hörspiel versetzt den Osten der USA in helle Aufegung. Die „Invasion vom Mars" verstehen viele Menschen an den Radios als Tatsache und geraten in Panik. - Bernd Rosemeyer, der 28-jährige deutsche Automobilrennfahrer, stirbt bei einem Rekordversuch auf der Autobahn Frankfurt - Darmstadt. Er wollte schneller als 400km/h fahren.

1939: Seit April ist die Mitgliedschaft in der Hitlerjugend für alle zehn- bis 18-Jährigen in Deutschland Pflicht, der kollektive Marsch eines ganzen Volkes in den Untergang ist nun auch für die Jugend programmiert und rückt immer näher. - Ab dem Morgen des 1. September wird „seit 4.45 Uhr zurückgeschossen", wie Adolf Hitler den Angriff der Wehrmacht auf Polen bestätigt. Diesmal schauen die Westmächte England und Frankreich aber nicht mehr, wie noch im Falle der Tschechoslowakei, tatenlos zu, sondern greifen zwei Tage später ebenfalls zu den Waffen. Bis zum Ende des von Deutschland verursachten Zweiten Weltkrieges am 8. Mai 1945 sterben circa 50 Millionen Menschen. An ein normales Leben ist (vor allem in Deutschland) auch Jahre später noch nicht wieder zu denken, und auch die Fußball-WM pausiert bis 1950. Sie findet dann in Brasilien und fürs erste ohne das von der FIFA ausgeschlossene Deutschland statt.

NAMEN & NACHRICHTEN

Kein Interesse
Die gastgebenden Franzosen hätten ihre Weltmeisterschaft, die in Bordeaux, Le Havre, Marseille, Reims, Straßburg, Toulouse und Paris ausgespielt wurde, gerne um ein Jahr auf 1937 vorverlegt, um sie mit der Pariser Weltausstellung zu verbinden. Doch die Organisatoren der Ausstellung waren nicht interessiert. So fand die WM wie geplant 1938 in Stadien statt, die eine Kombination zwischen Radsport- und Fußballarenen waren. Denn zu dieser Zeit war Radfahren Sportart Nummer eins in Frankreich. Die 1933 gegründete landesweite Profi-Liga hatte sich noch nicht durchgesetzt.

Tore satt
Das torreichste Spiel dieser Weltmeisterschaft war das 6:5 der Brasilianer gegen die Polen. Je vier Tore erzielten Leónidas da Silva (Brasilien) und Ernst Willimowski. Nach dem Einmarsch der Deutschen in Polen spielte der Pole später auch für Deutschland und verbrachte seinen Lebensabend in Karlsruhe.

Schöner Einstand
Eine Knieverletzung machte ihm einen dicken Strich durch seine Rechnung: Die WM 1938 fand ohne den Dresdener Helmut Schön statt. Der spätere Assistent Sepp Herbergers und als Cheftrainer selbst Weltmeister 1974 hatte am 21. November 1937 in Hamburg beim 5:0 gegen Schweden sein Debüt gegeben und dabei selbst zwei Tore erzielt.

Keine Nummern
1938 war die letzte WM, bei der die Spieler ohne Rückennummern aufs Feld liefen. Später trugen sie diese zur besseren Erkennung, heutzutage sind zusätzlich auch noch die Namen auf die Trikots aufgedruckt.

Angebot
Leónidas da Silva, der schwarze Mittelstürmer der Brasilianer, wurde mit acht Treffern Torschützenkönig dieser WM. Späher aus Italien entdeckten ihn sofort und machten ihm lukrative Angebote. Doch Leónidas biss nicht an. Man erzählte, daß er auch in Brasilien ein reicher Mann mit Haus und Grundbesitz sei. Um ein Haus für jeden und viel Geld spielten die Brasilianer im Halbfinale. Sie verloren allerdings gegen Italien 1:2, weil sie sich schon fürs Finale schonten.

Die Rangliste
Schon 1939 gab es eine Europa-Rangliste der Nationalmannschaften. Gewertet wurden die Länderspielergebnisse. Nummer eins war die Schweiz, gefolgt von Italien, England und Deutschland. Auf den weiteren Plätzen: Frankreich, Ungarn, das Protektorat Böhmen-Mähren, Holland, Jugoslawien und Schottland.

Das Versteck
1938 sollte wegen des Zweiten Weltkrieges für zwölf Jahre die letzte Weltmeisterschaft gewesen sein – erst 1950 wurde wieder in Brasilien um den FIFA-Pokal gekämpft. Der Goldpokal wurde während des Krieges in Italien versteckt – unter dem Bett des italienischen FIFA-Vizepräsidenten Dr. Barassi, sicher vor dem Zugriff der Besatzungsmächte.

Spektakuläre Aktion von Torschützenkönig Leônidas da Silva beim 6:5 der Brasilianer gegen die Polen, dem torreichsten Spiel der WM 1938. Kleines Foto: Spielszene aus Deutschland - Schweiz (1:1).

HÄTTEN SIE'S GEWUSST?

Jüngste und älteste Spieler

Der jüngste Spieler: Norman Whiteside, Nordirland, WM 1982 - 17 Jahre, 41 Tage.
Der jüngste Torschütze: Pelé, Brasilien, WM 1958, 17 Jahre, 239 Tage.
Der jüngste Weltmeister: Pelé, Brasilien, WM 1958, 17 Jahre, 249 Tage.
Der älteste Spieler: Roger Milla, Kamerun, WM 1994, 42 Jahre, 40 Tage.
Der älteste Torschütze: Roger Milla, Kamerun, WM 1994, 42 Jahre, 40 Tage.
Der älteste Weltmeister: Dino Zoff, Italien, WM 1982, 40 Jahre, 133 Tage.

DFB-Kader 1938
Eingesetzt: Gauchel, Geilesch, Goldbrunner, Hahnemann, Janes, Kitzinger, Kupfer, Lehner, Mock, Neumer, Pesser, Raftl, Schmaus, Skourmal, Streitle, Stroh, Szepan.
Nicht eingesetzt: Buchloh, Jakob, Münzenberg, Siffling, Wagner.

Zwei ganz Große ihrer Zunft: Ricardo Zamora (kleines Bild oben) und František Planička, der Wundertorwart der Tschechoslowakei.

Ein Weltklasse-Torwart, der lieber Stürmer geworden wäre

Frantisek Planicka durfte nie wie er wollte und wurde dennoch zu einer Größe

Es gab zweifellos etliche andere Fußballgrößen, die den sportlichen Verlauf der Weltmeisterschaft 1938 in Frankreich entscheidender prägten. Silvio Piola, der Matchwinner und fünffache Torschütze des späteren Weltmeisters Italien, gehört dazu und zweifellos auch - nicht nur wegen seines akademischen Grades - Dr. Györgi Sarosi, der torgefährliche Stopper der im Finale unterlegenen Ungarn, mit seinen 42 Treffern in 61 Länderspielen. Warum statt dessen an dieser Stelle von dem am 2. Juli 1904 in Prag geborenen Frantisek Planicka, ausgeschieden im Viertelfinale mit der Tschechoslowakei gegen Brasilien, die Rede ist? Ganz einfach, weil die „Katze aus Prag" als Torhüter der wohl Beste seiner Zunft in der Zeit zwischen den beiden Weltkriegen war (zusammen mit dem „der Göttliche" genannten Spanier Ricardo Zamora). Weil er sich zudem dieses Attribut trotz einer für einen Weltklasse-Torwächter minimalen Körpergröße von nur knapp 1,80 Metern verdiente, und weil er im Jahre 1938 nur durch Verletzungspech und Machtpolitik von vielleicht größeren Taten abgehalten wurde.

Schon beim WM-Turnier 1934 in Italien hatte der Keeper, der als 19-Jähriger bei Sparta Prag, seinem Lieblingsverein von Kindertagen an, nach nur einem halben Jahr noch wegen zu kleinen Wuchses nicht zum Zuge gekommen und dann zu Slavia Prag gewechselt war, dem Klub, dem er dann 15 Jahre lang die Treue hielt (1923-38), herausragend gehalten. „Planicka ist ein phänomenaler Torwart, zweifellos der beste des Kontinents. Seine geschmeidigen, katzenhaften Sprünge gehören zu den großen Erlebnissen für jeden, der etwas von Fußball versteht", schrieb die französische Zeitung „Paris Soir" seinerzeit in ihrem Spielbericht vom 34er Finale, das die Tschechoslowaken erst in der Verlängerung mit 1:2 gegen Italien verloren hatten. „Mit seiner Fähigkeit, die Abwehr zu dirigieren und mit schnellen, präzisen Abwürfen die Gegenangriffe einzuleiten, war er seiner Zeit weit voraus", heißt es außerdem im „Munzinger-Sportarchiv" über den Mann, der nach seiner Premiere im Januar 1926 zwölf Jahre lang das Tor der tschechoslowakischen Nationalelf hütete. Selten kassierte er mehr als ein Tor kassieren. Nur einmal, 1937 beim 3:7 gegen die Ungarn, erwischten ihn die Gegner in einer schwarzen Stunde.

Doch im Normalfall waren Planickas Sprungkraft, seine Reflexe, seine Sicherheit beim Fangen der Bälle von außergewöhnlicher Güte, und es kam noch eine ganz besondere Eigenschaft bei ihm hinzu: Großer Mut, der das Herauslaufen zu seiner Spezialität machte. So oft er damit den einschussbereiten Stürmern auch die Bälle vom Fuß nahm, so oft zog er sich mit seinem ungestümen Dazwischenwerfen aber auch Blessuren zu. Gehirnerschütterungen, Kopfverletzungen, Arm- und Rippenbrüche, Schlüsselbeinbruch und Fingerverletzungen ohne Ende umfasst die Palette der kleinen und großen Wehwehchen.

Und deshalb war es eigentlich kein Wunder, dass es den kühnen Frantisek gleich in seinem zweiten Einsatz beim Turnier in Frankreich erwischte. Nach einem mühsamen 3:0 nach Verlängerung über Holland in der ersten Runde waren die Brasilianer der nächste, schwere Gegner gewesen. Bis zum Ende der Verlängerung bewahrte Planicka seine Elf beim 1:1 vor der Niederlage - obwohl er sich schon während der regulären Spielzeit nach einem Zusammenprall mit Brasiliens gefährlichem Torjäger Leónidas da Silva einen Bruch des Mittelhandknochens zugezogen hatte. Im Wiederholungsspiel musste dann Planickas Vertreter Burkert

DER SUPER-STAR

Frantisek Planicka: Weltmeister wurde er nicht, aber Gott belohnte ihn mit einem langen Leben.

ins Gehäuse, und die Tschechoslowakei schied durch ein 1:2 aus dem Turnier aus.

Planickas gebrochene Hand wollte danach monatelang nicht heilen, aber seine Karriere war auch so beendet, denn mit der Besetzung des von Deutschen besiedelten, aber damals zur Tschechoslowakei gehörenden Sudetenlandes beendete Hitler-Deutschland auch vorläufig die Existenz der tschechoslowakischen Nationalmannschaft.

Am 7. September 1938 nahm Planicka also mit 34 Jahren und 73 Länderspielen, in denen er 37 Mal als Kapitän die Mannschaft anführte, nicht auf der ganz großen Bühne, sondern mit dem Spiel von Slavia Prag gegen einen Dorfklub aus der Nähe von Prag seinen Abschied vom Fußball. Wie beliebt und geachtet der Torhüter, der mit Slavia immerhin sieben Mal Meister, sechs Mal Vizemeister und sechs Mal Pokalsieger wurde, auch außerhalb seiner Heimat war, zeigte sich dann nach Kriegsende so manchem „Alt-Herren-Kick" zwischen wiederbelebten Traditionsmannschaften. Zum Spiel der Alt-internationalen zwischen der CSSR und Österreich kamen einmal gar 80 000 Zuschauer ins Wiener Praterstadion.

Mit seinem Leben und seiner Karriere als Spieler und auch als Trainer (u.a. zwei Jahre bei Slavia) war der Familienmensch Planicka, dem seine zwei Töchter viele Enkelkinder schenkten, gleichwohl zufrieden. Obwohl er auf dem Platz das Risiko so überaus liebte, war der Fußball, „meine einzige Liebe neben der Familie", wie er einmal selbst sagte, ihm als Lebensunterhalt aber zu riskant: Obwohl de facto schon damals Profi, ging er stets und bis zuletzt seiner Beschäftigung als Beamter im städtischen Pensionsamt nach. Und für den möglicherweise entgangenen Weltmeistertitel belohnte ihn der Liebe Gott dann noch mit einem langen Leben: Frantisek Planicka starb am 20. Juli 1996 in Prag im Alter von 92 Jahren. Aber, so sagte er noch kurz vor seinem Tod: „Wenn ich meine Karriere noch einmal von vorne beginnen dürfte, würde ich auf dem Platz lieber Stürmer als Torwart sein." Ach, Frantisek, welcher Torwart war denn wohl stürmischer als du?

ANDERE STARS

Leónidas da Silva
(1913) – Spezialität des „Schlangenmenschen" waren akrobatische Fallrückzieher aus jeder Entfernung. Der Torschützenkönig der WM 1938 wurde in Rio de Janeiro geboren, begann seine Karriere aber in Montevideo, bei Nacional. Später schoss er seine Tore für Vasco da Gama, Flamengo und Sao Paulo. 1950, mit 37 Jahren, beendete er, der Schnellig- und Ballfertigkeit perfekt vereinigte, seine Karriere. Seine beachtliche Quote: 25 Länderspiele für Brasilien, 25 Tore. WM-Dritter 1938.

Vittorio Pozzo
(12.3.1886/21.12.1968) war einer der erfolgreichsten Fußballlehrer Italiens, eine schillernde Figur auf der Trainerbank. Der gelernte Journalist trainierte die „Squadra Azzurra" 1912, 1914 und schließlich von 1929 – 1948. 1934 und 1938 holte er den Titel nach Italien, 1938 wurde er mit seinem Team in Berlin Olympiasieger. Sein Spitzname: „Bismarck des Fußballs." Vor allem Sepp Herberger bewunderte ihn.

Oldrich Nejedlý
(13.12.1909/11.6.1990) erzielte 1938 zwar „nur" zwei Turnier-Tore, war aber dennoch einer der gefährlichsten Stürmer Er war mit fünf Treffern in nur vier Spielen Torschützenkönig des Turniers 1934. Dabei erzielte der körperlich schmächtige Tschechoslowake, der seine Tore meist nicht mit Gewalt machte, allein drei Treffer im Halbfinale gegen Deutschland. Er spielte bis zu seinem 48. Lebensjahr auf hohem Niveau. 43 Länderspiele, 29 Tore.

Es gibt viele Gründe, weshalb manche Fußballer unter den vielen, vielen großen Fußballern in der Geschichte zur Legende werden. Dass sie große Titel gewinnen, viele und/oder entscheidende Tore schießen, Rekorde aufstellen, dass sie das Spiel mit künstlerischem Geschick neu beleben oder mit ihrem individuellen Können neu interpretieren, gar eine neue Ära begründen, dass sie Haltung und menschliche Größe auf oder sogar außerhalb des Rasens zeigen - all das gehört dazu. Und etwas von alledem hatte sicherlich auch der Mailänder Giuseppe Meazza, der zweimal in Folge, 1934 und 1938, in Italiens Weltmeister-Elf stand.

Was ihn aber für die italienischen Fans so unsterblich machte, war der Moment eines Spieles, in dem Signor Meazza nicht nur das vorentscheidende Tor schoss, sondern dabei auch noch Haltung und seine Hose behielt.

Es geschah am 16. Juni 1938 in Marseille beim Halbfinale zwischen Italien und Brasilien. Die Italiener waren durch Gino

DIE GLOSSE
Warum San Siro irgendwann Meazza heißen musste...

Colaussi (55.) in Führung gegangen, als ihr Mittelstürmer Silvio Piola nur fünf Minuten später im Strafraum gefoult wird. Schiedsrichter Hans Wüthrich aus der Schweiz zeigt sofort auf den Elfmeterpunkt, und es ist so gut wie allen klar, wer jetzt antreten wird, um das vermutlich alles klärende 2:0 zu markieren: Giuseppe Meazza, der noch nie einen Elfer verschoss. Doch in dem Moment, als Vittorio Pozzo, Italiens Trainer, zu seinem designierten Vollstrecker hinüber blickt, durchfährt ihn ein Schock. Meazzas Geste ist eindeutig: Mit der Linken hält er seinen Hosenbund, mit der Rechten gestikuliert er - der Gummizug ist gerissen! Wenn Meazza nur die Hand kurz wegnimmt, steht er unten ohne da. Kann so einer einen Elfer schießen? Pozzo schreit sofort: „Du schießt nicht".

Aber Giuseppe hat nur gelacht, hat mit der rechten Hand abgewunken und mit links weiter die Hose gehalten, hat sich mit der Rechten den Ball gegriffen und mit der Linken weiter geklammert, hat den Ball einhändig auf den Punkt gelegt, ist dann, weil ihm ja jeglicher Armschwung beim Laufen versagt blieb, nur einen Schritt nach hinten getreten, hat mit seiner Rechten in Grandezza-Manier dem Schiedsrichter angezeigt, er sei nun bereit und habe den Pfiff gehört - und hat dann in Olé-Haltung eines spanischen Toreros verwandelt. Aus dem Stand. „Tief unten neben dem Pfosten wölbt sich das Netz. Der Trainer heult vor Freude", so schrieb der Sportautor Hans Blickensdörfer 1994 in seinem Buch „Ein Ball fliegt um die Welt".

Völlig klar, dass sie im Mailänder Stadtteil San Siro das gleichnamige Stadion 50 Jahre später nach Meazzas Tod einen neuen Namen geben mussten: „Stadio Giuseppe Meazza" - das war der mit der Hose!

ANDERE FAKTEN

1938 – Endrunde in Frankreich (4.-19. 6.)

1. Runde
Deutschland – Schweiz	n.V. 1:1
(Tor für Deutschland: 1:0 Gauchel)	
Deutschland – Schweiz	2:4
(Wiederholungsspiel, Tore für Deutschland: 1:0 Hahnemann, 2:0 Lörtscher)	
Kuba – Rumänien	n.V. 3:3
Kuba – Rumänien (Wiederholung)	2:1
Tschechoslowakei – Holland	n.V. 3:0
Frankreich – Belgien	3:1
Ungarn – Niederländisch-Indien	6:0
Italien – Norwegen	n.V. 2:1
Brasilien – Polen	n.V. 6:5

Viertelfinale
Italien – Frankreich	3:1
Schweden – Kuba	8:0
Ungarn – Schweiz	2:0
Brasilien – Tschechoslowakei	n.V. 1:1
Brasilien – Tschechoslowakei (Wdh.)	2:1

Halbfinale
Italien – Brasilien	2:1
Ungarn – Schweden	5:1

Spiel um Platz 3
Brasilien – Schweden	4:2

Endspiel (19. Juni)
Italien – Ungarn	4:2

Italien: Olivieri, Foni, Rava, Serantoni, Andreolo, Locatelli, Biavati, Meazza, Piola, Ferrari, Colaussi.
Ungarn: Szabó, Polgar, Biró, Szalay, Szücs, Lázár, Sas, Vincze, Sárosi, Zsengellér, Titkos.
Schiedsrichter: Capdeville (Frankreich).
Zuschauer: 55 000 (Paris).
Tore: 1:0 Colaussi (6.), 1:1 Titkos (8.), 2:1 Piola (15.), 3:1 Colaussi (35.), 3:2 Sárosi (70.), 4:2 Piola (82.).

Torjäger des Turniers
Leónidas da Silva (Brasilien)	8
Gyula Zsengellér (Ungarn)	7
Silvio Piola (Italien)	5
Gino Colaussi (Italien)	4
Ernst Willimowski (Polen)	4

Geschossene Tore	84
Tordurchschnitt pro Spiel	4,67
Die meisten Tore	Ungarn 15
Das schnellste Tor	Arne Ilyberg
(35. Sek. bei Schweden – Ungarn)	
Elfmeter	3
(alle verwandelt)	
Platzverweise	4
Pesser (Deutschland), Procopio (Brasilien), Machado (Brasilien), Riha (Tschechoslowakei)	

Spielszene aus Schweiz gegen Ungarn: Bickel (links) bringt Torwart Szabó in Bedrängnis.

Das Tor zum 3:2 für die Schweiz im Wiederholungsspiel.

DAS ZITAT

„Wir haben elf Menschen das Leben gerettet. Die italienischen Spieler hatten aus Rom ein Telegramm erhalten: Gewinnen oder sterben! Nun haben sie gewonnen. Ich bin stolz darauf!"

Der ungarische Torwart Szabó nach dem mit 2:4 verlorenen Finale gegen Italien.

Italiens Fußballidol dieser Tage: Guiseppe Meazza.

Das Drama von Rio

1950

Uruguay

Brasilien

Schweden

Spanien

Eines der schönsten und beeindruckendsten Stadien der Welt: Das Maracana in Rio, Schauplatz des Finales der WM 1950.

„Bitte nicht klauen - wir holen das Ding sowieso."
Ein paar Tage vor dem Beginn
der Fußball-Weltmeisterschaft 1950 war
der Jules-Rimet-Cup in einem Schuhgeschäft
auf einer der großen Einkaufsstraßen Rios ausgestellt.
Und Fans hatten ein Schild mit diesem Inhalt
vor dem Geschäft aufgestellt.
Ganz Brasilien war sicher:
Die WM gehört uns. Aber dann Tränen und Tote
nach dem finalen 1:2 gegen Uruguay.
Trotz des Top-Torjägers Ademir, der zwar
Schützenkönig, aber nur Vize-Weltmeister wurde.

BUCHKATALOG.DE

Trauer und Tod im Maracana, dem größten Fußballtempel der Welt

Alles war in Rio für das größte Fest seit Brasiliens Unabhängigkeit 1921 gerichtet, aber Uruguay spielte nicht mit

1946, im Frühjahr, als die Welt trotz 50 Millionen Kriegstoten langsam den Alltag wiederfand, im kriegszerstörten Europa aber noch das Unkraut aus den Schuttbergen wucherte, begannen ein paar tausend Kilometer westwärts Bagger mit ihren riesigen Schaufeln Mulden in den Boden von Rio de Janeiro zu wühlen. In Luxemburg, beim ersten FIFA-Kongress nach dem Zweiten Weltkrieg, war beschlossen worden, das nächste Turnier um den Weltpokal, das nun offiziell „Cup Jules Rimet" hieß und als erste echte Weltmeisterschaft in die Annalen des Fußballsports eingegangen ist, in Brasilien ausspielen zu lassen. Die Spiele waren für das Jahr 1949 geplant, es wurde allerdings Sommer 1950, ehe der erste Ball auf der „Baustelle" des Maracana-Stadions rollte. Dejá vù, Geschichte wiederholt sich. Denn vieles erinnerte in diesem Bereich an die ersten Titelkämpfe 1930, als das „Centenario" in Montevideo ebenfalls erst während der WM seinen Feinschliff erhalten hatte.

In Rio, unweit des legendären Zuckerhutes, entstand ein Fußballtempel namens Maracana. Ein Name, der bis heute auf jeden Fußballfreund einen unbeschreiblichen Zauber ausübt, ähnlich wie Namen wie Wembley (London), der Hampden-Park zu Glasgow, das Bernabeu von Madrid oder das San Siro von Mailand, heute Guiseppe-Meazza-Stadion genannt. Maracana - das war und ist für den Fußballfan in Europa das Traumziel jeden Fernwehs und für die Brasilianer die

DER RÜCKBLICK

Kultstätte schlechthin. Für die Schwarzen damals war es der Altar ihrer neuen Ersatzreligion Fußball, vor dem sich die ehemaligen Sklaven mit ihren weißen Herren in gleichberechtigtem Wettstreit beweisen durften.

Für den farbigen Bevölkerungsanteil Brasiliens war der Beruf des Fußball-Profis der einzige, in dem die meist völlig perspektivlos heranwachsenden „Schwarzen" der Armut, der Verzweiflung, dem Dreck und dem Gestank der Blechhütten der „Favelas", der Elendsviertel, am Rande der großen Städte, entrinnen und (meist bescheidenen) Wohlstand gewinnen konnten. Plötzlich gab es für die ins wirtschaftliche Nichts entlassenen Ex-Sklaven die Chance, durch den geschmeidigen, virtuosen und erfolgreichen Umgang mit einem Lederball reich zu werden. Und so war es kein Wunder, dass bald die Talente, die Tag und Nacht nicht nur an der legendären Copacabana barfuss übten, im Überfluss reiften und meist dunkelhäutig waren.

Und es fehlt deswegen den überlieferten Geschichten von damals auch nicht an der Logik, dass Proteste der Schwarzen gegen den Abriss ihrer Quartiere - immerhin doch das einzig Wenige, das sie überhaupt hatten - bescheiden ausfielen. Für das größte, das schönste Stadion der Welt - wie es ihr stolzer Staat versprochen hatte - zollten die Armen der Ärmsten ungefragt ihren Tribut, indem sie relativ klaglos ein Stück ihrer Heimat preisgaben. Ihr Herz schrieb ihnen ihr Einverständnis vor, dass der Staat an dieser Stätte den neuen Göttern im Lande ihre neue Kathedrale baute, eine Kultstätte, die 200 000 Menschen Platz bot. Ein gewaltiger Rundbau, mit freitragenden Dächern und keine die Sicht beeinträchtigenden Pfeilern, mit komplett eingerichtetem Operationssaal und einer kleinen Kapelle in seinem Bauch, mit Flutlicht, obwohl zu jener Zeit FIFA-Spiele nur bei normaler Tagesbeleuchtung stattfinden durften.

Am 16. Juli 1950 sollte in diesem von Menschenhand geschaffenen Wunderstadion die Krönung der neuen Götter Brasiliens stattfinden, der größte Festtag des Staates seit der Unabhängigkeitsfeier im Jahre 1821 war geplant. Die Mess-Diener in den Kirchen standen an den Seilen, zum Leuten der Glocken bereit. Die Feuerwerkskörper in den Läden waren schon tagelang vorher ausverkauft gewesen, die Rundfunkstationen hatten Schallplatten mit fröhlichen Melodien bereit gelegt. Die landesweite Party konnte beginnen. Doch dann erklang Trauermusik.

„Das ist die beste Mannschaft der Welt". Die brasilianische Zeitung „A Nota Illustrada" war sich des Siegs im alles entscheidenden letzten WM-Spiel gewiss, das eigentlich ein Gruppenspiel war, wegen der Tabellenkonstellation aber doch finalen Charakter hatte und deswegen landläufig als Endspiel apostrophiert wird, gewiss. Weil die WM diesmal erstmals nicht im K.o.-System, sondern in Gruppen und nach Punkten ausgespielt wur-

de, reichte den Brasilianern gegen Uruguay schon ein Remis, um den Titel zu gewinnen. Das Blatt verteilte seine Sonderausgabe mit der knackigen Überschrift und darunter den Fotos der vermeintlichen Helden schon vor dem Spiel. Was sollte denn auch beim letzten kleinen Schrittchen aufs Podium der Unsterblichkeit noch schief gehen? 7:1 hatten die Brasilianer die Schweden weggeputzt, 6:1 die Spanier auf dem Weg ins „Finale" düpiert. Vergessen, einfach weggespült von einer Woge der Begeisterung, waren die schmerzlichen Erfahrungen des 2:2 gegen die Schweiz. Die Abwehrtaktik der Eidgenossen, Karl Rappans Schweizer Riegel - damit hatten die Ballkünstler vom Zuckerhut ihre Probleme gehabt. Bah, ein Ausrutscher auf dem Weg in den sportlichen Olymp. Und jeder, der in jenen Tagen mahnend seinen Zeigefinger erhob, wurde wegen personifizierter Ängstlichkeit nur ausgelacht. Sollten sie doch kommen, diese Urus. Diese Weltmeister vom Rio de la Plata von 1930, die sich nicht einmal getraut hatten, 1934 ihren Titel zu verteidigen oder 1938 das Glück neu herauszufordern. Nur zu einem 2:2 gegen Spanien hatten sie sich im direkten Vergleich der vier für die Finalrunde qualifizierten Teams gequält. Mit Mühe und Not 3:2 gegen die Schweden gesiegt - der neue Weltmeister konnte und er durfte nur Brasilien heißen. Siegesgewissheit, die Leichtsinn Vorschub leistet? Leichtsinn, der zu Fehlern verführt? Selbstüberschätzung, die die Gefahr nicht rechtzeitig erkennen lässt? Von allem ein bisschen waren sicherlich die Zutaten für die zweitgrößte Sensation eines WM-Finales - die größte sollte vier Jahre später Deutschland gegen Ungarn glücken. Und am Ende eines denkwürdigen Tages stand nicht überschäumende Freude in Rio, sondern ganz

Die Entscheidung gegen Brasilien: Barbosa hat gegen

ANDERE DATEN

1948
- Im ersten Endspiel nach dem 2. Weltkrieg meldet sich der 1. FC Nürnberg zurück. Er gewinnt gegen den 1. FC Kaiserslautern mit 2:1.
- Ostzonenmeister: SG Planitz.
- Schweden wird Olympiasieger im Fußball.

1949
- 92 000 Zuschauer im total überfüllten Stuttgarter Neckarstadion sehen in einer Hitzeschlacht den 3:2-Sieg des VfR Mannheim nach Verlängerung gegen Borussia Dortmund im Endspiel um die deutsche Meisterschaft.
- Ostzonenmeister: ZSG Horch Zwickau
- Erster DDR-Pokalsieger: Waggonbau Dessau.

1950
- Der VfB Stuttgart gewinnt im Finale mit 2:1 gegen Kickers Offenbach.
- Erster DDR-Meister: ZSG Horch Zwickau, Pokalsieger: BSG EHW Thale.

1951
- Erster Meistertitel für Kaiserslautern und Fritz Walter: 2:1 gegen Preußen Münster.
- DDR-Meister: BSG Chemie Leipzig, Pokal nicht ausgetragen.

1952
- Der VfB Stuttgart besiegt im Finale den 1. FC Saarbrücken mit 3:2-Toren, wird zum zweiten Mal Deutscher Fußballmeister.
- Der Olympiasieger im Fußball heißt Ungarn.
- DDR-Meister: BSG Turbine Halle, Pokalsieger: SG Volkspolizei Dresden.

1953
- Der 1. FC Kaiserslautern gewinnt das Endspiel gegen den VfB Stuttgart mit 4:1.
- Es gibt nach dem Krieg auch wieder einen Pokalsieger: RW Essen schlägt Aachen 2:1.
- DDR-Meister: SG Dynamo Dresden, Pokalsieger: nicht ausgetragen.

Brasilien trauerte. Schon drei Stunden vor dem Beginn des Spiels, war das Stadion gefüllt. 199 854 Menschen hatten nach der offiziellen Abrechnung Eintritt bezahlt, andere Quellen sprechen sogar von 210 000 bis 212 000 Zuschauern, die im Stadion gewesen sein sollen. Doch halten wir uns an die amtlichen Zahlen. Und die besagen, dass nach der Niederlage der Brasilianer nur 199 850 Menschen lebend das Stadion verlassen haben. Drei Fans erlitten während des Spiels einen tödlichen Herzinfarkt, ein weiterer beging Selbstmord.

Dabei hatte es lange so ausgesehen, als ob die brasilianischen Raketen wirklich in den Himmel fliegen könnten. Lange hatte es 0:0 gestanden, die „Urus" hatten sich die Schweizer Riegel-Taktik zu eigen gemacht, ihr Tor verrammelt und auf Konter gehofft. Aber als Friaca irgendwann zu Beginn der zweiten Halbzeit doch zum 1:0 für Brasilien getroffen hatte, schienen sich der Fußballhimmel und das irdische Fegefeuer zum alles übergreifenden Paradies zu vereinigen. Brasilien zauberte, berauschte sich selbst am famosen Spiel, doch es fielen keine Tore mehr. Auf dieser Seite des Spielfeldes zumindest nicht.

Auf der anderen schon: Schiaffinos 1:1 ließ den Brasilianern den blanken Schrecken in die Glieder fahren, nichts ging mehr. Sie schwankten, das Unentschieden verteidigend, das ihnen zwar nicht den Triumph, aber wenigstens den Titel gelassen hätte, dem Schlusspfiff entgegen. Aber sie wurden an diesem Tag nicht erlöst. Erst acht Jahre später gab ihnen das Spiel, das sie in diesem Turnier schon inspiriert hatten, in Schweden den Cup als Geschenk, sozusagen als Dank, zurück.

Doch nach diesem 1:1 herrschte die unglaubliche Stille im Stadion. Roque Máspoli, der Keeper aus Uruguay, erinnerte sich später: „Das tödliche Schweigen ihrer Fans irritierte die Brasilianer, diese unheimliche Stille brachte sie vollends aus dem Gleichgewicht." Und der Gegner beherzigte nun den Rat seines Trainers: „Spielt immer wieder Ghiggia an." Der war Uruguays gleichermaßen behänder wie torgefährlicher Rechtsaußen. Elf Minuten vor Schluss bekam er wieder einmal den Ball. Und als alles auf seine Flanke von rechts Richtung Elfmeterpunkt wartete, drosch er den Ball kurzerhand ins kurze Eck. Uruguay war Weltmeister. Und in den letzten Minuten des Spiels hörte man neben dem dumpfen Aufprall des Balles auf dem Boden nur noch das Schluchzen erbärmlich leidender Fans.

Brasilien war - zöge man einen Vergleich aus der Bundesligageschichte des Jahres 2001 heran - sicherlich (wie Schalke 04) Meister der Herzen. Uruguay aber hatte sich den Titel (wie der FC Bayern) verdient. „Es hat in der Geschichte des Fußballs selten eine Mannschaft gegeben, in der jeder so exakt seine Aufgabe erfüllt hat - und es wird auch so schnell keine mehr geben", wusste WM-Torwart Máspoli.

Und die Europäer (mehr dazu auch in der Rubrik WM-Nachrichten)? Deutschland war noch nicht wieder in die FIFA aufgenommen worden, fehlte also. Österreich hielt seine Mannschaft für noch zu jung, wollte in der Qualifikation nicht gegen die Türkei spielen und verzichtete. Die Tschechoslowakei und Ungarn ebenfalls. Die Franzosen und Portugiesen waren in der Qualifikation gescheitert, und schlugen später das Angebot aus, dennoch als Ersatz mittun zu dürfen. Den Schotten, als englischer Gruppenzweiter qualifiziert, war die Reise zu teuer. Aus Übersee fehlte Argentinien, Peru und Ekuador verzichteten ebenfalls, wie Indien, das sich zwar qualifiziert hatte, aber - aus Geldmangel - seine Mannschaft barfuss spielen lassen wollte. Dies hatte die FIFA abgelehnt und so waren die Inder einfach zu Hause geblieben.

Erstmals dabei war England, dass selbsternannte Mutterland des Fußballs. Es kehrte als der große Verlierer von dieser WM nach Europa zurück, wurde nach dem 0:1 gegen die USA ausgelacht. Die Engländer waren gekommen, um der Welt zu zeigen, wie ein Lehrmeister Fußball spielt. Doch dann wurden die britischen Profis, von einer langen Saison gebeutelt und kräftemäßig ausgewrungen, Opfer der vermeintlich fußballerischen Nobodys aus den Staaten. Die hatten nämlich eine Mannschaft aus erfahrenen europäischen Auswanderern aufgeboten, die an einem guten Tag und mit dem nötigen Glück schwache englische Profis schlagen konnte. Auf der Insel selbst glaubte man die Schreckensnachricht einfach nicht: Als das 0:1 über die Fernschreiber ratterte, dachte man an einen Übermittlungsfehler, eine Falschmeldung. Denn es konnte nicht sein, was nicht sein durfte. Oder umgekehrt. Und es gehört nicht in die Märchenabteilung der unendlichen Geschichte um den Fußball, dass viele englische Zeitungen am nächsten Tag euphorisch meldeten:

England - USA 10:1. Denkste...

DER PROMINENTE

Eine Fußball-WM fasziniert mich, weil...

...sie eine Möglichkeit ist, für die Spieler sich selbst weltweit zu präsentieren und für die Fans eine Chance, in vier, fünf Wochen alle Klasseleute und alle Klasseteams auf einmal zu sehen.

Uli Hoeneß, Weltmeister 1974, Manager des FC Bayern München.

den Schuss von Ghiggia keine Chance, Uruguay gewinnt die WM.

ZEITTHEMEN
Als der nächste Weltkrieg droht und das Volk aufsteht

1950: Wieder droht ein Weltkrieg: Während der Süden des seit 1948 geteilten Koreas einen Nationalkonvent zur Wiedervereinigung mit dem kommunistischen Norden vorbereitet, überschreiten am 25. Juni Nordkoreas Truppen den als Grenze dienenden 38. Breitengrad. Nachdem die Amerikaner, abgesegnet von der UNO, dem Süden zu Hilfe kommen und darauf der Norden von „Freiwilligen" aus Rotchina unterstützt wird, bleibt es bei zwei koreanischen Staaten, die sich 50 Jahre lang feindlich gegenüber stehen sollen. - In der Bundesrepublik gibt es wieder unrationiert Lebensmittel, die „Fresswelle der 50er" beginnt. Die Sehnsucht nach heiler Welt treibt die Menschen in die Kinos: Den Heimatfilm „Schwarzwaldmädel" mit Rudolf Prack und Sonja Ziemann sehen 16 Millionen. - Die nach Gründung der Bundesrepublik im Mai 1949 wenig später gegründete DDR erkennt die Oder-Neiße-Linie als Polens Westgrenze an (Mai). - Der im August 1949 gewählte Bundeskanzler Konrad Adenauer (CDU) treibt die Westintegration voran. - In Ostberlin wird Walter Ullbricht Generalsekretär der SED (Juli) und das Stadtschloss, Sitz der preussischen Könige, gesprengt (September). - Im ersten Länderspiel nach dem Krieg schlägt Deutschland am 22. November die Schweiz mit 1:0; in Stuttgart bejubeln im völlig überfüllten Neckarstadion 100 000 Fans das Elfer-Tor von Herbert Burdenski. Wieder einmal hatte die Schweiz als erstes Land die Hand zur Versöhnung ausgestreckt.

1951: Die 1. Internationale Automobilausstellung am 18. April in Frankfurt zeigt: Das Auto ist der Motor des Wirtschaftswunders - die Produktion stieg von 7000 (in 1945) auf 306 000 Fahrzeuge. - In Teheran heiratet der Schah von Persien, Reza Pahlewi, die 17-jährige Soraya Esfandiari. - Cornelia Froboess trällert: „Pack die Badehose ein". - Und Hildegard Kneef, 2002 verstorben, schockt die Deutschen im Film „Die Sünderin" mit einer kurzen Nacktszene. - In New York wird der größte Film aller Zeiten uraufgeführt - „Quo vadis".

1952: Der Elsäßer „Urwald-Doktor" Albert Schweitzer erhält den Friedensnobelpreis. - Der Republikaner Dwight D. Eisenhower, Oberbefehlshaber der amerikanischen Invasionsarmee im 2. Weltkrieg, wird US-Präsident. - Die wieder olympiawürdigen Deutschen holen bei den Winterspielen in Oslo drei Mal Gold und im Sommer in Helsinki sieben Silber- und 17 Bronzeplaketten; Held der Spiele ist Emil Zatopek, die „tschechische Lokomotive" holt Gold über 5000, 10 000 Meter und im Marathonlauf.

1953: Am 2. Juni besteigt Königin Elisabeth II. 27-jährig den englischen Thron. - Am 17. Juni haben sich die Streiks gegen die unmenschlichen Normen in den Betrieben der DDR zum Aufstand ausgeweitet. Aktionen gibt es in 250 Städten und Orten. Als um 11.10 Uhr die Rote Fahne vom Brandenburger Tor in (Ost-)Berlin geholt wird, lässt der sowjetische Stadtkommandant Panzer auffahren und schießen. 19 Tote werden gezählt. - Am 2. März stirbt Josef Stalin 73-jährig. Der seit 1927 mit „Säuberungsaktionen", denen Millionen Menschen zum Opfer fielen, regierende Sowjet-Diktator wird neben Lenin aufgebahrt. Sein Nachfolger als KPdSU-Sekretär, Nikita Chrustschow, leitet aber 1956 die „Entstalinisierung" der Sowjetunion ein.

NAMEN & NACHRICHTEN

Das Maracana
Für diese WM wurde mit dem Maracana das größte Fußballstadion der Welt errichtet – es bot 200 000 Zuschauern Platz. 50 Jahre später schrieb „Der Spiegel" über das berühmteste Stadion der Welt: „Von oben sieht die Schüssel aus wie eine überdimensionierte Lupe, und darunter liegt die brasilianische Seele offen. Hier wird gebetet, geschluchzt und gefeiert wie nirgends sonst – im Maracana ist die Übertreibung der Regelfall. Das Spielfeld ist größer, die Zuschauerzahl gewaltiger, die Hitze brüllender, der Sieg schöner, der Absturz schrecklicher." Am 16. Juni 1950 wurde das Stadion mit einem Spiel zweier Auswahlmannschaften von Rio und Sao Paulo eingeweiht. Der erste Kicker, der hier ins Tor traf, war Didi, Mitglied des brasilianischen Weltmeister-Teams 1958.

Brasiliens erster Superstar
Der erste Superstar Brasiliens war der deutschstämmige Arthur Friedenreich. Bis heute ist er mit 1329 von der FIFA anerkannten Toren der erfolgreichste Torschütze aller Zeiten – noch vor seinem Landsmann Pelé. Friedenreich, 1892 in Sao Paulo geboren, spielte mit 17 Jahren in der ersten Liga, ehe er mit 43 aufhörte. Friedenreich war der Sohn eines deutschen Kaufmannes und einer afrobrasilianischen Wäscherin, hatte als „Dunkelhäutiger" eine verhältnismäßig helle Haut und er war es, dem es als Erstem gelang, die Rassenschranken zu durchbrechen. An einer WM aber hat Friedenreich nie teilgenommen – allerdings holte durch sein Tor Brasilien 1919 die Südamerika-Meisterschaft gegen Uruguay. Ehrfurchtsvoll wurde er fortan „el tigre" genannt und der Schuh, mit dem er das goldene Tor geschossen hatte, wurde im Triumphzug durch die Straßen Rios getragen. Immerhin durfte bei dieser WM erstmals mit Uruguays Kapitän Obdulio Varela ein farbiger Spieler die WM-Trophäe entgegen nehmen.

Engländer Spitze
Fußballerisch taugten die Engländer nicht besonders viel. Aber wenigstens war das Mutterland des Fußballs in einer Rubrik auf dem ersten Platz zu finden: bei den Schiedsrichtereinsätzen. Von den 22 Endrunden-Spielen wurden allein zehn von englischen Unparteiischen geleitet. Die englische Mannschaft selbst hatte das Turnier offenbar auf die leichte Schulter genommen. Anstatt sich von einer kräftezehrenden Meisterschaft zu erholen, hatte die Verbandsführung in ihrer ganzen Überheblichkeit auf der Anreise auch noch eine Gastspielreise durch Kanada abgeschlossen. Wieder keine Erholung für die gestressten englischen Profis.

Flugzeugunglück
Italiens schwaches Abschneiden war auch damit zu erklären, dass die halbe Nationalmannschaft bei einem Flugzeugunglück ums Leben gekommen war. Beim Rückflug von einem Spiel bei Benfica Lissabon war am 4. Mai 1949 die Maschine mit der Turiner Mannschaft an der Basilika von Superga, einem Vorort Turins, zerschellt. Vier Runden vor dem Ende der nationalen Titelkämpfe wurde der AC Turin zum Meister erklärt. Bei dem Unglück kamen 31 Menschen, darunter zehn Nationalspieler, ums Leben.

Antrag vertagt
Während der FIFA-Tagung dieser Weltmeisterschaft wurde vor allem von der Schweiz vehement der Antrag verfolgt, Deutschland wieder in den Kreis der FIFA auf zu nehmen. Der Antrag wurde vertagt – das Saarland allerdings wurde als neues Mitgliedsland akzeptiert.

Ärger
32 Nationen hatten ursprünglich für diese WM gemeldet, am Ende blieben nur 13. Argentinien unter der Diktatur Perons boykottierte diese WM, Frankreich, nachnominiert, sagte 19 Tage vor der Eröffnung ab. Zu wenige Teilnehmer - dies führte zu neuem Ärger bei der Gruppeneinteilung. So beschwerten sich die Jugoslawen über zu viele, weite Reisen, Uruguay kam glimpflich davon, Italien durfte seine Spiele am gleichen Ort (Sao Paulo) austragen.

Volkstümlichkeit
Jules Rimet, der Präsident der FIFA, war vor allem über den Zuschauerandrang glücklich und schwärmte von dieser WM: „In keiner Zeit war der Fußball volkstümlicher als heute."

Unterschiede
An Bekleidung, Schuhen und Taktik lassen sich die unterschiedlichen Auffassungen europäischer und südamerikanischer Fußballkunst von damals charakterisieren. Die Südamerikaner setzten auf ganz leichte Bekleidung und extrem kurze Hosen. Die Schuhe waren ebenfalls geschmeidig, ganz anders als die europäischen Boots. Und die Taktik lautete in Südamerika schon damals 4-2-4, sie war variabler als das WM-System der Europäer.

Auch sie hatten kein Glück bei der WM in Brasilien: Stan Matthews und Stanley Mortensen.

Üben am Strand der Copacabana, um irgendwann bei einer WM mittun zu dürfen (kleines Foto). Im Spiel der Chilenen gegen England verhinderte Torwart Livingstone, ein gebürtiger Brite, Schlimmeres für sein Land. Hier fängt er Flanke vor Mortensen ab. Dennoch verloren die Südamerikaner 0:2. Das änderte jedoch nichts daran, dass die Engländer früh aus dem Turnier flogen und nach Hause reisen mussten.

HÄTTEN SIE'S GEWUSST?

Platzverweise und Karten

- Den ersten Platzverweis der WM-Geschichte sprach am 14. Juli 1930 der chilenische Schiedsrichter Alberto Warken aus. Er schickte beim Spiel Peru gegen Rumänien den Peruaner Mario de las Casas vorzeitig zum Duschen.
- Die erste Gelbe Karte bei einer WM sah der Sowjetrusse Kakhi Asatiani im Eröffnungsspiel am 31. Mai 1970 vom deutschen Schiedsrichter Kurt Tschenscher (Mannheim).
- Die erste Rote Karte bekam beim Spiel Deutschland - Chile am 14. Juni 1974 in Berlin der Chilene Carlos Caszely nach an einem Foul an Berti Vogts.
- Der erste Spieler, der nach einem Platzverweis im gleichen WM-Turnier doch noch Weltmeister wurde, war der Brasilianer Garrincha (1962). Später schafften dies auch Rudi Völler (1990) und Zinedine Zidane (1998).
- Die ersten Platzverweise in einem WM-Finale datieren aus dem Jahr 1990. Beim Spiel Deutschland - Argentinien flogen Pedro Damian Monzon und Gustavo Abel Dezotti vom Feld
- Die schnellste Rote Karte bei einem WM-Turnier zückte am 13. Juni 1986 Joel Quiniou (Frankreich) gegen den Chilenen José Battista nach nur 55 Sekunden Spielzeit.
- Der bisher einzige Spieler, der bei zwei verschiedenen Turnieren vom Platz flog, ist Rigobert Song aus Kamerun (1994/98).

Ademir in Aktion auf dem Spielfeld und in späteren Jahren zusammen mit Pelé, seinem großen Idol.

Schöner Ademir armer (?) Ademir

Für Brasiliens besten Kicker war die Torjägerkrone kein Trost

Pünktlich zum Turnierbeginn am 24. Juni hatten die Italiener den seit 1934 in ihrem Besitz befindlichen Jules-Rimet-Pokal beim WM-Gastgeber Brasilien abgeliefert. Und da stand er nun im Schaufenster eines feudalen Schuhgeschäfts auf der Avenida Branco von Rio de Janeiro, und Fans hatten davor ein Schild aufgestellt: „Nicht klauen, wir holen das Ding sowieso." Ja, wenn es nach dem Mann gegangen wäre, den sie in ganz Brasilien nur liebevoll „das Kinn" nannten ob seines imposanten Profils, hätten die haushoch favorisierten Brasilianer „das Ding" auch wirklich gewonnen. Ademir, „das Kinn", oder mit bürgerlichem Namen Marques de Menezes, wurde nicht nur Torschützenkönig der vierten WM mit imponierenden neun Treffern in sechs Begegnungen, der 27-jährige Mittelstürmer wurde von den Experten auch einstimmig zum besten Spieler des Turniers gewählt. Und deshalb war am 16. Juli, nach dem letzten Spiel der Finalrunde der besten Vier, kein Mensch in dem mit knapp 200 000 Zuschauern gefüllten Maracana-Stadion trauriger als Ademir, als die Partie gegen den Erzrivalen Uruguay abgepfiffen wurde und mit 1:2 verloren war. In den fünf Spielen zuvor hatte Ademir den Torhütern noch die Bälle ins Netz gesetzt, dass es für die ständig Samba tanzenden Fans auf den Rängen eine wahre Freude war. Dem schwedischen Goalie Svensson schenkte er beim 7:1 gleich vier Stück ein, gegen Uruguay aber wollte nichts gelingen.

Dass er nur Vize-Weltmeister geworden war hat Ademir nie so richtig verwunden, denn er hatte genauso wie der Rest der Nation ein Scheitern niemals einkalkuliert, was er gleich nach dem Spiel auch offen zugab. Auf die Frage, warum die beste Mannschaft des Turniers am Ende nicht gewonnen habe, antwortete er einem Schweizer Reporter: „Weil wir uns schon vor dem letzten Spiel als Weltmeister fühlten." Und ob Ademir nach Ende seiner Fußballerkarriere in seinem zweiten Beruf als Sportreporter dann das geeignete Umfeld zur Trauma-Bewältigung fand, darf getrost bezweifeln, wer brasilianische Fußball-Journalisten schon erlebt hat - für sie beginnt die Schmach nämlich schon mit dem zweiten Platz.

Nun denn, hier also ein Loblied auf den besten Nicht-Weltmeister seiner Zeit:

Dass Ademir, ein groß gewachsener und athletischer Spieler auch ein Großer werden sollte, war ihm schon in die Wiege gelegt worden, als er 1922 in Recife zur Welt kam. Sein Vater, Domingos da Guia, stand als Abwehrspieler nämlich in Brasiliens Elf bei der WM 1938 in Frankreich, und weil er wollte und wusste, dass sein Junior, dem er den Künstlernamen Ademir gab, es zu etwas bringen würde, beorderte den 20-Jährigen, der zuvor mit dem Sport Club Recife drei Mal Meister der Region Pernambuco geworden war, in den größten Fußball-Talentschuppen der Welt - nach Rio. Ademir fasste sofort Fuß, erst beim Großklub Vasco da Gama, dann bei Fluminense, dann wieder bei Vasco da Gama, für das er elf Jahre lang spielte. Fünf Mal Staatsmeister von Rio, drei Mal Brasilianischer Meister, die Südamerika-Meisterschaft für Vereinsmannschaften 1948, dazu Publikumsliebling in der Metropole unterm Zuckerhut und der teuerste Kicker Südamerikas, der bei Vasco da Gama mit monatlich 50 000 Cruzeiros entlohnt wurde - der Aufstieg Ademirs in Rio zwischen den Jahren 1945 und 1952 war fürwahr beeindruckend. Auch in der Selecao Brasileira, der Nationalelf, für die er am 25. Januar 1945 beim 3:0 über Kolumbien debütierte, war er sofort Stammspieler und gewann mit ihr 1949 den Südamerika-Titel (Copa América). In seinen 39 Länderspielen schoss er 32 Tore. Als aber das Tüpfelchen auf dem „I", der Titelgewinn auf ureigenstem Terrain, misslungen war, ging es auch mit der Karriere des Ademir Marques de Menezes bergab. Sein letztes Länderspiel bestritt er am 15. März 1953 beim 1:0-Sieg gegen Uruguay - wenigstens eine kleine Genugtuung! Für die Weltmeisterschaft 1954 in der Schweiz fand der Mann, dessen Stärken seine Antrittsschnelligkeit, seine Körpertäuschungen und seine Schusstechnik waren („ein harter, trockener, im Ansatz nicht erkennbarer Schuss" - Walter Lutz in „Saga des Weltfußballs", 1991), keine Berücksichtigung mehr. Auch bei seinem Klub Vasco da Gama, für den er noch bis 1956 spielte, kam Ademir nur noch unregelmäßig zum Einsatz. Bei den meist etwa 70 Spielen, die es in einer ganzjährigen Saison unter brasilianischer Sonne zu absolvieren gilt, hatten Verschleißerscheinungen und Verletzungen eben auch bei ihm ihren Tribut gefordert.

Ein Leben voller Verzweiflung hat Ademir dennoch nicht geführt. Sein verdientes Geld - sein Monatseinkommen betrug ein Vielfaches eines durchschnittlichen Arbeiterlohns - legte er in Eigentumswohnungen an, und sein ansprechendes Äußere ließ ihn mit wesentlich jünger erscheinen, so dass er mit 64, zehn Jahre vor seinem Tod 1996, noch eine wesentlich jüngere Frau ehelichte. Der Autor Karl-Heinz Huba beschreibt in seiner „Weltgeschichte des Fußballs" den hoch gewachsenen Mulatten so: „Breite Schultern, schmale elastische Hüften (...) als Krönung ein markanter, kantiger Schädel mit pomadisiertem Kraushaar und auf der Oberlippe die ein wenig halbseiden wirkenden Haarstriche eines Menjou-Bärtchens."

Kurz: Ein offenbar typischer Herzensbrecher und Charmeur aus einem Hollywood-Streifen der 40er Jahre, ein Errol Flynn auf brasilianisch, sozusagen. Vielleicht wäre da ein WM-Titel des Guten doch etwas zu viel gewesen? Zumindest außerhalb Brasiliens könnte man es so sehen...

DER SUPER-STAR

Ademir, einer der besten Stürmer seiner Zeit, wurde auch „das Kinn" genannt.

ANDERE STARS

Juan Alberto Schiaffino
(28.7.1925) war der Regisseur der WM-Mannschaft von Uruguay. Trainer Helenio Herrera schätzte an ihm seinen Stil, seine Spiel-Intelligenz und seine Übersicht. Nach der WM 1950 wechselte „Pepe" als Weltmeister nach Italien und spielte für den AC Milan und den AS Rom. Bestritt für Uruguay auch noch das Turnier 1954. 25 Länderspiele, elf Tore.

Antonio Carbajal
(7.6.1929). Der legendäre Torhüter aus Mexiko mit der absolut souveränen Strafraumbeherrschung stand 1950 zum ersten Mal bei einer Weltmeisterschaft im Tor. Auch 1954, 1958, 1962 und 1966 schafften sein Land und er die WM-Teilnahme. So stand Carbajal als erster Spieler bei fünf Weltmeisterschaften in Folge auf dem Platz. Ein Rekord, den erst der Deutsche Lothar Matthäus 1998 einstellte, der allerdings mit 25 Endrunden-Spielen auf die meisten Einsätze kommt. Die Torwart-Legende (86 Länderspiele) wurde in Mexiko zum Volkshelden und 1992 mit dem FIFA-Orden geehrt.

Obdulio Varela
war der erste farbige Kapitän der Nationalmannschaft Uruguays und damit der erste dunkelhäutige Spieler überhaupt, der den Jules-Rimet-Pokal überreicht bekam. „Der schwarze Boss" soll sich vor den Spielen regelmäßig gedopt haben - mit einem oder zwei Vierteln Wein. Es tat seinem Spiel offenbar gut. Weltmeister 1950, WM-Teilnehmer 1954.

Nur vier Jahre bevor ganz Deutschland beim Triumph der „Helden von Bern" völlig aus dem Häuschen geraten sollte, interessierte das Ereignis Fußball-Weltmeisterschaft im fernen Brasilien zwischen Nord- und Bodensee so gut wie niemanden. Am Dienstag, dem 27. Juni 1950, Montagsausgaben waren unüblich, erschienen in den Zeitungen, vor allem in Süddeutschland, zwar über mindestens eine halbe Seite Berichte und Analysen vom Triumph des VfB Stuttgart, der im Endspiel um die deutsche Meisterschaft vor 100 000 Besuchern im Berliner Olympiastadion die Offenbacher Kickers mit 2:1 besiegt hatte, von der Fußball-WM in Rio, Sao Paulo oder Belo Horizonte, an der Deutschland zudem noch nicht einmal teilnehmen durfte, gab es aber nur drei Zeilen Ergebnisse zu lesen.

Was wir daraus lernen? Dass einem stets das Hemd näher sitzt als der Rock und die Leute in Deutschland offensichtlich andere Sorgen hatten. Und die Menschen in Deutschland waren damals vornehmlich weiblicher Natur, was wir aber - nein, nein

DIE GLOSSE

Erst das Fressen, dann die Moral, dann der Sport...

werte Alice Schwarzer! - nicht als feministische Ignoranz gegen den WM-Fußball werten wollen, sondern nur als, sagen wir, geschlechtsspezifische Interessens-Differenzierung. In der Wochenendausgabe 24./25. Juni der „Schwäbischen Zeitung", eigentlich wie geschaffen für einen WM-Ausblick, finden wir so in der Beilage eine ganzseitige Anleitung unter dem Motto wie Frau zum Mann kommt, denn aufgrund von Krieg und Gefangenschaft betrug der Frauenüberschuss in deutschen Großstädten damals bis zu 70 Prozent – „für viele deutschen Mädchen und Frauen ein bitterer Wermutstropfen." Unter der Überschrift „Wo lerne ich meinen Mann kennen?" ist dann folgende Analyse zu lesen: „14 Prozent der Frauen finden ihren Mann durch eine Zeitungsannonce, 24 Prozent durch eine Verabredung, aber 46 Prozent im Beruf." Konsequenz und sogleich Lösung des Problems: „Wenn du den Mann fürs Leben kennenlernen willst, so suche dir eine Arbeit!" So also lief der Hase damals. Und weil Broterwerb (eher handfester als geistiger), das mit Abstand Wichtigste war, wurden auch bei den Mannschaftsaufstellungen im Berliner Endspiel hinter den Namen der Spieler noch deren Berufe angegeben.

Wenn man dann liest, dass im Sturm des VfB Stuttgart damals ein Fleischer, ein Elektriker, ein Schreiner, ein Kaufmännischer Angestellter und ein Geschäftsinhaber sowie im Tor noch ein leibhaftiger Schwabe („Gummi"-Schmid) standen, bei den Offenbacher Kickers aber allein drei Sportlehrer und ein Sportstudent stürmten, so passt der Sieg der bodenständigen Schwaben so recht ins Bild jener Zeit. Wir erweitern also das berühmte Zitat des Dramatikers Berthold Brecht wie folgt: „Erst kommt das Fressen, dann die Moral - dann der Sport."

ANDERE FAKTEN

1950 – Endrunde in Brasilien (24.6. – 16.7.)

Gruppe 1
Brasilien – Mexiko	4:0
Jugoslawien – Schweiz	3:0
Brasilien – Schweiz	2:2
Jugoslawien – Mexiko	4:1
Brasilien – Jugoslawien	2:0
Schweiz Mexiko	2:1

Endstand: 1. Brasilien (5:1 Punkte / 8:2 Tore), 2. Jugoslawien (4:2 / 7:3), 3. Schweiz (3:3 / 4:6), 4. Mexiko (0:6 / 2:10).

Gruppe 2
England – Chile	2:0
Spanien – USA	3:1
Spanien – Chile	2:0
USA – England	1:0
Spanien – England	1:0
Chile – USA	5:2

Endstand: 1. Spanien (6:0 Punkte / 6:1 Tore), 2. England (2:4 / 2:2), 3. Chile (2:4 / 5:6), 4. USA (2:4 / 4:8).

Gruppe 3
Schweden – Italien	3:2
Schweden – Paraguay	2:2
Italien – Paraguay	2:0

Endstand: 1. Schweden (3:1 Pkten / 5:4 Tore), 2. Italien (2:2 / 4:3), 3. Paraguay (1:3 / 2:4).

Gruppe 4
Uruguay – Bolivien	8:0

Endstand: 1. Uruguay (2:0 Punkte / 8:0 Tore), 2. Bolivien (0:2 / 0:8).

Finalrunde
Brasilien – Schweden	7:1
Spanien – Uruguay	2:2
Brasilien – Spanien	6:1
Uruguay – Schweden	3:2
Schweden – Spanien	3:1

Entscheidendes Finalspiel (16. Juli)
Uruguay – Brasilien	2:1

Uruguay: Máspoli, Gonzáles, Tejera, Gambetta, Varela, Andrade, Ghiggia, Pérez, Miguez, Schiaffino, Morán.
Brasilien: Barbosa, de Costa, Juvenal, Bauer, Alvim, Bigode, Friaca, Zizinho, de Menezes, Pinto, Chico.
Schiedsrichter: Reader (England).
Zuschauer: 199 854 (Rio de Janeiro).
Tore: 0:1 Friaca (48.), 1:1 Schiaffino (68.), 2:1 Ghiggia (81.).

Der Weltmeister beim Gruppenbild: Uruguay gewann zum zweiten Mal den Cup Rules Rimet.

DAS ZITAT

„Lasst Sie anrennen und schlagt dann selbst zu."

Uruguays Trainer Lopez vor dem alles entscheidenden Spiel der WM 1950 gegen Brasilien.

Italiens Torwart Sentimenti in Aktion. Er wehrt einen Schuss des Schweden Palmer ab. Die Schweden siegten 3:2.

Torjäger des Turniers
Ademir Marques de Menezes (Brasilien)	9
Juan Schiaffino (Uruguay)	5
Estanislao Basora (Spanien)	5
Chico (Brasilien)	4
Telmo Zarra (Spanien)	4
Omar Miguez (Uruguay)	4
Alcides Ghiggia (Uruguay)	4

Geschossene Tore	88
Tordurchschnitt pro Spiel	4,00
Die meisten Tore	Brasilien 22
Das schnellste Tor	A. Ramos dos Santos
	(3. Minute bei Brasilien – Schweiz)
Elfmeter	3
(alle verwandelt)	
Platzverweise	keine

Das **Wunder** war geplant

1954

Deutschland

Ungarn

Österreich

Uruguay

Der „Chef" (Sepp Herberger, rechts) und sein Kapitän (Fritz Walter, links) nach dem Finalsieg auf den Schultern von Fans und Spielern.

*Nie zuvor und nie mehr danach hat ein Sieg
einer Fußball-Mannschaft
Deutschland so euphorisiert
wie derjenige im WM-Finale 1954 gegen Ungarn.
Fritz Walter und die Seinen wurden nicht nur
Weltmeister, sondern Volkshelden.
Und als sie mit dem Cup zusammen
aus der Schweiz zurück nach Deutschland kamen,
standen Millionen an der Bahnstrecke und jubelten.
Ein ganzes Volk war auf den Beinen.
Das „Wunder von Bern" ist noch heute
ein geflügeltes Wort.*

BUCHKATALOG.DE

Das Wunder war bis ins kleinste Detail geplant

Warum Sepp Herberger und seine Fußballer die als unschlagbar geltenden Ungarn doch bezwingen konnten

„Ei Rudi, was meinen Sie denn? Glauben Sie etwa, ich sei bei der Queen zum Tee gewesen?" Sepp Herberger blinzelte seinem Gegenüber fröhlich ins Gesicht. Es war der 26. November 1953, irgendwo auf der Fähre zwischen England und Frankreich. Einen Tag zuvor hatten die Ungarn als erste kontinentale Mannschaft die Engländer auf deren heiligem Rasen in Wembley besiegt.

Besiegt? Nein. Vorgeführt. Gedemütigt. Der Lächerlichkeit preis gegeben. 6:3 hatten die Ungarn die Briten, die sich immer noch als Erfinder des Fußballs fühlten, weggefegt, und Rudi Michel, der junge Reporter des damaligen Südwestfunks Baden-Baden, war einer von 105 000 Augenzeugen gewesen. „Haben Sie das gesehen, Herr Herberger", hatte er später, vom Spiel der Ungarn völlig begeistert, auf dem Schiff den Bundestrainer angesprochen. Und der hatte ihm neben dem „Queen-Zitat" unter anderem entgegnet: „Rudi, wenn wir in der Schweiz auf die Un-

DER RÜCKBLICK

garn treffen sollten, dann werden wir alles anders machen, wir werden uns aus der Abwehr nicht so herauslocken lassen wie die Engländer."

Wenn man der Phantasie ein bisschen freien Lauf lässt, dann könnte man schlussfolgern, dass an diesem 25. November 1953 in England die Fußball-Weltmeisterschaft 1954 in der Schweiz schon entschieden worden ist. Herberger nämlich begann nach der beeindruckenden Inaugenscheinnahme des übermächtigen Gegners an seinem Konzept zu basteln, einen schlitzohrigen Plan zu entwerfen. Und die Ungarn, die von mehreren hunderttausend Fans daheim in Budapest empfangen und enthusiastisch gefeiert wurden, hielten sich nach ihrem Husarenstück auf der Insel fortan für unschlagbar. Hans Blickensdörfer, der unvergessene Journalist und Romancier, hat später einmal die Rolle des Fußballs in Ungarn in dieser Zeit und speziell den Stellenwert von Ferenc Puskas, des Majors und Kapitäns des ungarischen Wunderteams, beleuchtet: „Er war mächtiger als ein Minister. Er glich dem Kapitän eines Schiffes, der nicht nur der Mannschaft, sondern auch dem Reeder seine Befehle erteilt." Ungarn war in diesen Jahren eine Fußballmannschaft wie von einem anderen Stern. Tatsächlich unschlagbar? Fast schien es so. 50 Spiele hat diese ungarische Nationalelf in den Jahren von 1950 bis 1955 ausgetragen. Wenige endeten Unentschieden, nur ein einziges verlor sie – das Wichtigste allerdings, das WM-Finale am 4. Juli 1954. 2:3 gegen Deutschland, wo seither jedes Kind weiß, was gemeint ist, wenn man vom „Wunder von Bern" spricht. Doch seit dem 25. November des Vorjahres war viel passiert.

Die Quellen sind nicht eindeutig. Aber es waren am Ende wohl 38 Nationen, die sich in Qualifikationsspielen um die Teilnahme der im Jahr 1948 an die Schweiz vergebenen fünften Weltmeisterschaft bemühten. Aus politischen Gründen hatten die Sowjets, Chinesen und Polen verzichtet, Argentinien blieb

Ein stolzer Augenblick für Fritz Walter: Mit dem WM-Pokal schreitet er vorbei an seinen Mannschaftskameraden.

DIE GLOSSE
„Halten Sie mich für übergeschnappt..."

Kein Text zur WM 1954 kann herzerfrischender sein als die Rundfunk-Reportage von Herbert Zimmermann. Auszüge im Original-Wortlaut: „Halten Sie nur die Daumen zu Hause, halten Sie sie. Und wenn Sie vor Schmerz zerdrücken, es ist gleichgültig. Drücken Sie! - Sieben Minuten noch. Sieben Minuten, wenn drüben die Schweizer Normaluhr richtig anzeigt, und daran brauchen wir nicht zu zweifeln... Sechs Minuten noch im Wankdorf-Stadion in Bern, aber keiner wankt - Der Regen prasselt unaufhörlich hernieder, aber die Zuschauer harren aus, wie könnten sie auch! Eine Fußball-Weltmeisterschaft ist nur alle vier Jahre... Jetzt Deutschland am linken Flügel - Schäfer flankt nach innen - Kopfball abgewehrt - aus dem Hintergrund müsste Rahn schießen - Rahn schießt - Tooor! Tooor!! Tooor!!! - Tor für Deutschland - durch Linksschuss von Rahn aus 14 Metern. - 3:2 für Deutschland fünf Minuten vor dem Spielende - halten Sie mich für verrückt, halten Sie mich für übergeschnappt - ich glaube, auch Fußball-Laien sollten ein Herz haben, sollten sich an der Begeisterung unserer Mannschaft und unserer eigenen Begeisterung mitfreuen... 3:2 für Ungarn! - ich bin auch schon verrückt - Entschuldigung! 3:2 für Deutschland, natürlich! - Die Ungarn wie von der Tarantel gestochen, lauern die Puszta-Söhne - drehen jetzt auf - der Ball kommt zu Kosics - Puskas abseits - Schuss, aber nein!!! Kein Tor! Kein Tor! Kein Tor! Puskas abseits. Eindeutige Abseitsstellung von Major Puskas. Großartig seine Schussleistung, großartig auch die Vorarbeit von Kocsis - dann schoss Puskas flach - aber er stand eindeutig abseits... Der Sekundenzeiger, er wandert so langsam. Geh' doch schneller, geh' doch schneller! - Aber er tut es nicht. Er geht mit der Präzision, die ihm vorgeschrieben ist... Vielleicht lässt der Schiedsrichter auch nachspielen... Jetzt haben die Ungarn eine Chance - gibt ab zum rechten Flügel - Czibor - jetzt ein Schuss! - Gehalten von Toni! Gehalten!! Und Puskas, der Major, der großartige Spieler aus Budapest, er hämmert die Fäuste auf den Boden, als wolle er sagen: Ja, ist denn das möglich! - dieser Sieben-Meter-Schuss - es ist wahr - unser Toni hat ihn gemeistert... Aber wieder droht Gefahr - die Ungarn auf dem rechten Flügel - Fritz Walter schlägt den Ball über die Außenlinie ins Aus; wer will ihm das verdenken - die Ungarn erhalten einen Einwurf - der wird ausgeführt - kommt zu Kocsis - Da der Pfiff! Das Spiel ist aus! Aaauuus! Aaauuusss!! Deutschland ist Weltmeister! - - - schlägt Ungarn mit 3:2 Toren im Finale in Bern...

- da es immer noch keinen Zuschlag für eine WM erhalten hatte - schmollend in Südamerika. Und Spanien schied nach drei Spielen durch Losentscheid gegen die Türken aus, jene Türken, die schließlich neben den Ungarn als eines der beiden gesetzten Teams in der deutschen Gruppe spielte. Die Bundesrepublik, gegen die die FIFA 1949 das nach dem Zweiten Weltkrieg verhängte Spielverbot aufgehoben hatte, hatte sich gegen das Saarland unter Trainer Helmut Schön und Norwegen durchgesetzt. Doch auf der Rechnung hatte diese Mannschaft keiner. Nicht einmal bei den Buchmachern in London konnte man auf Deutschland wetten, und die eigenen Zöllner verabschiedeten das Team auf seiner Reise zum Turnier in die Schweiz salopp: „Was wollt ihr denn dort?"

Sepp Herberger, der alte Fuchs, wusste es. Und der Mann, der auch die wichtigen Kleinigkeiten nicht dem Zufall überließ, hatte akkurat geplant. Die Deutschen hatten als einzige Mannschaft einen von „adidas" entwickelten neuen Fußballschuh im Gepäck, einen mit praktischen, auswechselbaren Schraubstollen, was besonders bei Regen in punkto Standfestigkeit ein Vorteil sein konnte. Herberger hatte auch bei der Hotelauswahl alles bedacht. In Spiez, am Thuner See, wo sich später hin und wieder „der Geist von

DER PROMINENTE

Eine Fußball-WM fasziniert mich, weil...

...im Gegensatz auch zum spannendsten Theaterstück kein Zuschauer und kein Mitspieler vorher weiß, wer am Ende jubelt oder leidet.

Helmut Markwort, Chefredakteur und Geschäftsführer der Zeitschrift FOCUS.

Spiez" zeigte, hatte er das Quartier einrichten lassen mit dem Vorteil der kurzen Wege und keinem einzigen Umzug während der WM-Tage. Auch er hatte das Hotel der Ungarn inspiziert und befunden, eine im halbstündigen Rhythmus läutende Kirchenglocke eine unzumutbare Ruhestörung für gestresste Fußballerohren sei. In den Ungarn hatte der „Chef" logischerweise den gefährlichsten Gegner ausgemacht. Er wollte über alles unterrichtet sein. So schickte er täglich einen Kundschafter ins Hotel der Mayaren, und Gyula Lorant, damals Stopper der Ungarn und später ein besessener Trainer, erzählte: „Herberger wusste, was wir machten, was wir aßen, wann wir tafelten, wann und wie wir trainierten, wann wir zu Bett gingen, ob alleine oder auch nicht..."

Und Herberger hatte sich mit dem gleichermaßen komplizierten wie unsinnigen WM-Modus auseinandergesetzt, ihn begriffen, daraus seine Schlüsse und letztendlich seine Vorteile gezogen. Im Gegensatz zu heute, wo das Fernsehen so viele WM-Spiele wie möglich übertragen will, wollten die Erfinder dieses seltsamen Modus möglichst wenige Gruppenspiele austragen. So unterteilten sie die 16 Mannschaften in vier Gruppen. Pro Gruppe gab es zwei gesetzte und zwei ungesetzte Teams, die nicht gegeneinander spielen mussten, sodass es in jeder Vierer-Gruppe nur zu jeweils vier Vorrundenspielen kam. Fürs Viertelfinale qualifizierten sich die beiden Erstplatzierten, bei Punktgleichheit allerdings entschied nicht das Torverhältnis, sondern es kam zu einem Entscheidungsspiel. Deswegen genügte Deutschland ein 4:1-Vorrundensieg gegen die Türkei (gegen Südkorea musste nicht gespielt werden), um das wichtige Entscheidungsspiel gegen die Türken zu erreichen. Und so kam Herberger auf die Idee, im zweiten Vorrundenspiel gegen die Ungarn eine bessere B-Elf auf den Platz zu schicken, auch eine hohe Niederlage in Kauf zu nehmen, um mit einer ausgeruhten Mannschaft dann die Entscheidung zu suchen. 3:8 unterlag Deutschlands B-Elf den Ungarn, die nach einem Foul von Werner Liebrich Superstar Puskas wegen Verletzung zwar verloren, aber dennoch weiteres Selbstvertrauen gewannen. Und als es dann ein paar Tage später im Finale erneut gegen die Deutschen ging, die sich beim 7:2 gegen die Türkei, dem 2:0 gegen Jugoslawien und einem 6:1 gegen Österreich weiter einspielen konnten, verschwendeten die Ungarn keinen Gedanken an eine mögliche Niederlage. Sie und der Rest der Fußballwelt diskutierten vor dem Anpfiff nur über die Höhe des sicher scheinenden Sieges.

Und nun spielte auch der Himmel mit, begünstigte die Pläne des deutschen Trainers. Am Morgen des 4. Juli begann es zu regnen, und als die Mannschaften gegen 17 Uhr aus den Kabinen des Berner Wankdorfstadions kamen, herrschte „Fritz-Walter-Wetter". Die Luft war feucht und kühl, der Rasen weich und glitschig - wie geschaffen für die Stollenschuhe der Deutschen. Herberger wusste: Auf Fritz Walter, auf seinen Regisseur, kam es an. Wenn der 34-jährige Wäschereibesitzer aus Kaiserslautern mental gut drauf war, war er Welt-, wenn nicht, dann konnte er schon auch einmal Kreisklasse sein. Herberger bewunderte seinen Musterschüler: „Er hat gewusst, wohin er den Ball spielte, bevor er ihn überhaupt bekommen hat", rühmte er später einmal dessen Fähigkeiten. Aber er wusste auch: „Der Fritz Walter braucht keinen Bundestrainer, sondern einen Bundespsychologen" (CD, Rudi Michel, HörbucHHamburg). Und manchmal riet er auch Walters inzwischen verstorbener Ehefrau Italia nach schlechten Spielen ihres Mannes: „Machen Sie die Jalousien runter, er soll keine Zeitung lesen." Was für einen Tag hatte Fritz Walter heute. War er blockiert? Spukte dieses 3:8 noch in seinem Kopf herum? Oder konnte er an diesem Tag dem großen Puskas, der wieder mit von der Partie war, Paroli bieten?

Das Endspiel begann mit einem Schock für die Deutschen. Nach acht Minuten lagen sie schon 0:2 hinten, und die 60 000 Fans, darunter die meisten aus Deutschland, hätten guten Gewissens keinen Pfifferling mehr auf die eigene Elf gesetzt. Maxl Morlock, der kleine Nürnberger, holte die quasi scheintote deutsche Mannschaft mit seinem 1:2 wieder ins Leben zurück, die wiederbeatmeten deutschen Fußballer fanden von Minute zu Minute besser ins Spiel, und als Helmut Rahn noch in der ersten Halbzeit das 2:2 glückte, frohlockte der legendäre Herbert Zimmermann just in dieser Sekunde ins Rundfunkmikrophon: „Heute ist es kein 3:8, heute ist es keine B-Mannschaft, heute steht Deutschlands A-Mannschaft auf dem Platz."

Zwei Tore kassiert. Waren dies nur zwei Ohrfeigen des Davids gegen den Goliath? Oder beeindruckten sie die sieggewohnten Ungarn doch mehr, als sie es selbst wahr haben wollten? In der Tat: Dieses 2:2 verunsicherte sie. Sie begannen an sich erstmals seit Jahren zu zweifeln, sie bestürmten zwar wütend das deutsche Tor und es bedurfte einiger Glanzparaden von Toni Turek, um den krassesten Aussenseiter, der je in einem WM-Finale stand, nicht erneut in Rückstand geraten zu lassen, „Turek, du bist ein Teufelskerl - Toni, du bist ein Fußballgott", feierte Zimmermann in seiner inzwischen Kult gewordenen Reportage den deutschen Zerberus. Und vorne lauerten Hans Schäfer vom 1. FC Köln und Helmut Rahn, der „Boss" aus Essen, auf

WALDIS WELT

„Damals beschloss ich, Sportreporter zu werden"

Waldemar Hartmann: „Faszination einer Radio-Reportage"

Mit meinem Vater saß ich vor dem Radio. Wir hatten keinen Fernseher. Kaum jemand hatte damals in Deutschland einen Fernseher. Vor den Schaufenstern von Elektrohandlungen standen Gruppen von Fußballfans. Sie erlebten Fußball pur. Die ARD, es gab nur sie, übertrug live in schwarz-weiß. Die Übertragung begann mit dem Anpfiff und endete mit dem Schlusspfiff. Keine Vorberichte, Interviews, Analysen der Höhepunkte, Wiederholungen – nichts. Keine Experten und Moderatoren. Keinen Netzer, keinen Delling, keinen Waldi. Berti Vogts wäre ein glücklicher Mensch gewesen, Otto Rehhagel hätte den Idealzustand der Berichterstattung vorgefunden. Reporter im Berner Wankdorfstadion war Dr. Bernhard Ernst. Den kennt eigentlich niemand. Denn der, dessen Stimme wir heute bei den Ausschnitten aus dem legendären 54er Finale hören, war Herbert Zimmermann. Er übertrug das Spiel im Radio. Sein Kommentar wurde erst später auf die Fernsehbilder gelegt. Mein Vater und ich hörten also diesen begnadeten Reporter jubeln und leiden, hoffen und resignieren. „Rahn schießt! Tor, Tor, Tor!!! - Das Spiel ist aus – Deutschland ist Weltmeister!" – Noch heute läuft es mir kalt den Rücken runter, wenn ich die Bilder sehe und vor allem Herbert Zimmermanns Temperamentsausbrüche höre. Ich glaube, dass ich damals beschlossen habe: Ich will Sportreporter werden. Von diesem Tag an hatte ich Idole: Fritz Walter und Max Morlock, ein bisschen auch Toni Turek. „Toni, du bist ein Fußballgott", stöhnte Zimmermann, als der Düsseldorfer wieder einmal einen Schuss von Ferenc Puskas unschädlich gemacht hatte. So etwas sollte heute mal ein Reporter formulieren, da würde er von den schreibenden Kritikern der feinen Feuilletonredaktionen filetiert. Heutzutage muss man einen Fußballspieler gar nicht mit dem Allmächtigen vergleichen, um in die Schublade der plumpen Sportdeppen zu geraten. Heutzutage reicht es, wenn man ihn duzt.

Das „Du" bot mir vor einem Jahrzehnt Fritz Walter an. Es war in einem Augsburger Hotel vor einem Länderspiel. Einfach so, ich war geehrt. Von zahlreichen beeindruckenden Erlebnissen mit dem großen Fritz will ich eines erzählen: Er hatte mir zugesagt, zur Aufzeichnung einer Sendung nach München zu kommen. Für die Teilnahme an der halbstündigen Aufzeichnung der „Augenblicke" wollte er partout kein Honorar. Ein Kollege aus meiner Redaktion holte ihn mit dem Wagen ab und brachte Fritz auch wieder zurück. Als Fritz Walter sich verabschiedete, drückte er meinem Kollegen einen 20-Mark-Schein in die Hand. Als Trinkgeld fürs Fahren. Der hatte keine Chance, die Annahme zu verweigern. Ein prominenter und populärer Studiogast, der noch Geld mitbringt – unvorstellbar! Lieber Fritz, ich werde Dich nie vergessen.

DFB-Kader 1954

Eingesetzt: Bauer, Eckel, R. Herrmann, B. Klodt, Kohlmeyer, Kwiatkowski, Laband, Liebrich, Mai, Mebus, Morlock, Pfaff, Posipal, Rahn, Schäfer, Turek, F. Walter, O. Walter.
Nicht eingesetzt: Biesinger, Erhardt, Kubsch, Metzner.

Ferenc Puskas, keiner führte den Ball so elegant wie der Major aus Budapest. Hier stört ihn der deutsche Stopper Werner Liebrich.

Zwei Ungarn werfen sich in die Schussbahn des Balles, vergeblich, gleich steht es 3:2 für Deutschland.

ihre finale Chance. Sie kam sechs Minuten vor dem Ende. Schäfer flankte von links, der abgewehrte Ball kam zu Rahn, der zwei Ungarn mit einer Körpertäuschung ins Leere laufen ließ, aus halbrechter Position mit links abzog und zum 3:2 traf. Sechs Minuten später war die Sensation perfekt, Deutschland war Fußballweltmeister - durch ein 3:2 im Finale von Bern.

Der Jubel im erst unlängst abgerissenen Wankdorfstadion kannte keine Grenzen - ganz Deutschland feierte den unerwarteten Sieg. Es war der kollektive Aufschrei einer ganzen Nation. Erst an diesem Tag wurde die bereits 1949 ausgerufene Bundesrepublik mit Leben erfüllt, bildete sich in der Ära des Wirtschaftswunders, das der zigarrenpaffende Minister Ludwig Erhard eingefädelt hatte, so etwas wie Nationalstolz im guten Sinne des Wortes. Dass im Überschwang der Gefühle die meisten deutschen Zuschauer in Bern anstatt der dritten wieder die erste (verbotene) Strophe des Deutschlandlieds sangen und „Deutschland über alles" hochleben ließen, mag damals ein Affront gegen die ehemaligen Kriegsgegner gewesen sein, vorübergehend zu neuen Ressentiments geführt haben. Aber fast 50 Jahre später ist dieses Detail nicht mehr so wichtig.

Für Sepp Herberger, den Trainer, und für Toni Turek, Josef Posipal, Werner Kohlmeyer, Horst Eckel, Werner Liebrich, Karl Mai, der im Finale den legendären Puskas an die Kette gelegt hatte, Helmut Rahn, Max Morlock, Ottmar Walter, Fritz Walter, Hans Schäfer und die übrigen „Helden von Bern" begann eine Gratulationskur ohnegleichen. Millionen säumten die Strecke, als der Sonderzug zurück nach Deutschland kam, Hunderttausende drängten sich bei verschiedenen Empfängen in München, Kaiserslautern, Bonn und Berlin. Deutschland feierte seine Fußballhelden. Das Volk hatte wieder Etwas, auf das es stolz sein konnte und durfte.

Und die Ungarn? Die Liebe der Fans schlug in Hass um. Die einst gefeierten Stars wurden verdammt, die vorher verhätschelten Fußballer beschimpft. Unglaubliche Spekulationen wurden geboren, wie zum Beispiel jene, dass Puskas, der sich während der WM-Tage mit einem Daimler-Benz hatte ablichten lassen, vom deutschen Automobilhersteller bestochen worden sei. Puskas und Co. wagten sich unmittelbar nach der WM nicht zurück nach Budapest - zu bedrohlich war die Lage, der Zorn des Volkes eskalierte. Schuldige wurden gesucht, in Trainer Gustav Sebes und Torwart Gyula Grosics, dem eine Schmuggelaffäre angedichtet wurde, gefunden. Auch Puskas machte in seinem Frust über die unerwartete Pleite im wichtigsten Spiel seiner Karriere Fehler - auch noch lange nach der Niederlage. Er beschuldigte Werner Liebrich, ihn im Vorrundenspiel absichtlich verletzt zu haben, er erging sich nach einer Gelbsuchtwelle im deutschen Team in der nicht haltbaren Vermutung, das DFB-Team sei vielleicht gedopt gewesen. Der DFB verhängte gegen den mittlerweile für Real Madrid spielenden Ex-Major eine Sperre für sämtliche Fußballplätze im Westteil Deutschlands. Erst nach einer Entschuldigung Puskas' wurde diese aufgehoben und die endgültige Versöhnung erfolgte im Jahr 1964 - zehn Jahre nach dem schwärzesten Tag für den ungarischen Fußball, der zugleich der schönste aller Zeiten für Fußball-Deutschland gewesen ist.

ANDERE DATEN

1954
- Kaiserslauterns Stars haben schon die WM im Kopf und verlieren das Finale um die Deutsche Meisterschaft mit 1:5 gegen Hannover 96.
- Nach Verlängerung gewinnt der VfB Stuttgart durch ein 1:0 gegen den 1. FC Köln den DFB-Vereins-Pokal.
- DDR-Meister: BSG Turbine Erfurt, Pokalsieger: ASK Vorwärts Berlin.

1955
- Rot-Weiß Essen wird nach einem 4:3 gegen die WM-Helden aus Kaiserslautern Deutscher Meister.
- Der KSC schlägt im Pokalfinale Schalke mit 3:2.
- DDR-Meister: SC Turbine Erfurt, Pokalsieger: SC Wismut Karl-Marx-Stadt.

1956
- Der Karlsruher SC verliert das Finale um den Titel gegen Borussia Dortmund mit 2:4.
- Der Karlsruher SC verteidigt den Pokal durch einen 3:1-Endspielsieg über den Hamburger SV.
- Die Sowjetunion holt sich Titel und Goldmedaille beim olympischen Fußballturnier.
- Im ersten Europapokalfinale der Landesmeister schlägt Real Madrid mit Puskas, di Stéfano und Gento, um nur einige zu nennen, Stade Reims mit 4:3 und gewinnt später insgesamt fünf Mal hintereinander diesen Wettbewerb. Einmalig in der Geschichte dieses Wettbewerbs.
- DDR-Meister: SC Wismut Karl-Marx-Stadt, Pokalsieger: SC Chemie Halle.

1957
- Nun ist Dortmund dran, schlägt den Hamburger SV im Endspiel um die Deutsche Fußball-Meisterschaft 4:1.
- Erster Pokalsieg für den FC Bayern München: 1:0 gegen Fortuna Düsseldorf.
- DDR-Meister: SC Wismut Karl-Marx-Stadt, Pokalsieger: SC Lok Leipzig.

ZEITTHEMEN

Als die Welt sich in Ost und West zu teilen begann...

1954: Einen Tag, nachdem das WM-Turnier in der Schweiz begonnen hatte, wird deutlich, dass sich künftig zwei unterschiedliche Deutschlands über Fußball-Siege freuen - oder auch nicht: Bundespräsident Theodor Heuss gedenkt der Toten des Volks-Aufstandes vom 17. Juni 1953 in Ostberlin, während die DDR zeitgleich Zeichen ihrer „Souveränität" setzt: Chemnitz heißt ab sofort Karl-Marx-Stadt. Und sonst? - Im Januar warnt Papst Pius XII. vor den Gefahren des Fernsehens. - Der Atomphysiker J. Robert Oppenheimer wird im April prominentestes Opfer der von US-Senator McCarthy inszenierten Hexenjagd gegen „unamerikanische Umtriebe". Oppenheimer war gegen die Atombombe und wird erst 1963 rehabilitiert. - Im Mai hebt das Oberste Gericht der USA die Rassentrennung an Schulen auf. - Am 7. Mai fällt die Festung Dien Bien Puh im Norden Vietnams in die Hände der Vietminh. Die Kolonialzeit Frankreichs in Indochina ist damit zu Ende. Vietnam wird am 17. Breitengrad geteilt. Der Vietnamkrieg, in den sich später die USA einmischen werden, ist programmiert.- Die Russen erlassen den Österreichern die Kosten für die Besatzungstruppen.

1955: Im Mai nimmt die Teilung der Welt in Ost und West weitere Formen an: Als Gegenpol zur NATO wird auf Betreiben der Sowjetunion der Warschauer Pakt gegründet, und nachdem in der Bundesrepublik von den Westmächten das Besatzungsstatut aufgehoben wurde, erteilt auch die Sowjetunion der DDR staatliche Souveränität. In Anaheim bei Los Angeles eröffnet im Juni das Disney-Land, der erste Freizeitpark der Welt, ein Paradies für Kinder. - Gestorben: Am 18. April Albert Einstein (76), Begründer der Relativitätstheorie; am 12. August der Literat Thomas Mann (80); am 30. September Schauspieler James Dean (24).

1956: Elf Jahre nach Kriegsende stehen beide deutschen Staaten wieder unter Waffen: Im Januar beschließt die DDR die Volksarmee, im November wird Franz-Josef Strauß Verteidigungsminister der Bundesrepublik.- Die DDR ersetzt die sowjetischen Grenztruppen durch eigene Verbände, durch die NVA, die Nationale Volksarmee.- Volksaufstand in Budapest (23.10.). Als Reformpolitiker Nagy den Austritt Ungarns aus dem Warschauer Pakt erklärt, rollen die schon zurückgezogenen russischen Panzer im Morgengrauen in Budapest ein. Nagy und 2000 Landsleute werden erschossen. 200 000 Ungarn verlassen das Land. - Traumhochzeit zwischen Hollywood und Monaco: US-Schauspielerin Grace Kelly wird im April Gemahlin von Fürst Rainier III. - Gestorben: Der Dramatiker Bert Brecht (58) in Ostberlin.

1957: Das von Frankreich verwaltete Saarland gehört wieder zu Deutschland (Januar). - US-Präsident Eisenhower setzt Elite-Truppen ein, um in Little Rock (Arkansas) und anderen Südstaaten das Recht Farbiger auf Schulbesuch durchzusetzen (September). - UdSSR-Triumph im Weltraum: Mit den „Sputniks" umkreisen am Jahresende erstmals Satelliten die Erde, die Hündin Laika ist das erste Erdenwesen überhaupt im All, sie überlebt aber nicht.

Fritz Walter: Wenn der Lieblingsschüler Sepp Herbergers gut drauf war, gab es für ihn keine Hürden.

Fritz Walter oder die gelebte Bescheidenheit

Der Weltmeister '54 hätte Fußball-Millionär werden können, aber er blieb bei „Chef" und „Schätzche"

„Fritz Walter war der große Regisseur, der einfach überall zu finden war. Dieser Sieg ist nicht zuletzt sein Sieg, und die Krönung seiner Spielerlaufbahn, an die der Kaiserslauterer wohl kaum gedacht hatte." - Die Worte, mit denen der vor Ort geschickte Berichterstatter der „Schwäbischen Zeitung" das Wirken des damals fast 34-jährigen Mannschafts-Seniors in der deutschen Weltmeister-Elf würdigte, trafen den Kern. Fritz Walter spielte einen Fußball, für den es in der damaligen Zeit, als Schüsse immer noch „scharf wie Torpedos" waren, die Mannschaften um „jeden Meter Boden kämpften" und Verteidigungsreihen „sturmreif geschossen" wurden, kaum Worte gab. Der „Kreativabteilung" würde man heute den Pfälzer zuordnen, einer, der das Spiel liest, der es verstand und der es dirigiert. Und zudem war er ein Spieler, der hinten aushalf und vorne entschied. Alles lief vollends rund, wenn Walter spürte, dass alle mitzogen und er das Vertrauen der Gemeinschaft genoss, dass da wirklich „elf Freunde" auf dem Platz standen. Dieses Gefühl brauchte er. „Bei ihm war ich mehr Psychologe als Trainer", sagte Sepp Herberger, der ihn zu lenken wusste. Walter war derjenige, der das taktische Konzept ideenreich umsetzte, „der Umgebung den Stempel des eigenen Spiels aufdrückte", wie es Herberger formulierte. Und wenn dann noch „Walter-Wetter" war, der Boden feucht und tief wie an jenem 4. Juli 1954 im Schweizer Schnürlregen, dann war das schon die halbe Miete für die deutsche Nationalelf und die des 1. FC Kaiserslautern, für die Walter in der deutschen Oberliga spielte.

Der Harmonie- und Familien-Mensch Fritz Walter, der - Ironie des Schicksals - mit seiner im Jahr 2001 verstorbenen Frau Italia keine Kinder bekommen konnte, und seine Fürsorge später jugendlichen Strafgefangenen schenkte, sagte an seinen vielen runden Geburtstagen, die er feiern durfte, rückblickend stets: „Wir haben die schönere Fußballzeit erlebt. Alles war familiärer, kameradschaftlicher. So etwas gibt es heute nicht mehr."
Auch Wert, Sinn- und Gefühlsgehalt dieses Triumphes über die Ungarn lassen sich heute kaum noch nachempfinden. Nachkriegs-Deutschland lag anno '54 in Trümmern - weniger materiell, denn moralisch. Die Schuld, die man als Weltkriegs-Anstifter und Nation des Holocaust auf sich geladen hatte, schien eine unendliche Erblast zu werden. Dann ließ das 3:2 von Bern das ganze Land stolz und glücklich auf seine Fußballhelden sein. „Lange genug haben die Deutschen vor der Tür stehen müssen", schrieb damals der Feuilletonist der oben zitierten Zeitung im Leitartikel. Und der Historiker Joachim Fest bezeichnete Fritz Walter an dessen 80. Geburtstag am 31. Oktober 2000 als „einen der mentalen Gründungsväter der Bundesrepublik." Fritz Walter freute sich immer still über so viel Ehre, aber meist war ihm das alles zu protzig, zu dick aufgetragen.

„Des Schätzche", „der Chef", „der Betze" und „die Nationalelf" - dieser Vierklang bestimmte sein trotz aller großen Ereignisse einfaches Leben. Als er am 2. September 1948 sein „Schätzche" Italia heiratete, fürchtete die halbe Pfalz um ihren „Bub" in den Händen einer Italienerin! Doch die „schwarze Hex' mit de rote Fingernägel" war weder dem Seelenleben noch der Karriere des „Fritzje" hinderlich. Er blieb stets dem „Betze" treu, dem Stadion am Lauterer Betzenberg, das längst seinen Namen trägt, wo sein Vater die Klubgaststätte führte, in dem er nach seiner Heim-

DER SUPER-STAR

Fritz Walter blieb auch als Weltmeister in der Heimat und nährte sich redlich.

kehr aus russischer Gefangenschaft als Spielertrainer anfing und in dem er mit Bruder Ottmar Walter, ebenfalls Mitglied der Weltmeister-Elf, zwei Meisterschaften mit dem 1. FC Kaiserslautern holte (1951, 1953). Weil er 1951 nicht nur auf „Chef" Herberger, der ihn in der Nähe wissen wollte, sondern auch auf seine Frau hörte, hat er den Lockungen des berühmtberüchtigten Trainers Helenio Herrera widerstanden, für die damalige Wahnsinns-Summe von 250 000 Mark (124 000 Euro) plus 10 000 Mark (5000 Euro) Monatsgehalt zu Atletico Madrid zu wechseln. Zum Bungalow mit Pool im Fußballer-Dorf Alsenborn hat es für den Bodenständigen, der längst Ehrenbürger von Kaiserslautern ist, auch so gereicht. Der 1. FCK half in Zeiten, da Oberligaspieler nicht mehr als 400 Mark monatlich verdienen durften, eben mit einem Existenzgründungs-Darlehen für eine Wäscherei und ein Kino. Zum Vergleich: Für den WM-Sieg spendierte der DFB 1954 die Prämie von 2500 Mark. Allerdings kostete eine Brezel damals auch nur sechs Pfennige.

Bescheidenheit ist das Schlüsselwort, wenn man den Mann begreifen will, den auch ein Franz Beckenbauer über die eigene Größe stellt und als „wichtigsten deutschen Spieler des 20. Jahrhunderts" bezeichnet. Zu Anfang seiner Karriere, die nach 61 Länderspielen und 33 Toren bei der WM 1958 in Schweden endete und die - unterbrochen vom Krieg - 18 Jahre dauerte, übergab sich der sensible Fritz Walter fast vor jedem Auftritt. Er wurde routinierter mit der Zeit, aber ins Rampenlicht wollte er nie. Er war dann Denker und Lenker, wenn er jemanden hinter sich wusste, der ihm, dem Unentschlossenen, kraft urwüchsiger Autorität, das notwendige Selbstvertrauen gab. Fritz Walter ohne Sepp Herberger wäre nicht denkbar gewesen - umgekehrt war es wohl nicht anders. Und vielleicht war es deshalb richtig, dass Fritz Walter seinem Chef „nur ein einziges Mal net gefolgt" hat: Als er Herbergers Nachfolger werden sollte. Ob ein Fritz Walter seine „elf Freunde", wie er sie gewohnt war, als Trainer in den beginnenden Profi(t)-Zeiten der 60er Jahre noch zusammengebracht hätte?

ANDERE STARS

Sandor Kocsis
(23.9.1929/22.7.1979) wurde als Halbstürmer von Honved Budapest bekannt. Bei der WM 1954 gelangen ihm elf Tore – er avancierte zum Torschützenkönig des Turniers und beendete es trotzdem mit der „Enttäuschung meines Lebens". 1952 Olympiasieger. Nach dem Volksaufstand in Ungarn 1956 blieb er im Westen und spielte bis 1966 für den FC Barcelona, wo er sich als Kopfballspezialst den Beinamen „Goldköpfchen" verdiente. 1979 wählte er den Freitod.

Helmut Rahn
(16.8.1929) - wurde am 4. Juli 1954 zu einem der bekanntesten Männer Deutschlands. Ihm gelang mit einem Fernschuss der Treffer zum 3:2 im Finale von Bern gegen die Ungarn. Rahn, der „Boss" und die Stimmungskanone des Teams, war sicher nicht der Liebling des „Chef", seines Trainers Sepp Herberger. Aber der wusste, was er an diesem unberechenbaren Stürmer hatte und stellte ihn auf. 40 Länderspiele, 21 Tore.

Hans Schäfer
(19.10.1927) war in Köln so etwas wie eine Fußballinstitution. 17 Jahre lang trug er das Trikot der Geißbockelf und er passte zu dieser Stadt wie der Dom oder das Millowitsch-Theater. Am 9. November 1952 feierte Schäfer sein Debüt im Nationaltrikot (5:1 gegen die Schweiz). Insgesamt absolvierte er 39 Länderspiele, 15 Tore glückten ihm dabei. Er nahm an drei WM-Turnieren teil, 1954, 1958 und 1962. 1963 Fußballer des Jahres in Deutschland.

NAMEN & NACHRICHTEN

Ungesetzte Teams gut
Mit der Schweiz, Jugoslawien und Deutschland schafften drei ungesetzte Teams den Sprung ins Viertelfinale.

Drei Platzverweise
Ein Leckerbissen sollte es werden, das Spiel Ungarn - Brasilien. Eine wüste Treterei mit drei Platzverweisen (zwei gegen die Brasilianer) wurde es, selbst im Kabinengang gingen beide Mannschaften noch handgreiflich gegeneinander vor. Die Brasilianer legten gegen das 2:4 Protest ein, beschuldigten den Schiedsrichter einer „kommunistischen Verschwörung". Dabei stammte Arthur Ellis, der ausgezeichnete Unparteiische, aus England. Dieses Spiel ging in die WM-Geschichte ein unter dem Stichwort „die Schlacht von Bern". „Sie benahmen sich wie Irrenhäusler", schimpfte der Zürcher SPORT in seinem Spielbericht.

Vermarktungskonzept
Als die Schweiz die WM zugeteilt bekam, machte sich der schweizerische Verbandsvorsitzende Ernst B. Thommen mit viel Phantasie auf, ein Vermarktungskonzept für die WM zu konzipieren. Erstmals wurden WM-Souvenirs angeboten, erstmals wurden Rundfunk- und Fernsehrechte verkauft. Und auch der Tourismusbranche tat die Weltmeisterschaft in der Schweiz gut, sorgte für hohe Einnahmen. Selbst beim Kartenverkauf langten die eidgenössischen Finanzgenies zu: 15 Mark für eine Sitzplatzkarte waren für damalige Zeiten ganz schön teuer.

Schlagzeilen
Nicht jeder durchschaute den Trick des deutschen Trainers Sepp Herberger, der mit der deutschen B-Elf in der Vorrunde 3:8 gegen Ungarn verlor. „Schwerster Schlag für den deutschen Fußball", titelte „Bild", damals noch zehn Pfennige billig. Und die „Welt" meinte: Eine „beschämende Vorstellung".

Torreich
Das torreichste Spiel aller WM-Endrunden fand 1954 in der Schweiz statt. Österreich schlug die Eidgenossen mit 7:5. Mit 5,38 Treffern pro Spiel war diese Weltmeisterschaft auch die mit dem höchsten Tordurchschnitt aller Zeiten.

Bestes Spiel
Während im ersten Halbfinale die deutsche Mannschaft sensationell deutlich mit 6:1 gegen die Österreicher gewann, war das zweite Spiel nach Meinung der Kritiker das beste Spiel des Turniers: Ungarn (ohne den verletzten Puskas) besiegte Uruguay nach Verlängerung mit 4:2 Toren.

Premiere bei Fußball-Weltmeisterschaften: Zwar war das gute, alte Dampfradio noch die Nummer eins für die Fans, doch auch das Fernsehen begann mit seinen Übertragungen.

HÄTTEN SIE'S GEWUSST?

Die „ewige" Tabelle *

Land	Tn	Sp	S	U	N	Tore	Pkt
1. Brasilien	16	80	53	13	14	173:78	172
2. Deutschland	14	78	47	15	16	162:103	156
3. Italien	14	66	38	15	13	105:62	129
4. Argentinien	12	57	31	08	18	100:69	101
5. England	10	45	20	12	13	62:42	72
6. Frankreich	10	41	22	04	15	86:58	70
7. Spanien	09	40	16	09	15	61:48	57
8. Jugoslawien	08	37	17	05	15	60:46	56
9. Uruguay	09	37	15	08	14	61:52	53
10. Niederlande	07	32	14	09	09	56:36	51

* Die Punkte errechnen sich, indem drei Punkte pro Sieg und ein Punkt pro Unentschieden vergeben werden.

Die deutsche Elf vor dem Anpfiff des Finales und beim Torjubel unmittelbar nach dem 2:2-Ausgleichstreffer durch Helmut Rahn.

„Den Tag danach werde ich nie vergessen."
Rudi Michel, der spätere Sportchef des Südwestfunks Baden-Baden und 1954 hautnah am Ball, erinnert sich: Fernsehinterviews per Filmaufzeichnung waren beim ersten Halt des Sonderzuges in Singen am Hohentwiel angesagt. Kamera-Aufbau auf Bahnsteig zwei. Kaffeepause am Bahnhof gegenüber. Bei der Rückkehr Menschen en masse in Erwartung des Triebwagens. Kameras am Boden, Kabel irgendwo im Menschenknäuel. Aus der Traum. Ich bat Herberger um Mitfahrt zum Radiointerview bis Konstanz. „Ja, komme Se rei, Rudi" – „Steigen Sie sofort aus", schrie der Schaffner. Nach dem zweiten vergeblichen Versuch stieg ich in meinen Kleinwagen und fuhr auf der B 33 eine kurze Strecke gleichauf mit dem Sonderzug, bestaunte kilometerlang Menschen aller Altersstufen, entlang der Gleise stehend, rufend, schreiend, winkend, klatschend, feiernd. Zuvor stunden-

DER HINTERGRUND
Die Aufarbeitung eines „Wunders"

lang wartend, war das Spektakel in Sekunden vorbeigerauscht. Jetzt wusste ich, was Herbert Zimmermann auch bei jenen ausgelöst hatte, die sich vorher nie für Fußball interessiert hatten. Erst Jahre später machte ich mir die Erkenntnis des schottischen Sozialwissenschaftlers Marshall McLuhan zu eigen, der behauptet: „Das Medium ist die Botschaft, weil eben das Medium Ausmaß und Form des menschlichen Zusammenlebens gestaltet und steuert."
In Konstanz fuhr ich an jenem Montag in eine Polizei-

sperre. Also auch kein Radiointerview. Das Fernsehinterview führte ich am Dienstagvormittag in einem Lindauer Hotel. Sendung am Mittwochabend in der ARD: TV-Aktualität damals in einer Ausnahme-Situation.
Inzwischen hatte ich nachgelesen, was und wie die Pressekollegen über die Fußballsensation berichtet hatten. Zum ersten Mal seit dem Krieg erschienen Sportberichte auf Seite eins der Tageszeitungen, zum ersten Mal befassten sich Leitartikler mit dem Thema Fußball und alle taten sich schwer: Wo sollte man Sieg und Titelgewinn einordnen, wollte man nachträglich kein Eigentor schießen. Sportjournalisten hatten ihren Redaktionen im ersten Eifer Berichte voller Euphorie in die Rotationsmaschinen diktiert. Zitat aus der „Westdeutschen Allgemeinen Zeitung": „Wir können es nicht fassen, uns zittern die Knie, die Hände, uns lacht das Herz – was sind das alles für schwache Aus-

Die Weltmeister wieder daheim: Triumphzug durch Deutschland und Menschenmassen, wohin das Auge blickte. Millionen waren auf den Beinen. Ob in München, Kaiserslautern oder Berlin, wo Bundespräsident Theodor Heuss im Olympia-Stadion die Mannschaft ehrte.

drücke für dieses ungeheure Wunder. Nein, es war kein Wunder, es war der Sieg von elf deutschen Kameraden, einer Elf, die bis zum Umfallen kämpfte und nicht die Flinte ins Korn warf."
Die Leitartikel schwankten zwischen Überbewertung und Warnung. Es stand in der „Welt": „Es ist schließlich ein Sieg Deutschlands, auf den wir stolz sein können. Wenn der sportliche Wettkampf unter den Völkern einen Sinn haben soll, so sollten auch diese Völker sich an ihren Siegen freuen und über Niederlagen trauern. Es ist anzunehmen, dass das Ausland nun dem deutschen Wirtschaftswunder das deutsche Fußballwunder hinzufügen wird. Vom Wunder sprechen immer nur die anderen, wir selbst nicht, wir tun unser Bestes, in der Arbeit wie im Spiel. Man sollte da nicht von Wunder reden, sondern es als eine Leistung anerkennen, zumal wir selber weit davon entfernt sind, wie schon einmal und allenthalben in den totalitären Staaten politisches Kapital zu schlagen und es dem nationalen Selbstgefühl zuzuleiten."
In der Wochenzeitung „Die Zeit" war zu lesen: „Je bescheidener wir diese überraschenden Erfolge hinnehmen, je weniger wir von nationalem Empfinden und Hochmut in sie hineinlegen, umso mehr werden sie in der Welt wirken und für unseren Sport werben, der sich in erstaunlich kurzer Zeit nach einem totalen Zusammenbruch wieder gefangen und zur Höhe hinauf gearbeitet hat."
Die „Frankfurter Allgemeine Zeitung" (FAZ) berichtet über die Darstellung im Londoner „Daily Express", der mit einer siebenspaltigen – halbdeutsch, halbenglischen – Schlagzeile aufgemacht hatte: ‚Der Tag – for Germans'. Hinter dem deutschen Wort ‚Tag' wurde ein * gesetzt, das auf eine Fußnote hinwies: ‚Der Tag – eine Bezeichnung für den Ausbruch zweier Weltkriege.' Die Dachzeile der Überschrift hieß: ‚Deutschland über alles', ebenfalls in deutscher Sprache. Der Korrespondent der französischen Zeitung „Le Monde" schrieb sibyllinisch: „Ich habe die Hymne stehend gehört und zollte so – dank dem Sport – meinen ersten Beitrag an Europa."
Den deutschen Hörfunkprogrammen erwuchs just bei diesem WM-Turnier große Konkurrenz durch den damals kleinen Bruder Fernsehen. Die Radio-Übertragung von Herbert Zimmermann zeigte das Ende einer jahrzehntelangen Epoche der Sportreportage mit Exklusiv-Status an. Die neue Realität hieß Fernsehen, hieß optisch dabei sein und die scheinbare Wirklichkeit in die Wohnzimmer zu projizieren. Vor der 54er Weltmeisterschaft waren in der Bundesrepublik Deutschland und Berlin (West) genau 27 592 Fernsehteilnehmer gemeldet, danach, am 31. Juli 1954, wurden 40 980 neue Geräte registriert. Das Fernsehzeitalter hatte begonnen.

Zeitlebens gekämpft und sogar Gerd Müller übertroffen

Trotz politischer Wirren und Übergewicht wurde Ferenc Puskas erfolgreichster Torjäger aller Zeiten

Der Verband der Internationalen Fußball-Historiker und -statistiker (IFFHS) kürte ihn 1996 zum „erfolgreichsten Torjäger aller Zeiten." An 83 Tore in 84 Länderspielen kommt Deutschlands Gerd Müller, der es in 62 Einsätzen auf 68 Treffer brachte, von der Quote her zwar noch vorbei, aber 358 Liga-Tore in Ungarn und 154 in seiner zweiten Heimat Spanien machen einen Ferenc Puskas unerreicht (Gerd Müller: 365 Bundesliga-Tore). Umso schockierender war es für Ungarns Kapitän, dass eine vier Jahre währende Serie von 32 Länderspielen ohne Niederlage ausgerechnet im wichtigsten Spiel seiner Karriere, dem Finale von Bern, zu Ende ging. Noch auf dem Platz hatte der „Major", wie sein Rang beim Armeeklub Honved Budapest lautete, dem deutschen Kapitän Fritz Walter fair gratuliert, in Ungarn aber, bedrängt von einer enttäuschten (Medien-) Öffentlichkeit verstieg er sich zur Mutmaßung, die Deutschen müssten gedopt gewesen sein. Dafür hat sich der „Major" längst vielmals

DAS WM-GESICHT

entschuldigt. Schließlich hatte sich so vieles in dem von politischen Wirren geprägten Leben des Sohnes einer Ungarin und eines deutschen Donauschwaben auf den Kopf gestellt.

„Du wirst nie ein großer Fußballer werden", sagte Vater und Trainer Ferenc Puskas zum 12-jährigen Ferenc, weil, so der Sportautor Hans Blickensdörfer über die Strafpredigt von Ferenc senior an Ferenc junior, „du zu faul bist und dir einbildest, alles mit dem linken Fuß machen zu können. Kein großer Fußballer kommt mit nur einem Fuß aus." Puskas junior tat es dennoch. Zuerst bei Kispest SC, dann bei Honved Budapest. Der nur 1,69 Meter große Stürmer, den sie „Ocsi" (Kleiner) riefen und der zeitlebens mit Übergewicht zu kämpfen hatte, besaß nämlich die Gabe, „sich jeweils so zu drehen, dass Ballannahme und Schuss mit dem linken Fuß stets wie der logisch-natürliche Bewegungsablauf eines Spielers wirkten, dem sich der Ball gerade an dieser Seite anbot", wie der Journalist Gerhard Seehase einmal berichtete. Und: Puskas schoss haargenau, ohne Ansatz und vor allem dann, wenn es niemand erwartete.

Während des Volksaufstandes in Ungarn 1956 weilte er mit Honved im Ausland. Die Mannschaft kehrte, nachdem sowjetische Panzer das Aufbegehren gegen das kommunistische Regime niedergewalzt hatten, monatelang nicht in die Heimat zurück. Puskas ging, als er Frau und Tochter in Wien in Sicherheit wusste, wie die meisten Spieler ins Exil. Zwei Jahre lang sperrte die FIFA auf ungarischen Antrag hin die „Abtrünnigen", und Puskas, der sofort ein Angebot von Real Madrid bekam, glich im Wartestand „bald eher einem wohlgenährten Salami-Händler als einem Weltstar des Spiels" (Blickensdörfer). Von 82 speckte er wieder ab auf 73 Kilogramm, und zwischen 1958 und 1967 wurde der Neu-Spanier ein ganz Großer bei den „Königlichen": 41 Europapokalspiele (35 Tore), Europapokal- und Weltpokalsieger 1960, und fünf spanische Titel rundeten die Karriere des Mannes ab, der je vier Mal ungarischer und spanischer Torschützenkönig war und den sie nun „Pancho" statt „Ocsi" nannten, was aber in etwa das Gleiche bedeutet. Ein Vollblut-Spanier ist „Pancho" dennoch nicht geworden. Im Herbst 1992, als der Eiserne Vorhang auf- und der Sozialismus unterging, ist er, inzwischen 65-jährig und nach zahllosen Trainer-Stationen auf dem gesamten Globus, wieder mit Ehefrau Erzsebet heimgekehrt.

Und bevor die Alzheimer Krankheit sein Gehirn zu schwächen begann, war der Mann mit dem runden Gesicht noch Direktor und Trainer beim ungarischen Verband (1992/93) und investierte als Geschäftsmann - inzwischen mehr als 120 Kilogramm schwer - unter anderem in eine Wurstfabrik!

Sie riefen in zu Hause „Ocsi" - Kleiner - doch Ferenc Puskas (links) war einer der Größten, den der Weltfußball hervorgebracht hat.

ANDERE GESICHTER

Nandor Hidegkuti
(3.3.1922/14.2.2002) ein „Spätstarter", dann aber einer der besten Stürmer der Welt und einer der ersten, der den „hängenden Mittelstürmer" gab. Eine seiner Sternstunden war das 6:3 der Ungarn in England, dem ersten Sieg einer kontinentalen Nationalelf auf der Insel. Tiefpunkt des Olympiasiegers 1952, der für den MTK Budapest stürmte, war das 2:3 der Ungarn im Finale '54 gegen Deutschland. 39 Tore in 68 Länderspielen, das letzte bestritt er mit 36 Jahren.

Max Morlock
(11.5.1925/10.9.1994) machte in den Jahren 1950 bis 1958 26 Länderspiele, schoss dabei 21 Tore, eines davon im WM-Finale. Der WM-Triumph machte ihn und seine Kameraden zwar berühmt, aber nicht reich. 1000 Mark für den Titel, 200 Mark für einen Einsatz. Morlock wuchs in unmittelbarer Nähe des Nürnberger „Zabo" auf. Weil ihn der große „Club" erst nicht haben wollte, spielte er für Eintracht Nürnberg. Später wechselte er doch zum Club und blieb diesem bis zu seinem Karriereende 1964 treu.

Zlatko „Tschik" Cajkovski
(24.11.1923/27.7.1998) war als Spieler und Trainer einer der schillerndsten Figuren, die der Fußball zu bieten hat. Als einer der weltbesten Außenläufer stand er in der FIFA-Elf, die 1953 in England spielte und in der Mannschaft Jugoslawiens, die bei der WM 1954 gegen Deutschland ausschied. Später als Trainer tätig und unter anderem Entdecker „von kleines, dickes Müller". 57 Länderspiele, 14 Titelgewinne als Coach, privat ein liebenswerter „Chaot".

Herzensbildung und Menschenkenntnis

Sepp Herberger gab einer Außenseiter-Elf und einem ganzen Volk die Selbstachtung zurück

Da stand er nun: Klein und hutzelig, den Hut hinter die Geheimratsecken geschoben, den Trenchcoat zerknautscht und nass, das 1000-Falten-Gesicht. Um ihn herum tobten elf Männer wie die Kinder, weil der so Unscheinbare, den sie respektvoll „Chef" nannten, sie mit taktischem Geschick und vielfältigem Gespür gerade zu Weltmeistern gemacht hatte. Dann trugen sie ihn auf ihren Schultern vom Platz. Die richtigen Leute zusammenbringen war Spezialität des Josef Herberger, geboren am 28. März 1897 als fünftes Kind und Nachzügler (die Mutter ist 39) eines Glasschleifers in Mannheim. Und das, obwohl er sein Sportstudium an der Carl-Diem-Hochschule in Berlin 1930 zwar als Jahrgangsbester, sein Fußballtrainer-Diplom in Köln im Fach Psychologie aber mit der schlechtesten Note, einem „Genügend", ab-schloss. Herberger wusste wenig von wissenschaftlicher Seelenforschung, aber er vereinte zwei Dinge in seinem Wesen: Herzensbildung und Menschenkenntnis. Der Reichs- und Bundestrainer der Jahre 1936-1964 hatte so auch nicht unbedingt die elf besten deutschen Fußballer auf dem Rasen des Berner Wankdorf-Stadion an jenem 4. Juli 1954 um sich versammelt, aber es waren diejenigen, die am besten miteinander konnten und es vor allem unbedingt wollten. „Männe, ihr misst brenne!" hatte Herberger ihnen gegen die überlegenen Ungarn mit auf den Weg gegeben, und das 3:2 der biederen Fußwerker versetzte 60 Millionen Deutsche vor den Radios in Verzückung. Kaum einer wusste damals, dass Herberger den Siegtorschützen Helmut Rahn wegen Trunkenheits-Eskapaden schon hatte ausmustern wollen. Herbergers Ehefrau Eva, der zuliebe sich der erzkatholische Herberger sogar evangelisch vermählte, war aber Rahns Fürsprecherin, und so durfte der lebenslustige Rechtsaußen doch spielen.

Die Fähigkeit, die Fäden in der Hand zu halten und sie mit Fingerspitzengefühl zu ziehen, hat Herberger zum „Fußball-Philosophen, Magier und Volkshelden" (Munzinger-Archiv) werden lassen, keineswegs die Zahl seiner Erfolge. Die Finte, mit der der „Chef" beim mit 3:8 verlorenen Vorrundenspiel die Ungarn in die Selbstüberschätzung und dann im Finale in die Niederlage trieb, hat in dieser Form kein Trainer mehr gewagt.

Mal bockbeinig-stur, mal väterlich-gütig - alles zur rechten Zeit und mit Maß und Glück eingesetzt - das war das Geheimnis des Mannes, der zur Legende wurde, ehe er am 28. April 1977 starb. Antriebsfeder war der Wunsch, die ärmlichen Verhältnisse seiner Jugend hinter sich zu lassen, weshalb sein Leben auch „nicht ohne Grenzverletzungen" verlief, wie er zugab. Im Glauben, die NSDAP würde „von anständigen Männern" geführt, trat Herberger 1933 in die Partei Hitlers ein, in der „Reichskristallnacht" am 9. No-

DER WM-TRAINER

vember 1938 schützte er freilich einen älteren Juden in Karlsruhe vor dem braunen Mob. Er war nicht gegen das Regime und war doch für Menschlichkeit. Dass sich beides ausschloss, erkannte er zu spät und wurde im September 1946 als „Mitläufer" zu 500 Mark Strafe verdonnert. Er zahlte ohne zu murren.

Mit seinem Meisterstück von Bern hat er dann aber nicht nur der deutschen Außenseiter-Elf, sondern einem ganzen Volk von damals weltweit missachteten Außenseitern wieder Selbstachtung und Würde gegeben. Seine Spieler von 1954 wurden Helden, die Nachfolger von 1974 und 1990 „nur noch" Weltmeister. Was der „Chef" selbst, der an Tugenden wie Unterordnung und Kameradschaft, Disziplin und Hingabe glaubte, über sein Werk dachte, blieb stets ungeklärt. Mehr als eine seiner berühmten sibyllinischen Weisheiten hätte er sich auch nicht entlocken lassen - etwa der Art: „Mer steckt halt net drin."

Der Chef und sein Kapitän auf den Schultern von Fans und Mitspielern nach dem „Wunder von Bern": Herberger, Fritz Walter.

ANDERE TRAINER

Gustav Sebes
(21.6.1906/30.1.1986) war der Vater des großen ungarischen Teams, das Anfang der 50er Jahre den europäischen Fußball revolutionierte und - bis zum Berner Endspiel - auch beherrschte. Er übernahm die Nationalelf 1949 und betreute sie in 66 Spielen bis 1956. Höhepunkt war neben der WM-Finale 1954 der Olympiasieg 1952. 1953 gewann er mit Ungarn als erste kontinentale Mannschaft in England. War später auch Funktionär in der FIFA und UEFA.

Juan Lopez
(15.3.1908/4.10.1983) ging als der „Zauberer von Maracana" in die Fußballgeschichte ein, nachdem er mit seinen Gauchos 1950 Brasilien den WM-Titel entrissen hatte. Danach betreute der Autodidakt Uruguay bei drei weiteren Weltmeisterschaften: 1954, 1962, 1966. Noch 1970 war er der Technische Direktor der „Urus", die WM-Vierter wurden. 1954 scheiterte Lopez mit dem Titelverteidiger im Halbfinale an Ungarn und verlor das kleine Finale gegen Österreich.

Eduard („Edi") Frühwirth
(17.11.1908/27.2.1973) war eine der großen Trainerfiguren des österreichischen Fußballs und galt als Reformer. Er betreute die österreichische Nationalelf zunächst von März 1948 bis November 1954 (als Teil eines Trainerkollektivs), später nochmals von November 1964 bis Januar 1967. Mit dem dritten Platz 1954 schaffte er die beste WM-Platzierung Österreichs (3:1-Sieg im Kleinen Finale gegen Uruguay). Führte 1958 Schalke 04 zur deutschen Meisterschaft.

DER EXPERTE
Herberger ist für mich das größte Phänomen

Günter Netzer: „Die WM zweier Spielmacher"

Ich habe schon lange eine These – und ich bin sicher, dass sie stimmt. Ich behaupte, dass ich an der Spielweise einer Fußballmannschaft oder der Art eines Spielers die ganze Mentalität des Landes erkennen kann, aus dem er stammt. Nehmen wir die Weltmeisterschaft 1954, schauen uns einmal die Brasilianer, Ungarn und die Deutschen an.

Flexibilität, Kreativität – das waren für mich die hervorstechendsten Eigenschaften der Ballkünstler vom Zuckerhut. Gepaart mit einer Lebenslust, die sich nicht anbinden lässt. Ungarns Fußballschule dieser Zeit, die beste, die das Land in seiner Geschichte je hatte, basierte auf geschliffener Technik und individuellem Können einer ganzen Reihe von Ausnahmefußballern, die es in dieser Vielfalt in diesem Land nie mehr gegeben hat. Sie waren technisch fast besser als die Südamerikaner und hatten in Ferenc Puskas einen der überragenden Spieler seiner Zeit.

Systematik, Ordnung und Disziplin prägte das Spiel der Deutschen. Auf diese Tugenden setzte Sepp Herberger, der Trainer. Und der riesige Erfolg dieser Mannschaft war vor allem deswegen möglich, weil zu diesen sprichwörtlich deutschen Tugenden ein großer Fußballkünstler wie Fritz Walter hinzukam, weil er als genialer Spieler die Fäden zog. Übertragen auf die heutige Zeit wäre er sicherlich ein Weltstar. Und der Hinweis, dass damals das Tempo des Spiels geringer gewesen sei, ist kein legitimes Argument.

Fritz Walter spielte damals auf höchstem Tempo und Niveau. Während die Brasilianer eine Viererkette mit Raumdeckung bevorzugten, spielten Herbergers Mannen ein lupenreines WM-System. Jeder hatte dort seinen Platz, seine fest zugeteilte Aufgabe. Selbst das 3:8 in der Vorrunde gegen die Ungarn scheint mir – im nachhinein betrachtet – ein Akt der Pflichterfüllung gewesen zu sein. Ich traue Herberger durchaus zu, dass er dieses 3:8 kühl in seinem Kalkül hatte. Er ist für mich sowieso das größte Phänomen, das es im Trainergeschäft je gab. Seine Sätze sind inzwischen Kult, seine Weisheiten haben heute noch Gültigkeit und sind übertragbar auf unsere Zeit.

ANDERE FAKTEN

1954 – Endrunde in der Schweiz (16.6. – 4.7.)

Gruppe 1
Jugoslawien – Frankreich 1:0
Brasilien – Mexiko 5:0
Brasilien – Jugoslawien n.V. 1:1
Frankreich – Mexiko 3:2

Endstand: 1. Brasilien (3:1 Punkte/6:1 Tore), 2. Jugoslawien (3:1/2:1), 3. Frankreich (2:2/3:3), 4. Mexiko (0:4/2:8).

Gruppe 2
Ungarn – Südkorea 9:0
Deutschland – Türkei 4:1
(Tore für Deutschland: 1:1 Schäfer, 2:1 Klodt, 3:1 O. Walter, 4:1 Morlock)
Türkei – Südkorea 7:0
Ungarn – Deutschland 8:3
(Tore für Deutschland: 3:1 Pfaff, 7:2 Rahn, 8:3 Herrmann)

Endstand: 1. Ungarn (4:0 Punkte/17:3 Tore), 2. Türkei (2:2/8:4), 3. Deutschland (2:2/7:9), 4. Südkorea (0:4/0:16).

Entscheidungsspiel um Gruppenplatz 2
Deutschland – Türkei 7:2
(Tore für Deutschland: 1:0 O. Walter, 2:0 Schäfer, 3:1 u. 4:1 Morlock, 5:1 F. Walter, 6:1 Morlock, 7:1 Schäfer)

Gruppe 3
Österreich – Schottland 1:0
Uruguay – Tschechoslowakei 2:0
Österreich – Tschechoslowakei 5:0
Uruguay – Schottland 7:0

Endstand: 1. Uruguay (4:0 Punkte/9:0 Tore), 2. Österreich (4:0/6:0), 3. Tschechoslowakei (0:4/0:7), 4. Schottland (0:4/0:8).

Gruppe 4
England – Belgien n.V. 4:4
Schweiz – Italien 2:1
England – Schweiz 2:0
Italien – Belgien 4:1

Endstand: 1. England (3:1 Punkte/6:4 Tore), 2. Italien (2:2/5:3), 3. Schweiz (2:2/2:3), 4. Belgien (1:3/5:8).

Entscheidungsspiel um Gruppenplatz 2
Schweiz – Italien 4:1

Viertelfinale
Österreich – Schweiz 7:5
Uruguay – England 4:2
Ungarn – Brasilien 4:2
Deutschland – Jugoslawien 2:0
(Tore für Deutschland: 1:0 Horvat (Eigentor), 2:0 Rahn)

Halbfinale
Ungarn – Uruguay n.V. 4:2
Deutschland – Österreich 6:1
(Tore für Deutschland: 1:0 Schäfer, 2:0 Morlock, 3:1 F. Walter (FE), 4:1 O. Walter, 5:1 F. Walter (FE), 6:1 O. Walter).

Spiel um Platz 3
Österreich – Uruguay 3:1

Endspiel (4. Juli)
Deutschland – Ungarn 3:2
Deutschland: Turek, Posipal, Kohlmeyer, Eckel, Liebrich, Mai, Rahn, Morlock, O. Walter, F. Walter, Schäfer.
Ungarn: Grosics, Buzánszky, Lantos, Bozsik, Lóránt, Zakariás, Czibor, Koscis, Hidegkuti, Puskas, Toth.
Schiedsrichter: Ling (England).
Zuschauer: 64 000 (Bern).
Tore: 0:1 Puskas (6.), 0:2 Czibor (8.), 1:2 Morlock (9.), 2:2 Rahn (18.), 3:2 Rahn (84.).

Torjäger des Turniers
Sandor Kosics (Ungarn) 11
Max Morlock (Deutschland) 6
Josef Hügi (Schweiz) 6
Erich Probst (Österreich) 6
Ferenc Puskas (Ungarn) 4
Nandor Hidegkuti (Ungarn) 4
Hans Schäfer (Deutschland) 4
Ottmar Walter (Deutschland) 4
Helmut Rahn (Deutschland) 4
Carlos Borges (Uruguay) 4
Robert Ballaman (Schweiz) 4

Geschossene Tore 140
Tordurchschnitt pro Spiel 5,38
Die meisten Tore Ungarn 27
Das schnellste Tor Mammat Suat
(2. Min. bei Türkei – Deutschland, 1. Spiel)

Elfmeter 7
(alle verwandelt)
Platzverweise 3
Bozsik (Ungarn), Nilton Santos (Brasilien), Humberto (Brasilien).

DAS ZITAT

„Wir kamen wie die Sieger auf den Platz - und hatten doch schon verloren."

Gyula Lorant, Ungarns WM-Stopper, zum überzogenen Selbstbewusstsein seines Teams vor dem 2:3 gegen Deutschland.

Das war die Wende im Spiel gegen die Ungarn: Max Morlock (1. FC Nürnberg) erzielt das 1:2 und freut sich nach dem Abpfiff über den Triumph.

„Herberger fragte: Männer, habt ihr noch Luft? Was singen wir?"

Fritz Walter erinnert sich an die WM 1954 und an die Rückfahrt nach dem gewonnenen Finale in Bern

Man sagt, ich hätte ein ausgeprägt visuelles Gedächtnis. Es trifft zu, denn ich sehe eine unbeschreiblich große Zahl von Einzelaktionen aus meiner nationalen und internationalen Karriere vor meinem geistigen Auge ablaufen. Spielszenen, die ich nicht vergessen kann, dazu auch erlebte Randgeschichten und Anekdoten. Den 4. Juli 1954, den Tag unseres WM-Triumphes, könnte ich heute noch im Sekundentakt nacherzählen. Ich erinnere mich an die ersten Minuten nach unserem 3:2-Sieg in Bern in der Kabine, wo es drunter und drüber ging, wo alle ohne Zusammenhänge durcheinander geschrieen haben und die Reporter auf der Jagd nach Interviews waren. Aber was sollten wir sagen? Wir hatten doch noch gar nicht begriffen, was wir geschafft hatten.

Endlich, im Bus auf der Rückfahrt nach Spiez, kehrte eine fast sprachlose Ruhe ein, bis Herberger zu mir sagte: „So, Fritz, jetzt haben wir etwas erlebt, an das wir vor vier Wochen beide nicht geglaubt haben." Erst dann kamen die Fragen, die bei ihm kommen mussten. „Männer, habt ihr noch Luft? Was singen wir?"

Wie immer: „Hoch auf dem gelben Wagen".

Aber mehr als die erste Strophe ging nicht. Jeder wollte mit seinen Gedanken alleine sein. Noch nicht einmal das Abendessen im Hotel Belvedere schmeckte so recht. Von Bankett-Stimmung konnte schon gar keine Rede sein. Reaktionen auf einen langen, stolzen Tag für alle von uns, ob sie gespielt hatten oder nicht. Wir waren eine Gemeinschaft, die sich im Erfolg bewährt hatte. Wir waren uns bewusst, dass ein solches Erlebnis für uns nicht wiederkommen würde. Einmalig alles, auch, dass Herberger beim Stehempfang fragen musste: „Warum trinkt ihr nix? Habt ihr immer noch nicht registriert, dass wir Weltmeister sind?"

Wir gehorchten, was sonst auch. Max Morlock wagte nach Mitternacht mit seiner Frau den ersten Tanz, und dann waren wir alle mit den Damen auf dem Parkett. Nicht weltmeisterlich zwar, aber meisterhaft - bis morgens früh um vier Uhr. Und doch kein Schlaf danach, der ganze Spielfilm lief immer wieder ab. Wie wir uns auf dem Nebenplatz hinter der Haupttribüne intensiv aufgewärmt hatten. Die Ungarn in Sichtweite. Sie hatten es locker angehen lassen, sodass einer von uns mit der Bemerkung „die wollen sich wohl erst im Spiel warm laufen" für Ablenkung sorgte. Werner Liebrich kannte mein labiles Nervenkostüm und wollte mich noch mit der Bemerkung, „Fritz, es regnet - dein Wetter", aufbauen. Alle wussten, dass ich Sonne und Hitze während des Spiels nicht sehr schätzte. Regen und Wasserpfützen waren mir lieber. „Schnellmerker", habe ich entgegen gezischt, es regnete seit der Mittagszeit. So oder so: Wir wussten, was die Stunde geschlagen hatte. „Ja nicht in der ersten Viertelstunde in Rückstand geraten", war Herbergers Forderung. Und plötzlich lagen wir nach acht Minuten 0:2 zurück. Werner Kohlmeyer und Toni Turek waren maßgeblich am ungarischen Vorsprung beteiligt, und deshalb kam es beim 2:2-Pausenstand in der Kabine zu heftigen Diskussionen zwischen den beiden. Jeder von uns schrie jeden an. Ich ärgere mich heute noch, dass ich zu meinem Klubkameraden Kohlmeyer gesagt habe, „erzähl' keine Romane". Herberger dazwischen: „Männer, was wollt ihr, es steht unentschieden, hört auf mit dem Theater,

DER ZEITZEUGE

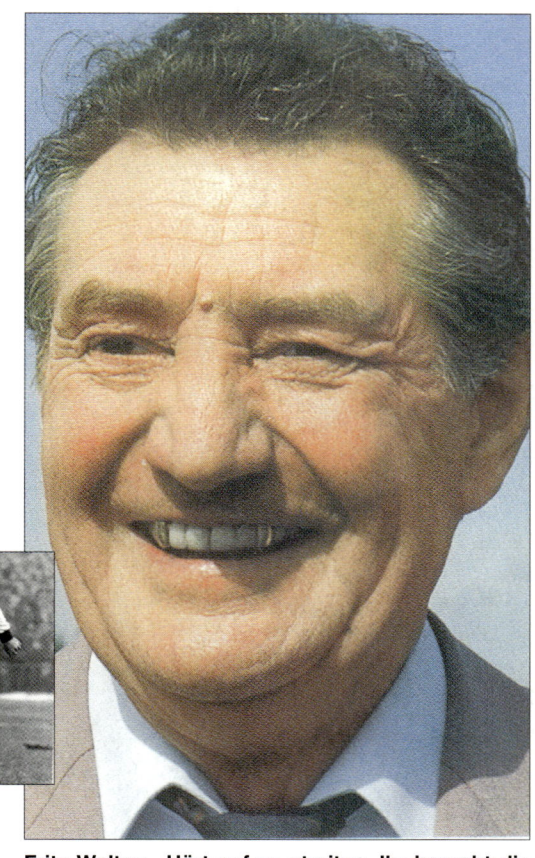

Fritz Walter: „Hört auf zu streiten. Ihr braucht die Luft noch," sagte der „Chef".

ihr braucht die Luft für die zweite Hälfte." Dann führte er mit den Abwehrleuten noch Einzelgespräche, die ich nicht hören konnte.

Wieder raus. Es läuft, wir halten mit, technisch und vor allem taktisch, wir spüren, dass die Ungarn verunsichert sind. 84. Minute: Hans Schäfer setzt sich gegen Boszik durch, flankt von links außen, ein langer Ball, der zu Helmut Rahn fliegt, Ballkontrolle, der Boss macht zwei, drei kurze Schritte nach innen, Körpertäuschung, Gewaltschuss mit dem linken Fuß, flach in die linke Ecke von ihm aus gesehen. Unhaltbar. 3:2.

Jubelszenen, Umarmungen im Mittelkreis. Ich dazwischen, sehe mit einem Blick auf der großen Stadionuhr: noch sechs Minuten. Ich habe geschrieen, gebettelt: Passt auf, keine Fehler mehr, es darf nichts mehr passieren. Noch sechs Minuten, so nahe kommen wir nie wieder ran. Es ist nichts mehr passiert, aber es war eine dramatische Nervenschlacht über schier endlose 360 Sekunden. Vor allem Toni Turek und Werner Kohlmeyer haben dafür gesorgt, dass es nicht zur Verlängerung kam. War da vorher was? Vergessen. Alles vergessen. Aus, aus, aus. Ich glaube, Herbert Zimmermann hat sechs Mal „aus" gerufen. Ich habe die Langspielplatte mit seiner Reportage x-mal gehört, aber nie mitgezählt, weil mich spätestens dann immer noch eine Gänsehaut befällt.

Fritz Walter (31. Oktober 1920) war der verlängerte Arm von Sepp Herberger auf dem Spielfeld. Der Lauterer, der seine besten Jahre als Fußballer im Krieg verlor, führte 1954 Deutschland zum ersten WM-Titel. Auch 1958 spielte er noch bei der Weltmeisterschaft in Schweden mit, wurde dort Vierter.

DER JOURNALIST

„Ich habe auf der Pressetribüne mit dem Kollegen Zimmermann gelitten"

Die Radioreportage des Herbert Zimmermann ist ein Zeitdokument, nicht nur wegen der packenden Schilderung des dramatischen Spielverlaufs. Aber welche Befürchtungen und Bedenken hatte der Hamburger Kollege, die damalige Nummer eins im alten Medium vor dieser Direktübertragung. Er war nämlich knapp zwei Wochen zuvor auch beim 3:8 gegen die Ungarn am Mikrophon. Stundenlang haben wir alle Möglichkeiten der Betrachtung und Bewertung im Falle einer Niederlage besprochen, die positiven Akzente der Finalteilnahme der deutschen Elf aufgezählt und ihm geradezu versichert, dass sich dieses 3:8 nicht wiederholen würde. Wir, die scheinheiligen Optimisten Kurt Brumme (Köln), Gerd Krämer (Stuttgart) und ich, der Baden-Badener. Und wie haben wir auf der Pressetribüne dann mit Zimmermann gelitten, als es nach acht Minuten 0:2 stand. Nach 90 Minuten konnten wir ihm gratulieren, ohne auch nur zu ahnen, was er mit seiner Darstellung und der Interpretation daheim ausgelöst hatte: Emotionen pur, Jubelarien ohne Ende, landesweit bei Jung und Alt, Weiblein und Männlein jeder Generation. Auf der Rückfahrt zum Hotel am Zuger See führten wir Fachgespräche über Funk und Fußball. Fragen, wie es wohl dem ungarischen Kollegen Szepeszi ergangen ist, wie es Wolfgang Hempel von Radio DDR zu Mute sein musste, der nicht so brillieren konnte wie Zimmermann, waren das Thema. Schließlich rekapitulierten wir die Situationen vor und nach dem dritten Tor Helmut Rahns.

Rudi Michel (Jahrgang 1921) übertrug unzählige Länderspiele für Funk und Fernsehen. Der gute Freund von Fritz Walter war bis zu seiner Pensionierung Sportchef des Südwest-Funks Baden-Baden. Er ist heute noch dem Fußball eng verbunden und zeichnete mitverantwortlich für die Festschrift des DFB zu dessen 100-jährigem Jubiläum.

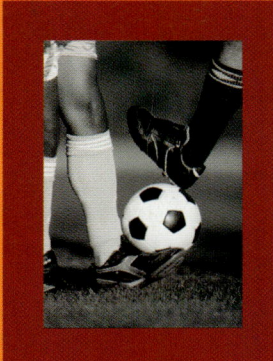

innovation, service und leistung für ihre gesundheit

BALSAM HIGH PERFORMANCE

Medizinprodukt als Salbe zur Erstversorgung/Akutversorgung geschlossener Verletzungen, Traumen und stumpfen Verletzungen. Zur Behandlung von Prellungen, Zerrungen, Verstauchungen, Blutergüssen.

PRE-ACTIVE LOTION

Medizinprodukt als Lotion zur physiologischen äußerlichen Muskelbehandlung. **Vor dem Sport** zur Verhinderung von Beschwerden und Verletzungen von Muskeln, Sehnen und Bändern.

REGENERATIVE LOTION

Medizinprodukt als Lotion zur physiologischen äußerlichen Muskelbehandlung. **Nach dem Sport** zur Verhinderung von Beschwerden und Verletzungen von Muskeln, Sehnen und Bändern.

COLD LOTION

Medizinprodukt als Lotion zur kühlenden wohltuenden Einreibung von überbeanspruchten Haut- und Muskelpartien nach körperlicher Belastung. Wirkt kühlend, erfrischend, entspannend.

HOT LOTION

Medizinprodukt als Lotion mit Wärmewirkung gegen Beschwerden im Muskelbereich. Verspannungen, Nackensteife, Hexenschuss, Ischias und Rückenschmerzen.

SPORT FLUID

Medizinprodukt als Spray zur Erstversorgung/Akutversorgung von lokalen Verletzungen. Zur Behandlung von Schürf-, Schnitt-, Riss- und Brandwunden der Klasse I und II.

NAWA Vertriebs-GmbH   Ziegelhöhe 8   92361 Berngau   Tel.: 09181/25 93-0   Fax: 09181/25 93-19

nawa

Die Zauberer vom Zuckerhut

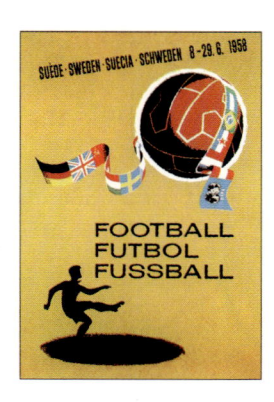

1958

Brasilien

Schweden

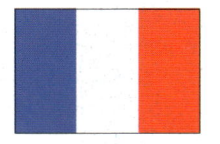

Frankreich

Deutschland

Völlig schwerelos scheint er in der Luft zu schweben - Pelé faszinierte in Schweden die Fans der ganzen Welt.

Eigentlich sollte er gar nicht mit zur WM fahren - als „infantil" wurde Pelé beim Test im eigenen Land vom Psychologen der Nationalmannschaft eingestuft. Doch dann war Trainer Vicente Feola doch froh, dass er nicht auf den Pseudo-Wissenschaftler gehört hatte. Pelé begann in Schweden seine Weltkarriere. Die Deutschen
- wieder mit Sepp Herberger als Trainer - reisten als Weltmeister an und kehrten als guter Vierter nach Hause zurück. Im Halbfinale scheiterten sie am Gastgeber und manch widrigen Umständen.

BUCHKATALOG.DE

Im Lande der Mitternachtssonne gehen die Sterne von Rio auf

Brasilien und Pelé holen sich in Schweden ihre erste Weltmeisterschaft - Deutschlands Blick zurück im Zorn

Dass Fußball nicht immer eine völkerverbindende Sache sein muss - das bewies diese sechste Weltmeisterschaft hinreichend. Auf das Halbfinale Schweden gegen Deutschland, das am 24. Juni 1958 und in den Tagen danach unschöne Emotionen auf beiden Seiten frei machte, wird noch an anderer Stelle ausführlich einzugehen sein.

Dass Fußball jedoch auch eine wundervolle Sache sein kann, das bewies bei eben dieser Weltmeisterschaft in Schweden hinreichend das Endspiel. Jenes Traumfinale am 29. Juni 1958 im ausverkauften Stockholmer Rasunda-Stadion, das die Fußballzauberer vom Zuckerhut gegen die Kraftfußballer des Gastgebers mit 5:2-Toren für sich entschieden. Und so ist die Feststellung durchaus erlaubt: Die Sterne von Rio gingen im Lande der Mitternachtsonne auf.

Schweden als Gastgeberland 1958 - wieder einmal hatte sich die FIFA nicht zum Abwechseln der Kontinente durchringen können. Nach der zentraleuropäischen Schweiz nun ein Land in Skandinavien - der europäische Einfluss in den Reihen des Weltverbandes war spür- und deutlich sichtbar. 53 Nationen hatten gemeldet - doch als der erste Anpfiff anstand, waren Kontinente wie Afrika, Asien oder Ozeanien einmal mehr nicht vertreten. Zwölf europäische Mannschaften standen bereit, darunter der Titelverteidiger aus Deutschland. Amerika war mit Brasilien, Paraguay, Argentinien und Mexiko vertreten - Uruguay hatte die Qualifikation nicht überstanden. Auch in den europäischen Gruppen hatte es nicht an Überraschungen gefehlt: Die Italiener waren an Nordirland hängen geblieben, die Spanier, die im Vereinsfußball mit Real Madrid alles nach Belieben beherrschten, konnten sich nicht gegen Schottland und die Schweiz durchsetzen, Ungarns Wunderteam war nach dem Volksaufstand in ganz Europa verstreut, Österreich nicht mehr stark genug, um ein ernstes Wörtchen mitsprechen zu können.

Wieder dabei die Engländer. Doch die Briten hatten beim Absturz der Vereinsmannschaft von Manchester United (6. Februar 1958 in München) ihre halbe Nationalmannschaft verloren. Und wenn man bei den Favoriten war, dann kamen auch immer wieder die Deutschen, der noch amtierende Weltmeister, ins Gespräch, trotz deren Formschwäche nach dem Titelgewinn von 1954. Ein rätselhafter Virus, eine Gelbsuchts-

DER RÜCKBLICK

epidemie, hatte die Mannschaft befallen, die nie wieder in der Aufstellung des Finales von Bern zusammen spielen sollte. Sieben von zehn Spielen nach der WM 1954 hatten Sepp Herbergers Schützlinge verloren und selbst Ferenc Puskas,

Spielszene aus der Vorrunde der WM 1958: Deutschland trennte sich 2:2 von der CSSR.

der Kapitän des im Endspiel sensationell unterlegenen Gegners aus Ungarn, meinte später - auf die mysteriösen Krankheitsfälle beim Gegner angesprochen -, dass „Doping" wohl nicht auszuschließen sei. „Doping." Da stand es im Raum, jenes böse Wort. Jenes Gerücht, das dem Verlierer die eigene Schwäche vielleicht im Nachhinein erklären könnte? Den Überraschungssieger in ein schlechtes Licht rücken sollte. Doch es blieb was es war, ein Gerücht.

Wenn es um die Favoriten ging, dann wurde auch die erstmals mitspielende Sowjetunion hoch gehandelt. Immerhin kamen die Russen mit der Empfehlung der olympischen Goldmedaille von Melbourne, immerhin hatten sie Stars wie Igor Netto, den Mittelläufer, oder Lew Jaschin, den Torwart, in ihren Reihen. Und natürlich die Brasilianer. Trainer Vicente Feola, „El Gordo", der Dicke, kam mit dem am besten organisierten Team, das Brasilien je zu einem Fußball-Wettbewerb geschickt hatte. Monatelang vorher hatten Spione Schweden bereist, Quartiere gebucht, Stadien, Städte und Klima recherchiert, wochenlang wurde die Mannschaft in Brasilien selbst auf das Ereignis - auch mittels Psychologen und Medizinern - gewissenhaft vorbereitet. Und auch im sportlichen Bereich hatte Feola ganze Arbeit geleistet. Er hatte die Abwehr vor Torwart Gilmar stabilisiert, er hatte mit Zagalo und Garrincha zwei lupenreine Außenstürmer ins System eingebaut, die die innen lauernden Vava und Pelé mit maßgerechten Flanken versorgten. Das Mittelfeld mit Didi, dem dunkelhäutigen Chef, Orlando, Bellini und Zito hatte gleichermaßen Offensiv- wie Defensivqualitäten - Feola, der nur noch mit Nilton und Djalmar Santos sowie Didi drei Spieler von der WM 1954 dabei hatte, setzte nun eine perfekte Umsetzung des 4-2-4-System an. Sie sollte sich durchsetzen und Fußballgeschichte schreiben. Und bei der WM der „alten Männer", der Argentinier Labruna war schon über 40 Jahre alt, Fritz Walter zählte wie der Schwede Gunnar Gren 38 Lenze, Nandor Hidegkuti, der ungarische Stürmer, war 37 Jahre alt, Liedholm und Löfren auch

---

Also, um das gleich mal vorweg zu sagen: An Josef Binder hat's nicht gelegen. Josef Binder war bei der WM in Schweden der deutsche Mannschaftskoch, und der Mann, der im heimatlichen Edenkoben ein Vereinsheim bewirtschaftete, hatte alles getan, damit's den Kikkern wohl war in Bauch und Seele. „Die schwedische Küche mit ihrem Fettreichtum und ihren leicht süßen Speisen", so befand nämlich der 150 Kilogramm schwere Meister des Kochlöffels, „liegt uns nicht. Die Spieler wollen echt deutsche Hausmannskost, um nicht aus ihrem täglichen Rhythmus herausgerissen zu werden." Also kochte der Pfälzer Binder selbst schwäbische Spätzle und ließ von der Versorgungsbasis Hamburg aus sogar - Motto: Wehret dem Smörebröd! - täglich frisches, deutsches Brot einfliegen. Und siehe da: Gegen Argentinien im ersten Spiel gab's gleich den vollen Erfolg, zumal die Argentinier nicht im Entferntesten einen so umsichtigen Mann wie Binder am Herd aufzuweisen hatten, denn eine Woche nach der Ankunft hatte jeder ihrer

DIE GLOSSE
Am Koch hat's bestimmt nicht gelegen...

Spieler zwei bis drei Pfund zugenommen, was auch mit der Anwendung von Wechselbädern nicht mehr zu tilgen war. Am Tag des Spiels erhielten die Söhne der Pampa dann nur eine Mahlzeit sieben Stunden vor dem Anpfiff, danach nur noch O-Saft! Ergebnis: 3:1 für Deutschland. Hunger mag der beste Koch, aber nicht unbedingt Trainer sein. Dass die Binder-Methode dann später nicht mehr hat helfen können, kann nur an den „bösen" schwedischen Fans gelegen haben, die im Halbfinale den Deutschen mit ihren Furcht erregenden, „Heja-Heja"-Einpeitsch-Chören moralisch so fürchterlich zusetzten, dass es sogar zu diplomatischen

Verwicklungen kam und dazu, dass schwedische Touristen an deutschen Tankstellen nicht mehr bedient, „Schwedenplatten" von den Speisekarten genommen und beim CHIO-Reitturnier in Aachen die schwedischen Flaggen heruntergerissen wurden. Aber da stand es schon 3:1 für Schweden, und Deutschland spielte nur um Platz drei. Was aber wäre wohl gewesen, hätte ein Josef Binder schon auf die feinen und leistungsfördernden Sportler-Menüs zurückgreifen können, wie sie zum Beispiel der Schweizer Koch und Ex-Radprofi Fabian Fuchs einmal in den 90er Jahren für die Tour de France kreierte: Gemüse-Terrine mit Kräuter-Vinaigrette, Zander unter Mohnsamenkruste mit Zitronensoße und Camargue-Reis, Lammkarre mit Oliven gefüllt und Thymian-Rotwein-Nudeln mit Brokkoli, Dattelmousse an Fruchtpürree und Honigwaffeln! Das am Abend davor (oder als Belohnung danach!) - Herbergers Mannen hätten die Schweden dumm und dusselig gespielt, wetten? Vor allem der Lecker-Schmecker Helmut Rahn!

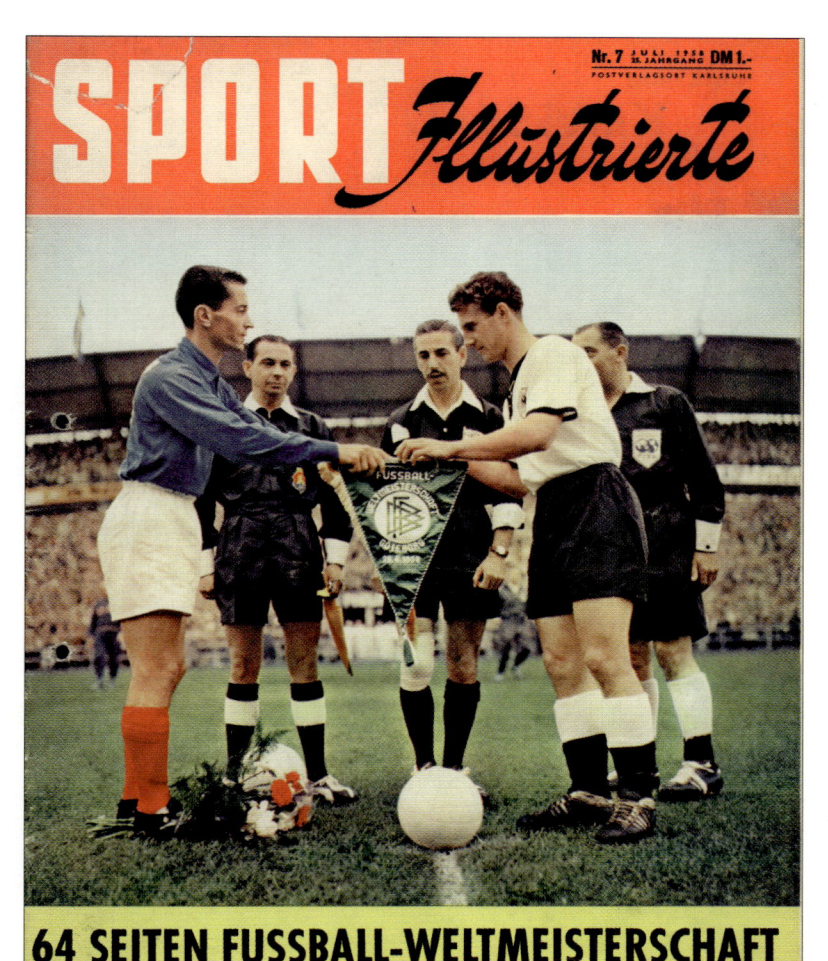

SPORT Illustrierte

Nr. 7 JULI 1958

64 SEITEN FUSSBALL-WELTMEISTERSCHAFT
Bebilderte Großreportagen vom ersten bis zum letzten Tag

Anpfiff der WM in Schweden: Kapitän Hans Schäfer überreicht den Wimpel.

schon 36, schrieb schließlich der Jüngste die größten Schlagzeilen: Pelé, 17 Jahre alt. Doch auch die Deutschen hatten nicht nur gestandene Herren in ihren Reihen. Uwe Seeler galt als Prototyp des jungen, dynamischen Mittelstürmers, Horst Szymaniak als eines der größten Talente, das der deutsche Fußball damals hatte. Und doch hatte Sepp Herberger solange keine Ruhe gegeben, bis der „alte Fritz" doch wieder „ja" gesagt hatte. Zweimal war Fritz Walter nach dem WM-Titel 1954 schon zurückge-

DER PROMINENTE

Eine Fußball-WM fasziniert mich, weil...

...sonst so viele extravagante und begnadete Fussballer nicht zu sehen sind.

Harry Valérien, Sport-Moderator, Buch-Autor, Fernsehstar.

treten gewesen, zweimal hatte ihn der „Chef" zu einem Comeback überredet. Ein paar Monate vor WM-Beginn, im Herbst 1957, war Herberger bei einem Trainerlehrgang, den auch Fritz Walter besuchte und dort bei praktischen Übungen glänzte, wie zufällig aufgetaucht und hatte gesagt: „Fritz, ich habe gesehen, Sie sind wieder fit. Ich denke, ich werde Sie wieder brauchen können." Fritz Walter spielte natürlich 1958 mit. Und wie.

3:1 schlugen die Deutschen Argentinien, das zuvor immerhin in Rom Italien besiegt hatte. Die deutsche Elf führte jedoch die Ballzauberer nach allen Regeln der Kunst vor, die 33 000 Fans im südschwedischen Malmö sahen eine perfekte Technik, eine super Taktik, große nervliche Stärke des Weltmeisters und zwei Tore von Helmut Rahn und eines von Uwe Seeler. Der Weltmeister war wieder wer, quasi über Nacht. Mit zwei Unentschieden gegen Nordirland und die CSSR wurde die Vorrunde überstanden, und auch gegen Jugoslawien im Viertelfinale paarten sich Können und Glück zu einem knappen, aber verdienten 1:0-Sieg. Deutschland stand im Halbfinale – und dort wartete Schweden - der Hausherr.

Die schwedische Presse hatte nichts unversucht gelassen, dieses Spiel hoch zu puschen. Mit unfairen Vergleichen war Stimmung gegen das deutsche Team gemacht worden und als die deutsche Mannschaft in Göteborg aufs Feld kam, schlug ihr blanker Hass entgegen.

Die Feindseligkeit war fast greifbar. Und es standen so genannte Einpeitscher mit Megaphonen bereit, um die Massen im Chor zu stimulieren und zu lenken. „Heja, heja, Sverige" hallten die Sprechchöre ohrenbetäubend durchs Stadion. Doch „cool" gingen die Deutschen 1:0 in Führung, die Schweden, spielerisch beeindruckt, setzten auf nun mehr Härte. Schiedsrichter Zsolt - ausgerechnet ein Pfeifenmann aus Ungarn (welch ein Fingerspitzengefühl der FIFA) - übersah, wie Bergmark Rahn im Strafraum umsäbelte, wie Parling nachtrat, wie Fritz Walter zusammengetreten wurde. Doch er übersah nicht, wie Juskowiak gegen Hamrin nachschlug, er stellte den Düsseldorfer vom Platz. Ohne Juskowiak und den nur noch wegen seiner Verletzung mit halber Kraft spielenden Fritz Walter hatte Deutschland keine Chance – verlor 1:3, der Traum von der Titelverteidigung war zu Ende.

Der Ärger und der Frust über das unfaire schwedische Publikum waren verständlich. Dennoch nicht die Reaktion der Teamführung unter Präsident Dr. Peco Bauwens, von der man hätte erwarten dürfen, dass sie die Gehässigkeiten mit einem freundlichen Lächeln an sich hätte abprallen lassen sollen. Nach dem 3:6 im Spiel um Platz drei gegen Frankreich verließ das deutsche Team jedoch sofort nach dem Duschen Schweden und blieb dem Bankett der vier siegreichen Mannschaften fern.

Und in der Heimat lebte die Bevölkerung den Zorn gegen schwedische Bürger aus. Für Urlauber gab es zerschnittene Autoreifen, keine Zimmer, kein Benzin für die Weiterfahrt. Wirte nahmen das Gericht „Schwedenhappen" von der Speisekarte, Auftritte schwedischer Künstler wurden storniert, beim Reitturnier in Aachen wurde die schwedische Nationalflagge entehrt - diplomatische Verstimmungen waren die Folge...

Dennoch fand das Turnier einen versöhnlichen

WALDIS WELT

„Nach meinen Laktatwerten hat keiner gefragt"

Waldemar Hartmann:

„...und auch Pelé hat mit Herz gespielt"

Mein erstes Schuljahr im Gymnasium. Aber Gott sei Dank erst nach der Weltmeisterschaft. So hatte ich noch keinen Stress in den letzten Wochen in der Volksschule. Es war die Schule am Bielingplatz in Nürnberg. Eher ein Arbeiterviertel. Mein Vater war Straßenbahnführer. Manchmal durfte ich stundenlang mit ihm mitfahren. Damals standen die Fahrer noch vorn im Wagen an der Kurbel. Nicht abgeschirmt von den Fahrgästen. Mittendrin also. Ich hatte noch drei Geschwister. Geld für Fußballschuhe war nicht übrig. So spielte ich in alten Lederskischuhen, die wir von Bekannten geschenkt bekommen hatten. Die waren sehr stabil, aber auch sehr schwer. Gebolzt wurde auf der Thoner Wiese. Dabei war auch Peter Löwer, später bei der SpVgg Fürth einer der besten deutschen Torhüter. Mein erster Verein war der TB 1888 Johannis Nürnberg. Start als Mittelstürmer in der 2. Schülermannschaft. Freilich, alle waren irgendwie Mittelstürmer. Fast immer waren alle da, wo der Ball war. „Ballorientierte Raumdeckung" hätte Berti Vogts wohl dazu gesagt. So jedenfalls bezeichnete der ehemalige Bundestrainer später eines seiner geheimnisumwitterten Spielsysteme. Dazu aber später. 1958 war noch Herberger Trainer. Und ein nicht mehr ganz junger Fritz Walter. Und ein Juskowiak. Der war Verteidiger und wurde im Spiel, oder vielmehr im Kampf gegen Schweden vom Platz gestellt. Zu Unrecht! Der schwedische Rechtsaußen Hamrin hatte ihn solange provoziert, bis sich Juskowiak zur Wehr setzte. Platzverweis! Das werde ich nie vergessen. Und auch nicht die Anpeitscher in den Stadien. Sie standen mit dem Rücken zum Spielfeld und trieben die Zuschauer mit „Heja, heja, Sverige"- Rufen 90 Minuten lang an. Erst viel später, bei der Europameisterschaft 1992 habe ich mitbekommen, dass Fußball in Schweden eigentlich niemand so richtig aufregt. Damals, 1958, waren es wohl andere Gründe. Wir Deutschen waren offenbar nicht so ganz beliebt. Unsere Mannschaft zu schlagen, war für jeden Gegner etwas Besonderes. Damals noch viel bewusster und wichtiger als heute. Die Franzosen nahmen sogar das Spiel um Platz drei richtig ernst. Sie hauten Heini Kwiatkowski im deutschen Tor sechs Stück rein. Vier alleine der Just Fontaine, der damit auch Torschützenkönig der WM '58 wurde. Weltmeister wurden jedenfalls die Besten. Die Brasilianer mit dem 17-jährigen Pelé. Der war für mich natürlich der Held. Auf der Thoner Wiese wollte danach jeder Pelé sein. Ich dachte, ich wäre es, als ich nach einem Spiel in der 2. Schülermannschaft auch noch direkt danach in der 1. Schülermannschaft mitspielen durfte, weil bei denen einer fehlte. Nach meinen Laktatwerten hat keiner gefragt. Ich glaube, beim echten Pelé hat das auch niemand getan. Der hat einfach mit Herz Fußball gespielt.

DFB-Kader 1958

Eingesetzt: Cieslarczyk, Eckel, Erhardt, Herkenrath, Juskowiak, Kelbassa, B. Klodt, Kwiatkowski, Rahn, Schäfer, A. Schmidt, Schnellinger, U. Seeler, Stollenwerk, Sturm, Szymaniak, F. Walter, Wewers.
Auf Abruf: R. Hoffmann, Nuber, Peters, Sawitzki.

Der „Boss" in Aktion: Helmut Rahn, Siegtorschütze 1954 gegen die Ungarn, gehörte dank seines kraftvollen Spiels auch in Schweden zu den Stützen von Bundestrainer Sepp Herberger. Foto unten: Spielszene aus dem Halbfinale gegen Schweden.

Deutschlands Fußball-Nationalelf beim WM-Turnier in Schweden.

Abschluss. Brasilien hieß Schwedens Finalgegner und Lehrmeister. Brasilien, das Pelé zwar erst im letzten Vorrundenspiel in seine Formation integriert hatte, Brasilien, das beim 0:0 gegen England gehemmt gewirkt hatte, Brasilien, das erst durch ein Pelé-Tor gegen Wales mit Ach und Krach weitergekommen war, Brasilien, das sich aber im Halbfinale gegen Frankreich (5:2) in einen Rausch gespielt hatte – Brasilien war an diesem Sonntag, dem 29. Juni 1958, einfach unschlagbar. Keine Mannschaft der Welt hätte gegen diesen Samba-Fußball ein Mittel gehabt.

Nicht einmal das frühe 0:1 durch Liedholm störte die Ballzauberer vom Zuckerhut bei ihrer Fußball-Show. Auf dem regennassen Rasen vollführten sie ihre Kunststücke mit atemberaubender Sicherheit. Bald hatten auch die einmal mehr auf ihre Elf eingeschworenen schwedischen Fans bemerkt, dass alles „Heja-heja-Geschrei" an diesem Tag nichts nutzen, dass Brasilien der Sieger sein würde. Sie schwenkten um. Und als am Ende die Südamerikaner den Europäern fünf Stück ins Netz gezaubert hatten – unvergesslich eins von zwei Pelé-Toren, als der den Ball vor den Nasen der Abwehrspieler tanzen ließ und ihn dann lässig versenkte – verneigten sich die Brasilianer vor der Galerie. Sie liefen mit der schwedischen Fahne in der Hand eine Ehrenrunde durchs Stadion. Das hatte es bei einer Weltmeisterschaft noch nie gegeben. Auch nicht, dass der Weltmeister die unumschränkte Bewunderung der Konkurrenz genoss. Und neu war auch, dass ein Fußballspiel die ganze Welt begeisterte. Der Fußball war auf seinem Siegeszug um den Globus ein ganzes Stück weiter gekommen.

Bundestrainer Sepp Herberger mit seinen beiden Vollblutstürmern: Helmut Rahn, Uwe Seeler (rechts).

ANDERE DATEN

1958
- Schalke meldet sich zurück – mit einem 3:0-Finalsieg gegen den Hamburger SV.
- Mit 4:3 nach Verlängerung siegt im Pokalfinale der VfB Stuttgart gegen Fortuna Düsseldorf.
- Der FC Barcelona gewinnt die erste Ausgabe des Messepokals, aus dem später der UEFA-Cup entsteht.
- DDR-Meister: ASK Vorwärts Berlin. Pokalsieger: SC Einheit Dresden.

1959
- Eines der schönsten Endspiele gewinnt Eintracht Frankfurt gegen die Offenbacher Kickers mit 5:3 in der Verlängerung.
- Schwarz-Weiß Essen wird Pokalsieger durch ein 5:2 gegen Borussia Neunkirchen.
- DDR-Meister: SC Wismut Karl-Marx-Stadt. Pokalsieger: SC Dynamo Berlin.

1960
- Die Sowjetunion holt sich den Titel eines noch inoffiziellen Europameisters.
- Real Madrid schlägt im Endspiel des Europapokals der Landesmeister Eintracht Frankfurt 7:3 und holt sich den fünften Titel in Folge.
- In Deutschland wird der Hamburger SV Meister (3:2 gegen den 1. FC Köln) und Borussia Mönchengladbach (3:2 gegen den Karlsruher SC) Pokalsieger.
- Jugoslawien wird in Rom (3:1 gegen Dänemark) Olympiasieger im Fußball.
- DDR-Meister: ASK Vorwärts Berlin. DDR-Pokalsieger: SC Motor Jena.

1961
- Den neu gegründeten Europapokal der Pokalsieger gewinnt in Hin- und Rückspiel der AC Florenz gegen die Glasgow Rangers (2:1, 2:0).
- Der 1. FC Nürnberg (3:0 gegen Dortmund) wird Deutscher Meister, Bremen (2:0 gegen Kaiserslautern) Pokalsieger.
- DDR-Meister: kein Meister ermittelt. DDR-Pokalsieger: nicht ausgetragen.

ZEITTHEMEN

Als der Hula-Hoop ein Renner war und Elvis zu uns kam...

1958: Die schlimmste Nachricht für die Sportfans kommt am 6. Februar aus München: Nach einer Zwischenlandung stürzt eine aus Belgrad kommende Chartermaschine mit der Mannschaft von Manchester United an Bord nahe des Flughafens Riem ab. 23 Menschen, darunter acht Spieler sterben. Zu denen, die überleben, gehören Trainer Matt Busby und Ausnahmespieler Bobby Charlton. Zusammen werden sie rund zehn Jahre später Europapokalsieger der Meister. – Und sonst? Rock'n-Roll-König Elvis Presley wird am 24. März zur US-Army eingezogen und tritt seinen Dienst ab Oktober im hessischen Friedberg an. – Im März übernimmt General Charles de Gaulle die Regierung in Frankreich, Nikita Chruschtschow wird Ministerpräsident der UdSSR. – Der Schah von Persien verstößt nach sieben Jahren Ehe Prinzessin Soraya, weil sie ihm keinen Sohn gebärt. – Der Hula-Hoop-Reifen, den man/frau um die Hüfte kreisen lässt, wird zum Renner, weil der Hersteller die Idee beim Anblick von Marilyn Monroes Hüftschwung bekommen haben will. – Gestorben: Papst Pius XII. (82, Nachfolger: Johannes XXIII.).

1959: Im Januar zieht Revolutionsführer Fidel Castro mit seinen Guerilleros ins jubelnde Havanna ein, alle US-Vermögen auf Kuba werden eingezogen, Offiziere von Ex-Präsident Batista hingerichtet. – Die USA feiern im Mai den fast „bemannten" Raumflug: Ein Affe hat im All überlebt. – Eine Hitzewelle bringt Deutschland (Berlin, 11. Juli: 37,8 Grad) einen Jahrhundertwein von 90-100 Grad Öchsle. – Heinrich Lübke wird Nachfolger von Bundespräsident Theodor Heuss (1. Juli). – Der Schah heiratet, 39-jährig, zum dritten Mal. Die 21-jährige Farah Diba schenkt ihm den ersehnten Thronfolger. – Gestorben: Rennfahrer Rudolf Caracciola (58), Tenor Mario Lanza (37), Schauspieler Errol Flynn (50).

1960: Im August gibt es in den USA die erste Anti-Baby-Pille; im Striplokal „Indra" auf St. Pauli tritt eine Gruppe namens „Beatles" auf, die ein paar Jahre später die Musikfans auf der ganzen Welt elektrisiert und für Verkaufsrekorde ohne Ende sorgt. – Adolf Eichmann, für den Holocaust mitverantwortlicher SS-Führer, wird von Israels Geheimdienst aus Argentinien entführt, vor Gericht gestellt und später hingerichtet. – Chruschtschows legendäre Entgleisung vor der UNO (13. Oktober): Der Sowjet-Chef begleitet seine Rede mit den Schlägen seines Schuhes auf die Platte seines Pults. – Mit nur 111 957 Wählerstimmen Vorsprung vor Richard Nixon wird John F. Kennedy (43) US-Präsident (November). – Gestorben: Die Schauspieler Clark Gable (59) und Hans Albers (69).

1961: UdSSR-Major Juri Gagarin umrundet mit „Wostok I" als erster Mensch die Erde (12. April). – Das hässlichste Bauwerk Deutschlands entsteht: Am 13. August lässt Walter Ulbricht die Mauer durch Berlin ziehen; 2 689 922 Flüchtlinge hatten bis dahin seinem „Arbeiter- und Bauern-Staat" den Rücken gekehrt. Später sterben an dieser „Mauer der Schande" viele Flüchtlinge im Kugelhagel der DDR-Grenzer. – Die USA greifen in der Schweinebucht Kuba an. – Gestorben: Schauspieler Gary Cooper (60), Schriftsteller Ernest Hemingway (62). UNO-Generalsekretär Dag Hammerskjöld stürzt über dem Kongo mit seinem Flugzeug ab.

Pelé (links) und Garrincha - begnadete Fußballer unter sich.

Vom „infantilen Plattfuß" zum größten Fußballer der Welt

In Schweden schaffte Pelé seinen Durchbruch zum Weltstar, den ein Gutachter beinahe verhindert hätte

Als das Spiel vorbei war, legte der kleine Pelé seinen Kopf an die Brust von Torhüter Gilmar und heulte hemmungslos. An diesem Nachmittag des 29. Juni 1958 wusste die Welt noch nicht, dass der kleine Pelé einmal der große Pelé werden würde, aber der 17-jährige Junior im brasilianischen Team hatte es den 50 000 Zuschauern im Rasunda-Stadion und Millionen TV-Zuschauern angetan. Das Endspiel war eine Sternstunde des Fußballs, ein brasilianisches Feuerwerk und der Durchbruch des Edson Arantes do Nascimento, genannt Pelé. Und wie es sich für den neuen Weltstar des Fußballs gehörte, zauberte Pelé beim entscheidenden 3:1 in der 55. Minute den Ball auf eine Weise ins Tor, die nur noch fassungslose Bewunderung bei den Beobachtern hinterließ.

Nach weiter, hoher Flanke landet der Ball auf dem Oberschenkel Pelés, der zwischen Strafraumlinie und Elfmeter-Punkt mit dem Rücken zum Tor steht - für einen winzigen Moment bleibt die Kugel liegen wie ein nasser Sack, dann lässt der Spieler sie über das Schienbein zum Außenrist rollen, hebt sie über den Kopf, lässt in der Drehung einen anstürmenden Verteidiger ins Leere sausen - und drischt den Ball aus der Luft unter die Latte. Ein Tor, wie es einer Mannschaft gebührte, bei der man „sich die Augen reiben musste, um an die Wirklichkeit des Unglaublichen zu glauben", wie „World Sports" damals schrieb. Es war Pelés sechstes Tor bei dieser WM.

Und was sollten nicht noch für Tore und Titel folgen: Dreimal Weltmeister mit Brasilien (1958/1962/1970), für das er 92 Länderspiele bestritt und 77 Tore schoss, zehn Mal brasilianischer Meister mit dem FC Santos und zwei Mal Weltpokalsieger, elf Mal Torschützenkönig seines Landes und einmal US-Meister mit Cosmos New York zum Karriereende 1977. Er schoss 1281 Tore in 1363 offiziellen Spielen. Rekorde für die Ewigkeit, die der 1980 zum „Athleten des Jahrhunderts" gewählte spätere Sportminister Brasiliens der Jahre 1994 bis '98 schreiben sollte.

Zu allem wäre es nicht gekommen, hätte Brasiliens Verband 1957 auf ein gewissen Joao Carvalhaes gehört, der den WM-Kader auf dessen psychische Tauglichkeit testete, genauso wie er es auch hinsichtlich der Belastbarkeit der Busfahrer von Sao Paulo zu tun pflegte. Pelé, so Gutachter Carvalhaes, sei „ausgesprochen infantil", sei „zu jung um Aggressivität zu empfinden" und außerdem schon wegen seiner Plattfüße und Kurzsichtigkeit auszusortieren.

Härter fiel nur noch das Urteil über den genialen Dribbler Garrincha aus: „Er ist debil", fand Sozialpsychologe Carvalhaes. Weil Trainer Vicente Feola sich aber auf seinen Instinkt verließ, durften die beiden doch mit auf die große Reise nach Europa und ihre noch größeren Karrieren starten, wobei die des charismatischen und cleveren Pelé steil und steiler verlief und schließlich einzigartig wurde. Nach der Schweden-WM wurde er zu Hause nur noch „O Rei" („Der König") gerufen. Dabei schienen die Chancen des „infantilen Plattfußes", vom großen Kuchen ein Stück abzubekommen, nicht sehr groß, als er am 23. Oktober 1940 in einem Lehmziegelhaus der mittelbrasilianischen Kleinstadt Tres Coracoes geboren wurde.

Nach vier Schulklassen wird der noch nicht ganz Fünfzehnjährige, der nach dem Wunsch des Vaters, eines an einer schweren Knieverletzung gescheiterten Berufsfußballers, lieber eine Schusterlehre absolvieren soll, vom FC Santos in eine der drei Jugendmannschaften gesteckt. Und das Talent Pelés, der selbst nicht weiß, wie er zu seinem Künstlernamen kam, setzt sich durch: Mit 16 spielt er erstmals in der ersten Mannschaft, verdient danach 75 Dollar pro Monat, soviel wie drei gut bezahlte Hafenarbeiter. Für die Armen und Farbigen personifiziert er von nun an die Chance des von allen so sehnlichst erträumten Aufstiegs. Noch bevor er 20 Jahre alt wird, erlässt Brasiliens Regierung ein Gesetz, das ihn zum „Nationalen Sport- und Kulturgut" erklärte, und seinen Transfer ins Ausland verbietet. Als am 21. November 1969 mit Apollo XII das zweite US-Raumschiff innerhalb eines Jahres auf dem Mond landete, staunte die Welt. In Brasilien interessierte damals eine andere Nachricht tausendmal mehr: Wann würde das 1000. Tor des Mannes mit der Nummer 10 fallen?

Als es am 19. November im Spiel gegen Vasco da Gama endlich soweit war, läuteten alle Glocken des Landes. Im Jahr 1975, nach über 20 Jahren beim FC Santos, durfte das „Nationalheiligtum" dann doch noch seinen Dienstherrn wechseln und bei Cosmos New York richtig gutes Geld machen. Der anpassungsfähige und geschäftstüchtige Pelé nutzte die zwei Jahre in der US-Operetten-Liga jedenfalls, um mit Hilfe von Weltkonzernen wie Pepsi Cola, Warner Communications u.a. richtig reich zu werden. Am 1. Oktober 1977 beendete er seine aktive Laufbahn. Pelé war übrigens der einzige aus der Weltmeister-Elf von 1958, der nicht an der Beerdigung des 1983 in Suff und Armut gestorbenen Garrinchas teilnahm. Aber er hatte den langjährigen Weggenossen keineswegs vergessen: Er beauftragte stattdessen einen Privatsekretär, das Mietshaus zu kaufen, in dem die Familie Garrinchas wohnte - und er ließ es ihr überschreiben.

Längst ist der zwei Mal verheiratete, sechsfache Vater mehr als der Größte seiner Zunft, mehr als ein Ex-Minister und ein Botschafter von UNESCO und Weltgesundheits-Organisation WHO - er ist einer der vornehmsten Weltbürger schlechthin. Für Brasilianer klar die Nummer 1 des Globus.

Nicht nur für alle Brasilianer der beste Fußballer aller Zeiten: Pelé, Weltmeister 1958, '62 und '70.

ANDERE STARS

Raymond Kopa
(13.10.1931) hatte polnische Vorfahren und hieß „Kopaszewski". Der in dieser Zeit beste Fußballer Frankreichs bestritt 1956 mit Stade Reims das erste Europapokalfinale gegen Real Madrid. Er verlor es 3:4 und wechselte nach Madrid, wo Real Ende der fünfziger, Anfang der sechziger Jahre in Europa den Ton angab. Bei der WM in Schweden Dritter, mit Real drei Mal Europapokalsieger, Europas Fußballer des Jahres 1958.

Didi
(8.10.1928/12.5.2001), mit richtigem Namen Valdir Pereira, war vor allem bei der WM '58 der Mann im Hintergrund für den blutjungen Pelé, der auch Trainer Feola überredet hatte, Pelé überhaupt aufzustellen, dem damals 17-jährigen das nötige Vertrauen zu schenken. Den Regisseur im brasilianischen 4-2-4-System zeichnete technische Brillanz, ein exzellentes Auge und eine überaus elegante Spielweise aus. Pelé bezeichnete Didi als „meinen Lehrmeister" und „großen Bruder".

Ernst Happel
(29.11.1925/14.11.1992) trug 51 Mal das österreichische Nationaltrikot. 1954 bei der WM Dritter, 1958 als Verteidiger in Schweden wieder mit von der Partie. Gegen Ende seines Lebens galt der Fußball-Guru als „eigenbrötlerischer Grantler", dabei konnte der Kettenraucher durchaus lustige Sprüche von sich geben. Doch Happel, als Trainer noch erfolgreicher wie als Spieler, war eine misstrauische Figur.

NAMEN & NACHRICHTEN

Fernsehdebüt
Bei dieser sechsten Fußball-WM gab es zum ersten Mal ein Feilschen um die Übertragungsrechte im Fernsehen. Erst zwei Tage nach dem Beginn des Turniers hatten sich beide Seiten auf einen Kompromiss einigen können. Er lautete: Die Eurovision bezahlte 1,5 Millionen Kronen, um elf der 35 WM-Spiele im Fernsehen europaweit übertragen zu dürfen.

Lostöpfe
Einmal mehr wurde nach einem neuen Austragungsmodus gespielt. Es wurden aus den 16 Finalteilnehmern vier Vorrundengruppen mit je vier Mannschaften gebildet. Die ersten beiden Teams kamen weiter, ermittelten dann den Weltmeister im K.o.-System. Die Vorrundengruppen wurden zwar ausgelost, aber – nach einem ungarischen Vorschlag – aus Töpfen gespeist. So war sichergestellt, dass sich in jeder Gruppe ein Team aus Großbritannien, eines aus Mittel- und Osteuropa und eine Mannschaft aus Südamerika befinden würde. Und jede Mannschaft durfte mindestens drei Mal antreten.

Starke Insel
Alle vier Mannschaften der Landesverbände Großbritanniens hatten den Sprung nach Schweden geschafft. England, Nordirland und Schottland hatten sich direkt qualifiziert, Wales den Umweg zur WM als „Sieger" der Ozeanien-Gruppe geschafft. Und das kam so: Weil nach dem Sechs-Tage-Krieg weder die Türkei, noch Indonesien, Ägypten oder der Sudan gegen Israel antreten wollten, wären die Israelis nach der Ausschreibung eigentlich kampflos für die WM in Schweden qualifiziert gewesen. Doch dem schob die FIFA einen Riegel vor und setzte zwei Entscheidungsspiele gegen die eigentlich in Europagruppe 4 schon ausgeschiedenen Waliser an. Wales gewann beide Spiele – in Cardiff und Tel Aviv – 2:0 und wurde so doch noch WM-Teilnehmer.

Das erste Mal
Zum ersten Mal kam der Weltmeister nicht vom gastgebenden Kontinent. Und zum ersten Mal endete auch ein Spiel eines Finalturniers torlos 0:0. Es handelte sich um die Partie England gegen Brasilien.

Kraft aus Italy
Eigentlich wurde der schwedische Fußball vor WM-Beginn nicht so stark eingeschätzt. Doch die Schweden holten sich Kraft aus Italien und wurden mit der Routine der Italy-Profis Vizeweltmeister. Allein sechs Nationalspieler spielten zu jener Zeit in Italiens erster Liga: Nils Liedholm, Gunnar Gren, Kurt Hamrin, Nacka Skoglund, Gunnar Nordahl und Julli Gustavsson.

Zuschauerrekord
Den Zuschauerrekord der WM-Qualifikationsspiele für die WM 1958 stellte die DDR in zwei Begegnungen auf: Jeweils 110 000 Zuschauer kamen ins Leipziger Zentralstadion zu den Spielen gegen die CSSR (1:4) und Wales (2:1).

Ausschreitungen
Argentiniens Fans trauten ihrer Mannschaft viel mehr zu als diese nach der langen, selbstgewählten Isolation offenbar zu leisten imstande war. Und so kam es - auch nach der 1:3-Niederlage gegen Deutschland zum Auftakt - zu Ausschreitungen in der Heimat. Nach dem frühen WM-Aus wurde sogar ein Untersuchungsausschuss eingesetzt. Der Schuldige: Der Trainer. Auch dies wundert nicht - der Trainer war schon immer das schwächste Glied - auch damals.

HÄTTEN SIE'S GEWUSST?

Die meistbesuchtesten WM-Spiele

Zuschauer	Spiel	Ergebnis	WM
199 854	Uruguay - Brasilien	2:1	(WM 1950, Rio de Janeiro)
152 772	Brasilien - Spanien	6:1	(WM 1950, Rio de Janeiro)
142 409	Brasilien - Jugoslawien	2:0	(WM 1950, Rio de Janeiro)
138 886	Brasilien - Schweden	7:1	(WM 1950, Rio de Janeiro)
114 600	Mexiko - Paraguay	1:1	(WM 1986, Mexiko City)
114 590	Argentinien - Deutschland	3:2	(WM 1986, Mexiko City)
114 580	Mexiko - Bulgarien	2:0	(WM 1986, Mexiko City)
114 580	Argentinien - England	2:1	(WM 1986, Mexiko City)
110 420	Argentinien - Belgien	2:0	(WM 1986, Mexiko City)
110 000	Mexiko - Belgien	2:0	(WM 1986, Mexiko City)

WM 1958, der Schnappschuss: Tolle Torhüterparade des Nordiren Gregg im Spiel gegen Deutschland, das 2:2 endete.

Schwedischer Einpeitscher (unten) und der schwere Gang des Erich Juskowiak nach seinem Platzverweis in Göteborg beim 1:3 der deutschen Mannschaft gegen Schweden.

Ein Jagdgewehr als Prämie für den Schützenkönig

Der Franzose Just Fontaine hätte seinen 13-Tore-Rekord gerne eingetauscht

Seine Karriere war nur kurz, aber sein WM-Torrekord wird ihm wohl für alle Zeiten den ersten Platz in den Geschichtsbüchern des Fußballs sichern.

13 Mal in sechs Spielen ließ Just Fontaine den Ball im gegnerischen Netz zappeln und dabei „lochte" der gebürtige Marokkaner im Spiel um Platz drei gegen Deutschland gleich vier Mal für Frankreich ein. Das waren beileibe keine Glückstreffer, denn Fontaine, der 1933 in Marrakesch geboren wurde und 1953 nach Frankreich gekommen war, zählte zwar nicht von Beginn an zur französischen Stamm-Elf in Schweden, aber im WM-Jahr, das sein Durchbruch als Stürmer war, schoss er seinen Klub Stade Reims zu Meisterschaft und Pokalsieg, sich selbst zum Torschützenkönig (34 Treffer) und

Just Fontaine: 13 Tore - ein WM-Rekord für die Ewigkeit.

fuhr auch danach mit seiner Torproduktion munter fort: Er avancierte zum Torschützenkönig im Europapokal der Landesmeister 1959 (zehn Tore) und auch 1960 war er noch ein Mal bester Goalgetter in Frankreich (28 Tore), obwohl er sich im März einen Beinbruch zugezogen hatte.

Anfang Januar 1961 erlitt er die gleiche Verletzung an gleicher Stelle nochmal, und das beendete seine Fußballer-Karriere nach nur 21 Länderspielen und immerhin vier Meistertiteln mit OGC Nizza und Stade Reims, das er 1959 auch noch ins Landesmeister-Finale (0:2 gegen Real Madrid) geschossen hatte. Seine 30 Länderspiel-Tore waren lange französischer Rekord und wurden erst in den 80er

DAS WM-GESICHT

Jahren von Michel Platini (41 Tore) übertroffen.

Dabei hätte der Junge, der auf den harten, staubigen Sandplätzen des AS Marrakesch mit dem Kicken begonnen und lange Zeit davon geträumt hatte, ein großer Radrennfahrer zu werden, gar nicht Fußball spielen sollen: Der Vater, ein aus der Normandie stammender Tabakhändler, und die Mutter, eine Spanierin, schickten ihn zur Leichtathletik und zum Basketball - Sportarten, die sie für ungefährlicher und vornehmer hielten.

Als 17-Jährigen aber hatten ihn die Späher des OGC Nizza schon im Visier und ließen ihn nicht mehr aus. In seiner ersten Saison schoss er bereits 17 Tore, erhielt in seiner neuen Heimat sofort den Beinamen „Monsieur Dynamite", und hatte mit 20 dann den ersten Titel, den Pokalsieg mit Nizza, in seiner Erfolgsbilanz stehen.

Das frühe Ende der Laufbahn machte Just Fontaine sehr zu schaffen. „Ich hätte gerne fünf oder sechs Jahre Fußball gegen diesen Rekord eingetauscht. Ich hätte nach Brasilien, Spanien, Italien gehen können. Ich war nicht einmal 27 Jahre alt, als das passierte", erzählte er einmal rückblickend. Als Vertreter eines Sportschuh-Herstellers versuchte er sich danach und schließlich als Trainer, wobei ihm in diesem Job der ganz große Erfolg versagt blieb.

Das Amt als Frankreichs Coach musste er 1968 nach zwei Monaten wieder abgeben, und Marokko, das er von 1980 bis '82 betreute, verpasste die Weltmeisterschaft in Spanien knapp. Allerdings: Den FC Paris St. Germain führte er 1973 in die erste Liga. Erfolgreicher war Just Fontaine als Geschäftsmann in Toulouse, wo er sich 1961 mit Frau und Kindern niedergelassen, ein Sportgeschäft und zwei Boutiquen eröffnet hatte.

„Es geht mir gut", sagte er 1998 während der WM in Frankreich. Für seine 13 Tore hat er damals freilich nicht viel bekommen: Ein schwedisches Jagdgewehr vom Veranstalter sowie 2600 Mark (nicht einmal 1300 Euro) von einem französischen Mineralwasser-Hersteller - umgerechnet waren das gerade einmal 200 Mark (knapp 100 Euro) für jedes Tor! Heutige Fußballmillionäre lachen nur drüber...

ANDERE GESICHTER

Branko Zebec
(17.5.1929/26.9.1988) war als Spieler wie als Trainer eine Ausnahmeerscheinung, er verkörperte Weltklasse. Für Jugoslawien nahm er als Spieler an den Weltmeisterschaften 1954 und 1958 teil, gewann 1952 die olympische Bronzemedaille. Als Trainer zwei Mal deutscher Meister mit dem Hamburger SV. Erkrankte 1970 und musste an der Bauchspeicheldrüse operiert werden. Wurde nie mehr ganz gesund und verstarb 1988 in seiner Heimatstadt Zagreb.

Lennart Skoglund
(24.12.1929) begann seine internationale Karriere in der schwedischen Nationalmannschaft im Jahr 1950. Er ging ins Ausland und verdiente sein Geld bei verschiedenen italienischen Klubs wie Inter Mailand, SSC Neapel oder Sampdoria Genua. Versäumte 1954 die WM, weil der schwedische Verband keine „Legionäre" berief. 1958 schließlich im eigenen Land nach einem 2:5 gegen Brasilien Vize-Weltmeister. Machte insgesamt nur elf Länderspiele.

Erich Juskowiak
(7.9.1926/1.7.1983) – erlebte seine schwärzeste Stunde als Nationalspieler bei der WM 1958 in Göteborg gegen Schweden. Im Halbfinale ließ er sich gegen „Störenfried" Hamrin zu einer Tätlichkeit hinreißen und wurde vom Platz gestellt, in der damaligen Zeit eine Schande. Mit zehn Mann verloren die Deutschen 1:3, und der eisenharte Verteidiger jammerte: „Wir haben den Titel durch meine Schuld verloren." Er entschuldigte sich bei Team und Mannschaft, und Trainer Herberger sagte: „Erich, wir sprechen nie mehr drüber, nie mehr." Später machte der Düsseldorfer noch sechs weitere Länderspiele.

Zur Entdeckung Pelés gezwungen

Brasiliens Trainer Vicente Feola erfand nicht nur das 4-2-2-System

Ein Jahr vor der sechsten Weltmeisterschaft in Schweden war die „Torcida", die brasilianische Fußballgemeinde, so ziemlich ratlos. Wirklich!
Seit der schändlichen Final-Niederlage gegen Uruguay im eigenen Land 1950 - jenem 1:2 nach 1:0-Führung - hatte sich die Meinung breit gemacht, Brasiliens wunderbare Fußballer könnten eben nicht siegen, wenn es um den „Coupe Jules Rimet", den Weltpokal, gehe. Und weil 1954 in der Schweiz gegen die Europäer auch nichts zu holen war, kam auch noch das Gerücht auf, die ach so ballgewandten farbigen Spieler der „Selecao" könnten gegen Weiße vor lauter Minderwertigkeits-Komplexen eben nichts

DER WM-TRAINER

bewegen. Die überwiegend weißen Bürokraten im Verband schlossen sich dieser Meinung an, und verfügten deshalb, dass vor Schweden strenge physische und psychische Tauglichkeits-Untersuchungen zu erfolgen hätten.
National-Trainer Vicente Feola, dem man wegen seiner Herkunft den Beinamen „Italia" gegeben hatte, hielt von solchen rassistischen Überlegungen so gut wie gar nichts. Gleichwohl: Einen gründlichen „Check-up" in jeglicher Form hielt er durchaus für angebracht und auch für nützlich. Und siehe da: Der Gesundheitszustand der 33 von ihm Nominierten war schlichtweg verheerend, wenngleich in den armen Bevölkerungsschichten, aus denen die meisten seiner Kandidaten stammten, durchaus normal. Wegen Blutarmut, Parasiten und Untergewicht mussten fast alle behandelt, 470 Zähne plombiert und versorgt und 32 sofort gezogen werden.
Am Ende fuhr Feola, der von 1937 bis 1956 fünf Mal mit Unterbrechungen den FC Sao Paulo trainiert hatte, mit der bis dahin sicherlich gesündesten brasilianischen Truppe zu einem WM-Turnier.
Aber auch von der Motivation und dem Selbstbewußtsein her waren alle von absoluten Fachleuten auf Vordermann gebracht worden. Allerdings hatte der 40-jährige Soziologe Joao Carvalhaes, der ansonsten die Busfahrer von Sao Paulo zu testen pflegte, ausgerechnet das 17-jährige Talent Pelé und den Dribbelkünstler Garrincha zu Hause lassen wollen, weil er Pelé für „infantil" und Garrincha schlicht für „debil" hielt. Der rundliche Gemütsmensch Feola, der schon einmal seine Verdauungs-Siesta während des Spiels zu halten pflegte, brummte gleichwohl: „Ich brauche sie doch als Fußballer und nicht als Busfahrer", und nahm die beiden mit auf die große Reise nach Schweden, nach Europa.
In den ersten beiden Spielen verzichtete Feola, der sich als „taktische Waffe" speziell gegen die europäischen Gegner mit ihren fünf Stürmern ein (später allgemein übernommenes) 4-2-4-System ausgedacht hatte, noch auf die beiden, die zu den Super-Stars (nicht nur der Schweden-WM) werden

Auf dem Weg zur Bank und zum Erfolg: Vicente Feola, Nationaltrainer.

sollten. Nach dem 3:0 gegen Österreich, dem 0:0 gegen England und vor dem entscheidenden Gruppenspiel gegen die UdSSR bewies aber auch der damals 50-Jährige, dass er bereit war, zu lernen und Vertrauen zu schenken: „Lass' die beiden im Sturm spielen und wir werden, wenn es in diesem Spiel klappt, auch Weltmeister", sagten Verteidiger Nilton Santos und Stratege Didi zu ihrem Trainer, der schließlich nachgab und so der besten brasilianischen Elf aller Zeiten zur Geburt verhalf.
Noch einmal, bei der WM 1966, durfte Feola die „Selecao" betreuen, aber in England musste er mitansehen, wie auf „seinen" großen Pelé Jagd gemacht wurde. Mit einer humpelnden Nummer 10 schied Brasilien gegen Portugal aus (1:3).

ANDERE TRAINER

Gawriil Katschalin
(geb. 17.1.1911/ 23.5.1995) war in den 50er und 60er Jahren im sowjetischen Fußball die prägende Figur und verpasste der russischen „Fußball-Dampfwalze" einen neuen, modernen Stil. Er betreute die UdSSR drei Mal bei WM-Turnieren (1958/1962/1970), blieb dabei allerdings ohne zählbaren Erfolg. In Schweden schied die UdSSR nach der Vorrunde aus. 1956 gewann er mit der UdSSR Olympiagold in Melbourne und 1960 die Europameisterschaft.

Sir Walter Winterbottom
(31.1.1913/16.2.2002) ist als englischer Nationaltrainer Nachkriegs-Rekordhalter (139 Länderspiele 1946 bis 1962). Er feierte große Siege (insgesamt 78), erlitt aber auch demütigende Niederlagen wie das 0:1 gegen die USA bei der WM 1950 oder das 1:7 gegen Ungarn 1954 in Budapest. Vier Mal (1950, 1954, 1958 und 1962) und jeweils ohne großen Erfolg (zwei Mal Viertelfinale) betreute er England bei Weltmeisterschaften. Schied 1958 mit den Briten bereits nach der Vorrunde aus.

Guillermo Stábile
(17.1.1906/26.12.1966). Der Argentinier Stábile war als Mittelstürmer und Torschützenkönig einer der Stars der ersten WM 1930. Er übernahm 1939 die Nationalelf Argentiniens mit der er bis 1959 in 127 Spielen 85 Siege feierte und nur 21 Mal verlor. 1958 kam er mit seiner Mannschaft als Mitfavorit nach Schweden, schied aber sang- und klanglos nach der Vorrunde aus. Neben der Nationalelf betreute er erfolgreich diverse argentinische Klubs.

Der WM-Gewinn Deutschlands im Jahre 1954 lässt sich zu einem guten Teil mit der aufgegangenen Taktik des Trainer-Gurus Sepp Herberger begründen. Er hatte sich seine Spieler zusammengesucht, sie in sein System hineingepuzzelt in einer Zeit, als in einer Fußballmannschaft noch elf Freunde zusammengespielt haben. Herberger war zwar der unumstrittene Chef, eine Autorität, aber innerlich war er mit jedem seiner Männer - wie er sie zu nennen pflegte - sehr befreundet. Er war sozusagen der zwölfte Mann des Teams. Und so lässt es sich erklären, dass Herberger bei der Weltmeisterschaft in Schweden doch wieder auf seine Weltmeister setzte, auch den 38-jährigen Fritz Walter zum Weitermachen überredet hatte. Doch oft wird man durch den Gang der Ereignisse eines Besseren belehrt. Oft funktioniert es eben nicht, das Alte erneut hervor zu kramen, anstatt neue Wege zu beschreiten. Im Gegensatz zu den Deutschen taten dies die Brasilianer. Es war die Geburtsstunde eines neuen Weltstars, der heute noch als der beste Fußballer aller Zeiten gilt. Pelé war

DER EXPERTE
Die Geburtsstunde eines Weltstars

Günter Netzer: „Ein Tor fürs Geschichtsbuch"

gerade einmal erst 17 Jahre alt; er war schon damals ein einzigartiger Ausnahme-Fußballer, ein Genie, das viel reifer war, als es sein Lebensalter eigentlich aussagte. Die Brasilianer,

allen voran Pelés Fürsprecher Didi, hatten dies erkannt, und Trainer Feola hatte Pelés Aufstellung riskiert und sich gesagt: Dieser 17-Jährige bringt uns mehr als die älteren, die arrivierten Stars. Feola hatte anders gehandelt als Herberger, der auf das Althergebrachte gesetzt hatte.
Es hat ja nicht viel gefehlt, und Herberger hätte trotzdem noch einmal das Finale einer Weltmeisterschaft erreicht. Ich habe noch gut die Radioreportage in Erinnerung als die Deutschen gegen die Schweden verloren, diese menschliche Tragödie, als Erich Juskowiak gegen den schlitzohrigen Hamrin nachtrat und vom Platz flog. Und ich sehe noch deutlich vor meinem Auge die Fernsehbilder mit dem glatzköpfigen Fahnenschwinger, dem Einpeitscher der schwedischen Zuschauer. Und in jeder Einzelheit könnte ich das Tor von Pelé im Finale gegen die Schweden beschreiben, als dieser den Ball über den eigenen Kopf und den Gegenspieler hob und ins linke Eck setzte. Dieses Tor ist für mich ein Glanzpunkt der gesamten Fußballhistorie.

ANDERE FAKTEN

1958 – Endrunde in Schweden (8. - 29.6.)

Gruppe 1
Nordirland – Tschechoslowakei	1:0
Deutschland – Argentinien	3:1

(Tore für Deutschland: 1:1 Rahn, 2:1 Seeler, 3:1 Rahn))

Argentinien – Nordirland	3:1
Tschechoslowakei – Deutschland	2:2

(Tore für Deutschland: 2:1 Schäfer, 2:2 Rahn)

Nordirland – Deutschland	2:2

(Tore für Deutschland: 1:1 Rahn, 2:2 Seeler)

Tschechoslowakei – Argentinien	6:1

Endstand: 1. Deutschland (4:2 Punkte / 7:5 Tore), 2. Tschechoslowakei (3:3 / 8:4), 3. Nordirland (3:3 / 4:5), 4. Argentinien (2:4 / 5:10).

Entscheidungsspiel um Gruppenplatz 2
Nordirland – Tschechoslowakei n.V.	2:1

Gruppe 2
Schottland – Jugoslawien	1:1
Frankreich – Paraguay	7:3
Paraguay – Schottland	3:2
Jugoslawien – Frankreich	3:2
Frankreich – Schottland	2:1
Paraguay – Jugoslawien	3:3

Endstand: 1. Frankreich (4:2 Punkte / 11:7 Tore), 2. Jugoslawien (4:2/7:6), 3. Paraguay (3:3/9:12), 4. Schottland (1:5/4:6).

Gruppe 3
Schweden – Mexiko	3:0
Ungarn – Wales	1:1
Mexiko – Wales	1:1
Schweden – Ungarn	2:1
Schweden – Wales	0:0
Ungarn – Mexiko	4:0

Endstand: 1. Schweden (5:1 Punkte / 5:1 Tore), 2. Ungarn (3:3/6:3), 3. Wales (3:3/2:2), 4. Mexiko (1:5/1:8).

Entscheidungsspiel um Gruppenplatz 2
Wales – Ungarn	2:1

Gruppe 4
Brasilien – Österreich	3:0
England – UdSSR	2:2
UdSSR – Österreich	2:0
Brasilien – England	0:0
Österreich – England	2:2
Brasilien – UdSSR	2:0

Endstand: 1. Brasilien (5:1 Punkte / 5:0 Tore), 2. England (3:3 / 4:4), 3. UdSSR (3:3 / 4:4), 4. Österreich (1:5 / 2:7).

Entscheidungsspiel um Gruppenplatz 2
UdSSR – England	1:0

Brasiliens Nationalelf in Stockholm - der Weltmeister gewann nicht nur, er begeisterte die Fans weltweit.

Viertelfinale
Deutschland – Jugoslawien	1:0

(Tor für Deutschland: 1:0 Rahn)

Schweden – UdSSR	2:0
Frankreich – Nordirland	4:0
Brasilien – Wales	1:0

Halbfinale
Schweden – Deutschland	3:1

(Tor für Deutschland: 0:1 Schäfer)

Brasilien – Frankreich	5:2

Spiel um Platz 3 (28. Juni)
Frankreich – Deutschland	6:3

Frankreich: Abbés, Kaelbel, Lerond, Penverne, Lafont, Marcel, Wisnieski, Douis, Kopa, Fontaine, Vincent.
Deutschland: Kwiatkowski, Stollenwerk, Erhardt, Schnellinger, Wewers, Szymaniak, Rahn, Sturm, Kelbassa, Schäfer, Cieslarczyk.
Schiedsrichter: Brozzi (Argentinien).
Zuschauer: 32 482 (Göteborg).
Tore: 1:0 Fontaine (16.), 1:1 Cieslarczyk (18.), 2:1 Kopa (27./Elfmeter), 3:1 Fontaine (36.), 4:1 Douis (50.), 4:2 Rahn (52.), 5:2 Fontaine (78.), 5:3 Schäfer (84.), 6:3 Fontaine (89.).

Endspiel (29. Juni)
Brasilien – Schweden	5:2

Brasilien: Gilmar, D. Santos, N. Santos, Zito, Bellini, Orlando, Garrincha, Didi, Vavá, Pelé, Zagalo.
Schweden: Svensson, Bergmark, Axbom, Börjesson, Gustavsson, Parling, Hamrin, Gren, Simonsson, Liedholm, Skoglund.
Schiedsrichter: Guique (Frankreich).
Zuschauer: 49 737 (Stockholm).
Tore: 0:1 Liedholm (4.), 1:1 Vavá (9.), 2:1 Vavá (32.), 3:1 Pelé (55.), 4:1 Zagalo (68.), 4:2 Simonsson (80.), 5:2 Pelé (90.).

Torjäger des Turniers
Juste Fontaine (Frankreich)	13
Pelé (Brasilien)	6
Helmut Rahn (Deutschland)	6
Vavá (Brasilien)	5
Geschossene Tore	**126**
Tordurchschnitt pro Spiel	**3,60**
Die meisten Tore	**Frankreich 23**
Das schnellste Tor	**Vavá**
	(90. Sek. bei Brasilien – Frankreich)
Elfmeter	**7**
	(alle verwandelt)
Platzverweise	**1**

Juskowiak (Deutschland)

DAS ZITAT

„Es war nicht die Aufgabe von Juskowiak, den Gegner für ein Foul zu bestrafen."

Sepp Herberger zum Foul des Schweden Hamrin. Nach einem Revanchefoul war Juskowiak vom Platz gestellt worden.

„Ich ging zu Sepp Herberger und bat: Bitte laden Sie mich nicht mehr ein"

Heinrich Kwiatkowski über die deftigsten Niederlagen seiner Karriere und die Sparsamkeit der Schweizer

DER ZEITZEUGE

Es war der 28. Juni 1958, wir hatten in Göteborg das Spiel um Platz drei gegen die Franzosen mit 3:6 verloren. Wir, der Weltmeister, waren schwer geschlagen, wir fuhren als Vierter nach Hause. War mehr drin gewesen? Vielleicht. Im Halbfinale waren wir an den Schweden und deren Fans gescheitert. Und auch irgendwie an den Nerven unseres Verteidigers Erich Juskowiak. Sicher: Hamrin, als Profi in Italien tätig und mit allen Wassern eines Profis gewaschen – wir waren ja damals noch Amateure – hatte ihn ständig provoziert. Und dennoch, trotz aller Empörung und auch wenn der Erich ein guter Kumpel zu mir war: Er hätte sich beherrschen müssen. Das darf einem Nationalspieler nicht passieren. Doch er rasierte den Hamrin. Und so flog er vom Feld und zu Zehnt hatten wir gegen die den Heimvorteil nutzenden Gastgeber keine Chance. Und dann dieses 3:6. Ich hatte mich gefreut zu spielen. Ich war vier Wochen lang mit Fritz Herkenrath auf einer Bude gelegen. Er spielte, ich trainierte. Wir waren zwar nicht unbedingt Freunde, aber wir respektierten uns. „Ich weiß, dass ich nicht besser bin als du", hat Herkenrath einmal zu mir gesagt." Und er sagte auch: „Aber du musst auch verstehen, dass ich keinen Grund habe, zum 'Seppl' zu gehen und zu sagen: Herr Herberger, bitte lassen Sie den Kwiat spielen." Nun aber war ich endlich dran gewesen. 3:6 verloren. Meine Nationalelfkarriere stand unter keinem guten Stern - und so ging ich zu Sepp Herberger und bat: „Bitte laden Sie mich nicht mehr ein." Ich war zwar erst 32 Jahre alt. Aber ich dachte, dass es an der Zeit wäre, einem Wechsel im Tor nicht im Wege zu stehen. Und so war es ja dann auch: Toni Turek, Fritz Herkenrath und mir folgten Hans Tilkowski und Wolfgang Fahrian. Sicher, ich hätte noch weiter machen können in der Nationalelf so wie ich es bei Borussia Dortmund tat, wo ich sogar als 37-Jähriger noch zu drei Bundesligaspielen kam. Doch mit der Nationalelf nach der WM 1958 sollte Schluss sein. Der Bundestrainer sah es ähnlich - er entsprach meinem Wunsch. Dieses 3:6 in meinem vierten Länderspiel war nämlich schon das zweite Spiel, in dem ich eine richtige Packung bekommen hatte. Gegen Ungarn, in der Vorrunde des Turniers 1954, war ich aufgestellt. „Heinz, ich habe Sie beobachtet. Sie sind gut in Form. Und wir werden die Ungarn taktisch dazu zwingen, von der 16-Meter-Linie zu schießen", hatte der Bundestrainer gesagt und mir Mut gemacht. Doch es kam ganz anders: Oft standen sie frei vor meinem Tor und hatten noch so viel Zeit, dass sie mich hätten fragen können: In welche Ecke – bitteschön - sollen wir den Ball schießen? 3:8 haben wir verloren, und wenn es auch keiner sagte und es bestimmt auch nicht so war: Der Torwart ist eben immer der Depp. Und schnell sagen nach solchen Spielen irgendwelche Leute: Der hat ja keine Ahnung. Auch Oliver Kahn hat das schon spüren müssen, als er, ohne Schuld zu haben, fünf Stück gegen die Engländer in München einstecken musste. Trotz des 3:8 war ich eigentlich nicht traurig, denn der Gegner war stark gewesen, unsere Taktik war nicht aufgegangen und es war ja wenigstens nicht zweistellig geworden. Das hätte mich richtig geärgert: Denn zweistellig habe ich in meiner ganzen Karriere nie verloren. Übrigens: Wenn ich heute höre, dass wir gegen die Ungarn absichtlich so hoch hatten verlieren wollen, dann muss ich nur lachen. Können Sie sich vorstellen, dass sich ein Torwart in die Bude stellt und sich acht Stück reinhauen lässt? Ich kann es nicht. „Lasst die Ohren nicht hängen, es geht nur ums Weiterkommen", hat uns Herberger getröstet. Und am Ende hatte er ja recht, der Herr Herberger, der, wenn wir unter uns waren, nur „Seppl" hieß und der ein echter Chef war. Im Finale schlugen wir die Ungarn. Und haben uns nach dem Schlusspfiff schon ein wenig gewundert, dass wir nur 13 oder 14 WM-Medaillen überreicht bekamen. Die Schweizer waren echt sparsam, die hatten nicht mehr geprägt. Und so gab sogar der „Chef" einem Spieler seine Medaille – jeder, der mindestens zwei Mal gespielt hatte, bekam wenigstens eine. Ich musste lange warten. Irgendwann, ich meine, es ist erst zehn Jahre her, hat der Fritz Walter einen runden Geburtstag zum Anlass genommen und hat für alle, die 1954 keine Medaille bekamen, ein Exemplar nachprägen lassen. Danke, Fritz! Und so hängt wenigstens eine Kopie heute über meinem Bett. Eine schöne Erinnerung an einen WM-Titel, den ganz Deutschland nicht vergessen hat.

Heinrich Kwiatkowski am Ball und heute. Kleines Foto rechts: Die WM-Medaille 1954.

Heinrich „Heini" Kwiatkowski (16. Juli 1926) wirkte bei zwei Weltmeisterschaften im Tor Deutschlands mit, 1954 und 1958. „Kwiat" oder „Heini" begann seine Karriere 1947 bei Schalke, wechselte dann zu RW Essen und wurde schließlich bei Borussia Dortmund heimisch. Zwischen 1952 und 1964 stand er für die Borussia mehr als 500 Mal zwischen den Pfosten und wurde 1956 und 1957 Deutscher Meister. Kwiatkowski, früher Reprofotograf, lebt heute als Rentner in Dortmund.

DER JOURNALIST

„Leider habe ich dem großen Pelé nie die Hand schütteln dürfen"

Ich habe große Spiele gesehen, viele berühmte Fußballer getroffen. Ich erlebte live, wie Fritz Walter in Leipzig sein berühmtes Tor mit der Hacke erzielte, ich habe Ferenc Puskas interviewt. Aber eines bedauere ich: Ich habe Pelé, dem Fußballer, den ich am meisten bewundert(e), nie die Hand geschüttelt. Und dabei war ich ihm doch ganz nahe. Bei der WM 1958 übertrug ich für Radio DDR live das Halbfinale Brasiliens gegen Frankreich und zusammen mit meinem Kollegen Heinz-Florian Oertel auch das Endspiel. Zwei Szenen werde ich nie vergessen. Beim Spiel gegen die Franzosen startete Pelé von der Mittellinie ein Solo. Zwei Mann hinterher. Und dann grätschten sie Pelé wie auf Kommando von schräg hinten gemeinsam in die Parade. Wie ein Bodenturner stieß der sich ab, blieb wie durch ein Wunder auf den Beinen, umspielte noch den Torwart und schob das Leder ins Tor. Finale. Einwurf: Pelé tippte sich mit dem Zeigefinger auf die Brust, bedeutete damit – „dorthin will ich den Ball haben". Er bekam ihn, stoppte ihn, drehte sich blitzschnell um die eigene Achse und knallte den Ball vom Strafraumeck aus gegen die Latte des schwedischen Tores. So etwas hatte ich noch nie gesehen. Als die Brasilianer später im Interviewraum Fragen beantworteten, gelang es mir nicht, mit meiner Akkreditierung dorthin zu kommen. Ich weiß bis heute nicht warum? Vielleicht hatten wir zu wenig bezahlt. Und so traf ich Pelé niemals persönlich. Nach Chile, 1962, entsandte die DDR keine Reporter, 1966 hatten wir schon die nötigen Stempel in den Pässen und hätten fahren dürfen, aber die Engländer ließen uns in Zeiten des Kalten Krieges nicht ins Land. Und 1970 war unserem Sender die Reise nach Mexiko zu teuer. So also habe ich nach 1958 Pelé nur noch im Fernsehen gesehen – und bin dennoch bis heute einer seiner größten Bewunderer.

Wolfgang Hempel (Jahrgang 1927). Seit 1948 Sportreporter. Freier Mitarbeiter beim Landessender Weimar, ab 1952 bei Radio DDR. Nach der Wende fünf Jahre Kommentator für Eurosport in Paris und bis 2000 Sportredakteur bei Radio Landeswelle Thüringen. Lebt heute im wohlverdienten Ruhestand in Erfurt.

sport1.de

Eins mit dem Sport

Die Endstation für Herberger

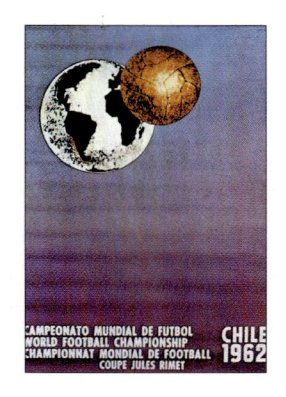

1962

Helmut Haller (rechts) flankt in den Strafraum. Deutschland spielte gegen Italien 0:0 und musste nach dem Viertelfinale abreisen.

Brasilien

CSSR

Chile

Jugoslawien

Fußball als Kriegsersatz - so verstanden manche Nationalmannschaften die Weltmeisterschaft 1962 in Chile. Schöne Spiele gab es wenige, dafür Tritte, Schläge und sechs Platzverweise. Außerdem spielten die meisten Teams auf Sicherheit. Brasilien stellte die beste Mannschaft und verteidigte den in Schweden gewonnenen Titel verdient. Die Deutschen und ihr Trainer Sepp Herberger scheiterten schon im Viertelfinale an Jugoslawien.

BUCHKATALOG.DE

Viele böse Schläge und Tritte - Endstation für Sepp Herberger

In Chile blieb der gepflegte Fußball auf der Strecke und doch gewann die beste Mannschaft - Brasilien

„Wir haben nichts, deshalb mussten wir die WM haben." Mit diesem griffigen Satz kommentierte Carlos Dittborn, der Verbandsvorsitzende des chilenischen Fußballverbandes, die Wahl seines schmalen, 4230 Kilometer langen und erdbebenträchtigen Landes zum WM-Ausrichter 1962. Dieses Wahlergebnis war in der Tat eine faustdicke Überraschung gewesen. Argentinien war als haushoher Favorit ins Abstimmungsrennen gegangen - nach Uruguay (1930) und Brasilien (1950) als die dritte Kraft im südamerikanischen Fußball einfach prädestiniert für diese Aufgabe. Doch mit 32:10 Stimmen, bei 14 Enthaltungen, hatten sich die Delegierten des FIFA-Kongresses an jenem 9. Juni 1956 für Uruguay ausgesprochen. Die Umstände der Geburtsstunde dieser Weltmeisterschaft im Palacio de Bellas Artes von Lissabon konnten nicht das halten, was der Name des Ortes versprochen hatte. Nicht die „schönen Künste" des Fußballs zeigte diese Weltmeisterschaft, sondern die Brutalität des Geschäfts mit dem runden Leder. Fußball, nicht als die schönste Nebensache der Welt sollte er dargeboten werden, sondern Fußball als Machtinstrument, als Kriegsersatz. Und als sechs Jahre später der erste Anpfiff erfolgte, war Carlos Dittborn, Chiles WM-Vater, schon längst tot.
Es war viel passiert in der Zeit zwischen Wahl und erster Wahrnehmung dieses Turniers. Am 21. Mai 1960 hatte ein schweres Erdbeben Chile getroffen. Nicht wenige Fußballbosse aus Europa versuchten sofort, den ungeliebten Austragungsort zu kippen, und diese siebte Weltmeisterschaft doch noch über diesen Umweg nach Europa zu holen. Der Versuch scheiterte allerdings, die schlimm getroffenen WM-Städte Cocepcion und Talca wurden durch Arica und Vina del Mar ersetzt. Die FIFA unter Präsident Arthur Drewry, der Mitte 1961 von Sir Stanley Rous abgelöst wurde, blieb Chile treu - und dies war in der Sache gut so.
Weniger gut waren die Qualifikationsbestimmungen gewesen. Sie ließen den Staaten außerhalb Europas und Südamerikas kaum eine

DER RÜCKBLICK

Chance, weil sie als so genannte Untergruppen geführt wurden. Das bedeutete in der Konsequenz: Die aufstrebenden Mannschaften aus Afrika, Asien oder Ozeanien hatten sich in den Spielen ihrer Untergruppen erst selbst zu eliminieren, ehe dann der jeweilige Sieger nochmals in der Relegation gegen ein starkes Team aus Europa oder Südamerika anzutreten hatte. So schied Israel gegen Italien (2:4, 0:6) aus, ebenso Südkorea gegen Jugoslawien (1:3, 1:5), Marokko scheiterte an Spanien (0:1, 2:3) - nur Mexiko kam über den Umweg zweier Relegationsspiele gegen Paraguay (0:0, 1:0) beim Finalturnier in Südamerika an. Aufgrund dieser Interkontinentalregelung fehlten Vertretungen aus Afrika, Asien und Ozeanien - ein herber Rückschlag für die Idee einer weltumspannenden Meisterschaft für Nationalteams.
In Europa hatte es zwei faustdicke Überraschun-

Ankunft des Südwestfunks in Santiago de Chile - Rundfunkübertragungen waren damals ein „Abenteuer".

Zur Einordnung dieser WM zitieren wir aus dem Korrespondentenbericht des Journalisten Paul Ludwig, abgedruckt in vielen deutschen Zeitungen am 4. Juni 1962: „Es lässt sich nicht verschweigen, dass die offene Feldschlacht in der 3. Minute durch den chilenischen Außenläufer Rojas, dessen Fausthieb das Nasenbein des Italieners Machio zertrümmerte, eröffnet wurde, worauf dann Ferrini die Revanche einleitete. Und niemand kann übersehen, dass der chilenische Linksaußen Leonel Sanchez seinen Gegner David mit einem klassischen Fausthieb auf die Kinnspitze K.o. schlug, bevor dieser (David, d. Red.) - nach allgemeiner Ansicht unberechtigt - in die Kabine geschickt wurde." Was wollen uns diese Worte sagen? Dass die chilenische Equipe den Länderkampf gegen die Italiener dank ihrer herausragenden Kämpfer Rojas und Sanchez mit 2:0 gewonnen hat? Das Resultat stimmt, nur handelte es sich bei der Begegnung nicht um Gruppen-Boxen, sondern um Fußball, der allerdings nur 43 der insgesamt 90 Minuten getreten wurde, und ansons-

DIE GLOSSE

Als auch die Botschaft des Papstes nicht half...

ten unbeachtet auf dem Rasen lag, wenn Fäuste und Füße einander trafen. Auch in vielen anderen Partien spielten sich ähnliche Szenen ab, und meist agierten Offizielle und Schiedsrichter ähnlich hilflos wie der österreichische Unparteiische Steiner, der den Spanier Martinez dringlichst bat, doch „bittschön von derlei Attacken abzusehen", als dieser in der Begegnung gegen die CSSR den gegnerischen Torwart Schrojf verprügelte - die charmanten Ratschläge des Schiri verhallten ungehört. Und dabei hatte doch Papst Johannes XXIII. zu WM-Beginn am 30. Mai folgende Botschaft an den Erzbischof von Santiago gesandt: Er wolle „die körperlichen Werte gebührend ehren" und gleichzeitig dem Geist einige Anregungen geben: „Die körperlichen Werte müssen im Dienst der höheren Ideale stehen, der inneren Vervollkommnung und Schönheit, der Disziplin und der Selbstbeherrschung." So verstanden, könne „der sportliche Wetteifer zur Brüderlichkeit und zum Einvernehmen unter den Nationen beitragen". Er wünsche aufrichtig, so der Papst weiter, dass die WM „ein glänzendes Zeugnis für solche Tugenden und ein Impuls zu immer höheren Zielen" sein möge. Na gut, na schön. Aber letztendlich war bei dieser WM nur diejenige Botschaft zutreffend gewesen, die unsere Großmutter selig auch schon immer passend zu zitieren wusste: Was nutzet dem Menschen seine Weisheit, wenn er nicht angehört wird! Und deshalb hat die einzig richtige Konsequenz der Schweizer Verbandspräsident mit Namen Gustav Wiederkehr gezogen: „Die Schweiz wird an keiner WM mehr teilnehmen, wenn die FIFA nicht wirksame Maßnahmen gegen diese Freistilkämpfe unternimmt." Von wegen Wiederkehr - der Mann hieß nur so!

Tor für Deutschland: Horst Szymaniak verwandelte sicher einen Strafstoß zum 1:0 gegen Chile.

Tor für Deutschland: Uwe Seeler machte mit diesem Kopfballtreffer und dem 2:0 gegen Chile alles klar.

WALDIS WELT

„Chile war fast so weit weg wie der Mond"

Waldemar Hartmann: „Schwarze Tage für den Fußball"

Komisch, das war die Weltmeisterschaft, die bei den meisten Fußballanhängern am wenigsten hängen blieb. Diesen Eindruck habe ich jedenfalls bei vielen Gesprächen gewonnen. Auch Günter Netzer schaute mich an und bat mich: „Helfen Sie mir auf die Sprünge." Bemerkenswert blieb nur die „Schlacht von Santiago". Der Krieg auf dem Platz zwischen Gastgeber Chile und Italien. Faustschläge und Platzverweise. Militär auf dem Platz. Ein schwarzer Tag für den Fußball. Da war die Torwartentscheidung für Wolfgang Fahrian und die Fehlentscheidung, Heinz Strehl vom 1. FC Nürnberg nicht spielen zu lassen. Irre! Denn ein Jahr zuvor waren meine Idole Deutscher Meister geworden. 3:0 gegen Borussia Dortmund. Die Meisterfeier im Nürnberger Zabo ist ein unvergessliches Erlebnis für mich geblieben. Ein Autogramm von Max Morlock habe ich in dem Moment bekommen, als er der Menge zurief: „Und nächstes Jahr werden wir auch noch Mondmeister!"

Sie erinnern sich, zu diesem Zeitpunkt hatte Neil Armstrong seinen Fuß noch nicht auf unseren Nachbarplaneten gesetzt. Morlock als Visionär. Und Besitzer eines Fernsehgeräts. Ein solches war nämlich die Prämie für den Meistertitel. Außerdem bekam jeder Spieler einen Anzug eines bekannten Nürnberger Modehauses und 1000 Deutsche Mark in bar. Die Bundesliga wurde erst ein Jahr später gegründet, 1200 Mark pro Monat durfte ein Spieler verdienen. Den Vollprofi gab es noch nicht. Beim Club spielten mit Stephan Reisch und Kurt Haseneder zwei Jungs, die noch keine zwanzig waren. Neben Max Morlock, der ihr Vater hätte sein können.

In der Klassenmannschaft im Nürnberger Real-Gymnasium am Laufer Schlagturm war ich Rechtsaußen. Deshalb wollte ich auch nicht mehr Pelé sein, sondern Gustl Flachenecker. Der spielte Rechtsaußen beim Club. Fußballschuhe hatte ich mittlerweile auch gekauft von selbstverdientem Geld bei Ferienjobs. Natürlich von „adidas". Der Club spielte ja auch in den drei Streifen. Die Nationalmannschaft ebenfalls. Das ist so ein bisschen wie Religion. Wer damals in Nürnberg die Schuhe von der anderen Firma in Herzogenaurach getragen hat, war irgendwie nicht dabei. Gehörte nicht dazu. Ich habe noch nie andere Sportschuhe getragen. Nicht geschenkt. Nie! Trotzdem hat Brasilien in Chile das Endspiel gegen die Tschechoslowakei gewonnen. Ich weiß nicht mehr, in welchen Schuhen. Aber es können eigentlich nur die mit den drei Streifen gewesen sein.

Das Finale 1998 in Paris haben die Brasilianer verloren. Da trugen die Franzosen „adidas". Die Zauberer vom Zuckerhut amerikanische Treter. Sie sollten mal darüber nachdenken.

---

gen gegeben. Abgesehen davon, dass Österreich erst gar nicht gemeldet („Wir sind zu schwach") und danach hintereinander in Länderspielen Spanien, die UdSSR und England geschlagen hatte, war Frankreich, der WM-Dritte 1958 zu schwach, um ohne den verletzungsbedingt zurückgetretenen Torjäger Just Fontaine die Bulgaren (0:1 in Mailand) zu

DER PROMINENTE

Eine Fußball-WM fasziniert mich, weil...

...weil dann selbst beim Rodeltraining im Sommer nur von Fußball gesprochen wird. Ich schaue dann auch viel Fernsehen, obwohl ich den Ball selbst nicht so gut treffe.

Georg Hackl, Weltklasserodler und dreifacher Olympiasieger, Silber in Salt Lake City.

bezwingen. Und in einem weiteren Entscheidungsspiel setzte sich die Schweiz in Berlin mit einem 2:1 gegen Schweden durch - nach den Vorkommnissen bei der WM 1958 war es für die Schweizer natürlich so gut wie ein Heimspiel gewesen, die Schweden waren stinksauer und sprachen offen von Betrug. So fehlte schon einmal von Beginn an auch der Vize-Weltmeister. Brasilien, der Titelträger von Schweden, war der haushohe Favorit.

Aus Europa wurden die Deutschen und die Russen hoch gehandelt. Ein halbes Jahr lang hatte Russlands Trainer seine sowjetischen Fußballsoldaten zum Training zusammen gezogen, die Landes-Meisterschaft war zur Farce verkommen. Bis ins Viertelfinale schafften es die Sputniks ohne Probleme. Doch als dann Lew Jaschin zwei Mal patzte, war ganz Chile nach einem 2:1 seiner Mannschaft aus dem Häuschen.

Auch für Deutschland und seinen Trainer kam im Viertelfinale das Aus. Endstation für Sepp Herberger. Der Übervater der Nationalelf hatte

es schwer und er hatte es sich selbst schwer gemacht. Am Ende schien dem alten Mann von der Bergstraße das Selbstbewusstsein abhanden gekommen zu sein. Mit Hans Schäfer aus Köln holte er einen 35-Jährigen zurück, am liebsten hätte er auch noch den über 40-jährigen Fritz Walter reaktiviert. Herberger setzte auf Routine, er folgte den Zeichen der Zeit und ließ aus der Defensive spielen. So standen beim Spiel gegen Chile mit Uwe Seeler und Albert Brülls nur noch zwei Stürmer auf dem Platz. Doch die Rechnung schien für den alten Fuchs wieder einmal aufzugehen. Nach einem tristen 0:0 gegen Italien kam es zu einem wenig sehenswerten 2:1 gegen die Schweiz und einem fast schon sensationell zu nennenden 2:0 gegen Gastgeber Chile. Szymaniak per Elfmeter und Uwe Seeler mit einem seiner berühmten Kopfballtorpedore erzielten vor knapp 70 000 Zuschauern im Nationalstadion von Santiago de Chile die Treffer.

Jugoslawien, bereits 1954 und 1958 ausgeschalteter Gegner, hieß der Stolperstein im Viertelfinale. Das Spiel quälte sich ohne Tore seinem Ende entgegen, die Vorbereitungen auf die Verlängerung waren schon im Gange. Doch da kam das Unheil über rechts, fiel das Tor des Tages aus halblinker Position.

„Radakovic, der rechte Läufer der Jugoslawen, kam aus dem Hinterhalt. Und Fahrian hat den Ball wahrscheinlich nicht einmal mehr gesehen", beschrieb ARD-Reporter Rudi Michel in seiner Hörfunkreportage über Kurzwelle der Heimat, die in der Nacht von den Rundfunkempfängern des Landes mitzitterte, die Entscheidung gegen das deutsche Team. Deutschland war ausgeschieden und mit ihm ein junger Torwart. Denn völlig überraschend und eigentlich gegen sein Naturell hatte Sepp Herberger den 20-jährigen Ulmer Wolfgang Fahrian auf Bitten von Teilen der Mannschaft dem eigentlich gesetzten und gestandenen Nationaltorwart Hans Tilkowski vorgezogen - der erfahrene Schlussmann von Westfalia Herne saß bei allen vier Spielen schmollend auf der Bank und würdigte den „Chef" keines Blickes mehr. Doch diesen Ball des Jugoslawen, aus rund zwölf Metern volley ins rechte, obere Tordreieck abgefeuert, hätte wohl kein Torwart der Welt gehalten - auch Tilkowski nicht. So gesehen war die Torwartfrage keine entscheidende. Deutschland also

75

Sepp Herberger bei Eintragungen in sein berühmtes Notizbuch. Neben ihm der spätere Bundestrainer Helmut Schön.

DFB-Kader 1962

Eingesetzt: Brülls, Erhardt, Fahrian, Giesemann, Haller, Kraus, Koslowski, Nowak, Schäfer, Schnellinger, W. Schulz, U. Seeler, Sturm, Szymaniak.
Nicht eingesetzt: G. Herrmann, Kurbjuhn, Sawitzki, Strehl, Tilkowski, Vollmar, Werner, Wilden.

ausgeschieden, der „Chef" war dennoch nicht unzufrieden, die Heimatgemeinde schon. Und so wunderte sich Herberger nach der Rückkehr nach unangenehmen Fragen: „Ich fiel aus allen Wolken, als ich die Unzufriedenheit mitbekam." Zwei Jahre später übergab Herberger die Verantwortung an Helmut Schön. Übrigens: Bis zu seinem Ableben hat sich Herberger nie dazu geäußert, warum er sich für Fahrian entschieden hatte. Und Tilkowski gestand: „Ich habe mich nie getraut, ihn danach zu fragen."

Die WM, eine insgesamt gesehen spielerisch schlechte Veranstaltung mit meist destruktiver Catenaccio-Taktik (siehe WM-Trainer: Helenio Herrera), die vor großteils leeren Tribünen stattfand und die von unglaublichen Härte und teilweise nicht nachvollziehbarer Unfairness überschattet war - es wurde nach allem, was sich bewegte, getreten, die Fäuste flogen unkontrolliert und zu oft auch ungestraft, Platzverweise, schwere Verletzungen und Polizeieinsätze häuften sich - endete wenigstens mit dem richtigen Sieger. Doch bevor Brasilien, das schon nach dem zweiten Spiel auf den verletzten Pelé verzichten musste und in Garrincha seinen neuen Chef fand, gegen die überraschend ins Finale vorgestoßenen Tschechoslowaken um den überragenden Josef Masopust und den legendären Schlussmann Schrojf, 3:1 im Finale gewann, stand noch das Halbfinale - das Spiel der Spiele dieses Turniers. Auch wenn es am Ende des Matches Brasilien - Chile einmal mehr zu tumultartigen Szenen auf dem Platz kam, sahen 76 594 Zuschauer (Rekord des Turniers) ein Klasse-Spiel abseits europäischer Defensivkultur. Brasilien siegte 4:2. Garrincha flog zwar vom Platz, durfte aber im Finale doch mittun. Und dieses hatte in William Schrojf eine tragische Figur. Der tschechoslowakische Nationaltorwart hatte mit Weltklasseparaden seine Mannschaft ins Endspiel gehalten. Dann allerdings patzte er bei allen drei brasilianischen Toren und half so entscheidend mit, dass nach Italien (1934/38) Brasilien als zweite Nationalmannschaft ihren Titel verteidigen konnte.

Jubel nach dem 2:0-Sieg über Chile - das Viertelfinale war erreicht, Fahrian freut sich.

Tor für Jugoslawien, Aus für Deutschland - für Fahrian war dieser Ball unhaltbar.

ANDERE DATEN

1962
- Der 1. FC Köln (4:0 gegen Nürnberg) wird Deutscher Meister. Nürnberg holt sich den Pokalsieg (2:1 n.V.) gegen Fortuna Düsseldorf.
- DDR-Meister: ASK Vorwärts Berlin. DDR-Pokalsieger: SC Chemie Halle.

1963
- Das letzte Endspiel um die deutsche Fußballmeisterschaft gewinnt Borussia Dortmund mit 3:1 in Stuttgart gegen den favorisierten 1. FC Köln. Hamburg siegt 3:0 im Pokalfinale über Borussia Dortmund.
- Die Fußball-Bundesliga geht im Sommer 1963 in ihre erste Saison, auch in Deutschland wird nun Profi-Fußball gespielt.
- DDR-Meister: SC Motor Jena. DDR-Pokalsieger: BSG Motor Zwickau.

1964
- Ungarn gewinnt das Olympische Fußballturnier durch einen 2:1-Finalsieg über die Tschechoslowakei in Tokio.
- Spanien wird im Finale durch einen 2:1-Sieg gegen die UdSSR Fußball-Europameister.
- Der 1. FC Köln wird mit fünf Punkten Vorsprung erster deutscher Bundesliga-Meister vor dem Sensations-Zweiten MSV Duisburg. Den Pokal gewinnt der TSV 1860 München mit 2:0 im Finale gegen Eintracht Frankfurt.
- Helmut Schön wird Bundestrainer und Nachfolger von Sepp Herberger.
- DDR-Meister: BSG Chemie Leipzig. DDR-Pokalsieger: SC Aufbau Magdeburg.

1965
- 1860 München erreicht als erste deutsche Vereinsmannschaft ein Europapokalfinale, verliert aber 0:2 in London gegen West Ham United.
- Den deutschen Pokal gewinnt Borussia Dortmund im Finale 2:0 gegen Alemannia Aachen.
- Deutscher Meister wird überraschend Werder Bremen vor dem 1. FC Köln. Bayern München steigt in die Bundesliga auf.
- DDR-Meister: ASK Vorwärts Berlin. DDR-Pokalsieger: SC Aufbau Magdeburg.

ZEITTHEMEN
Als Kennedy Berliner war und die Beatles Top of the Pop

1962: Die Jahrhundertflut an der Nordseeküste (17.2.) fordert in Hamburg 312 Tote. - In Jerusalem wird der für den Tod Tausender Juden verantwortliche SS-Mann Adolf Eichmann hingerichtet (31.5.). - Ein Jahr nach dem Bau der Berliner Mauer am 17. August wird der noch jugendliche Ostberliner Peter Fechter bei einem Fluchtversuch niedergeschossen und verblutet. Im „Neuen Deutschland" steht: „Er hatte kein Schild um den Hals - Ich bin klein, mein Herz ist rein". - Weil die UdSSR auf Kuba Raketen installiert, verhängt US-Präsident Kennedy am 22. Oktober eine Seeblockade. Die Welt steht so dicht wie nie vorher und danach vor einem Atomkrieg. Kurz vor einem bewaffneten Zusammenstoß drehen die mit Kriegsmaterial beladenen Sowjetschiffe um, Chruschtschow verfügt den Raketenabbau. - Eine Polizeiaktion wegen angeblichen Geheimnisverrats gegen den „Spiegel" endet mit dem Rücktritt des als Drahtzieher vermuteten Verteidigungsministers Franz Josef Strauß (30.11.). - Und sonst? Der DFB beschließt die Bundesliga (Oktober), die im August 1963 ihren Spielbetrieb aufnimmt. - Die 36-jährige Marilyn Monroe vergiftet sich mit Schlaftabletten (5.8.). - In England sorgt Mary Quandt mit der Kreation des Minirocks für Wirbel.

1963: Kein Aprilscherz: Am 1.4. beginnt das ZDF zu senden. - Am 26. Juni spricht John F. Kennedy vom Schöneberger Rathaus die berühmten Worte „Ich bin ein Berliner", am 22. November wird der Hoffnungsträger des Westens in Dallas erschossen. Der von den Behörden als Mörder beschuldigte Lee Harvey Oswald wird wiederum vom Nachtklubbesitzer Jack Ruby erschossen. Der Mord an Kennedy ist bis heute nicht aufgeklärt. - Am 15. Oktober macht der 87-jährige Bundeskanzler Konrad Adenauer Platz für Ludwig Erhard, den Vater des Wirtschaftswunders. - Am 12. Dezember stirbt Alt-Bundespräsident Theodor Heuss.

1964: Der 22-jährige Cassius Clay besiegt im Februar Sonny Liston und ist Box-Weltmeister aller Klassen. Er wird der „Größte aller Zeiten" und nennt sich nach dem Übertritt zum Islam Muhammad Ali. - Zwei Jahre nach ihrem Plattendebüt schreiben die Beatles Pop-Geschichte: Am 31. März belegen sie die fünf ersten Plätze der US-Hitparade. - Erstmals wird öffentlich „oben ohne" gebadet. - Im August befiehlt US-Präsident Johnson die Bombardierung Nordvietnams, die US-Hilfe für das Saigoner Regime weitet sich zum Vietnamkrieg aus. - Bei Olympia in Tokio erringen die letztmals gemeinsam startenden Deutschen 50 Medaillen. - Im Oktober verliert Kreml-Chef Chruschtschow alle Ämter. Kossygin als Regierungschef und Breschnew als ZK-Sekretär lösen ihn ab.

1965: Sir Winston Churchill, Ex-Premier und Jahrzehntelang bedeutendster Politiker Großbritanniens, stirbt 90-jährig nach einem Schlaganfall (24.1.). - Seit März setzt die auf 125 000 Mann verstärkte US-Army in Vietnam auch Napalmbomben ein. - Im Frankfurter „Auschwitz-Prozeß" werden im August die Urteile gesprochen: Von 21 SS-Männern des Massenvernichtungslagers erhalten sechs lebenslänglich, elf Haftstrafen, drei werden freigesprochen.

Nach der Verletzung von Superstar Pelé avancierte Garrincha zum Denker und Lenker des brasilianischen Spiels.

„Der, der die meiste Freude schenkte"

Der beste Rechtsaußen aller Zeiten hieß wie ein Paradiesvogel - „Garrincha"

„Wer ihn nie hat spielen sehen, hat etwas versäumt, was der Fußball wahrscheinlich nie mehr bieten wird", so urteilte einer, der ihn hat spielen sehen, der Stuttgarter Sportautor Hans Blickensdörfer. Nicht nur für Blickensdörfer war Manoel Francisco dos Santos, der wie alle großen Fußballer Brasiliens einen Künstlernamen bekam und „Garrincha" hieß, der „beste Flügelstürmer aller Zeiten". Bei der WM 1962 in Chile konnte sich auch der Rest der Fußball-Welt davon überzeugen, und sie lachte darüber, dass der damals 28-jährige Rechtsaußen noch vier Jahre zuvor, als sein Stern zusammen mit dem des großen Pelé aufgegangen war, nicht hätte an der WM in Schweden teilnehmen sollen, weil Brasiliens Team-Psychiater ihn für ungeeignet, weil „völlig debil" gehalten hatte. Bei einem Test war Garrincha nur auf 38 von 123 Punkten gekommen, was ihn nicht einmal befähigt hätte, in Rio de Janeiro, wo er zwölf Jahre lang für Botafogo spielte (1953-65), als Busfahrer zu arbeiten. Der „debile" Garrincha wirbelte also, schoss zusammen mit seinem Sturmpartner Vava die meisten Tore (je vier) und ließ den Ausfall des schon nach zwei Spielen mit einem Muskelriss verletzt zuschauenden Pelé verschmerzen. Er wurde bei dieser WM der Treter und Defensivkünstler natürlich auch zum besten Spieler gewählt.

Dabei war es ein Wunder, dass es dazu kommen konnte, denn der kleine Mann hatte zwei verschiedene Beine, eines in X- und das andere in O-form. Eigentlich „eine Missgeburt" schrieb Blickensdörfer, und Garrincha wurde wegen dieses Gebrechens auch nicht zum Militärdienst eingezogen. Erst ein chirurgischer Eingriff hatte es ermöglicht, dass er als Kleinkind überhaupt das Laufen erlernen konnte. Garrinchas linkes Bein war Zeit seines Lebens sechs Zentimeter kürzer als das rechte. Doch die ungewöhnlichen Gehwerkzeuge und ein tief liegender Schwerpunkt ließen Gewichtsverlagerung und Bewegungsänderung in einer Schnelligkeit zu, die die Gegner meist zu spät erkannten. Und sie ließen Garrincha agieren wie einen Jongleur, wozu auch der Künstlername passte - „Garrinchas" sind bunte Urwaldvögel, und aus den Wäldern des Städtchens Pau Grande war der am 28. Oktober 1933 geborene Sohn eines Mestizen und einer Mulattin auch als 20-Jähriger von einem Freund nach Rio gebracht worden. Gleich beim Glamour-Klub Botafogo, wo man sie sofort wieder rauswerfen wollte, stellte sich das Duo vor, aber als es dann doch zum Trainingsspiel kam - Garrincha spielte erstmals in Fußballstiefeln - staunten sie Bauklötze: Der Junge aus dem Urwald, der nicht lesen und nicht schreiben konnte, vernaschte mit seinen Haken ein ums andere Mal keinen Geringeren als Nilton Santos, den damals besten Verteidiger Südamerikas. Eine Stunde später war der Paradiesvogel aus dem Urwald fest engagiert. Und er brachte es auf 57 Länderspiele mit 15 Toren und zwei Weltmeister-Titeln (1958/1962). Sein erster großer Gegenspieler, Nilton Santos, war es übrigens, der sich für Garrincha stark gemacht hatte, als das berüchtigte Gutachten von 1958 für den Dribbelkönig beinahe das Aus in der „Selecao" bedeutet hätte. Und Nilton Santos' Einschätzung, dass der unwiderstehliche Wirbelwind, in der Lage sei, auch die beste Abwehr der Welt zu knacken, bewahrheitete sich in Chile erneut. Der beste Spieler des Turniers wurde zudem Torschützenkönig - wenn auch über das Los bestimmt, weil insgesamt sechs Spieler gleich oft getroffen hatten. Nach der WM rissen sich Klubs wie Inter Mailand und Benfica Lissabon um den „genialsten Rechtsaußen der Fußballgeschichte" wie die Zeitschrift „Sport"

DER SUPER-STAR

Ein glücklicher Paradiesvogel im Fußball, im Leben ein gebeutelter Mensch: Garrincha.

1994 schrieb. Aber kein Klub wollte die von Botafogo geforderte Ablösesumme zahlen. Botafogo selbst strapazierte seinen Star über Gebühr, denn nur mit ihm als Aushängeschild konnten die lukrativen Antrittsgebühren in Freundschaftsspielen kassiert werden. Erst als es 1965 zum Bruch mit der Klubführung kam, ließ Garrincha endlich eine seit Jahren aufgeschobene Knieoperation vornehmen. Aber da war es schon zu spät, der Meniskus irreparabel beschädigt. Bei der WM 1966 in England war der 33-Jährige nur noch ein Abglanz früherer Tage, und das zweite Gruppenspiel gegen Ungarn (1:3) war sein letztes Länderspiel und zugleich das einzige mit einer Niederlage.

Nach seinem Engagement bei Corinthians Sao Paulo (1965-68) versuchte sich Garrincha noch vier Jahre lang bei vier verschiedenen Klubs, aber auf die Beine kam er nicht mehr. Nicht im Sport und auch nicht im Leben. Von seinem Abschiedsspiel am 19. Dezember 1973, das frühere Mitspieler und Stars des brasilianischen Fußballs im Maracana-Stadion organisierten, konnte er sich zwar ein Haus kaufen, aber mit Geld vermochte er nie umzugehen, es zerrann ihm zwischen den Fingern. Einem Mitspieler verkaufte der sensible, aber nur mit wenig Verstand gesegnete Garrincha einmal bei einer Auslandsreise ein zuvor gekauftes, nagelneues Transistorradio zum halben Preis, weil er die Stimme des ausländischen Sprechers nicht verstand. Als Garrincha, der aus dem Urwald übergangslos in die große Fußball-Welt gekommen war, seine Tricks nicht mehr zeigen, als er urplötzlich kein Teil dieser so unvermittelt aufgetauchten Glitzerwelt mehr sein konnte, als er auch noch zunehmend mit körperlichen Problemen konfrontiert wurde, griff er zum Alkohol. Fünf Mal endeten Entziehungskuren im Mißerfolg. Mit vier Frauen hatte er 13 Kinder, zu denen er aber keinen Zugang mehr fand.

Am 20. Januar 1983 endete die traurige Geschichte, starb der beste Rechtsaußen der Welt in der Dr.-Euras-Klinik von Rio an Alkoholvergiftung. Der Mann, der, so schrieb der Fußballfan und Dichter Elano Galeano, „am meisten Freude schenkte in der ganzen Geschichte des Fußballs" wurde nicht einmal 50 Jahre alt.

ANDERE STARS

Uwe Seeler
(5.11.1936) ist einer der populärsten Figuren des deutschen Fußballs, hochdekoriert, einer der drei Ehrenspielführer der Nationalelf (siehe auch WM-Kapitel 1966). Den Durchbruch zum internationalen Star schaffte „uns Uwe" schon bei der WM 1958 - vier Jahre später - 1962 - war er einer der Top-Torjäger der Welt und die großen Vereine standen Schlange bei ihm. Doch Uwe Seeler war sesshaft und blieb trotz lukrativster Angebote seinem Hamburger SV treu.

Djalma Santos
(27.2.1929) – Stopper und Verteidiger des brasilianischen Teams. Doch er beschränkte sich nicht nur aufs Verteidigen, sondern unterstützte auch das Mittelfeld und war torgefährlich. Gutes Auge, wendig, ballsicher, schnell. Erzielte in 107 Länderspielen vier Tore. Nahm an vier Weltmeisterschaften teil und holte mit seiner Mannschaft 1958 und 1962 den Titel. Beendete 1968 seine Karriere.

Alfredo di Stefano
(4.7.1926) war laut Franz Beckenbauer der „kompletteste Spieler", den die Welt jemals sah. Der „blonde Pfeil" galt als schwierig, weil er Probleme mit anderen Stars in seiner Mannschaft hatte. Der gebürtige Argentinier wurde in Spanien eingebürgert, spielte für Real Madrid, wo er fünf Mal in Serie den Europapokal der Landesmeister gewann. Zwei Mal Fußballer des Jahres in Europa. 42 Länderspiele. Vor seiner Villa steht eine Statue mit einem goldenen Fußball, auf der eingraviert ist: „Dir verdanke ich alles."

NAMEN & NACHRICHTEN

Teure Karten
Wenige Zuschauer, außer bei den Spielen Chiles, Brasiliens und Deutschlands – zum Beispiel nur 5890 Fans bei der Halbfinal-Partie Jugoslawien gegen die CSSR – prägten das Turnier in Chile. Vielleicht lag das auch daran, dass die angebotenen Karten sehr teuer waren. Aber immerhin: Dennoch oder vielleicht gerade deswegen endete diese Weltmeisterschaft mit einem deutlichen finanziellen Plus.

Hässliches Spiel
Das wahrscheinlich hässlichste WM-Spiel aller Zeiten fand am 2. Juni 1962 im Nationalstadion von Santiago zwischen Gastgeber Chile und Italien statt. Der englische Schiedsrichter Ken Aston war mit der Leitung dieser eher als Treterei zu bezeichnenden „Sportveranstaltung" überfordert. Früh hatte er schon den Italiener Ferrini vom Platz gestellt. Weil dieser sich jedoch zehn Minuten lang geweigert hatte, das Feld zu verlassen, wurde er von chilenischer Polizei abgeführt. In der „als Schlacht von Santiago" unrühmlich in die WM-Geschichte eingegangenen Partie brach der Chilene Sanchez mit einem gezielten Faustschlag einem Gegenspieler ungestraft das Nasenbein – doch nur noch David, ein weiterer Italiener wurde des Feldes verwiesen. Eine an Unfairness nicht zu überbietende Partie endete 2:0 für Chile. Insgesamt glichen bei dieser Weltmeisterschaft die Umkleidekabinen in den Stadien oft eher Verbandsplätzen, wie man sie aus Kriegen kannte. Weitere Spiele mit besonders unrühmlichen Boxeinlagen und Tritten: Jugoslawien – Russland und Uruguay – Jugoslawien.

„Harlem Globetrotters"
Dass mit Brasilien das beste Team diese Weltmeisterschaft gewonnen hatte, ist unbestritten. Und so stellten die Ballkünstler vom Zuckerhut in diesen Zeiten nicht nur die beste National-, sondern auch die beste Vereinsmannschaft. Der FC Santos war in jenen Tagen Kult, jeder wollte gegen diese Mannschaft spielen. Drei Freundschaftsspiele an einem Tag hätten nicht gereicht, um alle Wünsche auf der ganzen Welt erfüllen zu können. Pelé, der ungekrönte Star dieser Truppe, die als die „Harlem-Globetrotters" des Fußballs galten, trat mit ihr in 125 Ländern an. In Brasilien spielte diese Mannschaft kaum noch. 1974 schließlich verließ Pelé den FC Santos und wechselte zu Cosmos New York, wo er später auch mit dem deutschen Fußball-„Kaiser" Franz Beckenbauer „auftrat".

Verhafteter Pressechef
Pedro Fornazori war der Pressechef dieser Weltmeisterschaft. Doch der umtriebige Mann erlebte den Anpfiff „seines" Turniers „nur" hinter Gittern mit. Er war wenige Tage vor dem ersten Anpfiff verhaftet worden, weil 5000 Dollar aus der WM-Kasse fehlten.

Aufwändige Technik
Fernsehdirektübertragungen von Kontinent zu Kontinent waren in jener Zeit wegen der fehlenden Satellitenverbindungen nicht möglich. So wurden Filmberichte erstellt, die mit Verkehrsmaschinen als Kuriere nach Deutschland gelangten. Der Südwestfunk Baden-Baden als federführende Anstalt innerhalb der ARD versorgte die Heimat mit 28 Technikern, fünf Reportern und ganzer Schiffsladungen mit Nachrichten-Technik. Über UKW-Frequenz waren sogar Live-Übertragungen möglich. Rudi Michel, damals als Reporter vor Ort: „Das war die große Stunde des Radios." Zum letzten Mal...

HÄTTEN SIE'S GEWUSST?

Die ewige Torschützenliste

14 Gerd Müller (Deutschland), WM 1970/74.
13 Just Fontaine (Frankreich), WM 1958.
12 Pelé (Brasilien), WM 1958/62/66/70.
11 Sándor Kosics (Ungarn), WM 1954.
11 Jürgen Klinsmann (Deutschl.), WM 1990/94/98.
10 Helmut Rahn (Deutschland) WM, 1954/58.
10 Teofilo Cubillas (Peru), WM 1970/78.
10 Grzegorz Lato (Polen), WM 1974/78/82.
10 Gary Lineker (England), WM 1986/90.

Volle Ränge beim Spiel Deutschland gegen Chile, dies war bei der Weltmeisterschaft 1962 nicht sehr oft der Fall. Kleines Bild: Schnappschuss aus dem Finale - Adolf Scherer (Tschechoslowakei legte sich den Ball ein bisschen zu weit vor, Brasiliens Torwart Gilmar kann klären.

Pässe in die „böhmische Gasse"

Ihrem Spielgestalter Josef Masopust verdankte die CSSR den Finaleinzug

Wer weiß, hätte nicht der bunte Vogel im Team der Brasilianer, Garrincha, in seinem letzten großen Spiel zu einem Höhenflug ohnegleichen angesetzt, die Kränze für den besten Turnierspieler 1962 wären einem anderen geflochten worden. Das Zeug dazu hätte Josef Masopust, die unvergleichliche Prager Mischung aus listigem Schwejk und tatkräftigem Zupacker, gehabt. Als der Außenläufer vom Militärklub Dukla Prag in der 15. Minute des Endspiels die Tschechoslowaken in Führung schoss, machte sich unter den brasilianischen Zuschauern im Estadio Nacional schon die Angst vor dem Trauma des 1950 verlorenen „Endspiels" gegen Uruguay breit. Doch dann ging die Abwehr der CSSR im Wirbel der Männer vom Zuckerhut noch unter. Am Ende hieß es standesgemäß 3:1, und Masopust hatte mit seiner Prognose „natürlich sind die Brasilianer auch für mich der Favorit" recht behalten.

Dass die Auswahl der CSSR mit dem Einzug ins Finale an sich schon die größte Sensation des Turniers geschafft hatte, hatte freilich in erster Linie mit dem am 9. Februar 1931 im Dörfchen Strimice bei Most geborenen Josef Masopust zu tun. Nach der 62er WM erlangte der spielintelligente Fußballsoldat als erster europäischer Kicker sogar in Südamerika Berühmtheit, etwas völlig Außergewöhnliches in jener Zeit, als Europas Fußball begann, in der Defensivtaktik zu erstarren.

Josef Masopust war ein geschickter Regisseur und Ballverteiler, und dass er mit seinen Nebenleuten Jan Popluhar und Svatopluk Pluskal nicht nur das Mittelfeld der aufstrebenden Dukla-Elf sondern auch das der CSSR-Auswahl bilden konnte, brachte seine spielerischen Führungsqualitäten voll zur Geltung. Er wurde mit Dukla, für das er 16 Jahre lang (1952-68) spielte, acht Mal Meister und drei Mal Pokalsieger, spielte zwei Weltmeisterschaften für sein Land (1958/ 1962), mit dem er 1960 auch noch Dritter bei der Europameisterschaft wurde, und war in seinem Erfolgsjahr 1962 auch noch Europas Fußballer des Jahres.

Auf 63 Länderspiele brachte es der gelernte Schlosser aus dem böhmischen Kohle-Revier und spätere Major und Sportlehrer, der nach seinem Abschiedsspiel im Mai 1966 (in der WM-Qualifikation für England war Vize-Weltmeister CSSR an Portugal gescheitert) als 36-Jähriger im westlichen Ausland beim belgischen Zweitligisten Royal Crossing Molenbeek noch zwei Jahre als Profi Devisen verdienen durfte. Nach Trainerstationen bei Klubs in der CSSR und in Belgien betreute Masopust je drei Jahre lang die Nationalmannschaften der CSSR (1984-87) und Indonesiens (1988-91) und wurde im Oktober 1995, inzwischen mehrfacher Großvater, zum Technischen Direktor des Tschechischen Fußballverbandes bestellt. Als Spieler überzeugte Masopust aber nicht nur mit seinen unwiderstehlichen Dribblings und seinen legendären Pässen in die „böhmische Gasse", er besaß auch große kämpferische Qualitäten, war auf dem Spielfeld ununterbrochen unterwegs, geradezu ein Lauf- und Konditionswunder, was jeden überraschte, der den etwas mollig und unbeweglich wirkenden Fußballer mit den runden Backen das erste Mal sah. Doch er konnte am Leder alles - nur das Kopfballspiel war nicht seine Welt. Das hat er aber wohl mit vielen anderen Spielgestaltern gemeinsam.

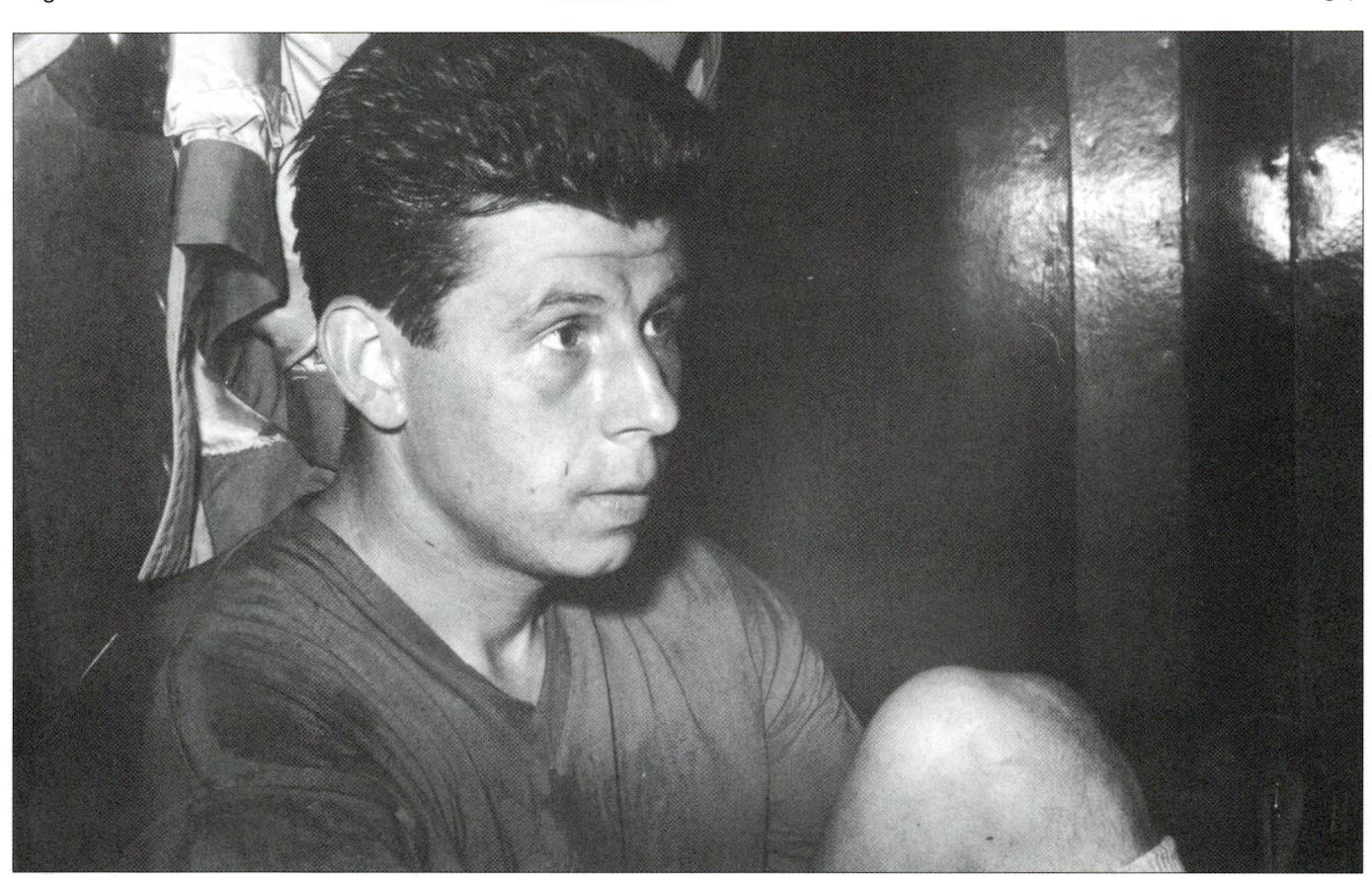

DAS WM-GESICHT

Josef Masopust, Konditions- und Laufwunder der Tschechoslowaken, krönte seine Laufbahn mit der Finalteilnahme bei der WM 1962.

ANDERE GESICHTER

Bobby Moore
(12.4.1941/24.2.1993) spielte in Chile seine erste von drei Weltmeisterschaften. Die Form seines Lebens erreichte der Abwehrchef aber erst 1966 beim Titelgewinn der Engländer im eigenen Land. Moore galt wegen seiner eleganten Spielweise auch als „Gentleman" auf dem Rasen. Mit West Ham United, für das er 16 Jahre spielte, holte er 1965 durch ein 2:0 über 1860 München den Europapokal der Pokalsieger. 999 Ligaspiele in England, 108 Länderspiele.

Gilmar
(22.8.1930) war der beste Torwart, den Brasilien in seiner erfolgreichen WM-Geschichte hatte. Auf der Linie katzengewandt, machte sich die Nummer eins des FC Santos, die eigentlich Neves dos Santos hieß, in seinen 95 Länderspielen auch einen Namen als Elfmetertöter – er hielt 13 Strafstöße. Weltmeister 1958 und 1962. Sündenbock für das frühe Ausscheiden der Brasilianer 1966 in England.

Luis Suárez
(2.5.1935) absolvierte für Spanien 32 Länderspiele zwischen 1957 und 1966, nahm an den WM-Turnieren 1962 und 1966 teil. Zu Beginn seiner Karriere bildete er zusammen mit Kubala und di Stefano das spanische Mittelfeld – eine Augenweide. 1960 wurde er zum Fußballer des Jahres in Europa gewählt, wechselte schließlich vom FC Barcelona zu Inter Mailand. Drei Mal italienischer Meister, dazu 1964 und 1965 Europapokalsieger – Suárez war die zwei Millionen Mark, die Italiener für ihn bezahlt hatten, wirklich wert.

Der Sklaventreiber erlebt in Chile sein Waterloo

Helenio Herrera, Erfinder des Catenaccios, gewann als Vereinstrainer alles, als Nationalcoach nichts

Dass auch die größten Feldherren wie Napoleon ihr Waterloo erleben, gehört zu den Gesetzmäßigkeiten der Geschichte. Dass sie aus schwersten Niederlagen gestärkt hervorgehen, zeichnet hingegen die großen Imperatoren am Rande des Fußballfeldes, die Trainer, aus. Der am 16. April 1916 in Buenos Aires geborene und am 9. November 1997 in Venedig verstorbene Helenio Herrera gehörte zweifellos zu dieser Gilde. Der polyglotte Mann, der vier Staatsbürgerschaften (argentinisch, französisch, spanisch, italienisch) besaß, der mit zwölf verschiedenen Vereinsmannschaften 16 nationale und internationale Titel gewann, erlebte sein persönliches Waterloo bei der WM in Chile.

Herrera, der in jener Zeit Inter Mailand coachte, war extra für das Turnier zum Verantwortlichen von Spaniens Auswahl, die sich erstmals seit 1950 wieder qualifiziert hatte, bestellt worden, und er konnte aus dem Vollen schöpfen. Die Crème de la Crème spielte damals ohnehin bei Real Madrid, und viele Kicker-Größen hatten dann die spanische Staatsbürgerschaft angenommen: Ferenc Puskas, der dem Aufstand in Ungarn 1956 entflohen war, Argentiniens Weltstar Alfredo di Stefano, der aus Paraguay stammende Martinez und Uruguays Santamaria. Hinzu kamen „echte" Spanier wie Gento, del Sol und Suarez - der Geheimfavorit Spanien galt mehr als nur beachtenswert.

Bis zum ersten Spiel gegen die CSSR. Statt Kabinettstückchen und Zauberfußball sahen die 12 700 Zuschauer in Vina del Mar hässlichen Fußball, der nur darauf ausgerichtet war, den Gegner nicht ins Spiel kommen zu lassen. „Catenaccio" hieß dieses von Herrera gelehrte und „kultivierte" Defensiv-System, das seiner Philosophie entsprach: „Es zählt nur das Resultat und zwar das positive, es hat magnetische Anziehungskraft. Schönspielerei und Offensivspiel sind nichts als Geschwätz." Beim „Catenaccio" wurde der Libero hinter die Abwehr verbannt, die gegnerischen Spitzen in Manndeckung genommen und so ein Vorhängeschloss vor dem Strafraum gebildet. Mehr als ein Tor brauchte man so nicht mehr zu schießen, um Erfolg zu haben, und Erfolg war laut Herrera „das einzige, das zählt". Die Spanier, angetrieben auch von der Strenge ihres Lehrmeisters, der „Magier", „Hexenmeister" und „Sklaventreiber" genannt wurde, taten noch ein Übriges, indem sie nach allem traten, was sich nicht schnell genug wegbewegte.

Der 1:0-Sieg der Tschechoslowaken durch Stibranyi in der 80. Minute war die verdiente Strafe, und nach einem mageren 1:0-Erfolg über Mexiko bedeutete das 1:2 gegen Titelverteidiger Brasilien im letzten Gruppenspiel bereits Spaniens Aus in der Vorrunde. Das

DER WM-TRAINER

beste „Bubenstück" aber leistete sich der eigenwillige Herrera, indem er auf di Stefano verzichtete, mit dem er im Clinch lag.

Der Fußballer, der alle Klub-Trophäen seiner Zeit gewann, kam so zu keinem einzigen WM-Spiel. Helenio Herrera aber perfektionierte sein System. Vier Jahre später war er Assistenztrainer in Italiens WM-Elf, die allerdings ebenfalls nach der Vorrunde die Heimreise antreten musste (0:1 gegen Nordkorea). Doch mit Inter Mailand feierte er nach dem Debakel von Chile in vier Jahren drei Meisterschaften, zwei Europapokalsiege und zwei Mal den Gewinn des Weltpokals.

Helenio Herrera - Sklaventreiber, Hexenmeister und Erfolgstrainer: Doch bei der WM in Chile erlebte er sein Waterloo mit Spaniens Elf.

ANDERE TRAINER

Aymoré Moreira
(24.4.1912/26.7.1998) hielt 1962 dem hohen Erwartungsdruck der brasilianischen Fußballfans stand und verteidigte mit der Selecao den 1958 errungenen WM-Titel erfolgreich. Trotz heftiger Kritik vertraute er in Chile auf die bewährten Spieler der 58er-Elf und kompensierte auch den Ausfall des verletzten Superstars Pelé. Auch 1966 in England war er als Berater Feolas nochmals dabei. Auch als Vereinstrainer war er erfolgreich.

Rudolf Vytlacil
(9.2.1912/1.6.1977). Der Gewinn der Vize-Weltmeisterschaft 1962 war der größte Triumph in der Karriere von Rudolf Vytlacil. Der gebürtige Wiener, Nationalspieler für Österreich und die Tschechoslowakei, feierte in den 50er und 60er Jahren weitere große Erfolge als Trainer. 1960 wurde er mit den Tschechen EM-Dritter, 1964 mit dieser Mannschaft Olympia-Zweiter. Bei der WM 1966 betreute er Bulgarien. Auch als Vereinstrainer errang er diverse Erfolge in Österreich und Bulgarien.

Karl Rappan
(26.9.1905/31.12.1995) galt bis zu seinem Tod als der große alte Mann des Schweizer Fußballs. Zwischen 1937 und 1975 war er während fünf verschiedenen Phasen für die Schweizer „Nati" verantwortlich, zuletzt fünf Jahre als Technischer Verbandsdirektor. Er gilt als der Erfinder des berüchtigten „Riegels". Mit der Schweiz nahm er drei Mal an WM-Endrunden teil: 1938, 1954 (jeweils Viertelfinale) und 1962. In Chile scheiterte er als Letzter der Vorrunden-Gruppe 2.

DER EXPERTE
Die Devise hieß „Safety first"

Günter Netzer:
„Die schlechteste WM seit dem Zweiten Weltkrieg"

Viel ist wahrlich nicht geblieben von dieser Weltmeisterschaft 1962 in Chile. Sie war auch irgendwie zu weit weg, um einen festen Platz in der Erinnerung der Menschen hier zu Lande zu haben. Es gab wegen der Technik noch keine Live-Übertragungen im Fernsehen, und die Rundfunk-Reportagen – zum Beispiel die von Rudi Michel - kamen in Deutschland mit einem rauschenden Ton an. Zur WM in Chile hatten die meisten Deutschen eine räumlich sehr große Distanz. Viele Kritiker sagen, dies sei das Turnier der Treter gewesen und auch ich behaupte: Dies war die schwächste Weltmeisterschaft nach dem Zweiten Weltkrieg. Was sich zum Beispiel beim Aufeinandertreffen von Chile und Italien abspielte, hatte wenig mit Fußball zu tun - hier herrschte rohe Gewalt auf dem Platz. Diese handfesten Auseinandersetzungen auf dem Feld, als sogar Polizei aufmarschieren und die Spieler trennen musste, schadeten dem Fußballsport. Das, was sich 1958 mit dem Sieg der Brasilianer angekündigt hatte, nämlich schöner, offensiver Fußball mit dem Ziel, erstens Tore zu erzielen und solche erst in zweiter Linie zu verhindern, fand keine Fortsetzung. Der Catenaccio, in Italien erfunden und eine Weiterentwicklung von Karl Rappans „Schweizer Riegel", war das Symbolwort für Sicherheitsdenken und destruktives Spiel. Der Libero arbeitete weit hinter den beiden Manndeckern, von denen schon 1962 einer Giovanni Trapattoni hieß. Helenio Herrera, ein Trainer aus Argentinien, der in der Branche auch unter dem Namen „Sklaventreiber" bekannt geworden war, hatte in Spanien mit diesem System mit Atletico Madrid und dem FC Barcelona den nationalen Titel geholt, war in jener Zeit Fußball-Lehrer in Mailand und machte Inter 1964 und 1965 zu Europas Nummer eins.
Dieser Sicherheitsfußball Inters wurde schon in Chile gespielt, und so fällt mir außer den Brasilianern keine einzige andere herausragende Mannschaft ein. Oder doch? Vielleicht noch die Tschechen mit Josef Masopust im Mittelfeld.
Die Deutschen hatten eine mittelmäßige Mannschaft am Start mit einem ganz jungen Torwart, mit Wolfgang Fahrian. Der war schuldlos, dass sie schon im Viertelfinale durch einen Schuss eines Spielers namens Radakovic ausschieden. Aber so recht riss dieses Aus in Deutschland keinen vom Hocker.

ANDERE FAKTEN

1962 – Endrunde in Chile (30.5. – 17.6.)

Gruppe 1
Uruguay – Kolumbien	2:1
UdSSR – Jugoslawien	2:0
Jugoslawien – Uruguay	3:1
UdSSR – Kolumbien	4:4
UdSSR – Uruguay	2:1
Jugoslawien – Kolumbien	5:0

Endstand: 1. UdSSR (5:1 Punkte / 8:5 Tore), 2. Jugoslawien (4:2 / 8:3), 3. Uruguay (2:4 / 4:6), 4. Kolumbien (1:5 / 5:11)

Gruppe 2
Chile – Schweiz	3:1
Italien – Deutschland	0:0
Chile – Italien	2:0
Deutschland - Schweiz	2:1
(Tore für Deutschland: 1:0 Brülls, 2:0 Seeler)	
Deutschland – Chile	2:0
(Tore für Deutschland: 1:0 Szymaniak (FE), 2:0 Seeler)	
Italien – Schweiz	3:0

Endstand: 1. Deutschland (5:1 Punkte / 4:1 Tore), 2. Chile (4:2 / 5:3), 3. Italien (3:3 / 3:2), 4. Schweiz (0:6 / 2:8)

Gruppe 3
Brasilien – Mexiko	2:0
Tschechoslowakei – Spanien	1:0
Brasilien – Tschechoslowakei	0:0
Spanien – Mexiko	1:0
Brasilien – Spanien	2:1
Mexiko – Tschechoslowakei	3:1

Endstand: 1. Brasilien (5:1 Punkte / 4:1 Tore), 2. Tschechoslowakei (3:3 / 2:3), 3. Mexiko (2:4 / 3:4), 4. Spanien (2:4 / 2:3)

Gruppe 4
Argentinien – Bulgarien	1:0
Ungarn – England	2:1
England – Argentinien	3:1
Ungarn – Bulgarien	6:1
Argentinien – Ungarn	0:0
Bulgarien – England	0:0

Endstand: 1. Ungarn (5:1 Punkte / 8:2 Tore), 2. England (3:3 / 4:3), 3. Argentinien (3:3 / 2:3), 4. Bulgarien (1:5 / 1:7)

Viertelfinale
Chile – UdSSR	2:1
Jugoslawien – Deutschland	1:0
Brasilien – England	3:1
Tschechoslowakei – Ungarn	1:0

Halbfinale
Brasilien – Chile	4:2
Tschechoslowakei – Jugoslawien	3:1

Als bestes Team den Weltmeistertitel von 1958 in Chile verteidigt: Die Nationalelf Brasiliens.

Spiel um Platz 3
Chile – Jugoslawien	1:0

Endspiel (17. Juni)
Brasilien – Tschechoslowakei	3:1

Brasilien: Gilmar, D. Santos, de Oliveira, Calazans, N. Santos, Zito, Garrincha, Didi, Vavá, Amarildo, Zagalo.
Tschechoslowakei: Schrojf, Tichy, Novák, Pluskal, Popluhár, Masopust, Pospichal, Scherer, Kvacnák, Kadraba, J. Jelinek II.
Schiedsrichter: Latychev (UdSSR).
Zuschauer: 68 679 (Santiago).
Tore: 0:1 Masopust (15.), 1:1 Amarildo (17.), 2:1 Zito (69.), 3:1 Vavá (78.).

DAS ZITAT

„Selbst wenn Herberger mich im nächsten Spiel aufgestellt hätte, ich hätte nicht gespielt."

Hans Tilkowski, frustrierter Nationaltorwart, weil der Bundestrainer ihm den jungen Ulmer Wolfgang Fahrian vorgezogen hatte.

Torjäger des Tuniers
Valentin Ivanov (Sowjetunion)	4
Leonel Sánchez (Chile)	4
Garrincha (Brasilien)	4
Vavá (Brasilien)	4
Florian Albert (Ungarn)	4
Darzan Jerkovic (Jugoslawien)	4
Amarildo Tavares de Silveira (Brasilien)	3
Adolf Scherer (Tschechoslowakei)	3

Die meisten Tore Brasilien 14
Tordurchschnitt 2,78 pro Spiel
Das schnellste Tor Florian Albert
(1. Min. bei Ungarn – Bulgarien)
Vaclav Masek
(1. Min. bei Tschechoslowakei – Mexiko)
Elfmeter 9
(alle verwandelt)

Platzverweise 6
Ferrini, David (Italien), Popovic (Jugoslawien), Cabrera (Uruguay), Garrincha (Brasilien), Landa (Chile).

„Wir hatten kein Glück, und dann kam auch noch Pech dazu"

Nationaltorwart Wolfgang Fahrian über ein unhaltbares Tor und das frühe Aus bei der Weltmeisterschaft 1962

DER ZEITZEUGE

Eigentlich hatte ich immer im Feld gespielt, bis zur A-Jugend in Ulm, mit der wir zwei Mal württembergischer Meister geworden waren. Ich war als Verteidiger immerhin süddeutscher Auswahlspieler. Und ich hatte sogar in der ersten Mannschaft der TSG 1846 Ulm einige Einsätze im Feld, bis Fred Hofmann neuer Trainer wurde. Und er wollte auch einen neuen Torwart. Ich trainiere mal mit den Torleuten mit, sagte ich zu Hofmann. Und es dauerte nicht lange, da stand ich tatsächlich in einem Punktspiel im Tor – am 4. September 1960 – wir verloren mit 2:3. Doch der Ehrgeiz hatte mich gepackt, ich legte Sonderschichten ein und arbeitete mich bis in Sepp Herbergers Notizbuch vor. Ulm stieg zwar ab in die 2. Liga, doch ich machte beim 5:0 der deutschen Junioren in Gelsenkirchen gegen Polen eine gute Figur, hinter Günther Sawitzki vom VfB Stuttgart war ich bald die Nummer 2 Süddeutschlands. Im Westen hießen die Konkurrenten Hans Tilkowski und Fritz Ewert. Damals waren noch Auswahlspiele wie Süddeutschland gegen Westdeutschland wahre Hits, richtige Zugnummern. Und meine Chance kam: Bei einem solchen Repräsentativspiel holte ich ein, zwei Unhaltbare aus dem Winkel – und bekam als Zweitliga-Spieler eine Einladung für das Länderspiel gegen Uruguay. Noch mehr: Ich, man nannte mich den schwarzen Panther, stand überraschend im Tor und wir gewannen 3:0. Ich glaube: Schon damals war Herberger klar, wen er bei der WM 1962 in Chile ins Tor stellen wollte. Doch eine Verletzung machte mir fast einen Strich durch die Rechnung. Bei einem Pokalspiel in Stuttgart zog ich mir eine schwere Verletzung zu, ich lag im Krankenhaus, eine Operation und acht Wochen Pause drohten. Es war Frühjahr 1962, die Zeit lief mir davon, denn Herberger sagte: „Wenn Sie mit zur WM wollen, müssen sie vorher nochmals spielen." Ich verdrückte mich aus dem Krankenhaus, fuhr zu Masseur Erich Deuser, der mich leidlich fit bekam – mit Schmerzen stand ich bei Ulms 1:0 beim Freiburger FC wieder im Tor. Und tatsächlich: Ich fuhr mit zur WM, zusammen mit den Torleuten Sawitzki und Tilkowski und Abwehrmann Willi Giesemann lag ich in der Militärakademie von Santiago de Chile auf einer Bude.
Du spielst – einen Tag vor dem Treffen gegen die Italiener kam Co-Trainer Helmut Schön mit der für mich freudigen Nachricht. Hans Tilkowski war sauer, er, der Mann mit Routine, saß draußen, ich – mit gerade einmal einem Länderspiel – war der WM-Torwart. Es lief auch ganz gut. In der Vorrunde kassierte ich nur gegen die Schweiz ein Gegentor, zu Null gegen Italien und Chile. Wir waren auf Kurs. Machten im Viertelfinale gegen Jugoslawien ein gutes Spiel, hatten aber kein Glück und dann kam auch noch Pech dazu - selbst der Pfosten war gegen uns. Und dann kam diese verdammte 84. Minute, dieser Schuss aus zehn Metern von Radakovic. Ich war zwar noch mit den Fingerspitzen dran, hatte aber keine Chance. 0:1, wir waren ausgeschieden, flogen nach New York, blieben dort noch drei Tage und machten ein Spiel, ehe wir nach Deutschland zurückflogen. Klar: So auszuscheiden, tut weh. Aber vorzuwerfen hatten wir uns nichts. Ich brachte es auf zehn Länderspiele, nur auf zehn Einsätze. Warum so wenige? Das frage ich mich auch. Es kam viel zusammen: Ich verletzte mich schwer im Gesicht, konnte einige Wochen nichts mehr riechen. Und bei meinem Wechsel zu Hertha BSC hatte ich Handgeld genommen, was viele taten – obwohl es verboten war. Die Sache mit den Schwarzgeldern im Sarg flog auf – Hertha drohte der Rausschmiss aus der Liga. Alle leugneten, nur ich nahm die Sache auf mich, bekam 15 000 Mark Geldstrafe und eine zweijährige Sperre aufgebrummt, die aber bald danach auf sechs Monate reduziert wurde. Aber ich verlor das Image eines untadeligen Saubermanns, in dieser Zeit unumgänglich, wenn man sich das Trikot mit dem Adler auf der Brust überziehen wollte. So blieb es also bei zehn Nationalspielen und der Episode einer WM, die jedoch eines der größten Erlebnisse meines Lebens war.

Wolfgang Fahrian heute und damals, mit der Nummer 22 bei der WM in Chile.

Wolfgang Fahrian (31. Mai 1941), begann seine Karriere in Ulm bei der damaligen TSG 1846. Spielte später für Hertha BSC, 1860 München und Fortuna Düsseldorf. 1969 landete er schließlich bei der Kölner Fortuna, wo ihn sein Freund Jean Löring förderte. Fahrian wurde in der Domstadt sesshaft. Heute Spielerberater, galt und gilt als einer der Branchenführer in diesem Metier. Zehn Länderspiele, WM-Teilnehmer 1962.

DER JOURNALIST

Die Deutschen mauerten sich in ihrer Kaserne und auf dem Spielfeld ein

Um das Jahr 1962 - das war der Beginn des Jet-Zeitalters, eine aufregende Düsenepoche lange vor dem Massentourismus. Der Flug von Frankfurt am Main nach Santiago de Chile kostete fast so viel wie ein Volkswagen, bot aber ein einmaliges Erlebnis. Zumal zusammen mit der deutschen Fußball-Nationalmannschaft in einem dieser neuen vierstrahligen Boeing Jet 720 B. Für die Überquerung des Äquators stellte die Lufthansa jedem Passagier noch eine persönliche Urkunde von AELOS, dem Herrscher der Lüfte, aus - beglaubigt vom Chefpiloten R. Mayer. Das Datum: 20.5.62 an Bord der Boeing, Jet D-ABOQ. Beim Flug über die Anden drehte der Chefpilot eine Schleife um den Aconcagua, um seinen Fluggästen den mit 6960 Metern höchsten Berg der Anden in seiner ganzen majestätischen Schönheit von allen Seiten zu zeigen. So nah man Sepp Herberger und seinen Spielern während der Anreise war, so fern wurden die Journalisten während des dreiwöchigen Aufenthaltes gehalten. Die deutsche Mannschaft verzog sich hinter den Zäunen und Mauern der Militärschule „Bernardo O'Higgins". Eine Kaserne diente als Quartier. Soldaten exerzierten neben dem Fußballplatz. Kadetten mit weiß lackierten Helmen säumten den Spielfeldrand beim Training, zu dem die Presse nur in Ausnahmefällen zugelassen war. Da gibt es Bilder von Journalisten, die sich Leitern besorgt hatten, um über die Kasernenmauern zu spähen. Soldaten mit preußischen Pickelhauben bewachten die Kasernentore.
In dieser „schrecklichen Kaserne", wie sich Spieler wie Helmut Haller erinnern, konnte keine rechte Freude aufkommen. Im Gegenteil: Weil ihm der junge Wolfgang Fahrian vorgezogen wurde, betrank sich die bisherige Nummer eins im deutschen Tor, Hans Tilkowski, und schleuderte vor Wut die Möbel seines Zimmers auf den Flur. „Gereiztheit und Depression" beobachtete Fritz Walter, für den Bundestrainer Sepp Herberger keinen Nachfolger gefunden hatte, im deutschen Bunker.
Bei dieser so freudlosen WM in Chile, bei der sich die Deutschen eingemauert hatten und auch auf dem Spielfeld nur mauerten, schied der WM-Vierte von 1958 sang- und klanglos durch ein 0:1 im Viertelfinale gegen Jugoslawien aus.

Hartmut Scherzer, Jahrgang 1938, war für die damalige „Frankfurter Abendpost"/Nachtausgabe nach Chile geflogen. Scherzer arbeitet mittlerweile als freier Journalist für verschiedene renommierte Tageszeitungen in Deutschland.

Wir haben die WM-Bücher

Bestellen Sie unseren kostenlosen Katalog!

AGON Sportartikel

Größte Versandbuchhandlung für Sportbücher in Europa .....

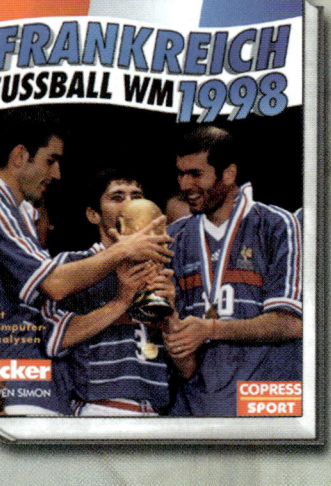

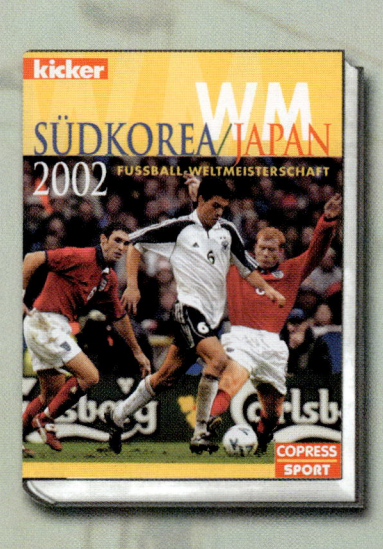

Bücher über nicht abgebildete Weltmeisterschaften sind in unserem Antiquariat erhältlich.

AGON Sportartikel GmbH
Frankfurter Str. 92a
D-34121 Kassel
Tel.: 0561/9279827
FAX: 0561/283439
eMail: AGON-Sportsbooks@t-online.de
www.AGON-online.de

Das Tor von Wembley

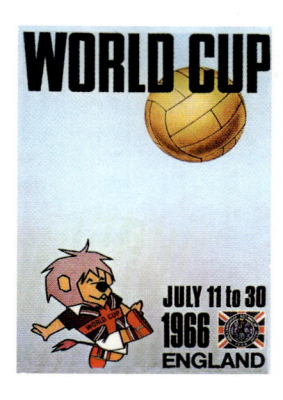

1966

England
Deutschland
Portugal
UdSSR

Das Wembley-Stadion und seine berühmten Zwillingstürme - Schauplatz des Finales 1966 und des umstrittensten Tores der Geschichte. Inzwischen ist das Stadion abgerissen und wird durch einen Neubau ersetzt.

Nie ist über ein Tor kontroverser, leidenschaftlicher und länger diskutiert worden als über jenes, das die WM 1966 entschied. Hatte Geoffrey Hurst tatsächlich getroffen, hatte Schiedsrichter Gottfried Dienst gesehen, dass der Ball die Linie überschritten hatte oder warum hatte der Russe Tofik Bachramov den Treffer gegeben? Das 3:2 im WM-Finale zwischen England und Deutschland ist das umstrittenste Tor der Fußball-Geschichte. Uwe Seeler ist auch mehr als 35 Jahre danach sicher: „Niemals, es war kein Tor!"

BUCHKATALOG.DE

Erst fehlte die „goldene Göttin" und später einem Schiedsrichter der Durchblick

Deutschlands vorbildlichste Mannschaft steckte das Wembley-Tor nobel weg – „2:2 gegen England verloren"

Schon vier Monate, bevor bei der WM 1966 der erste Ball im Londoner Wembley-Stadion getreten wurde, herrschte im Lande der Queen höchste Aufregung. Der Cup war weg. Der Jules-Rimet-Pokal war bei einer Ausstellung in Westminster gestohlen, die „goldene Göttin" war entführt worden. Die Männer von Scotland Yard, die berühmtesten Verbrecherfahnder der Welt in ihren sagenumwobenen Trenchcoats, leisteten Überstunden, das ganze Land suchte. Und jeder aufrechte englische Bürger stellte so ziemlich alles auf den Kopf, was er sein Eigentum nannte. Doch der Cup war wie vom Erdboden verschluckt.

Bis ein Hund namens „Pickles" bei einem Ausgang schwanzwedelnd die Fährte der „goldenen Göttin" aufnahm und sie in London unter einem ganz stinknormalen Busch erschnüffelte. Wer den Pokal gestohlen, wer ihn dann, wohl aus Angst vor Entdeckung, unter dem Busch abgelegt hat - wen interessiert es noch? Die FIFA war Hund und Besitzer dankbar, konnte doch ihre WM nun mit der Original-Trophäe stattfinden. Der World-Cup Willie, das erste Maskottchen einer Fußball-WM überhaupt,

DER RÜCKBLICK

lachte wieder, und der Weltverband lud Tier und Mensch als Ehrengast zur nächsten WM nach Mexiko ein. Doch „Pickles" erlebte die weiteste Reise seines Hundelebens nicht mehr. Wenige Wochen vor dem Turnier 1970 verstarb er.

Auf den Hund gekommen bei der europäischen Qualifikation für diese Weltmeisterschaft, die 1960 nach einer Kampfabstimmung zwischen England und Deutschland mit knapper Mehrheit den Briten - sozusagen als Geschenk anlässlich des 100. Geburtstages ihres Verbands FA (1963) zugesprochen worden war - waren auch einige Fußball-Großmächte. Vize-Weltmeister Tschechoslowakei (gegen Portugal), die Niederlande (gegen die Schweiz), Jugoslawien (gegen Frankreich) und Österreich (gegen Ungarn) hatten sich die Fahrkarte auf die Insel nicht sichern können. Und auch die Deutschen hatten mächtig zittern müssen. 1963 war die Bundesliga gegründet worden, ein Jahr später hatte Trainerfuchs Sepp Herberger den Stab an seinen Assistenten Helmut Schön, der nicht unbedingt sein Wunschkandidat gewesen war, übergeben. Gegen die Schweden hatten die Deutschen zu spielen, und es stellten sich sofort die unangenehmen Erinnerungen an das Jahr 1958 ein. Als ein Treffer des Torjägers Rudi Brunnenmeier (TSV 1860 München) in Berlin beim ersten Aufeinandertreffen der beiden Favoriten der Gruppe 2 nur zu einem 1:1 und damit zu einem Punkt reichte, stand es schlecht um die unter Schön verjüngte deutsche Auswahl. Ein Sieg in Stockholm war nun Pflicht, ausgerechnet in Schweden, wo die Deutschen seit dem Jahre 1911 nicht mehr gewonnen hatten. Und zu allem Überfluss plagte sich in den Tagen der Entscheidung auch noch der Fußball-Liebling der Nation mit den Nachwehen eines Achillessehnenrisses herum, einer Verletzung, die in dieser Zeit für fast alle Fußballer das Karriere-Ende bedeutet hatte. Doch Uwe Seeler war schon immer ein ganzer Kerl. „Uns Uwe" quälte sich monatelang für sein Comeback. Und der Hamburger war genau in der Sekunde, als er am Nötigsten gebraucht wurde, wieder fit.

Der 26. September 1965 war ein kühler Tag, es regnete an diesem Nachmittag in Stockholm. Aber für Fußball-Deutschland schien die Sonne, als Uwe Seeler im Rasunda-Stadion den Ball zum 2:1-Endstand über die Linie des schwedischen Tores grätschte. Hans Tilkowski fielen zentnerschwere Steine vom Herzen, denn der deutsche Torwart hatte beim 0:1 (Hamrin) gepatzt. Der Duisburger „Eia" Krämer hatte für den Ausgleich verantwortlich gezeichnet. Dieses Spiel war der Beginn einer Ära bemer-

Gordon Banks geschlagen am Boden: Wolfgang Weber (Nummer 6) hat im Finale zum 2:2 getroffen.

Irgendwie wollte der Fußballgott vielleicht sein Mütchen kühlen bei dieser achten Weltmeisterschaft. Vier Monate vor dem Anpfiff schon wurde die Trophäe, der goldene Jules-Rimet-Pokal, während einer Briefmarken-Ausstellung von einem Dockarbeiter gestohlen, und hätte nicht ein Hund namens „Pickles" das wertvollste Stück des Weltfußballs in einem Londoner Park erschnüffelt, niemals hätte Englands Fußball seinen größten Triumph so würdevoll zelebrieren können wie in der Szene, als die Queen das gute Stück an Bobby Moore überreichte. „Pickles" war hernach zu Recht Ehrengast beim Siegesbankett. Den Knall-Effekt hob sich der oberste Lenker aller Fußballschlachten aber fürs Finale auf. Sie wissen schon, vom „Wembley-Tor" ist die Rede. Dass Englands 4:2-Erfolg über Deutschland durch die umstrittenste Entscheidung in der WM-Historie - um mal den Fehlpfiff des Schiedsrichters Gottfried

DIE GLOSSE

Wenn ein Querbalken doch nur reden könnte...

Dienst und seines Linienrichters Bachramov höflich zu umschreiben - zustande gekommen war, wollen wir aber nun nicht nochmal beklagen, denn im Nachhinein kann man sie durchaus als Gewinn für Deutschlands Kicker verbuchen: Wann ist je eine Mannschaft als Verlierer großartiger heimgekehrt als die an einem „Nicht-Tor" verzweifelnden Mannen um den untröstlichen Uwe Seeler, den an diesem 30. Juli 1966 ein Wachmann mit hängendem Kopf vom Rasen führen musste? Im Felde sozusagen unbesiegt, geschlagen und gedemütigt nur von einem Stück Holz, dem Querbalken, der, wenn er hätte reden können, Folgendes zum Besten gegeben hätte: „Den Ball, den Hurst in der 102. Minute an meine rundes Bäuchlein donnerte, hab' ich umgehend auf die deutsche Torlinie gerammt, wo er noch etwas Kreidestaub aufgewirbelt hat. Dass er auf dem Flug einen Bogen nach innen ins Tor gemacht haben soll, glauben nur Engländer und jene, die denken, dass der Ball springt, weil ein Frosch drin sitzt, hähä.

Aber die Zeugenaussage brächte ohnehin nichts mehr, und längst hat sich der Fußballgott bei den Deutschen ja für seinen Streich von damals erkenntlich gezeigt: Mit freundlichen Elfern half er bei den WM-Siegen 1974 und 1990 mit, und auch in den WM-Jahren 1982 und 1986 waren ihm bloße leichtathletische Fähigkeiten der Teutonen-Kicker gut genug, um sie mit dem Titel Vize-Weltmeister zu belohnen. Also, nix für ungut, Wembley, Hurst, Bachramov, Dienst & Co.

kenswerter deutscher Fußballsiege, die erst bei der WM 1978 in Argentinien unterbrochen werden sollte. Und es war sicherlich kein Zufall, dass ausgerechnet in diesem denkwürdigen Spiel einer der Großen des Weltfußballs debütierte: Helmut Schön hatte einem 19-Jährigen das Vertrauen geschenkt - und Franz Beckenbauer hatte sich mit einer tadellosen Leistung bedankt. Ein knappes Jahr später war er schon einer der herausragenden Spieler des Weltturniers, beherrschte mit dem leider früh verletzt ausgeschiedenen Pelé, dem sowjetischen Torwart Lew Jaschin, Englands Kapitän Bobby Charlton oder dem portugiesischen WM-Schützenkönig Eusebio die Positiv-Schlagzeilen. Und dennoch: Auch ein Genie wie Beckenbauer bekam nichts geschenkt. Acht Jahre musste er warten, ehe er 1974 in München den Weltpokal in den weißblauen Himmel Bayerns recken durfte.

In England hatte der junge Mann gleich im ersten Gruppenspiel aufgetrumpft. Zwei Tore beim 5:0 gegen die Schweiz, der Erfolg in dieser Höhe war später für das Gruppenspiel und den weiteren Verlauf enorm wichtig. 0:0 spielten die Deutschen anschließend gegen Argentinien in einem Spiel, das eher an eine Schlacht erinnerte. Und daheim machte die „BILD"-Zeitung Stimmung für den Torschützenkönig der Bundesliga: „Jetzt muss Emma ran!" Helmut Schön ließ sich von der Macht des Boulevards beeinflussen: Tatsächlich brachte er im letzten, entscheidenden Gruppenspiel Lothar Emmerich. Schöns Zugeständnis wirkte sich in diesem Spiel positiv aus, im Finale auf der ganzen Linie. Gegen Spanien aber glückte „Emma" ein Treffer zum 1:1 beim 2:1-Sieg, der eigentlich allen physikalischen Gesetzen widersprach. Fast von der Eckfahne

DIE PROMINENTE

Eine Fußball-WM fasziniert mich, weil...

...dann mein Mann Christian und unser Sohn Felix durchgehend zu Hause sind. Während dieser Zeit sind wir eine richtige Fernseh-Familie.

Rosi Mittermaier, Ski-Star, Publikumsliebling, zweifache Goldmedaillen-Gewinnerin.

hämmerte er den Ball unter das Dach des spanischen Tores, so scharf, dass Schlussmann Iribar wohl erst das Unglück auf sich zukommen sah, als das Leder schon hinter ihm im Netz eingeschlagen war. Es gehörte schon eine Portion Wahnsinn dazu, aus solch` einer Position überhaupt einen Torschuss zu wagen - aber genau eine solche positive Verrücktheit zeichnete Torjäger schon immer aus. Über Uruguay (4:0) und die UdSSR (2:1) zog Deutschland glanzvoll ins Finale ein. Und dort wartete, im Londoner Wembley-Stadion, Gastgeber England.

Der hatte sich mit mäßigen Leistungen durch die Vorrunde gezittert - 0:0 gegen Uruguay, 2:0 gegen Mexiko und 2:0 gegen Frankreich gespielt. Im Viertelfinale, als sich die Deutschen mit den „Urus" in Sheffield herumschlugen, Uwe Seeler gar eine Ohrfeige einstecken musste und seine Mannschaft erst nach zwei berechtigten Platzverweisen gegen die Gegner von der Straße zum Sieg entdeckte, hatte auch England größte Probleme mit den eisenharten Argentiniern. Schiedsrichter Rudolf Kreitlein, ein wackerer Schwabe, hatte aus bis heute nicht geklärten Gründen Antonio Ulbalso Rattin vom Platz gestellt und damit das englische 1:0 begünstigt. Es kam zu wilden Szenen auf dem Feld, später in den Katakomben und auf dem Vorplatz des Stadions. Der Argentinier Ferreiro griff im Spielertunnel trotz Polizeischutz den Schneidermeister aus Stuttgart tätlich an, andere traten vor Wut gegen den englischen Mannschaftsbus und Onega spuckte einem FIFA-Funktionär eine angebissene Apfelsine mitten ins Gesicht - er wurde ebenfalls aus dem Verkehr gezogen. Weil ein englischer Schiedsrichter (Finney) beim Spiel Deutschland - Uruguay zwei Südamerikaner vom Platz gestellt und ein deutscher Unparteiischer bei England - Argentinien Rattin des Feldes verweisen hatte, wurde schnell am Märchen von der unheiligen Allianz der Europäer gegen Südamerikas Fußball gestrickt. Dies war natürlich blanker Unsinn. Dennoch hatte die FIFA mit der Ansetzung beider Schiedsrichter für diese Spiele wenig Fingerspitzengefühl bewiesen. Und in Argentinien titelte die Zeitung „Cronica": „Zuerst haben uns die Engländer die Malvinen (Anm. der Redaktion: Falkland-Inseln) gestohlen und nun auch noch den Weltcup." Englands Trainer Alf Ramsey, später zum Sir geadelt, über den aktuellen Spiel seiner Mannschaft keineswegs glücklich, keilte volkstümlich-verbal zurück: „Wir müssen noch zeigen, was wir wirklich können. Das wird aber nur gegen einen richtigen Gegner gelingen, gegen eine Mannschaft, die Fußball spielt und deren Spieler sich nicht wie Tiere aufführen."

Bereits im nächsten Spiel hatten die Engländer Gelegenheit zur spielerischen Rehabilitation. Im besten Turnierspiel zogen sie mit einem 2:1 über Portugal ins Endspiel ein. Beide Tore erzielte der legendäre Bobby Charlton. Und sein zweiter Treffer beeindruckte einige Portugiesen so sehr, dass sie dem englischen Kapitän per Handschlag ihre Hochachtung zollten.

Portugal hatte um Eusébio herum eine großartige Mannschaft aufgebaut, deren spielerische Glanzleistungen aber in einem Turniermatch sehr getrübt wurden. Als es in der Vorrunde gegen Brasilien ging, stellten die Portugiesen mit Verteidiger Morais einen brutalen Treter gegen Pelé, um diesen, schon im ersten Spiel gegen Bulgarien übelst verletzt, völlig auszuschalten. Mit Sport hatte dies herzlich wenig, mit „Fair Play" überhaupt nichts mehr zu tun. Pelé überstand die Hetzjagd nicht unbeschadet, der Welt genialster Fußballer und mit 25 Jahren im besten Alter, beendete auch dieses Treffen humpelnd und sagte: „Nie mehr werde ich an einer WM teilnehmen." Er tat es dennoch und holte 1970 noch einmal den Titel.

Das Finale: Deutschland - England, ein Fußballtraum in Wembley. Die moderne Satellitentechnik machte es möglich, selbst in den entferntesten Winkel dieser Welt am Fernsehschirm live mit dabei zu sein. 52 Länder übertrugen die schwarz-weiß-Bilder dieses Spiels, 400 Millionen Menschen saßen vor den Geräten. In Deutschland war zum Bild die Stimme von Rudi Michel zu hören. Und wenn man sich fast 40 Jahre später Ausschnitte seiner Fernsehreportage anhört (Rudi Michel: Geschichten zur Fußballgeschichte, HörbucHHamburg), spürt man noch deutlich diese Faszination, die dieses Ereignis auf die 96 924 Augenzeugen ausgeübt hat, auf jene Glücklichen, die eine Eintrittskarte ergattert hatten oder aus sonstigen Gründen ins Stadion durften.

„Nicht im Tor, kein Tor", rief Rudi Michel spontan ins Mikrophon, als Geoffrey Hurst den Ball an die Unterseite des runden Torbalkens gedonnert und Wolfgang Weber den Ball zur Ecke geköpft hatte. Man schrieb die 102. Minute eines denkwürdigen Endspiels. Das Wembley-Tor, es hat Fußball-Geschichte geschrieben.

WALDIS WELT

„Schneeforscher und Schneeflocken"

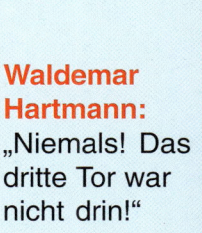

Waldemar Hartmann:
„Niemals! Das dritte Tor war nicht drin!"

Football's coming home! Der Fußball kehrte heim ins Mutterland. Dorthin, wo er angeblich her gekommen sein soll. Ins Land der Fairness und aller Fußballwahrheiten. Die Wahrheit liegt auf dem Platz, diese Weisheit übernahm Otto Rehhagel von Dortmunds Fußball-Legende Adi Preißler und erhob sie zum Abwehrsatz für alle lästigen Frager. Bis sich die Wahrheit auf dem Rasen des Wembley-Stadions vom Endspiel der Weltmeisterschaft 1966 rausstellen sollte, mussten alle, die sie damals kennen kannten, noch mehr als 30 Jahre warten. Das dritte Tor! Heute noch, auch nach allen endgültigen wissenschaftlichen Nachweisen mit hochmodernen technischen Mitteln treten vereinzelt Engländer auf, die immer noch behaupten: „Der Ball war drin!"
Ich wusste damals schon: Nein, nein und nochmals nein. Zu dieser Zeit verdiente ich mit meinen Lebensunterhalt als Diskjockey im „Big Apple" in Augsburg. Aus der Fuggerstadt stammte auch Helmut Haller. Er schoss das erste Tor für unsere Mannschaft. In der stand auch Franz Beckenbauer. Für mich die Geburtsstunde des „Kaisers". Obwohl ich damals, wenn ich von Augsburg nach München ins Grünwalder Stadion gefahren bin, die „Löwen" angeschaut habe. Radi, Brunnenmeier, Grosser – das waren die, die mir etwas bedeutet haben. Mit Peter Grosser bin ich heute befreundet. Der einzige übrigens, der sowohl bei den Bayern wie bei den Sechzigern Kapitän war und trotzdem nie richtig Stammspieler in der Nationalelf wurde. Das war Uwe Seeler. Er war die Seele der Mannschaft. Heute weiß ich, warum. Uwe ist einer der Menschen, die man mögen muss. Hilfsbereit, mit ansteckender guter Laune und trotz aller Erfolge oder vielleicht auch gerade wegen seiner großartigen sportlichen Laufbahn auf dem Boden geblieben. Seinen Ausflug ins Funktionärsleben als Präsident seines geliebten HSV hat er hinter sich und unbeschadet überlebt. Das ist auch gut so. Ab und zu darf ich ihn erleben als Mitglied der „Schneeforscher". Das ist ein buntgemischter Freundeskreis ehemaliger Nationalspieler und einiger Nichtfußballer. Franz Beckenbauer gehört dazu, die Ex-Nationalspieler Max Lorenz und Luggi Müller, Rudi Houdek, die graue Eminenz des FC Bayern, oder Werner Zimmer, pensionierter ARD-Kollege. Alljährlich im Dezember treffen sich die ergrauten Herren zum Skifahren und noch mehr zum Einkehrschwung in Obertauern. Da werden alte Geschichten erzählt, aber auch so manche neue auf den Weg gebracht. Und wenn die „Schneeforscher" gütig gestimmt sind, dürfen die Ehefrauen, die „Schneeflocken", dazu kommen. Eine verschworene Gemeinschaft. Aber ich fürchte, eine aussterbende Spezies. Wenn ich mir die heutige Spielergeneration anschaue, kann ich mir eine ähnliche Runde so nicht vorstellen.

DFB-Kader 1966

Eingesetzt: Beckenbauer, Brülls, Emmerich, Haller, Held, Höttges, Krämer, Lutz, Overath, Schnellinger, W. Schulz, U. Seeler, Tilkowski, Weber.

Nicht eingesetzt: Bernard, Grabowski, Hornig, Lorenz, Maier, Patzke, Paul, Sieloff.

Das sensationelle Tor von Lothar Emmerich im Spiel gegen Spanien.

War er nun drin oder war er nun doch nicht drin, dieser verdammte Ball? Nie wird einhundertprozentig geklärt werden, was wirklich war. Doch fast alles, Fotos, TV-Bilder, Zeitlupen, Aussagen, Experimente und sogar wissenschaftliche Arbeiten, lassen mit an Sicherheit grenzender Wahrscheinlichkeit den Schluss zu, dass der Ball nicht hinter der Linie den Boden berührt hat. Rudi Michel war von seinem ersten Eindruck nicht betrogen worden, seine spontane Vermutung hatte nicht den Wunsch als gedanklichen Vater. Schiedsrichter Gottfried Dienst, längst verstorben, muss sich zumindest den Vorwurf gefallen lassen, feige gewesen zu sein. Er, der spontan auf Eckball entschieden hatte, ließ sich von der Kulisse verunsichern, den wild protestierenden Engländern umstimmen und marschierte zum Linienrichter, der spontan stehen geblieben, und nicht - zum Zeichen eines Tores - Richtung Mittellinie gelaufen war. Eigentlich hätte damit alles klar sein, das Spiel mit Eckball von rechts für England weiter gehen müssen. Aber Dienst drückte sich vor der Verantwortung und schob seinem Linienrichter den schwarzen Peter zu. Zwei schwere Fehler muss sich der Schweizer anrechnen lassen: Er hätte seine erste Entscheidung - egal ob richtig oder falsch - nicht zurücknehmen und gleich gar nicht den Linienrichter befragen dürfen. Denn die Regeln sagten klar: Entscheidungen über Geschehnisse im Strafraum trifft allein der Schiedsrichter. Zudem: Dienst war besser zum Ball gestanden als Tofik Bachramov, der Mann an der Linie, zu Hause in Baku aus der UdSSR, ausgerechnet einer aus der Sowjetunion. In Zeiten des Kalten Krieges schossen die bösen Verdächtigungen schnell ins Kraut.

Was zwischen Schieds- und Linienrichter in diesen Sekunden geredet wurde, ist nie zweifelsfrei geklärt worden. Dienst sagte später, Bachramov habe ihm bedeutet, dass „es ein Tor war". Der Russe soll „goal" gesagt haben. Dies bestritt er aber immer. Bachramov, der Mann mit dem dichten Schnauzbart, gab vor seinem Tode noch ein Interview. Zitat: „Ich habe nicht gesehen, ob der Ball hinter der Linie war. Aber weil der Engländer Hurst die Arme hochriss und der deutsche Torwart Tilkowski untröstlich am Boden lag, muss es wohl ein Tor gewesen sein." Das war zwar eine unstatthafte Beweisumkehrung, aber sie hatte als Tatsachenentscheidung ihre unumkehrbare Endgültigkeit.

So stand es 3:2 für die Engländer, dem Geoff Hurst, bei der WM von Trainer Ramsey für den auch von ihm geschätzten Publikumsliebling Jimmy Greaves ins Team eingebaut, noch mit seinem dritten Treffer das 4:2 folgen ließ. Dieses war mit Sicherheit ein irreguläres Tor. Denn längst befanden sich in jener 119. Minute nach einem deutlich hörbaren Pfiff (wahrscheinlich von den Zuschauerrängen) Fans auf dem Spielfeld, die deutschen Spieler waren für Sekundenbruchteile irritiert und hatten für einen Moment zu spielen aufgehört. Hurst nutzte die Verwirrung, lief allein aufs deutsche Tor zu und ließ Tilkowski mit einem Schuss in den linken Torwinkel keine Chance. Das war das Ende des Spiels, das nicht einmal mehr angepfiffen wurde.

Was bleibt von diesem Finale? Tolle, unvergessene Erinnerungen an eine stolze Niederlage. Das überraschende 1:0 von Helmut Haller, der die Engländer bei diesem Turnier erstmals in Rückstand brachte. Das Zaudern von Tilkowski bei Hursts 1:1, der Schreck, als Höttges patzte und Peters England in Führung schoss, und die unsagbare Erlösung, als Wolfgang Weber praktisch in der Schlusssekunde das 2:2 glückte und Deutschland wenigstens die Verlängerung, die zweite eines Finales seit 1934, erreicht hatte. Und die Hochachtung vor den Verlierern, die gleichermaßen zweifelhafte wie schmerzliche Entscheidung anständig und nobel weggesteckt haben. Hut ab vor Hans Tilkowski, Horst-Dieter Höttges, Willi Schulz, Wolfgang Weber, Karlheinz Schnellinger, Helmut Haller, Franz Beckenbauer, Wolfgang Overath, Uwe Seeler, Siegfried Held und Lothar Emmerich. Und auch vor Helmut Schön, dem Chef dieses vorbildlichen Ensembles.

Wie sagt Rudi Michel auf seiner CD: „Noch nie wurde in Deutschland ein Verlierer so gefeiert wie diese Elf." Dem ist nichts hinzuzufügen. Oder vielleicht doch noch eine gelungene Schlagzeile aus der „BILD"-Zeitung: „Wir haben 2:2 verloren."

Siegfried Held, der Dortmunder Borusse, im WM-Finale gegen Englands baumlangen Stopper Jack Charlton.

ANDERE DATEN

1966
- Borussia Dortmund gewinnt als erstes deutsches Vereinsteam einen Europapokal. Bei den Pokalsiegern schlagen die Borussen den FC Liverpool 2:1 nach Verlängerung.
- Deutscher Meister wird 1860 München, Pokalsieger Bayern München (4:2 gegen Duisburg).
- Mönchengladbach steigt in die Bundesliga auf.
- DDR-Meister: FC Vorwärts Berlin. DDR-Pokalsieger: BSG Chemie Leipzig.

1967
- Bayern München wird Europa-Cupsieger der Pokalsieger. Im Finale siegen die Münchner in Nürnberg mit 1:0 gegen die Glasgow Rangers.
- Bayern München wird Pokalsieger, Eintracht Braunschweig sensationell Meister.
- DDR-Meister: FC Karl-Marx-Stadt. DDR-Pokalsieger: BSG Motor Zwickau.

1968
- Der HSV verliert das Finale bei den europäischen Pokalsiegern gegen den AC Florenz in Rotterdam mit 0:2.
- Ungarn gewinnt bei den Olympischen Spielen in Mexiko (wie auch schon 1964 in Tokio) Gold. Sieg durch ein 4:1 im Finale über Bulgarien.
- Deutschland scheitert in der EM-Qualifikation an Albanien durch ein torloses 0:0. Im eigenen Land wird Italien Europameister.
- Der 1. FC Nürnberg wird mit Trainer Max Merkel Meister, der 1. FC Köln (4:1 über den VfL Bochum) Pokalsieger.
- DDR-Meister: FC Carl-Zeiss Jena. DDR-Pokalsieger: 1. FC Union Berlin.

1969
- Bayern München schafft das Double: Meisterschaft und Pokalsieg (2:1 gegen Schalke).
- Novum im deutschen Fußball: Mit dem 1. FC Nürnberg steigt der amtierende Deutsche Meister ab.
- DDR-Meister: FC Vorwärts Berlin. DDR-Pokalsieger: 1. FC Magdeburg.

ZEITTHEMEN

Als Mao den Fluss und Gunther Sachs die „BB" bezwang

1966: Während der WM-Tage gibt es in den von Studentenunruhen und „Beatles-Mania" geprägten „wilden" 60er Jahren nur noch drei Ereignisse, die bei Jugend und Establishment für Aufregung sorgen. 15.7.: In Arizona stürzt der 60. Starfighter der Bundeswehr ab. Die Bilanz der getöteten Piloten steht nun bei 34. - Am gleichen Tag gelingt Gunther Sachs, wovon die meisten Männer träumen: Die Ehe mit Schauspielerin und Sex-Symbol Brigitte Bardot. „Möge die Zukunft der beiden auf Rosen und nicht nur Kugellager gebettet sein", wünscht die „Schwäbische Zeitung" dem Industrie-Erben (Sachs-Werke) und „Spielbuben". Die Ehe hält natürlich nicht. - 26.7.: Der angeblich kranke oberste Mann Chinas erfreut sich bester Gesundheit: Parteichef Mao Tse Tung (72) schwimmt mit 5000 Genossen eine Stunde lang den Jangtsekiang hinunter. - 1.8.: Nachdem Nordvietnams Führer Ho Tschi Minh angekündigt hat, „bis zum Sieg" zu kämpfen, bombardieren die USA die entmilitarisierte Zone zwischen Nord- und Südvietnam - einer der letzten (untauglichen) Versuche, die Machtübernahme der vorrückenden Kommunisten zu verhindern. - ... und sonst: Am 10. März heiratet die niederländische Kronprinzessin Beatrix den deutschen Diplomaten Claus von Amberg, was an der deutsch-holländischen Fußball-„Feindschaft" in Zukunft auch nichts ändert - Im Oktober zerbricht die von Ludwig Erhard geführte CDU/FDP-Koalition, ab 1. Dezember regieren Kanzler Kurt-Georg Kiesinger (CDU) und Vizekanzler Willy Brandt (SPD). - Der Vater von Donald und Mickey ist tot: Walt Disney stirbt in Alter von 65 Jahren (15.12.). Seine Filme erhielten 39 (!) Oscars.

1967: Altbundeskanzler Konrad Adenauer stirbt im Alter von 91 Jahren in Rhöndorf bei Bonn (19.4.). - Professor Christian Barnard gelingt in Südafrika die erste Herzverpflanzung der Welt. Patient Louis Washkansky stirbt allerdings 18 Tage später an einer Lungenentzündung (5.12.). - Israel gewinnt den „Sechs-Tage-Krieg" gegen seine arabischen Nachbarn (5.-11. 6.). - Der Revolutionär Che Guevara wird im bolivianischen Dschungel von zwei Offizieren erschossen (9.10.).

1968: Mord an Bürgerrechtler und Nobelpreisträger Martin Luther King in den USA (4.4.) - Nach US-Präsident John F. Kennedy (1963) wird auch Senator Robert Kennedy, dessen Bruder, von einem Attentäter ermordet (6.6.). - Panzer des Warschauer Paktes ersticken den „Prager Frühling" genannten Demokratieversuch in der CSSR (21.8.) mit Gewalt. - Der Vietnamkrieg führt weltweit zu Unruhen; Studentenproteste in Deutschland und Mordversuch an Rudi Dutschke (Ostern). - Heintje trällert sein berühmtes „Mama" und in (West-)Deutschland gibt es immer noch mehr offene Stellen als Arbeitslose. Traumhafte Zeiten...

1969: Neil Armstrong heißt der erste Mensch auf dem Mond. Die „BILD"-Zeitung titelt: „Der Mond ist jetzt ein Ami" (21.7.). - Erster SPD-Kanzler nach 20 Jahren CDU-Herrschaft wird Willy Brandt, der eine SPD/FDP-Regierung anführt (21.10.). - Die USA beginnen mit dem Abzug ihrer Truppen aus Vietnam (Oktober). - Und in Brasilien gelingt Pelé sein 1000. Tor, alle TV- und Rundfunkstationen unterbrechen ihr Programm, die Kirchenglocken im ganzen Land leuten.

Ein Bild, das um die Welt ging: Uwe Seeler mit hängendem Kopf nach dem verlorenen WM-Finale.

Als Fußballarbeiter zum Idol der Massen

In vier WM-Turnieren blieb Uwe Seeler ohne Titel und war doch nie ein Verlierer

Als der deutsche Kapitän vor 500 geladenen Gästen zum Tisch des FIFA-Präsidenten Sir Stanley Rous gebeten wurde, um die Erinnerungsgeschenke für sich und seine Kameraden in Empfang zu nehmen, stimmten die englischen Spieler am Nebentisch den Sprechchor an, den während der WM-Tage im Mutterland des Fußballs die deutschen Fans so oft und inbrünstig skandiert hatten: „U-we, U-we, U-we." Eine Geste der Hochachtung für die deutschen Verlierer, aber auch für ihren vornehmsten und tapfersten Vertreter. Der Hamburger hatte nach dem Finale mit keiner Silbe wegen des so zweifelhaften dritten Tores gehadert: „Es ist nicht zu ändern, freuen wir uns, dass wir so weit gekommen sind."

Typisch Seeler. Dass er der Anlass war, an dem sich die Geister schieden, gab es nicht und gibt es nicht. Und nie war er Objekt für Frust oder gar Zorn. Wenn ein Uwe Seeler das Tor oder den Ball traf, war es stets so, dass „wir" nicht getroffen hatten. Wir, das ist in diesem Fall ganz Fußball-Deutschland. Vermutlich kann der Deutschen unendliche Fußball-Liebe, geboren am 5. November 1936 als Sohn eines Hamburger Schutenführers, also „nicht viel verkehrt gemacht haben auf dem Rasen und außerhalb", wie er selbst sagt.

Dabei entspricht er keinerlei Klischees, die sonst einen Sportler zum Objekt der Begierde machen. Keine Schönheit, die Beine seit jeher krumm, die Gestalt gedrungen, das Haar licht, die lachenden Augen im rosig-runden Gesicht zu Schlitzen gezogen. Kein eleganter Jongleur und Spielgestalter, aber ein emsiger Rackerer, der stets als Erster zum Mittelkreis marschierte, wenn der Gegner getroffen hatte. Weil, was immer er tut, er es auch zum guten Ende bringen muss. So einer ist er.

Natürlich ist er da trotz des verlorenen Wembley-Finales noch ein großer Sieger geworden. Für Deutschland und für den HSV, seine große und einzige Liebe - neben Ehefrau Ilka und den drei erwachsenen Töchtern Kerstin, Helle und Frauke sowie dem halben Dutzend Enkelkindern. Deutscher Meister (1960) und Pokalsieger (1963) war er, der erste Torschützenkönig der neu gegründeten Bundesliga (1964: 30 Treffer), und der erste deutsche Sportler überhaupt, der das Große Verdienstkreuz am Bande erhielt. Er war dreimal Fußballer des Jahres (1960/1964/1970), er hat in 72 Länderspielen (40 als Kapitän) immerhin 43 Tore geschossen, über 1000 waren es in gut 1300 Spielen insgesamt, und er ist Ehrenspielführer der Nationalelf. Aber er ist nie Weltmeister geworden, obwohl er an vier WM-Turnieren (1958-70) teilnahm. Das trostlose Bild von Wembley, das ihn mit hängenden Schultern und gesenktem Kopf beim Angang nach dem Finale zeigt, gab ihm das sympathische Image des traurigen Verlierers. Doch er war nie einer.

Dass durch moderne Fernsehtechnik längst bewiesen wurde, dass der Ball von Geoff Hurst im 66er Finale keineswegs mit vollem Durchmesser hinter der Linie war, beeindruckt ihn auch heute noch nicht. „Für die Engländer war er im Tor, für uns Deutsche nicht", pflegt er zu sagen. Hat er als Sportsmann etwa das Recht, gegen das Schicksal zu klagen? „Wat mut, das mut", pflegen sie dort zu sagen, wo er zu Hause ist. Und was nicht ist, ist eben nicht.

So hat er es zeitlebens gehalten. Zwar gemeckert und gerackert, bald waagrecht in der Luft liegend, bald mit beiden Beinen im Morast versinkend, um irgendein Spiel noch umzubiegen, aber hinterher konnte er so zufrieden sein, egal wie's ausging. Immer getan, was zu tun war. So wie Vater Erwin Seeler auf seinem Lastkahn im Hamburger Hafen. Nur war Uwe eben - wie auch sein 1979 verstorbener Bruder Dieter - Fußball-Arbeiter beim Hamburger SV. Betonung auf Arbeiter. Er streichelte den Ball nie. Er wuchtete, köpfte und trat ihn. Muss so einer perfekt sein? Einer, für den das „Schönste auf der Welt ist, normal zu sein"?

DER SUPER-STAR

Uwe Seeler engagierte sich immer, nun auch für die, die nicht auf der Sonnenseite des Lebens stehen.

Normal blieb er auch, als in den 60er Jahren die Besten im Lande dem Lockruf des Geldes ins Ausland folgten. 900 000 Mark für zwei Jahre hätte ihm Inter Mailand gezahlt und nochmal so viel an den HSV. Ein irres Vermögen in jener Zeit. Aber „Uns Uwe" blieb. Weil so viele, selbst der Hamburger Uni-Rektor, ihn darum baten, und weil er das Risiko scheute. „Ich bin kein windiger Typ. Bei Intrigen wäre ich doch gescheitert", sagte er damals. Worte, die er noch Mitte der 90er bei seinem Kurz-Gastspiel als HSV-Präsident bestätigt fand.

Das HSV-Idol brauchte die Entscheidung für den heimatlichen Herd aber nie bereuen. Die Bundesliga nährte den gelernten Speditionskaufmann zur Genüge, und später tat es das Engagement beim Sportschuh-Hersteller adidas in Herzogenaurach. Weil er „auf der Sonnenseite des Lebens gelandet" sei, fühlt sich der Volksheld inzwischen längst auch jenen verpflichtet, die im Schatten stehen. Die Deutsche Muskelschwund-Hilfe, sein Engagement im Jugendstrafvollzug und die Unterstützung bedürftiger Menschen liegen ihm am Herzen. Und Solidarität ist für ihn weit mehr als nur eine Vokabel.

So wie 1958, als er bei seiner ersten WM zusammen mit Bundestrainer Sepp Herberger den damals bereits 37-jährigen Fritz Walter überzeugen half, doch nochmals mitzutun. „Wie soll das gehen? Ich bin doch ein alter Mann", hatte der „Alte Fritz" den „Chef" Herberger gefragt. Die Antwort kam vom jungen Seeler, und sie kam prompt: „Ganz einfach, lieber Fritz. Wir rennen für dich mit." Daran, hat Uwe Seeler einmal gesagt, fehle es heutzutage doch leider zu oft.

ANDERE STARS

Lew Jaschin
(22.10.1929/20.3.1990) war der beste Torwart der Sowjetunion. Der „schwarze Panther" spielte bei Dynamo Moskau nicht nur Fußball, sondern auch Eishockey. Jaschin, 1966 WM-Vierter, hielt in seiner Karriere rund 150 Elfmeter und wurde als erster Torhüter überhaupt 1963 Europas Fußballer des Jahres. 1956 Goldmedaillen-Gewinner in Melbourne, 1960 Europameister mit der UdSSR. 1985 musste er sich einer Amputation des Unterschenkels unterziehen.

Eusébio
(25.1.1942) wurde in Mosambique geboren und war einer der Sterne der WM 1966. Mit neun Treffern führte er als Torschützenkönig Portugal auf einen sensationellen dritten Platz. Ihm gelangen beim 5:3-Sieg der Portugiesen gegen Nordkorea vier Treffer. Eusébio Ferreira da Silva wurde 1965 zum Fußballer des Jahres in Europa gekürt. Er war der große Strippenzieher bei Benfica Lissabon, mit dessen Mannschaft er 1962 den Europapokal der Landesmeister gegen Real Madrid gewann.

Geoffrey Hurst
(8.12.1941) war eigentlich in den Planungen von Englands Trainer Alf Ramsey nur Ersatzmann. Jimmy Greaves war Ramseys Lieblingsstürmer und Publikumsliebling der englischen Fans. Doch es kam ganz anders. Hurst kam wegen Verletzung seines Kollegen ins Team und machte sich unentbehrlich. Er schoss im Finale 1966 drei Treffer, darunter das berühmte „Wembley-Tor". Machte 49 Länderspiele und 24 Tore.

NAMEN & NACHRICHTEN

Zahlenspiele
Zahlen lügen nicht - das sagt man jedenfalls. Doch nicht immer stimmt diese Binsenweisheit. Der Tordurchschnitt bei der WM 1962, spielerisch von den Experten als eines der schwächsten Turniere eingestuft, betrug exakt 2,78 Tore. Nachdem in England addiert und die Anzahl der Tore durch die Spiele dividiert worden war, stellte sich heraus, dass England pro Spiel nur 2,75 Tore gesehen hatte. Dennoch: Die meisten Spiele waren ansprechend, abgesehen von den gnadenlos einsteigenden Teams aus Uruguay und Argentinien stand die spielerische Note im Vordergrund. Der Weg hin zum Fußballer, der fast alle Positionen bekleiden kann, war beschritten.

Banks of England
Die Bank von England ist berühmt für ihre sprichwörtliche Sicherheit. Daraus wurde auch der Spitzname des fast unschlagbaren englischen Nationaltorhüters Gordon Banks abgeleitet. Man nannte ihn „Banks of England".

Die Queen, der Endspielball und ein Schlitzohr mit der Nummer acht. Helmut Haller hatte sich im Durcheinander nach dem Schlusspfiff im Finale den Ball geschnappt und erst viele Jahre später wieder rausgerückt.

Gealterte Stars
Bei Brasilien war Trainer Feola wieder zurückgekehrt. Und mit ihm viele ältere Spieler. Brasiliens Mannschaft um Superstar Pelé war überaltert. Aber sie fühlte sich so stark, dass sie sich nur unzureichend vorbereitete. Als Pelé dann auch noch gleich im ersten Match verletzt wurde, im zweiten fehlte und angeschlagen das dritte Spiel beendete, war bereits in der Vorrunde Endstation für den Weltmeister von 1958 und 1962. 13 WM-Spiele oder 12 Jahre hintereinander hatten die Brasilianer nicht mehr verloren - dabei elf Siege gefeiert und zwei Mal Unentschieden gespielt. Dann, im zweiten Spiel der WM-Vorrunde, erwischte es sie wieder einmal - 1:3 gegen Ungarn. Gegen Ungarn hatten sie letztmals zuvor ebenfalls verloren - bei der WM 1954 in der Schweiz (2:4).

Sensationelle Koreaner
Weil die FIFA-Organisatoren Asien und Afrika nur zusammen einen Startplatz zugestehen wollten, boykottierten alle afrikanischen Staaten (Südafrika wurde wegen seiner Rassenpolitik von der FIFA ausgeschlossen) und bis auf Nordkorea alle asiatischen Staaten die WM. So qualifizierte sich Nordkorea in zwei Ausscheidungsspielen gegen Australien. Die Soldatentruppe des Armeeoberts Myang Re Hyung war monatelang kaserniert. In England sorgte das Team dann für eine der größten WM-Sensationen überhaupt: Sie schlug durch ein Tor von Pak Doo It Italien mit 1:0. Gegen Portugal führten die Nordkoreaner nach 22 Minuten schon mit 3:0, verloren dann aber doch noch 3:5. Eusébio erzielte in diesem Spiel vier Tore.

Abgerissen
In London fanden während der WM 1966 WM-Spiele in zwei Stadien statt - im „White-City", dem früheren Olympiastadion, sowie in „Wembley", dem nationalen Fußballtempel. Beide Stadien sind inzwischen abgerissen. Deutschland gewann beim letzten Spiel in Wembley im Oktober 2000 mit 1:0 in der WM-Qualifikation für das Jahr 2002.

Ausländer-Boykott
Italien war in der Vorrunde ausgeschieden, die Bilanz des Doppel-Weltmeisters 1934/38 nach dem Zweiten Weltkrieg katastrophal. Obwohl die Klubmannschaften mir ihren teuren ausländischen Stars in Europa eine übergeordnete Rolle spielten, hatte sich die „Squadra Azzurra" für 1958 nicht qualifizieren können und hatte bei den WM's 1950/54/62 und 1966 die Vorrunde nicht überstanden. Deshalb wurden für mehr als ein Dutzend Jahre die Grenzen für ausländische Fußball-Profis geschlossen. Man wollte der eigenen Jugend eine Chance geben. 1970 kam Italien ins Endspiel, 1982 wurde zum dritten Mal der Titel gewonnen.

Auf dem Gipfel
Englands Fußball-Nationalelf hatte 1966 erst- und letztmals den Gipfel des Weltfußballs erklommen. Dann folgte ein Abstieg. 1970, noch als Weltmeister automatisch qualifiziert und im Viertelfinale gegen Deutschland gescheitert, folgten weitere Enttäuschungen. Für die Titelkämpfe 1974, 1978 und 1994 qualifizierten sich die Engländer nicht mehr. Bestes Ergebnis seit 1966: Platz vier bei der WM 1990 in Italien. Vorher waren die Engländer wie 1970 an den Deutschen gescheitert, in Turin im Elfmeterschießen um den Einzug ins Finale.

Funktionärslogik
Auf der Anzeigetafel des Endspiels leuchtete England - W. Germany auf. Die korrekte Bezeichnung für die Auswahl des DFB hätte Germany ohne W und Punkt sein müssen. Ein von einem Journalisten auf den faux pas hingewiesener DFB-Funktionär mit der ihm eigenen Logik: „Das ist mir egal. Noch lieber wäre mir, wenn auf der Tafel Deutscher Fußball-Bund stehen würde."

Reporterschreck
Die Live-Übertragung des Finales ging ihrem Ende entgegen, die Engländer feierten auf Rasen und Rängen. „Ich lasse Sie nun mit den Bildern allein", hatte sich Reporter Rudi Michel von zig-Millionen deutscher Fernsehzuschauer verabschiedet. Und beobachtete die deutschen Spieler, die auch als Verlierer von den Engländern stürmisch gefeiert wurden und eine Ehrenrunde drehten. Mit der Leistung eines Spielers war Rudi Michel aber ganz und gar nicht zufrieden gewesen. Und als er auch noch den Fans zujubeln sah, sagte er sinngemäß mehr zu sich selbst, dass dieser „Arsch" dazu wirklich keinen Grund hätte. Robert Lembke vom Bayerischen Rundfunk („Heiteres Beruferaten"), der Regisseur der Sendung, schaltete sich prompt auf den Kopfhörer Michels: „Mensch Rudi, das ist alles über den Sender gegangen, das hast Du nun von solch einer Bemerkung." Michel war „zu Tode erschrocken", welch' eine verbale Entgleisung. Unentschuldbar. Was für eine Blamage. Verzweifelt rief er noch aus dem Stadion viele Bekannte in Deutschland an, befragte sie nach diesem Satz. Doch keiner hatte ihn gehört. Und irgendwann dämmerte ihm, dass das Mikrophon tatsächlich abgeschaltet gewesen war und er lediglich einem Scherz Lembkes aufgesessen war.

HÄTTEN SIE'S GEWUSST?

Spieler, die mindestens Doppelweltmeister waren

Pelé (Brasilien)	1958/62/70
Giovanni Ferrari (Italien)	1934/38
Guiseppe Meazza (Italien)	1934/38
Didi (Brasilien)	1958/62
Garrincha (Brasilien)	1958/62
Gilmar (Brasilien)	1958/62
Djalma Santos (Brasilien)	1958/62
Nilton Santos (Brasilien)	1958/62
Vava (Brasilien)	1958/62
Mario Zagalo (Brasilien)	1958/62
Zito (Brasilien)	1958/62
Passarella (Argentinien)	1978/86

Szenen einer WM: Uwe Seeler mit Fallrückzieher, das „dritte Tor" und die Sekunde, als Linienrichter Bachramov für England entschied. Links: Der Abgang des deutschen Schiedsrichters Kreitlein nach dem Spiel England - Argentinien. Er benötigte die Hilfe der Polizei.

Mensch „Emma", was war das für ein Rohr

Nur fünf Länderspiele - aber ein Tor hat Lothar Emmerich berühmt gemacht

„Emmerich war mit dem Ball in einen solch spitzen Winkel links vom Tor geraten, dass niemand im Stadion mehr ernsthaft mit einem Schuss rechnete. Aber Emmerich zeigte, dass er nicht von ungefähr Schützenkönig der Bundesliga und des Europapokals 1965/66 war. Sein wuchtiger Schuss zischte zwischen Torpfosten und Torwart Iribar hindurch und schlug in der entfernten Ecke ein. 45 000 Zuschauer waren ebenso wie die spanischen Spieler wie vom Blitz gerührt".

DAS WM-GESICHT

Das unmögliche, dieses unglaubliche Tor des Lothar Emmerich im dritten Gruppenspiel der deutschen Mannschaft zum Zwischenstand von 1:1 wurde in den Medien noch weit euphorischer beschrieben als im oben zitierten WM-Buch des Deutschen Fußball-Bundes. Von Sputniks, Schrapnells, Raketen und Raketenabwehrraketen war die Rede. Wie konnte ein Ball, der parallel zu Grundlinie und Latte flog, sich mit solcher Wucht ins Tordreieck bohren? Der Reporter des „Daily Telegraph" schrieb: „Die Macht des Schusses war erschreckend. Ich weiß nicht, ob der Villa-Park nun je wieder der alte sein wird."
Die Länderspiel-Karriere des Lothar Emmerich endete schon nach fünf Einsätzen, aber ein Tor, ein unvergessliches, hat ihn berühmt gemacht für die Fußball-Ewigkeit. Der Mann, den sie „Emma" nennen, der immerhin in 183 Bundesligaspielen für Borussia Dortmund (1960-69) auf 115 Einschüsse kam, muss immer noch erzählen, „wie das damals war" mit seiner berühmten „linken Klebe". Der Ball sei halt „so schön vor mir gehüpft, da dachte ich: Jetzt druff", erzählt „Emma" dann. Und auch noch von seinem Freudenausbruch in der Kabine, als er immer wieder das Trikot an die Wand feuerte und rief: „Menschenskind, der Torwart. Ich seh' immer noch den Torwart!" Und als er nach über einer Stunde den Aston-Villa-Park verließ, stimmte die Menschenmenge ein Freudengeheul an. So war das an jenem 20. Juli 1966, nach dem 2:1-Sieg gegen Spanien und dem Erreichen des Viertelfinales.
Nach der Sternstunde ist es nicht mehr höher gegangen für „Emma". Es gibt sogar Kritiker, die sagen, mit einem technisch versierteren Spieler hätte Deutschland das Finale gegen England vielleicht doch gewonnen. Emmerich selbst gibt zu, dass er und Sigi Held, mit dem er als geniales Sturm-Duo Dortmunds Erfolge der 60er Jahre (Europapokalsieg 1966, DFB-Pokalsieger 1965) erringen half, „nicht so spielen konnten wie im Verein. Wir sind nur hinter den englischen Außenverteidigern hergelaufen. Aber auswechseln gab's ja damals noch nicht".
Mit dem Händedruck der Queen endete sein letztes Spiel für Deutschland. Mit 24 Lenzen. Im Jahr drauf ist er nach 1966 (31 Treffer) nochmal Torschützenkönig der Bundesliga (28 Tore) geworden. Den Titel sicherte er sich 1970 auch noch in Belgien beim AC Beerschoot (29 Tore) und mit der Routine von 36 Jahren beim Zweitligisten FC Schweinfurt 05 (24 Tore).
Zu Beginn der 90er hat er sich dann - geschieden, zwei erwachsene Kinder - in Idar-Oberstein niedergelassen, ist als Trainer mit dem SC zweimal hintereinander bis in die Oberliga aufgestiegen und betreut seither mal diesen, mal jenen Bezirksligisten. Seit November 1992 arbeitet er als „Gutachter im Rohrwesen", überwacht mit Kamera, Video und Computer die Risse und Schäden im unterirdischen Rohrwerk. Und wenn er auf eine Baustelle kommt, und dort ist einer so Ende 40, ist klar, was kommt: „Mensch Emma, was war das für ein Rohr!" Dann erzählt Lothar Emmerich aber nicht von Röhren.

Lothar Emmerich (rechts) - nur fünf Länderspiele machte der Dortmunder, aber er schoss ein Tor für die Ewigkeit.

ANDERE GESICHTER

Gordon Banks
(30.12.1937) stand in Englands Weltmeister-Team 1966. Er gehörte der Fraktion der sachlichen Torhüter an, galt als extrem nervenstark. In Anlehnung an den Spruch von der Sicherheit der „Bank von England" trug er den Spitznamen „Banks of England". War 1970 vor dem 2:3 gegen Deutschland krank geworden und deshalb nicht dabei.

Wolfgang Weber
(26.6.1944) schoss sich mit einem einzigen Schuss in die Herzen aller deutschen Fußballfans. Als das Finale 1966 gegen England schon verloren schien, grätschte er den Ball zum 2:2-Ausgleich über die Torlinie. Berühmt war Weber, 53facher Nationalspieler des 1. FC Köln, schon vorher. 1965 spielte er fast 90 Minuten trotz eines Wadenbeinbruchs im Europapokal gegen Liverpool weiter, Köln schied erst nach zweifelhaftem Losentscheid (Werfen einer Münze) aus, und alle hatten mit Weber Mitleid.

Helmut Haller
(21.7.1939) wuchs in Augsburg auf und spielte später für den FC Bologna und Juventus Turin. Der Mittelfeldspieler hatte eine blendende Technik und absolvierte 33 Länderspiele zwischen 1958 und 1970, erzielte dabei 13 Tore. Eines seiner wichtigsten war das 1:0 im Endspiel 1966 gegen England. „El Biondo", der Blonde, reifte von 1962 an zum Superstar in Italien, feierte drei Meisterschaften und war das Herzstück des Mittelfelds der Nationalelf bei der WM 1966. Machte 1970 bei der WM in Mexiko sein letztes Spiel in der Nationalmannschaft.

Von der Queen geadelt vom Verband vergessen

Sir Alf Ramsey holte den bisher einzigen WM-Titel ins Mutterland des Fußballs

DER WM-TRAINER

Kaum zu glauben: Alfred Ernest (Alf) Ramsey ist der Trainer, der den einzigen WM-Titel nach England, ins Mutterland des Fußballs, holte. Allein das mag Grund genug gewesen sein, dass er nach dem Finalsieg gegen Deutschland von Königin Elisabeth II. in den Adelsstand gehoben wurde.

„Sir" Alf Ramsey also, der als Spieler 32 Mal für England antrat, war ein sturer und - vor allem für die Medien - verschlossener Kauz. Für seine Spieler indes war er ein „gütiger Diktator", wie es der SZ-Journalist Ludger Schulze einmal formulierte. Und Bobby Charlton, Englands wohl größter Fußballer und später gleichfalls geadelt, bezeichnete 1999 den damals im Alter von 79 Jahren Verstorbenen bei der Beisetzung als denjenigen, „der uns den stolzesten Moment gab, den wir im Fußball je hatten. Ohne ihn hätte England 1966 nie und nimmer gewonnen".

Was wohl stimmt, denn Ramsey war mehr als nur ein Trainer, der Kondition, Kampfgeist und Einsatz bis zum Äußersten forderte, der sich nie schlecht über seine Spieler äußerte - er veränderte auch nachhaltig den englischen Fußball. Er legte zwar Wert auf „harte Kerle", und so kamen Klopper wie Nobby Stiles - er nahm sich vor dem Spiel stets das Gebiss heraus, um er- und abschreckender zu wirken - zu höchsten Ehren, aber kein Trainer auf der Insel forderte und förderte das Spiel als Team so sehr wie Ramsey. Sein 4-3-3-System ohne Flügelspieler - stattdessen stürmen die Außenverteidiger - sieht man noch heute. Ramsey brachte Mittelfeldleute dazu, ihren Strafraum abzuschirmen, verlangte permanent Positionswechsel und Schüsse aus zweiter Reihe.

Der Sohn eines Heu- und Strohhändlers lebte in einfachen Verhältnissen, wäre gern Lebensmittelhändler geworden, aber dann bekam der Amateurkicker mit 23 Jahren doch noch einen Profivertrag beim Zweitligisten FC Southampton (1943-49). Er wechselte zu Tottenham Hotspur (1949-55) und war der erste Nationalverteidiger, der sich konstruktiv und stilistisch gekonnt am Aufbauspiel beteiligte. Aber es fehlte ihm die Schnelligkeit, und so hasste er nichts mehr als quirlige Außenstürmer. Die Wurzeln seiner späteren Arbeit als Trainer von Ipswich Town (1955-63) und mit der Nationalelf (1963-74) rühren wohl daher.

Nach dem Triumph von 1966 war Ramsey zunächst unangreifbar. Dass England bei der EM 1968 im Halbfinale an Jugoslawien scheiterte, nahm ihm keiner krumm. Doch als die Nationalelf bei der WM in Mexiko 1970 nach vollmundiger Ankündigung des Trainers, erneut den Titel zu holen, im Viertelfinale ausgerechnet gegen die Deutschen (2:3 n.V.) aus dem Turnier flog, nahm ihm Fußball-England das übel.

Ramsey hatte nach einer 2:0-Führung Bobby Charlton zur Schonung fürs Halbfinale ausgewechselt und sich damit verspekuliert! Und weil er ohnehin zu lange an der 66er Elf festhielt und die Qualifikation zur WM 1974 versiebt wurde, ereilte ihn im Mai 1974 das bekannte Trainer-Schicksal - er wurde entlassen. Mit Funktionären wollte und konnte er nie, und so kam es, dass im Sommer 1996, als während der EM in England das 30-jährige WM-Jubiläum gefeiert wurde, der Vater des Erfolges nicht eingeladen war. Versuche der Wiedergutmachung scheiterten. „Er will seine Ruhe, damit er Golf spielen kann", sagte Ehefrau Vicky. Und nachdem er im Juni 1998 schon einen Schlaganfall erlitten hatte, starb Alf Ramsey „fast vergessen", wie die „Neue Zürcher Zeitung" schrieb, am 28. April 1999 in einem Pflegeheim in Ipswich.

Wäre lieber Lebensmittelhändler geworden, aber als Trainer bescherte er England den WM-Titel: Alf Ramsey (links).

ANDERE TRAINER

Lajos Baroti
(geb. 19.8.1914). Gleich vier Mal betreute Baroti als Trainer Ungarn bei Weltmeisterschaften. Der zweifache Nationalspieler war zwischen 1957 bis 1978 mit Unterbrechungen für die Nationalmannschaft verantwortlich, coachte die Mayaren dabei in 117 Spielen. Doch weder 1958 (Vorrunde), noch 1962 und 1966 (jeweils Viertelfinale) war er sonderlich erfolgreich. 1978 gab es unter Baroti drei Vorrunden-Niederlagen. Auch als Vereinstrainer in Ungarn bewies er seine Qualitäten, u.a. zwei Mal Landesmeister.

Juan Carlos Lorenzo
(22.10.1922/14.11.2001) zählte zu den profiliertesten Trainern Lateinamerikas. Nach einer Spielerkarriere in Argentinien und Europa trainierte „El Toto" zahlreiche Vereine in Südamerika, Mexiko und Europa (u.a. Lazio Rom, 1974 mit Atletico Madrid im Meistercupfinale gegen Bayern München). Betreute zweimal den WM-Mitfavoriten Argentinien, schied jedoch 1962 bereits in der Vorrunde und 1966 im Viertelfinale aus.

Dr. Alfredo Foni
(20.1.1911/28.1.1985). Als Spieler war Foni in den 30er Jahren einer der berühmtesten Verteidiger der Welt (Olympiasieger 1936 und Weltmeister 1938 mit Italien, Berufung in die Kontinentauswahl). 1964 wurde er überraschend zum Nachfolger von Karl Rappan bestellt und führte die Schweiz zur WM 1966 (die letzte WM-Teilnahme für fast 30 Jahre). 1967 wurde er, der auch ein erfolgreicher Vereinstrainer in Italien war, abgelöst. Meister mit Inter Mailand 1953 und 1954.

Anfang bis Mitte der sechziger Jahre war der deutsche Fußball international höchstens gehobene Mittelklasse. 1965, 1966 ging die Entwicklung wieder steil bergauf – siehe den Europapokalsieg von Borussia Dortmund als ein Beispiel - und sie ist mit einem Namen verbunden: Franz Beckenbauer. Ich hatte mit ihm die ersten DFB-Lehrgänge besucht, und Dettmar Cramer, ein Trainer, den ich vom Sachverstand immer sehr geschätzt habe, schwärmte schon früh: Was ich hier habe, das kann man kaum glauben. In der Tat: Beckenbauer war das größte Talent, das Deutschland bis zum heutigen Tag hatte. Der Unterschied zu uns, die wir auch keine schlechten Fußballer waren, war einfach augenscheinlich: Während wir hart arbeiteten, ging ihm alles mit spielerischer Leichtigkeit vom Fuß. Er schien über der Sache zu schweben und es war kein Wunder, dass er schon mit 19 Jahren sein erstes Länderspiel machte. Er hatte aber auch tolle Mitspieler. Wolfgang Overath oder Helmut Haller im Mittelfeld, oder auch hinten die notwendigen Defensivkräfte wie Willi Schulz oder Wolfgang Weber. Die Mischung dieser Elf

DER EXPERTE
Mit Beckenbauer ging's steil bergauf

Günter Netzer: „Die Mischung stimmte"

stimmte, sie paarte die neuen spielerischen Elemente mit den gewohnten deutschen Tugenden und konnte auf viele Spielerpersönlichkeiten setzen. Schade, dass ich den Sprung in diese Mannschaft nicht geschafft habe. Im Februar 1966 spielte ich noch mit, als wir in Wembley knapp mit 0:1 verloren, dann war erst einmal in der Nationalelf für mich eine Pause angesagt.

Bei der WM in England war generell eine Fortentwicklung im Vergleich zu 1962 zu beobachten. Die Versuche, von der Defensive schnell auf die Offensive umzuschalten, klappten schon besser. Das Spiel war athletischer, schneller geworden, das Gros der Spieler war technisch besser ausgebildet. In Deutschland machte sich die Einführung der Bundesliga und damit des Vollprofitums positiv bemerkbar. Und die Welt des Fußballs wurde kleiner: Nordkorea schlug die großen Italiener, und Portugal, mit einem überragenden Eusébio, lag gegen eben diesen Italien-Bezwinger auch schon 0:3 hinten, siegte dann aber doch noch. Auffällig: Bis auf 1958 fanden sich die Brasilianer bei Turnieren in Europa nicht zurecht. Allerdings: In England wurde Pelé, von dessen Spiel und Ideen sie lebten, brutal aus dem Turnier getreten. Das war wahrlich kein Ruhmesblatt für den internationalen Fußball.

ANDERE FAKTEN

1966 – Endrunde in England (11.- 30.7.)

Gruppe 1
England – Uruguay	0:0
Frankreich – Mexiko	1:1
Uruguay – Frankreich	2:1
England – Mexiko	2:0
Uruguay – Mexiko	0:0
England – Frankreich	2:0

Endstand: 1. England (5:1 Punkte / 4:0 Tore), 2. Uruguay (4:2 / 2:1), 3. Mexiko (2:4 / 1:3), 4. Frankreich (1:5 / 2:5)

Gruppe 2
Deutschland – Schweiz	5:0

(Tore für Deutschland: 1:0 Held, 2:0 Haller, 3:0 Beckenbauer, 4:0 Beckenbauer, 5:0 Haller (FE)

Argentinien – Spanien	2:1
Spanien – Schweiz	2:1
Argentinien – Deutschland	0:0
Argentinien – Schweiz	2:0
Deutschland – Spanien	2:1

(Tore für Deutschland: 1:1 Emmerich, 2:1 Seeler)

Endstand: 1. Deutschland (5:1 Pkte / 7:1 Tore), 2. Argentinien (5:1 / 4:1), 3. Spanien (2:4 / 4:5), 4. Schweiz (0:6 / 1:9).

Gruppe 3
Brasilien – Bulgarien	2:0
Portugal – Ungarn	3:1
Ungarn – Brasilien	3:1
Portugal – Bulgarien	3:0
Portugal – Brasilien	3:1
Ungarn – Bulgarien	3:1

Endstand : 1. Portugal (6:6 Punkte / 9:2 Tore), 2. Ungarn (4:2 / 7:5), 3. Brasilien (2:4 / 4:6), 4. Bulgarien (0:6 / 1:8).

Gruppe 4
UdSSR – Nordkorea	3:0
Italien – Chile	2:0
Chile – Nordkorea	1:1
UdSSR – Italien	1:0
Nordkorea – Italien	1:0
UdSSR – Chile	2:1

Endstand: 1. UdSSR (6:0 Punkte / 6:1 Tore), 2. Nordkorea (3:3 / 2:4), 3. Italien (2:4 / 2:2), 4. Chile (1:5 / 2:5).

Viertelfinale
England – Argentinien	1:0
Deutschland – Uruguay	4:0

(Tore für Deutschland: 1:0 Held, 2:0 Beckenbauer, 3:0 Seeler, 4:0 Haller).

Portugal – Nordkorea	5:3
UdSSR – Ungarn	2:1

Halbfinale
Deutschland – UdSSR	2:1

(Tore für Deutschland: 1:0 Haller, 2:0 Beckenbauer)

England – Portugal	2:1

Spiel um Platz 3
Portugal – UdSSR	2:1

Das Team von England bei der Nationalhymne vor dem Finale 1966 und dem 4:2-Sieg über Deutschland.

DAS ZITAT

„Habt ihr gemerkt, dass England nur unter einer Labour-Regierung den World-Cup gewinnen kann?"

Harold Wilson, englischer Premierminister, der 1964 die zuvor 13 Jahre regierenden Konservativen abgelöst hatte.

Endspiel (30. Juli)
England – Deutschland n.V.	4:2

England: Banks, Cohen, Wilson, Stiles, J. Charlton, Moore, Ball, Hunt, B. Charlton, Hurst, Peters.
Deutschland: Tilkowski, Höttges, Schulz, Weber, Schnellinger, Haller, Beckenbauer, Overath, Seeler, Held, Emmerich.
Schiedsrichter: Dienst (Schweiz).
Zuschauer: 96 924 (London).
Tore: 0:1 Haller (12.), 1:1 Hurst (18.), 2:1 Peters (78.), 2:2 Weber (89.), 3:2 Hurst (102.), 4:2 Hurst (120.).

Torjäger des Tuniers
Eusébio (Portugal)	9
Helmut Haller (Deutschland)	5
Geoff Hurst (England)	4
Franz Beckenbauer (Deutschland)	4
Valeri Porkujan (Sowjetunion)	4
Ferenc Bene (Ungarn)	4

Geschossene Tore	89
Tordurchschnitt pro Spiel	2,78
Die meisten Tore	Portugal 17
Das schnellste Tor	Pak Seung-Zin
	(1. Minute Nordkorea – Portugal)
Elfmeter	6
	(alle verwandelt)
Platzverweise	5

Albrecht (Argentinien), Troche (Uruguay), Silva (Uruguay), Rattin (Argentinien), Chislenko (UdSSR).

„Sogar die Engländer feierten uns, als ob wir Weltmeister geworden wären"

Uwe Seeler über das Finale 1966, die falschen Pfiffe des Gottfried Dienst und das schlechte Gewissen der Briten

DER ZEITZEUGE

Vier Weltmeisterschaften habe ich gespielt – welche war die schönste? Die Antwort fällt mir wirklich nicht leicht. Jede hatte ihre Besonderheiten. 1958 in Schweden war ich noch ein ganz junger Bursche, alles war neu, faszinierend. 1962 eine weite, reizvolle Reise. Wann kamst du damals schon nach Südamerika, nach Chile? 1970 schließlich Mexiko mit dem Wahnsinnsspiel gegen Italien, dem so genannten Jahrhundertspiel, in dem uns ein Schiedsrichter namens Yamasaki wirklich nicht sonderlich zugetan war – um es einmal hanseatisch unterkühlt zu beschreiben. Mit Schiedsrichtern hatten wir in meiner Zeit bei den WM-Turnieren wirklich nicht all zu viel Glück. 1966 standen wir in der Verlängerung des WM-Finales, als – wie jedermann weiß – das so genannte „Wembley-Tor" durch Geoff Hurst fiel. Schon allein die Bezeichnung ist falsch. Warum ging dieser Schuss als „Wembley-Tor" in die Geschichte ein, wo es doch gar kein Tor war? Ich will die Diskussion nicht noch einmal führen, sie ist müßig, weil wir im Fußball Tatsachen-Entscheidungen akzeptieren müssen. Und das ist auch gut so. Also „Tor", also 2:3, also kein WM-Titel. Und doch ärgert es mich noch heute, dass Gottfried Dienst, der damalige Schiedsrichter, der im übrigen ein wirklich Guter war, so wenig Zivilcourage besaß. Er hatte spontan und richtig auf Eckball entschieden – und doch ließ er sich dann von den wild protestierenden Engländern umstimmen und von der Kulisse beeindrucken. Und so entschied ein Linienrichter namens Bachramov aus Russland, der viel schlechter postiert war. Das hinterlässt einen schalen Nachgeschmack. Dass schließlich sogar noch das 4:2 fiel und dieses Tor anerkannt wurde, war der zweite schwere Fehler von Dienst. Es befanden sich nämlich schon Fans auf dem Platz und wir hatten aufgehört zu laufen. Später, als ich Gottfried Dienst, den ich bis zu seinem Tod sehr geschätzt habe, einmal privat traf, habe ich ihm meine Meinung nett, aber deutlich gesagt, und ich hatte den Eindruck, dass er seine Fehler eingesehen hatte, dass sie ihm leid taten. Doch die Geschichte ist nicht mehr rückgängig zu machen. Und so hatten wir als Verlierer den heiligen Rasen von Wembley verlassen müssen.
Später hat man mir ein Foto gezeigt, auf dem ich mit hängendem Kopf, eingerahmt von zwei englischen Polizisten, den Platz verlasse. Weil auf diesem Foto neben Helmut Schön, unserem Trainer, im Hintergrund eine Musikkapelle zu sehen ist, hatte ich erst gedacht, dass dieser Schnappschuss vor dem Spiel oder in der Halbzeitpause entstanden sein müsse. Ich habe mich auch gewundert, warum ich da so unglücklich wirke. Doch inzwischen habe ich mich eines Besseren belehren lassen und weiß, dass dieses Bild nach dem Schlusspfiff entstanden ist. Eine Kapelle stand deshalb bereit, weil die Königin anwesend war und bei ihren Auftritten immer die Nationalhymne gespielt wurde.
Wir stiegen also die Treppe hoch, um von Königin Elisabeth die Medaillen für die Vize-Weltmeisterschaft zu erhalten. Was in diesen Sekunden in mir vorgegangen ist? Ich weiß es nicht mehr, ich war müde, abgekämpft und natürlich tief enttäuscht. Ich nahm die Medaille, und ich kann heute nicht sagen, ob mir die Queen außer der normalen Gratulationsformel etwas gesagt hat. Heute bin ich froh, dass jeder einzelne von uns die Fehlentscheidungen und die Niederlage wie ein Gentleman hingenommen hat. Proteste hätten ja ohnehin nichts genutzt. So hatten wir zwar nicht den Titel nach Deutschland geholt, aber wenigstens die Achtung der Engländer und aller Fußball-Fans an den Fernsehschirmen der ganzen Welt gewonnen. Wir merkten es sofort an der Stimmung im Stadion: Auf der Ehrenrunde feierten uns sogar die englischen Fans wie Weltmeister – vielleicht hatten sie ja auch ein schlechtes Gewissen.

Uwe Seeler: Dienst hat seine Fehler eingesehen und die Engländer hatten ein schlechtes Gewissen.

Uwe Seeler (5. November 1936). „Uns Uwe", ein deutsches Fußballidol, kennt heute noch jedes Kind. 16 Jahre - von 1954 bis 1970 - trug er das Nationaltrikot, schoss in 72 Einsätzen 43 Tore und ist neben Fritz Walter und Franz Beckenbauer einer der drei Ehrenspielführer der Nationalelf. Seeler blieb bodenständig und dem HSV erst als Spieler, später als Präsident treu. Lukrative Auslandsangebote schlug er aus und lebt heute als selbstständiger Kaufmann in Hamburg.

DER JOURNALIST
Flughafen Basel: Gottfried Dienst ließ sich feiern und ich war wütend vor Zorn

Der Frust saß tief, schließlich hatte Deutschland das WM-Finale 1966 verloren. Die Entscheidung fiel durch ein Tor, das keines war. Doch was nutzen alle Diskussionen. Der Schweizer Schiedsrichter Gottfried Dienst hatte das 3:2 gegeben, obwohl er - wie er später in seinen Memoiren enthüllte - nicht sicher war, ob der Ball wirklich hinter der Torlinie aufgesprungen war. Ganz Deutschland war sauer auf den Schiedsrichter aus dem Nachbarland. Manche vermuteten, dass der selbstherrliche Unparteiische seine Landsleute für die 0:5-Schmach rächen wollte, die Helmut Schöns Mannschaft der Schweiz im ersten WM-Spiel beigebracht hatte. Vor allem in dem an der Schweizer Grenze gelegenen südbadischen Lörrach waren die Fußball-Fans sauer. Dazu muss man wissen: Seit jeher herrschte zwischen der Bevölkerung in den Grenzgebieten ein gespanntes Verhältnis. Vor allem, wenn die „große Fußballnation" Deutschland die „kleine Schweiz" mal wieder geschlagen hatte. Da kam es schon mal vor, dass die Schweizer Grenzbeamten nach einem deutschen Länderspielsieg die per Auto zurückreisenden deutschen Fans schikanierten und eine Stunde lang die Grenze dicht machten. So geschehen auch am 26. Mai 1965, als Deutschland im Basler St. Jakob Stadion 1:0 gewonnen hatte. Einen Tag nach dem verlorenen WM-Finale machte ich als damals 15-jähriger Hobby-Sportreporter für das Oberbadische Volksblatt mit meinen Eltern einen Ausflug zum Flughafen Basel-Mühlhausen. Dort wunderten wir uns: Hunderte standen mit Fahnen und Kuhglocken auf dem Rollfeld vor einer gerade gelandeten Swissair-Maschine. Als sich die Türe öffnete und ein ganz in schwarz gekleideter Mann mit dem Weltpokal in beiden Händen erschien, brandete ein ohrenbetäubender Jubel auf. „Gottfried, Gottfried" schrien die Eidgenossen. Und WM-Schiri Gottfried Dienst strahlte übers ganze Gesicht und hob unter dem Jubel der Menge immer wieder eine Kopie des Jules-Rimet-Cups über seinen Kopf. Eine Blaskapelle spielte sogar die Schweizer Nationalhymne.
Ich kochte vor Wut. Zusammen mit ein paar anderen deutschen Ausflüglern konnte ich mich schließlich nicht mehr beherrschen. „Buuuh - Schiiiiieber", riefen wir von der Aussichtsplattform des Flughafens. Doch unsere Protestrufe gingen im Freudentaumel der Schweizer Fans unter...

Uwe Fajga, Jahrgang 1951, berichtete viele Jahre für die „tz-München" über Bayern und die Nationalelf. Buchautor (Müller-Wohlfahrt/Montag) „Verletzt...was tun", (Sepp Maier) „Mit Spaß zum Erfolg" oder „Lächeln mit den Bayern". Seit 2002 Reportagegruppe der tz.

Die perfekte Ergänzung zum WM-Buch

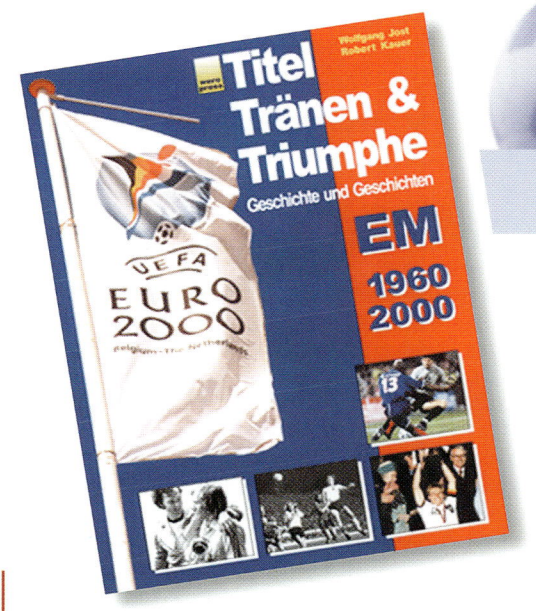

Titel, Tränen & Triumphe
EM 1960 - 2000
Geschichte und Geschichten...

...in diesen elf EM-Kapiteln: Die Politik spielt mit (1960). Die Spanier stolze Sieger (1964). Die Schmach von Tirana (1968). Der Triumph des Kaisers (1972). Die Nacht von Belgrad (1976). Das Ungeheuer mit Köpfchen (1980). Der Zerfall unter Derwall (1984). Das Traumtor in München (1988). Der Urlaub und die Dänen (1992). Das Golden Goal für Berti (1996). Der Charakter und das Team (2000).

...Portraits von noch viel mehr Stars, wie:

Lew Jaschin, Branko Zebec, Luis Suarez, Eusebio, Dino Zoff, Sir Bobby Charlton, Günter Netzer, Gerd Müller, Franz Beckenbauer, Uli Hoeneß, Karl-Heinz Rummenigge, Jean-Marie Pfaff, Michel Platini, Jupp Derwall, Marco van Basten, Ruud Gullit, Thomas Häßler, Richard Möller-Nielsen, Matthias Sammer, Jürgen Klinsmann, Lothar Matthäus, Erich Ribbeck, Zinedine Zidane, Patrick Kluivert.

| Günter Netzer | Karl-Heinz Rummenigge | Uli Hoeneß | Jürgen Klinsmann | Matthias Sammer |

...noch mehr persönliche Erlebnisse von Zeitzeugen, wie:

Rudi Michel, Uwe Seeler, Hannes Löhr, Sepp Maier, Franz Beckenbauer, Hansi Müller, Uli Stielike, Jürgen Kohler, Guido Buchwald, Dr. Hans-Wilhelm Müller-Wohlfahrt.

...noch mehr Storys von Journalisten, wie:

Moritz von Groddeck (BILD-Zeitung), Dieter Bracke (Nürnberger Zeitung), Hans-Josef Justen (WAZ), Klaus Schlütter (BILD-Zeitung), Rolf Schneider (Schwäbische Zeitung), Jörg Marwedel (dpa/Welt am Sonntag), Uwe Fajga (tz-München), Peter Kleiner (Südkurier Konstanz).

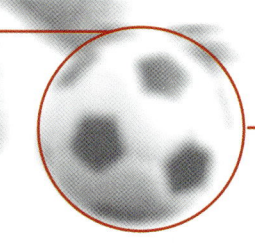

...dazu ein Vorwort

von Egidius Braun (ehemaliger DFB-Präsident), Rückblicke, Zeitthemen, Glossen, andere Daten, andere Gesichter, andere Stars, Zitate, Namen & Nachrichten, Statistik und ein ausführlicher Teil EM 2000 mit dem Titelgewinn der Franzosen.

Titel, Tränen & Triumphe
Geschichte und Geschichten - EM 1960 - 2000
ISBN 3-9806973-5-5

wero press
136 Seiten, Super-Großformat, passend in Inhalt und Form zu diesem Buch, die ideale Ergänzung.
für 14.90 EUR im Buchhandel oder direkt bei www.weropress.de

Das Jahrhundert-Spiel

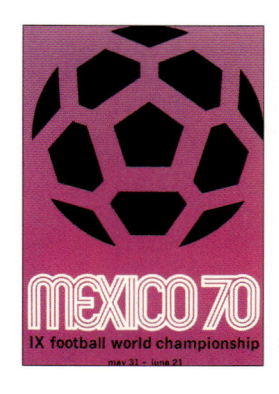

Gerd Müller legt sich in die Luft und schießt zum 3:2-Siegtor für Deutschland im Spiel gegen England ein.

1970

Brasilien

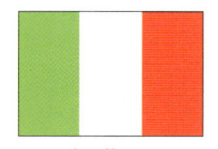

Italien

Deutschland

Uruguay

*Deutschland - England, Deutschland - Italien.
Von diesen Spielen schwärmen Fußballfans
auch heute noch.
Dass am Ende nicht Deutschland,
sondern Brasilien Weltmeister wurde -
wen störte dies?
Die WM 1970 in Mexiko gehört zu
den Höhepunkten der Geschichte
der Fußball-Weltmeisterschaften.
Namen wie Uwe Seeler, Gerd Müller oder
Franz Beckenbauer zergehen heute noch
genussvoll auf der Zunge.
Und die Spiele waren einfach unvergesslich.*

BUCHKATALOG.DE

Mexiko 1970 - eine WM der Superlative

Dramatik pur bei Deutschland gegen England und Italien, doch Brasilien erspielt sich den dritten Titel

Alles begann mit einer schallenden Ohrfeige für Argentinien. Mexiko hatte der scheinbar chancenlose Gegenkandidat geheißen, als in Tokio im Umfeld der Olympischen Sommerspiele 1964 der FIFA-Kongress über den Austragungsort der WM 1970 entschied. Nach Uruguay (1930), Brasilien (1950) und dem Überraschungssieger Chile (1962) war eigentlich klar: An Argentinien, der nach Brasilien zweitstärksten Fußballmacht auf dem südamerikanischen Kontinent, konnte diesmal kein Weg mehr vorbei führen. Und, auch das war eigentlich unstrittig: Südamerika war wieder dran. Sieben Delegierten war es egal, wohin die Reise auf diesem Kontinent gehen sollte, 32 wollten die WM in Argentinien sehen. Aber 52 entschieden sich für Mexiko, für jenes Land in Mittelamerika mit der damals viel diskutierten Höhenlage, das ja schon für das Jahr 1968 die Olympischen Spiele zugesprochen bekommen hatte. Argentinien war stocksauer. Seine Freunde reklamierten neben den Problemen mit der Höhe die mangelnde Infrastruktur des Landes und die für eine Weltmeisterschaft ungeeigneten Stadien. Doch allen Unkenrufen zum Trotz:

DER RÜCKBLICK

Das Turnier 1970 in Mexiko wurde zu einer WM der Superlative.
Diese Weltmeisterschaft war nämlich die erste, die ihrem hochtrabenden Namen wirklich gerecht wurde. Erstmals nahmen Mannschaften von sechs Kontinenten teil: Mit Israel, Marokko - zum ersten Mal hatte Afrika, wo der Fußball in den früheren englischen und französischen Kolonien boomte, einen eigenen Startplatz erhalten - und El Salvador hatten sich drei Neulinge in den Kreis der 16 weltbesten Mannschaft gespielt. Das Fernsehen übertrug weltweit und erstmals in Farbe.
Und als das Spektakel mit Brasiliens 4:1-Sieg über die nach dem „Jahrhundertspiel" gegen Deutschland ausgelaugten Italiener zu Ende gegangen war, waren sich alle einig: Dies war eine spannende Meisterschaft gewesen und eine dazu, die auch aus sportlicher Sicht wenige Wünsche offen gelassen hatte, die - so schwärmen heute noch viele Augenzeugen euphorisch - Traumfußball en masse geboten hatte. Mexiko 1970 war vielleicht sogar im Gesamten gesehen das beste Turnier aller Zeiten, zumindest aber eines der schönsten und stimmungsvollsten, Deutschland (1974) und Italien (1990) inklusive.
Für Argentinien war es nach der Niederlage auf dem sportpolitischen Parkett noch viel schlimmer gekommen: Die „Fußball-Gauchos", 1962 und 1966 durch ihre an Brutalität grenzende

Beckenbauer schießt - nur noch 1:2 gegen England.

Das berühmte Hinterkopfballtor von Uwe Seeler zum 2:2-Ausgleich gegen England - und nun kam Italien...

In der mexikanischen Stadt Léon, dem deutschen Spielort während der Weltmeisterschafts-Endrunde 1970, staunte ein gewisser Helmut Schön nicht schlecht, als er eines Morgens das Blatt zum ersten Mal in Händen hielt: Die beiden Tageszeitungen „El Heraldo" und „El Sol de Leon" lieferten sich in der Provinz-Metropole mit einer deutschsprachigen Seite täglich einen gnadenlosen Kampf um die deutsche Leserschaft, die während der WM-Tage aus rund 3000 Schlachtenbummlern bestand, und „El Heraldo" hatte an diesem Tag den Wettstreit gewonnen: Im Interview mit Helmut Schön ließ es den Bundestrainer sagen, dass „Alemania" mit ihm, dem „Magier" und „Comissario del Willy Brandt" natürlich die „Weltmeisterschaft gewinnen" werde. Aber Schön hatte das Interview nie gegeben und war ziemlich beleidigt.
Dabei ist es doch so einfach: Fußball-Journalisten sind in Südamerika mehr als sonst wo auf der Welt der beste Freund „ihrer"

DIE GLOSSE

Als Napoleon in der Tiefe seine Grabes eines Pressekonferenz gab...

Mannschaft, so lange diese schön siegt oder zu Hoffnung Anlass gibt, die Auflage steigt und der Journalist nicht - wie im Falle des vorzeitigen Ausscheidens - nach Hause muss. Und so schrieb in jenen Tagen auch Brasiliens bekanntester Fußball-Feuilletonist Nelson Rodriguez nach dem 4:1 seiner Lieblinge über die CSSR und dem 1:0 über England in seinem Blatt „Globo": „Die nachwirkende Kraft unseres Fußballs ist so gewaltig, dass sich die Tschechoslowakei noch nicht vom Massaker erholt hat, und nun hat England seine Lektion erhalten. Niemand soll sich durch das geringe Torergebnis verblüffen lassen! Dieses Tor müssen wir in einer Vitrine des Nationalmuseums als eine vaterländische Reliquie aufstellen. Es war das süßeste Tor dieser Erde. Als die Jairzinho-Bombe im englischen Tor platzte, hielt Napoleon in der Tiefe seines Grabes eine Pressekonferenz ab und sagte zu den Journalisten: „Dieses war das wahre Waterloo. Was mir damals bei Waterloo fehlte, war ein Jairzinho."
Bei solcher Sprachgewalt wäre es natürlich nicht auszudenken gewesen, was der gute Nelson bei einer Niederlage Brasiliens seiner Schreibmaschine abgerungen hätte.
Aber davor haben sich Pelé & Co. wohlweislich gehütet und blitzsauber gewonnen - bis zum guten Schluss. Bei den Siegesfeiern in Rio de Janeiro sind anschließend allerdings 77 Menschen zu Tode gekommen - durch Autounfälle, Stürze, Freudenschüsse und Herzanfälle. Es waren nicht ganz so viele wie beim traditionellen Karneval im gleichen Jahr (86). Sag' keiner mehr, Südamerikas Fußball-Reporter schrieben nur über ein Spiel!

Härte ziemlich unangenehm aufgefallen, hatte schon in der Qualifikation das Aus ereilt. Peru, inzwischen von Didi, dem brasilianischen Doppel-Weltmeister von 1958 und 1962 trainiert, hatte sich durchgesetzt und galt von Stund` an sogar als Geheimfavorit. Erst Brasilien stoppte die Peruaner später im Turnier, im Viertelfinale mit einem 4:2-Sieg.

Auch in Europa hatte es in der Qualifikation handfeste Sensationen gegeben. Portugal, 1966 mit Strahlemann Eusebio in England sensationeller Dritter, belegte in Gruppe eins mit Platz vier den letzten Rang. Die Ungarn verloren 1:4 gegen die CSSR, und dies war endgültig das Ende einer großen Ära der Magyaren, die 1954 nicht mit dem WM-Titel gekrönt worden war. Spanien scheiterte an Belgien, und auch Deutschland hatte seine liebe Not und Mühe, Schottland auf Distanz zu halten. Erst elf Minuten vor dem Schlusspfiff bewahrte Reinhard „Stan" Libuda mit seinem Schrägschuss zum 3:2 ins Tor der Schotten an einem regnerischen Abend im Hamburger Volksparkstadion die Deutschen vor einer Blamage.

Helmut Schön, der sensible Trainer, hatte damit sein nächstes Problem. Gerd Müller, der junge Torjäger vom FC Bayern, der „Bomber" der Nation oder Uwe Seeler, der gestandene Fahrensmann des Hamburger SV, der langjährige Kapitän der Mannschaft, das Idol der Massen, meldeten beide durchaus berechtigte Ansprüche auf die Position des Mittelstürmers an. Seeler oder Müller? Wer sollte spielen?

Es kann sein, dass sich Schön nicht entscheiden konnte, dass der Schöngeist unter den Trainern keinem der beiden wehtun wollte. Oder war vielleicht sein Instinkt der Ratgeber? Schön entschied sich für eine Doppelspitze mit beiden Stürmern, er steckte sie in einen Bunga-

DER PROMINENTE

Eine Fußball-WM fasziniert mich, weil...

...ich dann mit den Spielern des FC Bayern den einen oder anderen Nachbar aus Grünwald für Deutschland spielen sehe.

Uwe Ochsenknecht, Schauspieler, Sänger und Fernsehstar.

low, er gab Seeler das gewohnte Trikot mit der Nummer neun, Müller nahm die 13 („weil ich überhaupt nicht abergläubisch bin"), und fortan spielten beide in einer Mannschaft.

Als sich die Deutschen zum Auftakt gegen die Marokkaner vor gerade einmal 9000 Zuschauern nach einem 0:1-Rückstand schwer taten, motzte die deutsche Öffentlichkeit. Doch Schön konnte immerhin am Ende darauf hinweisen, dass Seeler das 1:1 geschossen hatte, und Müller der Treffer zum 2:1-Sieg gelungen war. Das Experiment wurde fortgeführt und es gelang schließlich zu einhundert Prozent. Bulgarien wurde - erneut nach einem 0:1-Rückstand - mit 5:2 geschlagen, wieder trafen Seeler und Müller. Doch dieses 5:2 war der Tag des „Stan" Libuda. Der Rechtsaußen spielte an diesem 7. Juni in Léon das Spiel seines Lebens, er war der Vater des Sieges.

Peru, der Geheimfavorit des Turniers, war das nächste Opfer der deutschen Mannschaft. Seeler hielt sich vornehm zurück, doch Müller „müllerte" die Peruaner in einer Halbzeit drei Dinger hintereinander rein, durfte sich über einen lupenreinen Hattrick freuen und versetzte Fußball-Deutschland in einen Rausch. Rund 120 Menschen hatten sich zum Beispiel in der Bahnhofsgaststätte in Stuttgart Bad-Cannstatt um eines der neuen Farbfernsehgeräte geschart. Bei Bier, Saiten, Linsen und Spätzle. Und als Müllers 3:0 fiel, wurden fast zeitgleich drei große Tische von jubelnden Menschen umgestoßen. Doch der Wirt strahlte dennoch und sagte nur: „Das geht auf Kosten des Hauses." Fußball war wieder mal in diesen Tagen König in Deutschland.

Doch diese sicher überstandene Vorrunde war - aus deutscher Sicht - nur ein lauer Anfang eines unvergesslichen Turniers.

Im Viertelfinale wartete England. Die Revanche für Wembley, für jenes unglückliche 2:4 im Finale von 1966, sollte in Mexiko glücken. Denn lange noch nicht vergessen war das Wembley-Tor, das seinen Namen zu Unrecht trägt, weil es eben kein Tor gewesen ist.

Es war punkt 12 Uhr in Léon - die Anfangszeiten in Mexiko waren wegen der Primetime des Fernsehens in Europa in die Mittagsstunden verlegt worden - als beide Mannschaften den Glutofen des Guanajuato-Stadions betraten. Wie vier Jahre zuvor: die Deutschen in weißen Trikots und schwarzen Hosen, die Engländer in roten Hemden und weißen Beinkleidern.

Nach 50 Minuten schien alles gelaufen – gegen Deutschland. Mullery hatte das 1:0 für England besorgt, Peters - wie vier Jahre zuvor - für den zweiten englischen Treffer gesorgt. England war der Herr in Léon, Deutschland schien stehend K.o., die Mannschaft reagierte nur noch, keiner hätte in diesen Minuten mehr einen größeren Betrag auf einen deutschen Sieg gewettet.

Doch manchmal entscheiden Zufälle ein Spiel. Kleinigkeiten. Oder – wie in diesem Fall - Unpässlichkeiten. Gordon Banks, den fast unschlagbaren englischen Zerberus, hatte zwei Tage vor dem Deutschland-Spiel „Montezumas Rache" ereilt, eine landestypische Krankheit, eine besonders unangenehme, schmerzhafte Form der Darmgrippe. Banks konnte fortan nicht mehr auf dem Trainingsplatz zwischen den Pfosten, sondern nur noch im Hotel zwischen Bett und Klosett unterwegs. Für ihn stand Peter Bonetti im Tor, einer, der wenig Erfahrung hatte und kaum auf Einsätze in großen Spielen zurückblicken konnte. So war es schon einigermaßen verwunderlich, dass er den Fernschuss von Franz Beckenbauer zum 1:2 passieren ließ. Von diesem Moment an waren die Engländer aus dem Spiel und die Deutschen wieder drin. Und nun kam der grobe Fehler eines großen Trainers: Sir Alf Ramsey wechselte in einem Anflug von Hochmut seinen Denker und Lenker aus, er wollte ihn fürs Halbfinale schonen. Bobby Charlton ging - er kam nie wieder, ein trauriger Schlusspunkt hinter eine große Laufbahn.

Ramsey musste mit ansehen, wie seine Elf fiel. Uwe Seelers sagenhaftes Tor mit dem Hinterkopf brachte das 2:2 und - wer sonst? - Gerd Müller war da, als es in der Verlängerung galt, alles klar zu machen. Einen von der Latte zurückgeprallten Ball rammte er artistisch ins Netz - Deutschland war wieder einmal im Halbfinale. Und es sollte noch eine Steigerung der Dramatik geben - unglaublich,

Die Deutschen zogen um, vom ruhigen Léon ins pulsierende Mexiko City. Über 100 000 Zuschauer, fast lauter Deutschland-Fans, standen wie ein Mann hinter der Mannschaft mit Gerd Müller, dem erklärten Liebling der Mexikaner. Nur mit einem einzigen Tor hatte sich Italien mit dem unsäglichen Catenaccio durch die Vorrunde gemogelt, dann die Mexikaner 4:1 geschlagen und damit endgültig die Gunst der Einheimischen verspielt.

WALDIS WELT

„Nach dem Jahrhundertspiel habe ich geweint"

Waldemar Hartmann:
„Uwe und Gerd wollten miteinander"

Das war sie! Oder sind Sie anderer Meinung? Das war die Weltmeisterschaft mit den spannendsten Spielen auf höchstem Niveau. Das Turnier der Stars und der Persönlichkeiten. Oder glauben Sie, dass in der Erinnerung so manches verklärt wird? Nein, alle sind sich einig. Die WM '70 in Mexiko war ein Meilenstein in der Fußballgeschichte. Alleine schon die Begegnungen der deutschen Mannschaft gegen England und Italien. Uwes Hinterkopfball, Willi Schulz gegen Boninsegna, Franz mit dem Arm in der Schlaufe - Bilder, die heute noch präsent sind, als wäre das alles erst vor ein paar Tagen passiert.

Das große Thema im Vorfeld: Passen Gerd Müller und Uwe Seeler zusammen? Natürlich passten sie, weil beide wollten! Weil beide Instinktfußballer und Siegertypen waren. Und, weil beide das gemeinsame über das einzelne Interesse stellten. Es ist kein Zufall, dass ausgerechnet diese WM so im Gedächtnis aller Fußballanhänger geblieben ist, obwohl die deutsche Mannschaft nicht einmal im Finale stand. Es war beeindruckend, wie sie gespielt hat, nicht, wie weit sie im Turnier kam.

Als sie gegen die Italiener rausflog, habe ich geweint. Immerhin war ich mittlerweile 22 Jahre alt geworden. Und nahe am Wasser habe ich nicht gebaut. Aber da war was, was ich vorher und nachher nicht mehr so intensiv erlebt habe wie bei der 3:4 Niederlage nach Verlängerung im Aztekenstadion von Mexiko City. Mit diesen Gefühlen war ich nicht alleine. Bei meinem Stamm-Italiener durfte ich zwei Wochen lang nicht bezahlen. Er bestand darauf, mich einzuladen. Ich vermutete ein schlechtes Gewissen bei ihm. Erst Jahre später kam die Aufklärung: Er fühlte sich endlich ebenbürtig. Der Gastarbeiter aus Italien hatte durch den Fußballsieg auch gesellschaftlich gleichgezogen. So jedenfalls hatte Rocco das damals gesehen. Im Nachhinein betrachtet war die WM `70 auch so etwas wie ein Start in die erfolgreichsten Jahre des deutschen Fußballs. Die Mannschaft, die zwei Jahre später Europameister wurde, gilt heute noch als das beste Team aller Zeiten, das den Adler auf dem Trikot getragen hat. Weitere zwei Jahre später wurde Deutschland Weltmeister, und für den FC Bayern München folgte der dreimalige Triumph im Europapokal der Landesmeister. Das Auftreten von Gerd Müller bei dieser WM war die Grundlage für seine Wahl zum Fußballer Europas 1971. Auch die andere große Mannschaft der 70er Jahre stand erstmals ganz oben. Borussia Mönchengladbach wurde Deutscher Meister 1970. Ich selbst tourte als Diskjockey durch Deutschland. Vier Wochen Wiesbaden, zwei Monate Mannheim, Villingen im Schwarzwald oder Hamburg. Unruhige Zeiten. Aber bei dieser WM habe ich kein Spiel verpasst. Das war manchmal gar nicht so einfach.

DFB-Kader 1970

Eingesetzt: Beckenbauer, Fichtel, Grabowski, Haller, Held, Höttges, Libuda, Löhr, Lorenz, Maier, G. Müller, Overath, Patzke, Schnellinger, W. Schulz, U. Seeler, Vogts, Weber, Wolter.
Nicht eingesetzt: Dietrich, Manglitz, Sieloff.

Schaut her, wir haben's zum dritten Mal geschafft! Brasiliens Super-Star Pelé beim Finalsieg in Mexiko City gegen Italien.

Doch die gestählten Profis vom europäischen Fußball-Stiefel ließen sich auch von einer solchen Kulisse nicht beeindrucken. Roberto Boninsegna - Sie erinnern sich an den Büchsenwurf von Gladbach ein Jahr später, als er, der verletzten Fußballer spielte und die Borussia um einen glatten 7:1-Erfolg gegen Inter Mailand brachte – fiel schon damals, aus deutscher Sicht natürlich, unangenehm auf und schaffte früh das 1:0. Die Führung Italiens war gleichzeitig der vierte Rückstand des DFB-Teams im fünften Spiel.

Deutschland spielte unbeeindruckt weiter, kämpfte vorbildlich, die Spieler quälten sich, sie hatten Chancen und sie verzweifelten fast an sich selbst, aber mehr noch an einem Mann namens Yamasaki. Der hatte einen mexikanischen Pass, aber eine italienische Seele. Beckenbauer und Seeler wurden elfmeterreif gefoult, kein Pfiff. Wolfgang Overath war vor Wut nicht mehr Herr seiner Nerven, die Mannschaft hielt ihn vor einem tätlichen Angriff auf den vermeintlich Unparteiischen zurück, der später nie mehr ein Länderspiel leiten durfte. Und Gerd Müller schrie in diesen turbulenten Minuten: „Das Schwein betrügt uns!" Die Profis aus Italien knüppelten weiter als ob sie wussten, dass sie von diesem Pfeifenmann nichts Böses zu erwarten hatten.

Fast hätte das Spiel 0:1 geendet. Doch Karl-Heinz Schnellinger sorgte dafür, dass aus einem Superspiel das „Spiel des Jahrhunderts" wurde. Praktisch mit dem Schlusspfiff grätschte der Italo-Profi den Ball zum 1:1 in die italienischen Tormaschen, Verlängerung und gleichzeitig Anpfiff eines Fußball-Dramas. Dramatik pur, ein Nervenzusammenbruchspiel von absoluter Rasse, ein Fußball-Krimi von unverwechselbarer Klasse. „Alemania, Alemania" - die mexikanischen Fans waren vollends aus dem Häuschen, als „ihr" Gerd Müller das 2:1 köpfelte, als wieder dem Toptorjäger des Turniers nach zwischenzeitlich zwei italienischen Treffern das 3:3 glückte. Sie waren aber tieftraurig, als Rivera die deutsche Abwehr um Stopper Willi Schulz und Torwart Sepp Maier auskonterte und den 4:3-Endstand herstellte. Selten, wahrscheinlich nie, ist eine deutsche Mannschaft von ausländischen Fans so gefeiert worden wie diese nach diesem Spiel. Die Verlierer waren die Sieger. Das Stadion verbündete sich endgültig rein emotional mit den tragisch Unterlegenen.

Und es stärkte Deutschland auch den Rücken, als es im Spiel um Platz drei gegen überlegene Uruguayer 1:0 gewann - Wolfgang Overaths Treffer hatte die glückliche Entscheidung gebracht.

Italien aber hatte das Endspiel erreicht. Dort war es allerdings chancenlos, auch wegen mangelnder Kraftreserven. Dies soll jedoch die große Leistung der Brasilianer nicht schmälern, die um einen Pelé in Superform 4:1 siegten, die die Renaissance des Angriffsfußballs mit ihrer Mannschaft personifiziert hatten. Die damit zum dritten Mal den Coupe Jules Rimets gewannen und ihn – der Ausschreibung gemäß - für immer behalten durften. Die im eigenen Lande eine solche Euphorie entfachten, dass diese teilweise in Hysterie umschlug. 77 Tote - allein bei den Siegesfeiern in Rio - sind die traurige Seite der brasilianischen Weltmeister-Medaille 1970.

Noch ein Tor von Gerd Müller gegen Italien, aber es reichte dennoch nicht zum Sieg.

ANDERE DATEN

1970
- Gerd Müller wird zu Europas Fußballer des Jahres gewählt.
- Die ein Jahr zuvor aus der Bundesliga abgestiegenen Offenbacher Kickers werden als Zweitligist Pokalsieger - 2:1 gegen den 1. FC Köln. Borussia Mönchengladbach feiert seine erste Deutsche Meisterschaft.
- DDR-Meister: FC Carl-Zeiss Jena. DDR-Pokalsieger: FC Vorwärts Berlin.

1971
- Horst Gregorio Canellas, Präsident der Offenbacher Kickers, löst mit seinen Enthüllungen den Bundesligaskandal aus und stürzt die Liga in ihre größte Krise.
- Im Europapokal schlägt Borussia Mönchengladbach in einem legendären Spiel Inter Mailand 7:1. Das Ergebnis wird jedoch annulliert, weil Mailands Stürmer Roberto Boninsegna von einer Cola-Büchse getroffen worden sein soll.
- Gladbach verteidigt seinen Meistertitel, Bayern München (2:1 n.V. über Köln) wird Pokalsieger.
- DDR-Meister und Pokalsieger: SG Dynamo Dresden.

1972
- Die wohl beste deutsche Nationalmannschaft aller Zeiten siegt in der WM-Qualifikation sogar in England (3:1 in Wembley). Sie wird nach weiteren Siegen bei der Endrunde gegen Gastgeber Belgien und die UdSSR Europameister.
- Gerd Müller erzielt in einer Bundesliga-Saison 40 Tore, ein Rekord für die Ewigkeit.
- Polen gewinnt das Olympische Fußballturnier in München - 2:1 gegen Ungarn.
- Wahl von Franz Beckenbauer zu Europas Fußballer des Jahres.
- Schalke 04 schlägt im Pokalfinale den 1. FC Kaiserslautern mit 5:0, Meister wird Bayern München.
- DDR-Meister: 1. FC Magdeburg. DDR-Pokalsieger: FC Carl-Zeiss Jena.

1973
- Günter Netzer wechselt von Gladbach zu Real Madrid. Im deutschen Pokalfinale setzt ihn Trainer Weisweiler auf die Bank. Netzer kommt in der Verlängerung und erzielt prompt das Siegtor gegen Köln. Meister wird Bayern München.
- DDR-Meister: SG Dynamo Dresden. DDR-Pokalsieger: 1. FC Magdeburg.

ZEITTHEMEN
Als die Welt vor dem Terrorismus nochmal durchatmete

1970: Es ist, als ob die von Palästinenser- und RAF-Terrorismus geprägten 70er Jahre nochmal verschnauften: Außer dass der Kaufhausbrandstifter Andreas Baader aus der Haft in Berlin flieht und mit den gleichfalls gesuchten Gudrun Ensslin, Ulrike Meinhof und Konsorten in Syrien unterkricht, passiert während der WM-Tage in Mexiko wenig Außergewöhnliches. - Ein Erdbeben nördlich von Lima fordert Anfang Juni zwar 50 000 Tote, aber Hunderte von Peruaner feiern dennoch überschwänglich den Einzug ihrer Elf ins Viertelfinale. „Wir leben seit Jahrtausenden mit den Gewalten der Natur. Das Leben geht weiter. Der Schmerz kommt später", sagt ein Fan. - Und sonst? Im Januar endet der Bürgerkrieg in Nigeria mit der Kapitulation der abtrünnigen Provinz Biafra. Unter den einer Million Toten sind nur 50 000 aktive Kämpfer. Der Rest: verhungerte Zivilisten. - Die Ostpolitik Willy Brandts - Anerkennung gegen Frieden - macht die größten Fortschritte. Es kommt zum ersten gesamtdeutschen Treffen zwischen Willy Brandt und DDR-Ministerpräsident Willi Stoph in Erfurt (März) und Kassel (Mai), dem Vertrag mit der Sowjetunion (August) und schließlich dem Kniefall Brandts vor dem Mahnmal für die Opfer des Aufstandes im Warschauer Ghetto beim Vertrag mit Polen (7. Dezember). - Noch im gleichen Monat legen Streiks auf der Danziger Lenin-Werft und offener Aufruhr ganz Polen lahm, was Parteichef Gomulka zum Rücktritt zwingt. - Gestorben: Formel-1-Fahrer Jochen Rindt (31) in Monza (3.9.), Rockmusiker Jimi Hendrix mit 27 Jahren (18.9.), Ägyptens Staatschef Gamal Abd el-Nasser (52 Jahre, 28.9.), Frankreichs Ex-Präsident General Charles de Gaulle im Alter von 89 Jahren (9.11.).

1971: In der Schweiz erhalten Frauen das Wahlrecht (Februar) - Erich Honecker löst als SED-Chef Walter Ulbricht ab (Mai) - Zwei Tage nach seinem 71. Geburtstag stirbt der „König des Jazz", Louis Armstrong (6.7.) - Willy Brandts Ostpolitik erfährt hohe Anerkennung: Der SPD-Kanzler erhält den Friedensnobelpreis (20.10.). - In der Bundesrepublik wird das BAföG (Bundes-Ausbildungs-Förderungsgesetz) beschlossen. - Die Mädchen tragen auch in Deutschland „hot pants".

1972: Willy Brandt übersteht den Misstrauensantrag der CDU und bleibt Kanzler (April) - Anfang noch nicht Ende der RAF: Die Terroristen Andreas Baader, Ulrike Meinhof u.a. werden verhaftet (Juni) - Der Überfall palästinensischer Terroristen auf das israelische Olympiateam endet mit dem Tod von u.a. elf Sportlern (5. September) - Nikita Chruschtschow stirbt (77) in Moskau (11.9.) - Heinrich Böll erhält den Literatur-Nobelpreis (10.12.).

1973: Pablo Picasso stirbt 91-jährig an der Cote d'Azur (8.4.) - Chiles sozialistischer Präsident Allende wird vom rechten Militärs gestürzt und ermordet (11.9.) - Am jüdischen Festtag Jom Kippur (6.10.) beginnt der vierte Krieg zwischen Arabern und Israelis; beim Waffenstillstand am 22.10. stehen Israels Truppen weit in den Gebieten der Angreifer. - Die Amerikaner ziehen sich geschlagen aus Vietnam zurück. - Helmut Kohl wird Vorsitzender der CDU und beginnt die Weichen für seine große politische Karriere zu stellen. - Walter Ulbricht stirbt. - Innsbruck bekommt als Ersatzbewerber für Denver die Olympischen Winterspiele 1976 übertragen.

Gerd Müller bei seiner liebsten Tätigkeit - dem Tore schießen. Hier bei einem seiner drei Treffer beim 5:2 gegen Bulgarien.

Einen wie ihn wird es wohl nie wieder geben

Gerd Müller „müllerte" seine Tore für die Rekordlisten der Ewigkeit

Es ist die gleiche Situation wie vier Jahre zuvor: Deutschland erzwingt gegen England eine Verlängerung, wie im denkwürdigen Finale der WM 1966 steht es 2:2. Nur sind dieses Mal, anders als im Wembley-Stadion, die Deutschen am Drücker.
Und: Sie haben einen Gerd Müller im Team.
In der 108. Minute des Viertelfinales kommt er herangeflogen, der Kleine mit den gewaltigen Oberschenkeln. Nein, keinen Kopfball setzt er an, er liegt, verdreht irgendwie, hoch in der Luft, auf Fanghöhe des englischen Torhüters Bonetti, und er wuchtet den Ball mit dem Spann unter die Latte - 3:2 für Deutschland, Titelverteidiger England ist ausgeschieden.
Und nur drei Tage später im Halbfinale gegen Italien, dem „Jahrhundertspiel", ist er es wieder, der den Gegner mehrfach in schiere Verzweiflung stürzt. Zweimal trifft er, zum 2:1 und 3:3 in der Verlängerung. Seine WM-Tore Nummer neun und zehn haben Gerd Müller den Titel des WM-Torschützenkönigs eingebracht. Dass sie nicht auch noch zum Titelgewinn reichten, liegt an der Dramaturgie dieses Spiels, das einfach nach einem Sieger lechzte - und der hieß am Ende mit 4:3 Italien.
Gerd Müller, Mittelstürmer der deutschen Nationalmannschaft und des FC Bayern München, in beiden Formationen der erfolgreiche Vollstrecker der legendären Achse Maier-Beckenbauer-Müller in den 70er Jahren, war in und nach Mexiko in aller Munde. Man nannte ihn auch das Strafraum-Gespenst. Aber auf jeden Fall war er ein Phänomen, das entgegen seinem Spitznamen „Bomber der Nation" seine Tore nie mit Brachialgewalt, sondern auf schlitzohrigste oder einfachste Art und mit allen erlaubten Körperteilen erzielte.
Mit Fuß, Kopf, Bauch, Po. „Müllern", nannte es die „BILD"-Zeitung, eine Wortschöpfung, die zum Begriff wurde.
Die WM-Experten stritten sich ernsthaft, ob der gelernte Weber aus Bayerisch-Schwaben, der als 17-Jähriger bei seinem Heimatverein TSV Nördlingen einmal in einer Saison 180 Treffer schoss - von 204 der gesamten Mannschaft - denn nun wirklich Fußball spielen konnte oder nicht. Er war ja im eigentlichen Sinne des Wortes nicht schnell und überhaupt nicht dribbelstark. Er machte einfach nur Tore. Immer und immer wieder. Doch längst steht fest: Ohne ihn wäre der deutsche Fußball jener Zeit nie Weltspitze geworden. „Einen wie ihn wird es vermutlich nie wieder geben", sagte Franz Beckenbauer, viele Jahre lang sein Partner in Verein und Nationalelf, anlässlich Müllers 50. Geburtstag am 3. November 1995. Und: „Vielleicht wären wir Bayern ohne ihn immer noch in unserer alten Holzhütte an der Säbener Straße."
Dank Müllers Tore wurden die Bayern je vier Mal Deutscher Meister und DFB-Pokalgewinner, Europapokalsieger der Landesmeister (3x) und der Pokalsieger (1x) sowie 1976 Weltpokalsieger. Deutschland wurde Europameister 1972 und Weltmeister 1974. Die Rekorde stehen für die Ewigkeit in den Listen: Viermal je vier Treffer in Länderspielen, von denen er weniger bestritt (62) als er Tore erzielte (68).
Er schoss soviele Bundesliga-Tore wie das Jahr Tage hat (365), er traf in fünf Bundesliga-Spielen je fünf Mal ins Schwarze, und 40 Einschüsse in einer Spielzeit wird dem siebenmaligen Torschützenkönig der Ersten Liga - 1967 (28 Tore), 1969 (30), 1970 (38), 1972 (40), 1973 (36), 1974 (30), 1978 (24) - keiner mehr nachmachen. Wetten, dass...?
„Was soll ich mit einem Gewichtheber?" frozzelte Bayerns Trainer „Tschik" Cajkovski, als Müller im Frühjahr 1964 zum ersten Arbeitstag in München antrat, später bejubelte der gleichfalls rundliche Jugoslawe „kleines dickes Müller" ohne Einschränkung als „bestes Torjäger von Welt".

DER SUPER-STAR

Gerd Müller: Erst demütigte ihn ein Bayern-Trainer, dann half ihm sein Klub aus großen Schwierigkeiten.

Wenn nur alle Trainer so zu dem gleichermaßen einfachen wie bescheidenen und empfindsamen Mann gehalten hätten! Aber im Februar 1979 beorderte der - nicht nur wegen seiner seidenen Halstücher - als arrogant geltende Pal Csernai den 34-Jährigen beim Spiel im Frankfurter Waldstadion vom Platz. „Wegen ungenügender Leistung", wie es hieß. Müller sollte fortan statt 400 000 nur noch 300 000 DM jährlich verdienen. Das Geld war dem Gerd egal, die Demütigung nicht.
Genauso konsequent wie bei seinem spontanen Rücktritt aus der Nationalelf - im Anschluss an das Weltmeister-Bankett 1974, als die Spielerfrauen nicht zugelassen wurden - zog er nun auch das Bayern-Trikot sofort und für immer aus. In Fort Lauderdale/Florida verdiente sich „The Bomber" das Brot der späten Jahre, er eröffnete ein Steakhaus, aber Amerikaner zu werden, das wollte ihm nicht gelingen. Nach fünf Jahren Heimweh hatte ihn München wieder, ohne dass er freilich wusste, „was ich hier nun tun sollte". Falsche Anlagenberatung hatte sein Vermögen gewaltig reduziert, und er suchte, wie so viele, die ganz oben waren und sich plötzlich überflüssig vorkommen, Seelentrost im Alkohol. Es kriselte auch im privaten Umfeld, Müller drohte abzustürzen.
Doch dann holten ihn die Fußball-Spezln von einst aus dem Abseits des Lebens heraus. Manager Uli Hoeneß und Franz Beckenbauer schickten Müller zur Therapie und richteten für ihn eine Trainerstelle im Jugendbereich ein. „Da muss man froh sein, dass man den FC Bayern hat", hat er damals gesagt. Doch der FC Bayern durfte jahrelang froh sein, dass er ihn gehabt hatte. Und die Fußball-Nation nicht minder. Den Alkohol hat er seither nie wieder angerührt.
Und den Job beim FC Bayern erfüllt er wie damals das Toreschießen mit Leib und Seele und vollem Einsatz. Als die Bayern im Mai 2001 die Champions League in Mailand gewannen, fehlte der eingeladene Müller auf der Tribüne. Er war lieber mit den Amateuren zu einem Regionalliga-Spiel gefahren.

ANDERE STARS

Pelé
(23.10.1940) – über ihn viele Worte zu verlieren, hieße Eulen nach Athen tragen. Pelé feierte nach 1958 (siehe große Geschichte in diesem Kapitel) und 1962 seinen dritten WM-Gewinn. 1970 wurde er auch zum Weltsportler des Jahres gewählt. Die Fachwelt ist sich einig: Pelé war trotz Beckenbauer, Cruyff, Maradona oder Ronaldo der beste Fußballer, den die Welt je sah.

Gianni Rivera
(18.8.1943) ist einer der erfolgreichsten und populärsten Fußballprofis Italiens aller Zeiten. Der 60fache Nationalspieler, einer der besten Techniker der Welt, nahm an vier Weltmeisterschaften teil und gewann mit seinem Klubteam AC Milan so ziemlich alles, was es im internationalen Fußball zu gewinnen gibt. Rivera war es, der als Einwechselspieler das alles entscheidende 4:3 im „Jahrhundertspiel" schoss und Italien den Weg ins Endspiel ebnete.

Willi Schulz
(4.10.1938) war ein Kind des Ruhrpotts, feierte aber im Trikot des HSV seines größten Erfolge. Geschäftstüchtig war er schon in jungen Jahren: Als er zu Schalke wechselte, bekam er ein Grundstück und eröffnete dort eine Kneipe nebst „Trinkhalle". Als er fünf Jahre später zum HSV ging, boykottierten die Fans seine Gaststätte und tranken ihr Bier lieber am Kiosk gegenüber. Doch auch der gehörte Schulz längst. 1966 legendär als deutscher „World-Cup-Willie", 66 Länderspiele. Das letzte war das „Jahrhundertspiel" gegen Italien (3:4) in Mexiko City im Jahr 1970.

NAMEN & NACHRICHTEN

Der „einarmige" Franz Beckenbauer im Spiel gegen Italien. Doch er hielt trotz Verletzung durch.

Einarmiger Kaiser
Es war die erste Weltmeisterschaft, in denen Spieler ein- und ausgewechselt werden durften – zwei Feldspieler und ein Torwart. Trotzdem biss Franz Beckenbauer auf die Zähne und hielt mit einer Armschlinge bis zum Ende durch, als er sich im Spiel gegen Italien schon früh eine schwere Schulterverletzung zugezogen hatte. Die Bilder des „einarmigen Kaisers" gingen um die Welt.

Fußballkrieg
Trauriges ereignete sich bei der Südamerika-Qualifikation: Nach den Begegnungen El Salvador gegen Honduras kam es zum sogenannten Fußballkrieg. Der schon vorher lange schwelende Grenzkonflikt zwischen den beiden Staaten kostete schätzungsweise 200 Menschen das Leben. Es wurden außerdem mehr als 1000 Verwundete gezählt.

Schlechte Karten
Sepp Maier und Manfred Manglitz, wegen seiner „großen Schnauze" auch in Anlehnung an den weltberühmten Boxer Cassius Clay (später Muhammad Ali) in Deutschland nur „Cassius" gerufen, waren zusammen mit dem Braunschweiger Horst Wolter die drei besten deutschen Torleute dieser Zeit. Helmut Schön, dem Freund leiserer Töne, passte Manglitz' Auftreten nicht. Er entschied sich für Sepp Maier und stellte, als es um Rang drei gegen Uruguay ging, nicht seine Nummer zwei (Manglitz), sondern mit Wolter die Nummer drei ins Gehäuse.

Bester Einwechselspieler
Erstmals durfte ein- und ausgewechselt werden. Der Frankfurter Jürgen Grabowski erwarb sich in Mexiko den Beinamen „bester Einwechselspieler der Welt". Grabowski wurde in den ersten vier Spielen der deutschen Mannschaft jeweils in der zweiten Halbzeit eingewechselt, das „Jahrhundertspiel" gegen Italien bestritt er sogar von der ersten bis zur letzten Minute.

Gutes Geld
Mexiko 1970 war im Prinzip die erste Weltmeisterschaft, die weltweit zu sehen war – und, wer das nötige Geld hatte – konnte dies auch in Farbe tun. Auch die Vermarktung war weltweit. 1,8 Milliarden US-Dollar zahlte der mexikanische Mediengigant „Televisa" für die Rechte. Mit ein Grund, dass am Ende Argentinien bei der Vergabe der WM überraschend den kürzeren gezogen hatte. Mexiko hatte sich der FIFA gegenüber immer loyal verhalten und war nun belohnt worden.

Gesamtdeutsch
Eine gesamtdeutsche Begegnung gab es beim Vorrundenspiel Belgien gegen El Salvador, das die Europäer mit 3:0 für sich entschieden. Ein Linienrichter kam aus der DDR und hieß Rudi Glöckner - er pfiff später das WM-Endspiel. Der andere stammte aus der Bundesrepublik. Es war der Mannheimer Kurt Tschenscher.

Keine Revanche
Schon in einem der Vorrundenspiele der Gruppe 3 kam es zwischen Brasilien und der Tschechoslowakei zur WM-Revanche von 1962. Brasilien siegte 4:1, acht Jahre zuvor hatten die Südamerikaner das Finale von Santiago de Chile mit 3:1 gewonnen. Die Tschechoslowaken wurden überraschend mit 0:6 Punkten Gruppen-Letzter und fuhren frühzeitig nach Hause.

Betende Brasilianer...

Kein Rot
Als die WM in Mexiko angepfiffen wurde, führten die Schiedsrichter auch erstmals eine Rote Karte mit sich. Doch Kurt Tschenscher, Leiter des Eröffnungsspiels, brauchte sie nicht. Wie auch seine Kollegen – denn es gab während der gesamten WM keinen einzigen Platzverweis.

Ausgewogen
Das Viertelfinale erreichten vier europäische und vier südamerikanische Mannschaften. Eine solche Balance hatte es seit 1950 nicht mehr und später auch nie wieder gegeben.

Losentscheid
Fast zum Losentscheid – den Regeln entsprechend nicht direkt nach der Verlängerung, sondern erst am nächsten Tag - wäre es beim Spiel Uruguay – UdSSR gekommen. Doch in der 118. Minute erzielten die „Urus" gegen die in Mexiko unbeliebten Sowjets, die sich penibel auf die Spiele in der extremen Höhenlage vorbereitet hatten, das alles entscheidende 1:0. Allerdings war der Ball vor der Flanke, die zu diesem Tor führte, klar im Aus.

Sieben Gegentore
Trotz sieben Gegentoren kam Brasilien ins Endspiel - so viele Gegentreffer hatte vorher kein Finalist auf dem Weg dorthin hinnehmen müssen. Allerdings erzielten die Brasilianer auch insgesamt 19 Tore, so viele wie zuvor und danach kein Weltmeister bei einem Turnier.

Berti Vogts gegen England, „bissig" wie ein Terrier.

HÄTTEN SIE'S GEWUSST?

Die sensationellsten Ergebnisse

USA - England	1:0 (WM 1950)
Deutschland - Österreich	6:1 (WM 1954)
Deutschland - Ungarn	3:2 (WM 1954)
Nordkorea - Italien	1:0 (WM 1966)
DDR - Deutschland	1:0 (WM 1974)
Tunesien - Deutschland	0:0 (WM 1978)
Kamerun - Italien	1:1 (WM 1982)
Algerien - Deutschland	2:1 (WM 1982)
Marokko - Portugal	3:1 (WM 1986)
Kamerun - Argentinien	1:0 (WM 1990)
Costa Rica - Schweden	1:0 (WM 1990)
Ägypten - Niederlande	0:0 (WM 1990)
Saudi Arabien - Belgien	1:0 (WM 1994)
Brasilien - Norwegen	1:2 (WM 1998)

Szenen aus dem WM-Finale 1970, in dem Italien (in den blauen Trikots) gegen die stark aufspielenden Brasilianer keine Siegchance hatte und 1:4 verlor.

Bobby Charlton - eine Karriere mit Höhen und Tiefen

Ein „Gentleman am Ball" verkraftet den Abschied, auch wenn er bitter ist

Bobby Charlton, Englands größter Fußballer, hat alle Höhen und Tiefen gemeistert England ging in Führung und legte gleich nach: 2:0 nach knapp einer Stunde, das musste reichen in diesem Backofen. Woher sollten die Deutschen die Kraft noch nehmen? Englands Trainer Sir Alf Ramsey nahm seinen Kapitän 20 Minuten vor dem Ende aus dem Spiel, um den bereits 32-Jährigen fürs

DAS WM-GESICHT

Halbfinale zu schonen. Es war das 106. und zugleich letzte Länderspiel des Bobby Charlton, der mit entsetzten Augen mitansehen musste, wie die Deutschen im Viertelfinale von Léon noch den Ausgleich und das 3:2-Siegtor durch Gerd Müller in der Verlängerung schafften. Bobby Charlton erklärte nach dem Abpfiff seinen Rücktritt. Kein glorreicher Abschied für Englands vielleicht besten Spieler aller Zeiten. Aber wer hat den schon?

Einmal musste Schluss sein, und es hatte weitaus schmerzlichere Tage gegeben im Fußballerleben des langjährigen Spielmachers der englischen Elf und von Manchester United. Vor allem jenen 6. Februar 1958, als die „Busby Babes", wie die junge Mannschaft von Manchesters Teammanager Matt Busby genannt wurde, nachdem sie sich anschickte, den europäischen Klub-Fußball zu beherrschen und das große Real Madrid vom Thron zu stoßen, aufhörten zu existieren. An jenem unglückseligen Wintertag war die Propellermaschine mit United an Bord auf der Heimreise vom Europacup-Spiel in Belgrad in München-Riem zwischengelandet. Mit vereisten Tragflächen stürzte sie nach zwei abgebrochenen Versuchen beim dritten Start auf die Rollbahn und zerschellte. Acht Spieler starben in den Trümmern und im Krankenhaus. Zu den wenigen Unversehrten gehörte Bobby Charlton. Aber am nächsten Tag, so erinnerte sich der Stuttgarter Sport-Feuilletonist Hans Blickensdörfer, hatte der damals 20-Jährige vom Nervenschock „graue Streifen im Blondhaar und war nicht mehr derjenige, der angetreten war, die Welt des Sports in Erstaunen zu versetzen".

Charlton konnte, schrieb Blickensdörfer weiter, „nicht mehr lachen, und wer nicht mehr lachen kann, kann nicht mehr spielen". Und so dauerte es Jahre, bis Bobby Charlton das Trauma überwand. Der beim Absturz schwer verletzte Matt Busby brachte ihn schließlich Stück für Stück ins Spiel zurück, und Mitte der 60er Jahre war es endlich so weit: Mit ihm als Leitfigur wurde Manchester, für das Charlton ausschließlich und fast 20 Jahre lang (1953-72) spielte, zwei Mal Meister (1965/1967) und mit einem 4:1 über Benfica Lissabon 1968 im Londoner Wembley-Stadion auch noch Europacup-Sieger. Busby und Charlton weinten gemeinsam, die „Charlton-Boys", wie Manchester nun genannt wurde, hatten für die toten Freunde, die „Busby Babes", gesiegt. Für den als loyal und rechtschaffen, ruhig und bescheiden auftretenden Charlton war es ein wohl noch erhebenderes Gefühl als der WM-Gewinn zwei Jahre zuvor an gleicher Stätte mit der englischen Elf, als er nach dem 4:2 über Deutschland den „größten Moment, den wir im Fußball je hatten", erleben durfte. Dafür und für sein Auftreten als „Gentleman am Ball", für 606 Ligaspiele und 198 Tore für Manchester, adelte auch die Queen den Mann, der 1966 Englands und Europas Fußballer des Jahres war. Und alle, die ihn je spielen sahen, kraftvoll und graziös zugleich, vergessen nie sein persönliches Markenzeichen: Das verzweifelte Ordnen der langen, verbliebenen Haarsträhnen. Aber auch die haben sich längst verabschiedet...

Bobby Charlton (links), der Mann im Hintergrund, führte Englands Mannschaft und die von Manchester United.

ANDERE GESICHTER

Jairzinho
gelang in jedem Spiel der WM 1970 ein Treffer – dies hatte noch keiner vor ihm geschafft. Er war 1970, als Brasilien zum dritten Mal Weltmeister wurde, in der Form seines Lebens. 74 Mal trug der Rechtsaußen, der Nachfolger des legendären Garrinchas, das Nationaltrikot. Er debütierte mit 19 Jahren und trat mit 37 Jahren von der Fußball-Bühne ab. 1976 mit Cruzeiro Belo Horizonte Südamerikameister. Heute als Spielervermittler tätig. Er transferierte den jungen Ronaldo seinerzeit zum PSV Eindhoven.

Karl-Heinz Schnellinger
(31.3.1939), Carlo genannt, weil er in Italien spielte, lebt immer noch in Mailand. Der Verteidiger (1. FC Köln) nahm an vier Weltmeisterschaften teil, wurde Vierter, Dritter und Vizeweltmeister. Schoss das 1:1 beim Treffen Deutschland gegen Italien und machte so das sogenannte „Jahrhundertspiel" erst möglich.

Giancinto Facchetti
(18.7.1942). Im Jahr 1960 nahm Inter Mailand den damals 18-jährigen Verteidiger unter Vertrag, 18 Jahre lang trug er das blau-schwarze Trikot. Er galt mindestens ein Jahrzehnt lang als bester Linksverteidiger der Welt und als bester Außenverteidiger Europas aller Zeiten. Facchetti war im italienischen „Catenaccio" ein wichtiger Defensivfaktor und musste in der Vorwärtsbewegung viel Offensivgeist mitbringen. Facchetti absolvierte 94 Länderspiele, wirkte bei drei Weltmeisterschaften mit und wurde 1970 Vize-Weltmeister.

Wie die „kleine Ameise" ein Teil von Brasiliens Seele wurde

Mario Zagalo ist der Einzige, der direkt an allen vier Weltmeistertiteln beteiligt war

Nach dem 4:1-Erfolg der Brasilianer über Italien waren sich die Experten einig: Gewonnen hatte kein Stil und auch kein Star, sondern eine Mannschaft mit nahezu perfekten Fußballern. Brasiliens Elf war beim dritten Titelgewinn, anders als bei den WM-Erfolgen von 1958 und 1962, die ein gewisser Mario Zagalo noch als Linksaußen mit erringen half, mehr als nur der große Ausnahmekönner Pelé. Und Mario Zagalo hatte als Trainer diese Sieger-Elf aus vielen Stars geformt. Dabei war er, der nach Ende seiner aktiven Laufbahn (1964) fünf Jahre lang als Trainer bei Botafogo Rio de Janeiro gearbeitet hatte, erst wenige Wochen vorher mit der großen Aufgabe betraut worden. Sein Vorgänger Joao Saldanha war als Kommunist bei Brasiliens Militärregierung in Ungnade gefallen und zur Aufgabe gezwungen worden. In kürzester Zeit stellte Zagalo um seinen immer noch aktiven Mitspieler von einst, Pelé, ein Team zusammen, aus dem noch die Namen Jairzinho, Rivelino, Tostao, Gérson oder Kapitän Carlos Alberto herausragten. Nach Meinung mancher Kritiker wäre dieses beste brasilianische Team aller Zeiten auch ohne Trainer Weltmeister geworden, aber gibt es nicht Beispiele genug, dass zu viele Könner zu einem zerfahrenen Haufen statt einer perfekten Einheit wurden? Mario Zagalo aber, den sie als Spieler die „kleine Ameise" genannt hatten, war als Fachmann und Autorität anerkannt. Schon zum Ende seiner aktiven Zeit, als er mit Botafogo zwei Mal Meister wurde (1961/1962) und beim WM-Gewinn in Chile (1962) hatte er taktisches Gespür gezeigt, als er auch ohne trainerliche Anweisung sich bei Bedarf ins Mittelfeld zurückfallen ließ und aus dem damals klassischen 4-2-4-Spielsystem bereits ein 4-3-3 kreierte. Die Erfolge, die der 33-malige Nationalspieler auf seinen insgesamt 13 Trainerstationen sammelte - davon ein Jahrzehnt lang im Orient - sprechen ohnehin für sich. Der erste Fußballer überhaupt, der als Spieler und (!) als Trainer den WM-Titel errang (noch vor Franz Beckenbauer 1974 bzw. 1990), wurde mit Botafogo drei Mal Brasilianischer Meister, führte die Vereinigten Arabischen Emirate zur WM 1990, gewann mit Brasilien Olympia-Bronze in Atlanta 1996 und war als Co-Trainer und sportlicher Koordinator gemeinsam mit Carlos Alberto Parreira auch für Brasiliens vierten WM-Titel 1994 in den USA mitverantwortlich. Am 9. August 1994, seinem 63. Geburtstag, wurde er nach 1970-74 und 1991-94 zum dritten Mal zum Verantwortlichen für den vielleicht wichtigsten Posten im Land bestellt, und wären Brasiliens Fußballer nicht 1998 im WM-Finale von Zinedine Zidane & Co. entzaubert worden, er hätte ihn wohl auch noch heute. Als er zweieinhalb Wochen nach dem 0:3 in Paris von Verbands-Präsident Teixeira entlassen wurde, sagte er nur trocken: „Ich habe meine Mission erfüllt. Ich habe direkt zu allen vier WM-Titeln beigetragen, die Brasilien gewonnen hat."

DER WM-TRAINER

Der weißhaarige, vierfache Familienvater, den die Jahre im Orient zu einem wohlhabenden Mann gemacht haben, hatte bis zuletzt und erfolgreich an einer Neuorientierung des brasilianischen Fußballs gearbeitet. Er lies den noch in fast perfekter Defensive erstarrten Weltmeister von 1994 wieder zaubern, über die „kontrollierte Offensive" wieder nach vorne spielen. 1997, beim Gewinn der Mini-WM in Frankreich, schrieb der „Kicker": „Brasilien hat seine Seele wiederentdeckt." Und Zagalo hatte dabei geholfen. Weil er längst ein Teil dieser Seele ist.

Mario Zagalo scheint es anzuzeigen - um ein Haar wäre ich an fünf brasilianischen WM-Titeln beteiligt gewesen...

ANDERE TRAINER

Didi
(8.10.1928/12.5.2001). Als Spieler war Didi einer der ganz großen der Fußballgeschichte (genialer Kopf der Selecao und Vater der beiden WM-Titel 1958, 1962). Als Trainer rückte er nur einmal in den Mittelpunkt, als er Peru 1970 erstmals nach 1930 zur WM führte. Hier sorgten Cubillas & Co. bis zum Ausscheiden gegen Brasilien durch Offensivfußball für Furore. Bei seinen zahlreichen Vereinsstationen (u.a. FC Sao Paulo, River Plate, Fluminense, Alianza Lima) blieb er ohne großen Erfolg.

Ferruccio Valcareggi
(12.2.1919) trat nach der WM-Pleite von 1966 als damals eher unbeschriebenes Blatt die Nachfolge von Edmundo Fabbri an und profilierte sich als exzellenter Trainer. 1968 wurde er mit der „Squadra Azzurra" Europameister und bei der WM in Mexiko Vize-Weltmeister. Erlebte allerdings vier Jahre später in Deutschland ein schweres Debakel, als Italien nach der Vorrunde ausschied. Trat danach zurück und war später italienischer Nachwuchstrainer.

Raymond Goethals
(17.10.1921). Als Aktiver zweifacher Nationaltorhüter, entwickelte er sich zu einem der renommiertesten belgischen Trainer. Er coachte eine Vielzahl internationaler Topklubs (Anderlecht, Girondins Bordeaux, Corinthians Sao Paulo, Standard Lüttich, Olympique Marseille) und gewann mit dem RSC Anderlecht zwei Mal den Europapokal der Pokalsieger. Als 72-Jähriger holte er mit Marseille 1993 den Landesmeister-Cup. Von 1968 bis 1976 war er belgischer Nationaltrainer.

Noch heute schwärme ich von der WM 1970. Ich war noch im Trainingslager in Malente dabei, schied aber wegen einer Adduktorenverletzung aus. Ich bin trotzdem nach Mexiko geflogen und ich habe unsere Spieler bedauert. Ich saß bei den Siegen gegen Bulgarien und Peru auf der Tribüne - und ich litt selbst im Sitzen aufgrund der mörderischen Hitze. Und unten mussten meine Kameraden bei 50 Grad Fußball spielen. Und dann kamen zwei sensationelle Spiele.

Das 3:2 nach 0:2 gegen England mit dem unglaublichen Hinterkopf-Tor von Uwe Seeler, das ein Meisterwerk der Intuition war. Der Uwe hat einfach eine Weisheit des Trainers Helmut Schön beherzigt. Der sagte immer. Wenn ihr nicht wisst wohin mit dem Ball - dann schießt ihn einfach ins Tor. Und dann die Steigerung der Dramatik beim 3:4 gegen Italien mit dem an der Schulter verletzten Franz Beckenbauer. Diese beiden deutschen Spiele gegen England und Italien gingen als Meilensteine in die Fußball-Geschichte ein.

Wir haben damals gezeigt, dass wir eine Mannschaft hatten, die nie aufgab, und die deswegen

DER EXPERTE
Zwei Meilensteine unserer WM-Geschichte

Günter Netzer:

„Seelers Tor war ein Meisterwerk der Intuition"

für jeden Gegner unberechenbar war. Eine Augenweide war das Gespann Müller/Seeler. Das geht nie – unkten die Experten im Vorfeld. So, wie es nie zwischen Wolfgang Overath und mir im Mittelfeld funktioniert hat. Aber Uwe Seeler und Gerd Müller arrangierten sich – und dies war eine der größten taktischen Meisterleistungen, die es im deutschen Fußball je gegeben hat. Das Arrangement dieser beiden war charakterlich stark, vor allem Uwe Seeler gebührt die Anerkennung, weil er sich nicht zu schade war, in dieser Variante seinen Platz ganz vorne aufzugeben und hinter Müller zu rackern. Die beiden haben das Problem – das nehme ich an – auf dem kleinen Dienstweg gelöst. Müller war schlau, Seeler war klug, und Helmut Schön, der Intellektuelle unter den Fußballtrainern, psychologisch so stark, dass er die beiden machen ließ. Schön wäre, da zu gutmütig, nie ein erfolgreicher Vereinstrainer geworden, aber er war die Idealbesetzung des Nationalcoaches, weil er seine Stars bei Laune hielt. Ich weiß es von der EM 1972, als er immer wieder sagte: Macht doch was ihr wollt, ihr wisst es sowieso besser. Dass wir 1970 am Ende gegen Italien ausgeschieden sind, hat dieser Mannschaft keiner übel genommen. Die Leute wollten Leistung sehen – und die sahen sie. So war die Niederlage gegen Italien sogar ein Sieg, wenn auch leider „nur" ein moralischer...

ANDERE FAKTEN

Gerd Müller hat wieder mal zugeschlagen: Eines seiner drei Tore gegen Peru.

Zum dritten Mal Weltmeister: Brasiliens Elf (rechts) vor dem Finale gegen Italien.

1970 – Endrunde in Mexiko (31. 5.-21.6.)

Gruppe 1
Mexiko – UdSSR	0:0
Belgien – El Salvador	3:0
UdSSR – Belgien	4:1
Mexiko – El Salvador	4:0
UdSSR – El Salvador	2:0
Mexiko – Belgien	1:0

Endstand: 1. UdSSR (5:1 Punkte / 6:1 Tore), 2. Mexiko (5:1 / 5:0), 3. Belgien (2:4 / 4:5), 4. El Salvador (0:6 / 0:9).

Gruppe 2
Uruguay – Israel	2:0
Italien – Schweden	1:0
Uruguay – Italien	0:0
Schweden – Israel	1:1
Schweden – Uruguay	1:0
Italien – Israel	0:0

Endstand: 1. Italien (4:2 Punkte / 1:0 Tore), 2. Uruguay (3:3 / 2:1), 3. Schweden (3:3 / 2:2), 4. Israel (2:4 / 1:3).

Gruppe 3
England – Rumänien	1:0
Brasilien – Tschechoslowakei	4:1
Rumänien – Tschechoslowakei	2:1
Brasilien – England	1:0
Brasilien – Rumänien	3:2
England – Tschechoslowakei	1:0

Endstand: 1. Brasilien (6:0 Punkte / 8:3 Tore), 2. England (4:2 / 2:1), 3. Rumänien (2:4 / 4:5), 4. Tschechoslowakei (0:6 / 2:7).

Gruppe 4
Peru – Bulgarien	3:2
Deutschland – Marokko	2:1

(Tore für Deutschland: 1:1 Seeler, 2:1 Müller)
Peru – Marokko	3:0
Deutschland – Bulgarien	5:2

(Tore für Deutschland: 1:1 Libuda, 2:1 Müller, 3:1 Müller, 4:1 Seeler, 5:1 Müller)
Deutschland – Peru	3:1

(Tore für Deutschland: 1:0, 2:0, 3:0 Müller)
Bulgarien – Marokko	1:1

Endstand: 1. Deutschland (6:0 Punkte / 10:4 Tore), 2. Peru (4:2 / 7:5), 3. Bulgarien (1:5 / 5:9), 4. Marokko (1:5 / 2:6).

Viertelfinale
Uruguay – UdSSR	n.V. 1:0
Italien – Mexiko	4:1
Brasilien – Peru	4:2
Deutschland – England	n.V. 3:2

(Tore für Deutschland: 1:2 Beckenbauer, 2:2 Seeler, 3:2 Müller)

Halbfinale
Italien – Deutschland	n.V. 4:3

(Tore für Deutschland: 1:1 Schnellinger, 1:2 Müller, 3:3 Müller)
Brasilien – Uruguay	3:1

DAS ZITAT

„Es geht leider nicht anders, ich muss Didi ein bisschen Ärger machen."

Pelé über Didi, Trainer von Peru. Pelé war mit Didi zweimal Weltmeister geworden. Das Spiel endete 4:2 für Brasilien.

Spiel um Platz 3 (20.6.)
Deutschland – Uruguay	1:0

Deutschland: Wolter, Schnellinger (46. Lorenz), Patzke, Fichtel, Weber, Vogts, Seeler, Overath, Libuda (75. Löhr), Müller, Held.
Uruguay: Mazurkiewicz, Ubinas, Anchela, Matosas, Mujica, Montero-Castillo, Cortés, Fontes (46. Esparrago), Cubilla, Maneiro (69. Sandoval), Morales.
Schiedsrichter: Sbardella (Italien).
Zuschauer: 104 000 Azteken-Stadion, Mexiko City.
Tor: 1:0 Overath (27.)

Endspiel (21.6.)
Brasilien – Italien	4:1

Brasilien: Felix, Carlos Alberto, Brito, Wilson, Everaldo, Clodoaldo, Gérson, Jairzinho, Tostao, Pelé, Rivelino.
Italien: Albertosi, Cera, Burgnich, Bertini (74. Juliano), Rosato, Facchetti, Domenghini, Mazzola, de Sisti, Boninsegna (84. Rivera), Riva.
Schiedsrichter: Glöckner (DDR).
Zuschauer: 107 000 Azteken-Stadion, Mexiko City.
Tore: 1:0 Pelé, 1:1 Boninsegna (37.), 2:1 Gérson (65.), 3:1 Jairzinho (70.), 4:1 Carlos Alberto (86.).

Torjäger des Turniers
Gerd Müller (Deutschland)	10
Jairzinho (Brasilien)	7
Teofilo Cubillas (Peru)	5
Pelé (Brasilien)	4
Anatoli Bishovets (UdSSR)	4

Geschossene Tore	95
Tordurchschnitt pro Spiel	2,97
Die meisten Tore	Brasilien 19
Das schnellste Tor	Ladislav Petras
	(3. Minute bei CSSR – Rumänien)
Elfmeter	5
	(alle verwandelt)
Platzverweise	keine

„Ich weigere mich heute noch, das 3:4 gegen Italien anzuschauen"

Gerd Müller über das „Jahrhundertspiel", die Doppelspitze mit Uwe Seeler und die WM 1970 in Mexiko

DER ZEITZEUGE

Das war die Frage aller Fragen vor der WM 1970: Wer würde Spitze spielen? Uwe Seeler oder ich? Keiner wusste es. Der Uwe nicht, ich nicht – und wohl lange auch Helmut Schön, unser Trainer, nicht. Ich hatte ihm seine Entscheidung ja auch wirklich nicht leicht gemacht. Denn ich war in den Vorbereitungsspielen mitten drin in einer Phase, in der ich das Tor nicht mehr traf. Es war wie verhext. Ausgerechnet ich versemmelte die besten Dinger. Und Uwe traf und traf.

Eines Tages ging ich zu Helmut Schön und bat ihn: „Uwe oder ich! Trainer, bitte entscheiden Sie sich." Doch Schön spielte auf Zeit. Noch vor unserem Abflug nach Mexiko beraumte er in Frankfurt eine Sitzung an – doch wieder erklärte er sich nicht.

Zwei Tage vor dem ersten WM-Auftritt wussten Uwe und ich immer noch nicht, wer überhaupt und wenn ja wo spielen würde. Nur eines war klar: Schön hatte uns einen gemeinsamen Bungalow zugeteilt – und wir beide verstanden uns prima. Wir hatten nicht das kleinste Problem miteinander, nicht einmal mit dem Umstand, dass das warme Badewasser pro Tag immer nur für eine Wanne reichte – wir arrangierten uns eben. Und dann das letzte Training vor dem WM-Auftakt: Schöns A-Auswahl maß sich gegen die B-Elf. Überraschung: Uwe spielte in der A-Auswahl - und ich ebenfalls. Wir hatten beide die gleiche Chance von Schön bekommen, das war fair. Der Unterschied zwischen uns beiden war: Uwe traf, ich wieder nicht. Vielleicht war da schon die Entscheidung gegen mich gefallen – ich weiß es bis heute nicht: Auf jeden Fall „versetzte" mich Schön in der zweiten Halbzeit ins B-Team. Und auf einmal traf auch ich wieder – mit drei Treffern stellte ich den Trainer erneut vor eine schwierige Entscheidung. Sie lautete am Ende: Uwe spielte im ersten Spiel mit Helmut Haller auf rechts, ich zentral vorne. Wir spielten nicht gut gegen Marokko, aber sowohl Uwe wie auch ich schossen ein Tor zum erzitterten 2:1. Gegen Bulgarien änderte Schön seine Taktik: Haller musste draußen bleiben, Stan Libuda spielte Rechtsaußen, Uwe und ich bildeten die Doppelspitze. Wir trafen wieder: Uwe ein Mal, ich machte gleich drei Tore – es lief blendend.

Bis zu diesem traurigen 3:4 gegen Italien im Halbfinale. Ich habe mir hinterher dieses Spiel noch nie angeschaut und werde es auch niemals tun. Ich weigere mich, diese Niederlage jemals anzuschauen, denn ich weiß: Ich würde heulen vor Zorn.

Es ist zwar schon über 30 Jahre her, aber ich weiß heute noch, dass ich den Sigi Held, der den Fehler vor dem 2:2 gemacht hat, spontan hätte umbringen können. Obwohl er so ein lieber Kerl ist. Und den Willi Schulz habe ich auch nicht verstanden. Zwei Stunden lang hat der Willi den Boninsegna hart, aber fair bekämpft, und ihm wirklich nichts geschenkt. Und dann lässt

Gerd Müller und Uwe Seeler (kleines Foto rechts) wurden in Mexiko Freunde.

er ihn in der 120. Minute links draussen einfach laufen und zur Mitte passen – wo Rivera stand und das Siegtor für die Italiener machte. Unglaublich, heute noch...

Dennoch: Obwohl ich 1974 im eigenen Land doch noch Weltmeister geworden bin, gibt es für mich keinen Zweifel - 1970, die WM in Mexiko war das schönere Turnier. 1974 gab's doch viel Zoff, vier Jahre vorher war alles harmonisch verlaufen. Wir hatten eine Super-Stimmung, wir hatten Spaß und wir spielten voller Begeisterung in dieser Mannschaft. Ich glaube – auch die Zuschauer haben dies gemerkt.

Gerd Müller (3. November 1945) absolvierte zwischen 1966 und 1974 62 Länderspiele und erzielte dabei 68 Tore – ein Rekord für die Ewigkeit. Den stellte er auch in der Bundesliga auf, 365 Tore werden nie mehr erreicht werden. In Deutschland spielte Müller, genannt auch der „Bomber der Nation", nur für einen Verein, den FC Bayern München. Mit ihm und der Achse Maier, Beckenbauer, Müller gewann der FCB alle nationalen und internationalen Titel, die es zu gewinnen gibt. Müller wurde mit der Nationalelf 1970 WM-Dritter, 1974 Weltmeister. Nach dem WM-Gewinn trat er aus der Nationalmannschaft zurück.

DER JOURNALIST
...wie ich beim Finale als Sanitäter verkleidet in den Innenraum des Stadions schlich

Brasilien gegen Italien, zwei klassische Fußball-Nationen, bestreiten das WM-Finale 1970. Mehr als 100 000 Zuschauer im proppenvollen Aztekenstadion von Mexiko City fiebern dem Spiel entgegen. Und ich bin dabei. Mein erstes Endspiel einer Weltmeisterschaft als junger Reporter.

Aber das genügt mir nicht. Ich will hautnah dabei sein, wenn die Entscheidung fällt. Wenn die Sieger mit dem „Coupe Jules Rimet" ihre Ehrenrunde drehen. Aber wie?

Ich verschwinde in den Katakomben des Stadions. Ich versuche, auf Schleichwegen in den Innenraum zu kommen.

Keine Chance! Alle Zugänge sind hermetisch abgeriegelt. Da hilft nur eine List.

Zwei Sanitäter hasten an mir vorbei.

Sanitäter? Das ist die Idee!

Im Sani-Raum trage ich mein Anliegen vor. Der diensthabende Arzt hat Bedenken, wiegt den Kopf hin und her. Aber mein Beteuern, in Erster Hilfe ausgebildet zu sein, und eine kleine Spende in die Kaffeekasse überzeugen ihn schließlich. Zehn Minuten später stehe ich als Hilfs-Sanitäter mit weißem Anzug und rotem Kreuz am Spielfeldrand.

Ich kann ihn fast greifen, den großen Pelé, der

mit einem phantastischen Kopfball das erste Tor erzielt.

Oder das Schlitzohr Boninsegna, der für Italien ausgleicht.

Nach einer Stunde lassen die Kräfte der Azzurri nach. Die 120-Minuten-Schlacht im Halbfinale gegen Deutschland steckt ihnen noch in den Knochen. Gérson, Jairzinho und Carlos Alberto machen den dritten WM-Titel für die Zauberer vom Zuckerhut perfekt.

Nach dem Schlusspfiff des deutschen Schiedsrichters Rudi Glöckner aus Markranstädt bei Leipzig kennt der Jubel keine Grenzen. Die Brasilianer tanzen Samba auf dem Rasen. Ich mittendrin. Ich sehe Jairzinho weinen vor Freude. Ich sehe den Glanz in Pelés Augen, als Kapitän Carlos Alberto den Goldpokal in den Händen hält. Und für einen klitzekleinen Moment fühlt sich ein falscher, aber stolzer Sanitäter ebenfalls wie ein Weltmeister...

Klaus Schlütter (Jahrgang 1941) ist seit 1966 bei BILD-Stuttgart und leitet dort die Sportredaktion. Schlütter begleitete über viele Jahre hinweg die Nationalelf und betreut heute noch für BILD den VfB Stuttgart in der Bundesliga.

Ich zeige dir ein Bild von mir. Roland Mack, Freizeitvisionär, Europa-Park Rust/Baden.

Das Leben hinter den Kulissen von Deutschlands größtem Freizeitpark ist wie ein Karussell. Wenn es für einen Moment langsam wird, zieht es mich in den Zaubergarten. Mit badischem Wein und dem Sonnenmännchen – dem Zeichen der badischen Winzergenossenschaften.

Unser Sonnenmännchen. Bei allen echten Genießern zu Hause.

BADISCHER WEIN
von der Sonne verwöhnt

Information: Badischer Wein, Keßlerstraße 5, 76185 Karlsruhe, www.badischerwein.com, badische.weinwerbung@t-online.de

Der Triumph über Holland

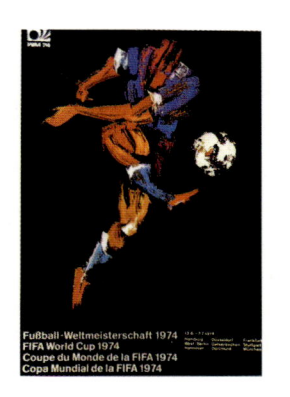

1974

Im Stehen, Sitzen oder Liegen - wie hier gegen Jugoslawien - Gerd Müller war immer für „sein" Tor gut.

Deutschland

Holland

Polen

Brasilien

*Holland hatte die beste Mannschaft
bei diesem Turnier.
Aber die Holländer hatten
einen Fehler in ihrem Plan:
Sie wollten im Finale nicht nur
gegen Deutschland gewinnen,
sie wollten die Deutschen demütigen.
Und sie scheiterten. An ihrer Überheblichkeit.
Die Chefs der Teams setzen die Zeichen:
Während Johan Cruyff die Sache spielerisch
erledigen wollte, krempelte Franz Beckenbauer
entschlossen die Ärmel hoch - und siegte.*

BUCHKATALOG.DE

Von Beckenbauer gehen die richtigen Signale aus

Die Holländer waren besser, aber sie hatten einen Fehler im Plan: Sie wollten die Deutschen blamieren

„Wir wollten die Deutschen vorführen. Wir dachten zwar nicht darüber nach, aber wir taten es einfach. Wir schoben den Ball hin und her und vergaßen, das zweite Tor zu machen." Johnny Rep hat es später so erzählt. Und Wim van Hanegem, der Stratege des „Oranje-Teams", sagte Ähnliches: „Es hätte uns nicht gestört, wenn wir nur mit 1:0 gewonnen hätten, so lange wir sie demütigen konnten."

Es muss eine eigenartige Atmosphäre auf dem Platz und in den Katakomben des Münchner Olympiastadions bei diesem WM-Endspiel '74 geherrscht haben. Von Sportkameradschaft, vom vielbeschworenen Fair-Play, keine Rede mehr. „Wir standen im Tunnel", erinnert sich Bernd Hölzenbein, jener Deutsche, auf den gut zwei Stunden später ganz Holland fluchte. Und weiter: „Wir hatten uns vorgenommen, Ihnen in die Augen zu schauen. Furchtlos. Wir wollten ihnen damit zeigen, dass wir genauso groß waren." Hundertmal schon hat der ehemalige Stürmer der Frankfurter Eintracht seine Geschichte des Finales erzählt, auch auf den Tag genau 27 Jahre später, als er mit einer Traditionsmannschaft – auch Sepp Maier und Wolfgang Overath waren mit dabei – in Bad Krozingen, in der Nähe von Freiburg, Fußball gespielt hat. Nach einem Schluck Pils beim kleinen Bankett des FC Bad Krozingen redete er weiter: „Aber sie, diese Holländer, hatten offenbar das Gefühl, einfach unschlagbar zu sein – man konnte es ihren Blicken ansehen, ihrer Haltung, ihrer Körpersprache, die uns sagen wollte: Mit wie vielen Toren Unterschied wollt ihr heute verlieren?"

So ganz abwegig waren aus Sicht der Holländer solche Gedanken am Nachmittag des 7. Juli 1974 ja auch wirklich nicht. Bayern München, der amtierende Europacup-Sieger der Landesmeister, und Ajax Amsterdam, dreifacher Seriensieger zuvor, waren die dominierenden Mannschaften dieses Kontinents. Und so war es kein Zufall, dass beide Teams mit je sechs Akteuren in diesem Weltfinale vertreten waren. Cruyff, Haan, Neeskens, Krol, Rep und Suurbier auf der einen, Maier, Beckenbauer, Breitner, Schwarzenbeck, Hoeneß und Müller auf der anderen Seite. Doch was machte die Holländer so siegesicher, was trieb sie in eine grenzenlose Überheblichkeit, für die sie bitter bezahlen sollten? 5:0 in Freundschaft und 4:0 im Europapokal hatte Ajax die Bayern in den Jahren zuvor fast der

DER RÜCKBLICK

Vogts und Maier kommen zu spät, 1:0 für die DDR durch Sparwasser.

Lächerlichkeit preis gegeben. Durchmarschiert waren Niederlandes Nationalkicker in der Vorrunde gegen Uruguay (2:0), Schweden (0:0) und Bulgarien (4:1), getragen von einer Welle der Begeisterung ihrer Fans, die die Stadien in Deutschland „oranje" färbten. Souverän, und ohne Gegentor hatte die Elf des „Generals" Rinus Michels, der drei Monate vor der WM den einem Spielerstreik zum Opfer gefallenen Dr. Frantisek Fadrhonc abgelöst hatte, ihre Aufgaben in der Zwischenrunde gelöst. 4:0 gegen Argentinien, 2:0 gegen die DDR und 2:0 gegen Brasilien, den Weltmeister, der jedoch nach Pelés Rücktritt seine Seele verloren hatte. Holland, nach 36 (!) Jahren wieder einmal für eine Weltmeisterschaft qualifiziert, hatte sich zunehmend in einen Rausch gespielt. Allerdings: Der Mannschaft war alles leicht gefallen, die Siege flogen ihr quasi wie im Schlaf zu, sie war schlicht und ergreifend sechs Mal nicht gefordert worden. Und sie hatte vergessen, dass sie trotz 10:2-Qualifikationspunkten und 24:2-Toren nur aufgrund einer falschen Schiedsrichterentscheidung überhaupt an dieser WM teilnehmen durfte. Beim letzten Spiel der Europa-Gruppe 3 nämlich hatte Belgien durch Jan Verheyen in der letzten Minute ein völlig reguläres Tor erzielt, der ansonsten so stimmgewaltigen Kulisse in Amsterdam hatte es vor Schreck die Sprache verschlagen. Doch der sowjetische Schiedsrichter Khazakow annullierte das Tor. Er verweigerte damit Belgien die WM-Teilnahme, machte für Holland den Weg frei und muss deshalb in der Rückschau als Geburtshelfer einer großen niederländischen Mannschaft und einer großen Ära des holländischen Fußballs gelten. Doch manchmal stellt das Leben seine Rechnungen eben erst später. Für Holland an jenem 7. Juli des Jahres 1974 - und fortan war nicht mehr Belgien der Erzfeind Nummer eins im Fußball, sondern Deutschland, personifiziert in einem Mann namens Hölzenbein.

Deutschland, der WM-Gastgeber – das war von Anfang an klar – Deutschland war der große WM-Favorit. Wer sollte diesen Deutschen im eigenen Land im Kampf um den neuen Welt-Cup Paroli bieten? Den alten hatten die Brasilianer nach ihrem dritten Titelgewinn für immer behalten dürfen. Wer, bitte schön, könnte jener Mannschaft, die nur zwei Jahre zuvor bei der grandios gewonnenen EM einen neuen Stil kreiert hatte, gefährlich werden? Wer sollte die Kreise des „Kaisers" Franz Beckenbauer und seines Statthalters im Mittelfeld, Günter Netzer, stören? Wer würde es überhaupt wagen, daran zu denken, dass diese Mannschaft schlagbar wäre?

Im Gegensatz zu den Holländern hatten die Deutschen mehr Glück. Denn sie wurden in ihrer Überheblichkeit und in ihrem Poker nach hohen Siegprämien, schon in der Vorrunde kalt erwischt. Von einem Nobody der großen, weiten Fußball-Welt. Goliath Westdeutschland scheiterte an David Ostdeutschland – man schrieb den 22. Juni 1974, als Jürgen Sparwasser

---

In jenen Weltmeisterschafts-Tagen im Juni und Juli klebte an vielen Plakatwänden im Land ein riesiges Poster, auf dem die bundesdeutsche Nationalmannschaft in Lebensgröße für eine Teesorte warb: „Der Schluck, der uns siegen lässt", lautete die Werbebotschaft der kickenden Teetrinker. Zwei Tage nach jenem scheinbar verhängnisvollen 22. Juni von Hamburg hatte dann ein Pfiffikus auf das Teeplakat vor unserer Schule mit schwarzer Farbe zwischen das Wort „Schluck" und das Komma den Namen „Sparwasser" eingesetzt. Welch treffliche Ironie!

Nur so ließ es sich schließlich ertragen, was die Fußball-Fans im Veranstalterland gleichsam schockiert quittierten, und was in der französischen Zeitung „Le Journal du Dimanche" so formuliert wurde: „Demütigung Westdeutschlands durch Ostdeutschland. Ein hartes Erwachen für ein Volk des Fußballs, das verkündet hatte: „Dieser Weltpokal '74 ist unser!" In der Tat: Quelle

DIE GLOSSE
Der Schluck Sparwasser, der uns siegen ließ...

blamage, liebe französischen Freunde! Da lässt man den armen Fußball-Vetter aus „Dingsda", wie so mancher „Westler" die DDR damals immer noch am liebsten bezeichnet hätte, zum ersten Mal in der Endrunde mitmachen, und dann das! Als ob der Spion im Kanzleramt, Günter Guillaume, der Monate zuvor für den Rücktritt von Willy Brandt gesorgt hatte, nicht schon (Ost-) Laus genug im Pelz des Westens gewesen wäre...

Erst am 7. Juli, am Tag des WM-Sieges der Beckenbauer & Co., aber hatten wir die Botschaft des Plakat-Sprayers in ihrer ganzen und wahren Tragweite erkannt: Denn erst durch Sparwassers Tor, durch das 0:1 und damit Platz zwei der Vorrunde, war die schwere Zwischenrunde mit den Holländern vermieden worden, und aufgeschreckt durch die Niederlage im „Bruderkampf" eilte die DFB-Elf anschließend von Sieg zu Sieg - über Jugoslawien, Schweden, Polen und schließlich Holland. Warum eigentlich hat man Jürgen Sparwasser, der zu Hause in der DDR natürlich als „Verdienter Meister des Sports" geehrt wurde, was in angenehmster Weise mit monetären Zuwendungen verknüpft war, nicht auch noch das „Silberne Lorbeerblatt" des Westens verliehen? Er wäre der erste Ost-Bürger mit West-Orden gewesen, und irgendwann passiert doch alles zum ersten Mal. Wenigstens jetzt, im wieder vereinten Vaterland, sollten sie's tun! Oder ihm Tee bis ans Lebensende eingießen. Dafür, dass er das Wort des Dramatikers Friedrich Dürrenmatt so schön in der Realität bestätigt hat: „Es gibt Kämpfe, deren Sinn darin liegt, dass man sie verliert."

im zum „Bruderkampf" hochstilisierten deutsch-deutschen-Fußballvergleich Sepp Maier überwand und 1000 ausgesuchte DDR-Schlachtenbummler im Hamburger Volksparkstadion, wie von unsichtbarer Hand gelenkt, im gleichen Takt ihre schwarz-rot-goldenen Fähnchen, mit Hammer und Zirkel verziert, schwenkten. Deutschland – DDR 0:1, kaum zu glauben (siehe auch DDR-Teil). Im Nachhinein müssen die reichen westdeutschen Fußballasse ihren armen Kollegen von drüben dankbar sein. Es ist zwar nicht beweisbar, aber der Schluss liegt nahe, dass die Ostdeutschen die ungeliebten Brüder aus Westdeutschland zum Weltmeister gestählt haben. Gekriselt hatte es in Malente, dem abgeschirmten Trainingslager der Bundesliga-Millionäre, schon länger, doch nun, nach dieser sensationellen und unfassbaren Niederlage gegen die DDR, brach die Krise offen aus. „Die schweren Fehler des Herrn Schön", titelte „BILD", damals nach eigenen Angaben „Europas größte WM-Zeitung", beruhigte dann aber schnell: „Noch ist Deutschland nicht verloren!"

Franz Beckenbauer beließ es nicht dabei, die Kapitänsbinde nur am linken Arm zu tragen, er griff und mischte sich fortan in alles ein, und Helmut Schön, der Trainer, überließ ihm notgedrungen Kompetenzen, räumte ihm ein Mitspracherecht ein. Beckenbauer und die Mannschaft entschieden sich für Wolfgang Overath als Chef im Mittelfeld. Günter Netzer, von Madrid angeschlagen nach Malente angereist und trotz Schinderei nicht mehr in die Form des Jahres 1972 gekommen, war nur die letzten 21 Minuten im Spiel gegen die DDR eingewechselt worden. Es waren die einzigen WM-Minuten in der großen Karriere des langen Blonden mit dem großen Schuh. Fortan trug Netzer zum späteren WM-Gewinn insofern nicht unwesentlich bei, weil er

DER PROMINENTE

Eine Fußball-WM fasziniert mich, weil...

...die „Helden von Bern" noch heute zu meinen Idolen gehören und ich als Politiker weiß, welch wichtige Rolle ein WM-Turnier für die Integration aller Menschen spielt.

Edmund Stoiber, Ministerpräsident Bayerns, Kanzlerkandidat der CDU/CSU.

bei speziellen, geheimen Übungseinheiten den holländischen Star Johan Cruyff doubelte und so den deutschen „Terrier" Hans-Hubert Vogts auf seine finale Spezialaufgabe gegen den Chef der Niederländer schulte und einstellte. „Keiner weiß, wie ich damals gelitten habe", erzählte Netzer einmal später über die Tage vor der WM. Doch er brachte sich fürs Ganze vorbildlich ein. „Er hat Vogts, damals einen der weltbesten Verteidiger, auf dem Trainingsplatz regelrecht verarscht, ihm die Tricks und Finten Cruyffs anschaulich demonstriert", erzählten Mitspieler. Schöns Plan ging auf: Netzers Privatstunden sollten Berti Vogts im Endspiel entscheidende Vorteile bringen – insofern darf sich auch Günter Netzer als WM-Gewinner fühlen.

Auch die Einstellung der Mannschaft hatte sich nach dem Schock des DDR-Spiels geändert. Egal in welcher Besetzung: Jeder wusste nun, dass nur mit einer einhundertprozentigen Einstellung Staat im Staate Deutschland zu machen war. Jugoslawien bekam es in der Zwischenrunde – der K.o.-Modus, seit 1958 praktiziert, war zugunsten von mehr WM-Spielen (38 statt 32) abgeschafft worden – als erster Gegner zu spüren. 2:0 siegten die Deutschen und unvergessen ist das Tor von Gerd Müller, das der „Bomber der Nation" praktisch im Liegen erzielt hat. 4:2 wurden die Schweden in der Regenschlacht von Düsseldorf niedergerungen. Und als es gegen die Polen um den Einzug ins Finale ging, begann das Treffen in Frankfurt mit halbstündiger Verspätung. Ein Gewitter hatte den Platz mit Pfützen übersät - das Fußballspiel war zur Lotterie geworden. Wieder wurde es den Deutschen nicht leicht gemacht. Uli Hoeneß scheiterte mit einem Elfmeter. Doch wieder einmal richtete Gerd Müller alles mit seinem Tor des Tages – Deutschland war im Finale angekommen. Und im Tunnel warteten auf Hölzenbein und Co. die siegessicheren Holländer.

In Münster hatten sie logiert, sie hatten es sich gut gehen lassen. Eine unprofessionelle Vorbereitung wurde später moniert. Geschrieben hatten deutsche Zeitungen einen Tag vor dem großen Finale von der „Pool-Affäre". Ein Journalist hatte sich ins Quartier eingeschlichen, als holländische Profis und ziemlich leicht bekleidete deutsche Mädels zusammen Badespaß hatten. Johan Cruyff, so wird noch heute erzählt, sei übermüdet beim Finale angetreten. Ehefrau Danny soll eine ganze Nacht lang Erklärungen am Telefon verlangt haben.

Doch Cruyff begann hellwach. Schon beim ersten Angriff fiel er über das ungestüm tackelnde Bein von Uli Hoeneß. Elfmeter pfiff der 44-jährige Metzgermeister John Taylor aus Wolverhampton – es sollte, da die Attacke von Hoeneß klar außerhalb des Strafraums erfolgte, die erste und nicht die letzte Fehlentscheidung dieses Spiels gewesen sein. Elfmeter in der ersten Minute. Was für ein Beginn. Strafstoß. Als Sepp Maier den Ball aus dem Netz holte, jenen Knaller von Johan Neeskens, war das Spiel gerade einmal 80 Sekunden alt, und der Torwart der erste deutsche Spieler, der in diesem Finale den Ball überhaupt berührte. Bernd Hölzenbein: „Fünf Minuten war ich wie gelähmt." Es war die Zeit, in denen die beiden Chefs auf dem Platz die Weichen für die restlichen 85 Minuten stellten. In diesen paar Dutzend Sekunden ist das Finale entschieden worden.

Johan Cruyffs Körpersprache zeigte Stolz, sie vermittelte Siegesgewissheit, gepaart mit einem gewissen Maß an Selbstherrlichkeit, die seine Mannschaft dazu verleitete zu glauben, nach dem 1:0 schon der sichere Sieger zu sein, den Titel in der Tasche zu haben. Cruyff, König Johan, stand kurz vor seiner Krönung. Und die wollte er zelebrieren. Möglichst spielerisch, möglichst körperlos.

Franz Beckenbauer dagegen signalisierte Kampfbereitschaft. Der „Kaiser" scheute nicht vor ungeliebtem Körperkontakt, er war bereit „Dreck zu fressen" und - wenn es denn schon einmal sein musste - auch einmal in den Sumpf zu fallen. Selten hat man ihn so kämpfen sehen, selten lag er so oft am Boden, wie in diesen 90 Minuten von München. Das aber war genau das richtige Signal für seine verunsicherte Mannschaft. Und die deutschen Fußballer bewiesen einmal mehr, dass sie in Stress-Situationen imstande waren, die Nerven zu behalten.

„Nur Berti Vogts hat das Zeug, dem besten Stürmer der Welt das Finale zu verderben", hatte Beckenbauer schon vorher entschieden, und Vogts hatte kleinlaut vor dem Spiel zurück gegeben: „Aber gegen Cruyff kann selbst der beste Mann schlecht aussehen." Doch Vogts war ein gehorsamer Untertan Beckenbauers. Ungeniert holte er sich gegen Cruyff schon nach vier Minuten die Gelbe Karte ab und zeigte damit dem spielenden Holländer, dass er nicht gewillt war, klein bei zu geben. Vogts wurde zu einem der entscheidenden Spieler auf dem Platz. Und

WALDIS WELT

„Für den Maier-Sepp bin ich der 'beste' Sportreporter"

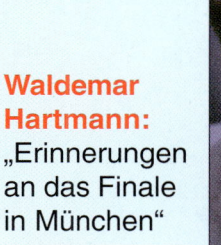

Waldemar Hartmann:
„Erinnerungen an das Finale in München"

Es war bei der Weltmeisterschaft 1994 in den USA. Im Redaktionsbüro der ARD im Fernsehzentrum in Chicago erhielt ich einen Anruf aus Dallas. Dort war damals die Hauptredaktion der ARD für die Weltmeisterschaft in den Vereinigten Staaten eingerichtet worden. Mein Job war die Betreuung der deutschen Fußball-Nationalmannschaft. Irgendwie seien 20 Minuten Sendezeit zu füllen, teilten uns die Kollegen aus dem fernen Texas mit – ob uns denn nichts dazu einfiele? Nun, die Idee war schnell geboren. 20 Jahre danach, ein kleines Jubiläum 20 Jahre nach dem WM-Gewinn von München 1974. Es war ja in der Tat nicht allzu schwierig gewesen, auf diese Idee zu kommen. Fast die halbe Mannschaft war ja vor Ort in Chicago. Berti Vogts war amtierender Bundestrainer, Rainer Bonhof sein Assistent und Sepp Maier der selbsternannte BTT (Bundes-Torwarttrainer). Auch Franz Beckenbauer war in der Gegend. Der „Kaiser" hatte eine eigene Sendung bei den Kollegen von „premiere".) Jeden Abend eine Viertelstunde „Schaun mer mal". Selbst Berti, zu diesem Zeitpunkt schon schwer im Stress, sagte sofort zu, an der Sendung teilzunehmen. Rainer, Sepp und Franz sowieso. Also, da saßen wir im ARD-Studio in Chicago und plauderten über alte Zeiten und Erfolge. Natürlich spielten wir auch einen kurzen Filmbeitrag ein mit den Höhepunkten des Endspiels im Münchner Olympiastadion. Ich traute meinen Augen nicht. Alle vier schauten im Studio wie gebannt auf den Monitor. So, als ob sie die Szenen vorher noch nie gesehen hätten. Dann das Foul an Hölzenbein – der Pfiff des Schiedsrichters, Elfmeter. Franz: „Es war eine Schwalbe!" – Berti: „Nein, nie und nimmer, ein klares Foul!" Rainer Bonhof war der Meinung von Berti, und Sepp Maier brachte es pragmatisch auf den Punkt: „Scheißegal, der Schiedsrichter hat Elfmeter gepfiffen." Fast wie beim dritten Tor von Wembley, die Diskussion erbrachte kein einheitliches Ergebnis. Aber die Erkenntnis, dass alle vier noch immer ganz besondere Erinnerungen an das Finale von München hatten. Für den „Kaiser" war eindeutig klar: „Die Holländer spielten damals insgesamt gesehen den attraktiveren Fußball, aber wir hatten den besseren Torwart:" Der Sepp bedauerte deswegen, dass in den Kurzzusammenfassungen des Endspiels auch meist nur die Fouls zu den Elfmetern und die Tore von Neeskens, Breitner und Müller gezeigt werden. Alle Paraden von Maier habe ich dann ein paar Jahre später in einer anderen Sendung dem Sepp vorgespielt. Das hat ihm sehr gefallen. In seinem Buch hat er mich dann – vielleicht deswegen – als besten Sportreporter gelobt. So geht das – wie im richtigen Leben...

117

DFB-Kader 1974

Eingesetzt: Beckenbauer, Bonhof, Breitner, Cullmann, Grabowski, Flohe, Herzog, Heynckes, U. Hoeneß, Hölzenbein, Höttges, Maier, G. Müller, Netzer, Overath, Schwarzenbeck, Vogts, Wimmer.
Nicht eingesetzt: Kapellmann, Kleff, H. Kremers, Nigbur.

es kam nicht von ungefähr, dass irgendwann in der ersten Halbzeit Cruyff einfach auf und davon lief und Hollands Torwart Jan Jongbloed zu einer Super-Parade zwang. Doch was wäre alles

Rassiges Spiel und ein scharfer Schuss beim 4:2-Sieg in Finalrunde 2 gegen Schweden.

gewesen ohne die Schlitzohrigkeit eines Bernd Hölzenbein. Nach 25 Minuten drang er in Hollands Strafraum ein, Willem Jansen ging halbherzig zum Ball, berührte Hölzenbein – und der flog, als ob er ein Vöglein wäre. Die Beine im Gleichklang, das Kreuz durchgedrückt, das Gesicht schmerzverzerrt. Elfmeter, Taylors zweiter Fehler? Paul Breitner scherte sich wenig um den wahrscheinlich falschen Pfiff. Links unten zappelte der Ball im Netz – 1:1. Das Spiel konnte neu beginnen.

Gerd Müller beendete es – was die Tore betrifft - auf bewährte Weise. Unnachahmlich nahm er eine Flanke von Rainer Bonhof an, er drehte sich, er zog ab gegen die Laufrichtung des holländischen Schlussmannes, Tor – 2:1, die Entscheidung noch vor der Pause. Und schon da haderte Cruyff mit sich, der Welt und dem Schiedsrichter. Beim Gang in die Kabine zog er seine Stutzen herunter, zeigte Taylor die malträtierten Schienbeine und sagte: „Das war der Vogts. Bitte pfeifen Sie in der zweiten Halbzeit besser." Mister Taylor hörte dies nicht gerne und hielt Cruyff den „gelben Karton" vor die Nase. Doch noch längst war dieses Finale nicht vorbei.

80 000 Fans in München und eine halbe Milliarde Zuschauer an den Fernsehschirmen auf dem ganzen Globus verteilt hatten noch aufregende 45 Minuten vor sich. Holland drängte, Sepp Maier, in Superform, hielt alles, einfach alles. Und wenn die „Katze von Anzing" doch einmal machtlos war, standen Breitner, Beckenbauer oder Bonhof auf der Linie und hielten das deutsche Tor sauber. Von einem glücklichen Sieg ist später die Rede gewesen. Dies stimmt so nicht. Denn die spielerisch besseren Holländer hatten gegen die kämpferisch bärenstarken Deutschen auch drei Mal riesiges Glück gehabt, nicht früh mit 1:3 aussichtslos in Rückstand zu geraten. Ein Kopfball von Bonhof zischte Millimeter am linken Pfosten vorbei, Gerd Müller erzielte ein reguläres Tor, das Taylor wegen angeblicher Abseitsstellung nicht gab, und als Wim Suurbier Hölzenbein hundertprozentig elfmeterreif legte, machte der Engländer Fehler Nummer 3 – seine Pfeife blieb stumm. Insofern ist die Mähr vom holländischen Pech in diesem Finale ein Märchen.

Verbürgt ist jedoch ein für seine Verhältnisse unwahrscheinlich kecker Spruch von Bundestrainer Schön beim Festbankett. „Du hättest es schwerer gehabt, wenn der Cruyff mitgespielt hätte", frozzelte der Bundestrainer den blonden Berti. Als diese Bemerkung schließlich in der Öffentlichkeit bekannt wurde, entschuldigte sich Schön: „Das war doch ein bisschen zu hart."

Die WM in Deutschland war zu Ende gegangen. Mit dem Sieg der eigenen Mannschaft, mit einem satten Zehn-Millionen-Mark-Gewinn für den DFB, mit der Professionalisierung des Fußballs auf dem Platz und im Umfeld und mit Verdruss. Weil die deutschen Spielerfrauen nicht zum Bankett eingeladen waren, erklärte zum Beispiel Gerd Müller spontan seinen Rücktritt. Doch die Kritik des Torjägers in Richtung DFB-Funktionäre traf die Falschen: Denn nicht der Deutsche Fußball-Bund war Ausrichter des festlichen Abends nach dem Spiel, sondern die FIFA. Und die hatte seit Menschengedenken zur Abschlussveranstaltung einer Weltmeisterschaft stets nur die Endspiel-Teams eingeladen – immer ohne Frauen.

ANDERE DATEN

1974
- Bayern München wird zum ersten Mal (gegen Atletico Madrid 1:1/4:0) Europapokalsieger der Landesmeister.
- Der TuS Wörrstadt wird erster Deutscher Fußballmeister der Damen.
- Der 1. FC Magdeburg gewinnt mit einem 2:0 im Finale gegen den AC Mailand den Europapokal der Pokalsieger.
- Zum dritten Mal hintereinander heißt der Meister Bayern München, Frankfurt gewinnt mit einem 3:1 n.V. gegen den HSV den Pokal.
- DDR-Meister: 1. FC Magdeburg. DDR-Pokalsieger: FC Carl-Zeiss Jena.

1975
- Borussia Mönchengladbach gewinnt als erste deutsche Mannschaft gegen Twente Enschede den UEFA-Pokal.
- Die Bayern verteidigen den Titel bei den europäischen Meistern - 2:0 gegen Leeds United.
- Eintracht Frankfurt verteidigt den Pokal - 1:0 gegen Duisburg. Gladbach gewinnt den nationalen Meistertitel.
- DDR-Meister: 1. FC Magdeburg. DDR-Pokalsieger: BSG Sachsenring Zwickau.

1976
- Deutschland erreicht erneut das EM-Finale, scheitert aber im Elfmeterschießen gegen die CSSR.
- Die Männer des FC Bayern gewinnen den Europapokal der Landesmeister zum dritten Mal hintereinander, 1:0 gegen St. Etienne.
- Nun gewinnen auch die Fußballfrauen des FC Bayern ihren ersten deutschen Titel.
- Franz Beckenbauer zum zweiten Mal Europas Fußballer des Jahres.
- Gladbach wird Meister, der Hamburger SV - 2:0 über Kaiserslautern - Pokalsieger.
- Sieger bei den Olympischen Spielen in Montreal wird die DDR, 3:1 gegen Polen.
- DDR-Meister: SG Dynamo Dresden. DDR-Pokalsieger: 1. FC Lokomotive Leipzig.

1977
- Der HSV wird durch ein 2:0 über Anderlecht Europapokalsieger der Pokalsieger.
- Der 1. FC Köln wird im Wiederholungsspiel gegen Hertha BSC (1:1/1:0) Pokalsieger, Gladbach wird zum dritten Mal hintereinander Deutscher Fußballmeister.
- DDR-Meister/Pokalsieger: SG Dynamo Dresden.

ZEITTHEMEN

Als Kanzler Brandt über einen Spion stolperte

1974: Zwei Monate vor der ersten Fußball-WM in Deutschland tritt Kanzler Willy Brandt zurück, weil sein persönlicher Referent Günter Guillaume sich als DDR-Spion entpuppt. Die ständigen Vertretungen beider deutscher Staaten, Resultat der Brandt'schen Annäherungspolitik, werden Ende Juni gleichwohl ausgetauscht. Brandts Nachfolger Helmut Schmidt wiederum erweist sich beim WM-Sieg als absoluter Sachverständiger: „Beckenbauer ist für mich der weltbeste Fußballer überhaupt." - Während in Westeuropa zwei Diktaturen zu Ende gehen - in Griechenland übergibt die Militärjunta an Präsident Karamanlis, in Portugal ebnet nach 40-jähriger Herrschaft Salazars wiederum das Militär den Weg zur Demokratie - steht US-Präsident Richard Nixon am Pranger: Er steckt hinter dem Einbruch ins Hauptquartier der Demokraten im Watergate-Hotel. Der Republikaner Nixon tritt am 8. August zurück. Sein Nachfolger wird Gerald Ford. - Und sonst? Der sowjetische Regimekritiker und Schriftsteller Solschenizyn wird des Landes verwiesen (Februar). - In Rumänien wird Nicolae Ceaucescu Staatschef (März). - Gestorben: Frankreichs Staatspräsident Georges Pompidou (62) am 2. April; Schriftsteller Erich Kästner (75) am 29. Juli; RAF-Mitglied Holger Meins nach Hungerstreik im Gefängnis (November).

1975: Vor Prozess-Beginn gegen den Kern der Baader-Meinhof-Gruppe in Stuttgart (21. Mai) schlägt der Terrorismus in Deutschland wieder zu: Für den entführten CDU-Politiker Peter Lorenz werden Genossen freigepresst (März), die deutsche Botschaft in Stockholm wird überfallen und gesprengt (April). - Trotz des Waffenstillstands von 1973 zwingt der Vietcong Südvietnams Generäle doch noch zur Kapitulation (30. April); aus Angst fliehen Zigtausende Südvietnamesen über die US-Botschaft und das offene Meer; der Vietnamkrieg kostete die USA rund 46 000 tote Soldaten und 112 Milliarden Dollar; das wiedervereinte Vietnam nennt keine Zahlen. - Nach dem Tod General Francos (20.11.) übernimmt König Juan Carlos in Spanien die Staatsgeschäfte.

1976: Gurtpflicht in Deutschland (Januar). - Traumhochzeit in Stockholm: Schwedenkönig Karl Gustav heiratet die deutsche Olympia-Hostess Silvia Sommerlath. - Ein israelisches Kommando beendet in Entebbe (Uganda) ein einwöchiges Geiseldrama nach Flugzeugentführung: Drei Geiseln, ein israelischer Major, sieben Terroristen und 20 ugandische Soldaten sterben (4. Juli). - Jimmy Carter wird US-Präsident (November).

1977: Die RAF-Terroristen Baader, Enßlin, Raspe u.a. erhalten lebenslang (28. April); zuvor töten Terroristen Generalbundesanwalt Siegfried Buback (7. April), danach auch Deutsche-Bank-Chef Jürgen Ponto (30. Juli); für den am 5. September entführten Arbeitgeber-Präsident Hanns-Martin Schleyer und die am 13. Oktober gekidnappte Lufthansa-Maschine „Landshut" verlangt die RAF die Freilassung von Baader&Co.; nachdem der Bundesgrenzschutz die „Landshut" in Mogadishu/Somalia stürmt und die deutschen Urlauber befreit, wird Schleyer erschossen; Baader, Enßlin und Raspe begehen Selbstmord. - Gestorben: Altkanzler Ludwig Erhard (80) am 5. Mai; Rocklegende Elvis Presley (42) am 16. August; Schauspieler Charly Chaplin (88) am 25. Dezember.

Johan Cruyff verlor zwar das WM-Finale 1974, zum besten Spieler des Turniers wurde er dennoch gewählt.

Johan Cruyff - ein Findelkind des Strafraums

Hollands vielleicht „komplettester Fußballer aller Zeiten" blieb stets kontrovers

Es gehört zu den tragischen Momenten des Fußballs, dass dem wohl besten holländischen Spieler aller Zeiten und der von ihm geführten, vielleicht auch besten holländischen Elf der Geschichte an jenem 7. Juli 1974 der größte Triumph versagt blieb. Das Unbill, das Johan Cruyff an jenem Sonntag im Münchner Olympiastadion widerfuhr, maß nur 1,67 Meter und hörte auf den Namen Hans-Hubert Vogts. Der Gladbacher Verteidiger hatte die Aufgabe, den Mann, der Hollands spektakulären Angriffsfußball inszenierte, an die Kette zu legen. Gleich in der ersten Minute des Finales aber entwischte Johan Cruyff seinem Bewacher, konnte von Uli Hoeneß nur noch gefoult werden, und Neeskens verwandelte zum 0:1. In der vierten Minute sah Berti Vogts bereits Gelb, aber am Ende schlichen die „Oranje"-Kicker, allen voran ein entnervter Cruyff, als Verlierer vom Platz

Dass er zum besten Spieler des Turniers gewählt wurde, vermochte Johannes Hendrikus Cruyff, geboren am 25. April 1947 in Amsterdam, damals nicht zu trösten, auch wenn er inzwischen seinen Platz in der Riege der Fußball-Legenden sicher weiß: „Vielleicht war ich der kompletteste Spieler aller Zeiten", sagte Cruyff über sich an seinem 50. Geburtstag.

Durchaus möglich. „Leichtfüßig, elegant, technisch brillant und trickreich, war er Spielmacher, Torevorbereiter und Goalgetter in einem", schreibt das „Munzinger-Archiv" über den 48-fachen Nationalspieler, der es zu mehr Meriten für „Oranje" gebracht hätte, wäre er nicht ein solch kontroverser Typ gewesen.

Europas dreimaliger Fußballer des Jahres (1971/1973/1974) akzeptierte in seiner großen Zeit nur seinen früheren Vereins- und späteren Nationaltrainer Rinus Michels als Lehrmeister und Vorbild. Der ließ ihn die dominierende Rolle auf dem Feld spielen, die Cruyff dann auch außerhalb beanspruchte. Unbequem, leicht aufbrausend, mit theatralischer Gestik - Cruyff war nie nur Spieler, sondern immer auch Schauspieler. Der Prototyp jener Show, die sich auch Profisport nannte. „Er kannte die Gesetze und er bewegte sich in ihnen, als sei er dort hineingeboren, als sei er ein Findelkind des Strafraums", schrieb während der WM-Tage der Journalist Ulfert Schröder.

Und in der Tat verbrachte Johan Cruyff seine Kindheit fast ausschließlich mit Profi-Fußballern. In der Nähe des Stadions von Ajax Amsterdam, dort, wo die armen Leute wohnen, und sein Vater einen Gemüseladen betreibt, wächst er auf. Als er zehn Jahre alt ist, stirbt der Vater, und die Mutter muss den Laden aufgeben. Sie arbeitet als Putzfrau bei Ajax, und wenn Johan von der Schule kommt, geht er nicht nach Hause, sondern zu Ajax, weil dort die Mutter ist. In den Gängen und Kabinen sitzt er bei den Spielern und hört, was sie vom Training oder vom Spiel erzählen. Er lauscht und lernt, und als er 13 Jahre alt ist, beschließt er, die Schule zu verlassen und einer von ihnen zu werden.

Die Mutter war entsetzt über einen Burschen ohne Schulbildung und Beruf. Aber schon als Jugendspieler bekam er 80 Mark im Monat plus Spesen, dazu jeden Tag ein warmes Mittagessen in der Kantine, und die Mutter musste beim Putzen den Rücken nicht mehr gar so krumm machen. Mit Fußball, so erkannte „Cruyffie", konnte er ein Star werden, ohne Fußball würde er der arme Junge bleiben. Damals ist sie entstanden und gewachsen: die Angst vor dem Hunger und der Armut, die in ihm den Fanatismus des Besessenen nährte. Selbst in seiner Heimat galt Johan Cruyff lange als arrogant und geldgierig. Aber jene, die so dachten, kannten Cruyffs Geschichte nicht.

DER SUPER-STAR

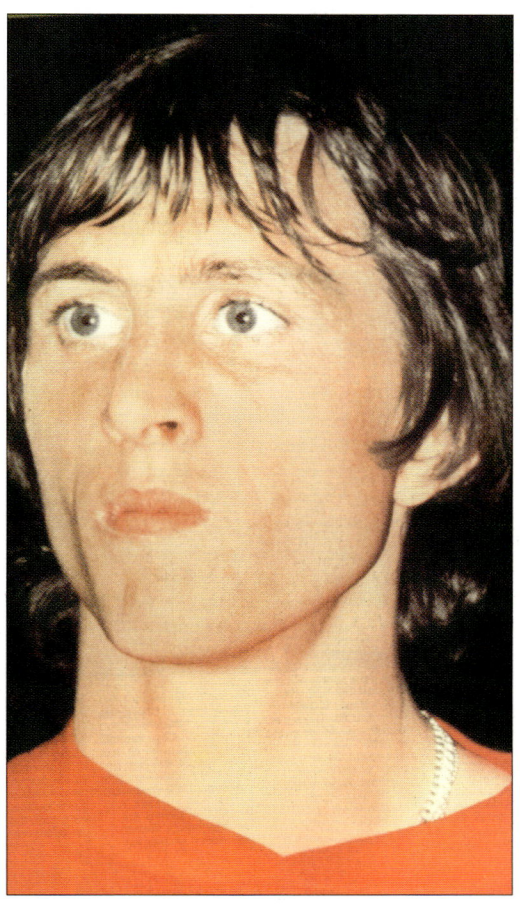

Als er 23 ist, hatte Cruyff den Aufstieg zum erfolgreichen Profi bereits geschafft. Vier Mal ist er mit Ajax Meister geworden. Aber dann traten drei Menschen in sein Leben, die ihn zum Superstar und zum Superreichen machten: Rinus Michels baut um Cruyff herum ein Ajax-Team, das drei Mal infolge den Europapokal der Meister gewann (1971/1972/1973), und dann lernte er jenen Mann kennen, der ihn noch im WM-Jahr zum zehnfachen Millionär beförderte: Cor Coster, gerissener Diamantenhändler und Vater von Cruyffs Frau Danny.

Der hellhaarige, kleine Mann macht aus dem Namen Johan Cruyff ein Unternehmen. Er handelt einen Vertrag mit Ajax aus, der dem Spieler ein Gehalt bis zum Karriereende garantiert und ihn zu nichts verpflichtet. Einen solchen Vertrag hatte es bis dahin noch nicht gegeben. Coster fädelt den Wechsel zum FC Barcelona ein, der allein drei Millionen auf Cruyffs Konto fließen lässt, und er verkauft den Namen des Schwiegersohns wie eine Erfindung: Autos, Haarwasser, Schuhe, Unterwäsche, Cognac, Limonade - für alles ist der Name Cruyff ein Markenzeichen. Ein teures, versteht sich.

Seinen Besitz hat Johan Cruyff für sich, seine Frau, die Töchter Susila, Chantal und den Sohn Jordi (ebenfalls Fußball-Profi) verteidigt wie ein einsamer, hungriger Wolf. Er gewann als Spieler mit Ajax (1966-73), Barcelona (1973-78) und Feyenoord Rotterdam, wo er nach Zwischenstationen in den USA seine Karriere 1984 beendete, zehn Meister- und sieben Pokaltitel und dreimal den Europapokal.

Und er holte als Trainer bzw. Technischer Direktor von Ajax Amsterdam (1985-88) und dem FC Barcelona (1988-95) sieben nationale Titel und vier Europapokal-Siege - aber er wusste, dass er nur im Erfolgsfall geduldet war auf diesen bestdotierten Schleudersitzen des Sports. Auch deshalb ist er, wie er ist: Immer ein wenig einsam - und nie satt.

Johan Cruyff war nicht nur ein genialer Spieler, sondern auch ein begabter Schauspieler.

ANDERE STARS

Wolfgang Overath
(29.9.1943) ist auch jenseits der 50 noch ein austrainierter, ein leidenschaftlicher Fußballer und ein erfolgreicher Geschäftsmann. Der „Vulkan vom Rhein" entschied sich 1962 für den 1. FC Köln und blieb diesem treu. Er wurde schon mit 18 Jahren Nationalspieler, für die damalige Zeit und bei der Philosophie eines Sepp Herbergers eine kleine Sensation. Seine Krönung feierte Overath bei seiner dritten WM-Teilnahme, als er 1974 Weltmeister wurde und zusammen mit Franz Beckenbauer die Mannschaft zum Titel dirigiert hatte.

Sepp Maier
(28.2.1944) – die „Katze von Anzing" war eine Institution im deutschen Tor. 1970, 1974 und 1978 spielte er bei der WM, mit dem großen Bayern-Team gewann er alles, was es im Fußball zu gewinnen gibt. Abruptes Karriereende nach einem Autounfall im Juli 1979. Bestritt 473 Punktspiele für den FCB, davon 442 in Folge. Heute ist der Tennis- und Golfliebhaber Bundestorwarttrainer. Buchautor: „Mit Spaß zum Erfolg".

Franz Beckenbauer
(11.9.1945) sei an dieser Stelle nochmals erwähnt, weil er – zusammen mit dem Holländer Johan Cruyff – dieser WM seinen Stempel aufgedrückt hatte (Portrait bei der WM 1990). Beckenbauer blieb auch nach dem Fußball ein Medienstar. Er holte zuletzt die WM 2006 nach Deutschland und ist Vorstandsvorsitzender der neu gegründeten FC Bayern München Kapitalgesellschaft. 103 Länderspiele, 14 Tore, Weltmeister 1974.

NAMEN & NACHRICHTEN

Neuer Präsident
Schon drei Tage vor Turnierbeginn fiel eine wichtige, zukunftsträchtige Entscheidung im Weltfußballverband (FIFA). In einer Kampfabstimmung unterlag Sir Stanley Rous (England) dem brasilianischen Newcomer Joao Havelange. Der neue Präsident, der erst im Jahre 1998 von Sepp Blatter abgelöst wurde, hatte im Gegensatz zu seinem britannischen Widersacher einen knallharten Wahlkampf geführt, auf Reisen in 86 FIFA-Ländern vor allem im afrikanischen und asiatischen Raum Propaganda für sich gemacht und durch Versprechungen Stimmen für sich gebucht. Er galt als der „Champion der dritten Welt" und ließ seine Anhänger auf eigene Kosten zur Wahlveranstaltung nach Deutschland fliegen. Im Hintergrund zog adidas-Chef Horst Dassler die Fäden, der später auch mithalf, Juan Antonio Samaranch zum Wohle der Firma auf den olympischen Thron zu installieren. Mit Havelange und Weltfirmen wie Coca-Cola, adidas, IVC oder McDonalds im Windschatten, expandierte das Unternehmen Fußball weltweit und die Macht und das Vermögen der FIFA wuchsen.

Angst
Nie zuvor spielten bei einer sportlichen Großveranstaltung die Überlegungen über die Sicherheitsvorkehrungen eine so große Rolle wie 1974. Durch das Attentat während der Olympischen Spiele 1972 in München aufgeschreckt, wurden viele Maßnahmen ergriffen, damit sich eine solche Tat nicht noch einmal ereignen konnte. Viel Polizeipräsenz war nur der äußere Ausdruck der Angst vor dem Terror. Und so ging die WM auch unter dem Stichwort „WM der Uniformen" in die Fußballgeschichte ein.

Medienpräsenz
Das weltweite Interesse an einer Fußball-WM führte auch zu erhöhten Anforderungen an den Veranstalter. So waren neue Plätze für Fernsehkameras in den Stadien einzuplanen, generell musste jede Arena auch über 400 Medienplätze verfügen. Bei Spielen mit deutscher Beteiligung stieg dieses Kontingent sogar auf 600, beim Finale auf 1250. Aus 66 Ländern hatten sich rund 3500 Journalisten akkreditieren lassen.

Neulinge
Mit Zaire, dem ersten Vertreter Schwarzafrikas, Australien, nach elf Qualifikationsspielen durch ein 1:0 über Südkorea siegreich, und Haiti hatte die WM drei Farbtupfer im Starterfeld der 16 Teams. „Die Chance Haitis, bei dieser WM ein Tor zu schießen, ist ebenso groß wie die Aussicht, mit Pfeil und Bogen den Mond zu treffen", scherzte Lästermaul Max Merkel damals. Der Trainerguru täuschte sich jedoch: Schon im ersten Spiel trafen die Insulaner zur 1:0-Führung gegen Italien. Für Italiens Torwart-Legende Dino Zoff, der acht Jahre später in Madrid durch ein 3:1 über Deutschland mit 40 Jahren noch Weltmeister werden sollte, ging damit eine Rekordserie zu Ende. Zwischen dem 20. September 1972 und dem 15. Juni 1974 war er 19 Stunden und drei Minuten ohne Gegentor geblieben. Dagegen waren einmal mehr die Engländer in der Qualifikation gescheitert – an Polen, dem amtierenden Olympiasieger und späteren WM-Dritten. Auch Frankreich und Spanien überstanden die Qualifikationsspiele nicht. 99 Länder hatten sich für die WM beworben.

Aus Angst vor einem Attentat wie bei den Olympischen Spielen 1972 in München: Polizeipräsenz vor und innerhalb der Stadien.

Verzicht
Die UdSSR musste sich in zwei kontinentübergreifenden Ausscheidungsspielen mit Chile messen. Nachdem die Partie in Moskau 0:0 geendet hatte, war das zweite Spiel im Nationalstadion in Santiago de Chile angesetzt worden. Die Russen baten um Verlegung in ein anderes Stadion – mit gutem Grund. Nach einem blutigen Putsch Ende September 1973, bei dem General Pinochet den sozialistischen Machthaber Salvadore Allende stürzte, der dabei den Tod fand, hatten die neuen Herren im Land das Nationalstadion als Gefängnis für Allende-Anhänger missbraucht. Auch zu Folterungen war es gekommen. Deswegen war es für die Sowjets untragbar und unzumutbar, dort Sport zu treiben. Als Chile und die FIFA nicht bereit waren, das Spiel zu verlegen, trat die UdSSR nicht an. Am 21.11.1973 erfolgte der Anpfiff in einem leeren Stadion. Chiles Spieler schossen den Ball zum Toranstoß bereit stand, brach der Schiedsrichter das „Geisterspiel" ab. Die FIFA wertete die Partie mit einem 2:0 für Chile, die WM fand ohne die UdSSR statt.

Gutes Geld (1)
Der Poker war lang und spannend. Und fast hätte der Deutsche Fußball-Bund die Nerven verloren und den gesamten WM-Kader ersetzt. Am Ende kassierten die deutschen Spieler gutes Geld: 60 000 Mark für den Titel und 10 000 Mark für das Tragen eines gewissen Schuhmarke, die mit den drei Streifen. „Der DFB riet uns damals, einen größeren Betrag in einem Aktienfond anzulegen", erinnert sich Bernd Hölzenbein und erzählt weiter: „Keiner tat es natürlich. Wir haben es behalten und pünktlich versteuert." Im nachhinein ärgert sich der Frankfurter: „Hätte ich nur den Rat der Funktionäre befolgt, dann wäre ich heute Multimillionär."

Gutes Geld (2)
Die Weltmeisterschaft im eigenen Lande war auch für den DFB ein wahrlich gutes Geschäft. Bei rund 100 Millionen Mark Umsatz blieben zehn Millionen Mark Gewinn für den ausrichtenden Verband übrig. Und die Welt lobte die deutschen Funktionäre: Sie hatten eine WM ohne Pleiten und Pannen auf die Beine gestellt.

HÄTTEN SIE'S GEWUSST?

Die Kapitäne der Weltmeister-Teams
1930 José Nasazzi (Uruguay)
1934 Giampiero Combi (Italien)
1938 Guiseppe Meazza (Italien)
1950 Obdulio Jacinto Varela (Uruguay)
1954 Fritz Walter (Deutschland)
1958 Luiz Hideraldo Bellini (Brasilien)
1962 Mauro Ramos de Oliveira (Brasilien)
1966 Robert Frederic Moore (England)
1970 Carlos Alberto Torres (Brasilien)
1974 Franz Beckenbauer (Deutschland)
1978 Daniel Passarella (Argentinien)
1982 Dino Zoff (Italien)
1986 Diego Armando Maradona (Argentinien)
1990 Lothar Matthäus (Deutschland)
1994 Carlos Dunga (Brasilien)
1998 Didier Deschamps (Frankreich)

Zwei entscheidende Augenblicke der WM 1974: Hölzenbein fällt - Elfmeter. Paul Breitner verwandelt seelenruhig zum 1:1, das war die Wende in diesem Endspiel.
Oben: Die beiden Chefs auf einem Foto: Johan Cruyff (links), Franz Beckenbauer.

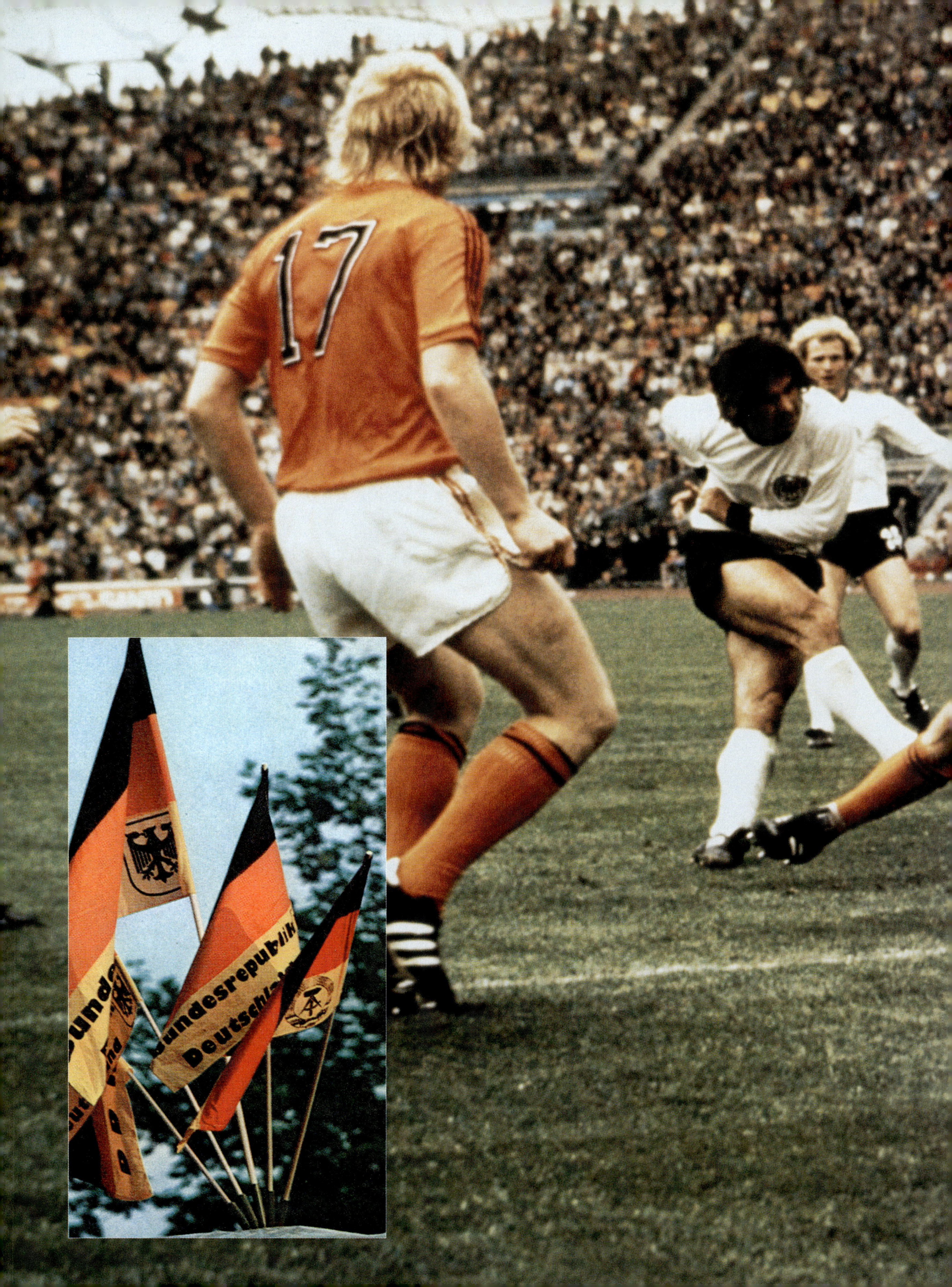
17
Bunde
undesrepublik
Deutschla

Deutsche Fahnen für die „Schlachtenbummler", und die deutsche Mannschaft vor dem Anpfiff zum WM-Finale 1974, das Gerd Müller mit diesem Tor zum 2:1-Endstand entschied. Schon in der ersten Minute hatte Johan Neeskens mit seinem Elfmeter Sepp Maier keine Chance gelassen (Foto rechts oben).

Georg Schwarzenbeck: Der „Putzer vom Kaiser"

Der Vorstopper war der Gefolgsmann, der einen Beckenbauer erst möglich machte

Der deutsche WM-Triumph von 1974 hatte viele Väter. Gerd Müller (wer sonst?), der das Siegtor schoss, Berti Vogts, der Hollands Johan Cruyff den Zahn zog, und natürlich „Kaiser" Franz Beckenbauer, den Kapitän. Seltener genannt wird Georg Schwarzenbeck, genannt „Katsche", einer, der so Fußball spielte, wie er aussah: kantig, steif, ungelenk. Doch er war der Gefolgsmann schlechthin, der den Herrscher Beckenbauer erst möglich machte. Den „Putzer vom Kaiser" nannten ihn die Fans nach einem Schlager jener Zeit. Wenn der geniale Beckenbauer in den Angriff drängte, sicherte Vorstopper „Katsche" für den Vereinskameraden vom FC Bayern nach hinten ab. Auf eine verblüffende Bilanz hat er es in dieser Rolle gebracht: Welt- und Europameister (1972), mit den Bayern drei Mal Europapokalsieger der Landesmeister (1974/1975/1976), Weltpokalsieger (1976), fünf Mal Deutscher Mei-

DAS WM-GESICHT

ster und drei Mal DFB-Pokalsieger. Und von den 44 Länderspielen mit dem Vorstopper Schwarzenbeck gingen zwischen 1971 und 1978 nur fünf verloren, eines im Elfmeterschießen - es war das EM-Finale 1976 gegen die CSSR. Weil er stets so ein braver Getreuer war, hat der Fußballgott den „Katsche", der selbst nicht weiß, wie er zu diesem Spitznamen gekommen ist, einmal mit einer echten Sternstunde belohnt: Ohne den tückischen Flachschuss aus 25 Metern, mehr aus Verzweiflung denn aus Kalkül abgegeben, mit dem „Katsche" am 15. Mai 1974 in der 120. Minute des Europapokal-Endspiels gegen Atletico Madrid den Bayern das 1:1 in Brüssel rettete, wäre der unvergleichliche Aufstieg des späteren Nobelklubs wohl nie so vonstatten gegangen. Das Wiederholungsspiel gewannen die Bayern mit 4:0, danach holten sie Titel in Serie. Um an jenem Abend auf schnellstem Wege zu „Katsche" in die Kabine zu kommen, trat Bayern-Boss Wilhelm Neudecker im Brüsseler Heysel-Stadion sogar eine verschlossene Glastür ein, das war ihm die Umarmung mit dem Mann des Abends wert.

Der 1,92 Meter lange Recke war nicht nur kaum zu umspielen, weil sein Körper ein lebendes Hindernis war, er hatte auch ein geniales Stellungsspiel. Den „deckungstreuesten Spieler der Bundesliga" nannte ihn Trainer-Guru Hennes Weisweiler, und vermutlich wurden seine technischen Fähigkeiten so über Gebühr unterschätzt, weil sie neben einem Beckenbauer zwangsläufig dürftig wirken mussten.

Gestört hat das den gebürtigen Münchner in seinen 18 Jahren beim FC Bayern aber nie, und die Diskussion, ob er ohne den Franz, oder der Franz ohne ihn es je zu solchen Erfolgen gebracht hätten, hält er für ziemlich unnötig: „Der Franz ist ein Fußball-Genie. Meine Stärke war die des Verteidigers, und diese Rolle hab' ich ganz gut gespielt. Die Bezeichnung Wasserträger hat mich nie gestört. Verteidigen war halt mein Job." Was ihn nicht hinderte, in jeder Saison mindestens ein Tor zu schießen. Und 1973/74 waren es sogar sieben!

Aber eines konnte der bescheidene und zuverlässige „Katsche" nicht: Aus der kommerziellen Entwicklung des Fußballs Profit schlagen. Nicht einmal der WM-Titel war ihm Anlass genug, von seinem Arbeitgeber mehr Gehalt zu fordern. Zwar hat der gelernte Buchdrucker sein Erspartes in Immobilien angelegt und kann mit seiner Frau Hannelore und den Kindern Martin (geb. 1973) und Heide (geb. 1975) sorgenfrei leben, aber um das von seinen Tanten geerbte Schreibwarengeschäft kümmert er sich immer noch selbst.

„I bin halt eher a bodenständiger Mensch", sagte zu seinem 50. Geburtstag im April 1998. Den Kontakt zum FC Bayern hält er weiter aufrecht: Er liefert das komplette Büromaterial für die Geschäftsstelle!

Vorstopper Georg Schwarzenbeck: Noch heute beliefert der Weltmeister den FC Bayern - mit Büromaterial.

ANDERE GESICHTER

Bernd Hölzenbein
(9.3.1946) machte für Deutschland 40 Länderspiele und fünf Tore zwischen 1973 und 1978. Im wichtigsten Spiel seiner Karriere, dem WM-Finale 1974, traf er zwar nicht und war dennoch einer der Matchwinner. Er holte den Elfmeter heraus, den Paul Breitner zum 1:1 gegen Holland verwandelte und damit die Wende schaffte. Später Manager von Eintracht Frankfurt.

Johannes („Johnny") Rep
(25.11.1951) war zwar nicht der ganz große Star der Holländer. Neben Cruyff und Neeskens spielte er die zweite Geige. Trotzdem ist der Außenstürmer mit insgesamt sieben Toren der erfolgreichste Torschütze seines Landes bei WM-Turnieren. In 42 Länderspielen gelangen ihm zwölf Treffer. Mit Ajax Amsterdam gewann er drei Mal den Europapokal der Landesmeister (1971-1973). Vize-Weltmeister 1974 und 1978.

Uli Hoeneß
(5.1.1952) erreichte schon in jungen Jahren als Fußballer ziemlich alles und wurde später jüngster Manager eines deutschen Bundesliga-Vereins. Aus dem sowieso schon starken FC Bayern München machte er einen der weltbesten Klubs, stellte die Bayern gemeinsam mit Franz Beckenbauer und Karl-Heinz Rummenigge auf eine finanziell gesunde Basis, machte sie zusammen mit Trainer Ottmar Hitzfeld zum Weltpokalsieger 2001. Weltmeister 1974, 35 Länderspiele, fünf Tore im Nationaltrikot.

Schöngeist und Erfolgstrainer

Wie Helmut Schön mit leisen Tönen eine „goldene Ära" gestaltete...

Eine gute Woche bevor das WM-Turnier 1974 begann, krachte es im deutschen Quartier gewaltig: Die Spieler beklagten die „weltfremde Kasernierung" (Paul Breitner) in der abgelegenen Sportschule Malente und stritten leidenschaftlich über die WM-Prämien.

Der Bundestrainer, ein Schöngeist, der genauso gerne in die Oper wie auf den Fußballplatz ging, stand verständnis- und ratlos daneben. Ähnliches widerfuhr Helmut Schön, dem gebürtigen Dresdner, auch drei Wochen später, nach dem mit 0:1 verlorenen Spiel gegen die DDR, das als Politikum mehr als nur eine sportliche Niederlage war, und das seine Spieler in punkto Aufstellung und Taktik fast allesamt aus der Reserve lockte.

Schön, der die leisen Töne liebte, schien den Zeichen jener Zeit, in der die Medien und der Mammon das Zepter im Fußball zu übernehmen begannen, hilflos gegenüberzustehen. Aber er war clever und einfühlsam genug, die Dinge wie schon so oft zum Guten zu lenken: Er nahm seinen Kapitän Beckenbauer voll mit in die Verantwortung und baute mit ihm das Team zu jener Elf um, die schließlich doch Weltmeister im eigenen Lande wurde. Sie trug trotzdem noch jene Merkmale, die Schöns Philosophie vom Fußball entsprachen: Talente, Individualisten, Arbeiter und Künstler zu einem Ensemble zu formen. Franz Beckenbauer über den am 23. Februar 1996 in Wiesbaden im Alter von 80 Jahren verstorbenen „Mann mit der Mütze": „Er war ein Herr. In jeder Lebenslage war er ein Herr."

Wäre es nach seinem Vater, einem Dresdner Kunsthändler gegangen, wäre Helmut Schön niemals Fußballer geworden, denn „das Treten gegen die Bälle" war für Schön senior „mörderisch für Schuhe und Schnürsenkel". Trotzdem ist Helmut Schön nach dem Abitur und einer Banklehre ein Kicker geworden, ein gar nicht einmal schlechter: Zwei Meisterschaften und zwei Pokalsiege errang er mit dem Dresdner SC in den 40er Jahren, und in 16 Länderspielen brachte es „der Lange" (1,90 Meter) auf beeindruckende 17 Tore. Mehr ließ der Zweite Weltkrieg nicht zu, und als sein Nachkriegsverein, die SG Dresden-Friedrichsstadt, auf Weisung „von oben" sportlich benachteiligt und dann aufgelöst wurde, verließ er 1950 die Heimatstadt mit fast der gesamten Mannschaft in Richtung Hertha BSC, wo er noch im selben Jahr die Karriere beendete.

Als Absolvent der Sporthochschule Köln verschaffte ihm sein Mentor Sepp Herberger den Posten des Saarland-Trainers (1952-56), ehe er ihn als seinen Assistenten (1956-64) und Nachfolger (1964-78) zum DFB holte. In der Erfolgsstatistik übertraf Schön aber sogar noch den Lehrmeister Herberger: Weltmeister 1974, WM-Zweiter 1966, WM-Dritter 1970, Europameister 1972, EM-Zweiter 1976 und 139 Länderspiele mit 87 Siegen und nur 21 Niederlagen prägten die „Ära Schön". Neben seinen fachlichen Fähigkeiten hatte Schön freilich zwei Eigenschaften, die ein Trainerdasein

DER WM-TRAINER

alles andere als leicht machten und heutzutage wohl zum Scheitern führen würden: Scheu vor der Öffentlichkeit und Angst vor Konflikten. Schön wägte lieber drei statt zwei Mal ab - und wählte dann unweigerlich den Kompromiss, was ihm im Misserfolgsfall viel Häme (1967: verpasste EM-Qualifikation beim 0:0 in Tirana, 1978: 2:3-WM-K.o. gegen Österreich in Cordoba) eintrug.

Trotzdem zwang er sich „nur an das Gute im Menschen zu glauben", wie sich einer seiner Schützlinge, Berti Vogts, erinnert. Und wohl deshalb sprach 74er Weltmeister Bernd Hölzenbein für alle, als er bei Schöns Beisetzung sagte: „Im Fußball-Geschäft war er der Menschlichste, den ich jemals kennengelernt habe." Es mag längere Nachrufe geben. Schönere nicht.

Helmut Schön mit dem Weltpokal - der gebürtige Dresdner war einer der erfolgreichsten Nationaltrainer der Welt.

ANDERE TRAINER

Rinus Michels
(9.2.1928) machte sich als Coach der großen Mannschaft von Ajax Amsterdam in den 60er und frühen 70er Jahren einen Namen. Bei der WM 1974 war er „Bondscoach" der holländischen Nationalelf, die scheinbar mühelos bis ins Finale durchmarschierte, hier aber gegen Gastgeber Deutschland verlor. Michels übernahm das „Oranje-Team" noch zwei weitere Male und führte es 1988 zum EM-Titel. Er trainierte auch den FC Barcelona, den 1. FC Köln und Bayer Leverkusen.

Kazimierz Gorski
(2.3.1921) war als Trainer der „Macher" der großen polnischen Nationalelf in den 70er Jahren. Nach dem Gewinn der Olympischen Goldmedaille 1972 führte der „Wunderdoktor" Deyna, Lato, Gadocha & Co. bei der WM 1974 bis ins Halbfinale und errang 1976 mit seinem Team Olympia-Silber. Danach war er nur noch Klubtrainer (u.a. in Griechenland). Später Vize-Präsident, und von 1990 bis 1993 Präsident des Polnischen Fußballverbandes.

Georg („Aby") Ericsson
(18.12.1919/5.1.2002) wurde in Schweden zur Fußball-Legende. Der langjährige Coach von Norrköping (zahlreiche Meistertitel) wurde 1971 schwedischer Nationaltrainer und führte sein Team zwei Mal zu Weltmeisterschaften. 1974 scheiterte der Anhänger des Offensivspiels mit seiner Elf nach begeisterndem Fußball in der Zwischenrunde, vier Jahre später kam das Aus bereits nach der Vorrunde. Später vehementer Kritiker des „Mauerfußballs".

DER EXPERTE
Mein Verdienst am Titel: Ich habe geschwiegen

Günter Netzer: „Hollands Fehler: Sie wollten uns vernichten"

Eines will ich gleich einmal klar stellen: Ich bin 1974, obwohl ich im Kader stand, kein Weltmeister geworden. Ich würde mich schämen, wenn ich dies behaupten würde und habe dies auch niemals getan. Das beste, was ich zu diesem deutschen Titelgewinn beitragen konnte, war, dass ich geschwiegen habe. Täglich forderten 20 oder mehr Journalisten aus dem In- und Ausland mich auf: Machen Sie Rabatz, hauen Sie doch endlich auf den Tisch. Ich tat es nicht. Ich war einer von 22, und dass ich nicht spielte, hatte ich zu akzeptieren. Ich war ja auch nicht fit aus Madrid nach Malente gekommen. In Hamburg, bei diesem denkwürdigen Spiel gegen die DDR, haben mich dann die Fans lautstark gefordert. Sie erinnerten sich an das Pokalendspiel, als ich für Gladbach rein kam und das entscheidende Tor gegen Köln gemacht hatte. Doch in diesem Spiel lief rein gar nichts. Helmut Schön ließ sich von der Kulisse beeinflussen: Mach' dich warm, sagte er. Ich wollte nicht rein, ich versteckte mich auf der anderen Seite, doch Co-Trainer Jupp Derwall spürte mich auf und ich musste ins Spiel. Ohne mich stand es 0:0, mit mir verloren wir 0:1 – Gott sei Dank! So entkamen wir wenigstens der Gruppe mit Holland, Argentinien und Brasilien, spielten gegen Jugoslawien und Schweden gut und hatten verdammt viel Glück gegen die Polen. Bei der Wasserschlacht in Frankfurt standen Lato und Co. fünf Mal allein vor Sepp Maier. Wir waren in der Tat schlechter als 1972, als eine Mannschaft – aus der Not geboren – ein großes Team geworden war. Die Achse Maier, Beckenbauer, Netzer – auch Overath hätte sicher meine Rolle spielen können – und Müller war einfach perfekt. 1974 waren wir schwächer, obwohl der Franz noch heute sagt: Bei der WM waren die Gegner stärker. Nein: Australien oder Chile waren doch wahrlich keine Weltmächte im Fußball. Wir sind Weltmeister geworden. Weil Beckenbauer nach dem 0:1 gegen die DDR bei einer Nachtsitzung die Fäden in die Hand nahm, ohne dass Helmut Schön, den wir schätzten und liebten, das Gesicht verlor. Er war ein glücklicher Trainer. Und wir hatten Glück gegen Holland im Finale. Die Niederländer waren besser, aber sie machten einen Fehler: Sie wollten Deutschland im eigenen Land nicht nur besiegen. Sie wollten uns vorführen, sie wollten uns vernichten. Und sie scheiterten an einer tollen Trotzreaktion unserer Mannschaft.

ANDERE FAKTEN

1974 – Endrunde in Deutschland (13.6. – 7.7.)

Gruppe 1
Deutschland – Chile	1:0
(Tor für Deutschland: 1:0 Breitner)	
DDR – Australien	2:0
(Tore für DDR: 1:0 Curran (Eigentor), 2:0 Streich)	
Deutschland – Australien	3:0
(Tore für Deutschland: 1:0 Overath, 2:0 Cullmann, 3:0 Müller)	
Chile – DDR	1:1
(Tor für die DDR: 0:1 Hoffmann)	
DDR – Deutschland	1:0
(Tor für die DDR: 1:0 Sparwasser)	
Australien – Chile	0:0

Endstand: 1. DDR (5:1 Punkte / 4:1 Tore), 2. Deutschland (4:2 / 4:1), 3. Chile (2:4 / 1:2), 4. Australien (1:5 / 0:5).

Gruppe 2
Brasilien – Jugoslawien	0:0
Schottland – Zaire	2:0
Brasilien – Schottland	0:0
Jugoslawien – Zaire	9:0
Schottland – Jugoslawien	1:1
Brasilien – Zaire	3:0

Endstand: 1. Jugoslawien (4:2 Pkte / 10:1 Tore), 2. Brasilien (4:2 / 3:0), 3. Schottland (4:2 / 3:1), 4. Zaire (0:6 / 0:14).

Gruppe 3
Holland – Uruguay	2:0
Bulgarien – Schweden	0:0
Holland – Schweden	0:0
Bulgarien – Uruguay	1:1
Holland – Bulgarien	4:1
Schweden – Uruguay	3:0

Endstand: 1. Holland (5:1 Punkte / 6:1 Tore), 2. Schweden (4:2 / 3:0), 3. Bulgarien (2:4 / 2:5), 4. Uruguay (1:5 / 1:6).

Gruppe 4
Italien – Haiti	3:1
Polen – Argentinien	3:2
Argentinien – Italien	1:1
Polen – Haiti	7:0
Argentinien – Haiti	4:1
Polen – Italien	2:1

Endstand: 1. Polen (6:0 Punkte / 12:3 Tore), 2. Argentinien (3:3 / 7:5), 3. Italien (3:3 / 5:4), 4. Haiti (0:6 / 2:14).

Zweite Finalrunde
Gruppe A
Brasilien – DDR	1:0
Holland – Argentinien	4:0
Holland – DDR	2:0
Brasilien – Argentinien	2:1
Holland – Brasilien	2:0
Argentinien – DDR	1:1
(Tor für die DDR: 0:1 Streich)	

Endstand: 1. Holland (6:0 Punkte / 8:0 Tore), 2. Brasilien (4:2 / 3:3), 3. DDR (1:5 / 1:4), 4. Argentinien (1:5 / 2:7).

Gruppe B
Polen – Schweden	1:0
Deutschland – Jugoslawien	2:0
(Tore für Deutschland: 1:0 Breitner, 2:0 Müller)	
Polen – Jugoslawien	2:1
Deutschland – Schweden	4:2
(Tore für Deutschland: 1:1 Overath, 2:1 Bonhof, 3:2 Grabowski, 4:2 Hoeneß)	
Schweden – Jugoslawien	2:1
Deutschland – Polen	1:0
(Tor für Deutschland: 1:0 Müller)	

DAS ZITAT

„Wenn Cruyff den Ball hat, mache ich die Augen zu und beginne zu laufen. Der Ball kommt dann sowieso automatisch."

Johan Neeskens (Niederlande) über seinen genialen Spielmacher und Stürmer Johan Cruyff.

Gruppenbild mit Weltpokal: Die deutsche Mannschaft nach dem Gewinn des Titels 1974 in München.

Endstand: 1. Deutschland (6:0 Pkte / 7:2 Tore), 2. Polen (4:2 / 3:2), 3. Schweden (2:4 / 4:6), 4. Jugoslawien (0:6 / 2:6).

Spiel um Platz 3
Polen – Brasilien	1:0

Endspiel (7.7.)
Deutschland – Holland	2:1

Deutschland: Maier, Vogts, Schwarzenbeck, Beckenbauer, Breitner, Bonhof, Hoeneß, Overath, Grabowski, Müller, Hölzenbein.
Holland: Jongbloed, Suurbier, Krol, Jansen, Hanegem (69. de Jong), Haan, Rijsbergen (46. R. van de Kerkhof), Neeskens, Rep, Cruyff, Rensenbrink.
Schiedsrichter: Taylor (England).
Zuschauer: 77 833 Olympiastadion, München
Tore: 0:1 Neeskens (2., Elfmeter), 1:1 Breitner (25., Elfmeter), 2:1 Müller (43.).

Torjäger des Turniers
Grzegorz Lato (Polen)	7
Andrzej Szarmach (Polen)	5
Johan Neeskens (Polen)	5
Gerd Müller (Deutschland)	4
Ralf Edström (Schweden)	4
Johannes Rep (Holland)	4

Geschossene Tore	97
Tordurchschnitt pro Spiel	2,55
Die meisten Tore	Polen 16
Das schnellste Tor	Johannes Neeskens (80 Sek. bei Holland – Deutschland)
Elfmeter	6
	(alle verwandelt)
Platzverweise	5

Richard (Australien), Caszely (Chile), Montero-Castillo (Uruguay), Pereira (Brasilien), Ndaye (Zaire).

„Helmut Schön saß mehrfach schon auf gepackten Koffern…"

...und auch Paul Breitner wollte abreisen - Franz Beckenbauer über den schwierigen Weg zum WM-Titel 1974

DER ZEITZEUGE

Die Weltmeisterschaft 1974 ist für mich als „die WM des Streits" im Gedächtnis geblieben. Lange Zeit war das leider so. Solange, bis wir vor dem ersten Zwischenrundenspiel gegen Jugoslawien alle Probleme gelöst hatten, anfingen Fußball zu spielen und später gegen Schweden, Polen und im Finale gegen Holland gute Spiele zeigten und Weltmeister geworden sind. Die schlechte Stimmung hatte schon lange vor dem Beginn des Turniers geherrscht. Wir hockten zu eng aufeinander in der spartanisch eingerichteten Sportschule von Malente – es kamen Aggressionen auf. Dazu schwelte noch der Prämienstreit zwischen Verband und Mannschaft. Wir forderten 100 000 Mark für den Titelgewinn, der DFB bot 30 000 Mark – irgendwann haben wir uns auf 70 000 Mark geeinigt. Helmut Schön, unser harmoniebedürftiger Trainer, war von dem ganzen Gezerre tief enttäuscht, er saß in diesen Tagen mehrmals schon auf gepackten Koffern. Schön hat die Welt nicht mehr verstanden, und weil er Paul Breitner als Rädelsführer des Prämienstreits ausgemacht zu haben glaubte, kam es zum Streit zwischen dem Coach und Paul. Breitner war danach so sauer, dass auch er seine Koffer packte und abreisen wollte. Wir haben in dieser Nacht bis morgens um sechs Uhr, bis schon die Vögel zwitscherten, miteinander gesprochen – der Paul blieb dann doch, schoss das wegweisende 1:0 gegen Jugoslawien und verwandelte schließlich den ganz wichtigen Elfmeter im Finale gegen Holland.

Spätestens nach der Niederlage gegen die DDR hatten alle begriffen: So kann es nicht weiter gehen. Nach Lösung des Prämienkrachs kehrte wenigstens ein bisschen Ruhe in den Kader ein, und auch die Luftveränderung von Malente nach Kaiserau tat dem Klima innerhalb der Mannschaft gut, obwohl wir nur von einem „Gefängnis" ins nächste verlegt worden waren.

Ich hatte nun das Gefühl, dass Helmut Schön Hilfe brauchte. Ein Indiz dafür war auch, dass er mich – was er vorher noch nie getan hatte – bat, ihn zu einer Pressekonferenz zu begleiten. Wir saßen in irgendeinem Hinterzimmer eines Gasthauses und Helmut Schön erklärte in der ihm eigenen diplomatisch-feinen Art den rund 30 anwesenden Journalisten – heute wären's 300 und du bräuchtest den großen Saal eines Rathauses – die Lage. Ich wurde deutlicher. Klipp und klar forderte ich: Jetzt muss ein Ruck durch diese Mannschaft gehen, jetzt müssen wir endlich alle an einem Strang ziehen.

Wir taten es fortan. Quasi von 0 auf 100 haben wir uns gesteigert, schon gegen Jugoslawien boten wir ein ansehnliches Spiel und gewannen durch Tore von Paul Breitner und Gerd Müller 2:0. Die Spiele der Zwischenrunde beendeten wir mit 6:0-Punkten und standen im Endspiel. Das erste Ziel war erreicht.

Zwei Tage vor dem Finale, als wir schon nach München umgezogen waren, lud ich die komplette Mannschaft zu mir nach Hause ein. Ich wohnte damals in Grünwald, nicht weit weg vom Quartier. Es wurde ein schönes, ein feucht-fröhliches Fest. Wir haben einen draufgemacht und jeder spürte nun: Jetzt sind wir endlich eine Mannschaft. Wirklich: Jeder hatte nach diesem Abend das Gefühl - die Holländer hauen wir weg. Und genauso ist es dann ja auch gekommen...

Franz Beckenbauer und Helmut Schön (kleines Foto) - der stolze Augenblick in München.

Franz Beckenbauer (11. September 1945) war 1974 Kapitän der deutschen Weltmeister-Mannschaft und verlängerter Arm des Trainers Helmut Schön. Er absolvierte zwischen 1965 und 1977 103 Länderspiele und schoss dabei 14 Tore. Weltmeister als Spieler 1974, als Teamchef 1990. Fungiert zurzeit u.a. als Chef des Organisationskomitees für die WM 2006, Vorstand-Vorsitzender des FC Bayern.

DER JOURNALIST
Wegen einer Reiseschreibmaschine übersah ich Liz Taylor

**Pünktlich war ich am Tag des großen Finales gegen die Holländer von Bremen angereist, gut in München angekommen. Im Presseraum des Olympiastadions hatte ich auf den Anpfiff gewartet, mit dem einen oder anderen Bekannten gefachsimpelt, die Chancen der Deutschen gegen die übermächtig scheinenden Holländer diskutiert – doch dann der erste Schreck des Tages: Meine kleine Reiseschreibmaschine war weg, geklaut von einem „lieben" Kollegen. So stieg ich also in Gedanken die vielen Stufen zu meinem Presseplatz auf der Haupttribüne hinauf. Es war ein guter Platz, man hatte einen wunderschönen Ausblick aufs Spielfeld. Und - kaum hatte mich gesetzt - ereilte mich der nächste Schock. Ein ganzer Pulk Fotografen in bunten Leibchen, 50, vielleicht sogar 100 Menschen, hetzten wie Kommando die Treppen hoch, hatten offenbar mich im Visier. Sie kamen genau auf mich zu. „Was wollen die von Dir," schoss es mir durch den Kopf.
Doch bevor ich einen klaren Gedanken gefasst hatte, war auch schon klar – Gott sei Dank – dass nicht ich die Begierde dieser Menschen mit den schnellen Zeigefingern und den blitzenden Lichtern, den Herrschern der „Klicks" war. Zwei Reihen unterhalb von mir kam die wilde Hatz zum Stehen, vor einer eleganten Dame. Ich hatte sie übersehen, weil ich doch – wie gesagt meiner kleinen Reiseschreibmaschine - nachgetrauert hatte.
Da saß sie also, Liz Taylor, einer der größten Filmstars aller Zeiten – zum Greifen nahe. Wie ich später erfuhr war die Diva in jenen Tagen mit einem Diamantenhändler aus Amsterdam liiert – zusammen waren die beiden zum Endspiel gekommen, mit Vitamin „B" (wie Beziehungen) waren sie auf die Pressetribüne gelangt und hatten dort den Menschenauflauf verursacht. Als es um Mrs. Taylor etwas ruhiger geworden war, versuchte ich von ihr ein Andenken zu bekommen. Aber ich kam nicht mehr an sie ran, zwei Bodyguards schirmten sie so konsequent ab wie später Berti Vogts den Johan Cruyff.
Was mir noch auffiel? Offenbar hatte Liz Taylor nicht allzu viel übrig für den Fußball. Denn während der 90 Minuten sah ich sie meist mit ihrem Begleiter tuscheln.**

Heinz Fricke (Jahrgang 1939), Journalist aus Hannover, arbeitet seit 1963 als Redakteur in Bremen für den „Weser-Kurier". Ressortleiter seit 1978. Fricke sah seit 1974 (bis auf Mexiko '86) alle Welt- und Europameisterschaften.

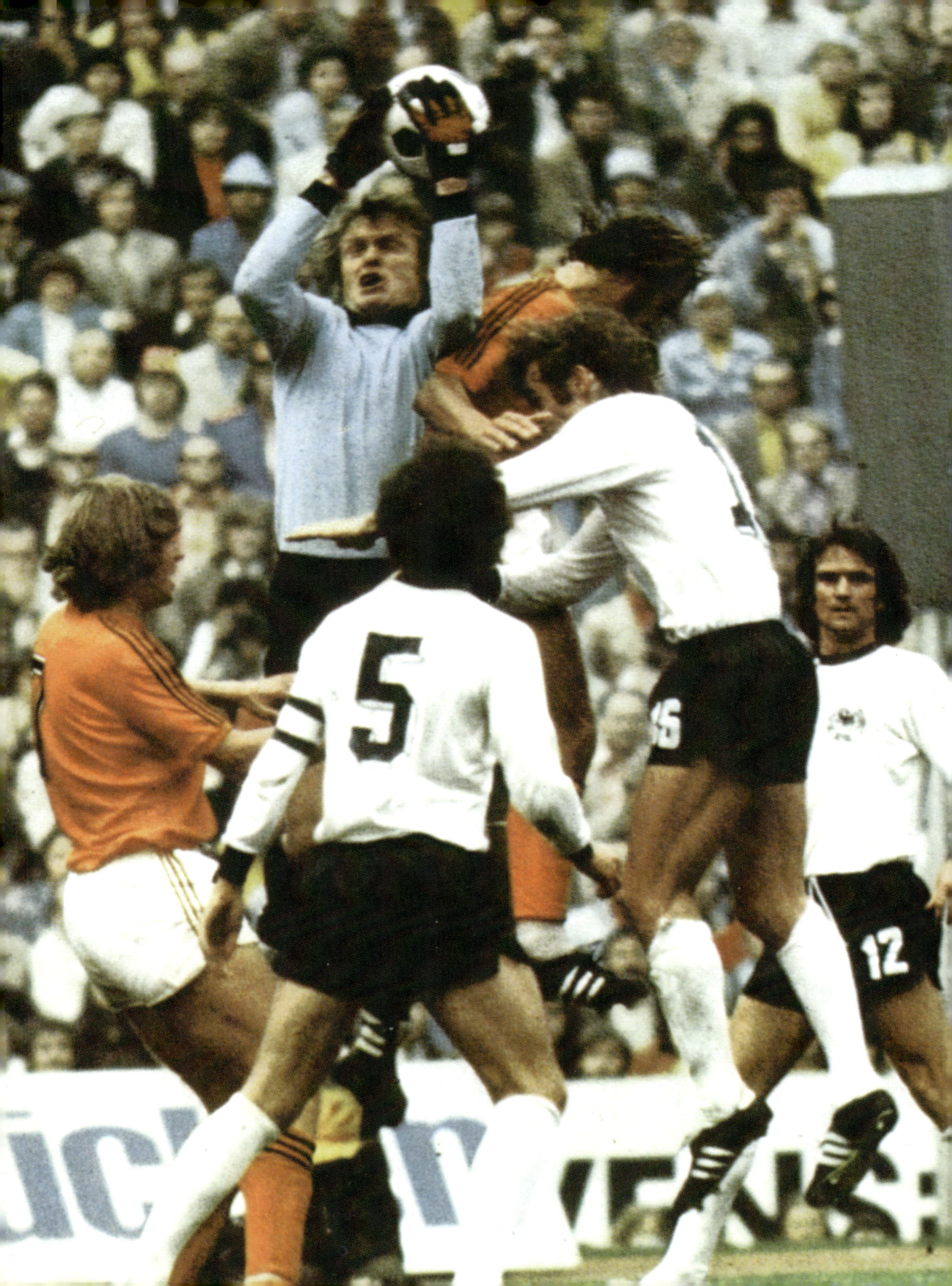
5
12

Die Schmach von Cordoba

1978

Argentinien

Holland

Brasilien

Italien

Sepp Maier fliegt. Aber gegen den Schuss von Hans Krankl ist auch er machtlos. Deutschland verlor gegen Österreich 2:3 und schied aus.

Vor dem Turnier sagten 60 Prozent aller Deutschen:
„Unsere Mannschaft verteidigt ihren WM-Titel."
Am Ende aber war Frust angesagt.
Nach einem blamablen 2:3 gegen Österreich war
schon in der zweiten Finalrunde das Ende
in Argentinien gekommen.
Anders die Gastgeber:
Mit allen Mitteln wollten sie siegen - und sie taten es.
Nur vier Jahre nach der Final-Niederlage in München
waren es wieder die Holländer, die als die
bessere Mannschaft nicht gewinnen konnten.

BUCHKATALOG.DE

Der „Weltcup des Friedens" als verlogene Demonstration der Militärs

Im eigenen Land musste Argentinien gewinnen und gewann - Deutschlands schmähliches Aus gegen Österreich

Die Militär-Junta um Generalleutnant Jorge Rafael Videla hatte das abgewirtschaftete Regime Isabel Perons 1976 fortgefegt. Doch Frieden gab es in Argentinien dennoch keinen. Die Preise explodierten bei eingefrorenen Löhnen. Der Kampf zwischen Militärregierung und Monteneros, der Stadtguerilla, wurde erbitterter. Gewalttaten, Folterungen, Exekutionen häuften sich, und das Terrorregime unterdrückte seine Gegner mit aller Konsequenz. Zehntausende wurden mundtot gemacht - und noch mehr. Denn die Machthaber schreckten auch vor politischen Morden nicht zurück.

General Omar Carlos Actis war ein umstrittener Mann in jenen Tagen vor der Weltmeisterschaft 1978, die Argentinien schon 1966 bei einer FIFA-Tagung in London versprochen worden war. Der Politiker, argentinischer Organisationschef der WM, wehrte sich wegen der kränkelnden Wirtschaft seines Landes gegen Regierungspläne und Ansprüche der FIFA, die WM-Stadien zum Teil neu, zum Teil pompös auszubauen, den Flughafen zu modernisieren, einen neues System für TV-Farbbilder anzuschaffen. Rund 500 Millionen Euro - für die damalige Zeit eine Wahnsinnssumme - sollte die Verwirklichung der ehrgeizigen Pläne, denen Actis im Wege stand, kosten.

Und so kostete ihn sein Widerstand das Leben. Am 19. Juni 1976 war er auf dem Weg zu einer Pressekonferenz. Er erreichte sie nie, er fiel einem bis heute nicht geklärten Attentat zum Opfer. Die Regierung schob den Mord der Stadtguerilla in die Schuhe - sie versuchte es zumindest. Und die Welt war sensibilisiert. Sollte Argentinien bei dieser Sachlage die WM behalten dürfen? Sollte sie nicht besser in Belgien und den Niederlanden stattfinden?

FIFA-Präsident Joao Havelange, ein Brasilianer, der von vielen schon damals für korrupt gehalten wurde und der sich ungeniert von Videla hoch dekorieren ließ, war ein Fürsprecher der Diktatur. Und - man muss es leider so sagen - auch Hermann Neuberger, der damalige DFB-Präsident und OK-Chef der WM. Während Havelange den folgenschweren Satz sagte -

„Fußball und Politik haben nichts miteinander zu tun", lobte Neuberger nach einer Inspektionsreise 1977 die Machthaber: „Es spricht wirklich nichts dagegen, in Argentinien zu spielen." Da waren andere, zum Beispiel Amnesty Inter-

DER RÜCKBLICK

national in ihrem Kampf gegen argentinische Regierung, FIFA und Hauptsponsor Coca-Cola anderer Ansicht. Johan Cruyff, der holländische Kapitän, ließ sich trotz aller Bitten seiner Landsleute nicht überreden, nach Argentinien mitzukommen. Offiziell beendete der Holländer seine Karriere, Insider aber wussten, dass es sich

DIE PROMINENTE

Eine Fußball-WM fasziniert mich, weil...

...auch ich dann ganz begeistert Fußballspiele in voller Länge im Fernsehen anschaue.

Katja Seizinger, Skistar u. mehrfache Medaillengewinnerin bei Olympischen Spielen.

um eine politische Demonstration eines der besten Fußballer der Welt handelte.

Sepp Maier, der deutsche Nationaltorwart, und Paulo Rossi, Italiens Ausnahmestürmer, Torschützenkönig der WM 1982 und Europas Fußballer desselben Jahres, unterzeichneten Petitionen, traten aber dennoch an. Doch weil bei den Deutschen auch „Kaiser" Franz Beckenbauer nach seinem Umzug in die USA (zu Cosmos New York) fehlte, und Neuberger die deutschen Legionäre (Breitner und Stielike gehörten auch dazu) in die Nähe von Vaterlandsverrätern rückte und sie mit Mißachtung strafte, fehlten dem Turnier die beiden Spieler, die der WM 1974 und dem Finale den Stempel aufgedrückt hatten. Dafür spielte sich bei dieser Meisterschaft ein ganz neuer Name ins Bewusstsein der Fußballwelt - Mario Kempes. Doch der Reihe nach.

Videla erklärte die WM „zu einer Angelegenheit von nationalem Interesse". Selbstverständlich. Es gab bessere Stadien, einen modernisierten Flugplatz, ein neues TV-System - aber ausgerechnet die Argentinier waren am Ende die einzigen, die keine Farbbilder im Fernsehen zu sehen bekamen. Trotz Verschleppten, Gefolterten und Ermordeten setzte sich vordergründig der von Videla ersonnene und völlig verlogene Slogan „Weltcup des Friedens" durch. Die WM verlief störungsfrei, weil sich Regierung und Guerilla auf einen Waffenstillstand während der Veranstaltung verständigt hatten - die Liebe zum Fußball war der einzige Nenner, auf dem beide Seiten noch miteinander sprechen konnten. Und es kam, wie es kommen sollte, wie es der Plan des Veranstalters war: Argentinien, nach Brasilien die zweite Großmacht in Südamerika, gewann bei Abwesenheit der nicht qualifizierten Urus den Titel.

Dass auch da nicht alles mit ganz rechten Dingen zugegangen war, liegt auf der Hand. Zwei Beispiele: In der Zwischenrunde waren Brasilien und Argentinien vor dem letzten Spiel, das den Einzug ins Finale bringen musste, punktgleich. Kurzerhand wurde Brasiliens Treffen gegen Polen auf den Nachmittag verlegt. Und Argentinien, das am Abend gegen Peru nachlegen durfte, wusste nun genau, dass es sein Spiel mit mindestens vier Toren Unterschied gewinnen musste. Ein unschätzbarer Vorteil, eine atemberaubende Unverschämtheit. Das Spiel endete 6:0 zugunsten des Gastgebers, und Brasiliens Trainer Claudio Coutinho fluchte: „Das war Verrat am Fußball." Ob er damit die Verlegung des Spiels der Brasilianer anprangern oder die lasche Einstellung manch eines peruani-

---

Natürlich, auch wir gehören zu denen, die das 3:2 von Cordoba übel nahmen, schließlich sind wir ja Sportreporter geworden. Wem wir was übel nehmen? Na, den Österreichern natürlich, wem sonst! Zumindest zu 98 Prozent. Je ein Prozent muss schon der Berti Vogts auf sich nehmen, weil er mit seiner Ankündigung „die putzen wir weg" den Gegner über Gebühr gereizt und dann im Spiel auch noch ein Eigentor geschossen hat. Also gut, zugestanden, das Land, das uns mit Ferien am Wolfgangsee, Apfelstrudel, Opernball und Mozarts „Kleiner Nachtmusik" beglückt, hatte nach 47 Jahren auch mal wieder ein Recht, zu gewinnen. Aber musste das ausgerechnet bei der WM sein, zu der „wir" als Titelverteidiger anreisten?

Und dann auch noch so! Eine ganze große Schmach und voll den Wiener „Schmäh" erlebten am 21. Juni 1978 diejenigen deutschen Fußballfreunde, die im Süden des Landes vor einer ORF-Übertragung

DIE GLOSSE
Der Biss ins Ohr des ORF-Ingenieurs Edi Finger

saßen. Wir zitieren, soeben fiel Krankls Tor in der 88. Minute zum 3:2, den Wiener ORF-Reporter und Ingenieur Edi Finger: „Dooor, dooor! I wer narrisch. I und der Inscheniör Nussbaumer, mir busseln uns ab."

Nichts dagegen, dass Ingenieure unter sich (Reporter-Ingenieur und Toningenieur) einander gerne mal etwas näher kommen wollen, aber als dann der von uns so verehrte Hakenschläger Rüdiger Abramczik in der 89. Minute frei vor dem Ötzi-Tor auftaucht, zum Schuss kommt - und der Ball vorbeifliegt, das also, war dann zu viel, Herr (schlimmer) Finger: „Der braaave

Abramczik, abbusserln könnt' i ihn, den Abramczik... und, jetzt ... jetzt warten's no a bisserl, zwaa Minuten, nacher könn' ma uns a Viertel genehmigen. Nacher hamma's g'schlagn."

In der Stunde der Demut haben wir uns dann allerdings einer Begebenheit erinnert, die im Jahre 1955 stattfand: Auf einer Zugfahrt mit den Eltern nach Österreich hat der damals dreijährige Schreiber dieser Zeilen dem mit im Abteil sitzenden ORF-Ingenieur Edi Finger dessen übergroße Kinderliebe beim Abbusserl-Versuch mit einem kräftigen Biss ins Ohr vergolten. Unsere frühe und ganz persönliche Rache für Cordoba, war das, jawohl. Und weil wir somit also quitt sind, lieber Edi Finger, Gott hab' dich selig, schließen wir uns ohne Wenn und Aber der Aussage des damals vor WM-Beginn gefeuerten österreichischen Verband-Sportdirektors Max Merkel an, der gesagt hatte: „Das beste am österreichischen Fußball ist der Rundfunk." So ist das! Und nichts für ungut, Edi!

schen Ballzauberers monieren wollte, blieb sein Geheimnis.
Immer ist dieses 6:0 der Argentinier misstrauisch beäugt worden. Das Wort „Schiebung" wurde nicht nur hinter vorgehaltener Hand gebraucht. Die Journalistin Maria-Jaura Avignolo behauptete später, die Begegnung sei auf höchster politischer Ebene geregelt worden. Verschoben eben. Die argentinischen Generäle hätten der peruanischen Regierung für das passende Ergebnis 35 000 Tonnen Getreide geschickt und außerdem einen eingefrorenen Kredit über 50 Millionen Dollar freigegeben. Auch Waffen sollen verschoben worden sein. Im Jahr 2000 bestätigte der britische Enthüllungsautor David Yallop diese Angaben und behauptete außerdem, dass drei nicht näher benannte peruanische Spieler je 20 000 Dollar „zur Sicherung des richtigen Ergebnisses" angeboten bekommen haben sollen (Die Geschichte der Fußball-Weltmeisterschaften, Verlag Die Werkstatt, 2001). Perus Starspieler Jaan Carlos Oblitas sprach in Zusammenhang mit dem Abend dieses Spiel geheimnisvoll von „eigenartigen Vorfällen".

So also stand Argentinien im Endspiel, und der zweite Finalist hieß wie vier Jahre zuvor in Deutschland Niederlande. Jene Holländer unter Grantler Ernst Happel, die sich noch vor Turnierbeginn einen Boykott aus politischen Gründen überlegt hatten. Es war ein trister Sonntag-Nachmittag im winterlichen Buenos Aires, doch das ganze Stadion, ganz Argentinien trug freudig ein strahlendes Weiß und Blau.

„Rolli" Rüßmann, hier noch oben auf, nach dem 2:3 gegen Österreich am Boden zerstört.

WALDIS WELT

„Beim Namen Krankl bekam ich damals Atembeschwerden"

Waldemar Hartmann:
„Meine private Revanche für Cordoba"

*Cordoba! Diese Weltmeisterschaft hat für mich nur einen Namen: Cordoba.
Ein Trauma.
In der Zwischenrunde verliert Deutschland in Cordoba gegen Österreich 2:3. Gegen Österreich! Nord- oder Westdeutsche oder Bewohner der neuen Bundesländer werden nicht in vollem Umfang ermessen können, was es für einen Bayer wie mich heißt, von Österreichern gedemütigt zu werden. Damals war Österreich noch nicht in der EU, da gab es noch richtige Grenzen. Folglich auch Grenzpolizei! In Kiefersfelden oder in Scharnitz, in Salzburg-Bad Reichenhall oder Reute. Egal wo ich in den Monaten nach dem Aus der Deutschen Mannschaft an irgendeine dieser Grenzen kam, irgendein österreichischer Zöllner oder Polizist kam irgendwie und mit gezielter Brutalität auf Fußball zu sprechen. Alleine die Nennung des Namens Krankl verursachte bei mir Atembeschwerden. Hansäää Krankl... Torschütze des entscheidenden 3:2. Der Krankl, der mit diesem Tor den österreichischen Radioreporter Edi Finger in den verbalen Wahnsinn trieb: „I wer närrisch, Hansäbuale, abbusseln könnt' i di, i wer närrisch..."
Ersparen Sie mir den vollen Kübel der Häme, den der Kollege Finger damals über uns ausgoss. Noch heute spielen sie in österreichischen Berghütten, wenn die Après-Skifahrer aus Deutschland wieder mal gar nicht aufbrechen wollen, das Band vom Edi Finger. Das wirkt.
Vor einigen Jahren hab' ich dann den Krankl Hans selbst kennengelernt. Der später leider viel zu früh verstorbene Bruno Pezzey hatte mich zu einem privaten Hallenturnier nach Zürs am Arlberg eingeladen. Beim Oldietumier sollte ich Schiedsrichter machen und sonst mit guten alten Bekannten ein Wochenende lang Spaß haben. Paul Breitner, Kalle Rummenigge, Hansi Müller, Manfred Müller, Norbert Janson und einige andere waren mit dabei. Beim Spiel Austria-Ost gegen Austria-West kam meine Chance. Obwohl es um nichts, um rein gar nichts, hatte die Partie Brisanz.
Weil sich die Wiener und der Rest Österreichs nicht so wirklich richtig leiden mögen. Austria-West mit Pezzey, Buffy Ettmayer und Kurt Jara führte mit 3:2. Noch zwei Sekunden zu spielen, Krankl bekommt von Herbert Prohaska den Ball auf den Fuß gespielt, steht alleine fünf Meter vor dem Tor, dreht sich, will schießen und hört meinen Pfiff. Aus! „Was is?" fragt Krankl. „Das Spiel ist aus, die Zeit kann man nicht betrügen", war meine Antwort. Krankl dreht sich um, schüttelt den Kopf und geht. Und ich genieße lächelnd meine Revanche für Cordoba!*

DFB-Kader 1978
Eingesetzt: Abramczik, Beer, Bonhof, Dietz, Fischer, Flohe, Hölzenbein, Kaltz, Konopka, Maier, D. Müller, H. Müller, K.-H. Rummenigge, Rüßmann, Vogts, Zimmermann.
Nicht eingesetzt: Burdenski, Cullmann, Kargus, Schwarzenbeck, Worm, Zewe.

Kein Glück in Argentinien: Berti Vogts bei seiner letzten Weltmeisterschaft - ein Eigentor gegen Österreich.

Es war ein Klassespiel, das Niederländer und Argentinier boten. Und es hatte schon den Hauch einer gewissen Tragik, dass die Holländer auch ihr zweites Finale hintereinander als Partner des jeweiligen Hausherren verloren, nach der Verlängerung geschlagen den Platz verlassen mussten - sie gingen wortlos. In der letzten Minute der Nachspielzeit, beim Stand von 1:1 nach Toren von Kempes und Nanninga, hatte ein Schlenzer von Rob Rensenbrink den linken Pfosten des argentinischen Tores geküsst, totenstill war es im Estadio River Plate geworden. Doch die Stille hatte sich nach weiteren Treffern des wie entfesselt aufspielenden Mario Kempes vom FC Valencia, dem einzigen Legionär im Team, und Bertoni in einen erleichterten Freudenschrei verwandelt. Eine Orgie in blau und weiß folgte. Was sich im Stadion abspielte erinnerte an die legendären Konfetti-Paraden, mit der traditionell New York die Helden Amerikas ehrt. Argentiniens Fußballer waren am Ziel angekommen. Und auch die Machthaber, deren Plan, Weltmeister im eigenen Lande zu werden, war aufgegangen, zu einhundert Prozent erfüllt. Argentinische Fußball-Tradition, vom Trainer fantasiereich verknüpft mit modernen europäischen Elementen, hatten der trotz allen Winkelzügen besten Mannschaft des Turniers zum Erfolg verholfen. Argentinien hatte das größte spielerische Potenzial.

Mutig verweigerte allerdings ein Mann dem Diktator in der Stunde des Triumphes den Handschlag. Es war kein Geheimnis: Der nach dem Titelgewinn unantastbare Fußball-Lehrer Cesar Luis Menotti war kein Freund des Regimes, das auch durch sein Zutun 1983 am Ende war. In den WM-Tagen hatte Menotti, „El Flaco", der Dünne, genannt, den man kaum einmal ohne eine brennende Zigarette antraf, wie ein Profi reagiert. Er hatte Sport und Politik strikt getrennt: „Es nutzt nichts, wenn die Mechaniker ein Auto schlecht reparieren oder ich anfange, plötzlich Länderspiele zu verlieren - davon ändern sich die Verhältnisse nirgendwo", lautete sein Credo.

Der Glaube der Deutschen an sich selbst war stark. In einer Blitzumfrage kurz vor dem WM-Start glaubten noch 60 Prozent der Bevölkerung an eine Titelverteidigung. Die Deutschen hatten alles: Eigenes Fleisch, eigenes Brot, einen eigenen Koch, eigene Musikanten, GSG-9-Leute als eigene Bodyguards - es fehlte ihnen nur eines: ein eigenes Konzept. Helmut Schön hatte viel probiert, der Trainer aber hatte keine Stammelf gefunden. Und keinen Krisenmanager dabei, wie er ihn 1974 mit Franz Beckenbauer gehabt hatte. So hieß die Marschroute Schöns ständig: Experimentieren im Ernstfall.

Zwei magere torlose Unentschieden gegen Polen (Trainer Jacek Gmoch: „Fußball zum Abgewöhnen") und Tunesien sowie ein hervorragendes 6:0 über Mexiko reichten mit Ach und Krach zum Erreichen der Zwischenrunde. Die Vorrunden-Gruppe der Deutschen schien die einfachste gewesen zu sein, und schon im Vorfeld hatte der verschmähte Paul Breitner gespottet: „Deutschland hat mal wieder die komplizierteste Gruppe erwischt." Doch als es auch gegen vermeintlich schwächere Gegner nicht rund lief, fragte sogar der Präsident: „Trainieren wir denn in diesem Ascocinga überhaupt richtig?" Das war in der Tat kein Vertrauensbeweis für den scheidenden Helmut Schön, der nach dieser WM wie vorher abgesprochen seine Mütze nahm und Jupp Derwall („Ich bin der Jupp und wie heißt du?") Platz machte.

Doch zwei Unentschieden gegen Italien (0:0) und Holland (2:2, sechs Minuten fehlten zum Sieg und fürs Weiterkommen) ließen den deutschen Glücksrittern im letzten Spiel gegen die schon ausgeschiedenen Österreicher alle Chancen, aufs kleine, ja sogar - bei einem hohen Sieg - aufs große Finale. „Die putzen wir weg, 5:0 oder 6:0", tönte Berti Vogts. Ein solches Ergebnis hätte fürs Endspiel gereicht. Doch in diesem Spiel lief so gut wie alles schief. Vogts, dem Kapitän, unterlief ein Eigentor, und Hans Krankl riss alle Österreicher mit seinen beiden Treffern zum 3:2, dem ersten Sieg der Österreicher über die Deutschen nach 47 Jahren, von den Sitzen.

Als Krankl das Siegtor gelang, war Österreichs Sportdirektor Max Merkel schon längst abgereist, hatte die seinen und Trainer Helmut Senekowitsch „alleine" gelassen. „Ich bin bei der Hochzeit nicht dabei gewesen und deshalb will ich auch bei der Beerdigung nicht anwesend sein", war er dem vermeintlichen Debakel aus dem Weg gegangen. Doch getreu einem Buchtitel von Altmeister Hans Blickensdörfer „Und keiner weiss, wie's ausgeht" kam alles ganz anders. Nach Krankls Husarenstreichen war Österreichs Sportreporter Nummer eins nicht mehr zu halten. Edi Finger fraß sein Mikrophon auf und brüllte in den Äther: „I wer naaaarisch. Abbusseln könnt' I den Krankl." Österreich hatte sich seinen schönsten Traum erfüllt, die Deutschen hatten ihr Trauma, die „Schmach von Cordoba". Und Stuttgarts Jungstar Hansi Müller das letzte, ironische Wort: „Auch mit Beckenbauer wär's nicht schlechter gelaufen."

ANDERE DATEN

1978
- Der 1. FC Köln schafft das Double: Meisterschaft und Pokalsieg - 2:0 gegen Düsseldorf
- DDR-Meister: SG Dynamo Dresden. DDR-Pokalsieger: 1. FC Magdeburg.

1979
- Borussia Mönchengladbach wird in zwei Spielen gegen Roter Stern Belgrad zum zweiten Mal UEFA-Cup-Sieger.
- Fortuna Düsseldorf schlägt Hertha BSC Berlin n.V. 1:0 und ist deutscher Pokalsieger, der Hamburger SV wird Meister.
- DDR-Meister: Berliner FC Dynamo. DDR-Pokalsieger: 1. FC Magdeburg.

1980
- Deutschland wird zum zweiten Mal Europameister durch ein 2:1 im Finale gegen Belgien. Zweifacher Torschütze: Horst Hrubesch.
- Eintracht Frankfurt holt sich in einem rein deutschen Finale (gegen Gladbach) den UEFA-Pokal.
- Die CSSR wird Olympiasieger im Fußball, schlägt die DDR in Moskau im Finale 1:0.
- Karl-Heinz Rummenigge als dritter Spieler des FC Bayern Europas Fußballer des Jahres.
- Fortuna Düsseldorf verteidigt den Pokal mit einem 2:1 gegen Köln, nach fünfjähriger Durststrecke wird Bayern München wieder Deutscher Meister.
- DDR-Meister: Berliner FC Dynamo. DDR-Pokalsieger: FC Carl-Zeiss Jena.

1981
- Deutscher Meister wird erneut Bayern München, Pokalsieger Eintracht Frankfurt (3:1 über Kaiserslautern).
- Die Fußballfrauen der SSG Bergisch Gladbach gewinnen in Stuttgart den erstmals ausgespielten Damenpokal.
- Karl-Heinz Rummenigge erneut Europas Fußballer des Jahres.
- DDR-Meister: Berliner FC Dynamo. DDR-Pokalsieger: 1. FC Lokomotive Leipzig.

ZEITTHEMEN
Drei Päpste und ein bisschen Frieden in Nahost

1978: Deutschland ist Weltmeister! Jedoch „nur" im Handball. Die Mannschaft von „Magier" Vlado Stenzel siegt 20:19 im Kopenhagener Finale gegen die UdSSR (Februar). - Der von „Roten Brigaden" entführte italienische Ministerpräsident Aldo Moro wird nach acht Wochen ermordet aufgefunden (9. Mai). - Auf dem Campingplatz Los Alfaques (Spanien) sterben im Juli 180 Touristen durch einen Feuerunfall. - In London kommt im Juli das erste im Reagenzglas gezeugte Baby zur Welt. - Die in den Dschungel von Guayana ausgewanderte US-Sekte „Tempel des Volkes" begeht kollektiv Selbstmord (900 Tote). - Im Nahen Osten ist ein bisschen Frieden eingekehrt: Die Präsidenten Sadat (Ägypten) und Begin (Israel), die im gleichen Jahr den Friedensnobelpreis erhalten, unterzeichnen in Camp David Friedensverträge und ihre Länder nehmen diplomatische Beziehungen auf. Die arabische Welt boykottiert aber Ägypten, Sadat wird am 6. Oktober 1981 ermordet. - Gleich drei Päpste in einem Jahr erlebt der Vatikan: Nach 15-jährigem Pontifikat stirbt Papst Paul VI. (6. August), sein Nachfolger Johannes Paul I. nach nur 33 Tagen ebenfalls unter mysteriösen Umständen, worauf der polnische Kardinal Karol Wojtyla als Johannes Paul II folgt. - Schlager des Jahres: „Rivers of Babylon" von Boney M.

1979: Der Schah von Persien flieht im Januar mit seiner Familie nach Ägypten, Schiitenführer Khomeini ruft eine islamische Republik aus, Fanatiker besetzen die US-Botschaft in Teheran und nehmen 100 Geiseln. - Im Orkan sinkt im August die halbe Flotte des Admirals's Cup, in der irischen See sterben 17 Segler. - Im Dezember erhält die in den Slums von Kalkutta arbeitende „Mutter Theresa" den Friedensnobelpreis. - Die Sowjets marschieren zum Jahreswechsel in Afghanistan ein.

1980: Die Versorgungskrise in Polen führt zu Streiks im ganzen Land, unter Arbeiterführer Lech Walesa entsteht die Gewerkschaft „Solidarnosc". Ausgangspunkt ist die Lenin-Werft in Danzig. - Im April scheitert ein US-Befreiungsversuch der Teheraner Geiseln. Das Khomeini-Regime richtet in einem Jahr 1000 Politiker und Offiziere hin. - Krimi-Altmeister Alfred Hitchcock stirbt im Alter von 80 Jahren in Los Angeles (29.4.). - 42 Nationen boykottieren im Juli wegen des Einmarsches der Sowjettruppen in Afghanistan die Olympischen Spiele in Moskau. - Iraks Saddam Hussein lässt im September den Iran überfallen. - John Lennon, „Kopf" der Beatles, wird in New York vor seinem Haus in der Nähe des Central Parks erschossen (8.12.).

1981: Nach 444 Tagen kommen die letzten US-Geiseln in Teheran frei (20.1.). - Attentate auf US-Präsident Ronald Reagan (30.3.) und Papst Johannes Paul II. (13.5.), beide überleben mehr oder minder schwer verletzt die Schüsse der Terroristen. - Traumhochzeit in London: Englands Prinz Charles ehelicht im Juli die 19-jährige Lady Diana Spencer; mit ihnen schweben 750 Millionen Fernseh-Zuschauer auf Wolke sieben. - Gegen die streikenden Arbeiter verhängt Polens Ministerpräsident Jaruzelski das Kriegsrecht (13.12.).

Torjubel im Finale: Eben hat Mario Kempes das 2:1 gegen Holland erzielt, – die Entscheidung für Argentinien.

Ausnahmen für einen Ausnahme-Profi

Mario Kempes war einziger Legionär des Weltmeisters und stets für Neues gut

Natürlich hat sich an jenem 25. Juni das Estadio Monumental am River Plate in Buenos Aires in einen Hexenkessel verwandelt. Im Augenblick, als Argentiniens neue Nationalhelden in ihren blau-weiß gestreiften Trikots in Menschenknäueln übereinander lagen, schien das ganze Land auf die Größe eines Fußballfeldes zu schrumpfen, auf das ein blau-weißer (Konfetti-)Regen niederging, wie man ihn noch nie erlebt hatte. Vom grünen Rasen nach dem vielleicht stimmungsvollsten Finale der WM-Geschichte nichts mehr zu sehen. Und der Liebling der Massen, der das Märchen vom ersten WM-Titel wahr gemacht hatte, war auch der Star dieser WM: Mario Alberto Kempes, damals knapp 24 Jahre alt und mit sechs Treffern Torschützenkönig des Turniers.

Kein Geringerer als Brasiliens großer Pelé hat Argentiniens damals Besten während des Turniers so beschrieben: „Seine unglaubliche Energie und sein außergewöhnliches Laufvermögen versetzen ihn in die Lage, ständig im Brennpunkt des Spiels zu sein. Kempes fädelt in der Abwehr einen Angriff ein, im Mittelfeld ist er anspielbar, und vor dem Tor des Gegners tritt er als Vollstrecker auf. Und er besitzt jene Fähigkeit, die den großen Spieler ausmacht: Er ahnt in jeder Sekunde der 90 Minuten voraus, wie sich das Spiel entwickeln, wie der nächste Zug der eigenen oder gegnerischen Mannschaft aussehen wird."

Dabei hatte, wer dem Mann mit dem dunklen, langen Lockenhaar zum ersten Mal gegenüber trat, eher einen müden Eindruck von ihm. Aus schwarzen Augen schaute Kempes verträumt, beinahe schläfrig in die Welt, und bei einer Team-Umfrage hatte er tatsächlich auch „Schlafen" als liebste Beschäftigung außerhalb des Rasens angegeben, ehe er sich dann korrigierte aufs Trikot-Sammeln („ich hab schon 80 Stück"). Noch in den ersten Spielen der „Campeonato mundial de Futbol" trat Kempes auch gar nicht als Torschütze in Erscheinung: Gegen Ungarn, Frankreich, Italien - jeweils Fehlanzeige. Aber ab der zweiten Finalrunde war er hellwach, schoss gegen Polen (2:0) und Peru (6:0) je zwei Treffer, und im zweistündigen Endspiel-Drama gegen Holland war er ebenfalls zweifacher Triumphator. Und mehr: Kempes spielte wie aufgedreht, erzielte das 1:0, sorgte für Entlastung, als der holländische Sturm nach dem 1:1 in der zweiten Halbzeit immer stärker wurde, markierte dann das 2:1 in der Verlängerung und bereitete die endgültige Entscheidung zum 3:1 durch Bertoni vor.

Der Ausnahmespieler Mario Kempes, der seit 1976 beim spanischen Erstligisten FC Valencia spielte, zu dem er für die damalige Rekordsumme von stolzen 600 000 Dollar wechselte, war daneben der einzige Legionär in Argentiniens Weltmeister-Mannschaft. Trainer Cesar Luis Menotti wollte seinerzeit dem Exodus der besten Kicker des Landes ein Ende setzen, auf „höchstens drei Legionäre" noch zurückgreifen, und am Ende fand lediglich Kempes als gefährlichster Torjäger der spanischen Liga Berücksichtigung, zumal er als Linksfuß prächtig mit dem Rechtsfuß Luque harmonierte.

Kempes, der seine Profi-Karriere in den Jahren 1972/1973 in seiner Heimatstadt bei Instituto Cordoba durchstartete und 1974 zu Rosario Central gewechselt war, hatte aber auch bei seinem Transfer zu Valencia schon mit einer Ausnahmeregelung für Schlagzeilen gesorgt: Weil Rosario Central ihn nicht hatte freigeben wollen, drohte der Spieler mit dem Ende seiner Laufbahn.

Die Vereinsführung Centrals ließ schließlich die rund 40 000 Mitglieder abstimmen, und die

DER SUPER-STAR

Schaute oft ein wenig schläfrig in die Gegend, war aber bei der WM 1978 hellwach: Mario Kempes.

entschieden sich - auch aus Dankbarkeit, weil Central gleich im ersten Jahr mit Kempes' Hilfe Meister geworden war - mehrheitlich für ein „Si" zu Gunsten von Kempes und Valencia. Sowohl im Spieljahr 1976/77 als auch in der darauf folgenden Saison wurde der schnelle und durchschlagskräftige Angreifer mit 24 beziehungsweise 28 Treffern der erfolgreichste Goalgetter auf der iberischen Halbinsel. Die spanischen Vereinsgewaltigen ließen Kempes so schon im April des Jahres 1978 - wie von Menotti gefordert - zur WM-Vorbereitung in die alte Heimat ziehen, allerdings erst, nachdem er zuvor einen Vierjahres-Vertrag unterschrieben hatte.

1981, inzwischen mit einer Spanierin verheiratet, wollte Mario Kempes, der stets bescheiden auftrat und als Familienmensch mit Vater Mario, Mutter Teresa und dem jüngeren Bruder Sergio nach Valencia gezogen war (geschlossen unterstützte ihn die Familie auch bei der WM im eigenen Land), dann endgültig nach Argentinien zurück. Er spielte zunächst bei River Plate, wurde aber wieder abgeschoben nach Spanien zu Hercules Alicante, ehe er 1986 (wieder einmal) mit einem außergewöhnlichen Transfer aufhorchen ließ: Für ein Angebot, „das ich nicht ablehnen konnte", unterschrieb er bei Österreichs Zweitligist Vienna Wien. Unter Vertrag stand der Profi aber nicht bei Vienna, sondern bei der Firma, die ihn für Vienna spielen ließ, im Gegenzug zwei Drittel der Zuschauereinnahmen kassierte und auch noch alle Rechte an der Vermarktung von Kempes besaß.

„Als ob der Papst im Frühjahr Pfarrer in Grinzing würde", kündigte die Wiener „Kronenzeitung" damals Kempes' Gang zum Traditionsklub in die fußballerische Provinz an, aber der Weltstar des Sommers 1978 war nur noch ein Schatten früherer Tage. Nach dem Ende seiner aktiven Karriere 1990 im zweitklassigen St. Pölten sorgte Mario Kempes nochmals für ein Novum: Er war 1997 der erste Fußballlehrer aus dem westlichen Ausland, der sich im einstmals so verschlossenen Albanien (bei Lushnja) als Coach versuchte. Wegen der Unruhen auf dem Balkan kehrte er aber schnell wieder nach Hause zurück.

ANDERE STARS

Arie Haan
(16.11.1948) war in seiner aktiven Karriere zwei Mal Vize-Weltmeister, holte sieben Titel in verschiedenen Ländern und gewann fünf Mal den Europapokal. Der Holländer war auch als Trainer überall sein Geld wert. Den VfB Stuttgart führte er 1989 ins UEFA-Cup-Finale gegen Neapel. In Belgien wurde er zwei Mal Meister. Scheiterte mit Holland im WM-Finale 1974 an Deutschland, vier Jahre später an Argentinien. Ein Weltmann mit insgesamt 35 Länderspielen, das letzte 1980 bei der EM in Italien.

Teófilo Cubillas
(8.3.1949) erzielte bei den Weltmeisterschaften 1970 und 1978 jeweils fünf Tore für Peru und ist damit einer der erfolgreichsten Torjäger in der WM-Geschichte. Cubillas, 1972 zum Fußball des Jahres in Südamerika gewählt, fiel vor allem durch seine extrem enge Ballführung auf. In Europa spielte er für den FC Basel und den FC Porto, 1975 gewann er mit Peru die Copa América. Insgesamt 88 Länderspiele für Peru, 38 Tore.

Ronnie Hellström
(21.2.1949) wechselte nach der Fussball-WM 1974 in Deutschland in die deutsche Bundesliga. Dort schloss sich der blonde Torwart dem 1. FC Kaiserslautern an, war jahrelang einer der besten Torhüter der Liga, ja der Welt. Ausgerechnet in einem Freundschaftsspiel verletzte er sich schwer. 1978 mit Schweden in einer Gruppe mit Brasilien, Österreich und Spanien. Absolvierte für sein Land 79 Länderspiele, für Kaiserslautern 231 Bundesligaspiele.

NAMEN & NACHRICHTEN

Schiedsrichter Klein
Abraham Klein aus Israel war als Finalschiedsrichter im Gespräch. Schon in der Vorrunde hatte er Mut bewiesen und sich nicht von der Kulisse beim Vorrundenspiel Italien – Argentinien (1:0) beeindrucken lassen. Doch die Argentinier fühlten sich von ihm benachteiligt und akzeptierten ihn nicht. Außerdem führten sie an, dass Holland, der Finalgegner ihrer Mannschaft, schon in der Nazi-Zeit ein besonders gutes Verhältnis zu Juden entwickelt habe und dass Kuki Krol, der Vater des holländischen Kapitäns Rud Krol, in der Kriegszeit Juden das Leben gerettet hätte. So musste sich Klein mit der Leitung des „kleinen Finales" Brasilien – Italien zufrieden geben. Das Endspiel pfiff der Italiener Sergio Gonella.

Zu teuer
Argentinien hoffte bei dieser WM auf hohe Einnahmen durch den Tourismus. Doch aufgrund der hohen Preise ging diese Rechnung nicht auf. Statt der erwarteten 10 000 Touristen kamen nur 2500 ins Land.

Zwei Kommentatoren
Sport und Politik – bei dieser Weltmeisterschaft waren diese beiden Themen für verantwortungsbewusste Journalisten kaum zu trennen. Das deutsche Fernsehen übertrug deswegen die Eröffnungsfeier mit einem politischen und einem Sportredakteur am Mikrophon.

Abschied
16 Mannschaften in der Endrunde – dieses war bei Weltmeisterschaften zur Tradition geworden. Doch die FIFA trug den gestiegenen Mitgliederzahlen, aber auch dem Kommerz gerne Rechnung und stockte das Turnier um acht Mannschaften auf. In Spanien umfasste das Teilnehmerfeld bereits 24 Nationen.

Engländer sauer
Die Engländer hatten wieder einmal die Qualifikation nicht geschafft. Sie waren in ihrer starken Vierer-Gruppe an Italien hängen geblieben und verwiesen verärgert auf eine andere europäische Qualifikationsgruppe: Schweden, Norwegen und die Schweiz spielten einen Teilnehmer unter sich aus – die Schweden siegten. Neben England waren aus Europa noch zwei starke Mannschaften nicht am Start: Europameister Tschechoslowakei und die UdSSR.

Spanien
Mario Kempes hatte Argentinien mit seinen Toren zum WM-Titel geschossen, er war der ungekrönte König dieses Turniers. Seine Brötchen (und die Butter) verdiente er allerdings in Spanien – beim FC Valencia. Und weil sein Verein noch einen starken Ausländer unter Vertrag nehmen wollte, nahm Kempes nach der WM die spanische Staatsbürgerschaft an.

Solidarität
Zwölf Spiele in Folge war die deutsche Mannschaft vor der WM ungeschlagen geblieben, der Titelverteidiger galt als Mitfavorit. Doch in den letzten drei Spielen vor der WM lief es nicht mehr rund - ein Sieg (UdSSR 1:0 in Frankfurt/M.), und zwei Niederlagen (Brasilien 0:1 in Hamburg und 1:3 in Stockholm gegen Schweden) – verschlechterten die Stimmung im Team. Und Kapitän Berti Vogts attackierte schon vor dem Abflug nach Buenos Aires die Presse: „Bei den Medien fehlt uns etwas, was man nationale Solidarität nennen könnte."

Weltmeister Argentinien vor dem Anpfiff. Und danach Karneval im River-Plate-Stadion zu Buenos Aires sowie argentinischer Jubel beim und nach dem gewonnenen Finale gegen Holland.

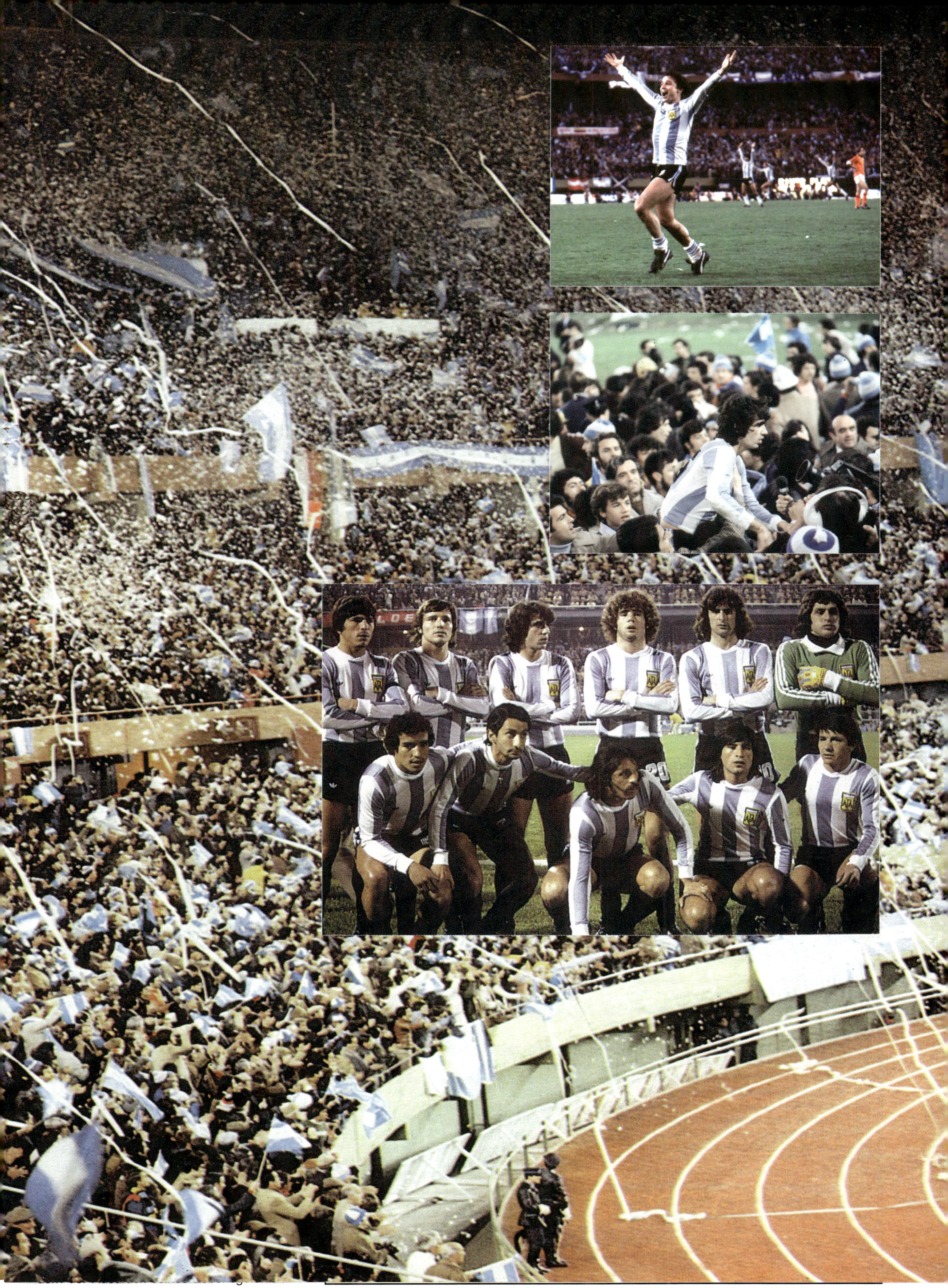

Der „Kaiser" hatte abgedankt, er kickte mittlerweile in den USA. Und auch die Ära Helmut Schön dümpelte nach zwölf erfolgreichen und teilweise hervorragenden Jahren ihrem Ende entgegen. Genauso hat unsere Mannschaft in Argentinien auch gespielt, ohne Ordnung, ohne Hierarchie, ohne Ambitionen, ohne Mumm.
Es gab ein Problem nach dem anderen und dann kam auch noch diese Blamage im Österreich-Spiel dazu, das wir zu Recht 2:3 verloren haben. Leid taten mir am Ende dieser WM nur die Holländer. 1974 hatten sie schon als die bessere Mannschaft das Finale gegen uns verloren, nun passierte ihnen das Gleiche – der Gegner hieß Argentinien. Argentinien – das war Mario Kempes auf dem Platz und Cesar Luis Menotti auf der Bank. Diese beiden holten für Argentinien den Titel und im Endeffekt war dies nur deswegen möglich, weil die Weltmeisterschaft in deren Land stattfand. Menotti hat mich als Trainer immer fasziniert. Wenn dieser Mann über den Fußball sprach, dann stand ich da mit offenem Mund und ungläubigen Augen und lauschte. Er war ein

DER EXPERTE
Ohne „Kaiser" war auch Schön ein „Bettler"

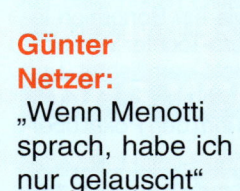

Günter Netzer:
„Wenn Menotti sprach, habe ich nur gelauscht"

Schöngeist, der sich nicht nur mit Fußball beschäftigte, sondern sich in vielen Gebieten auskannte. „Deutschland ist das Land der Dichter und Denker – und dann spielen die einen solch einfältigen Fußball", das hat er einmal gesagt. Menotti war die Idealbesetzung eines Nationaltrainers, als Vereinscoach hat er dann nie mehr die ganz großen Erfolge feiern können. Er taugte eben nur bedingt für die tägliche Arbeit auf dem Trainingsplatz.
Da war der Ernst Happel, damals Trainer der Niederländer, aus einem anderen Holz geschnitzt. Als ich später schließlich Manager beim HSV wurde, wollte ich ihn sofort als Trainer haben – nicht Branco Zebec, der natürlich auch ein Großer der Branche war. Ich habe mich also mit Happel getroffen – und nichts verstanden.
Was spricht denn dieser Mensch für eine seltsame Sprache habe ich gedacht? Erst nach einer halben Stunde wurde die Verständigung besser. Ich wollte ihn unbedingt verpflichten, weil er in Europa taktisch am weitesten war. Er sollte unseren verkrusteten Fußball aus diesem starren System aufwecken und herausführen. Ich wollte durch ihn eine Anleihe aufnehmen bei anderen Ländern. Und wie man weiß, hat es ja geklappt. Er kam zum HSV, aber später, als ich es mir gewünscht hatte.

ANDERE FAKTEN

1978 – Endrunde in Argentinien (1. 6. - 25.6.)

Gruppe 1
Italien – Frankreich	2:1
Argentinien – Ungarn	2:1
Italien – Ungarn	3:1
Argentinien – Frankreich	2:1
Italien – Argentinien	1:0
Frankreich – Ungarn	3:1

Endstand: 1. Italien (6:0 Punkte / 6:2 Tore), 2. Argentinien (4:2 / 4:3), 3. Frankreich (2:4 / 5:5), 4. Ungarn (0:6 / 3:8).

Gruppe 2
Polen – Deutschland	0:0
Tunesien – Mexiko	3:1
Polen – Tunesien	1:0
Deutschland – Mexiko	6:0

(Tore für Deutschland: 1:0 D. Müller, 2:0 H. Müller, 3:0 Rummenigge, 4:0 Flohe, 5:0 Rummenigge, 6:0 Flohe)
Tunesien – Deutschland	0:0
Polen – Mexiko	3:1

Endstand: 1. Polen (5:1 Punkte / 4:1 Tore), 2. Deutschland (4:2 / 6:0), 3. Tunesien (3:3 / 3:2), 4. Mexiko (0:6 / 2:12).

Gruppe 3
Brasilien – Schweden	1:1
Österreich – Spanien	2:1
Österreich – Schweden	1:0
Brasilien – Spanien	0:0
Brasilien – Österreich	1:0
Spanien – Schweden	1:0

Endstand: 1. Österreich (4:2 Pkte / 3:2 Tore), 2. Brasilien (4:2 / 2:1), 3. Spanien (3:3 / 2:2), 4. Schweden (1:5 / 1:3).

Gruppe 4
Holland – Iran	3:0
Peru – Schottland	3:1
Holland – Peru	0:0
Iran – Schottland	1:1
Schottland – Holland	3:2
Peru – Iran	4:1

Endstand: 1. Peru (5:1 Punkte / 7:2 Tore), 2. Holland (3:3 / 5:3), 3. Schottland (3:3 / 5:6), 4. Iran (1:5 / 2:8).

Zweite Finalrunde

Gruppe A
Italien – Deutschland	0:0
Holland – Österreich	5:1
Holland – Deutschland	2:2

(Tore für Deutschland: 0:1 Abramczik, 1:2 D. Müller)
Italien – Österreich	1:0
Holland – Italien	2:1
Österreich – Deutschland	3:2

(Tore für Deutschland: 0:1 Rummenigge, 2:2 Hölzenbein)

Endstand: 1. Holland (5:1 Punkte / 9:4 Tore), 2. Italien (3:3 / 2:2), 3. Deutschland (2:4 / 4:5), 4. Österreich (2:4 / 4:8).

Gruppe B
Brasilien – Peru	3:0
Argentinien – Polen	2:0
Polen – Peru	1:0
Argentinien – Brasilien	0:0
Brasilien – Polen	3:1
Argentinien – Peru	6:0

Guter Beginn für Deutschland: Rummenigge erzielte gegen Koncilia das 1:0 gegen Österreich.

Endstand: 1. Argentinien (5:1 Pkte / 8:0 Tore), 2. Brasilien (5:1 / 6:1), 3. Polen (2:4 / 2:5), 4. Peru (0:6 / 0:10).

Spiel um Platz 3
Brasilien – Italien	2:1

Endspiel (25.6.)
Argentinien – Holland	n.V. 3:1

Argentinien: Fillol, Olguin, Galvan, Passarella, Tarantini, Ardiles (66. Larrosa), Gallego, Kempes, Bertoni, Luque, Ortiz (75. Houseman).
Holland: Jongbloed, Jansen (73. Suurbier), Brandts, Krol, Poortvliet, Haan, W. van de Kerkhof, Neeskens, R. van de Kerkhof, Rep (59. Nanninga), Rensenbrink.
Schiedsrichter: Gonella (Italien).
Zuschauer: 77 260. Antonio Liberti 'Monumental' Stadion, Buenos Aires.
Tore: 1:0 Kempes (38.), 1:1 Nanninga (82.), 2:1 Kempes (105.), 3:1 Bertoni (115.).

Torjäger des Tuniers
Mario Kempes (Argentinien)	6
Teófilo Cubillas (Peru)	5
Rob Rensenbrink (Holland)	5
Leopoldo Luque (Argentinien)	4
Hans Krankl (Österreich)	4

Geschossene Tore	102
Tordurchschnitt pro Spiel	2,68
Die meisten Tore	Argentinien u. Holland 15
Das schnellste Tor	Bernard Lacombe (31. Sek. bei Frankreich - Italien)
Platzverweise	3

Nyilasi, Töröcsik (beide Ungarn), Nanninga (Holland).

DAS ZITAT

„Meine talentierten klugen Spieler haben die Diktatur der Taktik und den Terror der Systeme besiegt."

Cesar Luis Menotti, argentinischer Trainer, doppeldeutig über Argentiniens WM-Sieg und das Militärregime im eigenen Land.

„Kurz vor dem Holland-Spiel bin ich Vater geworden"

Bernd Hölzenbein über schöne Augenblicke und weniger gute Spiele bei der WM 1978 in Argentinien

Also, mal ganz ehrlich: Ich kann die Frage nicht mehr hören, ob das nun im Endspiel 1974 gegen Holland ein Elfmeter war oder nicht? Ich sage dann immer: Das weiß ich nicht mehr, das ist schon so lange her. Spaß beiseite: Ein Mal gebe ich doch noch eine Antwort: Der Schiri hat gepfiffen – und damit war es entschieden. Und jedem, der es nicht glaubt, empfehle ich, sich die Zeitlupe dieser Szene anzuschauen. Dann wird wohl kaum noch einer sagen: Nein, es war keiner...

Warum wir 1978 unseren Titel in Argentinien nicht verteidigt haben – das ist die Nummer zwei in der Bestenliste der Fragen, die immer wieder kommen.

Darauf gibt es mehrere Antworten. Wir haben nicht wie 1974 in Deutschland gespielt, wir gastierten auf einem anderen Kontinent. Der Wechsel von Trainer Helmut Schön zu Jupp Derwall stand bevor, und dies ist immer eine schwierige Situation. Und es hatte einen Umbruch in unserer Mannschaft gegeben - Eckpfeiler wie Beckenbauer, Gerd Müller, Breitner, Overath oder Grabowski spielten nicht mehr. Ganz einfach: Wir hatten Probleme mit der Qualität. Und auch ich war mittlerweile 32 Jahre alt geworden – da wird man normalerweise nicht mehr schneller.

Trotz mancher Widrigkeiten – und dazu zähle ich auch das Quartier in Ascochinga, wo der Hund wirklich begraben war – hätten wir dennoch leicht Platz drei schaffen können. Gegen die Holländer lagen wir schon vorne und holten doch nur ein Unentschieden. Das war der Knackpunkt, weil es kein K.o.-System gab und nur der Gruppenerste ins Endspiel kam. So hatten wir gegen Österreich nur noch eine theoretische Chance – wir hätten hoch gewinnen müssen. Es schien möglich, und deshalb wurde bei uns nur noch über die Höhe des Siegs diskutiert – auch das war natürlich ein Fehler. Und so schafften wir nicht einmal das „kleine Finale", verabschiedeten uns mit der „Schmach von Cordoba" von diesem Turnier.

Ich habe trotzdem eine gute Erinnerungen an diese Weltmeisterschaft. Im Spiel gegen Holland hatte ich ganz gut gespielt. Und zum anderen kam vor diesem Treffen in Deutschland mein Sohn Sascha zur Welt. Wegen der schlechten Tele-Kommunikations-Möglichkeiten erfuhr ich es kurz vor dem Anpfiff und irgendwann später zeigte mir ein Fotograf ein Funkbild von meinem Jungen. Im ganzen Quartier gab es nur ein einziges Telefon, man musste Gespräche anmelden und so dauerte es unsäglich lange, ehe ich mit meiner Frau Jutta sprechen konnte.

Sprachlos waren wir alle nach dem Österreich-Spiel. Ich erklärte meinen Rücktritt – mit 32 Jahren war sowieso das Ende der Karriere im Nationalteam in Sicht gewesen. Ich hatte zwar ein Tor erzielt – aber ich war sauer, machte meiner Wut über das verlorene Spiel Luft, indem ich einige Dinge einfach beim Namen nannte.

Ich „meckerte" über die Aufstellung einiger Spieler und über das Verhalten mancher Funktionäre. Man muss sich vorstellen: Wenige Minuten nach unserer blamablen Niederlage verteilten die ein Blatt, auf dem uns die Kleiderordnung für den Rückflug vorgeschrieben wurde, welche Krawatte, welche Socken wir zu tragen hatten. Da ist mir die Hutschnur geplatzt, und Helmut Schön hat daraufhin zwei Jahre nicht mehr mit mir geredet – aber dann haben wir uns doch wieder versöhnt.

DER ZEITZEUGE

Bernd Hölzenbein machte nach der Niederlage gegen Österreich seinem Ärger Luft.

Bernd Hölzenbein (9. März 1946) war als Spieler und später als Manager mit der Frankfurter Eintracht eng verbunden. Aus der Gegend von Limburg stammend kam er über den TuS Dehrn als 20-Jähriger zur Eintracht als ungeschliffener Diamant und ging als Weltmeister. Hölzenbein, Instinkt-Fußballer mit Offensivgeist spielte 40 Mal zwischen 1973 und 1978 für die deutsche Nationalelf und erzielte dabei fünf Tore. Sein wichtigstes Spiel war das WM-Finale 1974, als er nach einem Alleingang gefoult wurde, und Paul Breitner mit dem 1:1 die Wende zuungunsten der Holländer einleitete. Hölzenbein lebt heute in Neu-Isenburg.

DER JOURNALIST
Als ein Hüne wie „Rolli" Rüßmann flennte und einen Koffer Autogrammkarten wegwarf

Argentinien 1978, die Schmach von Cordoba, das 2:3 gegen Österreich, die erste Niederlage nach 47 Jahren gegen den Nachbarn: Der Frust feierte fröhliche Urständ im abgelegenen DFB-Quartier Ascochinga, wo sich Fuchs und Hase gute Nacht sagten. Ich sitze vor meiner Schreibmaschine, formuliere die Analyse des Spiels, als Rolf Rüßmann, der blonde Riese vom FC Schalke 04, ins Zimmer stürmt, die Augen verweint, in der rechten Hand einen Koffer. Er öffnet ihn, stülpt ihn um und heraus fliegen Autogrammkarten, Wimpel und von Spielern unterschriebene DFB-Programmhefte. „Mach mit ihnen, was du willst. Mich will ja doch keiner mehr sehen", flennt der Vorstopper der Nation hemmungslos.

Rüßmann hatte die Schuld für die WM-Sensation und das Ausscheiden in der zweiten Finalrunde auf sich geladen. Denn sein direkter Gegenspieler Hans Krankl erzielte die Treffer Nummer zwei und drei. „Ich war ja so schlecht und schäme mich", jammerte der Lange. Später tranken sie sich im Casino von Ascochinga Ärger, Zorn und Enttäuschung von der Seele.

Skurrile Bilder: Bundestrainer Helmut Schön und sein Kapitän Berti Vogts umarmen sich innig wie ein Liebespaar, trocknen gegenseitig ihre Tränen. Der Frankfurter Bernd Hölzenbein schimpft wie ein Rohrspatz, und Schön kriegt nach seinem letzten Spiel als Verantwortlicher für die Nationalmannschaft sein Fett ab: „Wir spielen ein komisches System. Ein paar machen Manndeckung, ein paar Raumdeckung, und ein paar machen gar nichts." Zur gleichen Zeit spottete Krankl im österreichischen Quartier: „Deutschland hat Glück gehabt, dass i heut net in Form war."

Wütende Fußball-Fans empfingen die DFB-Delegation am Frankfurter Flughafen mit einem Spruchband: „Achtung, Fußball-Millionäre: Spendet Euer WM-Geld an Brot für die Welt." Zwölf Polizeibeamte schützten den Bundestrainer. „Ich hatte mir meinen Abschied anders vorgestellt", sagte Schön betrübt. Zwei Jahre später wurde die Nationalmannschaft mit Bundestrainer Jupp Derwall Europameister.

Wilfried Wittke (Jahrgang 1945), Sportchef der „Westfälischen Rundschau", berichtete über die Fußball-Weltmeisterschaften 1974, 1978, 1982, 1986, 1990 und 1994 und erlebte alle Höhen und Tiefen von Borussia Dortmund.

FONTANA Klinik
An den Thermen

Dorint-Hotel an den Thermen

Reha-Abteilung der Mooswaldklinik

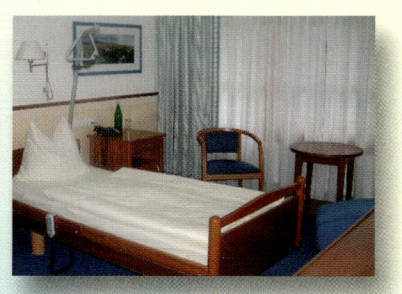

Unterbringung im Komforteinzelzimmer

Persönliche Betreuung

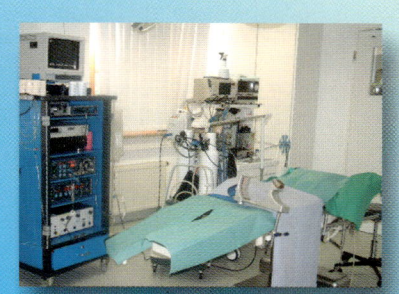

Moderne, EDV-gesteuerte OP-Technologie

WILLKOMMEN BEI UNS...

...in der **Fontana**Klinik an den Thermen - Ihrem Spezialist für Gelenkchirurgie und minimal invasive Wirbelsäulenschmerztherapie...

Eingebettet in das Naturschutzgebiet vor den Toren Freiburgs werden in der **Fontana**Klinik an den Thermen sowohl ambulante als auch stationäre Eingriffe im Bereich der Gelenke und der Wirbelsäule durchgeführt. Erfahrung und Kompetenz unseres Teams garantieren größtmögliche Sorgfalt im Bemühen um den optimalen Heilungsverlauf.

Modernste Technik im OP und persönliche Betreuung vor und nach dem Eingriff sowie gehobener Hotelstandard bei Unterbringung und Verpflegung durch die Nachbarschaft zu einem 4-Sterne-Hotel und der überregional bekannten orthopädischen Rehaklinik - der Mooswaldklinik - mit 1200 qm Therapiefläche und hochqualifizierten Physiotherapeuten.

Eine kleine aber feine Oase - nicht nur für Sportler und Sportbegeisterte - sondern Luxusklasse für alle Kassen.

...denn Ihre Entscheidung für uns ist Vertrauenssache.

Dr. med. Volker Fass
Arzt für Orthopädie
ehem. Profi-Fußballer

Fontana-Klinik an den Thermen
An den Heilquellen 8 • D-79111 Freiburg
Tel. +49 (0)761 767888-0 • Fax +49 (0)761 767888-1
http//: www.fontana-klinik.com
e-mail: info@fontana-klinik.com

Die Schande von Gijón

1982

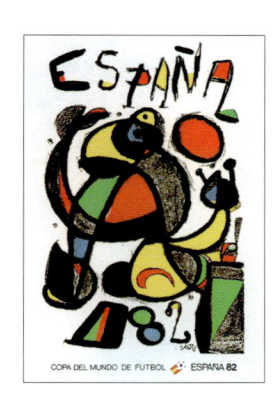

Wenn sie doch öfter so gespielt hätten - wie gegen Frankreich. Im besten Spiel der WM gewannen Klaus Fischer (Foto) und Co. in der Verlängerung gegen die „Equipe Tricolore".

Italien

Deutschland

Polen

Frankreich

Man muss es sich 20 Jahre später vorstellen:
Deutschland erreichte ein WM-Finale - und dennoch:
Der Jubel über eine Vize-Weltmeisterschaft
hielt sich in überschaubaren Grenzen.
Das 1:0 gegen Österreich, dieses Spiel mit einem
kurzfristig geschlossenen Nichtangriffspakt,
überschattete den sportlichen Erfolg.
Weltmeister wurde Italien - in der Vorrunde
noch eine der schwächsten Mannschaften
dieser Weltmeisterschaft.
Doch dann traf Paolo Rossi
immer, wenn es notwendig wurde.

BUCHKATALOG.DE

Der „Schmach von Cordoba" folgt die „Schande von Gijón"

Deutschland wird in Spanien hinter Italien Vize-Weltmeister, mutiert aber zum Bösewicht des Weltfußballs

Dietrich Weise, einer der weisen Fußball-Lehrer Deutschlands, hatte es gleich nach dem Finale von Madrid auf den Punkt gebracht: „Wenn wir so weiter machen wie in Spanien, dann werden sich Spieler, Trainer, Funktionäre und Journalisten bald alleine auf dem Fußballplatz treffen. Lassen wir uns nicht von den Erfolgen im Endstadium blenden. Sie waren auch das Abfallprodukt aus der Dummheit anderer." Wir schreiben den Sommer 1982. Deutschland hatte gerade zum vierten Mal in seiner stolzen Fußball-Geschichte ein WM-Finale erreicht. Doch von Stolz diesmal kaum eine Spur – und dies lag mit Sicherheit nicht daran, dass die Deutschen das Endspiel im Bernabéu-Stadion von Madrid mit 1:3 gegen Italien verloren hatten. 3:4 zum Beispiel waren sie zwölf Jahre zuvor im Halbfinale von Mexiko City unterlegen – und doch hatte jeder den Hut vor der Leistung dieser Mannschaft gezogen, sie für ihren Mut geliebt, sich vor der spielerischen Klasse verbeugt. Ein Mythos war um die Akteure des so genannten Jahrhundertspiels gestrickt worden. Mit dem Haufen, der da in Spanien Vize-Weltmeister geworden war, konnte so recht keiner glücklich sein. Zu viel Negatives war auf dem Weg ins Endspiel passiert. Die Zuschauerzahlen der Bundesliga gingen in der Folge in den Keller. Und Italiens Presse spottete nach dem 3:1-Finalsieg: „Wir haben die Deutschen gestellt, überwältigt und überrannt" (Corriere della Sera). Groß aufgeregt hat sich auch vor den Fernsehschirmen dieser Republik niemand: Die Sache war zu klar,

DER RÜCKBLICK

Aufgebrachte algerische Zuschauer als Beobachter des „Nichtangriffspakts" zwischen Österreich und Deutschland.

Frage: Wie macht man sich als Nationalelf bei einer WM unbeliebt -
a.) bei den Fans zu Hause vor den Bildschirmen?
b.) bei den Schlachtenbummlern vor Ort?
c.) beim Rest der Welt?
Die deutsche Mannschaft hat auf diese Fragen in Spanien bei verschiedenen Anlässen treffliche Antworten gegeben: Sie vergällte einem die Freude auf die „Mundial" gleich im ersten Spiel mit einem 1:2 gegen Algerien (Antwort Frage a.). Sie ließ es Wasserbeutel aus den Fenstern des Hotels auf deutsche Fans regnen (Antwort Frage b.). Und sie belebte das Bild vom hässlichen Deutschen neu, als ihr Torhüter einem Gegenspieler mehrere Zähne ausgeschlagen, einen Wirbel gebrochen und noch gesagt hatte: „Ich zahl' ihm die Jacketkronen" (Antwort Frage c.). Dass diese drei Fragen aber auch innerhalb nur eines Spieles in noch nicht einmal 90 Minuten zu beantworten waren, zeigte die Truppe des DFB jedoch auch noch am

DIE GLOSSE
Drei Fragen zum Friedensgipfel von Gijón

25. Juni in Gijón, beim letzten Vorrundenspiel gegen Österreich. Ein deutscher Sieg mit ein oder zwei Toren Unterschied, das war schon vor dem Anpfiff bekannt, würde beiden Parteien in die nächste Runde helfen - zum Nachteil Algeriens. Und deshalb passierte nach zwölf Minuten Fußball mit dem 1:0 durch das „Kopfball-Ungeheuer" Hrubesch - nichts. Und als Frankreichs Trainer Michel Hidalgo, der den Gegner beobachten wollte, nach 90 Minuten auf seinen Notizblock blickte, stand da - nichts. Doch weil dieses, bei einer WM so noch nie gesichtete Nichts nicht als Nichts zu begreifen war, sagte der DFB-Präsident Neuberger anschließend nicht einfach nichts, aber auch nicht gerade Nichtiges. Nämlich: „Es ist das gute Recht einer Mannschaft, langsam zu spielen, wenn es dem Erfolg dienlich ist."
Dienlich war dieses Wort zur deutsch-österreichischen Fußball-Verweigerung zwar nicht, denn die Welt wusste nun, dass das Wort Schiebung einen deutsch-sprachigen Klang hatte, aber der Beweis, dass Deutsche und Österreicher Brüdervölker sind, der war erbracht.
Drei Fragen hätten wir aber doch noch zum Nichtangriffspakt von Gijón:
a.) haben Deutschlands Kicker den Herren Nachbarn was von ihrer Prämie abgegeben?
b.) Wenn Österreich (aus Versehen) noch getroffen hätte, hätte es dann mit einem Eigentor gekontert?
c.) Warum haben beide Verbände sich nicht um den Friedensnobelpreis beworben? Er wäre ihnen sicher gewesen!

als dass man über diese Niederlagen guten Gewissens hätte lamentieren können.
Gegönnt waren die Glücksgefühle Sandro Pertini, dem greisen Staatspräsidenten des Alpenstaates, staatsmännisch hatte Helmut Schmidt, der deutsche Bundeskanzler, auf der Tribüne des Bernabéus gelächelt – was anders hätte der gute Mann auch machen sollen? Die Lage war – so würden Politiker es nennen – schwierig, einfacher gesagt: Sie war verfahren. Gute Miene zum bösen Spiel zu machen war also gefordert.
„Die Spieler lachen mich doch aus, wenn ich ihnen einen Film über Algerien vorführe." Dieser Satz stammt von Jupp Derwall, dem damaligen deutschen Bundestrainer, der schon längst keine Respektsperson mehr war und dessen Autorität in jenen Tagen gegen Null tendierte. Die Spieler, allen voran Vordenker Paul Breitner, machten einfach was sie wollten, turnten ihrem vermeintlichen Boss auf der Nase herum. Zwei Jahre später, nach der verkorksten EM in Frankreich, war für Derwall das Aus, und der deutsche Fußball stand endgültig vor einem Scherbenhaufen. „Kaiser" Franz Beckenbauer unternahm dann den Versuch, die Scherben zu kitten.
Nach dem ersten WM-Spiel 1982, jenem gegen Algerien, standen die deutschen Spieler mit ratlosem Gesicht vor einer Niederlage. Indigniert schauten sie blamiert weg. Der Außenseiter hatte ihre Überheblichkeit genutzt, er hatte sie spielerisch vorgeführt, 2:1 geschlagen. Und ein Ballvirtuose namens Madjer, der die Bayern sechs Jahre später im europäischen Landesmeister-Finale in Wien (1:2 gegen Porto) mit einem fußballgeschichtsträchtigen Hackentrick-Treffer ärgern sollte, hatte als Torschütze zum 1:1 für die Afrikaner erstmals seinen Namen dick unterstrichen.
Die Stunde der sogenannten Kleinen hatte ge-

DIE PROMINENTE

Eine Fußball-WM fasziniert mich, weil...

...weil sich dann fast ein ganzes Land über Wochen über eine Sportart unterhält und ich mir so viel Publikumszuspruch auch fürs Eiskunstlaufen wünschen würde.

Kati Witt, Olympiasiegerin u. Weltmeisterin im Eiskunstlauf, Revue-, Fernseh- u. Filmstar.

schlagen. Obwohl bei diesem Turnier, erstmals wegen der Finanzen und der besseren sportlichen Möglichkeiten für die Bewerber aus Afrika und Asien mit 24 Teams ausgespielt, dank eines ausgeklügelten Setzmoduses die vier Großen (Spanien, Deutschland, Argentinien und Brasilien) so lange wie möglich geschont werden sollten, war es gleich zu Beginn zu einigen faustdicken Überraschungen gekommen.
Belgien hatte trotz eines Superstars namens Diego Maradona Argentinien die Premiere als amtierender Weltmeister vermasselt – Vandenberghs Treffer reichte beim Eröffnungsspiel dieser WM vor nur enttäuschenden 95 000 Fans im 120 000-Mann-Stadion Nou Camp von Barcelona für die erste Sensation. Spanien brauchte einen geschenkten Elfmeter gegen Honduras für ein schmeichelhaftes Unentschieden, Italien kam gegen Peru, das in Südamerikas WM-Qualifikation Uruguay eliminiert hatte, nur zu einem 1:1, Kamerun trotzte den Polen ein 0:0 ab, Kuwait holte gegen die Tschechoslowakei ein 1:1. Von den sogenannten „Exoten" konnten nur Neuseeland und El Salvador nicht mithalten – 10:1 gewannen die Ungarn gegen die Mittelamerikaner, der Rekordsieg aller WM's bisher. Die alte Bestmarke stammte aus dem Jahr 1954 – damals hatten die Ungarn mit 9:0 gegen Südkorea gewonnen.
Ging es also mit rechten Dingen zu bei dieser Weltmeisterschaft, bei der die Niederländer, der Vize-Weltmeister von 1974 und 1978, erst gar nicht mitspielen durften, die Engländer erstmals seit 1970 sich wieder einmal qualifiziert hatten? Der Skandal hatte schon bei der Gruppenauslosung, am 16. Januar 1982 von Kronprinz Félipe im Madrider Kongresspalast vorgenommen, begonnen. Erst streikten die Lostrommeln, dann brachen auch noch die Loskugeln mit den Zettelchen der teilnehmenden Länder auseinander. Von „Kurpfuscherei" hatte die spanische Presse nach dieser Zeremonie der „Pleiten, Pech und Pannen" gesprochen – kennzeichnend für den Verlauf der WM.
Und auch aus deutscher Sicht machte sie wenig Spaß.
Der Auftaktblamage gegen Algerien folgte zwar ein farbloses 4:1 gegen Chile und damit die Möglichkeit, sich als einer der beiden erstplatzierten Mannschaften einer der sechs Vierer-Gruppen für die Zwischenrunde (je drei Mannschaften in vier Gruppen einzog, von denen der jeweilige Sieger ins Halbfinale einzog) zu qualifizieren. Chile war abgeschlagen, doch Algerien durfte noch hoffen, als sich Deutsche und Österreicher am 25. Juni als Revanche der „Schmach von Cordoba" (2:3 gegen Österreich und WM-Aus 1978) zur „Schande von Gijón" trafen. Eine Mitschuld an diesem Spiel, an diesem öffentlichen Betrug, trug aber auch die FIFA, von der manche nach diesem Turnier öffentlich und ungestraft behaupteten - so der Fußballpräsident Kuwaits - dass sie gegen die Mafia nur eine harmlose Vereinigung sei.
Nichts gelernt hatte der Weltverband aus den Ereignissen vier Jahre zuvor, als Gastgeber Argentinien im Kampf um den Einzug ins Finale gegenüber Brasilien den Vorteil hatte, einige Stunden später spielen zu dürfen und deshalb genau zu wissen, wie hoch der Sieg gegen Peru ausfallen musste. Mit 6:0 war er passend, Argentinien wurde Weltmeister, Brasilien Dritter. Und in diesem Fall wussten Deutsche und Österreicher, dass ein 1:0 oder ein 2:0 sie beide in die nächste Runde bringen würde. Als es nach Horst Hrubeschs Treffer schon nach wenigen Minuten 1:0 für Deutschland stand, stellten beide Mannschaften das Fußballspielen ein. Der Nichtangriffspakt funktionierte. Deutschland und Österreich kamen weiter, neue Freunde hatten sie sich allerdings nicht gemacht. Algerische Zuschauer wedelten auf den Tribünen vielsagend mit Geldscheinen zum Zeichen, dass das Spiel „verkauft" sei. Frankreichs Trainer Michel Hidalgo lästerte, in dem er beide Mannschaften für den Friedensnobelpreis vorschlug, der holländische „Volkskrant" sprach „von einem Porno, der in die Geschichte eingehen wird", die „Neue Zürcher Zeitung" monierte den „Verrat am Sportgeist", „L' Equipe" tadelte „eine düstere, unerträglich skandalöse Farce", und die französische „Libération" schrieb: „Wenn die Algerier heute Rassismus rufen, haben sie nicht ganz Unrecht."
Der längst verstorbene Hermann Neuberger, in Ämterhäufung damals FIFA-Vizepräsident, DFB-Präsident sowie OK-Chef und sonst ein wahrhaft verdienstvoller Funktionär, hatte offenbar - wie seine deutsche Mannschaft - einen schlechten Tag erwischt, als er dieses Spiel noch zu verteidigen versuchte: „Es ist das gute Recht einer Mannschaft, langsam und auf Sicherheit zu spielen, wenn dies dem Erfolg dienlich ist."
„Erfolgreich" spielte Derwalls Mannschaft weiter. Zuerst gab's zur Vergebung eine Verneigung sowie Rosen für die spanischen Fans und ein 0:0 gegen England, dann ein taktisch sauber herausgespieltes 2:1 gegen Spanien in der Zwischenrunde – das Halbfinale gegen Frank-

---

WALDIS WELT
„Eberhard Stanjek stellte die Arbeit ein"

Waldemar Hartmann:
„Weinproben und pokern bis in die Nacht"

Gijón! Diese Weltmeisterschaft hat für mich nur einen Namen: Gijón.
Und schon wieder Österreich. Deutschland gewinnt 1:0 gegen unseren südlichen Nachbarn. So weit, so gut. Aber wie dieses Ergebnis zustande kam, war ein Skandal. Genau dieses Resultat reichte beiden Mannschaften, in die nächste Runde zu kommen. Irgendwann in der ersten Halbzeit hatten sich die Akteure auf dem Spielfeld entschlossen, daran auch nichts mehr zu ändern.
„Nichtangriffspakt" nennt man das in der Politik. Beim Fußball existiert dieser Begriff nicht. Man kann ja wirklich mal einen schlechten Tag haben, an dem nichts zusammenläuft. Und es gibt auch Spiele, da trifft man einfach das Tor nicht, obwohl ein Dutzend Chancen dazu vorhanden ist. In Gijón traf dies alles nicht zu. Da wurden die Zuschauer und andere Mannschaften einfach betrogen.
Das sah auch mein Kollege Eberhard Stanjek so. Er übertrug für die ARD damals die „Begegnung der Freundschaft". Als Eberhard so etwa nach einer knappen Stunde endgültig über das Gezeigte auf dem Rasen sauer war, verstummte er mit der Begründung: „Wenn die da unten die Arbeit einstellen, erlaube ich mir das jetzt auch." Das Freizeitgekicke lief fortan ohne Kommentar über den Fernsehschirm.
Einige Funktionäre des DFB fanden das allerdings gar nicht so lustig. Sie beschwerten sich über Stanjek. Mein späterer Chef und Freund überstand die Attacke aber unbeschadet. Er kam eher gestärkt aus dieser Geschichte heraus. Denn Zuschauer haben ein ganz feines Gespür für Geschehnisse wie diese. In zahlreichen Meinungsumfragen stellte sich nämlich heraus, dass das Ballgeschiebe von Gijón damals dem deutschen Fussball insgesamt großen Schaden zugefügt hat. Die Glaubwürdigkeit war entscheidend beschädigt worden. Dazu kamen noch Geschichten und Gerüchte rund um die Mannschaft.
Schon im Vorbereitungslager im Schwarzwald wurde der idyllisch gelegene Schluchsee in „Schlucksee" umbenannt. Ausgiebige Weinproben einiger Spieler waren der Grund dafür. Bundestrainer Jupp Derwall hatte die Truppe nie so richtig im Griff. Auch während des Turniers selbst trafen sich die Spieler zu stundenlangen Pokerrunden, manchmal bis spät in die Nacht hinein. Trotzdem schaffte es die Truppe bis ins Endspiel. Das gewann dann Italien in Madrid mit 3:1. Alles andere, ganz ehrlich, wäre auch nicht in Ordnung gewesen. Selbst direkt Beteiligte sehen das heute ebenso.

Ein seltenes Bild bei der WM 1982: Freude bei der deutschen Mannschaft: Karl-Heinz Rummenigge fliegt auf Karlheinz Förster zu – Magath und Hrubesch freuen sich mit.

DFB-Kader 1982

Eingesetzt: Breitner, Briegel, Dremmler, Fischer, B. Förster, Kh. Förster, Hrubesch, Kaltz, Littbarski, Magath, Matthäus, H. Müller, Reinders, K.-H. Rummenigge, Schumacher, Stielike.
Nicht eingesetzt: Franke, Hannes, Immel.
Auf Abruf: T. Allofs, Engels, Hieronymus.

reich war erreicht und der nächste Fauxpas programmiert. Spielerisch war dieses Treffen zwischen Germanen und Galliern eines der Besten, das diese WM zu bieten hatte. 1:1 hatte es nach 90 temperamentvollen Minuten geheißen, 3:1 hatten die Franzosen in der Verlängerung schon geführt, doch Kalle Rummenigge, Europas Fußballer der Jahre 1980 und 1981, erst wegen Verletzung spät ins Spiel gekommen, und Klaus Fischer hatten den Krimi neutralisiert, die Franzosen ins Elfmeterschießen – das erste der WM-Geschichte – gezwungen. Als Uli Stielike scheiterte, schien Frankreich durch - doch Harald Schumacher, den alle nur Toni nannten, zeigte, was für ein Supertorwart er war. Er hielt die Schüsse von Six und Bossis, und er ebnete mit diesen beiden Paraden Horst Hrubesch den Weg, mit seinem goldenen Schuss Deutschland weiter im Titelrennen zu halten. Der Hamburger nutzte „Tonis" Vorlage.

Deutschland hatte sich ins Endspiel gemogelt, sozusagen als ungeliebtester Finalist aller Zeiten. Und dieser Einzug zum Showdown nach Madrid hatte einen zusätzlichen Makel, das böse Foul des Toni Schumacher an dem frei auf ihn zu eilenden Patrick Battiston. Der Kölner Torwart kreuzte rücksichtslos den Weg des Franzosen und nahm dessen schwere Verletzung zumindest billigend in Kauf. Mit einem Wirbelbruch und mehreren eingeschlagenen Zähnen kam Battiston ins Krankenhaus – erst spät, zu spät (?), hat Schumacher sich entschuldigt.

So waren die Sympathien im Finale von Madrid klar verteilt. „Die Bösewichte der Weltgeschichte waren nun auch die Bösewichte des Weltfußballs" (Die Geschichte der Fußballweltmeisterschaft, Verlag die Werkstatt, 2001). Die normalerweise als deutschfreundlich geltenden Spanier drückten den ansonst eher zurückhaltend beäugten Italienern die Daumen. Und die gewannen durch Tore von Rossi, Tardelli und Altobelli bei einem Gegentreffer von Paul Breitner ungefährdet.

Breitner aber, damit nach Pelé und Vava der dritte Spieler, dem ein Tor in zwei verschiedenen WM-Endspielen gelungen ist, hatte die spanische Lektion immer noch nicht gelernt. Als die Mannschaft schließlich nach Hause kam und sie trotz Vize-Weltmeisterschaft kaum einer richtig feierte, meinte er nur lakonisch: „Wer von uns nicht zufrieden ist, der macht sich etwas vor, was mit der Realität nichts zu tun hat." Die Realität des deutschen Fußballs – sie gab damals Anlass zu ernster Sorge...

Ein Vorbild an Einsatzfreunde: Hans-Peter Briegel, hier im Finale gegen Italien.

Felix Magath, heute VfB-Trainer, schaut staunend zu: Algerien im Angriff.

ANDERE DATEN

1982
- Der HSV wird Deutscher Meister, die Bayern Pokalsieger (4:2 gegen Nürnberg).
- DDR-Meister: Berliner FC Dynamo. DDR-Pokalsieger: SG Dynamo Dresden.

1983
- Der Hamburger SV siegt als zweiter Deutscher Verein im Europapokal der Landesmeister - 1:0 in Finale gegen Juventus Turin.
- Im Stadtduell Fortuna gegen 1. FC Köln siegt der 1. FC im Pokalfinale 1:0, die Meisterschaft feiert der HSV.
- DDR-Meister: Berliner FC Dynamo. DDR-Pokalsieger: 1. FC Magdeburg.

1984
- Frankreich gewinnt das Olympische Fußballturnier in Los Angeles durch einen 2:0-Finalsieg über Brasilien.
- Nach dem frühzeitigen EM-Aus tritt Jupp Derwall als Bundestrainer zurück, Franz Beckenbauer wird überraschend Teamchef der Nationalelf.
- Bayern München gewinnt im Elfmeterschießen das Pokalfinale gegen Gladbach, Lothar Matthäus verschießt dabei für die Gladbacher einen Elfer und wechselt nach München. Deutscher Meister wird erstmals seit 1952 wieder einmal der VfB Stuttgart.
- DDR-Meister: Berliner FC Dynamo. DDR-Pokalsieger: SG Dynamo Dresden.

1985
- Überraschend gewinnt Bayer Uerdingen das Pokalfinale gegen Bayern München 2:1, Bayern wird dagegen souverän Meister.
- DDR-Meister: Berliner FC Dynamo. DDR-Pokalsieger: SG Dynamo Dresden.

ZEITTHEMEN

Als „E.T." nach Hause wollte und Kohl Kanzler wurde

1982: Als sie nach 13 Jahren die Regierung mit der SPD verlässt, bringt die FDP im September die CDU an die Macht: Nach konstruktivem Mißtrauensvotum gegen Helmut Schmidt wird Helmut Kohl der Kanzler der CDU/FDP-Regierung. - Argentiniens Invasion auf den Falkland-Inseln im Südatlantik lässt Englands Premier-Ministerin Margret Thatcher scharf schießen: Die Royal Navy vernichtet im Mai fast die gesamte Flotte des Gegners. - November: In der Bundesrepublik werden die RAF-„Köpfe" Brigitte Mohnhaupt, Adelheid Schulz und Christian Klar verhaftet. - Polens Arbeiterführer Walesa kommt nach elfmonatiger Haft frei. - Und sonst? Film des Jahres ist „E.T.". Der „Außerirdische" und sein Erdenfreund Elliott brechen alle Kassenrekorde. - Mit „Ein bißchen Frieden" gewinnt die 17-jährige Nicole Hohloch als erste Deutsche den Grand Prix de la Chanson. - Drei Filmstars sterben: Romy Schneider (43) in Paris (29.5.), Curd Jürgens (66) in Wien (17.6.), und Ingrid Bergmann an ihrem 67. Geburtstag in London (29.8.).

1983: Die CDU gewinnt mit 48,8 % die Neuwahlen im März, und Kanzler Helmut Kohl besteht im November seine erste Belastungsprobe: Der Nato-Doppel-Beschluss, von Vorgänger Schmidt eingeleitet, wird durchgesetzt, den sowjetischen SS-20-Raketen werden Pershings der USA und Marschflugkörper entgegengesetzt. - Sowjetische Abfangjäger schießen ein Verkehrsflugzeug aus Südkorea, das sich über Sachalin verflogen hat, mit 269 Menschen an Bord ab (1.9.). - Und sonst? Den Friedensnobelpreis bekommt Lech Walesa und Europa eine neue Fitness-Bewegung: Aerobic heißt der von Sydney Rome und Jane Fonda propagierte Körperkult.

1984: Die Bestechung von Politikern durch den Industriellen Flick zieht Kreise: Im Juni tritt Wirtschaftsminister Lambsdorff, im Oktober Bundestagspräsident Barzel zurück; Lambsdorff wird später zu einer Geldstrafe verurteilt. - Bei den Spielen in Los Angeles feiern die USA ein Kommerz-Olympia, seit langem auch wieder ein schuldenfreies; Carl Lewis gewinnt vier „Goldene" und zieht mit Legende Jesse Owens gleich. Die UdSSR boykottiert die Spiele - Wegen zahlreicher DDR-Flüchtlinge müssen die Ständige Vertretung in Ostberlin (Juni) und die Botschaft der Bundesrepublik in Prag (Oktober) überfüllt schließen. - Indiens Ministerpräsidentin Indira Ghandi wird von Leibwächtern erschossen (31.10.).

1985: Mit Michail Gorbatschow (54) übernimmt am 10. März ein „Junger" den Posten des ZK-Sekretärs der KPdSU; nicht nur in der Sowjetunion sollte damit die Herrschaft der „Betonköpfe" enden; im November verhandelt „Gorbi" beim Gipfel in Genf mit US-Präsident Reagan sogleich über die Halbierung der Nuklearwaffen. - Im Brüsseler Heysel-Stadion kommt es im Landesmeister-Finale zwischen Liverpool und Juventus Turin nach Ausschreitungen der Liverpool-„Fans" zu einer Panik, 39 Juve-Anhänger werden tot getrampelt (29.5.). - Schriftsteller Heinrich Böll stirbt mit 67 Jahren (16.7.). - Eine neue Krankheit geht um: Mit Filmstar Rock Hudson stirbt der erste Prominente an der Immunschwäche Aids (2.10.), in der Bundesrepublik werden 292 Erkrankte registriert.

Paolo Rossi (links), klein, aber auch ein Könner beim Kopfball - hier im Spiel gegen Brasilien, das Italien durch drei Rossi-Tore mit 3:2-Toren gewann.

Der „Auferstandene" schoss seine Tore zu rechten Zeit

Fast ohne Spielpraxis trifft der im Toto-Skandal gesperrte Paolo Rossi sechs Mal für Italien

Wenn es nach Moral und Gesetz gegangen wäre, hätte der mit sechs Toren treffsicherste Spieler der Weltmeisterschaft 1982 gar nicht mitspielen dürfen in Spanien: Paolo Rossi war in Italiens Toto-Skandal verwickelt gewesen und zunächst für drei Jahre gesperrt worden. Wegen lumpiger zwei Millionen Lire, damals 4000 D-Mark (knapp 2000 Euro), habe er, so die Anklage, in den Farben des FC Perugia, für den er 1979/80 spielte, gegen Avellino für das im „Toto Nero", dem „schwarzen Toto", gewünschte 2:2 gesorgt. Rossi, der beide Tore geschossen hatte, beteuerte zwar seine Unschuld, das Gericht indes glaubte den Zeugen. Nationaltrainer Enzo Bearzot setzte aber alle Hebel in Bewegung, um den Mittelstürmer in Spanien dabei zu haben - und hatte schließlich Erfolg. Rossi wurde nach nur einem Jahr begnadigt und stieg beim Turnier auf der iberischen Halbinsel wie ein Phönix aus der Asche.

Der damals 25-Jährige schoss seine Tore genau dann, als es im Turnier ernst wurde: Alle drei Treffer beim triumphalen 3:2-Sieg in der Zwischenrunde über Brasilien, beide Tore beim 2:0 im Halbfinale über Polen und im Finale nach knapp einer Stunde Spielzeit das 1:0 gegen Deutschland (Endstand: 3:1). Noch in der Vorrunde hatten die „Azzurri" mit lediglich drei Unentschieden und zwei geschossenen Törchen „geglänzt". Rossi war dabei blass geblieben.

Dem „Skandalbuben" war nun aber in der Heimat alles verziehen. „Rosso grandioso - du warst göttlich", jubelte der „Corriere della Sera" nach dem Brasilien-Spiel, und in der Tat hatten die Italiener auch dank Rossi gegen die Südamerikaner ein Spiel gemacht, das von der „Gazetta dello Sport" sogleich als das „schönste, das eine italienische Nationalmannschaft jemals zeigte" eingestuft wurde. Die Brasilianer zauberten zwar, dass ihnen wieder Szenenapplaus der 44 000 Zuschauer zuteil wurde, aber, so konstatierte auch Argentiniens Trainer Cesar Luis Menotti, „die spielen nur für die Tribüne." Rossi hieß ihr Schicksal, und der krönte an jenem 5. Juli in Barcelona die von Italiens Elf gezeigten Tugenden von Fleiss und taktischer Disziplin mit Toren, die gleichermaßen schön wie eiskalt erzielt waren. Die Weltpresse wählte Rossi anschließend zum besten Spieler der WM und ließ zum Jahresende auch noch das Prädikat Europas Fußballer des Jahres folgen.

Es war nach allem ein etwas unverhoffter Lohn, denn dass der schmächtige Stürmer sich so in Szene setzen würde, war nicht unbedingt abzusehen gewesen. Enzo Bearzot, der zwar stets an dem Mann aus der Toscana (geboren am 23.9.1956 in Prato) festgehalten hatte und sich genauso wie Rossi darüber freute, „dass ich noch so belohnt worden bin", attestierte seinem Schützling nämlich auch: „Er hat Angst vor den Zweikämpfen, weil er schon so oft verletzt war. Ein guter Spieler darf aber nicht an die Schmerzen denken, die er eventuell erleiden könnte."

Ob der meist äußerst liebenswürdig und natürlich auftretende Rossi daran dachte, ist nicht bekannt, aber er verstand es zumindest bei den Abwehrspielern den Eindruck zu erwecken, als ob da einer stehe, der keiner Fliege etwas zu Leide tun und auch sonst niemandem gefährlich werden könne.

Auch die Brasilianer gaben hinterher zu, diesen Fehler gemacht zu haben. Der kleine, engelsgesichtige „Pablito", der bei Juventus Turin seine Fußball-Jugend verbrachte, hatte zwischen 1975 und 1981 fünf Mal die Vereinsfarben gewechselt und dies nicht immer freiwillig. „Juve" lieh ihn zunächst an den AC Como aus, schon ein Jahr später unterschrieb er bei Vicenza, wo er gleich im ersten Jahr Torschützenkönig der II. Liga wurde, aufstieg und mit seinen Treffern den Provinzklub auch zur Vize-Meisterschaft schoss. Nach dem Abstieg ein Jahr später folgten der Wechsel zu Perugia und der Toto-Skandal.

1981 holte ihn Juventus Turin zurück, nachdem seine Sperre von drei auf zwei Jahre reduziert worden war - als Spieler für die Hinterhand. Nach der vorzeitigen Begnadigung kam Rossi vor WM-Beginn dann gerade mal noch auf drei Meisterschaftsspiele bei „Juve", und als er dann gewissermaßen aus dem Halbruhestand zum sensationellen Comeback in der „Squadra Azzurra", für die er insgesamt 46 Spiele bestritt, gekommen war, freute er sich ohne großes Hurra. „Sind wir es wirklich - Weltmeister?" fragte er sinnierend ins Mikro beim Bankett mit Staatspräsident Sandro Pertini.

Er durchbrach als Einziger den Boykott der Nationalelf gegen Italiens Presse wegen falsch veröffentlichter Prämienzahlungen, obwohl ihm der Boulevard ein homosexuelles Verhältnis mit Verteidiger Cabrini angedichtet hatte, und gab freundlich Auskunft. Und er wehrte sich gegen jeglichen Lorbeer, den ihm die Fachwelt winden wollte. Deutschlands Bundestrainer Jupp Derwall: „Dabei hat er mit seinen Toren Mitspieler beflügelt, die vorher kaum Mittelmaß waren." Rossi aber, der bei Umfragen als Hobby seine Frau Simonetta und den gemeinsamen Sohn Alessandro angab, wollte zuvorderst seinem Trainer danken: „Er hat zu mir gehalten, das hat mich stark gemacht."

Nach der Weltmeisterschaft konnte er nie mehr an seine großen Tage anknüpfen. Zu den wenigen Höhepunkten gehörten noch das Europacup-Finale gegen den Hamburger SV 1983 (0:1) und der Titelgewinn mit Juventus (1984). Bei der WM 1986 in Mexiko war Rossi, inzwischen für 7,2 Millionen Mark zum AC Milan transferiert, nur noch Reservist. Wegen dauerhafter Kniebeschwerden beendete er Ende 1987 bei Hellas Verona sein Karriere. Er ging leise. So, wie er 1982 in Spanien aus der Versenkung aufgetaucht war, „der Auferstandene" (Derwall).

DER SUPER-STAR

Er ging so leise wie er kam: Paolo Rossi, der Torschützenkönig der Weltmeisterschaft 1982.

ANDERE STARS

Paul Breitner
(5.9.1951) trug mit einem verwandelten Strafstoß entscheidend mit zum deutschen WM-Gewinn 1974 bei. Danach zog sich der Spieler des FC Bayern, der nach dem Titelgewinn zu Real Madrid gewechselt war, auch aus dem Nationalteam zurück. Nach seinem Comeback 1981 wurde er 1982 Vize-Weltmeister. 48 Länderspiele, zehn Tore. Heute Fernsehkommentator und Kolumnist.

Michel Platini
(21.6.1955) war nach den Rücktritten von Beckenbauer und Cruyff der Fußballstar in Europa Anfang der 80er Jahre. Wie Beckenbauer wurde er nach dem Ende seiner aktiven Karriere ein erfolgreicher Trainer, wie Beckenbauer auch Nationalcoach. Als Spieler feierte Platini mit dem Sieg bei der EM 1984 den größten Erfolg. Zwischen 1983 und 1985 wurde er drei Mal Fußballer des Jahres in Europa. Europapokalsieger mit Juventus Turin 1985. WM-Organisator 1998.

Sócrates
(19.2.1954) - bürgerlicher Name Sampaio de Souza Vieira de Oliveira Socrates Brasileiro – war Sohn eines Arztes, studierte Medizin und schloss das Studium ab, obwohl er schon als 15-jähriger Schulbub beim FC Botafogo seinen ersten Profivertrag unterschrieb. 1980 war er bereits Kapitän der Nationalmannschaft, nahm an den WM-Turnieren 1982 und 1986 teil, holte aber nie den Titel. Dies war jedoch seinem jüngeren Bruder Rai 1994 in den USA vergönnt.

NAMEN & NACHRICHTEN

Enttäuschend
Enttäuschend verlief die Zwischenrunde für den amtierenden Weltmeister Argentinien unter Trainer Luis Cesar Menotti. Die „Gauchos" verlor gegen Italien und Brasilien und schied mit null Punkten aus. Nicht einfach hatte es der Trainer auch mit seinem Jungstar, der gegen Italien nach einem bösen Tritt vorzeitig den Platz verlassen musste. Maradona, der Exzentriker aus Buenos Aires und inzwischen beim FC Barcelona unter Vertrag, beanspruchte jede Menge Privilegien. Weitab vom Mannschaftshotel residierte Maradona, der verhinderte Konzertmeister einer Elf, mit seinem Familien-Clan im Hotel „Castelldelfes", im eigentlichen Sinne ein Affront gegen die Mannschaft.

Protest
Nach dem „Schieber-Ramsch" Deutschland - Österreich (1:0), der Austria-Profi Roland Hattenberger (damals VfB Stuttgart) bezeichnet diese Kungelei als „Paarlaufen", legte Algeriens Präsident Benali Sekkal gegen die Wertung dieses Spiels Protest ein - vergeblich. Das Resultat hatte Bestand, Algerien musste nach Hause fahren.

Kein Glück, aber viel Geld
Im Konzert der Großen schlugen sich die Kleinen achtbar. Kamerun, damals schon mit Roger Milla, einem der Stars der WM 1990, fuhr ungeschlagen und nur wegen des „schlechteren" Torverhältnisses im Vergleich zum späteren Weltmeister Italien vorzeitig nach Hause. Kamerun mit Trainer Carlos Alberto Parreira, 1994 mit Brasilien in den USA Weltmeister, hatte gegen Peru 0:0 gespielt, gegen Italien 1:1. Das geschossene Tor beim Unentschieden brachte die Italiener in die Zwischenrunde. Frisch und frech spielten auch die Kuwaitis auf. Nach dem 1:1 gegen die CSSR, in dem die Wüstensöhne eine große Leistung boten, spendierte Scheich Fahad Al Abmad Al-Sabah, der Fußballpräsident des Ölstaates, 175 000 Dollar – wohlgemerkt aus eigener Tasche.

FIFA-Vorschuss
105 Länder hatten sich für die 22 Finalplätze (Argentinien als Titelverteidiger und Spanien als Gastgeber waren gesetzt) beworben. Honduras hatte sich überraschend als einer der beiden Vertreter Nord- und Mittelamerikas qualifiziert. Aber kein Geld für die Vorbereitung. Die FIFA half mit einem Vorschuss von 100 000 Dollar auf die WM-Gage aus. Und fast wäre Honduras sogar in die Zwischenrunde marschiert. Erst ein unberechtigter Elfmeter beim 1:1 gegen Spanien brachte den Gastgeber in die nächste Runde, ließ Honduras scheitern. Und ein Insider sagte nach dem ominösen Pfiff von Schiedsrichter Ithuralde (Argentinien): „Der Gastgeber durfte nicht ausscheiden, also ist Spanien weitergekommen."

Geballte Kraft
Beim 4:1 gegen Kuwait erzielte der Franzose Alain Giresse einen Treffer – unbehindert, weil die Abwehrspieler des Wüstenstaates nach einem Pfiff einfach stehen geblieben waren. Doch alle Proteste der Spieler nutzten nichts. Da erhob sich der Sohn des früheren Emirs von Kuwait und eine seiner 37 Ehefrauen und machte auf dem Platz dem sowjetischen Schiedsrichter Miroslav Stupar klar, dass der Pfiff von den Stadionrängen erklungen sei. Der Schiedsrichter nahm seine Torentscheidung zurück.

WM der falschen Pfiffe
Unter anderem schrieb die spanische Zeitung „Levante" schon früh: „Diese Weltmeisterschaft ist vor allem eine WM der schlechten Schiedsrichter." Die Beschwerden hatten sich gehäuft. Dr. Artemi Franchi, UEFA-Präsident und in Spanien Mitglied der Schiedsrichter-Kommission, reagierte und zog vier Unparteiische, darunter auch den Sowjetrussen Stupar (siehe Frankreich – Kuwait) aus dem Verkehr. Nicht mehr eingesetzt wurde auch der Spanier Augusto Castillo, der bei der UdSSR im ersten Gruppenspiel gegen Brasilien zwei Elfmeter verweigert und ein reguläres Tor der Sowjets nicht anerkannt hatte.

Presseboykott
Wegen der Kritik an der Mannschaft hatten die italienischen Profis einen Presseboykott gegen ihre Landsleute verabredet – „silentio stampa", wie sie es nennen. Enzo Bearzot, der Trainer und als „Schweiger von Friaul" in die Fußballgeschichte eingegangen, warnte seine Spieler eindringlich vor Konsequenzen. Denn die Konter der italienischen Journalisten ließen nicht lange auf sich warten: Paolo Rossi, dem WM-Schützenkönig und Europas Fußballer des Jahres 1982, wurde ein homosexuelles Verhältnis zu Verteidiger Antonio Cabrini angedichtet. Und Spielmacher Giancarlo Antognoni wurde mit alten Nacktfotos seiner Gattin provoziert. Team und Medien schenkten sich nichts.

El gran fracaso
In fünf Spielen gewannen die Spanier trotz ihres Heimvorteils nur ein einziges Mal – man sprach auf der iberischen Halbinsel auch vom „El gran fracaso" – vom großen Versagen. Über die Gründe wurde viel spekuliert, auch hinter vorgehaltener Hand. Eine These: Die Auswahl, die Trainer José Emilio Santamaria, 1954 noch für Uruguay bei der Weltmeisterschaft in der Schweiz tätig und später als Stopper bei Real Madrid und der spanischen Nationalelf Weltklasse, getroffen hatte, stimmte nicht. Santamaria hatte nämlich zwei Blöcke gebildet. Einer kam vom damals amtierenden Meister, vom baskischen Klub Real Sociedad, der andere aus Madrid. Doch beide Blöcke verstanden sich nicht und hatten wenig Gemeinsamkeiten. Während die Fußballmentalität der Basken zu jener Zeit eher defensiv ausgerichtet war, wollten die Madrilenen lieber in der Offensive ihr Heil suchen. Ein Rätsel auch die Auswahl der Spieler: Während von den Verteidigern des Meisters keiner im Aufgebot stand, stammte die Hälfte des Mittelfelds und Sturms von Real Sociedad – und gerade denen fehlte die internationale Klasse.

Friedenstaube
Rekord bis zum Jahr 2002, wo in Japan und Korea insgesamt 20 Stadien gebaut wurden: Die Spiele in Spanien fanden in 17 verschiedenen Arenen statt. 2300 Tauben wurden als Zeichen gegen „Kalten Krieg" bei der Eröffnungsfeier frei gelassen. Sie stellten Picassos Friedenstaube dar. 500 Millionen Zuschauer, so viele, wie das Finale 1974 gesehen hatte, waren am Fernsehapparat weltweit Gast dieser Show.

Gelbe Karten
Die beiden kuriosesten Gelben Karten der WM gab es beim Spiel der Ungarn gegen El Salvador – wegen Wassertrinkens am Spielfeldrand.

Fehlende Schuhe
Kurz vor dem Anpfiff der belgischen Mannschaft gegen El Salvador stellten die Belgier fest, dass sie ihre Fußballschuhe im Quartier vergessen hatten. Flugs raste die Besatzung eines Streifenwagens los, um das fehlende Arbeitsgerät zu besorgen. Mit Blaulicht setzte sich das Fahrzeug in Bewegung, doch zum Unvermögen der Belgier gesellte sich auch noch Pech – eine Reifenpanne stoppte die spanischen Ordnungshüter. Erst einer zweiten Streife gelang es, den Belgiern, die anschließend 1:0 siegten, ihre Treter rechtzeitig in die Kabine zu bringen.

HÄTTEN SIE'S GEWUSST?

Zweistellige Ergebnisse in der Quali (bis 1998)

17: 0 bei Iran - Malediven (1998)
13: 0 bei Neuseeland - Fidschi Inseln (1982)
13: 0 bei Australien - Salomon-Inseln (1998)
12: 0 bei Deutschland - Zypern (1970)
12: 0 bei Syrien - Malediven (1998)
0 :12 bei Malediven - Syrien (1998)
11: 3 bei Honduras - St. Vincent (1998)
11: 1 bei Trinidad - Antigua (1974)
1 :11 bei Liechtenstein - Mazedonien (1998)
11: 0 bei Mexiko - St. Vincent (1994)
0 :10 bei Finnland - UdSSR (1958)
10: 0 bei Australien - Fidschi Inseln (1982)
10: 0 bei Norwegen - San Marino (1994)
10: 0 bei Japan - Macao (1998)
0 :10 bei Macao - Japan (1998)

Tor für und gegen Deutschland. Horst Hrubesch (großes Foto) beim 1:0 gegen Österreich. Toni Schumacher (oben) machtlos gegen einen italienischen Treffer im WM-Finale 1982. Rechts: Die italienische Weltmeister-Mannschaft.

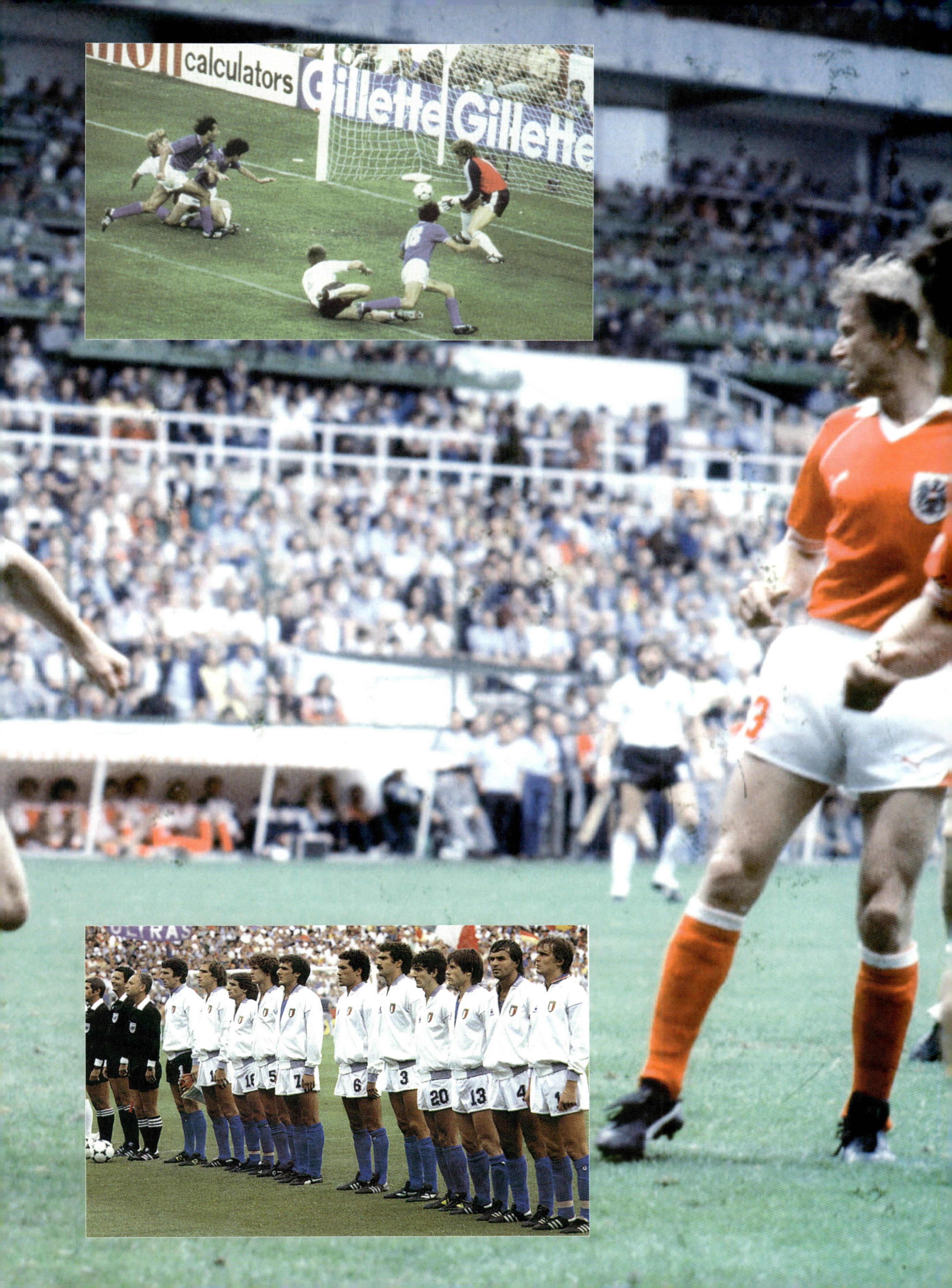
calculators
Gillette
Gillette

Ein „Feuerkopf" mit reger Phantasie

Streikführer, Klassekicker, Rennstallbesitzer - Polens Boniek liebte die Ausnahmen

Extrovertiert, aber gut: Der Pole Zbigniew Boniek (weißes Trikot) machte in Italien Karriere und Geld.

In allen Vorschauen auf die „Mundial '82" firmierte in Artikeln über den WM-Teilnehmer Polen nur ein Name unter der Rubrik „Star des Teams": der des damals 26-jährigen Zbigniew Boniek. Nur das Ostberliner „Sportecho" präsentierte seinen Lesern den Abwehrspieler Wladyslaw Zmuda als herausragenden polnischen Spieler. Der „Feuerkopf" Boniek passte einfach nicht ins Bild des sozialistischen Sport-Saubermanns. Noch lange bevor Polens Arbeiterführer Lech Walesa die Streiks auf der Danziger Werft und die Gewerkschaft „Solidarnosc" initiierte, hatte nämlich jener Boniek einen Streik von Polens Oberliga-Spielern angezettelt. Er wurde für ein Jahr gesperrt, doch hatte der stürmende Mittelfeldspieler von Widzew

DAS WM-GESICHT

Lodz danach maßgeblichen Anteil daran, dass sich Polens Elf für Spanien qualifizierte. Seinetwegen reduzierte der polnische Verband sogar die Altersgrenze für Auslands-Profis, und noch ehe der erste WM-Pfiff ertönte, war der Rotschopf für 4,4 Millionen Mark bei Juventus Turin unter Vertrag. Statt 1500 Mark „Stipendium" pro Monat bei Lodz verdiente Polens Star nun 480 000 Mark im Jahr. Gigantisch - damals. Aber war er sein Geld wert? In den ersten WM-Spielen lief er Form und Ansprüchen hinterher. Das fürs Weiterkommen entscheidende Spiel gegen Peru sollte die letzte Chance sein, die ihm Trainer Anton Piechniczek einräumte, und siehe: Die Fußball-Welt erlebte Boniek „at his best". Einen Treffer steuerte er zum 5:1 bei, mit einem „Hattrick" schickte er in der Zwischenrunde Vize-Europameister Belgien heim (3:0), ehe er gelbgesperrt im Halbfinale gegen Italien zuschauen musste (0:2). Der Temperamentsbolzen Boniek, der schon bei der WM 1978 in Argentinien ohne aufzufallen dabei gewesen war, hatte endgültig den Durchbruch zur Weltklasse geschafft.

In seiner neuen Welt fand sich der 89fache Nationalspieler, der auch bei der WM 1986 noch für Polen auflief, schnell zurecht. Nach drei Jahren bei Juventus folgten zwei Jahre beim AS Rom, wo „Zibi", wie ihn die Italiener nannten, auch als Rennstallbesitzer für Schlagzeilen sorgte: Bis zu vier Traber leistete sich der Pferdeverrückte, und 1987 hielt sein „Go di Jesolo" sogar eine Zeit lang den Landesrekord für Dreijährige. „Roma"-Trainer Eriksson machte aus dem oft cholerischen Angreifer einen umsichtigen Abwehrspieler mit Offensivimpulsen, und als er 1988 seine Karriere mit 32 Jahren beendete, war Italiens prominentester Pole nach Papst Paul II (Boniek: „Was für eine glückliche Fügung, dass ich ihn hier an Ort und Stelle erleben darf") mit Ehefrau Wieslawa, Tochter Karolina (1977) und Sohn Tomek (1984) längst heimisch geworden in der „Ewigen Stadt". Im Pferderennsport, im Souvenirhandel und als TV-Kommentator engagiert er sich, gelegentlich auch als Trainer, und er hat seinen großen Traum noch vor sich: Polens Nationaltrainer zu werden. Eine Offerte des Verbandes hatte sich 1990 zerschlagen, weil Boniek forderte, die besten polnischen Spieler sollten außer Landes gehen, und er als Teamchef wolle bei den Transfers mitreden. Ausgefallene Ideen hatte der „Feuerkopf" schon immer.

ANDERE GESICHTER

Klaus Fischer
(27.12.1949) stürmte für 1860 München, den FC Schalke 04 und den 1. FC Köln. Berühmt für seine Tore per Fallrückzieher, zum Beispiel gegen die Schweiz oder bei der WM 1982 gegen Frankreich. Der gelernte Glasbläser aus dem bayrischen Zwiesel macht 45 Länderspiele für den DFB, erzielte dabei 32 Tore. Fast wäre er im Bundesliga-Skandal gestrauchelt, er biss sich durch und wurde auf „seine alten Tage" doch noch Vize-Weltmeister. 535 Bundesligaspiele, 268 Tore – nur Gerd Müller hat öfter getroffen.

Dino Zoff
(28.2.1942) wusste schon mit vier Jahren, dass „ich immer nur ins Tor wollte". Der Beruf war gleichzeitig Berufung. Allerdings hatte er es am Anfang nicht einfach, er war als Junge zu klein. Später wurde er ein ganz Großer seiner Zunft. Und er krönte seine Karriere, als er als 40-jähriger Torhüter 1982 (3:1 gegen Deutschland) Weltmeister wurde. Sein Rekord: 1142 Minuten ohne Gegentor. 112 Länderspiele.

Horst Hrubesch
(17.4.1951) krönte 1982 seine nur zweijährige Länderspiel-Karriere mit 21 Spielen und sechs Toren mit dem Vize-Weltmeistertitel. 1980 war er in Rom schon Europameister geworden, beim 2:1-Finalsieg gegen Belgien hatte er beide deutschen Tore erzielt. Im Elfmeterschießen gegen Frankreich (Halbfinale WM 1982) verwandelte er den entscheidenden Ball vom Punkt. Hrubesch, Spitzname „Kopfball-Ungeheuer", wurde drei Mal Deutscher Meister und Europapokalsieger der Meister mit dem HSV.

Der „Zweifler" überzeugte alle

Enzo Bearzot überstand elf harte Jahre zwischen „Kreuziget ihn" und „Hosianna"

Italiens glücklichster Mensch nach dem WM-Finale von Madrid war Vincenzo „Enzo" Bearzot, Italiens seit 1977 amtierender Nationaltrainer, in den Medien stets nur der „Schweiger von Friaul" genannt, schäumte für seine Verhältnisse geradezu vor Begeisterung. Er habe soeben die „schönsten 90 Minuten meines Lebens" erlebt, gestand er nach dem Schlusspfiff mit Tränen in den Augen, und es war ihm eine Genugtuung, wie er die öffentliche Meinung widerlegt hatte.
In der Folge des italienischen Toto-Skandals und des mäßigen vierten Platzes bei der EM 1980 im eigenen Land hatten sich die Medien ohnehin auf die Kicker eingeschossen, und weil Italien vor WM-Beginn auch noch alle Testspiele gegen starke

DER WM-TRAINER

Gegner verloren hatte, empfahlen die meisten Blätter, die „Squadra" sollte doch lieber zu Hause bleiben, wenn der Trainer sich schon weigere, Platz zu machen. Als die Mannschaft in Spanien dann ohne ein einziges Spiel zu gewinnen dennoch in die Zwischenrunde eingezogen war, höhnten die Gazetten, dass es dafür auch noch 140 000 Mark Belohnung je Nase gebe - tatsächlich handelte es sich aber um die Prämie für den Fall des WM-Gewinns. Der seriöse Bearzot nahm den Medien eine solche Berichterstattung nun übel, und seine Spieler beschlossen mit 18:4 Stimmen den Boykott der Presse.
Doch nun lockerte der wenig experimentierfreudige Norditaliener die anfängliche Abwehrstrategie. Nach dem 1:1 im zweiten Spiel gegen Peru hatte er schon gewettert: „Diesen Catenaccio will ich nie wieder sehen", und in den drei Spielen gegen Titelverteidiger Argentinien, Topfavorit Brasilien und Europameister Deutschland gab es prompt acht italienische Tore zu feiern. Auch Bearzots Festhalten an bewährten Kräften wie dem Torjäger Paolo Rossi hatte sich am Ende ausgezahlt. Und als das Finale verdient gewonnen war, durften sich Bearzot und die ganze Nation von Staatspräsident Pertini die Worte anhören: „Italiener, lernt von diesen Azzurri, wie man Krisen bewältigt."
Der „Zweifler", war nach dem zweifachen Weltmeister-Coach Vittorio Pozzo nun der erfolgreichste Nationaltrainer und gestattete sich so den kleinen Hinweis an die jubelnden Medien: „Jetzt müssen die Journalisten mit Tatsachen fertig werden." Freilich: Nur acht Monate später, nach einem jämmerlichen 1:1 gegen Zypern, war Bearzot wieder der Sündenbock der Nation. Sein im Sommer 1983 ausgelaufener Vertrag wurde aber ein weiteres Mal verlängert, und zurückgezogen hat sich Enzo Bearzot erst nach der WM 1986 auf den Posten eines „Supervisors" über alle Auswahl-Mannschaften.
Allzu oft hatten Kritiker nämlich vergessen, dass Bearzot keineswegs ein Vertreter des Defensiv-Fußballs war, aber stets mit den mächtigen Klubs im Lande zu kämpfen hatte: Das von Erfolgen und Geld verwöhnte Juventus Turin praktizierte den Abwehrriegel „Catenaccio", und die anderen Klubs eiferten ihm nach. Aber Bearzot bewies stets große Nehmerqualitäten, wovon auch seine Boxernase zeugte, und wenn alle gegen ihn tobten und seinen Kopf forderten, zog er meist genüsslich an seiner Pfeife.

Eine der glücklichsten Stunden seines Lebens: Enzo Bearzot (r.) nach dem WM-Finale mit Libero Scirea.

ANDERE TRAINER

Jupp Derwall
(10.3.1927). Nachfolger Helmut Schöns und erster Bundestrainer, der vorzeitig aus seinem Amt schied. Er war mit einer Serie von 23 Spielen ohne Niederlage und dem Titelgewinn bei der EM 1980 sehr erfolgreich ins Amt gestartet. Doch bei der WM 1982 blieb die deutsche Elf trotz des Vordringens ins Finale in negativer Erinnerung. Nach dem vorzeitigen Aus bei der EM in Frankreich nahm Derwall seinen Hut. Danach stieg er als Trainer in der Türkei zum Volkshelden auf.

Guy Thys
(6.12.1922) machte in den 80er Jahren Belgien zu einer führenden europäischen Fußballnation. Ab 1976 Nationaltrainer führte der zweifache Nationalspieler in seiner zwölfjährigen Amtszeit die „Roten Teufel" zu großen Erfolgen: EM-Finalist 1980, WM-Teilnehmer 1982, EM-Teilnehmer 1984 und WM-Vierter 1986. Nach seinem Rücktritt 1988 war er drei Jahre Technischer Direktor des belgischen Verbandes.

Miljan Miljanic
(4.5.1930). Einer der großen Persönlichkeiten des jugoslawischen Fußballs. Er war zunächst Spieler bei Roter Stern Belgrad und anschließend Trainer (vier Meistertitel). Bei der WM 1974 coachte er die jugoslawische Nationalelf, danach drei Jahre Real Madrid (zwei Mal Meister, ein Mal Pokalsieger). 1979 wurde er wieder jugoslawischer Nationaltrainer und führte sein Team zur WM nach Spanien („Aus" in der Vorrunde). Danach Technischer Direktor, dann Chef-Verbandstrainer und später Präsident des jugoslawischen Fußballverbandes.

1982, das war die Zeit von Jupp Derwall. Deutschland reiste als amtierender Europameister nach Spanien, doch die Mannschaft war in sich nicht gefestigt. Obwohl Derwall von der Statistik her einer der erfolgreichsten Nationaltrainer aller Zeiten war, versuchten andere, den Ton anzugeben – wie zum Beispiel Paul Breitner. Unsere Mannschaft verkaufte sich vor allem außerhalb des Platzes schlecht, ständig gab es irgendwelche Skandälchen und Histörchen negativer Art. Und dann diese „Schande von Gijón", dieses unsägliche 1:0 gegen Österreich, das in einem zwar nicht vereinbarten, aber doch tatsächlich praktizierten Nichtangriffspakt beider Seiten endete. Ich glaube, dass es solche Spiele im Fußball bei ähnlichen Ausgangspositionen immer wieder gegeben hat. Aber dieser „Betrug" wurde so augenscheinlich und provokant durchgeführt, dass man dies der Welt so nicht hätte vorführen dürfen. So etwas haben sich die Zuschauer nicht gefallen lassen, das war wirklich Antiwerbung für den deutschen Fußball.
Andererseits muss ich aber auch konstatieren,

DER EXPERTE
Im Prinzip stimmte nur das Ergebnis

Günter Netzer:
„Antiwerbung für den deutschen Fußball"

dass wir trotz aller Streitereien ins Finale gekommen sind. Unsere Spieler haben es verstanden, sich auf dem Platz zusammen zu reißen. Es hat uns eben schon immer ausgezeichnet, auch unter widrigen Umständen das Beste aus verfahrenen Situationen heraus zu holen. Es war zwar nicht solide, wie unsere Kerle gelebt haben und vielleicht auch nicht gerade seriös, wie sie aufgetreten sind – aber sie haben ein stimmiges Ergebnis abgeliefert, das muss man ihnen lassen. Und daran sind unsere Konkurrenten verzweifelt, zum Beispiel die Franzosen in jenem denkwürdigen und hervorragenden Halbfinale von Sevilla oder die Engländer. Gary Lineker hat dies ja einmal in einem inzwischen zum Kult gewordenen Spruch wunderschön definiert, als er davon sprach, dass die Deutschen am Ende eben immer siegen.
Dass Spanien im eigenen Land nicht mehr leistete, war schon ein wenig seltsam. Und es gibt eigentlich nur eine Erklärung dafür, warum die Nationalmannschaft trotz hervorragender Spieler und Top-Klubs wie Real oder Barcelona bei Weltmeisterschaften nie geglänzt hat. Das Interesse an der Nationalelf ist geringer als in anderen Ländern. Die Liga steht im Vordergrund und wird von vielen ausländischen Stars beherrscht.

ANDERE FAKTEN

1982 – Endrunde in Spanien (13.6. – 11.7.)

Gruppe 1
Italien – Polen	0:0
Kamerun – Peru	0:0
Italien – Peru	1:1
Kamerun – Polen	0:0
Polen – Peru	5:1
Kamerun – Italien	1:1

Endstand: 1. Polen (4:2 Punkte/5:1 Tore), 2. Italien (3:3/2:2), 3. Kamerun (3:3/1:1), 4. Peru (2:4/2:6).

Gruppe 2
Algerien – Deutschland	2:1

(Tore für Deutschland: 1:1 Rummenigge)
Österreich – Chile	1:0
Deutschland – Chile	4:1

(Tore für Deutschland: 1:0, 2:0, 3:0 Rummenigge, 4:0 Reinders)
Österreich – Algerien	2:0
Algerien – Chile	3:2
Deutschland – Österreich	1:0

(Tore für Deutschland: 1:0 Hrubesch)

Endstand: 1. Deutschland (4:2 Punkte/6:3 Tore), 2. Österreich (4:2/3:1), 3. Algerien (4:2/5:5), 4. Chile (0:6/3:8).

Gruppe 3
Belgien – Argentinien	1:0
Ungarn – El Salvador	10:1
Argentinien – Ungarn	4:1
Belgien – El Salvador	1:0
Belgien – Ungarn	1:1
Argentinien – El Salvador	2:0

Endstand: 1. Belgien (5:1 Punkte/3:1 Tore), 2. Argentinien (4:2/6:2), 3. Ungarn (3:3/12:6), 4. El Salvador (0:6/1:13).

Gruppe 4
England – Frankreich	3:1
Tschechoslowakei – Kuwait	1:1
England – Tschechoslowakei	2:0
Frankreich – Kuwait	4:1
Tschechoslowakei – Frankreich	1:1
England – Kuwait	1:0

Endstand: 1. England (6:0 Punkte/6:1 Tore), 2. Frankreich (3:3/6:5), 3. Tschechoslowakei (2:4/2:4), 4. Kuwait (1:5/2:6).

Gruppe 5
Honduras – Spanien	1:1
Nordirland – Jugoslawien	0:0
Spanien – Jugoslawien	2:1
Nordirland – Honduras	1:1
Jugoslawien – Honduras	1:0
Nordirland – Spanien	1:0

Endstand: 1. Nordirland (4:2 Punkte/2:1 Tore), 2. Spanien (3:3/3:3), 3. Jugoslawien (3:3/2:2), 4. Honduras (2:4/2:3).

Gruppe 6
Brasilien – UdSSR	2:1
Schottland – Neuseeland	5:2
Brasilien – Schottland	4:1
UdSSR – Neuseeland	3:0
Schottland – UdSSR	2:2
Brasilien – Neuseeland	4:0

Endstand: 1. Brasilien (6:0 Punkte/10:2 Tore), 2. UdSSR (3:3/6:4), 3. Schottland (3:3/8:8), 4. Neuseeland (0:6/2:12).

Lothar Matthäus spielte in Spanien seine erste von fünf Weltmeisterschaften.

Zweite Finalrunde

Gruppe A
Polen – Belgien	3:0
UdSSR – Belgien	1:0
Polen – UdSSR	0:0

Endstand: 1. Polen (3:1 Punkte/3:0 Tore), 2. UdSSR (3:1/1:0), 3. Belgien (0:4/0:4).

Gruppe B
England – Deutschland	0:0
Deutschland – Spanien	2:1

DAS ZITAT

„Bei der WM in Spanien hat die Mannschaft gezeigt: Man kann saufen, rauchen und trotzdem viel Geld verdienen. Das war der Anfang einer schweren Krise."

Uli Hoeneß, damals junger Manager von Bayern München, über das Auftreten der deutschen Elf bei der WM 1982 in Spanien.

(Tore für Deutschland: 1:0 Littbarski, 2:0 Fischer)
England – Spanien	0:0

Endstand: 1. Deutschland (3:1 Punkte/2:1 Tore), 2. England (2:2/0:0), 3. Spanien (1:3/1:2).

Gruppe C
Italien – Argentinien	2:1
Brasilien – Argentinien	3:1
Italien – Brasilien	3:2

Endstand: 1. Italien (4:0 Punkte/5:3 Tore), 2. Brasilien (2:2/5:4), 3. Argentinien (0:4/2:5).

Gruppe D
Frankreich – Österreich	1:0
Österreich – Nordirland	2:2
Frankreich – Nordirland	4:1

Endstand: 1. Frankreich (4:0 Punkte/5:1 Tore), 2. Österreich (1:3/2:3), 3. Nordirland (1:3/3:6).

Halbfinale
Italien – Polen	2:0
Deutschland – Frankreich	3:3, n. E. 5:4

(Tore für Deutschland: 1:0 Littbarski, 2:3 Rummenigge, 3:3 Fischer)

Spiel um Platz 3
Polen – Frankreich	3:2

Endspiel (11.7.)
Italien – Deutschland	3:1

Italien: Zoff, Cabrini, Scirea, Gentile, Collovati, Oriali, Bergomi, Tardelli, Conti, Rossi, Graziani (8. Altobelli, 89. Causio).
Deutschland: Schumacher, Kaltz, Stielike, Kh. Förster, B. Förster, Dremmler (62. Hrubesch), Breitner, Briegel, Littbarski, Fischer, K.-H. Rummenigge (70. H. Müller).
Schiedsrichter: Coelho (Brasilien).
Zuschauer: 90 000.
Santiago Bernabeu Stadion, Madrid.
Tore: 1:0 Rossi (57.), 2:0 Tardelli (69.), 3:0 Altobelli (81.), 3:1 Breitner (83.).

Torjäger des Turniers
Paolo Rossi (Italien)	6
Karl-Heinz Rummenigge (Deutschland)	5
Zbigniew Boniek (Polen)	4
Zico (Brasilien)	4

Geschossene Tore	146
Tordurchschnitt pro Spiel	2,81
Die meisten Tore	Frankreich 16
Das schnellste Tor	Bryan Robson

(27 Sek. bei England – Frankreich)
Elfmeter	8

(alle verwandelt)
Platzverweise	5

Vizek (Tschechoslowakei), Yearwood (Honduras), Donaghy (Nordirland), Gallego (Argentinien), Maradona (Argentinien).

„Dieses Turnier war wie eine Fahrt mit der Achterbahn"

Karlheinz Förster über die WM 1982 und die vertane Chance, als zweites Brüderpaar Weltmeister zu werden

DER ZEITZEUGE

Fritz und Ottmar Walter haben es geschafft – sie wurden als erstes (deutsches) Brüderpaar 1954 Weltmeister. Mein Bruder Bernd und ich hatten dazu auch die Chance – wir beide standen 1982 im Finale von Madrid. Aber im Gegensatz zu den Walter-Brüdern, die gegen die Ungarn 3:2 siegten und Nationalhelden wurden, verloren wir Förster-Brüder 1:3 gegen Italien und kehrten „nur" als Vize-Weltmeister heim. „Nur" – wie das klingt. Als ob eine Vize-Weltmeisterschaft gar nichts wäre? So ist ja nun auch wieder nicht: Zweitbester der Welt in einer Sportart zu sein, die wahrscheinlich den höchsten Stellenwert auf dem Globus hat, ist auch eine Leistung auf die man stolz sein darf. Bernd und ich, mit dem ich – wie bei unserem Verein VfB Stuttgart – natürlich auch in Spanien auf einem Zimmer lag und mit dem ich auch heute noch ein enges familiäres Verhältnis pflege, hätten natürlich lieber Gold als Silber gewonnen. Aber eine Fußball-WM ist eben kein Wunschkonzert.

Vize-Weltmeister bin ich auch 1986 in Mexiko geworden, wir verloren 2:3 gegen Argentinien. Lieber ein Mal Weltmeister werden, als zwei Mal „Vize", sagen viele – aber leider, man kann es sich nicht aussuchen. 1986 hatten wir beim verlorenen Finale zwei Fehler gemacht: Zum einen hätte ich nicht erst in der zweiten Halbzeit gegen Maradona spielen sollen – Lothar Matthäus wäre dann schon vor dem Wechsel frei fürs Mittelfeld gewesen. Und, als wir trotz 0:2 das 2:2 geschafft hatten, hätten wir auf die Verlängerung setzen müssen. Aber wir wollten das Ding noch schnell in der regulären Spielzeit gewinnen und liefen prompt in einen Konter. Als Maradona aus der eigenen Hälfte den tödlichen Pass spielte, stand ich drei Meter weg von ihm, wollte ihn gerade am Mittelkreis aufnehmen - und unsere Abwehr hatte zu spät auf Abseits gespielt.

Noch ärgerlicher war für mich aber, dass wir 1982 am Ende nicht Weltmeister geworden sind. Ich behaupte heute: Wenn sich jeder von uns optimal auf das Turnier vorbereitet hätte, hätten wir den Titel geholt. Aber schon im Trainingslager am Schluchsee im Schwarzwald, der dann von den Journalisten sinnigerweise in „Schlucksee" umgetauft wurde, taten einige so, als ob wir ein paar Freundschaftsspiele in Spanien vor uns hätten. Einige der Herren haben sich damals wenig profihaft verhalten. Sie waren immer dabei, wenn es etwas zu feiern galt. Und wenn es keinen Grund gab, dann wurde halt einer erfunden. Nächtliche Rührei-Bruzzeleien und Pokern bis zum Abwinken gehörten leider zum Alltag.

Und so war dieses Turnier für unsere Mannschaft wie eine Achterbahn-Fahrt. Ständig ging's rauf und runter. Niederlage gegen Algerien, Sieg gegen Chile – und dann dieses peinliche 1:0 gegen Österreich. Wir führten früh haben dann aufgehört, Fußball zu spielen. Unsere Führungsspieler gaben auf dem Platz die Parole aus: Sicherheit zuerst, Ball halten, nichts mehr riskieren. Dieses Spiel hat unserem Image geschadet, ich kann verstehen, dass wir in die öffentliche Kritik geraten sind. Doch wir haben auch gute Spiele gemacht, zum Beispiel gegen Spanien und England in der zweiten Finalrunde. Und das Halbfinale gegen Frankreich war eines der Highlights dieser Weltmeisterschaft – nur in diesen 120 Minuten hat unsere Mannschaft das Potenzial ahnen lassen, das in ihr steckte, das wir hätten öfter abrufen müssen. Ich will wirklich nichts schön reden, aber die Wahrheit ist, dass wir benachteiligt ins Finale gegangen sind und zudem während des gesamten Turniers Karl-Heinz Rummenigge nicht topfit war. Nach dem Krimi gegen Frankreich trafen wir erst im Morgengrauen des nächsten Tages in Madrid ein und hatten einen Tag weniger Zeit zur Erholung als die Italiener. Nach Verlängerung und Elfmeterschießen ist dies schon ein Handicap. Und nun rächte sich auch, dass konditionell nicht alle top waren. Bis zur Pause hielten wir ein 0:0, nach Rossis 1:0 brachen alle Dämme und wir hatten keine Chance mehr. Im Gegensatz zu uns hatten die Italiener während der WM einen richtig guten Lauf bekommen. Und deshalb fuhren wir „nur" als Vize-Weltmeister nach Hause – „nur"..?

Karlheinz Förster (kleines Foto im WM-Finale 1982): „In Spanien war für uns mehr drin."

Karlheinz Förster (25.7.1958) und sein Bruder Bernd spielten beide für den VfB Stuttgart, Karlheinz nach der WM 1986 für Olympique Marseille. Karlheinz Förster, jahrelang einer der besten Vorstopper der Welt, absolvierte 81 Länderspiele, erzielte dabei zwei Tore.

DER JOURNALIST
Senor „Free Lance" und Kollege „Sitzplatzkarte"

Mein Kollege saß am Steuer. Irgendwo zwischen Barcelona und Gijón knurrte er mich an: „Ich hab' mir vor Monaten schon ein Hotelzimmer reserviert. Und du?" Ich winkte ab. „Keine Sorge, ich find' schon was. Ich kann ja Spanisch." Werner Kirchhofer, der „alte Haudegen" schien meinem Improvisationstalent zu misstrauen. Hohnlachend steuerte er das von ihm gebuchte Hotel an. An der Rezeption erkundigte ich mich flugs nach einem freien Zimmer. Die Dame reichte mir einen Schlüssel. „Sie haben Glück, das war das letzte", flötete sie. „Kirchhofer, ich habe reserviert", stellte sich mein Kollege knapp vor. Die Dame schüttelte bedauernd den Kopf: „Tut mir leid, auf diesen Namen ist nichts zu machen." Kirchhofer drohte auszurasten. Ich inspizierte die Buchungsliste und staunte: Da war ein Senor Free Lance eingetragen. Es stellte sich heraus: Kirchhofer hatte auf dem Reservierungsformular in der Rubrik für den Nachnamen versehentlich seine Funktion als freier Journalist - englisch: free lance - eingetragen, und nun war's für eine Namenskorrektur zu spät. Als Senor Free Lance (nicht englisch, sondern buchstabengetreu ausgesprochen) bezog er sein Zimmer, und wenn der Gast von Zimmer 47 ans Telefon gerufen wurde, grinsten alle Kollegen in der Halle, denn über den Lautsprecher erklang die Aufforderung: „Senor Free Lance al telefono!" Als Kollege „Free Lance" vier Wochen später im Pressezentrum des Madrider Bernabéu-Stadions dem Anpfiff des Endspiels entgegenfieberte, war er den ungeliebten Spitznamen aus Gijón rasch los.

Nun nämlich hallte durch die Säle die Bitte: „Senor Sitzplatzkarte, por favor, al telefono!" Niemand fühlte sich angesprochen. Ich aber konnte mich des Verdachts nicht erwehren, dass damit nur mein Freund Kirchhofer gemeint sein könnte und so hastete ich zur Telefonzentrale. Siehe da: Dort lag schon länger ein Telegramm, in dem ein Fußball-Freund aus Freiburg darum bat, der allzeit hilfsbereite Werner möge ihm doch noch ein Ticket fürs Finale besorgen. Dabei war das Wort „Sitzplatzkarte" in die für den Namen vorgesehene Spalte gerutscht. Während des Spiels wirkte Kirchhofer grantig. Wegen der Niederlage. Die Tatsache, dass er, der einstige „Senor Free Lance", nun nur noch als „Kollege Sitzplatzkarte" angesprochen wurde, ertrug er mit heiterer Selbstironie.

Reinhard Leßner (Jahrgang 1943) ist Redakteur der „Badischen Zeitung" in Freiburg. Privat bereiste er schon die ganze Welt, dienstlich schrieb er für die BZ über viele Olympischen Spiele und Fußball-Weltmeisterschaften.

Go for gold!

Sina Schielke,
Junioren-Weltmeisterin 2000

frubiase SPORT ist speziell für Sportler und aktive Menschen konzipiert. Es enthält wichtige Energie-Lieferanten: Magnesium, Eisen, Kalium, Calcium, Zink, Jod und Vitamine. Trinken Sie täglich eine Brausetablette frubiase SPORT – zur optimalen Versorgung und gesteigerten Leistungsfähigkeit. Auf den Erfolg. frubiase. Nur aus der Apotheke.

In Zusammenarbeit mit der Deutschen Sporthochschule Köln entwickelt.

frubiase®
HOCHDOSIERTE MINERALSTOFFE
SPORT

350mg Magnesium · 5mg Eisen · 500mg Kalium
500mg Calcium · 5mg Zink · 90µg Jod
Vitamine E, C und D sowie alle 8 B-Vitamine

20 Brausetabletten mit Süßungsmitteln zur Nahrungsergänzung speziell für Sportler

www.frubiase.de

Die Hand Gottes

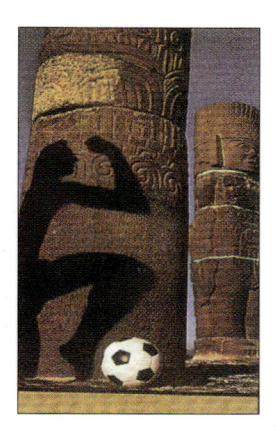

1986

Der Star des Turniers - Maradona, mit Weltpokal, nach dem Titelgewinn auf den Schultern seiner Mitspieler.

- Argentinien
- Deutschland 
- Frankreich 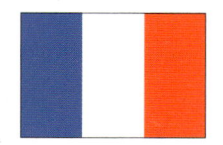
- Belgien 

„Selten hat ein Fußballer allein
eine Weltmeisterschaft so geprägt,
wie dies Diego Armando Maradona 1986 getan hat",
sagt auch Günter Netzer.
In der Tat: Argentinien war Maradona.
Und Maradona war es auch, der,
als sich im Endspiel gegen Deutschland die Waage
zugunsten der Deutschen zu neigen schien,
den „tödlichen" Pass spielte und Argentinien
zum zweiten Titelgewinn nach 1978 verhalf.
Deutschland spielte unter Franz Beckenbauer eine
gute WM und kehrte als Vize-Weltmeister heim.

BUCHKATALOG.DE

Deutschland durch nichts zu stoppen – außer durch Maradona

Beckenbauer wird als Teamchef der Retter des deutschen Fußballs und auf Anhieb Vize-Weltmeister

Kolumbien war als Austragungsort für die Weltmeisterschaft 1986 vorgesehen. Doch aufgrund der allgemein schlechten Wirtschaftslage, dem Krieg zwischen Regierung und Drogen-Baronen und der organisatorisch nicht zu bewerkstelligenden Anforderungen eines Teilnehmerfelds mit 24 Nationen, gab der südamerikanische Staat vier Jahre vor dem ersten Anpfiff den Auftrag an die FIFA zurück. Ersatzbewerber gab es genügend. Brasilien zeigte sich sofort interessiert. Die USA brachten sich durch prominente Fürsprecher wie den Politiker Henry Kissinger und die Fußball-Idole Pelé und Beckenbauer ins Gespräch. Doch die FIFA nahm die Pläne der Amerikaner (noch) nicht ernst. Beim Kongress in Stockholm – im Mai 1983 - wurde über die US-Bewerbung nicht einmal diskutiert, keine Chance für Amerika.

Mexiko wurde präferiert und bekam als erstes Land, innerhalb von nur 16 Jahren, eine zweite WM zugesprochen. Die stimmungsvolle Veranstaltung des Jahres 1970 war sicherlich eine Trumpfkarte im Ärmel der Vertreter dieses Staates gewesen. Die Männerfreundschaft der beiden mächtigen Mexikaner Emilio Azcárraga, dem Boss des größten Medienimperiums Lateinamerikas mit 300 TV-Sendern, Radio-Kanälen und Zeitungen sowie Guillermo Canedo, dem Vize-Präsidenten von Azcárragas Firma Televisa und Präsident des Mexikanischen Fußballverbands zu Joao Havelange, dem Präsidenten der FIFA, dürfte das entscheidende As im Poker um die Vergabe der WM-Endrunde gewesen sein. Alte Freunde lässt man eben nicht vorkommen. Canedo hatte sich schon mehr als ein Dutzend Jahre zuvor im Wahlkampf für Havelange zum FIFA-Präsidenten engagiert und hielt zusammen mit dem Brasilianer Anteile der Vermarktungsfirma ISL. Selbst als ein Jahr vor WM-Beginn Mexiko von einem schweren Erdbeben heimgesucht wurde und die Gegner mehr als 10 000 Tote, die Höhenlage des Landes, die mangelnde Infrastruktur sowie die katastrophale Luftverschmutzung speziell ums Ballungszentrum Mexiko City anführten, kabelte Havelange ungerührt von Südamerika an den FIFA-Sitz in der Schweiz: „Das Beben hat den Fußball respektiert." Wie gut, dass die Männerfreunde auch die Nachrichten kontrollierten. Televisa sorgte für relativ harmlose Bilder aus den Erdbebenzentren für die Welt, und die Regierung erfand schnell den griffigen Slogan: „Mexiko ist wieder auf den Beinen". Wel-

DER RÜCKBLICK

che Beweggründe auch für die Vergabe dieser WM am Ende an Mexiko den Ausschlag gegeben haben - es war - wie schon 1970 - eine gute Wahl. Stimmungsvolle Kulissen und sportlich gute Leistungen machten die meisten Spiele in diesem Land zu einem Erlebnis. Auch für die deutsche Mannschaft. Nach der EM 1984 hatten Team und Trainer endgültig abgewirtschaftet. Schlimmer ging's nimmer, das tiefe Tal der Tränen war erreicht, als Franz Beckenbauer am Ende glück- und konzeptionslosen Jupp Derwall ablöste. Mit einem 1:3 gegen Argentinien in Düsseldorf startete der neue Teamchef in das Abenteuer Nationalelf, gut zwei Jahre später hieß das erste Etappenziel schon „Gewinn der Weltmeisterschaft". Doch der Kreis schloss sich, denn im überraschend erreichten Finale wurde wieder Argentinien zum Stolperstein. Auf dem Weg dahin galt es viele Hindernisse wegzuräumen, und es gab viele Fettnäpfchen, die am Wegesrand standen und vor allem auf Franz Beckenbauer eine magische Anziehungskraft auszuüben schienen.

Nach der erfolgreich überstandenen Qualifikation mit Gruppenplatz eins vor Portugal, Schweden, der CSSR und Malta mit dem 0:1 in Stuttgart (16.10.1985) gegen Portugal als Tiefpunkt - die erste Niederlage in einem WM-Qualifikationsspiel überhaupt - hießen die schweren Gegner in der sogenannten „Todesgruppe E" Uruguay, Schottland und Dänemark, mit dem deut-

Vor dem großen Finale im Azteken-Stadion von Mexiko City: der spätere Welt-

---

„Weltmeister werden wir sowieso nicht und Europameister auch nicht" (Franz Beckenbauer am 24. Mai 1986). - „Auch unser Team kann unter Umständen Weltmeister werden" (Franz Beckenbauer am 26. Mai 1986).
Also was denn nun? Eins links, eins rechts - beim Stricken ist das ja eine ganz gute Masche, aber auch bei der Führung eines hochsensiblen Mannschaftsgefüges names Fußball-Nationalmannschaft?
Die Verwirrung in den Tagen von Mexiko war jedenfalls eine große, als der „wilde Kaiser" auf Zickzack-Kurs ging und ab und zu auch noch zu großen Rundumschlägen ausholte.
Auf die Ausfälle gegen den mexikanischen Journalisten Miguel Hirsch („Sie san koa Hirsch, Sie san a Oberhirsch") gehen wir jetzt mal gar nicht weiter ein.
Es muss irgendwie eine riesige Laus gewesen sein, die dem Franz in Mexiko schon vor Turnierbeginn über die Leber gelaufen war, was man so erfuhr.
Der Zeitzeuge Pierre Littbarski berichtet: „Ein-

DIE GLOSSE
Der „wilde Kaiser" auf Zickzack-Kurs

mal wollte ich zur Gitarre greifen, die der Franz vor dem Anpfiff beim Testspiel gegen Morelia geschenkt bekommen hatte. Da hat er gleich ganz bös' geguckt."
Und Zeitzeuge Lothar Matthäus jammerte: „Als wir mit den Bayern mal vier Punkte hinter Werder Bremen lagen, hat der Udo Lattek das Training einfach mal ausfallen lassen und ist mit uns zum Weißwurst-Essen gegangen. Sowas ist wichtig. Das entkrampft."
Aber von solch krampflösender Wirkung der Weißwurst oder der positiven Stimulans des Gitarrenspiels hatte der Teamchef offenbar wenig Ahnung und wollte auch gar nichts davon wissen. Oder hatte er sich nur die Erinnerung an die '82er WM in Spanien wachgerufen?
Damals war die Stimmung im Trainingslager am Schluchsee („Schlucksee") bestens gewesen, und hinterher kam trotz der Vize-Weltmeisterschaft Schimpf und Schande über Fußball-Deutschland. In Mexiko sprang dann zwar ebenfalls „nur" der Vize-Titel heraus, aber beinahe hätte es der Franz mit seiner Methode a la Kneipp - Wechselbäder, mal heiß, mal kalt, das fördert die Durchblutung - ja sogar geschafft.
Erst wenige Minuten vor Spielschluss fiel im Finale das 3:2 der Argentinier durch Burruchaga.
Und außerdem: Mehr war gegen diesen Gegner halt nicht drin. Die Annahme, ein Teamchef, der Gitarre spielen und Weißwurst essen kann, am besten beides zugleich, hätte vielleicht mehr erreicht, ist deshalb reine Phantasievorstellung. Oder, um im Bild zu bleiben: Ah geh, a Schmarr'n!

DER PROMINENTE

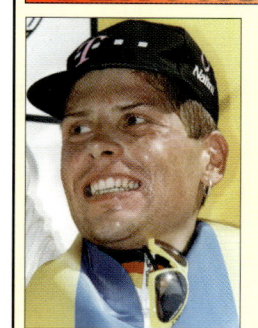

Eine Fußball-WM fasziniert mich, weil...

...weil eine Fußball-WM wie bei uns im Radsport die Tour de France ein Ereignis ist, an dem die ganze Welt Anteil nimmt.

Jan Ullrich, erster deutscher Sieger bei der Tour-de-France, Radstar, Publikumsliebling.

---

schen Trainer Sepp Piontek zu einer beachtlichen Größe im Weltfußball aufgestiegen.
Der DFB-Tross logierte idyllisch im Hotel „La Amansion", einer umgebauten, malerischen Hacienda. Und Beckenbauer sowie Delegationsleiter Egidius Braun, später bis 2001 DFB-Präsident, hatten es als eine gute Idee empfunden, die Journalisten gleich mit in einem Trakt des Gebäudekomplexes zu integrieren. Es blieb beim einmaligen Versuch des Zusammenwohnens Mannschaft/Medien, das Experiment scheiterte kläglich. Zum einen hielten sich nicht die Reporter an Abmachungen, zum anderen war der Teamchef fast jeden Tag für eine Schlagzeile gut. Der tägliche Rundumschlag war Programm.
Da sich Uli Stein besser in Form fühlte als Stammtorwart Toni Schumacher und Beckenbauer, weil der dies anders sah, als „Suppenkasper" beschimpfte, wurde der Hamburger vorzeitig nach Hause geschickt. Beckenbauer beleidigte unabsichtlich einen Journalisten jüdischer Abstammung, was einen Eklat nach sich zog. Der „Kölner Klüngel" bekam Streit mit Kalle Rummenigge, dem Kapitän und Bayern-Star. Doch alle diese internen Probleme schienen wie weggeblasen, wenn die deutsche Mannschaft auf dem Platz stand. Da wirkte sie homogen, da kämpfte jeder für jeden, dort einigte der Erfolg die Streithähne. Die mannschaftliche Geschlossenheit, die konsequente Bereitschaft, sich zu quälen, zeichnete diese komplizierte Gemeinschaft aus, die sich durch nichts auf ihrem Weg ins Endspiel stoppen ließ.

Beckenbauers Kommentare sorgten für das Salz in der Suppe und für manches Kopfschütteln bei den Beobachtern. Nach dem 1:1 zum Einstand gegen Uruguay, einem eben nicht durchwachsenen Spiel, frohlockte er: „Der Hut kann gar nicht groß genug sein, den ich vor dieser Mannschaft ziehe." Nach einem wirklich guten 2:1 gegen Schottland grantelte er dagegen missmutig herum, und Toni Schumacher motzte darauf im Quartier: „Nicht einmal richtig freuen kann man sich hier." Und als die Mannschaft im letzten Gruppenspiel, um im Achtelfinale den starken Spaniern aus dem Wege zu gehen, gegen Dänemark wahrlich wenig ambitioniert zu Werke ging und über das 0:2 nicht sonderlich böse war, verblüffte Beckenbauer mit diesem Fachkommentar: „Unser vielleicht bestes WM-Spiel überhaupt." Ja wos, woar denn mitten im Sommer schoa Weihnachten?

Aber Beckenbauers taktische Marschroute ging auf. Gegen Marokko, im Glutofen von Monterrey, machte in einem schwachen Spiel beiderseits Schlitzohr Lothar Matthäus mit einem kurz vor dem Ende ins kurze Eck geschnippelten Freistoß die Tür zum Viertelfinale auf. Dort wartete Mexiko. 0:0 stand es nach 120 Minuten, mit 4:1 setzten sich die nervenstarken Deutschen im Elfmeterschießen durch und hatten auch im Halbfinale gegen Frankreich kein Pech. Joel Bats, der französische Schlussmann, unterschätzte in der Anfangsphase des Spiels einen Freistoß von Andreas Brehme und erwischte das Leder erst hinter der Linie. Wolfgang Rolff, von Beckenbauer auserkoren als Wachhund für Michel Platini, den sie in Mexiko als den „Mozart des Fußballs" vergötterten, schaltete den französischen Spielmacher aus. Rudi Völler war es vergönnt, bei einem Konter und per perfektem Heber in der letzten Minute Bats zum zweiten Mal zu überwinden. Deutschland stand im Finale.
Argentinien wartete dort. 114 590 Zuschauer im Stadio Azteca, die große Mehrzahl Fans der Argentinier, sollten ein abwechslungsreiches Finale erleben.
Argentinien, der Weltmeister von 1978, in Spanien mit dem jungen Maradona relativ früh gescheitert, hatte Richtungskämpfe hinter sich. Der unbequeme Weltmeistermacher Luis Cesar Menotti hatte abgedankt. „El Flaco", der Dünne, hatte „El Nárigou", dem mit der großen Nase, Platz gemacht. Der bürgerliche Name des neuen Nationaltrainers Argentiniens lautete: Dr. Carlos Bilardo. Er war zum einen preiswerter als Menotti und zum anderen für die Militärs einfacher zu „handlen", da linientreuer. Später, als die Diktatur am Ende war und Präsident Alfonsin das erste frei gewählte Oberhaupt des Staates wurde, wären Menottis Karten besser gewesen. Denn Alfonsin mochte Bilardo nicht. Und beide Trainer vertrugen sich etwa so gut wie Feuer und Wasser. Menotti hielt Bilardo, und er sagte dies auch deutlich, schlicht und einfach für einen „Nichtskönner". Die Fan-Gemeinde war tief gespalten, ja zerstritten - geteilt in Menottistas und Bilardistas. Die beiden Gruppen gingen verbal nicht zimperlich miteinander um. Ein Beispiel: „Die essen nur, um zu scheißen", verunglimpften die Menottistas die Bilardistas. Doch Bilardo hatte das Sagen und einen Maradona - nach Pelé wieder einmal endlich einen Mega-Star auf der Bühne des Weltfußballs.
Bilardo, in jungen Jahren selbst ein brutaler und hinterlistiger Kämpfer beim ungeliebten Weltpokalsieger Estudiantes de la Plata (1970), setzte auf Pünktlichkeit, Zucht, Ordnung, er forderte den Sieg um jeden Preis. Er verlangte die Integration europäischer Eigenschaften: „Wir können lernen, europäisch zu denken. aber die Europäer kön-

meister Argentinien (links) und die deutsche Elf.

WALDIS WELT

„Meister Eder oder Beckenbauers Katsche-Syndrom"

Waldemar Hartmann:
„Auslaufmodell wird zwei Mal Meister"

Die erste Weltmeisterschaft mit Franz Beckenbauer als neuem Teamchef des DFB. Zwei Jahre vorher hatte er nach der total verpatzten Europameisterschaft in Frankreich die Nachfolge des gegen Ende glücklosen Jupp Derwall angetreten. „Es wird zehn Jahre dauern, bis der deutsche Fußball aus der tiefen Krise herauskommt", prophezeite der „Kaiser" bei seinem Dienstantritt. Nur 24 Monate später stand er mit seiner Mannschaft im WM-Finale. Viel hatte er beim Personal nicht geändert. Es gab nur eine einzige große Überraschung bei der Nominierung des WM-Aufgebots. Norbert Eder vom FC Bayern München, der erst wenige Wochen vor Beginn der WM als 31-Jähriger gegen Jugoslawien als Nationalspieler debütierte. Ein Jahr vorher war der Franke vom 1. FC Nürnberg zum FC Bayern gewechselt. Als Auslaufmodell bezahlte Uli Hoeneß für den Abwehrspieler, mit dem er in Nürnberg noch eine Saison zusammen gespielt hatte, sage und schreibe 150 000 Mark Ablöse an die Nürnberger. Die Entscheidung für den eher rustikalen Spieler soll gefallen sein, als Hoeneß einmal Karl-Heinz Rummenigge nach seinem unangenehmsten Gegenspieler in der Bundesliga gefragt haben soll.
„Das ist der Eder vom Club, der haut auf alles, was sich bewegt ", lautete Rummenigges klare Antwort. 1985 kam der sehr symphatische und intelligente Eder zu den Bayern und wurde gleich Deutscher Meister. Ein Jahr später wiederholten die Münchner ihren Triumph in einem Herzschlagfinale gegen Werder Bremen. In einem Biergarten wurde damals spontan gefeiert, spät nachts ging es dann in einer Disco weiter. Eder schüttelte immer wieder mit dem Kopf und wiederholte immer wieder: „Stell' dir vor, Waldi, ich alter Depp werd' zwei Mal Deutscher Meister und auch noch Nationalspieler, das gibt's doch gar nicht!"
Bei der WM in Mexiko machte Eder alle Spiele mit. Noch heute ist er überzeugt, dass bei einer Verlängerung im Endspiel die Argentinier keine Chance gehabt hätten. Er ist auch der Beweis dafür, dass Franz Beckenbauer auch als Teamchef sein „Katsche-Syndrom" (Schwarzenbeck) nie abgelegt hat. Der Ballästhet, der das Spiel mit Leichtigkeit und Eleganz betrieb, er, der lieber zehn Mal den riskanten Außenristpass schlug als einmal den sicheren Innenristpass zu spielen, er also sicherte sich auch als Teamchef eher mit zweikampfstarken Grätschern ab. Wolfgang Funkel oder Uli Borowka lassen grüßen.

161

DFB-Kader 1986
Eingesetzt: K. Allofs, Augenthaler, Berthold, Brehme, Briegel, Eder, Kh. Förster, Herget, D. Hoeneß, Jakobs, Littbarski, Magath, Matthäus, Rolff, K.-H. Rummenigge, Schumacher, Völler.
Nicht eingesetzt: Allgöwer, Immel, Rahn, Stein, Thon.

Karl-Heinz Rummenigge im Endspiel im Dreikampf mit zwei Argentiniern.

Der Augenblick, als „die Hand Gottes" für Argentinien gegen England das 1:0 möglich machte.

nen nicht die Geschicklichkeit im Umgang mit dem Ball erlernen wie wir," sah er Südamerikas Fußball im Vorteil. Und er ließ defensiver spielen als Menotti acht Jahre zuvor. Zwei Manndecker vor einem Libero als Abräumer, fünf Mittelfeldspieler, ein hängender Angreifer und nur eine Spitze ganz vorne - so seine Taktik. Nur einer hatte die totale Freiheit in diesem recht starren System: Diego Armando Maradona. Er, auf dem Höhepunkt seines fußballerischen Schaffens angelangt, nutzte sie. Und er war, wie sein Trainer als Spieler, bei der Wahl seiner Mittel nicht gerade zimperlich.

Gegen England, beim Falkland-Krieg Teil zwei, bediente sich Maradona sogar der „Hand Gottes", um Peter Shilton zu überwinden, Belgien schoss er im Alleingang nach Hause und auch im Finale, gegen Deutschland, war er der entscheidende Mann auf dem Spielfeld mit der genialen Idee in der richtigen Sekunde. 114 590 Zuschauer sahen den Traumpass Maradonas zum alles entscheidenden 3:2. Wie das Messer die Butter durchtrennte diese Vorlage die nach der Aufholjagd vom 0:2 zum 2:2 zu offensiv und sorglos gewordene deutsche Abwehr. Toni Schumacher, auf dem Weg ins Finale nicht nur die Nummer eins der Deutschen, sondern der Welt, zögerte in diesem Finale einmal mehr und war von Burruchaga geschlagen, Argentinien war zum zweiten Mal Weltmeister - nach einer Zitterpartie.

Schon mit 2:0, nach einem ersten Schumacher-Fehler beim 1:0, war Argentinien in Führung gelegen. Doch Rummenigge, bei diesem, seinem letzten großen Turnier wieder nicht hundertprozentig fit, und Völler drehten binnen weniger Minuten das Spiel - 2:2.

Nun, sieben Minuten vor dem Ende, wollten die eigentlich schon geschlagenen Deutschen alles, wie damals - 1954 - als auch Ungarn 2:0 geführt und am Ende 2:3 verloren hatte. Sie rannten im Gefühl des psychologischen Vorteils keck nach vorne, sie hörten nicht mehr auf ihren Teamchef, der verzweifelt gegen den Lärm im Stadion anschrie, der mit den Armen wie wild ruderte und mehr Sicherheit forderte. Nur drei Minuten nach Deutschlands Ausgleich spielte Maradona den Pass seines Lebens und machte sich als Weltmeister endgültig unsterblich.

Doch auch Beckenbauer, der bei seinem Amtsantritt noch geglaubt hatte „Wir brauchen zehn Jahre, ehe wir wieder eine erstklassige Mannschaft haben", war zufrieden. Mit dieser Mannschaft in ein Weltmeisterschafts-Finale gekommen zu sein und dort sogar fast gewonnen zu haben, das war in der Tat eine feine Leistung. „Ich stelle den Erfolg von Mexiko noch über meinen Titelgewinn 1974 als Spieler. Damals war unser Sieg programmiert, diesmal hat die Mannschaft mit ihrer Leistung überrascht," lobte er. Es war nicht die letzte positive Überraschung der Ära Beckenbauer als Teamchef. 1990 sollte er - auch als „Trainer" - endgültig den Gipfel erklimmen.

ANDERE DATEN

1986
- Bayern München wird Weltpokalsieger.
- Bayern München gewinnt gegen den VfB Stuttgart (5:2) den DFB-Pokal und wird auch Deutscher Fußballmeister.
- DDR-Meister: Berliner FC Dynamo. DDR-Pokalsieger: 1. FC Lokomotive Leipzig.

1987
- Der Hamburger SV schlägt den Zweitligisten Stuttgarter Kickers nach einem 0:1-Rückstand im Pokalendspiel noch mit 3:1, Bayern München wird zum dritten Mal hintereinander Deutscher Meister.
- DDR-Meister: Berliner FC Dynamo. DDR-Pokalsieger: 1. FC Lokomotive Leipzig.

1988
- Deutschland scheitert bei der Europameisterschaft im eigenen Land im Halbfinale an Holland (1:2). Die Niederländer siegen im Endspiel im Münchner Olympiastadion mit 2:0 gegen die UdSSR.
- Bayer Leverkusen gewinnt im Elfmeterschießen gegen Espanol Barcelona den UEFA-Pokal.
- In Seoul wird die UdSSR durch einen 2:1-Sieg (n.V.) über Brasilien Olympiasieger im Fußball.
- Bayer Uerdingen gewinnt das erste offizielle Hallenmasters mit 5:3 im Finale gegen Eintracht Frankfurt.
- Eintracht Frankfurt gewinnt den DFB-Pokal (1:0 gegen Bochum), Werder Bremen wird unter Otto Rehhagel Deutscher Fußballmeister.
- DDR-Meister und Pokalsieger: Berliner FC Dynamo.

1989
- Borussia Dortmund besiegt im DFB-Pokalfinale Werder Bremen 4:1, der Deutsche Meister heißt wieder einmal Bayern München.
- Deutschlands Fußballfrauen werden im eigenen Land zum ersten Mal Europameister und die Fans staunen.
- DDR-Meister: SG Dynamo Dresden. DDR-Pokalsieger: Berliner FC Dynamo.

ZEITTHEMEN

Als Tschernobyl barst und der Ostblock zerbrach

1986: Am 28. Januar explodiert 73 Sekunden nach dem Start die US-Raumfähre „Challenger" mit sieben Menschen an Bord. Eine defekte Dichtung war schuld an der Katastrophe. - Schwedens Ministerpräsident Olof Palme (59) wird auf offener Straße erschossen (28.2.). - Was Kernkraftwerksgegner seit Jahren befürchten, trifft am 26. April im Atomkraftwerk Tschernobyl ein: Explosionen und eine unkontrollierte Kettenreaktion. Die frei gesetzte Radioaktivität ist 30 bis 40 Mal stärker als bei der Atombombe auf Hiroshima (1945). Offizielle Stellen sprechen von wenigen Opfern, vier Jahre später werden die Toten und später Verstorbenen auf 6000 geschätzt.

1987: Vor dem Zentralkomitee der KPdSU verordnet Michail Gorbatschow im Januar Demokratie für die UdSSR. Für „Glasnost" (Kritik) und „Perestroika" (Umgestaltung) der Gesellschaft wird er im Westen als größter Erneuerer Russlands seit „Peter dem Großen" gefeiert. - TV-Showmaster Hans Rosenthal („Dalli-Dalli") stirbt im Alter von 61 Jahren in Berlin (10.2.). - Erich Honecker besucht im September als erster Regierungschef der DDR die Bundesrepublik. - 16 Tage nach seinem Rücktritt als Ministerpräsident Schleswig-Holsteins wird Uwe Barschel (CDU) tot in der Badewanne eines Genfer Hotels gefunden (11.10.). Dem 43-Jährigen war Bespitzelung seines Kontrahenten Björn Engholm (SPD) angelastet worden.

1988: Im April erklärt die Sowjetunion vertraglich ihren Rückzug aus Afghanistan. - Beim Zusammenstoß von zwei Jets während einer Flugshow in Ramstein sterben im August 70 Menschen. - Bei Olympia in Seoul kommt es zum Doping-Super-Gau: Ben Johnson, der die 100 Meter in Weltrekordzeit gewann, war voll mit Hormonen. Die UdSSR holt bei ihren letzten Spielen nochmals die meisten Medaillen (132). - Zwei Tage nach einer Herzattacke stirbt am 3. Oktober Bayerns Ministerpräsident Franz Josef Strauß (73).

1989: Der von Gorbatschows „Perestroika" ausgehende Reformfunke wird im Osten zum demokratischen Feuerwerk: Ungarn öffnet seine Grenzen zu Österreich (11.9.), löst die Sozialistische Arbeiterpartei auf und ruft im Oktober die Republik aus. In Polen wird die Gewerkschaft „Solidarnosc" als Partei zugelassen und holt im Juni bei den ersten Wahlen 99 von 100 Sitzen. In der CSSR wird Reformer Vaclav Havel zum Jahresende Staatspräsident. Nach dem Rücktritt Erich Honeckers (18.10.) kann in der DDR auch Nachfolger Krenz den Trend „Go West" nicht aufhalten: Eher versehentlich wird am 9. November die Mauer geöffnet, und Millionen Deutsche feiern Wiedersehen. Nur in Rumänien, wo Diktator Ceaucescu gestürzt und hingerichtet wird, verläuft die demokratische Revolution blutig. Und in China wird sie gewaltsam gestoppt: Am 4. Juni walzen Panzer in Peking eine Demonstration für Demokratie nieder. - Und sonst? - Im Sheffielder Stadion werden im April 1995 Zuschauer erdrückt; in Teheran stirbt im Juni Revolutionsführer Khomeini (89) und außerdem: Maler Salvador Dali (84), Dirigent Herbert von Karajan (81).

Torszene aus dem Finale 1986: Maradona hebt ab, fliegt über den deutschen Torwart „Toni" Schumacher hinweg.

Das Genie, der Wahnsinn und der Handstreich

Diego Maradona wurde verehrt und verdammt - nur kalt ließ er keinen

Für die These, dass Genie und Wahnsinn auch im Sport eng beieinander liegen, gibt es keinen besseren Beweis als ihn. Wollte man seine ganzen Verfehlungen aufzählen, wollte man von gebrochenen Verträgen, Lügen, kriminellen Machenschaften, Haft- und Geldstrafen, Kokain-Partys, Sperren, unehelichen Kindern, Doping-Vergehen, zügellosem Leben, Steuerhinterziehung und Körperverletzung schreiben, dieses Buch würde für die Aufzählung einen Anhang benötigen. Und wollte man Psychologen eine Fülle an seelischen Abgründen am lebenden Beispiel demonstrieren, er könnte fast alles verkörpern: Geltungssucht, Verfolgungswahn, Realitätsverlust, Depression, Aggression. Wenn man aber den Versuch machte, seine Kunstfertigkeit beim Umgang mit dem Fußball zu beschreiben - die Seiten eines ganzen Kapitels reichten nicht.

Und deshalb belassen wir es bei einer Beschreibung, die im Februar 1994, wenige Monate vor seiner letzten von vier Weltmeisterschaften, in der „Süddeutschen Zeitung" zu lesen war: „Sein Spiel war Kunst, seine Pässe atmeten Freiheit, seine Dribblings durchbrachen Mauern, und wenn er seine Hand, die den Ball ins gegnerische Tor befehligte, als die Hand Gottes ausgab, dann glaubte man ihm."

Das berühmteste Hand-Tor in der Geschichte des Fußballs gelang Diego Armando Maradona am 22. Juni 1986 im Azteken-Stadion von Mexiko City vor 114 580 Zuschauern beim 2:1-Sieg Argentiniens im WM-Viertelfinale gegen England. Es war die 1:0-Führung in der 51. Minute, und „als der Ball kam", erzählte Maradona später, „hab' ich die Augen zugemacht, und so war es ein bisschen die Hand Gottes und ein bisschen der Kopf Maradonas." Nur vier Minuten später aber gelang dem gerade noch gemeinen Betrüger einer der schönsten Treffer in der WM-Geschichte. Der damals 25 Jahre alte Spielgestalter, der über Jahre hinweg fast jede Partie ganz alleine und wann oder wie er wollte zu entscheiden schien, setzte in der eigenen Hälfte zu einem Solo an, umlief die Gegner im Mittelfeld, umkurvte dann nacheinander die Feldspieler Stevens, Butcher und Fendwick wie Slalomstangen und spielte noch Torhüter Shilton aus, ehe er den Ball ins Netz schickte. Zwar gelang Gary Lineker noch der Anschlusstreffer (81.), aber die Partie war gelaufen.

Und während die englischen Fans den nur 1,67 Meter großen „Dieguito" ob seines „göttlichen Handstreiches" verdammten und Argentiniens Zeitungen den „göttlichen Fingerzeig" angesichts des gegen England verlorenen Krieges um die Falkland-Inseln priesen, sagte Englands Team-Manager Bobby Robson einen wegweisenden Satz: „Es ist herrlich für den Fußball, dass es einen solchen Spieler gibt." Kein Spiel in der 18-jährigen Nationalmannschafts-Karriere des Diego Maradona hat treffender symbolisiert, was der „Pibe d'oro", der Goldjunge, der in Argentinien über Pelé und auf eine Stufe mit der legendären Staatspräsidentin Evita Peron gestellt wurde, für den Fußball bedeutete: Man konnte ihn verabscheuen oder verehren, aber kalt ließ er keinen. Und was ihm in Spanien 1982 wegen seines aufbrausenden, theatralischen Charakters noch nicht und bei den WM-Turnieren 1990 und 1994 aufgrund seines immer exzessiver werdenden Lebens nicht mehr gelang, verkörperte er in Mexiko perfekt: Maradona, damals für 21,8 Millionen Mark von Barcelona an den SSC Neapel verkauft, wobei Tausende von Neapolitanern ihr Erspartes geopfert hatten, war genialer Denker und Lenker des argentinischen Spiels und der Weltbeste, weil er es schaffte, mehr Spielsituationen als jeder andere zu meistern. Berti Vogts, der damalige Assistent des deutschen Teamchefs Franz Beckenbauer, hat es treffend ausgedrückt, wie sehr Argentiniens Kapitän über dem Rest der Fußballwelt stand: „Man müsste bei der FIFA den Antrag stellen, gegen Argentinien mit zwölf Mann spielen zu dürfen - einer mehr wegen Maradona."

Nachdem er am 29. Juni 1986 den Weltpokal in die Höhe gereckt und voller Inbrunst geküsst hatte, verliefen die restlichen elf Fußballer-Jahre des nunmehr stets mit Übergewicht kämpfenden „enfant terrible" weniger positiv. Er musste Prozesse und Dopingsperren über sich ergehen lassen, er beschimpfte den Papst und umarmte Fidel Castro, er verbrüderte sich mit Mafiosi und schoss mit dem Luftgewehr auf Journalisten. Und als seine Tochter Dalma fragte, wann er wieder so spiele wie auf den Videos daheim, speckte er für sein letztes aktives Jahr bei Boca Juniors Buenos Aires (1997) nochmal elf Kilogramm ab - mit dem kanadischen Sprinter Ben Johnson, dem größten Doper aller Zeiten, als Fitness-Trainer. An seinem 37. Geburtstag war dann Schluss, nachdem eine Zeitung geschrieben hatte, Maradonas Vater sei aus Gram über die Drogensucht seines Sohnes gestorben. Der mittlerweile achte(!) Rücktritt der legendären „Nr. 10" war dann der letzte. Vor Maradonas Apartmenthaus in Buenos Aires spannten Fans ihrem Idol ein Transparent: „Am 30.10.1960 wurde Gott geboren. Heute wird er 37. Herzlichen Glückwunsch, Diego." Die Zeitung „Clarin" aber brachte eine 16-seitige Sonderausgabe heraus und titelte melancholisch: „Der Ball wird Waise."

Zum Abschiedsspiel am 7. November 2001 in Buenos Aires gaben sich fast alle Großen des Fußballs von Pelé bis Matthäus die Ehre. Maradona flog aus Kuba ein, wo er auf Drogenentzug weilte.

Mit der Einnahme von neun Millionen Mark konnte sich der Mann, der als Ältester von acht Geschwistern im Armenviertel Fiorita von Buenos Aires zur Welt kam, der mit 18 schon Millionär war und sich stets mit einem Gefolge von 40 bis 50 Leuten umgab, die alle von ihm lebten, ein letztes Mal sanieren - wenigstens finanziell.

DER SUPER-STAR

Diego Armando Maradona: Ein Leben zwischen Ball, Lust und Leiden.

ANDERE STARS

Rudi Völler
(13.10.1960) begann seine illustre Laufbahn in Hanau, dort wo auch Vater Kurt gespielt hatte und später Jugendleiter war. Von Anfang an war klar, dass Völler die Nummer 9 tragen, Stürmer werden sollte und wollte. Er wurde es, er mauserte sich zu einem der besten der Welt mit Erfolgen zuhauf. Mit der Nationalelf, deren Teamchef er heute ist, Vize-Weltmeister 1986, Weltmeister 1990. Mit Olympique Marseille Champions-League-Sieger. 90 Länderspiele zwischen 1982 und 1994, 47 Tore.

Emilio Santos Butragueno
(22.7.1963) galt in seiner spanischen Heimat zu seinen Glanzzeiten als Verkörperung des jungen, aufstrebenden Sportlers der Nach-Franco-Zeit. Er stürmte für Real Madrid und trug den Spitznamen „el buitre" – der Geier. Doch auch seine vier Tore beim WM-Sieg über Dänemark konnten das Ausscheiden der Spanier im Viertelfinale gegen Belgien nicht verhindern. Er spielte die Rolle des zurückhängenden Mittelstürmers perfekt und war äußerst torgefährlich.

Karlheinz Förster
(25.7.1958) weinte bitterlich, als er nicht mit zur WM 1978 durfte. 1982 und 1986 Vize-Weltmeister. Einer der besten Vorstopper der Welt. Man nannte ihn den „blonden Treter mit dem Engelsgesicht". 81 Länderspiele. Beim VfB Stuttgart, mit dem er 1984 Deutscher Meister wurde und in der Nationalelf unterstützt von Bernd, seinem älteren Bruder (3.5.1956), der es immerhin auch auf 33 Länderspiele brachte.

NAMEN & NACHRICHTEN

Rekordbeteiligung
121 Länder, so viele wie noch nie zuvor, hatten für die Weltmeisterschaft 1986 in Mexiko gemeldet, 113 Mannschaften nahmen schließlich weltweit die Qualifikationsspiele auf. Erstmals dabei beim Endturnier waren schließlich der Irak, und auch Kanadas Teilnahme bedeutete sicher eine faustdicke Überraschung. Kolumbien, eigentlich als geplanter Gastgeber mit einem Garantieplatz ausgestattet, musste nach seinem Rückzieher doch in die Südamerika-Qualifikation und scheiterte dort. Sensationell verpassten auch die Niederländer einmal mehr die Teilnahme. In ihrer Gruppe waren die Holländer Zweiter hinter Ungarn geworden und scheiterten in zwei Entscheidungsspielen an Belgien aufgrund eines weniger erzielten Auswärtstores (1:0, 1:2).

Revanche
Bei der WM 1986 kam es nach 56 Jahren zur Revanche zwischen Uruguay und Argentinien aus dem Jahr 1930. Niemals mehr dazwischen hatten die beiden Nationalmannschaften bei einem Weltturnier gegeneinander gespielt. Argentinien siegte 1:0 im Achtelfinale. 1930 war Uruguay durch ein 4:2 im Finale gegen Argentinien erster Fußball-Weltmeister geworden.

Elfmeter-Schießen
Das Viertelfinale war eine ganz besonders spannende Angelegenheit. Zwei der vier Spiele gingen in die Verlängerung und wurden erst im Elfmeterschießen entschieden. Belgien schaltete mit 5:4 die hoch eingeschätzten Spanier aus. Ebenfalls mit 5:4-Toren besiegten die Franzosen Brasilien. Michel Platini, der französische Spielmacher, wurde an diesem Tag 31 Jahre alt und konnte am Ende des Abends feiern, obwohl er beim Spielstand von 3:3 seinen Elfmeter nicht genutzt hatte.

Ungeschlagen ausgeschieden
Brasilien, neben Argentinien die wahrscheinlich beste Mannschaft des Turniers, verlor im Viertelfinale das Elfmeterschießen gegen Frankreich und schied ungeschlagen aus dem Turnier aus. Auf vier Siege und ein Remis hatten es die Ballkünstler vom Zuckerhut gebracht. Enttäuscht trat Trainer Tele Santana gleich nach dem Ausscheiden seiner Mannschaft zurück. Der größte Pechvogel dieses Spiels war Brasiliens Torwart Carlos. Bruno Bellone hatte mit seinem Elfmeter nur den Pfosten getroffen. Doch der zurückspringende Ball prallte Carlos an den Rücken und von dort ins Tor.

Langsam gekommen
Brasilien fand nur schwer einen Einstieg ins Turnier – die beiden knappen 1:0-Siege über Spanien und Algerien befriedigten Fans und Presse nicht. Trainer Tele Santana stand in der Kritik. Die verstummte erst, als Brasilien im Achtelfinale Polen mit 4:0 schlug. „Der Papst ist ein Pole, aber Gott ist ein Brasilianer", dichteten die nunmehr verzückten Fans.

Umbenennung
Wie groß der Einfluss des mexikanischen Fußballfunktionärs Guillermo Canedo ist, der maßgeblich an der Zuteilung der FIFA für die WM 1970 und 1986 beteiligt gewesen war, zeigt die Tatsache, dass nach seinem Tod der Name des in der ganzen Welt bekannten Azteken-Stadions in „Guillermo-Canedo-Stadion" geändert wurde. Eine tiefe Verbeugung vor dem 1996 verstorbenen Multitalent des mexikanischen Fußballs.

Rudi Völler dreht jubelnd ab (kleines Foto oben). Soeben hatte der deutsche Torjäger im Finale gegen Argentinien das 2:2 erzielt. Dennoch verlor Deutschland noch mit 2:3.

HÄTTEN SIE'S GEWUSST?

Spieler, die für zwei Verbände spielten
- **Luigi Monti:**
  1930 für Argentinien, 1934 für Italien.
- **José Altafini:**
  1958 für Brasilien, 1962 für Italien.
- **Ferenc Puskas:**
  1954 für Ungarn, 1962 für Spanien.
- **José Santamaria:**
  1954 für Uruguay, 1962 für Spanien.
- **Alexander Borodjuk:**
  1990 für die UdSSR, 1994 für Russland.
- **Sergej Gorlukowitsch:**
  1990 für die UdSSR, 1994 für Russland.
- **Robert Prosniecki:**
  1990 für Jugoslawien, 1998 für Kroatien.
- **Robert Jarni:**
  1990 für Jugoslawien, 1998 für Kroatien.

„Manschetten" vor dem Mann mit der Manschette

Trotz eines gebrochenen Arms wurde der Engländer Gary Lineker Torschützenkönig

„New Look plus Lineker", so lautete in Mexiko die Erfolgsformel der englischen Mannschaft, und Bobby Charlton, die große Spielerpersönlichkeit der 60er und 70er, geriet 20 Jahre nach dem WM-Sieg wieder ins Schwärmen: „Endlich wieder guter englischer Fußball." Überholt war der antiquierte britische Stil, nur mit hohen Flanken auf den Mittelstürmer zum Erfolg kommen zu wollen. Statt 4-3-3 ließ Manager Bobby Robson - gezwungen auch durch Verletzungen - das neue 4-4-2-System spielen, und Gary Lineker, der 25-jährige Senkrechtstarter vom FC Everton, rückte von Rechtsaußen in die Position des Mittelstürmers. Er füllte sie völlig unbritisch, aber umso erfolgreicher aus: Er entsprach mit einer Größe von 1,78 Metern in keinster Weise dem Klischee des kopfballstarken „Reißers", rochierte statt dessen viel und überzeugte durch Wendigkeit, Leichtfüßigkeit, Schnelligkeit.

DAS WM-GESICHT

Und einen Torinstinkt, wie er ausgeprägter nicht sein konnte, hatte Englands bester WM-Schütze aller Zeiten. Immer auf der Lauer, immer zum richtigen Zeitpunkt am richtigen Platz. Bis unmittelbar vor WM-Beginn musste sein Team zwar um ihn bangen, weil er sich beim Testspiel in Kanada den linken Arm gebrochen hatte. Doch er bekam eine Manschette verpasst, und fortan hatten die Gegner „Manschetten" vor ihm. Einen lupenreinen Hattrick, drei Tore in einer Halbzeit, erzielte er beim 3:0 über Polen, zwei Treffer gelangen ihm beim 3:0 gegen Paraguay, und noch einmal traf er beim 1:2 im Viertelfinale gegen Argentinien ins Netz. Und wer weiß? Hätte beim späteren Weltmeister nicht Maradona mit Kopf und der „Hand Gottes" beim ersten argentinischen Tor nachgeholfen, Lineker wäre vielleicht mehr als „nur" Torschützenkönig der WM 1986 mit sechs Treffern geworden.

In der englischen Liga hatten Presse und Profikollegen den jungen Mann aus Leicester, wo er von 1976 bis 1985 in der 2. Liga spielte und seinen Eltern bei deren Obst- und Gemüsestand auf dem Wochenmarkt half, ehe ihn Everton entdeckte, schon vor WM-Beginn zum Spieler des Jahres gewählt. 30 Meisterschafts- und zehn Pokal-Tore waren Grund genug. Linekers Ausstrahlung nicht weniger. Lässig und stets mit strahlendem Bubengesicht stellte er sich den Fragen der Reporter, und als er nach dem Achtelfinale darauf angesprochen wurde, ob der Spanier Butragueno mit seinen vier Toren beim 5:1 über Dänemark ihm den „Goldenen Schuh" noch streitig machen könnte, konterte Lineker gelassen: „Es sind ja noch drei Spiele."

Nachdem es dann nur noch eines wurde, hatte der zweifache Zweite der Saison 1985/86 (Vizemeister und Pokalfinalist mit Everton) aber doch noch ein persönliches Erfolgserlebnis: Zwei Wochen nach der WM heiratete er seine langjährige Freundin Michelle Cockayne, dann folgte für 3,8 Millionen Euro der Wechsel zum FC Barcelona, bei dem er knapp eine halbe Million per anno verdiente und spanischer Cupsieger (1988) und Europapokalsieger (1989) wurde, ehe er auf die Insel zu Tottenham Hotspur zurückkehrte.

Das Geheimnis seiner Torerfolge gab der Liebhaber französischer Lebensart übrigens auch einmal preis: „Ich orientiere mich nie nach dem Ball, nur nach dem freien Raum." Bei der WM 1990 schoss er so erneut vier Tore, sein letztes bei Englands Halbfinal-K.o. gegen Deutschland.

Gary Lineker in Aktion: Der WM-Torschützenkönig 1986 orientierte sich „nie nach dem Ball, sondern nur nach dem freien Raum".

ANDERE GESICHTER

Pat Jennings
(12.6.1945) stand selbst mit 41 Jahren noch im Tor Nordirlands, seine Mannschaft verlor 0:3 gegen Brasilien – eine Niederlage zum Abschluss einer großen Karriere, die aber nicht schmerzte. Der Keeper absolvierte mehr als 1100 Spiele für die Klubs Tottenham Hotspur und Arsenal London. 119 Länderspiele, WM-Teilnehmer 1982 und 1986.

Dieter Hoeneß
(7.1.1953) war im Gegensatz zu seinem Bruder Uli eher fürs Rustikale zuständig. Dieter, der jüngere der beiden Brüder, brachte es zwar nur auf sechs Länderspiele, darunter aber immerhin einen Einsatz im WM-Finale 1986. Trainer Jürgen Sundermann holte den Langen überraschend aus der Amateurliga zum VfB Stuttgart in die Bundesliga und hielt an ihm fest. Irgendwann machte der kopfballstarke „Schwabenpfeil" tatsächlich so viele Tore, dass er selbst für den FC Bayern interessant wurde. Heute ist Dieter Hoeneß Manager von Hertha BSC Berlin.

Dino Zoff
(28.2.1942) stand bei der WM 1986 als Assistenztrainer zwar „nur" im zweiten Glied, hatte aber auf Italiens Fußball einen riesigen Einfluss. Der Torwart der Weltmeister-Mannschaft 1982 bestritt 570 Ligaspiele, war 59 Mal Kapitän der „Squadra Azzurra" und wurde später (1998-2000) auch deren Chef. Eine der großen Persönlichkeiten des italienischen Fußballs. Trainer der Olympiaauswahl, von „Juve" und Lazio Rom, bei dem er auch fünf Jahre (1994-99) das Präsidentenamt bekleidete.

Ein Mediziner verlangt statt Fußball mit Herz Fußball mit Hirn

Mit Maradona hauchte Dr. Carlos Bilardo seinem Spielkörper Herz und Seele ein

Natürlich hatte er einen Erfolgsgaranten in seiner Mannschaft, der es auch einem x-beliebigen Gaucho aus der Pampa als Trainer ermöglicht hätte, den WM-Titel zu gewinnen. Etwas mehr als Maradona vorne, Maradona hinten, Maradona links und Maradona rechts musste Argentiniens Carlos Bilardo allerdings schon in die Waagschale werfen, um dem Staat am Rio de la Plata nach 1978 zum zweiten Mal die höchste Fußball-Krone zu bescheren und selbst aus dem langen Schatten von Cesar Luis Menotti treten zu können. Der Mediziner mit Fachgebiet Krebs-Chirurgie schaffte es, indem er eine gesunde Mischung aus Ballfertigkeit, Kampfkraft und taktischer Disziplin schuf, wobei letztere dank Maradonas genialen Einzelaktionen für den Gegner einfach nicht kalkulierbar war.

Bilardo baute neben Maradona, der damals beim SSC Neapel spielte, noch zwei andere europäische Legionäre (Valdano, Burruchaga) in seine Stammelf ein und erreichte so den idealen Mix aus südamerikanischem und europäischem Fußball. Die Ankündigung des damals 45-Jährigen für das Finale („Wir werden Deutschland atemlos spielen") war denn auch gar nicht so überheblich gemeint, sondern bezog sich auf eben diese athletischen wie auch spielerischen Fähigkeiten seines Teams. Während sein Vorgänger Menotti, dessen Amt er 1983 übernommen hatte, „Fußball mit Herz" propagierte, verlangte Dr. Bilardo „Fußball mit Hirn". Obwohl selbst ein Intellektueller im Trainerberuf, hatte er mit Toleranz und Einfühlungsvermögen gegenüber seiner Mannschaft nichts im Sinn. Ordnung und Unterordnung verlangte er und ein Spiel, das sich an Werten wie Sicherheit, Geschlossenheit, Kraft und Disziplin orientierte. Der abergläubische Bilardo - die Spieler mussten auf dem Weg ins Stadion immer auf denselben Plätzen im Bus sitzen - war als Persönlichkeit von überaus impulsiven Regungen geprägt. Laut schreiend und wild gestikulierend lebte er sich in jedem Spiel an der Seitenlinie aus. Die Disziplin, die er von seiner Elf forderte, konnte er als Nervenbündel, das es nicht auf der Bank hielt, keineswegs aufbringen.

Der Arbeitersohn, der den Aufstieg zum promovierten Mediziner geschafft hatte, forderte auch das Verständnis seiner Frau Gloria oft bis an die Grenzen heraus. Aber die Besessenheit, mit der er es als Verteidiger bei Estudiantes La Plata zum Weltpokalsieger (1968) gebracht hatte, und die Beharrlichkeit, die ihn das Studium durchziehen ließ, machten den Fußballverrückten nach einer kurzen Zeit als

DER WM-TRAINER

Assistenzarzt dann auch zum erfolgreichen Trainer. Mit Estudiantes wurde er 1983 Argentinischer Meister, und als er im Februar desselben Jahres die Nationalelf übernahm, führte ihn sein erster Weg nach Barcelona, wo damals Diego Maradona spielte.

Er gewann Argentiniens besten Spieler für seine Art des Neubeginns, baute eine Mannschaft von „Polizisten statt Artisten", von „mutigen Marathonläufern statt Ballbeherrschern", wie die Presse schrieb. Und, nachdem er diesem Körper noch Herz und Seele durch Maradona eingehaucht hatte, war die perfekte Elf geschaffen. „Verzeihung Bilardo - und Dankeschön", lautete ein Transparent im Finale. Erst als Bilardos Team vier Jahre gealtert und „körperlich sowie geistig krank" war, wie er 1990 sagte, wurde es von Deutschland abgelöst.

Dr. Carlos Bilardo setzte wenig auf Toleranz gegenüber seinen Spielern: Er verlangte Disziplin und „Polizisten, statt Artisten".

ANDERE TRAINER

Valerije Lobanowski
(6.1.1939) prägte maßgeblich den sowjetischen und später den ukrainischen Fußball. Mit Dynamo Kiew gewann der „Trainer-Guru" zwei Mal den Europapokal, und die UdSSR führte er 1988 ins EM-Endspiel, das er allerdings gegen die Niederlande verlor. Die UdSSR betreute er 1986 (Achtelfinale) und 1990 (Vorrunde) bei Weltmeisterschaften. Das Erreichen seines letzten großen Ziels, die WM-Qualifikation mit der Ukraine, die er 2000 übernahm, blieb ihm verwehrt.

Josef (Sepp) Piontek
(5.3.1940) war, so Per Roentved, „das Beste, was dem dänischen Fußball passieren konnte." Er gilt als der Vater des „danish dynamite". Der einstige Nationalspieler von Werder Bremen und spätere Bundesliga-Coach wurde 1979 dänischer Nationaltrainer und führte die drittklassigen Dänen in die europäische Spitze (EM-Halbfinale 1984, EM-Teilnahme 1988). Bot mit Dänemark bei der WM 1986 begeisternden Offensivfußball, scheiterte aber im Achtelfinale mit 1:5 an Spanien.

Sir Alex Ferguson
(31.12.1941) wurde bei Manchester United zu einem der erfolgreichsten Trainer der Welt. Zuvor hatte er ab September 1985 als Nachfolger des legendären Jock Stein die schottische Nationalelf betreut. Mit dieser scheiterte er bei der WM in Mexiko wie alle seine Vorgänger kläglich. Nachdem er bereits mit dem FC Aberdeen (1978-86) sehr erfolgreich gewesen war, gewann Ferguson mit „ManU" beinahe alles, was es zu gewinnen gibt.

DER EXPERTE
Maradona und die Hand Gottes

Günter Netzer:
„In Deutschland hatten Athleten Hochkonjunktur"

1986, Franz Beckenbauer hatte zwei Jahre vorher Jupp Derwall abgelöst. Er kam als Retter des am Boden liegenden deutschen Fußballs. Die Nationalelf hatte ihn bitter nötig. Sie war an ihrem Tiefpunkt angelangt. Franz wollte eigentlich nie Trainer werden – das hatte er immer gesagt. In dieser Lage aber war er bereit zu helfen, Verantwortung zu übernehmen. Und weil er keinen Trainerschein besaß, fungierte er eben als Teamchef. Franz machte alles aus dem Instinkt heraus – das meiste auch richtig. Aber vielleicht hatte er bei seinem ersten großen Turnier als Verantwortlicher doch unterschätzt, dass gewisse Dinge eine Eigendynamik entwickeln – zumal auch damals die Presse unterm gleichen Dach wie die Mannschaft gewohnt hat.
Deshalb ist der Franz - ein bisschen leicht aufbrausend, wie er nun mal ist – auch in manches Fettnäpfchen getreten. Aber er hat daraus gelernt, das finde ich enorm wichtig. Etwas verwunderlich war, dass gerade er, der Fußballästhet schlechthin, auf eher rustikale Typen setzte. Auf den langen Dieter Hoeneß zum Beispiel, auf Eder und Jakobs oder auf einen Hans-Peter Briegel, den ehemaligen Zehnkämpfer. Das war kennzeichnend für eine Entwicklung, die in der Bundesliga von einigen Trainern vorangetrieben worden war – ich meine, dass Otto Rehhagel hier eine Vorreiterrolle gespielt hat. Die Zeiten hatten sich geändert, die Schöngeister wurden verteufelt, die Athletentypen hatten Hochkonjunktur, die Generation der Kämpfer und Allrounder wurde geboren und präferiert. Deswegen ist bei uns damals der technisch schöne Fußball auf der Strecke geblieben.
Beherrscht wurde diese WM von Diego Armando Maradona. Ich glaube – und nehme einmal 1970 und Pelé, den komplettesten Fußballer, den die Welt je sah, aus – dass es vorher und nachher keine Weltmeisterschaft gegeben hat, die von einem einzigen Spieler derart dominiert worden ist. Er war der mit Abstand beste Spieler. Maradona, auf dem Zenit seiner Laufbahn, krönte seine Karriere mit dem Titelgewinn, er war der Gewinner dieser Spiele. Und er machte Tore wie kein anderer. Spektakuläre wie das 2:0 nach einem sagenhaften Alleingang gegen England und verrückte, wie das Handtor – auch gegen England erzielt. Seine Erklärung, „die Hand Gottes" sei mit im Spiel gewesen, ist inzwischen ein geflügeltes Wort geworden – und dennoch: Für einen Spieler seiner Kategorie war dieses Tor einfach unwürdig.

ANDERE FAKTEN

1986 – Endrunde in Mexiko (31.5. – 29.6.)

Gruppe 1
Italien – Bulgarien	1:1
Argentinien – Südkorea	3:1
Argentinien – Italien	1:1
Bulgarien – Südkorea	1:1
Argentinien – Bulgarien	2:0
Italien – Südkorea	3:2

Endstand: 1. Argentinien (5:1 Pkte/6:2 Tore), 2. Italien (4:2/5:4), 3. Bulgarien (2:4/2:4), 4. Südkorea (1:5/4:7).

Gruppe 2
Mexiko – Belgien	2:1
Paraguay – Irak	1:0
Mexiko – Paraguay	1:1
Belgien – Irak	2:1
Belgien – Paraguay	2:2
Mexiko – Irak	1:0

Endstand: 1. Mexiko (5:1 Punkte/4:2 Tore), 2. Paraguay (4:2/4:3), 3. Belgien (3:3/5:5), 4. Irak (0:6/1:4).

Gruppe 3
Frankreich – Kanada	1:0
UdSSR – Ungarn	6:0
Frankreich – UdSSR	1:1
Ungarn – Kanada	2:0
Frankreich – Ungarn	3:0
UdSSR – Kanada	2:0

Endstand: 1. UdSSR (5:1 Punkte/9:1 Tore), 2. Frankreich (5:1/5:1), 3. Ungarn (2:4/2:9), 4. Kanada (0:6/0:5).

Gruppe 4
Brasilien – Spanien	1:0
Algerien – Nordirland	1:1
Brasilien – Algerien	1:0
Spanien – Nordirland	2:1
Brasilien – Nordirland	3:0
Spanien – Algerien	3:0

Endstand: 1. Brasilien (6:0 Punkte/5:0 Tore), 2. Spanien (4:2/5:2), 3. Nordirland (1:5/2:6), 4. Algerien (1:5/1:5).

Gruppe 5
Uruguay – Deutschland	1:1
(Tor für Deutschland: 1:1 Allofs)	
Dänemark – Schottland	1:0
Deutschland – Schottland	2:1
(Tore für Deutschland: 1:1 Völler; 2:1 Allofs)	
Dänemark – Uruguay	6:1
Dänemark – Deutschland	2:0
Schottland – Uruguay	0:0

Endstand: 1. Dänemark (6:0 Punkte/9:1 Tore), 2. Deutschland (3:3/3:4), 3. Uruguay (2:4/2:7), 4. Schottland (1:5/1:5).

K.-H. Rummenigge im Viertelfinalspiel gegen Marokko.

Gruppe 6
Marokko – Polen	0:0
Portugal – England	1:0
England - Marokko	0:0
Polen – Portugal	1:0
England – Polen	3:0
Marokko – Portugal	3:1

Endstand: 1. Marokko (4:2 Punkte/3:1 Tore), 2. England (3:3/3:1), 3. Polen (3:3/1:3), 4. Portugal (2:4/2:4).

DAS ZITAT

„Der zweite Platz zählt nicht. Zweiter zu sein heißt versagen."

Dr. Carlos Bilardo, argentinischer Nationaltrainer, vor dem WM-Turnier 1986 in Mexiko.

Achtelfinale
Mexiko – Bulgarien	2:0
Belgien – UdSSR	n.V. 4:3
Brasilien – Polen	4:0
Argentinien – Uruguay	1:0
Frankreich – Italien	2:0
Deutschland – Marokko	1:0
(Tor für Deutschland: 1:0 Matthäus)	
England – Paraguay	3:0
Spanien – Dänemark	5:1

Viertelfinale
Frankreich – Brasilien	1:1, n. E. 4:3
Deutschland – Mexiko	0:0, n. E. 4:1
Argentinien – England	2:1
Belgien – Spanien	1:1, n. E. 5:4

Halbfinale
Deutschland – Frankreich	2:0
(Tore für Deutschland: 1:0 Brehme, 2:0 Völler)	
Argentinien – Belgien	2:0

Spiel um Platz 3
Frankreich – Belgien	2:2, n.V. 4:2

Endspiel (29.6.)
Argentinien – Deutschland	3:2

Argentinien: Pumpido, Cuciuffo, Brown, Ruggeri, Olarticoechea, Batista, Giusti, Enrique, Burruchaga (90. Trobbiani), Maradona, Valdano.
Deutschland: Schumacher, Berthold, Jakobs, Kh. Förster, Briegel, Brehme, Matthäus, Magath (62. D. Hoeneß), Eder, K.-H. Rummenigge, K. Allofs (46. Völler).
Schiedsrichter: Filho (Brasilien).
Zuschauer: 114 590 Azteken-Stadion, Mexiko City.
Tore: 1:0 Brown (22.), 2:0 Valdano (56.), 2:1 Rummenigge (73.), 2:2 Völler (82.), 3:2 Burruchaga (85.).

Torjäger des Tuniers
Gary Lineker (England)	6
Emilio Butragueno (Spanien)	5
Careca (Brasilien)	5
Diego Armando Maradona (Argentinien)	5

Geschossene Tore	132
Tordurchschnitt pro Spiel	2,54
Die meisten Tore	Argentinien 14
Das schnellste Tor	Emilio Butragueno
(63 Sek. bei Spanien – Nordirland)	
Elfmeter	12
(alle verwandelt)	
Platzverweise	9

Berthold (Deutschland), Aguirre (Mexiko), Gonzalez (Paraguay), Batista (Uruguay), Arenesen (Dänemark), Bossio (Uruguay), Sweeney (Kanada), Basil (Irak), Wilkins (England).

„Ich habe das Finale 1986 als zweite Chance begriffen"

Harald „Toni" Schumacher über die WM, die Blockbildung, das Endspiel und sein Buch „Anpfiff"

DER ZEITZEUGE

WM 1986 – was für eine Fülle von Geschichten. Unruhe im Quartier, Blockbildung, Steins Suppenkasper-Zitat, das Finale gegen Argentinien, mein Buch „Anpfiff" – doch der Reihe nach. Franz Beckenbauer wollte es so - die Journalisten wohnten bei uns im Quartier. Ob das eine gute Sache war? Eher nicht. Man kann nicht 20 Journalisten, 20 Akademiker oder 20 Fußballer sechs Wochen lang kasernieren, ohne dass es zu Spannungen kommt. Irgendwann dreht eben einer durch. Und weil die Journalisten diesmal alles hautnah miterlebten, geisterten eben viele solcher Geschichten durch den deutschen Blätterwald. Die WM der beiden Blöcke aus Bayern und Köln hieß es, über Streit zwischen Kalle Rummenigge und mir wurde geschrieben – aber, ganz ehrlich, es war alles halb so schlimm. Der Kalle, von einem Journalisten aufs falsche Pferd gesetzt, glaubte wirklich, ich sei scharf auf seine Kapitänsbinde. War ich aber nicht: Ich sagte und sage sowieso immer das, was ich denke. Teamchef Franz Beckenbauer und Delegationsleiter Egidius Braun, den ich wegen seiner menschlichen Art sehr mochte, vermittelten neutral. Und ich sagte zu Kalle: „Behalt' doch deine blöde Binde". Wir führten unser „Versöhnungsgespräch" mit Absicht mitten im Garten, damit es ja jeder sehen konnte. Ich machte ihm klar: „Was soll diese Kinderei? Du willst Weltmeister werden, ich auch, deine Bayern wollen es, meine Kölner auch – lass' uns also gemeinsame Sache machen." Kalle entschuldigte sich öffentlich, die Sache war vergessen, und wir konzentrierten uns auf den Fußball.
Bis der Ulli Stein ausflippte. Es war seine letzte WM, er war gut drauf, und er hatte als Ersatztorwart viel Frust zu verarbeiten. Also pokerte er, griff mich an und nannte Beckenbauer einen „Suppenkasper". Ganz schnell flog er nach Hause. Und wir flogen zum Endspiel nach Mexiko City. Zu einem Finale, das ich immer als zweite Chance verstanden habe, nachdem es vier Jahre vorher nur zum einem verdienten 1:3 gegen Italien gereicht hatte. Im Gegensatz zu 1982 hatten wir diesmal eine gute Vorbereitung. Ich hatte im Tur-

Toni Schumacher - hier beim 2:3 im Finale von Mexiko, war immer ein Freund offener Worte.

nier wirklich gut gehalten. Manche sagen sogar „super". Und ich bin sicher: Wenn ich im Finale meine normale Form hätte bringen können, hätte ich wohl alle drei Tore gehalten. Aber diese Fehler gehören zu meinem Leben, wie der Zusammenprall mit Battiston 1982, wie mein Buch „Anpfiff", das, in 16 Sprachen übersetzt, weltweit eineinhalb Millionen Mal verkauft wurde und wegen dem ich aus der Nationalelf flog. Wahrscheinlich hätte ich sonst auch 1990 im dritten Finale im Tor gestanden, wäre doch noch Weltmeister geworden. Aber ohne den „Anpfiff", der in Köln für mich zum Abpfiff wurde, hätte ich nie in der Türkei gespielt, nicht bei Schalke oder den Bayern. Deswegen bin ich auch nicht traurig, wie alles gekommen ist. Zwei Mal Zweitbester der Welt zu sein, das ist doch auch etwas, oder? Klar, wir hatten gegen Argentinien die Chance zum Sieg. 20 Minuten lang hatte ich keinen Ball in der Hand. Dann kam dieser Freistoß von links auf mich zu. Die Kugel holst du dir, schoss es mir durch den Kopf. Raus aus dem Tor, aber ich hatte keine Chance – in der Höhenlage von Mexiko City flog der Ball anders, als ich ihn berechnet hatte – 0:1. Eine Ausrede? Mitnichten! Warum wohl hat der Bob Beamon dort einen Fabelweltrekord aufgestellt? Sei's drum! Aber als wir selbst ein 0:2 aufgeholt hatten, lagen alle Trümpfe in unserer Hand. Wir hätten nur eines machen müssen: Cool zu Ende spielen, wir hätten nur in die Verlängerung kommen müssen, denn die Argentinier waren platt, kaputt, leer im Kopf. Doch wir hatten keinen, der die Kugel hielt. Wir wollten noch in der regulären Spielzeit alles erledigen. Und liefen prompt in einen Konter. Dieser geniale Maradona spielte intuitiv mit einem tödlichen Steilpass Burruchaga frei. Briegel hechelte hinterher, und als sich der Argentinier den Ball einen Tick zu weit vorlegte, habe ich es verpasst, energisch aus dem Tor zu kommen – 2:3. Auch meine zweite Chance, Weltmeister zu werden, hatte ich nicht genutzt...

Harald Schumacher (6. März 1954), so steht es in seinem Pass. Aber bekannt ist der Torwart unter dem Spitznamen „Toni". Schumacher, einer der schillerndsten Persönlichkeiten der Bundesliga, heute im Trainerstab von Bayer Leverkusen, absolvierte 76 Länderspiele zwischen 1979 und 1986, wurde mit dem 1. FC Köln Deutscher Meister, drei Mal Pokalsieger, mit Fenerbahce Istanbul Türkischer Meister, 1980 Europa- und 1982 sowie 1986 Vize-Weltmeister.

DER JOURNALIST
Die Sache mit dem toten Pferd in Guadalajara

Es ist eine von vielen Geschichten, die das Reporterleben schrieb. Mexiko City war mein Stammquartier bei der WM 1986. Von dort fuhr oder flog ich quer durchs Land zu vielen Spielen. Im Viertelfinale führte mich mein Weg nach Guadalajara, wo ich Augenzeuge des „Highlights" zwischen Brasilien und Frankreich wurde, in dem in einem dramatischen Elfmeterschießen die „Equipe Tricolore" das umjubelte Ende für sich hatte. Trotz der Fußball-Gala von damals sind meine Erinnerungen an diesen Tag sehr zwiespältig, denn der Heimflug war noch chaotischer als die Anreise.
Nach der Ankunft am Flughafen von Guadalajara wäre mein Taxi beinahe in ein Pferd gefahren, das offenkundig kurz zuvor in einen Lastwagen gelaufen und in der Mitte halbiert war. Da der Teil mit dem Kopf blutend hinter einer Kurve auf der Fahrbahn lag, ohne dass Polizei oder der Fahrer des Trucks als warnende Vorboten zu sehen gewesen wären, konnte mein Chauffeur nur in letzter Sekunde dem „Verkehrshindernis" ausweichen. Beim Rückflug gab es dann Probleme, nachdem die Privatmaschine des damaligen FIFA-Präsidenten Joao Havelange unmittelbar vor dem Abheben in einen Unfall ohne Personenschäden verwickelt worden war.
Der Flughafen Guadalajara war daraufhin für mehrere Stunden gesperrt und von den sechs geplanten Maschinen nach Mexiko Stadt hob nur noch eine ab. Ich war froh, dass ich nach einem heftigen Gefeilsche überhaupt ein Ticket dafür ergattern konnte. Müde kam ich mit erheblicher Verspätung weit nach Mitternacht in Mexiko City an und meldete mich in einer Zeit, in der Handy ein unbekanntes Wort war, sofort telefonisch in Deutschland. Dort herrschte Erstaunen, weil ich, der sonst immer pünktlich zu weitaus günstigeren Finanzkonditionen am frühen Morgen aus der Heimatredaktion angerufen wurde, nicht zur üblichen Zeit im Hotel anzutreffen gewesen war. Die Geschichte, die das Reporterleben schrieb, war die Erklärung. Heute hört sich das an, als wäre es eine märchenhafte Story aus 1001 Nacht – dabei ist es noch gar nicht so lange her. Manchmal kann man sich selbst nicht mehr vorstellen, wie scheinbar „vorsintflutlich" die Arbeitsbedingungen vor gerade mal 16 Jahren waren. Die Erinnerungen an turbulente und abenteuerliche Stunden sind faszinierend.

Harald Stenger (Jahrgang 1951), berichtete für die „Frankfurter Rundschau" (FR) unter anderem von sechs Fußball-Weltmeisterschaften und ist seit dem 1. Juli 2001 Pressechef des Deutschen Fußball-Bundes (DFB).

Meine Magnesium-Power-Quelle!

Für Profis und Freizeitsportler!

Internet: http://www.ensinger.de

Ensinger
...mit dem wertvollen Magnesiumgehalt

Die Krönung des „Kaisers"

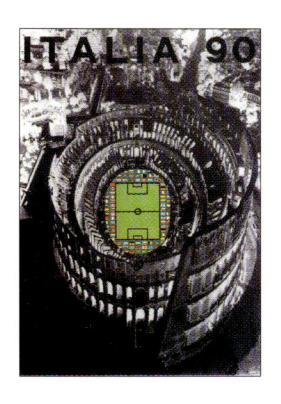

1990

Deutschland
Argentinien
Italien
England

Freude pur. Deutschlands Elitekicker bei der Siegesfeier in Rom.

*Am Ende waren sich alle -
bis auf die unterlegenen Argentinier - einig:
Deutschland ist verdient Weltmeister geworden.
Die Mannschaft fand sich während des Turniers,
sie profitierte von einem starken Start
gegen Jugoslawien und sie hatte -
beim Elfmeterschießen gegen die Engländer -
auch das Glück, das man zum Siegen braucht.
In Rom krönte sich nicht nur die deutsche Elf,
sondern auch ihr Teamchef.
„Kaiser" Franz Beckenbauer hatte es geschafft,
auch als „Trainer" Weltmeister zu werden.*

BUCHKATALOG.DE

Kaiserkrönung in Rom

Als Franz Beckenbauer zwischen Himmel und Erde schwebte und Deutschland wieder Weltmeister wurde

Die Bilder gingen um die Welt, allein in Deutschland-West saßen an diesem 8. Juli 1990, einem lauen Sonntagabend gegen 22 Uhr, rund 30 Millionen Menschen vor den Fernsehapparaten. Eben hatte Deutschland mit 1:0 gegen Argentinien gewonnen, durch Andreas Brehmes kaltschnäuzigem Elfmeter-Tor war im Stadio Olimpico von Rom die Bundesrepublik zum dritten Mal Weltmeister im Fußball geworden. Während sich auf Straßen und Plätzen der Republik die ersten Fans zu spontanen Jubelfeiern trafen, Autokorsos durch die Städte zu rollen begannen und die Raketen in den Nachthimmel zischten, hatte ein Mann alles um sich herum vergessen.

Franz Beckenbauer, helle Hose, Krawatte, dunkles Sakko, die Hände in den Hosentaschen vergraben, schritt völlig gedankenverloren über den Rasen. Wie in Trance, nichts mehr bewusst wahrnehmend. Ein Mann zwischen Himmel und Erde, völlig losgelöst.

Wenige Meter weiter heulte der entthronte Superstar Diego Armando Maradona, von seinem Wachhund Guido Buchwald zur Wirkungslosigkeit verurteilt, wie ein Schlosshund und erging sich in Verdächtigungen, dass Argentinien einem Komplott zum Opfer gefallen, Schiedsrichter Mendez aus Mexiko bestochen gewesen sei. „Die Mächte sind stärker als Maradona gewesen", schluchzte der argentinische Kapitän, der schon vor dem Spiel vom italienischen Publikum mit einem gnadenlosen Pfeifkonzert empfangen worden war und seinen Frust hinausgeschrien hatte: „Ihr Hurensöhne."

„Der Strafstoß war nicht gegen Argentinien, sondern gegen Maradona gerichtet", war er untröstlich. „Lieber", so schimpfte Maradona weiter, „lieber 0:4 verlieren, als durch einen solchen Elfmeter geschlagen zu werden." In der Tat: Als Rudi Völler sechs Minuten vor dem Ende im Fünfmeter-Raum hinfiel und der Schiedsrichter pfiff, begannen die Zweifel an der Richtigkeit dieser Entscheidung. Eigentlich hätte Lothar Matthäus, Kapitän der Mannschaft und später zum Weltfußballer des Jahres gekürt, antreten müssen, schießen sollen. Wie beim Elfmeter-Sieg im Viertelfinale gegen die Tschechoslowaken. „Das Kaiserle des Kaisers" (Spiegel) hätte seine überragende Vorstellung bei diesem Turnier mit dem Siegtor als Schlusspunkt krönen können. Da den Franken jedoch neue, noch nicht

DER RÜCKBLICK

Das schreitet er völlig gedankenverloren dahin: Franz Beckenbauer auf römischem Rasen.

eingelaufene Schuhe plagten, ließ er dem Hamburger Andreas Brehme den Vortritt und der machte nicht viel Aufhebens: Hart und flach versenkte er den Ball im linken Eck gegen Sergio Goycochea, jenem Torwart, der erst im zweiten Turnierspiel Stammkeeper Neri Pumpido (Beinbruch) abgelöst und sich anschließend für Argentinien als wahrer Glücksgriff erwiesen hatte. In zwei Elfmeterschießen zuvor hatte er den während des gesamten Turniers destruktiv agierenden Weltmeister, der ein seltsam einschläferndes Rasenschach spielte und bei dem alles auf einen mehr und mehr überforderten Maradona zugeschnitten war, erneut ins Endspiel gehalten. Goycochea kippte im Halbfinale in Neapel sogar Hausherr Italien, das erst im sechsten Turnierspiel das erste Gegentor hatte einstecken müssen, vom Sockel des Top-Favoriten und verwandelte den Stiefel Europas in ein Meer der Tränen. Innerhalb von Sekunden war der Fußballrausch, der das Land zwischen Como und Catania erfasst gehabt hatte, einem schrecklichen Kater gewichen. Italien, in dem der Fußball immer eine Herzenssache des Volkes gewesen ist, einfach eine nationale Kultur, fest verwurzelt in allen sozialen Schichten, und die Serie A zu jener Zeit die starken Ligen in England und Deutschland in den Schatten stellte, trug kollektive Trauer.

Anstatt lärmender Autokorsos mit fröhlichen Menschen, die nach den ersten fünf Siegen jedes Mal stundenlang die Freude dokumentierten und den „Ausländern" beständig den Schlaf raubten, sah man überall weinende, traurige Tifosi. Und die Nationalfahnen, die hunderttausendfach im Land aus den Fenstern der Wohnhäuser hingen und auf allen öffentlichen Gebäuden aufgezogen waren, trugen nun bis zum Ende der WM einen Trauerflor. Platz drei nach einem 2:1 gegen England war für die Tifosi kein Trost.

Doch zurück zum Finale.

Zweifel an der Berechtigung des Elfmeters sind erlaubt. Aber am verdienten Sieg der deutschen Mannschaft, die ihr sechstes WM-Finale insgesamt und das dritte in Folge bestritt, gibt es nichts zu diskutieren. 23 Mal hatten die Deutschen aufs argentinische Tor geschossen, ein einziges Mal nur hatte Bodo Illgner Arbeit bekommen. Fünf Siege und zwei Unentschieden lautete die deutsche WM-Bilanz, Argentinien hatte nur zwei Mal

---

DIE GLOSSE

Glückliche Momente – Keine Küsse

Freude, heißt es, sei ein schöner Götterfunke, und wer sich in der Öffentlichkeit über den Gewinn einer Fußball-Weltmeisterschaft am meisten freut (außer natürlich die Fußball-Weltmeister selbst), sind jene, die sich den Göttern oft etwas näher fühlen, oder sich auch einfach nur gemerkt haben, dass es kaum eine wirkungsvollere PR-Aktion gibt, als mit Helden in kurzen Hosen aufzutreten. Kurz gesagt: Politiker hängen am und drängen zum Fußball!

Allerdings sollten sie wissen, dass die Gegenliebe eine mitunter geteilte ist. Besuche von richtlinienbestimmer deutscher Politik hatten für die Nationalelf meist die Wirkung schwarzer Katzen, die einem am Freitag, dem 13., von links nach rechts über den Weg laufen.

Als der Bundeskanzler Helmut Schmidt 1974 seine Abneigung gegen die Fußwerker überwand und zum deutsch-deutschen WM-Duell in das Hamburger Volksparkstadion pilgerte, erlebte er die bundesdeutsche 0:1-Blamage gegen die DDR. 1978, im fernen Argentinien, sorgte der Besuch des rechtsextremen Oberst Rudel im WM-Quartier Ascochinga für fast so viel Ärger wie kurz darauf die 2:3-Schmach von Cordoba gegen Österreich.

Vier Jahre später erlebte Kanzler Schmidt dann in der Ehrenloge des Madrider Bernabéu-Stadions die 1:3-Finalniederlage gegen Italien mit, und sein Nachfolger Helmut Kohl war mit seiner weit ausgeprägteren Gunstbezeugung noch unglücklicher: Kaum hatte er bei der EM 1984 die Truppe von Jupp Derwall besucht, flog diese in Frankreich aus dem Turnier und Derwall aus dem Traineramt.

Und 1986 wurde die Kohl-Visite im Azteken-Stadion von Mexiko City von einer Finalniederlage (2:3 gegen Argentinien) und so stürmischen Kanzler-Umarmungen als Trostversuch begleitet, dass der „Spiegel" schrieb: „Kohl stahl der abgekämpften und wehrlosen Truppe küssend, grabschend und klammernd die Show."

Und deshalb wurde 1990 vor dem WM-Finale in Rom, der Hauptstadt Italiens, vorgebaut, und der kleine Pierre Littbarski ließ verlauten: „Es reicht diesmal, wenn der Kanzler den Lothar Matthäus küßt." Was dann natürlich prompt nicht geschah, denn Kohl gratulierte nur per Handschlag.

Aber göttlich schön war der weltmeisterliche Sieg dennoch.

Er passte zum „Jahr der Deutschen", wie Italiens Außenminister de Michelis formulierte. Und ein Fan aus Magdeburg sprach das aus, was viele dachten: „Wir feiern hier die drei W's: Währungsunion, Weltmeister und Wiedervereinigung."

Letztere kam knapp drei Monate später.

Wieder hat's eingeschlagen: Durch Tore von Klinsmann und Brehme siegte Deutschland über Holland.

gewonnen, drei Mal Remis gespielt, zwei Mal verloren und nur fünf Tore (ohne Elfmeterschießen) in sieben Spielen erzielt. Nur im Elfmeterschießen war der alte Weltmeister besser als alle anderen inklusive des neuen Titelträgers. Deutschland gewann nur eines, jenes gegen England, als Bodo Illgner, der Torwart aus Köln, den Versuch von Stewart Pearce parierte und Chris Waddle schließlich den Ball im Stadio delle Alpi in den Nachthimmel von Turin katapultiert hatte.

Ob Franz Beckenbauer, jenem geistesabwesenden Wanderer im Stadion, in diesen Sekunden ähnliche Gedanken durch den Kopf gegangen sind? Er kann es uns nicht erzählen. Er weiß es nämlich nicht. „Ich war wie weggetreten, ich kann mich beim besten Willen nicht erinnern, was ich gedacht habe, was um mich herum vorgegangen ist", sagte Beckenbauer später. Er war am Ende eines langen Weges angekommen. Er hatte einen Teilabschnitt seines Lebens beendet, der 1965 in Stockholm mit dem Debüt in der Nationalelf begonnen und 1974 mit dem WM-Triumph von München seinen ersten Höhepunkt als Fußballprofi erreicht hatte. Er machte Berti Vogts als neuem Trainer Platz. Nach Mario Zagalo war Beckenbauer erst der zweite Mensch, der sowohl als Spieler wie auch als Trainer Weltmeister geworden war. In Rom fand an diesem Abend nach München 1974 die zweite Krönung des Kaisers statt. Franz Beckenbauer hatte auch als Teamchef bewiesen, dass ihm alles, was er anpackt, gelingt. Dass er nun die WM 2006 nach Deutschland geholt hat, rundet dieses Bild ab und stützt diese Thesen. Beckenbauer, der in seiner Aufgabe aufgegangen war,

besessen und ehrgeizig gearbeitet hatte, war am Ziel angekommen - nun suchte er sich neue Herausforderungen, wahrscheinlich unbewusst nahm er Abschied von einer erfolgreich beendeten Epoche seines Lebens.

Es gibt während einer WM-Qualifikation und eines Turniers immer sogenannte Schlüsselspiele. Das Treffen gegen Wales am Abend des 15. November 1989 war ein solches. Deutschland musste dieses letzte Qualifikationsspiel gewinnen, um wenigstens als einer der vier bestplatzierten Gruppenzweiten hinter Europameister Holland ein WM-Ticket zu ergattern. 1:1 stand es im Müngersdorfer Stadion zu Köln kurz vor dem Spielende, als Thomas „Icke" Häßler seinen Teamchef und ganz Deutschland mit dem 2:1 erlöste. Ein Traumtor in des Wortes doppelter Bedeutung. „Ich habe genau dieses Tor geträumt", berichtete Häßler später von einer Ruhephase am Nachmittag, als er auf seinem Zimmer eingedöst war. „Wir sind schon auf dem Brenner", erklang wenig später Udo Jürgens' WM-Song aus den Radioapparaten.

Und in der Tat - als Deutschland zum ersten Mal im herrlich umgebauten Guiseppe Meazza-Stadion, dem früheren San Siro, gegen Jugoslawien sein erstes WM-Spiel zu bestreiten hatte, war der staunende Betrachter versucht zu glauben, es handele sich um ein Heimspiel der Schwarz-Weißen. Knapp 50 000 deutsche Anhänger in passenden Trikots und mit schwarz-rot-goldenen Fahnen bestückt, saßen auf den Tribünen dieses Prachtbaus und bejubelten unter anderem zwei Matthäus-Tore.

Doch den Festtag beim 4:1-Sieg trübten ein paar Dutzend Hooligans, die am Nachmittag in ihrer

DER PROMINENTE

Eine Fußball-WM fasziniert mich, weil...

...sie für mich immer eine herrliche Abwechslung und positiver Stress ist.

Udo Jürgens, Plattenstar, Fußball-Liebhaber. Er sang: „Wir sind schon auf'm Brenner".

WALDIS WELT

„Als ich in Rom mit Pelé Lambada tanzte"

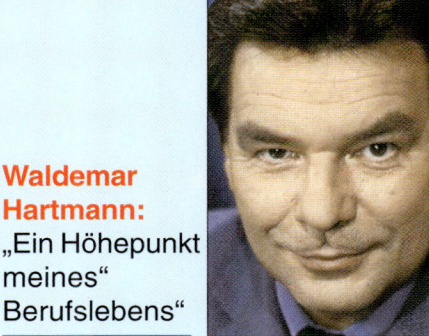

Waldemar Hartmann: „Ein Höhepunkt meines Berufslebens"

Italia novanta - die Weltmeisterschaft '90 in Italien. Neben den Olympischen Spielen im Winter in Lillehammer und im Sommer in Sydney wird dieses Ereignis der Höhepunkt meines Berufslebens sein. Fünf Wochen Sonne, italienische Lebensart und als Höhepunkt der Gewinn der Weltmeisterschaft durch die Deutsche Mannschaft. Das Hauptfernsehzentrum stand in Rom. ARD-Teamchef Eberhard Stanjek war ein ganz besonderer Coup gelungen. Er konnte Karl-Heinz Rummenigge als Experte für „Das Erste" verpflichten. „Kalle" war ein Haupttreffer. Er wird heute in Italien noch wie ein Superstar verehrt. Nicht nur in Mailand, wo er für Inter gespielt hatte. Ein paar Kollegen und ich hatten ganz in der Nähe unseres Hotels eine kleine Trattoria gefunden, in der wir zu bezahlbaren Preisen schmackhaft essen und vorzüglichen Wein genießen konnten. Wir wurden schon nach ein paar Tagen quasi in die Familie aufgenommen und bevorzugt behandelt. Dachten wir. Bis ich einmal mit „Kalle" auftauchte. Der Patron rotierte. Eine saubere Tischdecke wurde durch eine noch weißere ersetzt, der Wein kam aus einer bisher unbekannten Truhe und nach der Bestellung der Vorspeise, Tomaten mit Mozarella, traf mich dann fast der Schlag. Der Patron brachte auf einem Teller eine dunkelgrüne, eine halbrote und eine dunkelrote Tomate und fragte Rummenigge, welche er denn aufschneiden solle.

Am Abend ging's dann meist um die Häuser. Ein Taxifahrer hatte uns einen Privatclub empfohlen mit dem Hinweis, dass wir dort auf jeden Fall vorher anrufen sollten. Aufs gerade Wohl fuhren wir hin. Ich machte den Fehler, als Erster zu klingeln. Durch ein Türfensterchen machte mir ein kurz angebundener Herr klar, dass hier nur Mitglieder Zugang hätten. Dann entdeckte er „Kalle". Die Tür flog auf, unter nicht endenden Verbeugungen wurden wir eingelassen. Drinnen Marmor und Gold. Und Pelé. Der umarmte „Kalle" und bat uns an seinen Tisch. Es wurde gefeiert und getanzt. Ich mittendrin. Plötzlich tanzte ich mit Pelé Lambada. Das glaubte mir keiner bei der ARD!

Die Regierung hatte beschlossen, dass an Spieltagen, an denen Italien spielte, im ganzen Land kein Alkohol ausgeschenkt werden durfte. Nirgendwo! Auch nicht an unserer Hotelbar. Wir konnten es nicht glauben. „Kalle" fragte unseren Barkeeper Benito, ob er denn eine Lösung für dieses Problem habe. Benito hatte. Der Rotwein kam in der Kaffeekanne und wir tranken ihn aus Tassen.

Es lebe „Bella Italia"!

175

Müde, aber glücklich - zwei Schwaben, zwei Weltmeister - Guido Buchwald und Jürgen Klinsmann (kleines Foto).
Unten: Nicht nur im Finale bot Guido Buchwald gegen Diego Maradona eine Super-Partie. Franz Beckenbauer lobte nach dem Titelgewinn: „Guido war mein wichtigster Spieler bei diesem Turnier." Und seither nannten Buchwald alle nur noch „Diego"...

DFB-Kader 1990

Eingesetzt: Augenthaler, Bein, Berthold, Brehme, Buchwald, Häßler, Illgner, Klinsmann, Kohler, Littbarski, Matthäus, Möller, Pflügler, Reuter, Riedle, Thon, Möller.
Nicht eingesetzt: Aumann, Hermann, Köpke, Mill, Steiner.

grenzenlosen Borniertheit in der Mailänder Innenstadt eine Schneise der Verwüstung hinter sich gezogen hatten.

Auch das strikte Alkoholverbot, das an den Spieltagen in den WM-Städten herrschte, hatte diesen Eklat nicht verhindern können. Ganze Wagenladungen von Bierkisten, die italienische Polizisten aus deutschen Fan-Bussen holten und konfiszierten, türmten sich am Autobahnende vor Mailand. Ein bizarres Bild.

Deutschland hatte einen prima Start hingelegt, gleich zum Auftakt sein bestes Spiel geboten. 5:1 wurden im zweiten Vorrundenspiel bei Blitz und Donner die Vereinigten Arabischen Emirate, die in der Qualifikation immerhin China ausgeschaltet hatten, geschlagen, mit einem 1:1 gegen Kolumbien mit dem exzentrischen Supertechniker Carlos Valderrama und dem verrückten Torwart Higuita war Deutschland als Gruppenerster ins Achtelfinale, in dem schon vier von fünf Favoriten aufeinander trafen, vorgerückt.

Argentinien, bei dem man immer das Gefühl hatte, die Mannschaft spekuliere auf eine Entscheidung im Elfmeterschießen, eliminierte die spielerisch besseren Brasilianer glücklich mit 1:0. Deutschland musste gegen Holland antreten. Ausgerechnet gegen jene Holländer, die zwei Jahre zuvor in Hamburg bei der EM Deutschland gestoppt hatten und die nun nach drei Unentschieden durch Losentscheid auf Platz drei der Gruppe F hinter England und Irland gerade noch weitergekommen waren. Deutschland gegen die Niederlande war auch gleichzeitig ein kleines Stadtderby. Matthäus, Brehme und Klinsmann spielten für Inter, Gullit, van Basten und Rijkaard für den AC Milan, den Europapokalsieger der Jahre 1989 und 1990.

Im Prinzip schlugen sich die Holländer selbst. Denn erst, als Frank Rijkaard, der damals wohl beste Abwehrspieler der Welt, Rudi Völler nach einem Wortwechsel an den Haaren zog, ihn unfein bespuckte, und der Schiedsrichter unverständlich nicht nur den Holländer, sondern auch den schuldlosen Deutschen vom Platz schickte, begann das Spiel zu kippen. Der Kampf Zehn gegen Zehn lag den konditionsstärkeren Deutschen mit einem super aufspielenden Jürgen Klinsmann besser. Klinsmann und Brehme nach einer herrlichen Flanke von Buchwald sorgten nach dem Seitenwechsel für ein beruhigendes 2:0, Hollands Anschlusstreffer durch einen zweifelhaften Elfmeter, von Ronald Koeman in der 89. Minute verwandelt, kam zu spät. Der Europameister mit dem von den Spielern ungeliebten Trainer Leo Beenhakker, der Rinus Michels abgelöst hatte und der nicht mehr in der blendenden Form des Jahres 1988 war, war ausgeschieden. Die Deutschen nahmen den Schwung des Prestige-Siegs mit auf den Finalkurs.

Die Mannschaft der Tschechoslowakei, von Trainer Dr. Josef Venglos nicht mehr in eine kollektive Disziplin gedrängt, wurde klarer besiegt, als es das Endergebnis (1:0 durch einen verwandelten Foulelfmeter von Lothar Matthäus) vermuten lässt. Und England wurde schließlich im Elfmeterschießen ausgeschaltet.

Rom, 8. Juli 1990, kurz vor 22 Uhr. Nach ein

Rudi Völler kommt im Finale einen Tick zu spät.

paar Sekunden hatte die Wirklichkeit auch Beckenbauer wieder. Feiern war angesagt, das Feuerwerk, die Ehrenrunde, das Mannschaftsfoto, das Bad in der Menge, die Pressekonferenz des Weltmeister-Trainers. Die durch einen Satz in die Schlagzeilen kam. Beckenbauer sagte in seiner euphorischer Stimmung im Hinblick auf die sich anbahnende Wiedervereinigung Deutschlands: „Es tut mir leid für den Rest der Welt. Aber wenn jetzt noch die Spieler aus dem Osten Deutschlands hinzukommen, sind wir auf Jahre hinaus unschlagbar."

Große Worte eines großen Spielers und erfolgreichen Teamchefs, der in sechs Jahren zweimal im WM-Finale stand und einmal das Halbfinale der EM erreicht hatte.

Zwei Sätze, die zur enormen Belastung für Vogts, seinen Nachfolger, wurden. Der „Bundes-Berti", in Italien akribischer Zuarbeiter für Beckenbauer und dessen Co-Trainer, sollte jahrelang auch an dieser Prognose gemessen werden. Der Schatten Beckenbauers war so lang wie die Liste seiner Erfolge.

ANDERE DATEN

1990
- Lothar Matthäus, Kapitän der deutschen Fußballnationalelf und herausragender Akteur der WM, wird zu Europas Fußballer des Jahres und danach sensationell zum Weltsportler des Jahres gewählt.
- Franz Beckenbauer, als Spieler und Trainer Weltmeister, tritt als deutscher Teamchef zurück und wird Trainer bei Olympique Marseille. Berti Vogts tritt Beckenbauers Nachfolge an.
- Deutscher Meister wird Bayern München, Pokalsieger der 1. FC Kaiserslautern (3:2 gegen Bremen).
- DDR-Meister und Pokalsieger: SG Dynamo Dresden.

1991
- Die Fußballerinnen aus den USA gewinnen in China durch ein 2:1 gegen Norwegen die erste Frauenweltmeisterschaft.
- Werder Bremen wird nach Elfmeterschießen (1:1/4:3) gegen den 1. FC Köln Pokalsieger, der Deutsche Meister kommt in diesem Jahr aus Kaiserslautern.
- Letzter DDR-Meister und Pokalsieger: FC Hansa Rostock.

1992
- Bei seinem ersten großen Turnier als Cheftrainer erreicht Berti Vogts mit der Nationalelf in Schweden das EM-Endspiel, verliert aber gegen die „Urlaubs-Dänen" 0:2.
- Werder Bremen schlägt AS Monaco 2:0 im Finale des europäischen Pokalsieger-Wettbewerbs.
- In Barcelona gewinnt Spanien Olympisches Gold durch einen 3:2-Endspielsieg über Polen.
- Vereinigung der beiden obersten deutschen Ligen, aus der ehemaligen DDR spielen nun Rostock und Dynamo Dresden in der Bundesliga mit.
- Erster gesamtdeutscher Meister nach dem Zweiten Weltkrieg wird der VfB Stuttgart, Pokalsieger wird Zweitligist Hannover 96 nach Elfmeterschießen (4:3) gegen Gladbach.

1993
- Der SV Werder Bremen wird Deutscher Fußballmeister, den DFB-Pokal gewinnt Bayer Leverkusen.

ZEITTHEMEN
Als die Einheit kam und der Golfkrieg entbrannte

1990: Das Ende der Sowjetunion beginnt: Ohne den Kommunismus als gemeinsame Klammer verselbstständigen sich die vielen Völker. Litauen, Estland und Lettland machen im Mai den Anfang. Russland erklärt sich als größte Teilrepublik im Juni für unabhängig, erster Staatspräsident der neuen Ära wird Boris Jelzin. - Ähnliches geschieht im Sommer in Jugoslawien, wo Slowenien, Kroatien und Bosnien-Herzegowina eigene Wege gehen. - Im Februar wird der Anti-Apartheid-Kämpfer Nelson Mandela nach 27 Jahren aus seiner Haft in Südafrika entlassen. - Zwei Attentate auf Politiker schockieren die Bundesrepublik: Im April wird SPD-Kanzlerkandidat Oskar Lafontaine von einer Frau niedergestochen, CDU-Innenminister Schäuble im Oktober niedergeschossen; beide überleben schwer verletzt, Schäuble bleibt allerdings gelähmt. - Am 3. Oktober endet mit dem Beitritt der DDR zur Bundesrepublik die Spaltung Deutschlands. Zuvor gab im Februar Michail Gorbatschow nach Verhandlungen mit Bundeskanzler Kohl sein Ja zur Einheit. Kohl wird nach dem Wahlsieg im Dezember der erste, von allen Deutschen gewählte Bundeskanzler. - Im November löst John Major von der Labour-Party die „Eiserne Lady" Margret Thatcher als Premierminister in England ab. - Gestorben: Herbert Wehner, SPD-Politiker (83), Dirigent Leonard Bernstein (72), Schauspielerin Greta Garbo (84) und „Bergkönig" Luis Trenker (97).

1991: Wegen des Einmarsches irakischer Truppen in Kuwait beginnt am 17. Januar nach wochenlangen Vorbereitungen der Golfkrieg: Eine internationale Streitmacht unter Führung der USA besiegt nach sieben Wochen die Truppen von Iraks Diktator Saddam Hussein, die auf dem Rückzug 727 Ölquellen des Scheichtums in Brand setzen. - Der Warschauer Pakt wird aufgelöst (31.3.). - Serbien kämpft mit Waffengewalt gegen den Zerfall Jugoslawiens. Auf EU-Vermittlung gibt es in Slowenien und Kroatien zum Jahresende einen Waffenstillstand. - Erich Honecker, letzter Staats- und Parteichef der DDR, wird in Moskau zur Ausreise genötigt und flüchtet in die chilenische Botschaft (12.12.). - Gestorben: Schlagerstar Roy Black (48), Tagesschau-Sprecher Karl-Heinz Köpke (69).

1992: Serbien wütet nun gegen Bosnien-Herzegowina, dessen Hauptstadt Sarajevo ab Juli aus der Luft versorgt wird. Die Welt erfährt von Massakern und Kriegsgräueln mit grausigen Bildern. - Bei Olympia im spanischen Barcelona holen die vereinten Deutschen 32 Mal Gold. - Am 8. Oktober stirbt Alt-Kanzler und SPD-Ehrenvorsitzender Willy Brandt (78). - Erich Honecker wird ausgeliefert und in Berlin festgenommen (Juli). Ihm soll wegen der Mauer-Toten der Prozess gemacht werden. - Bill Clinton wird im November der 42. US-Präsident und Nachfolger von George Bush. - Gestorben: Alt-Bundespräsident Karl Carstens (77), Schauspielerin Marlene Dietrich (90).

1993: Das Verfahren gegen Erich Honecker wird im Januar wegen dessen schlechter Gesundheit eingestellt. Der 80-Jährige fliegt zu Frau Margot und Familie nach Chile. - Beim Tennisturnier in Hamburg wird die Weltranglisten-Erste Monica Seles von einem Fanatiker niedergestochen (30. 4.) und muss über ein Jahr pausieren. - Nach innenpolitischen Wirren mit über 100 Toten stimmt Russland im Dezember der neuen Verfassung und Präsident Jelzin zu.

Lothar Matthäus nach einem Tor bei der WM in Italien und später beim Fototermin mit dem WM-Pokal.

Person wurde Persönlichkeit

Als „Kapitän des Kaisers" spielt Lothar Matthäus seine beste von fünf Weltmeisterschaften

Es gibt nicht viele Fettnäpfchen an seinem Wegesrand, in die er nicht getreten ist, weil seine große Klappe seinem großen Kampfgeist in nichts nachstand. Fast hätte es den deutschen Rekordnationalspieler, der ständig „Geschwätzigkeit mit Weltgewandheitheit verwechselt", wie es die „Schwäbische Zeitung" einmal formulierte, auch das versöhnliche Ende seiner Ausnahme-Karriere gekostet, weil er die Sportbühne, auf der er meist überzeugend agierte, immer auch für seine Selbstdarstellung, Geltungssucht und Eitelkeiten nutzte. Im Frühsommer 1996, nachdem er den Abriss der Achillessehne und 297 Tage Verletzungspause bewältigt, sein Comeback in der Bundesliga und beim FC Bayern, mit dem er insgesamt sieben Meistertitel gewann (1985/86/87/94/97/99/2000), geschafft hatte, traf ihn nämlich der Bannstrahl des damaligen Bundestrainers Berti Vogts, wegen seiner ständigen Attacken gegen den neuen Nationalelf-Kapitän Jürgen Klinsmann. Und als kurz danach auch noch Lothars berühmtes „Tagebuch" erschien, das unter viele Gürtellinien traf, wurde er auch als Kapitän beim FC Bayern abgesetzt. „Der hat ein Kopfproblem", sagte Mannschaftskollege Thomas Helmer.

Trotz einer zweijährigen Zwangspause in der Nationalelf hat er es am Ende auf fünf Weltmeisterschaften (1982/86/90/94/98) und 150 Länderspiele gebracht, die lange Zeit auch Weltrekord bedeuteten, und das Jahr 1990 war zweifellos sein sportlicher Höhepunkt. Als „Kapitän des Kaisers", als Vertrauter von Teamchef Franz Beckenbauer, führte er die deutsche Elf zum Titel in Italien und wurde danach für seine Leistungen mit Ehrungen überhäuft: Zum Fußballer des Jahres in Deutschland, in Europa, in der Welt und sogar zum Weltsportler 1990 kürten ihn die Fachjournalisten.

Doch andere Medien nutzten während der WM in Italien jede Gelegenheit, um der „Plaudertasche" Matthäus, der einmal telefonieren als Hobby angab, für seine Exklusiv-Mitteilungen an die „BILD"-Zeitung aufs oft lose bekannte Mundwerk zu klopfen. Als „Kapitän, der mittels einer steilen Falte zwischen den Brauen einen Gedanken antäuscht, von dem er sich später aber geschickt wieder zu distanzieren weiss", beschrieb ihn der „Spiegel". In seiner „Lieblingsrolle als Lothar, der Obermacker, Matthäus Numero Uno, Loddarr Maddäus Suberschdarr" schilderte der „Stern" den frechen Franken.

Es gebe wohl „einige, die's von Beruf wegen negativ sehen wollen", konterte dieser und beschrieb seine Sicht der Dinge: „Wenn ich lese, was in Deutschland wieder für eine Begeisterung für den Fußball erwacht ist, wenn ich höre, dass die Leute auf die Straßen gehen und feiern, wenn wir gewonnen haben, dann ist das für mich ein ganz tolles Gefühl." Eine Beurteilung, der nicht zu widersprechen war, denn nach den nicht sonderlich ruhmreichen WM-Auftritten 1982 und 1986 zeigte die DFB-Elf nun tatsächlich wieder Spielkultur. Nicht zuletzt dank Matthäus. Der damals 29-Jährige hatte sich in den meisten seiner 72 Länderspiele vor Beginn der „Mondiale" eher einen Ruf als Bewacher gegnerischer Stars wie des Brasilianers Zico oder Argentiniens Maradona einen Namen gemacht. Als genialer Spielgestalter alter Prägung trat er auch diesmal nicht auf. Aber der Mittelfeldmotor der deutschen Mannschaft lief und lief und lief. Mit der ihm eigenen Dynamik setzte er die gegnerische Abwehr unter Druck. Und in seiner Zeit bei Inter Mailand (1988-92), wohin er von den Bayern für 7,5 Millionen DM (3,8 Millionen Euro) gewechselt war, hatte der frühere Mönchengladbacher zudem gelernt, verlängerter Arm des Trainers zu sein. Der „Hansdampf in allen Gassen" wusste,

DER SUPER-STAR

Lothar Matthäus, Super-Star. Bei der WM war der deutsche Kapitän „Hansdampf in allen Gassen".

wann er Dampf machen und wann er Dampf ablassen musste. Und: Seine enorme Athletik, sein Wille und sein Selbstbewusstsein waren für unnachahmliche Vorstöße gut. Die meisten deutschen WM-Tore in Italien schoss bezeichnenderweise kein Stürmer (immerhin waren Völler, Riedle, Littbarski und Klinsmann dabei), sondern Lothar Matthäus - vier an der Zahl.

Manchmal muss der gelernte Raumausstatter aus Herzogenaurach, dessen Vater Hausmeister war bei jener Sportschuh-Firma, die seinem „Loddar" lebenslang per Werbevertrag verbunden ist, wohl auch ein bisschen über sich selbst gestaunt haben, über diese fränkische Variante der amerikanischen Erfolgsstory „Vom Tellerwäscher zum Millionär". Aber wenn er dann vor lauter Stolz bersten wollte und - von den Fragern auch zu einem Kommentar gedrängt - kund tat: „Ein Lothar Matthäus ist sicher ein Vorbild für die deutsche Jugend", dann wurde ihm dies sofort als arrogante Hybris ausgelegt. Dabei hatte er, dem mitunter auch jedes seiner vielen „Ichs" im Redefluss vorgeworfen wurde, vielleicht auch diesmal nur den Eindruck des Eigenlobs vermeiden wollen. Seine übergroße Ich-Bezogenheit hatte ihm nämlich Giovanni Trapattoni bei Inter Mailand schon weitgehend abgewöhnt, und Beckenbauers „Harmonie"-Konzept trug in gleicher Weise dazu bei, dass die Fußball-WM 1990 den wohl besten Mannschaftsspieler Matthäus erlebte. Der oft formulierte Vorwurf, der ewige Lausbub, der nie erwachsen werden wollte, trumpfe in kleinen Spielen groß auf und ginge in großen dann kleinmütig unter, stimmte nicht mehr. Er hatte in der italienischen Liga gegen die stärksten Spieler jener Zeit gleich en Gros bestehen müssen und dabei mehr als in der Bundesliga erfahren, dass die Mannschaft alles und der Einzelne nur ein Elftel ist. „Es war möglich, weil jeder für den anderen da war", hat „Lothar, der Geläuterte" den WM-Erfolg in Italien später beschrieben.

Dass er von diesem Glaubenssatz wieder abgekommen ist (siehe oben), sei menschlicher Schwäche geschuldet und dem Prinzip: Nur wer ganz unten war, kann ganz nach oben kommen. So gesehen hat das Stehaufmännchen Matthäus immer wieder die Kurve nach oben gekriegt.

ANDERE STARS

Ruud Gullit
(1.9.1962) wurde zwar nur ein Mal (1987) zum Fußballer des Jahres in Europa gekürt, dennoch beherrschte er in seiner Zeit das Spiel im Mittelfeld wie kaum ein anderer. Die „schwarze Tulpe" verbrachte seine besten Jahre beim AC Milan und galt dort als Prototyp für den Fußballer der Zukunft. Er konnte vom Libero bis zum Mittelstürmer so gut wie alles spielen. 1988 mit den Niederlanden wurde er Europameister, mit Milan 1989 und 1990 Europapokalsieger der Landesmeister. 62 Länderspiele, 15 Tore.

Salvatore Schillaci
(1.12.1964) war der Senkrechtstarter der WM 1990. Als Einwechselspieler begann er das Turnier, dank seiner späten Tore wurde er schnell zum Liebling der Tifosi und hatte bald seinen Stammplatz in der „Squadra Azzurra". Schillaci, den alle nur „Toto" nannten, war im armen Süden des Landes geboren worden und einte nun in der Zeit des Turniers das ganze Land. Selbst der reiche Norden jubelte ihm zu. Mit sechs Toren Schützenkönig der WM.

Jürgen Klinsmann
(30.7.1964) begann seine Karriere beim Zweitligisten Stuttgarter Kickers. Spielte später für den VfB Stuttgart, Inter Mailand, AS Monaco, Tottenham Hotspur und Bayern München. Bei Tottenham sogar Englands Fußballer des Jahres, nach Bert Trautmann erst der zweite Deutsche. 97 Länderspiele, 41 Tore. Machte sein bestes Länderspiel bei der WM 1990 beim 2:1 gegen Holland. Weltenbummler. Lebt heute mit Familie in den USA nahe Los Angeles.

NAMEN & NACHRICHTEN

Gesperrt
Zu einem Eklat kam es beim Qualifikationsspiel Brasilien - Chile im September 1989 in Rio. Dieses wurde beim Stande von 1:0 abgebrochen, weil Chiles Torwart Roberto Rojas von einer Leuchtrakete getroffen worden sein soll, blutend vom Feld lief und seine Mitspieler sich weigerten, weiter zu spielen. TV-Bilder bewiesen jedoch eindeutig, dass Rojas nicht getroffen worden war und sich die Wunde selbst beigebracht hatte. Das Spiel wurde mit 2:0 für Brasilien gewertet, und die FIFA schloss Chile als Strafe für die Schauspielerei seines Torwarts für die WM 1994 aus.

Ausschluss
Bei der WM 1990 fehlte Mexiko deswegen, weil der Verband beim Weltjugendpokal der FIFA Spieler eingesetzt hatte, die das Alterslimit überschritten hatten. Die FIFA sperrte Mexiko, und so war der Weg frei für Costa Rica zum WM-Debüt. Auch Irland war zum ersten Mal dabei.

Paukenschlag
Den ersten Paukenschlag des Turniers gab's gleich im Eröffnungsspiel - Kamerun schlug Argentinien 1:0, und Argentiniens Trainer Bilardo war traurig: „Die schlimmste Niederlage meines Lebens." Überhaupt: Kamerun, mit spielerischen Glanzleistungen, aber auch mit gnadenloser Härte und dem 38-jährigen Roger Milla, von Staatspräsident Paul Biya persönlich in den Kader befohlen, machte auch das beste Spiel dieser WM. Es ging allerdings trotz einer 2:1-Führung gegen England 2:3 verloren. „Die Löwen spielten zu lange mit ihrer Beute, aber sie vergaßen, sie zu erlegen", schrieb ein Kritiker.

Finale Zahlen
Das Finale Deutschland gegen Argentinien gehört nicht zu den stärksten der WM-Geschichte. Und zum ersten Mal glückte dem Verlierer kein Tor. Zum ersten Mal gab es in einem Endspiel überhaupt einen Platzverweis, sogar zwei Rote Karten - beide in der zweiten Halbzeit gegen Argentinien.

Pech für die UdSSR
Italien wurde beim FIFA-Kongress während der Olympischen Spiele 1984 in Los Angeles die WM 1990 zugesprochen. Gegenkandidat UdSSR hatte sich seiner Chancen durch den Boykott der Spiele, Retourkutsche für den Boykott des Westens vier Jahre zuvor, beraubt. Damit war Italien neben Mexiko das zweite Land, das eine WM zwei Mal ausrichten durfte. Deutschland wird 2006 als dritter Staat hinzukommen.

Fußball-Festival
Die WM, für deren Kulturprogramm Luciano Pavarotti zuständig war und dessen Schirmherrschaft Filmdiva Sofia Loren übernommen hatte, wurde in modernen Stadien ausgespielt. Sie entwickelte sich weg vom bloßen Sportereignis und hin zu einem echten Festival.

Libero im Anzug
Lange hatte Franz Beckenbauer nach einem Libero gesucht. Irgendwann reaktivierte er Klaus Augenthaler vom FC Bayern München. Er machte „Auge" sein Comeback so schmackhaft: „Buchwald und Kohler werden vor dir alles abräumen. Den Rest spielst du im Anzug."

Weniger Teilnehmer
Rückläufig war die Zahl der Mannschaften, die an den Qualifikationsspielen zur WM teilnahmen. Weil Asien und Afrika nur jeweils zwei Plätze zugestanden worden waren, rechneten sich viele kleinere Staaten keine Chance aus und sparten die teuren Flugkosten zu den Spielen.

Die Sekunde der Entscheidung: Andreas Brehme verwandelt den Elfmeter kurz vor dem Spielende zum alle entscheidenden 1:0 für Deutschland. Und anschließend zischten die Raketen in den Nachthimmel von Rom

HÄTTEN SIE'S GEWUSST?

Berühmte Trainer

- Der einzige Trainer, der eine Mannschaft zu zwei Titeln führte, war der italienische Journalist Vittorio Pozzo (1934/38).
- Mario Zagalo war der erste Fußballer, der als Spieler (1958/62) und als Trainer (1970) Weltmeister wurde. 1994 war er beim vierten Titelgewinn der Brasilianer Co-Trainer, 1998 erreichte er mit Brasilien das Finale in Frankreich. Auch Franz Beckenbauer wurde als Spieler (1974) und als Trainer (1990) Weltmeister. Beckenbauer ist der einzige Fußballer, der als Spieler und Trainer Endspiele (1974/90) gewann und verlor (1966/1986).
- Der jüngste Trainer, der Weltmeister wurde, war Alberto Suppici aus Uruguay. Beim Titelgewinn 1930 war er 31 Jahre alt.
- Der älteste Trainer eines Weltmeister-Teams war Helmut Schön (Deutschland/1974) mit 58 Jahren.
- Der Trainer mit den meisten WM-Siegen ist Helmut Schön, der es bei vier Turnieren auf 16 Erfolge brachte. Er ist auch der Trainer mit den meisten WM-Spielen (25).
- Die meisten verschiedenen Mannschaften bei WM-Turnieren betreute Bora Milutinovic. Mexiko (1986), Costa Rica (1990), USA (1994), Nigeria (1998) - und nun, 2002, China.

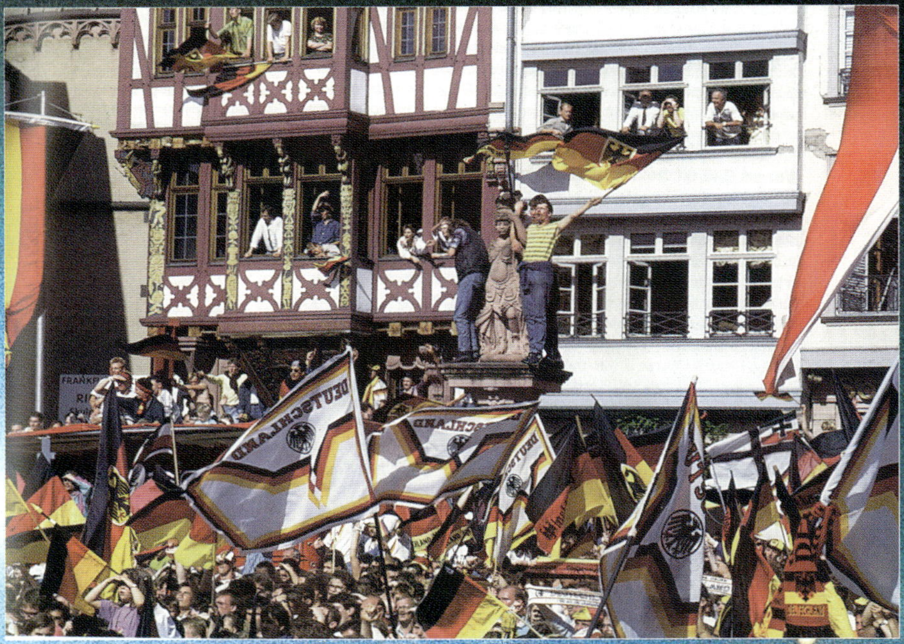

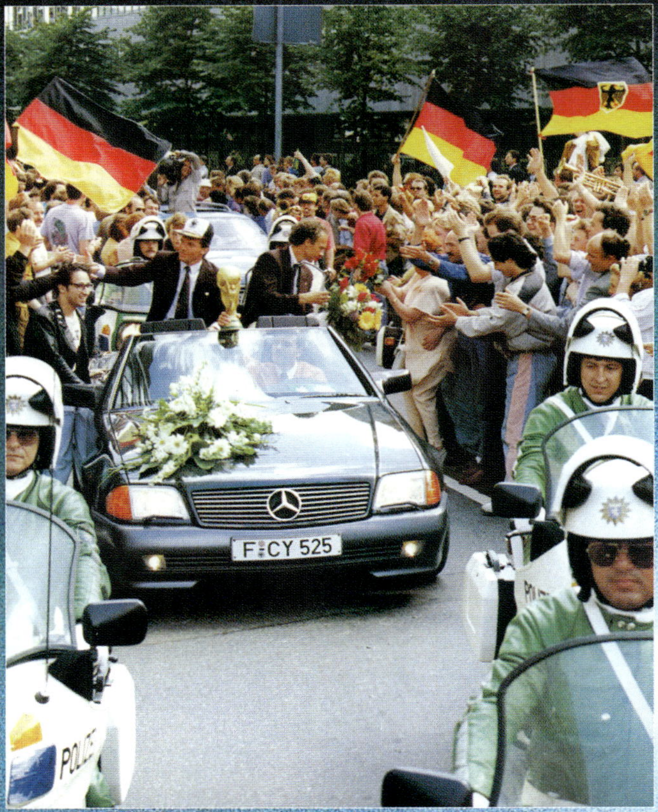
F CY 525

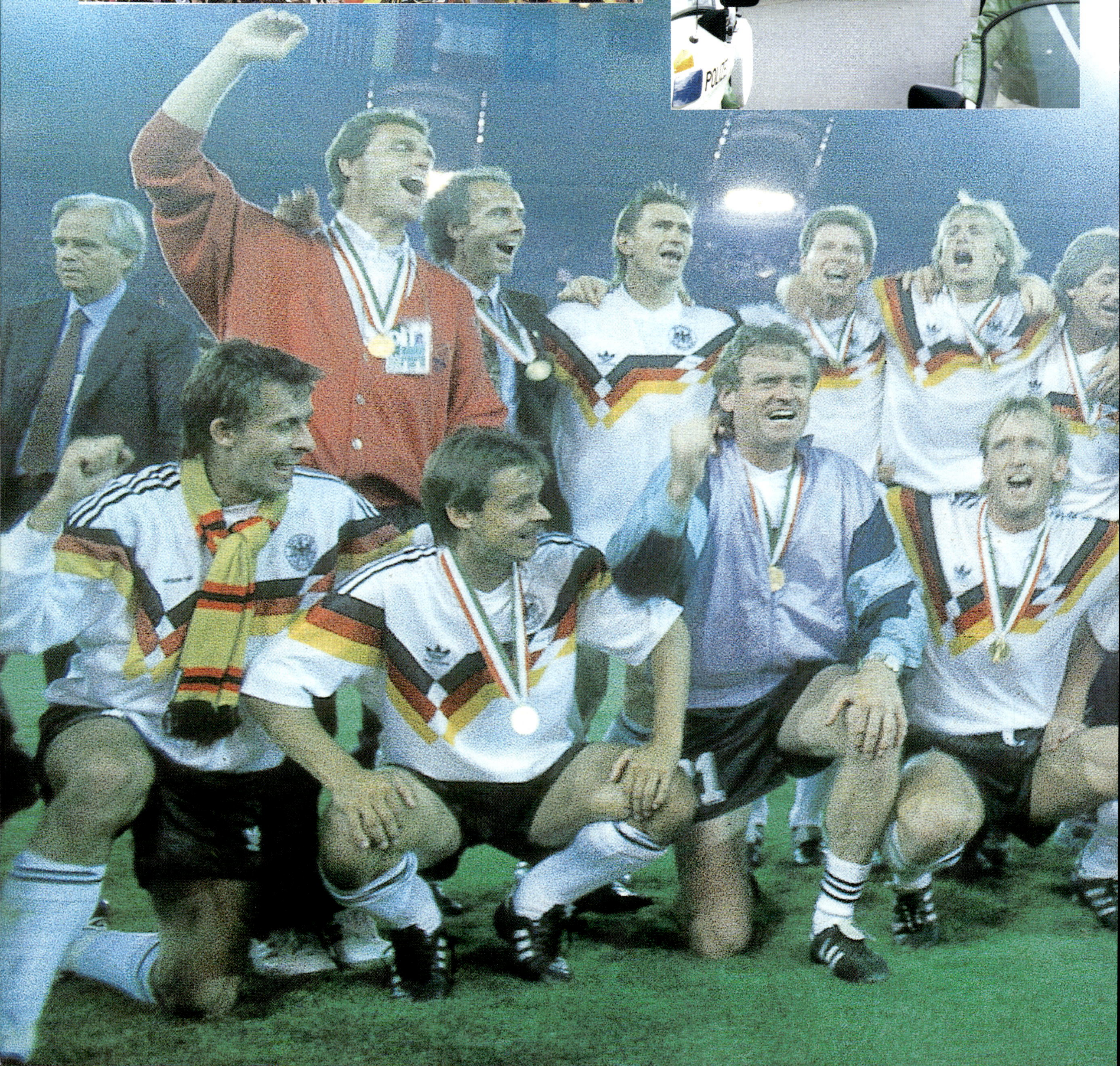

Das Siegerfoto von Rom - Deutschlands Fußball-Nationalmannschaft ist nach 1954 und 1974 zum dritten Mal Weltmeister geworden. Fotos oben: Autokorso in Frankfurt, Jubel auf dem Römer, und Rudi Völler zeigt den Fans den Pokal.

Alter schützt vor Torschuss nicht

Der 38-jährige Roger Milla überzeugte die Welt vom „schwarzen" Fußball

Schon 1982, bei der „Mundial" in Spanien, gehörte er als damals bereits 30-Jähriger zur WM-Elf von Kamerun. Der Routinier war in allen Spielen seiner Mannschaft dabei, und im Match gegen Peru schoss er auch ein Tor, das das Erreichen der nächsten Runde bedeutet hätte, wenn es vom Schiedsrichter anerkannt worden wäre. Ungeschlagen mit drei Unentschieden mussten „Kameruns unzähmbare Löwen" den Heimflug antreten. Und weil es das doch noch nicht gewesen sein konnte, hatte das Fußball-Schicksal mit dem am 20. Mai 1952 geborenen Roger Albert Milla, Sohn eines Eisenbahners aus Yaounde, der als Angestellter beim Patentamt in Kameruns Hauptstadt arbeitete, bevor ihn 1978 seine Kicker-Karriere nach Frankreich führte, etwas Besonderes vor. Der Auftritt des 38 Jahre alten „Fußball-Opas" bei

DAS WM-GESICHT

der „Mondiale '90" in Italien zählt zu den schönsten Geschichten, die der Fußball je schrieb. Im Spätsommer 1988 hatte Roger Milla, der offiziell eigentlich Miller heißt, weil der Standesbeamter versehentlich seinen Namen mit „er" statt mit „a" enden ließ, seinen Abschied aus Kameruns Nationalelf erklärt und nach dem letzten Spiel Staatspräsident Paul Biya sein Trikot geschenkt. Nach dem Ende der Saison 1988/89 war auch in Frankreich, wo er elf Jahre lang für US Valenciennes, AS Monaco, SEC Bastia, AS St. Etienne und zuletzt SC Montpellier gespielt hatte und 1980 (mit Monaco) sowie 1981 (mit Bastia) auch französischer Pokalsieger geworden war, endgültig Schluss. Milla zog es zum Club Jeunesse Sportive St. Pierroise auf die Insel Réunion, dem französischen Departement im Indischen Ozean, wo er sich noch ein paar schöne Fußballtage zu machen gedachte. Aber Kameruns Präsident Biya war längst ein Fan von ihm geworden und „überredete" ihn zum Comeback. Andere Quellen sprechen sogar von einem „Befehl" des Staatschefs, jedenfalls „durfte" Kameruns sowjetischer Trainer Nepomniachi den Veteran Milla als „Joker" einsetzen.

Ach du lieber Himmel, und wie dieser Joker stach! Zwei Treffer Millas gegen Rumänien (2:1) brachten Kamerun das Achtelfinale, zwei Tore beim 2:1 nach Verlängerung gegen Kolumbien als erster Mannschaft Afrikas überhaupt das Viertelfinale, und dort bereitete der beim Stand von 0:1 gegen England eingewechselte „Oldie" beide Tore zu Kameruns 2:1-Führung vor, ehe gleich zwei (berechtigte) Elfmeter von Gary Lineker doch noch das „Aus" brachten. Nach jedem Erfolg tanzte Roger Milla an und mit der Eckfahne einen wunderschönen Mix aus Reggae und Lambada - ehe dann seine jugendlichen Mitspieler über ihn herfielen und ihn fast erdrückten.

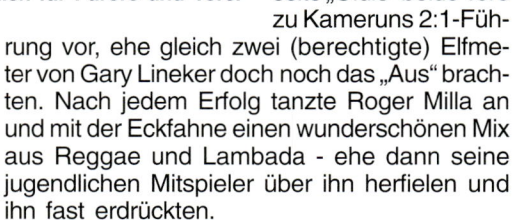

Der zweifache Familienvater machte die Fußball-Welt während der „Mondiale" um zwei Erkenntnisse reicher: „Fußball", sagte Milla, „ist keine Frage des Alters, sondern des Intellekts und der Persönlichkeit." Und: „Wir in Afrika sind wirkliche Brasilianer."

Seinen späten Ruhm konnte Roger Milla zwar nicht mehr wie gewünscht „noch als 40-Jähriger" in jeder Mannschaft versilbern, aber er ziert seither fast jedes „World Masters Team" bei Benefiz-Galas. Und der Run auf Afrikas Kicker wurde nach 1990 zu einer Art neuem Goldrausch. In Kamerun ist Milla natürlich ein Volksheld für die Ewigkeit.

Eigentlich wollte er es schon vor der WM gemütlich ausklingen lassen, doch dann sorgte Roger Milla in Italien für Furore und Tore.

ANDERE GESICHTER

Andreas Brehme
(9.11.1960) spielte von 1982-1994 in der Nationalelf, machte 86 Länderspiele und erzielte dabei acht Tore. Das wichtigste gelang dem gebürtigen Hamburger 1990 im WM-Finale gegen Argentinien, als er einen Elfmeter zum 1:0 eiskalt verwandelte. Brehme, einer der weltbesten Verteidiger und beidfüßig, begann in der Bundesliga beim 1. FC Kaiserslautern, wechselte dann zum FC Bayern und Inter Mailand, ehe er in die Pfalz erst als Spieler zurückkehrte und schließlich Cheftrainer wurde.

Frank Rijkaard
(30.9.1962) wurde in Amsterdam als Sohn surinamischer Einwanderer geboren. Zusammen mit Gullit und van Basten machte er den AC Milan zu Europas Nummer eins. Er gewann drei Mal den Europapokal der Landesmeister und die EM 1988 in München durch einen Sieg über die Sowjetunion. Im Herbst 1998 wurde Rijkaard holländischer Bondscoach. Nach der EM 2000 im eigenen Land und dem Ausscheiden im Halbfinale trat er zurück.

Klaus Augenthaler
(26.9.1957) hatte nach der WM 1986 eigentlich seine internationale Karriere beendet. Doch mangels Alternativen holte ihn Franz Beckenbauer zurück für die WM 1990. Augenthaler gab den Libero klassischen Stils und wurde mit 32 Jahren doch noch Weltmeister. 27 Länderspiele, kein Tor. Beim FC Bayern einer der wichtigsten Spieler einer Ära. Danach Co-Trainer. Wechselte als Coach nach Graz, ehe er den 1. FC Nürnberg 2001 in die Bundesliga führte.

Vom Grantler zum Leitwolf

Mit seiner Rolle als Vorbild puschte Franz Beckenbauer seine Elf zum WM-Titel

Nach dem Vorrunden-Aus bei der EM 1984 war der deutsche Fußball am Boden. Das Rezept „schlecht spielen, aber sich durchkämpfen" hatte nicht mehr geholfen, und „BILD" schrie laut nach dem Retter: „Derwall vorbei - Franz: Bin bereit" lautete die Schlagzeile am 22. Juni. Wenn er's nicht kann, der Rekordinternationale mit 103 Länderspielen, der als Spieler alles gewonnen hatte, was zu gewinnen war, wer dann? Dass Franz Beckenbauer als Trainer keine Lizenz hatte, deshalb als Teamchef firmierte und die Lizenz dann ehrenhalber bekam - was soll's? Der damals 39-Jährige hatte unter den weltbesten Trainern gespielt - Zebec, Weisweiler, Happel, Lattek und Cramer. Und alles, was er von ihnen gelernt hatte, brachte er von nun an ein. Dass ihm, den schon Alt-Bundestrainer Sepp Herberger „ein Jahrhundertgeschenk" genannt hatte, alle Türen geöffnet wurden, erleichterte die Aufgabe.

Noch in Mexiko, Bekkenbauers erster WM als Trainer, rackerte sich eine spielerisch arme, zerstrittene Elf bis ins Finale (2:3 gegen Argentinien) durch, und der Teamchef hatte mit Torhüter Ulrich Stein, der ihn „Suppenkaspar" genannt hatte, erstmals in der DFB-Geschichte einen Spieler heim schicken müssen. Vom damals oft grantelnden „wilden Kaiser" war 1990 aber wenig zu sehen. Bekkenbauer hatte einen radikalen Schnitt gemacht. 40 neue Spieler wurden in sechs Jahren getestet. Der Neuaufbau dauerte zwar länger als es dem ungeduldigen Perfektionisten lieb war, doch vor WM-Beginn in Italien wusste er, dass „jetzt alles besser ist als vor vier Jahren." Klipp und klar hatte der vom Sohn eines Münchner Postlers zum Weltstar aufgestiegene Weltmeister von 1974 seiner Truppe dabei verdeutlicht: „Der Deutsche kann keinen brillanten Fußball spielen wie der Brasilianer. Er muss arbeiten, um erfolgreich zu sein." Damit hatte er, dem alle Erfolge dank eines begnadeten Talents zugeflogen waren, eine klare Ordnung vorgegeben. Ein DFB-Insider damals: „Sie sind wie ein Rudel junger Wölfe, das dem Leitwolf überallhin folgt. Bedingungslos."

Dass ihn nun die Verantwortung besonders drückte, ließ der Leitwolf selbst aber nicht zu: „Für mich persönlich würde der WM-Titel nichts bedeuten. Ich muss ihn nicht haben. Ich möchte nur, dass die Mannschaft mit ihrem großen Potenzial so weit wie möglich kommt." Sehr viel mehr als ein „Geht's naus, spuilt's Fußball", musste das Vorbild Beckenbauer dann seiner Elf nicht mehr sagen, damit alle gemeinsam ihr Bestes zeigten. Und dabei hatte der

DER WM-TRAINER

„Spiegel" dem zweiten Fußballer, der als Spieler und Trainer Weltmeister wurde, doch attestiert: „Zum großen Coach fehlen ihm zwei Grundvoraussetzungen: Menschenkenntnis und konzeptionelles Denken." Welch ein Akt von Denkmalschändung!

Aber wie konnten die schlauen Schreiber auch wissen, dass „Einer wie ich" (so ein Buchtitel über ihn) neben dem fußballerischen Können auch über Intuition und Glück verfügt. Beckenbauers Satz „Das Schicksal hat es immer sehr gut gemeint mit mir" wurde nie widerlegt, und wenn er sich mal vertan oder verbal vergaloppiert hatte - was dem „Firlefranz" (Spiegel) oft genug widerfuhr - hat er sich mit seinem Charme und optimistischen Naturell locker frei gestrampelt.

Am Ziel angekommen, auch als Teamchef Weltmeister geworden - Franz Beckenbauer beim Spurt aufs Spielfeld.

ANDERE TRAINER

Francisco Maturana
(15.2.1949). Mit der WM-Teilnahme 1990 und 1994 (jeweils Aus in der Vorrunde) machte sich der Kolumbianer „Pacho" Maturana einen Namen. Der einstige Nationalspieler betreute das Nationalteam seines Landes von 1987 bis 1994 (mit einer Unterbrechung) und ging nach der WM in den USA nach Europa, wo er bei Atletico Madrid scheiterte. Nach der Rückkehr nach Südamerika arbeitete er als Nationaltrainer Ekuadors, Costa Ricas, Perus, erneut Kolumbiens und zuletzt in Saudi Arabien.

Ivica Osim
(6. 5.1941), als Aktiver ein Mittelfeldspieler von internationalem Rang, zählt auch ohne ganz große Titel zu den Top-Trainern. Der Bosnier war besonders als Coach von Sturm Graz (ab 1994) erfolgreich. Von 1986 bis 1992 war er Trainer des jugoslawischen Nationalteams, beendete seine Tätigkeit aber aus politischen Gründen schon vor Inkrafttreten der UNO-Sanktionen gegen „Rest-Jugoslawien". Bei der WM 1990 führte er Jugoslawien ins Viertelfinale.

Bobby Robson
(18.2.1933), als Aktiver 20facher englischer Nationalspieler (WM-Teilnehmer 1958, 1962), machte sich als Trainer bei Ipswich Town einen Namen. 1982 übernahm er das englische Nationalteam. Er führte es aus dem Tief der 70er Jahre heraus, 1986 (Viertelfinale) und 1990 (Halbfinale) zweimal zur WM. Arbeitete danach beim PSV Eindhoven, bei Sporting Lissabon, beim FC Porto und beim FC Barcelona und gewann in allen diesen Ländern Titel.

DER EXPERTE
Hatten wir 1990 eine große Mannschaft? Ja!

Neben vielen anderen Eindrücken hat sich mir bei der Weltmeisterschaft in Italien ein Bild eingeprägt: Ich sehe ihn noch vor mir, diesen wütenden Franz Beckenbauer während und nach dem 1:0-Sieg im Viertelfinale gegen die Tschechoslowakei.
Ich konnte seinen Ärger verstehen: Das war in der Tat keine runde Leistung unserer Mannschaft – er hat sich zu recht aufgeregt. Und das zeigt, dass sich Beckenbauer zwischen 1986 und 1990 gewandelt hatte. 1986, in Mexiko, war er für die Spieler quasi noch einer von ihnen. Mittlerweile hatte er den Umgang mit ihnen gelernt, er war für sie fast unmerklich, aber dennoch deutlich spürbar auf Distanz gegangen. Seine Sprache hatte sich verändert, seine Vorgaben waren eindeutiger geworden – er hatte sich in Richtung Trainer entwickelt, und seine Aura, seine früheren Erfolge, halfen ihm dabei enorm. Die Spieler glaubten, was er sagte, sie zogen hundertprozentig mit. Franz Beckenbauer hat im Prinzip die wichtigen Dinge im Bauch entschieden – und diese Bauchentscheidun-

Günter Netzer:
„Schmerzlicher Einschnitt nach dem Titelgewinn"

gen waren besser als manch' andere, die an Reißbrettern erdacht worden sind.
1990 wurde Deutschland zum dritten Mal Weltmeister. War das eine große Mannschaft, bin ich – als dieses Buch im Entstehen war – gefragt worden?
Ich habe lange überlegen müssen. Und ich sage: Ja, wenn man alles bedenkt, ja, das war ein großes Team, das in Italien während der WM-Tage zusammengewachsen ist. Der Titelgewinn hat es zu einer großen Mannschaft gemacht.
Aber Italia '90 kennzeichnete für den deutschen Fußball auch irgendwie das Ende einer erfolgreichen Epoche. Unser Fußball hat sich umstellen müssen. Er musste sich anpassen an Systeme, die in anderen Ländern (wie Brasilien oder Holland zum Beispiel) schon von Schülerbeinen an gelernt wurden, im Kopf verankert und automatisiert waren. Kampf, Disziplin und Ordnung reichten nicht mehr aus, um international erfolgreich bestehen zu können. Das Zeitalter der Manndecker, die eine unserer größten Stärken gewesen sind, war vorüber, die Trennung von diesem taktischen Abwehrmittel war für viele, die ein ganzes Fußballerleben so gespielt und auch so gedacht hatten, ein schmerzlicher Einschnitt.

ANDERE FAKTEN

1990 – Endrunde in Italien (8.6. – 8.7.)

Gruppe 1
Italien – Österreich	1:0
Tschechoslowakei – USA	5:1
Italien – USA	1:0
Tschechoslowakei – Österreich	1:0
Italien – Tschechoslowakei	2:0
Österreich – USA	2:1

Endstand: 1. Italien (6:0 Punkte/4:0 Tore), 2. Tschechoslowakei (4:2/6:3), 3. Österreich (2:4/2:3), 4. USA (0:6/2:8).

Gruppe 2
Kamerun – Argentinien	1:0
Rumänien – UdSSR	2:0
Argentinien – UdSSR	2:0
Kamerun – Rumänien	2:1
UdSSR – Kamerun	4:0
Argentinien – Rumänien	1:1

Endstand: 1. Kamerun (4:2 Punkte/3:5 Tore), 2. Rumänien (3:3/4:3), 3. Argentinien (3:3/3:2), 4. UdSSR (2:4/4:4).

Gruppe 3
Brasilien – Schweden	2:1
Costa Rica – Schottland	1:0
Brasilien – Costa Rica	1:0
Schottland – Schweden	2:1
Costa Rica – Schweden	2:1
Brasilien – Schottland	1:0

Endstand: 1. Brasilien (6:0 Punkte/4:1 Tore), 2. Costa Rica (4:2/3:2), 3. Schottland (2:4/2:3), 4. Schweden (0:6/3:6).

Gruppe 4
Kolumbien – V. A. Emirate	2:0
Deutschland – Jugoslawien	4:1

(Tore für Deutschland: 1:0 Matthäus, 2:0 Klinsmann, 3:1 Matthäus, 4:1 Völler)

Jugoslawien – Kolumbien	1:0
Deutschland – V.A. Emirate	5:1

(Tore für Deutschland: 1:0 Völler, 2:0 Klinsmann, 3:1 Matthäus, 4:1 Bein, 5:1 Völler)

Kolumbien – Deutschland	1:1

(Tore für Deutschland: 0:1 Littbarski)

Jugoslawien – V. A. Emirate	4:1

Endstand: 1. Deutschland (5:1 Punkte/10:3 Tore), 2. Jugoslawien (4:2/6:5), 3. Kolumbien (3:3/3:2), 4. V.A. Emirate (0:6/2:11).

Gruppe 5
Belgien – Südkorea	2:0
Spanien – Uruguay	0:0
Spanien – Südkorea	3:1
Belgien – Uruguay	3:1
Spanien – Belgien	2:1
Uruguay – Südkorea	1:0

Endstand: 1. Spanien (5:1 Punkte/5:2 Tore), 2. Belgien (4:2/6:3), 3. Uruguay (3:3/2:3), 4. Südkorea (0:6/1:6).

Gruppe 6
England – Irland	1:1
Ägypten – Holland	1:1
England – Holland	0:0
Ägypten – Irland	0:0
England – Ägypten	1:0
Holland – Irland	1:1

Endstand: 1. England (4:2 Punkte/2:1 Tore), 2. Irland (3:3/2:2), 3. Holland (3:3/2:2), 4. Ägypten (2:4/1:2).

Achtelfinale
Kamerun – Kolumbien	n.V. 2:1
Tschechoslowakei – Costa Rica	4:1
Argentinien – Brasilien	1:0
Deutschland – Holland	2:1

(Tore für Deutschl.: 1:0 Klinsmann, 2:0 Brehme)

Irland – Rumänien	0:0, n. E. 5:4
Italien – Uruguay	2:0
Jugoslawien – Spanien	n.V. 2:1
England – Belgien	n.V. 1:0

Viertelfinale
Argentinien – Jugoslawien	0:0, n. E. 3:2
Italien – Irland	1:0
Deutschland – Tschechoslowakei	1:0

(Tor für Deutschland: 1:0 Matthäus)

England – Kamerun	n.V. 3:2

Halbfinale
Argentinien – Italien	1:1, n. E. 4:3
Deutschland – England	1:1, n.E. 4:3

(Tor für Deutschland: 1:0 Brehme)

Spiel um Platz 3
Italien – England	2:1

Endspiel (8.7.)
Deutschland – Argentinien	1:0

Deutschland: Illgner, Brehme, Kohler, Augenthaler, Buchwald, Berthold (73. Reuter), Matthäus, Häßler, Littbarski, Völler, Klinsmann.
Argentinien: Goycochea, Lorenzo, Sensini, Serrizuela, Oscay, Ruggeri (46. Monzon), Simon, Basualdo, Burruchaga (53. Calderon), Maradona, Troglio, Dezotti.
Schiedsrichter: Mendez (Mexiko).
Zuschauer: 73 603 Stadio Olimpico, Rom.
Tor: 1:0 Brehme (84. Fouelfmeter).

Torjäger des Turniers
Salvatore Schillaci (Italien)	6
Tomás Skuhravy (Tschechoslowakei)	5
Roger Milla (Kamerun)	4

Geschossene Tore	115
Tordurchschnitt pro Spiel	2,21
Die meisten Tore	Deutschland 15
Das schnellste Tor	Safet Sasic

(4. Minute bei Jugoslawien – V.A. Emirate)

Elfmeter	13
	(alle verwandelt)
Platzverweise	14

Biyik, Massing (beide Kamerun), Wynalda (USA), Bessonov (UdSSR), Gerets (Belgien), Artner (Österreich), Mubarak (V.A. Emirate), Deuk-Yeo (Südkorea), Völler (Deutschland), Rijkaard (Holland), Gomes (Brasilien), Sabanazovic (Jugoslawien), Monzon, Dezotti (beide Argentinien).

Matthäus, Maradona: Das große Spiel kann beginnen.

DAS ZITAT

„Fußball ist, wenn 22 Männer mit einem Ball spielen und am Ende immer Deutschland gewinnt."

Gary Lineker, englischer Nationalspieler, der mit seiner Mannschaft im Halbfinale gegen Deutschland ausgeschieden war.

„Als der Elfmeter drin war, war ich sicher: Wir sind Weltmeister"

Andreas Brehme über die Sekunden vor dem alles entscheidenden Schuss bei der WM 1990

DER ZEITZEUGE

Es waren nur noch ein paar Minuten zu spielen, an jenem 8. Juli 1990 in diesem WM-Finale zwischen Argentinien und uns. Eigentlich hätte das Spiel schon längst entschieden sein müssen, wir waren die klar bessere Mannschaft, wir hatten genügend Chancen gehabt, vier oder gar fünf zu null hätte es stehen können, ja stehen müssen. Aber es stand 0:0, und uns lief die Zeit weg. Dann kam die 84. Minute und der Pfiff von Herrn Coderal Mendez, dem Schiedsrichter aus Mexiko. Nun ja, es hatte vorher klarere Szenen für einen Strafstoß gegeben. Aber dies kümmerte uns in diesem Augenblick verdammt wenig. Elfmeter. Wer würde schießen?

Ich bin hinterher immer gefragt worden, warum ich mir den Ball geschnappt habe. Jeder nahm es an und glaubt es offenbar noch heute, dass Lothar Matthäus als Schütze vorgesehen gewesen sei. Dies stimmt so nicht. Klar, der Lothar hatte gegen die Tschechen im Viertelfinale den Ball vom Punkt aus verwandelt, aber er fühlte sich im Finale wohl nicht sicher. Irgendwann soll er erzählt haben, dass ihn die neuen Fußballschuhe gedrückt hätten. Egal: Vereinbart war vorher, dass der schießen sollte, der gut drauf war, der sich einfach gut fühlte. Und ich war hundertprozentig sicher: Den Elfer machst du rein.

Das Schlimmste an diesem entscheidenden Schuss war, dass vom Pfiff bis zur Ausführung eine halbe Ewigkeit vergangen ist. Die Argentinier protestierten wie wild, einer schoss den Ball weg. Ich bin raus aus dem Strafraum gegangen, habe mich konzentriert und mir da schon fest vorgenommen: Du nimmst die linke Ecke, hart und flach wollte ich schießen. Denn immerhin – auch das wusste ich – stand bei den Argentiniern kein Geringerer als Sergio Goycochea im Tor, der sich während des Turniers einen Namen als Elfmetertöter gemacht hatte.

Andreas Brehme: Argentinische Nervenspiele vor dem Elfmeter in Rom.

Wie ich es mir vorgenommen hatte: Der Ball kam hart und flach und saß links. Aber dieser Teufelskerl hatte doch wieder die Ecke geahnt und doch keine Chance gegen meinen platziert getretenen Schuss gehabt 1:0! In dem Moment, in dem der Ball drin war, wusste ich: Wir sind Weltmeister, den Titel nimmt uns keiner mehr! Die Argentinier waren zu diesem Zeitpunkt nur noch zu Zehnt, später flog sogar noch einer vom Platz und wir spielten das Ding sicher nach Hause. Unmittelbar nach dem Schuss weiß ich noch, dass ich wegrannte vom Elfmeterpunkt, nach links glaube ich. Ich hatte nur noch Zeit für einen einzigen Jubelsprung, denn dann waren schon jede Menge Spieler in weißen Hemden und schwarzen Hosen über mir. Wir wälzten uns – selig vor Glück – auf dem Rasen.

Was sich später in der Kabine abgespielt hat, das weiß ich wirklich nicht mehr so genau. Irgendwann, ich denke es war schon gegen zwei Uhr morgens, kamen wir endlich an in unserem Quartier – und es wurde eine lange Nacht. Es war schon hell, als ich ins Bett ging – als Weltmeister. Dies ist der schönste Titel, den ich als Spieler gewonnen habe und der wichtigste – klar: Denn mehr als eine Weltmeisterschaft kann man als Fußballer nicht erreichen.

Andreas Brehme (9. November 1960) absolvierte 86 Länderspiele zwischen 1982 und 1994 und erzielte acht Tore, das wichtigste beim WM-Finale in Rom. Brehme begann seine Bundesliga-Karriere in Kaiserslautern, spielte dann für Bayern München, Inter Mailand und Real Saragossa, ehe er an den Betzenberg zurückkehrte. Erst als Spieler, später als erfolgreicher Team-Manager.

DER JOURNALIST

Eine eigentlich unlösbare Aufgabe oder der „doppelte Loddar"

1. Juli 1990. Es war ein ZDF-Tag und außerdem der Tag bei der WM 1990, an dem die Entscheidung fallen musste, ob Deutschland ins Halbfinale einzog und wenn ja, wer der Gegner sein würde. England oder Kamerun? Die Deutschen gewannen am Nachmittag in Mailand. Doch wir, Michael Palme und ich, die wir fürs deutsche Team zuständig waren, standen vor einer fast unlösbaren Aufgabe. Unsere Redaktionsleitung hatte uns beauftragt, ein Statement von Lothar Matthäus über den Halbfinalgegner zu besorgen, das kurz nach Ende der Abendpartie gesendet werden sollte. Wie sollte das funktionieren? Das Spiel konnte ja frühestens gegen 23 Uhr beendet sein, eine Verlängerung gar nicht eingerechnet. Zu diesem Zeitpunkt aber nächtigte unsere Mannschaft schon - von der Aussenwelt hermetisch abgeschlossen - im Castillo Casiglio zu Erba, in ihrem Quartier.

Doch ich ließ mir getreu dem Wahlspruch „Unmögliches wird sofort erledigt, Wunder dauern etwas länger" etwas einfallen. Ich hatte zum Kapitän einen guten Kontakt. „Lothar", sagte ich, „wie können wir das schaffen?" – „Gar nicht", gab Matthäus zurück, „es ist einfach zu spät." Doch so schnell gab ich nicht klein bei: „Lass` uns zwei Fassungen drehen, eine mit England, eine mit Kamerun." Doch Lothar schüttelte den Kopf: „Und wenn ihr die Cassetten verwechselt, bin ich der Depp der Nation." Ich überzeugte ihn schließlich doch. „Also", sagte er, „dann treffen wir uns gleich nach unserem Spiel gegen die Tschechen." Nun schüttelte ich mit dem Kopf: „Geht nicht Lothar, ist doch noch Tageslicht – dann sieht ja jeder, dass das getürkt ist." Die Sache schien erneut gestorben. Letzter Vorstoß. „Lothar, komm` doch in der Halbzeitpause runter ans schmiedeeiserne Tor, dann ist es 21.45 Uhr und dunkel." Lothar nickte: „Okay – aber verwechselt ja die Interviews nicht."

21.45 Uhr am 1. Juli. In Neapel stand es bei Halbzeit 1:0 zwischen England und Kamerun, in Erba bei Como, vor dem schmiedeeisernen Tor, das das Anwesen begrenzte, standen im Dunkeln mein Kameramann Axel Mewes und ich. Wir warteten. Plötzlich knirschende Schritte auf dem Kiesboden, ein Schatten. Lothar war da, in Trainingsanzug und auf Turnschuhen hatte er sich leise aus dem Hotel geschlichen. Wir schlugen uns in die Büsche, machten erst dann die Scheinwerfer an, um im Schloss ja keinen misstrauisch zu machen. In drei Minuten hatten wir beide Statements im Kasten, wir hatten sicherheitshalber sogar zwei Cassetten benutzt, um ja nichts zu verwechseln. Lothar verschwand einigermaßen beruhigt im Schloss – und schon um 23.30 Uhr, wenige Minuten nach Ende der Verlängerung des Spiels England – Kamerun lief Lothars Interview – natürlich das Richtige – im ZDF. Waldi Hartmann und Jörg Wontorra, die beiden Kollegen von der ARD, staunten nicht schlecht, als sie die vermeintliche Matthäus-„Live"-Aussage sahen.

Bis heute wussten sie nicht, wie uns dieser „Streich" gelungen ist. Und Wolfgang Niersbach, damals Pressesprecher des DFB, drohte mir am Tag danach lächelnd mit dem Zeigefinger: „Töppi, das war wirklich ein unduftes Ding. Aber ich will am besten gar nicht wissen, wie du das geschafft hast." Nun, lieber Wolfgang, jetzt weißt du es - und nichts für ungut...

Rolf Töpperwien (Jahrgang 1950), geboren in Osterode/Harz, Abitur, Reserveoffizier, Studium (Geschichte, Publizistik und Politik) mit Magisterabschluss, Hospitanz und freier Mitarbeiter beim „Göttinger Tagblatt", seit 1.6.1977 beim ZDF. „Mister Bundesliga" mit rund 1150 „Einsätzen" in Deutschlands Eliteliga.

Lächeln mit den BAYERN

FC Bayern intern - der deutsche Rekordmeister, wie Ihn kaum einer kennt: In 111 lustigen Geschichten enthüllen aktuelle sowie ehemalige Spieler, Trainer, Präsidiumsmitglieder und Betreuer des erfolgreichsten und berühmtesten deutschen Fußball-Klubs viele verrückte Episoden, die hinter den Kulissen dieses Vereins passierten:

Franz Beckenbauers Geldwäsche in der Südsee und das Mülltonnengeheimnis von Zickler und Helmer, die Irrfahrt eines Trainers durch den Wald, Uli Hoeneß teurer Antennentest. Lesen Sie auch, warum Mehmet Scholl mit "heißen Höschen" Fußball spielte, wie ein US-Präsident beinahe über einen Berg schmutziger Bayern-Wäsche gestolpert wäre, wie einst Mick Jagger, der Chef der legendären Rolling-Stones in eine Mannschaftssitzung des FC Bayern platzte, wie Udo Lindenberg eine Bayern-Hymne verfasste, weshalb Sepp Maier auf dem Athener Flughafen fast zum Bilderdieb wurde, warum ein Bayern-Profi den Papst anschwindelte, ein anderer ein Polizeimotorrad und später sogar einen ganzen Bus entwendete.

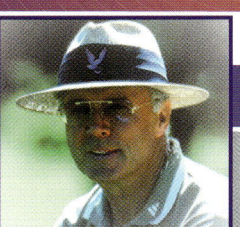

Franz Beckenbauer

in seinem Vorwort für dieses Buch: "Wenn ich Vieles nicht selbst miterlebt hätte - ich könnte es gar nicht glauben."

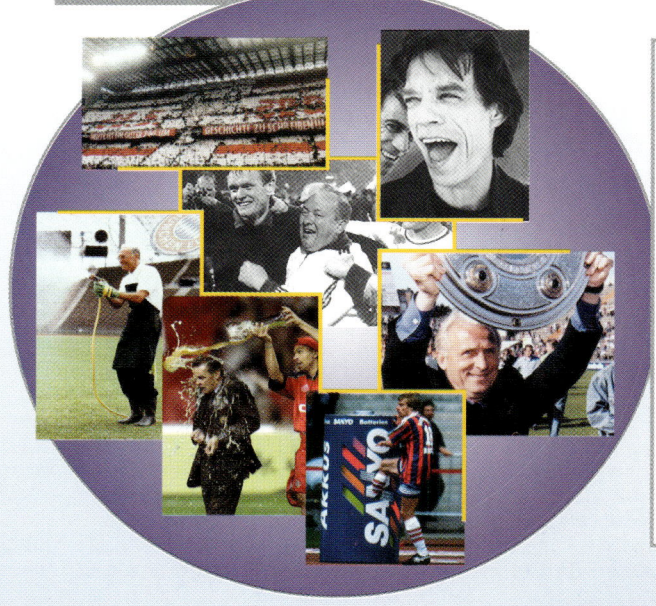

Ottmar Hitzfeld und Sepp Maier haben schon mal reingeschaut, und Giovane Elber lächelt - das neue Bayern-Buch wird mit seinen lustigen Geschichten und Fotos auch Ihnen viel Spaß beim Lesen bereiten.

144 Seiten, DIN A 5
kartoniert, im Handel, beim FC BAYERN und direkt beim Verlag wero press erhältlich,
auch über Internet: www.weropress.de   ISBN 3-9806973-8-X   12.90 EUR

Die **Sensation** von Hamburg

Vor dem großen Sieg: Die DDR-Nationalelf vor dem Spiel in Hamburg, das sie gegen Favorit Bundesrepublik mit 1:0 gewann.

DDR

Deutsche Demokratische Republik

*33 Jahre, neun Versuche, ein Treffer -
das ist die Bilanz der DDR-Auswahl
in der Fußball-Weltmeisterschaft.
Und dann ist da noch dieses Tor für die Ewigkeit,
das Jürgen Sparwasser bis ins Grab
verfolgen wird.
Irgendwie hatte der Magdeburger
mit seinem goldenen Schuss
von Hamburg großen Anteil
am späteren
Titelgewinn der Jungs von Helmut Schön.
Aber da gibt es noch jede Menge
anderer Geschichten. Von einem hilflosen Geyer,
einer „toten Krähe" und einem Trainer mit Bonbon.*

BUCHKATALOG.DE

Hilfloser Geyer, „tote Krähe" und ein Trainer mit Bonbon

Bis auf 1974 verpasste die DDR-Auswahl stets den Sprung zur WM-Endrunde

Eduard Geyer steigt noch immer ein bisschen Zornesröte ins Gesicht, wenn er an den Wendeherbst 1989 denkt. Erst im Juli hatte der Sachse die DDR-Auswahl übernommen, als der Fußball im Osten mal wieder am Boden lag. Geyer krempelte die Ärmel hoch und schaffte ein kleines Wunder. Vor dem entscheidenden Spiel in Wien im November war das DDR-Team wieder im Rennen um die Weltmeisterschaft 1990, brauchte nur noch ein Unentschieden zur Qualifikation. Der Trainer, der gleichzeitig Vereinscoach in Dresden war, führte das erfolgreiche taktische System von Dynamo ein, holte den damals kreativsten Spieler, Rainer Ernst vom BFC Dynamo, zurück, siegte auf Island (3:0) und sensationell gegen die übermächtige UdSSR (2:1). „Danach lagen die WM-Tickets praktisch auf einem Silbertablett bereit. Wir mussten nur noch zugreifen", erinnert sich Eduard Geyer. Aber knapp eine Woche vor dem alles entscheidenden Duell mit Österreich passierte das für alle so Unfassbare und Erfreuliche. In Berlin bröckelte endgültig die Mauer, die Genossen der Altherrenriege aus dem Zentralkomitee der SED hatten ausgedient. Die besten Spieler des Landes bekamen von diesem Zeitpunkt an die Bundesliga nicht mehr aus ihren Köpfen. „Sie kümmerten sich nur noch um andere Vereine, sortierten in Gedanken schon das viele Westgeld auf ihren Konten."

Natürlich war auch die Nationalmannschaft nebensächlich", erzählt Eduard Geyer. Richtig hilflos sei er gewesen, denn „Spielervermittler haben noch beim Aufwärmen im Prater-Stadion die schöne neue Fußballwelt in den verlockendsten Farben geschildert und für damalige Verhältnisse unglaubliche Angebote unterbreitet", sagt der Dresdner. Die Ernüchterung kam auf dem Platz: 0:3 durch drei Tore von Toni Polster. Aus der Traum von Italien. „Und der Schiedsrichter hat kräftig mitgeholfen. Den Namen werde ich nie vergessen, ich werde ihm auch nie wieder die Hand geben. Er hieß Pjotr Werner", bebt noch heute Geyers Stimme. „Ich habe danach nichts mehr von dem Mann gehört. Entweder hat er viel Geld bekommen, dass er ausgesorgt hatte, oder er wurde gesperrt", ergänzt Geyer, der sich danach fühlte, als sei er in ein tiefes schwarzes Loch gefallen. In stillen Stunden fragte sich Geyer auch: „Warum ist die Mauer nicht eine Woche später aufgegangen? Dann wären wir wahrscheinlich bei der WM-Endrunde 1990 dabei gewesen."

DER RÜCKBLICK

Dieser letzte Akt in der Geschichte der WM-Qualifikation war symptomatisch für den DDR-Fußball, der es in insgesamt neun Versuchen nur ein Mal zu einer Endrunde schaffte. In den Sechzigern galt die vom Ungarn Karoly Soos geführte DDR-Elf als Weltmeister der Freundschaftsspiele. Sie besiegte unter anderem Vize-Weltmeister Tschechoslowakei und den WM-Dritten Chile, „doch wenn es an die Qualifikation ging, fehlte immer ein Quäntchen", weiß Jürgen Nöldner. „Am Anfang war ich ganz froh, dass

DER PROMINENTE

Eine Fußball-WM fasziniert mich, weil...

...halb Deutschland vor dem Fernseher sitzt und ich das während meiner aktiven Zeit selbst auch ab und zu geschafft habe.

Henry Maske, Box-Idol in Deutschland, Ex-Weltmeister im Halbschwergewicht.

mich Trainer Karoly Soos als jungen Spund aus dem Team warf und lieber auf die Alten setzte. So konnte ich bei Olympia 1964 in Tokio mitspielen", erinnert sich der Berliner Spielmacher mit dem begnadeten linken Fuß und der Sprungkraft einer „Zeitungsstärke". „Die Mannschaft, die damals Bronze gewann, war sehr spielstark und in der folgenden WM-Qualifikation ganz dicht an der Endrunde in England dran", versichert Nöldner. Für das entscheidende Spiel gegen Ungarn (später beim WM-Turnier Sensationssieger gegen Weltmeister Brasilien) holte die Sportführung sogar den gesperrten Mittelstürmer Peter Dukke zurück. „Wir mussten unsere Taktik völlig ändern, weil Stürmer Vogel ausgefallen war. Es gab einen Kampf auf Biegen oder Brechen. Beim 2:2 hatten wir Chancen zum Sieg. Peter Ducke spielte die Ungarn schwindlig, doch den entscheidenden Treffer schafften sie", erklärt Nöldner.

Vier Jahre später war Italien der große Kontrahent. In Berlin spielte die DDR-Elf wie aus einem Guss, führte 2:1 und hatte den dritten Treffer auf dem Fuß. „Dann sah der schwedische Schiedsrichter Boström nicht die eindeutige Abseitsstellung von Riva, und schon war es passiert", flucht Abwehrchef Klaus Urbanczyk aus Halle. „Beim Rückspiel in Neapel hatten einige schon in der Kabine die Hosen voll. Wir waren viel zu früh im Stadion. Pausenlos trommelten Zuschauer an die Kabine. Wir gingen 0:3 unter", blickt Urbanczyk zurück. Trainer Georg Buschner, damals noch Vereinscoach in Jena, nahm Mittelstürmer Peter Ducke bei Halbzeit zur Seite und signalisierte dem Heißsporn, dass die Krähe tot sei. Fortan spielte Ducke mit angezogener Handbremse, um dann drei Tage später im Europapokalspiel beim US Cagliari voll aufzudrehen. Die DDR-Auswahl schied aus, Jena kam eine Runde weiter.

Buschner war es dann, der den DDR-Fußball in seine erfolgreichste Zeit führte. Es begann mit Olympia-Bronze 1972 in München. Auf dem Weg dahin gelang auch im deutsch-deutschen Duell ein 3:2-Erfolg über die Elf mit Ottmar Hitzfeld und Uli Hoeneß. „Krönender Abschluss dieser Jahre war sicherlich der Olympiasieg 1976 in Montreal gegen hochkarätige Mannschaften", denkt der Trainerfuchs aus Jena zurück. Zwei Jahre vorher hatte der Thüringer das DDR-Team zum ersten und einzigen Mal zu einer WM-Endrunde mit dem legendären 1:0-Sieg in Hamburg und dem sechsten Platz in der Endabrechnung

---

Wer sich in der Mangelwirtschaft DDR etwas Besonderes leisten wollte, musste zu den Privilegierten gehören oder brauchte Vitamin B wie Beziehungen. Am besten war aber Westgeld. Damals zählte die gute alte D-Mark noch etwas. Dafür gab es zwischen Rostock und Zwickau in den so genannten Intershops alles, was das Herz begehrte. Über harte Devisen freuten sich auch die Staatsamateure des Fußballs, die eigentlich Profis waren. D-Mark gab es selten; höchstens als Tagegeld bei Europapokal-Spielen im westlichen Ausland oder auch mal als „besondere Zuwendung" für entsprechende Ergebnisse auf dem Rasen. Nach der Weltmeisterschaft 1974 freute sich ein verantwortlicher Verbandsfunktionär so sehr über den 1:0-Sieg gegen den klassen-feindlichen Bruder und den anschließenden sechsten Platz, dass er bei der heimischen Feier in feuchtfröhlicher Geberlaune zu Einzelgesprächen in ein Nebenzimmer lud und freigiebig D-Mark verteilte. Die Scheine waren dabei fein

DIE GLOSSE
Die „Unterlagen" gab niemand zurück

abgestimmt nach Leistung und Einsatzzeiten. 5000 D-Mark sollen die Besten erhalten haben. Man munkelte, der Geldsegen kam damals in bar von Sportausrüster adidas. Der Trikotsponsor der DDR-Auswahl hatte die medienwirksamen Auftritte der Jungs um Trainer Georg Buschner besonders belohnt. Der Funktionär in Spendierhosen brachte die West-Kohle unter die Spieler und bekam deshalb mächtig Ärger.

Die Spieler fuhren froh gestimmt nach Hause zu Frau, Familie und Verein. Sie träumten schon von neuen Farb-Fernsehern mit dem westdeutschen Pal-System, um die bunte Bundesliga sehen zu können. Sie kauften in Gedanken Goldkettchen für die Liebste und bunte Smarties für die Kinder. Wenige Tage später aber sollte das dicke Ende kommen. Manfred Ewald, der oberste Sportboss der DDR, hatte vom Alleingang seines Untergebenen erfahren. Mit hochrotem Kopf und bissiger Stimme diktierte der als Fußball-Hasser bekannte Funktionär Briefe an alle 22 Spieler und die Trainer. Danach sollten die Fußballer zu einem festgelegten Termin in Berlin erscheinen und die „Unterlagen" mitbringen.

Die „Unterlagen" waren das Westgeld. Ewald machte im Brief klar, dass diese im Verhältnis 1:1 einzutauschen seien. Beim damals üblichen Schwarzmarktkurs von 1:6 bis 1:10 war klar, was kommen musste. Fußballer sind Schlitzohren. Bei der Anreise zu Ewald verfügte niemand mehr über „Unterlagen". Der Umsatz in den Intershops soll in den Tagen vor dem Treffen allerdings besonders hoch gewesen sein.

Auch gegen Holland gab die DDR eine gute Figur ab.

geführt. „Fest steht, dass es eine riesige Euphorie gegeben hatte. Das lag an der Nationalelf, aber vor allem auch an Klubs wie Magdeburg und Dresden, die im Europapokal groß auftrumpften", ordnet Achim Streich, der 102fache Nationalspieler, ein. Nie wieder gelangen danach ähnliche Erfolge. Buschner, der mit Kraft, Athletik und taktischer Disziplin eine Menge erreicht hatte, war Anfang der Achtziger mit seinem Latein am Ende. Nach dem 2:3 gegen Polen wurde der unbequeme Alleinherrscher entlassen. „Ich erfuhr es aus dem Westfernsehen", erinnert sich Buschner, aber „ich war schon lange fällig, weil es eine Gruppe von Politikern wohl im Suff so gesehen hat".

Nachfolger wurde zuerst Rudolf Krause (Olympia-Silber 1980 in Moskau) und dann der charmante, weltoffene Bernd Stange, der die Qualifikation für Olympia 1984 in Los Angeles schaffte, aber dort wegen des Boykotts nicht spielen durfte. Zwei Jahre später scheiterte auch er in der WM-Qualifikation für Mexiko und musste schließlich seinen Stuhl räumen, als die Ausscheidung für Italien mit einem klassischen Fehlstart begann. Es kam 1988 die Zeit eines Trainer-Triumvirats, zu dem der erfahrene Heinz Werner und der talentierte Frank Engel gehörten. An die Spitze setzte der Verband Manfred Zapf. Der ehemalige Kapitän des 1. FC Magdeburg machte mehr durch das Parteibuch als durch Leistung Karriere und stand mit dem als Bonbon bezeichneten Parteiabzeichen auf dem Trainingsplatz. Bundesliga-Profi Dariusz Wosz, damals junger DDR-Nationalspieler des Halleschen FC, weiß noch, dass „wir ihn mit Genosse Trainer anreden mussten". Es war klar, viele Köche verderben den Brei. Als in der letzten WM-Qualifikation schon wieder alles vorbei schien, zog der Verband die Reißleine. Doch als Geyer kam, war es zu spät für den Arbeiter- und Bauern-Fußball, sportlich und politisch.

DDR-Fans bei der WM 1974 in Hamburg.

ANDERE DATEN

1957
- Die DDR-Elf nimmt zum ersten Mal an der WM-Ausscheidung teil und gewinnt bei der Premiere 2:1 gegen Wales. 100 000 Zuschauer sind im Leipziger Zentralstadion dabei.

1963
- Verteidiger Klaus Urbanczyk aus Halle erhält als erster DDR-Spieler eine Einladung zu einem Spiel einer Europaauswahl in Schweden, darf aber aufgrund der politischen Verhältnisse nicht ausreisen.

1964
- Bei den Olympischen Spielen in Tokio gelingt der DDR-Auswahl der erste internationale Erfolg. Durch einen 3:1-Sieg über Ägypten gewinnt die Mannschaft die Bronzemedaille. Der Meistertitel von Chemie Leipzig gilt als größte Überraschung in der Oberligageschichte. Ein Jahr zuvor hatte es zwischen den führenden Leipziger Klubs eine Zwangsvereinigung gegeben, wobei die Stars zum SED-Zieh-Klub SC Leipzig kamen und die Aussortierten bei der BSG Chemie spielen mussten.

1968
- Union Berlin, der Kult-Klub aus Köpenick, steht zum ersten und einzigen Mal im FDGB-Pokalfinale und gewinnt sensationell gegen Carl Zeiss Jena mit 2:1. Im Europapokal dürfen die „Eisernen" jedoch nicht starten, weil der DDR-Verband wegen des „Prager Frühlings" seine Mannschaften zurückgezogen hatte.

1970
- Rudi Glöckner aus Leipzig leitet das Finale der Weltmeisterschaft im Azteken-Stadion von Mexiko zwischen Brasilien und Italien (4:1). Der Sachse ist der bisher einzige Deutsche, der als Schiedsrichter in einem WM-Endspiel eingesetzt wurde. Mit 69 Jahren verstarb Glöckner im Januar 1999.

1972
- Bei den Olympischen Spielen in München wird die DDR-Auswahl Dritter und teilt sich nach einem 2:2 gegen die Sowjetunion die Bronzemedaille. In der zweiten Finalrunde kommt es zum deutsch-deutschen Duell, das das DFB-Team trotz der beiden Tore von Uli Hoeneß und Ottmar Hitzfeld mit 2:3 verliert. Für die DDR treffen Jürgen Pommerenke, Achim Streich und Eberhard Vogel.

1974
- Der 1. FC Magdeburg holt als einziger DDR-Verein einen Europapokal. Das Team von Trainer Heinz Krügel siegt im Pokalsieger-Cup in Rotterdam gegen den AC Mailand mit 2:0.

1976
- Die DDR-Mannschaft erreicht mit dem Olympiasieg in Montreal den größten sportlichen Erfolg. Vor dem 3:1 im Finale gegen den WM-Dritten Polen setzt sich das Team von Trainer Georg Buschner gegen Brasilien (0:0), Spanien (1:0), Frankreich (4:0) und die Sowjetunion (2:1) durch. Abwehrspieler Norbert Nachtweih und Torwart Jürgen Pahl (beide Hallescher FC) flüchten bei einem U 21-Länderspiel in der Türkei. Beide werden 1981 mit Eintracht Frankfurt UEFA-Pokal-Sieger, Nachtweih gewinnt später mit Bayern München drei Meistertitel und gilt einige Jahre als einer der komplettesten Spieler der Bundesliga.

1979
- Jörg Berger setzt sich bei einem Nachwuchs-Länderspiel in Belgrad ab und flüchtet über die jugoslawische Grenze. Der Trainer arbeitet später in der Bundesliga u.a. bei Eintracht Frankfurt, 1. FC Köln, Schalke 04 und dem Karlsruher SC.

1981
- Der FC Carl Zeiss Jena zieht als zweite DDR-Mannschaft in ein Europapokalfinale ein. Das Team von Trainer Hans Meyer verliert in Düsseldorf gegen Dynamo Tbilissi mit 1:2. Die Nationalspieler von Dynamo Dresden, Gerd Weber (35 Einsätze), Peter Kotte (21) und Matthias Müller (4), werden im Februar wegen geplanter Republikflucht auf Anweisung von Stasi-Chef Erich Mielke lebenslang für die DDR-Oberliga und DDR-Liga gesperrt. Weber wird zudem zu einer einjährigen Haftstrafe verurteilt.

1983
- Lutz Eigendorf, sechsfacher Nationalspieler vom BFC Dynamo und späterer Bundesliga-Profi in Kaiserslautern und Braunschweig, stirbt im März an den Folgen eines Autounfalls. Nach seiner Flucht im März 1979 war er mehrfach von der Stasi bedroht worden. Es gibt deutliche Hinweise, dass der DDR-Geheimdienst in diesen Todesfall verwickelt war. Eigendorf wurde nur 26 Jahre alt.

1984
- Der Magdeburger Achim Streich erreicht als erster DDR-Spieler den „Klub der Hunderter" und bestreitet im Londoner Wembley-Stadion sein 100. Länderspiel. Die DDR verliert mit 0:1 gegen England.

1985
- Auch Hans-Jürgen Dörner wird beim 3:1 gegen Luxemburg ein „Hunderter". Nach diesem Länderspiel beendet der Dresdner seine Auswahlkarriere.

1987
- Der 1. FC Lok Leipzig qualifiziert sich für das Endspiel im Europapokal der Pokalsieger. Die Sachsen ziehen in Athen unter Trainer Hans-Ulrich Thomale mit 0:1 gegen Ajax Amsterdam nach einem guten und spannenden Spiel den Kürzeren.

Das berühmteste Tor, das der Nationalelf der DDR bei Weltmeisterschaften und überhaupt gelang: Jürgen Sparwassers 1:0 gegen die Bundesrepublik Deutschland.

1988
- Der BFC Dynamo wird zum zehnten Mal hintereinander DDR-Meister. Bei allen Titelgewinnen sitzt Jürgen Bogs auf der Trainerbank.

1989
- Der Berliner Andreas Thom wechselt noch in der Wendezeit offiziell als erster DDR-Spieler in die Bundesliga. Der Stürmer vom BFC Dynamo, der insgesamt 61 Länderspiele bestritt (zehn für die Bundesrepublik, 51 für die DDR) kommt für eine Ablöse von 2,8 Millionen Mark zu Bayer Leverkusen.

1990
- Andreas Thom folgen 1990 und in den nächsten Jahren insgesamt 118 ostdeutsche Spieler in die Bundesliga. Nationalspieler im DFB-Team werden 25 ostdeutsche Akteure; neben Andreas Thom sind dies Ulf Kirsten, Matthias Sammer, Thomas Doll, Bernd Hobsch, Thomas Ritter, Dariusz Wosz, Stefan Beinlich, Marko Rehmer, Thomas Linke, Carsten Jancker, Alexander Zickler, Michael Ballack, Jörg Heinrich, Ingo Hertzsch, Jens Jeremies, Dirk Schuster, Heiko Scholz, Olaf Marschall, Steffen Freund, René Schneider, Sven Kmetsch, Bernd Schneider, Heiko Gerber und Jörg Böhme.

Wimpeltausch der Kapitäne Beckenbauer und Bransch vor dem denkwürdigen WM-Spiel in Hamburg.

Deutsche Trikots gingen in der Kabine von Hand zu Hand

Bernd Bransch führte das DDR-Team zum sensationellen Sieg gegen die Bundesrepublik in Hamburg

Diesen lauen Mai-Nachmittag des Jahres 1973 hat Bernd Bransch nicht vergessen. Der Kapitän der DDR-Auswahl spielte damals zur besseren Vorbereitung auf die WM für ein Jahr beim FC Carl Zeiss Jena, weil Halle, sein Verein, abgestiegen war. So pendelte er an der Saale hoch und runter. An besagtem Tag musste noch der Rasen am Haus gemäht werden. Bransch, in Gedanken schon beim bevorstehenden Qualifikationsspiel gegen Finnland, ritzte er sich das Messer des Rasenmähers in den großen Zeh des linken Schussbeins. „Hätte ich es damals zugegeben, Trainer Buschner hätte mich nach Hause geschickt. So erfand ich eine kleine Notlüge von einem Badewannen-Unfall", erzählt der Hallenser, der sich einen Spezialschuh besorgte und dann beim 5:1 in Tampere als Libero nicht viel Arbeit bekam. „Wir spielten grottenschlecht, nutzten aber unsere Chancen optimal aus", kommentiert Bransch den im Nachhinein wichtigen Sieg, weil die Rumänen in Finnland mit einem Unentschieden den entscheidenden Punkt zum Gruppensieg verschenkten. Branschs große Stunde kam dann wieder mit gesundem Zeh an einem trüben November-Mittwoch in Leipzig. Das proppenvolle Zentralstadion mit 100 000 Fans kochte beim Duell mit den Rumänen um die Fahrkarten zur Endrunde. Nie zuvor hatte Bransch in der Nationalelf ein Tor erzielt, doch ausgerechnet jetzt schlug er gleich zwei Mal erbarmungslos zu. „Peter Ducke hatte bei Freistößen kurz abgelegt und ich mit meinen Schüssen auch ein bißchen Glück."

Es waren die vielleicht wichtigsten Treffer in der Länderspielgeschichte der DDR. „Später hat alles von Sparwassers Geniestreich in Hamburg gesprochen, aber ohne meine beiden Tore von Leipzig wären wir gar nicht dorthin gekommen", weiß der Verteidiger, der alles gern noch einmal auf Video sehen würde, aber „selbst beim Fernsehen existiert nichts mehr von diesem Spiel". Die Erinnerung daran kann Bransch niemand nehmen, auch nicht an die Endrunde, in der „wir in der Zwischenrunde noch mehr erreichen konnten, aber wohl plötzlich ein bisschen Angst vor unseren Erfolgen bekamen", so Bransch.

Das Turnier begann mit einem standesgemäßen 2:0 gegen Außenseiter Australien, wo „wir nervös begannen, aber nach der Pause den Gegner zermürbten". Die zweite Partie endete mit einer kleinen Enttäuschung, denn gegen Chile reichte es trotz deutlicher Vorteile nur zu einem 1:1. „Die Tage danach im Quartier von Quickborn waren unruhig, denn jeder wusste, dass wir nun noch einen Punkt gegen das bundesdeutsche Team brauchten, um weiterzukommen", erinnert sich der Kapitän. Druck von außen, gar politischen von irgendwelchen SED-Funktionären, habe es nicht gegeben. Trainer Georg Buschner werde das auf seine Art erledigt haben, glaubt Bransch, denn vor diesem so brisanten Spiel sei niemand an das Team herangekommen. „Motivieren musste uns sowieso keiner, wir hatten die Schlagzeilen haben wir schon mitbekommen. Alle Welt hat ja darauf gewartet, dass wir vorgeführt werden. Und dann gab es noch das besondere Erlebnis auf der Fahrt ins Stadion. Da sprangen wir im Bus plötzlich herum wie Kinder vor den Geschenken am Weihnachtsbaum. Aus dem Radio kam die Kunde vom Unentschieden der Australier gegen Chile. Nun hätten wir sogar zweistellig verlieren können und wären trotzdem in der Zwischenrunde gewesen", schildert Bransch die Stunden vor dem Spiel.

Entsprechend locker sei das Team in die Partie gegangen, in der „fast alle von uns in Bestform waren und bei den Jungs im Adlerhemd fast niemand. Wir haben ihnen den Schneid abgekauft, und verdient gewonnen". Den heute üblichen Tausch der Trikots gab es auch damals schon,

DER SUPER-STAR

Bernd Bransch: „Gegen Brasilien haben wir uns taktisch nicht gut verhalten und deshalb verloren."

aber die DDR-Spieler durften nicht. Sie hatten Anweisungen von der Sportführung. Wer dagegen verstieß, musste das Trikot bezahlen. „Natürlich haben wir getauscht, heimlich in den Katakomben. Da lagen die weißen und blauen Hemden alle auf einem Haufen. Nachher waren keine mehr da. Und den Franz Beckenbauer mussten wir überzeugen, dass er mit unserem nicht draußen herumläuft", schmunzelt Bransch.

Der sensationelle Sieg hatte dem Team sogar den ersten Gruppenplatz eingebracht, aber auch die schwerere Staffel in der Zwischenrunde beschert. „Bei einigen war die Luft raus. Wir hatten unser Soll erfüllt", denkt Bransch zurück, und „Helmut Schöns Jungs hatten wir so richtig wachgerüttelt und damit sicher auch einen Anteil an deren späterem Titelgewinn". Von dem wollte beim Flug von Hamburg nach Düsseldorf freilich ein Mann, der neben dem Dresdner Mittelfeldstrategen Hansi Kreische saß, nichts wissen. „Er setzte fünf Flaschen Whisky, weil nach seiner Meinung die Bundesrepublik nicht Weltmeister werden könne. Hansi hielt dagegen und musste sich einige Wochen später in Dresden Diplomatengepäck abholen und bekam Schwierigkeiten. Der Absender war Hans Apel, der damalige Finanz- und Verteidigungsminister", plaudert Bransch.

In Ratingen verbrüderten sich die Spieler mit der Bevölkerung. „Das ging so weit, dass Hansi Kreische plötzlich in einer westdeutschen Polizeiuniform in einem Geschäft herumtanzte. Wir hatten unsere Freiheiten, die wir auch genossen", verdeutlicht Bransch. Sportlich ging es allerdings nicht mehr weiter mit den Überraschungen. „Selbst der akribische Buschner hat vor dem ersten Spiel gegen Brasilien einen Fehler gemacht. Offenbar hatten die Trainer den Titelverteidiger in der Vorrunde nicht richtig beobachtet. Wir erwarteten die Brasilianer voll offensiv. So war dann auch unsere Aufstellung. Aber die haben einen Teufel getan", glaubt Bransch noch heute an die falsche, weil total defensive Taktik, denn „mit etwas mehr Mut hätten wir das 0:1 verhindern können". Nach dem 0:2 gegen „die glanzvollen Holländer" und einem 1:1 „trotz deutlicher Überlegenheit" gegen Argentinien war für Bransch und die anderen DDR-Spieler das erste und einzige Endrunden-Erlebnis vorbei.

ANDERE STARS

Achim Streich
(13.4.1951). Der Mittelstürmer spielte für Hansa Rostock und den 1. FC Magdeburg 378 Mal in der DDR-Oberliga, schoss 229 Tore. Mit 102 Länderspielen (55 Tore) Rekord-Nationalspieler, konnte die Bewacher auf einem Bierdeckel schwindlig spielen und traf mit traumwandlerischer Sicherheit ins Tor. Streich wurde vier Mal Torschützenkönig und zwei Mal Fußballer des Jahres (1969/1973), später Trainer in Magdeburg, Braunschweig und Zwickau, heute Angestellter in einem Schuh-Shop in Magdeburg.

Peter Ducke
(14.10.1941). Der „schwarze Peter" war fast 20 Jahre der „Sturmtank" vom FC Carl Zeiss Jena, spielte 352 Mal in der Oberliga, schoss 153 Tore, wurde Torschützenkönig 1963, DDR-Sportler des Jahres 1965 und Fußballer des Jahres 1971, Ducke bestritt 68 Länderspiele und erzielte 15 Tore, er arbeitet heute als Lehrer und kümmert sich um Jenas Nachwuchs.

Hans-Jürgen Dörner
(25.1.1951). „Dixie" war einer der weltbesten Liberos und wurde oft als der „Beckenbauer des Ostens" bezeichnet. Er gehört mit 100 Länderspielen zum „Klub der Hunderter", wurde drei Mal Fußballer des Jahres (1977/84/85) und spielte in der DDR-Oberliga 392 Mal für Dynamo Dresden. Er trainierte u.a. die DDR-Olympiaauswahl, nach der Wende den DFB-Nachwuchs, Werder Bremen und Al Ahly Kairo. Heute Trainer beim ersten deutschen Meister, dem VfB Leipzig.

Robert Schumann spielt hinterm Torwart nur die „zweite Geige"

Jürgen Croy ist in seiner Heimatstadt Zwickau populärer als der große Komponist

Mit seiner stoischen Ruhe brachte Jürgen Croy sogar den „Bomber der Nation" aus der Fassung. „Er imponierte mit seinen Reflexen und seinem Stellungsspiel", sagt Gerd Müller über den jetzt 55 Jahre alten Zwickauer Torwart, der im legendären deutsch-deutschen WM-Spiel von Hamburg einfach alles hielt. „Vielleicht war es gar nicht so gut, denn als Gruppenzweiter hätten wir in der Zwischenrunde möglicherweise mehr erreicht", denkt der Sachse zurück und ärgert sich heute noch wie damals über das freche Rivelino-Tor, als der Spielmacher der Brasilianer die DDR-Mauer tunnelte und Croy überraschte. „Wir hatten da eine gute Chance verpasst, aber wertvoller war für mich ohnehin der Olympiasieg zwei Jahren später", versichert der einstige Weltklasse-Schlussmann, von dem Dino Zoff in höchsten Tönen schwärmt. „Die Deutschen hatten immer große Torhüter. Herkenrath, Turek,

DAS WM-GESICHT

Tilkowski, Maier, Schumacher, jetzt Kahn. Auch dieser Croy aus dem Osten gehörte mit seiner Besonnenheit und Nervenstärke in meiner Zeit zu den Besten in der Welt", betont die italienische Torwart-Legende. Ohne Croy wären die Erfolge der DDR-Auswahl in den 70er Jahren wohl kaum gelungen. Dabei stand die Karriere des Familienvaters, dessen Kinder Rene und Claudia es bis in die Handball-Bundesliga schafften, auf der Kippe. Kein Nationalspieler durfte damals in einer so genannten Betriebssport-Gemeinschaft wie Sachsenring Zwickau bleiben. Der beste Schlussmann des Landes weigerte sich jedoch, in einen Leistungs-Klub zu wechseln. „Ich sollte über Nacht zum 1.FC Lok Leipzig. Auch Dynamo Dresden war im Gespräch", erinnert sich Croy. „Ich redete mit Engelszungen auf die Funktionäre ein, denn ich wollte nicht von meiner Familie getrennt leben. Sie wollten mich sperren und zur Armee schikken". Schützenhilfe kam von Georg Buschner, zu dem der gelernte Elektriker einen guten Draht hatte. Der DDR-Auswahltrainer begründete den Verbleib beim Außenseiter aus Zwickau mit den besseren Bewährungsmöglichkeiten, denn schließlich müsse Croy bei einem abstiegsbedrohten Verein einfach mehr leisten.

Croy dankte es mit imponierenden Leistungen, verwandelte in einem Pokalfinale gegen den haushohen Favoriten Dynamo Dresden selbst den entscheidenden Ball im Elfmeterschießen und führte anschließend seine Elf bis ins Europapokal-Halbfinale. Die Fans lagen dem „Magier vom Westsachsenstadion" zu Füßen. Croy, der immer einer von ihnen geblieben war, ist heute Ehrenbürger und populärer als der bisher größte Sohn der Stadt. Der Komponist Robert Schumann spielt hinter dem Torwart nur die zweite Geige. „Na ja, das ist wirklich ein bisschen dick aufgetragen, aber ich freue mich schon, dass mich die Menschen mögen", sagt Croy, der auch dadurch überzeugte, sich weder im Sport noch im Beruf mit halben Sachen zufrieden gegeben zu haben.

So warfen ihn vor seiner vierten WM-Qualifikation mehrfach Verletzungen zurück, machten ihm Ermüdungsbrüche zu schaffen. Da hatte er 94 Länderspiele in den Knochen. „Buschner wollte mir zu Hundert verhelfen. Das lehnte ich ab. Hans-Ullrich Grapenthin aus Jena war mein Nachfolger und die Nummer eins. Ich wollte mich nicht mit Fünf-Minuten-Einsätzen auf die Zahl bringen lassen und bin auf die 94 genauso stolz", erklärt Jürgen Croy.

Später als Klub-Präsident seines Vereins und Bürgermeister der Stadt für Kultur und Sport krempelte er wie auf dem Rasen die Ärmel hoch. Heute leitet Croy das „Cultour-Z", eine Einrichtung für Kultur, Touristik und Messen in Zwickau. Hin und wieder ist er noch am Ball und spielt im All-Star-Team Ost mit stoischer Ruhe. So wie früher in Hamburg und anderswo.

Torwart Jürgen Croy - hier in Jubelpose - war mit ein Garant für den sensationellen 1:0-Sieg der DDR in Hamburg.

ANDERE GESICHTER

Eberhard Vogel
(8.4.1943). Der Linksaußen hält mit 440 Einsätzen für den FC Karl-Marx-Stadt und den FC Carl Zeiss Jena den Oberliga-Rekord, dabei erzielte er 188 Tore, in 74 Länderspielen brachte es „Matz" auf 25 Treffer, stand in den bronzenen Olympia-Mannschaften 1964 und 1972, spielte im WM-Team 1974, Europapokalfinalist 1981, später Jugendtrainer in der DDR, dann u.a. bei Hannover 96, Carl Zeiss Jena, 1. FC Magdeburg und der Nationalelf von Togo.

Gerd Kische
(23.10.1951). Der Rechtsverteidiger gehörte in seiner stärksten Zeit zu den Besten in Europa, holte Olympia-Gold 1976, war WM-Starter 1974, bestritt 63 Länderspiele und kam auf 181 Oberliga-Einsätze für Hansa Rostock, war nach der Wende Präsident und Manager bei Hansa und maßgeblich an der ersten Bundesliga-Zeit beteiligt, heute hat Kische, derschon zu DDR-Zeiten zum Direktor für Ökonomie im Tief- und Verkehrsbau-Kombinat Rostock aufstieg, drei Firmen im Dienstleistungsgewerbe und in der Baubranche.

Ulf Kirsten
(4.12.1965). Der Bundesliga-Profi, der seit 1990 für Bayer Leverkusen spielt, scheiterte mit der DDR-Auswahl zwei Mal in der WM-Qualifikation, er kam zu 49 Länderspielen für die DDR, denen dann 51 für die DFB-Auswahl folgten. Kirsten, in Leipzig geboren, trug 141 Mal in der Oberliga das Trikot von Dynamo Dresden und gehörte mit 51 Treffern schon damals zu den besten Torjägern.

Der „Graf von Jena" erhielt Berufsverbot im Paradies

Erfolgstrainer Georg Buschner durfte nach seinem Rauswurf nicht mehr arbeiten

Die Sache ging damals ganz schnell. Nach dem Flop gegen Polen in der WM-Qualifikation im Oktober 1981 musste der erfolgreichste Trainer der DDR seine Sachen packen. „Ich war schon lange fällig. Jetzt konnten sie mich abschießen", erinnert sich Georg Buschner, der für die Oberen immer unbequem war und vor der SED-Führung nie ein Blatt vor den Mund nahm. Der jetzt 77 Jahre alte Thüringer hatte Carl Zeiss Jena zu einer Spitzenmannschaft geformt und wurde 1970 mehrfach gedrängt, die DDR-Auswahl zu übernehmen. „Ich habe mich gewunden wie ein Aal und dann zugesagt, als es nicht mehr anders ging", weiß Buschner, der dann die DDR-Nationalelf in ihre erfolgreichste Ära führte. „Wir haben damals umgesetzt, was heute jeder Tennisspieler weiß, dass man nur mit guter Athletik bestehen kann", nennt der Trainer ein Geheimnis.

Er hat immer den Kampf der Technik vorgezogen. In der großen Zeit von 1974 bis 1976 hatte Buschner aber auch genügend spielerisches Potenzial. Der Alleinherrscher zog gnadenlos seine Linie durch und ließ sich von niemandem reinreden. Als Buschner noch Klubtrainer in Jena war, hat er bei einem Punktspiel in Berlin sogar Stasi-Chef Mielke aus der Kabine geworfen, weil dieser brutales Foulspiel moniert hatte. „Ich habe so getan, als ob ich ihn nicht kennen würde. Danach bin ich von der Stasi nie mehr belästigt worden", sagt Buschner. Das einzige deutsch-deutsche Duell ist dem Trainer nicht so sehr sportlich („1976 bei Olympia haben wir viel besser gespielt"), sondern wegen der Begleitumstände in Erinnerung geblieben. „Da saßen 1500 Leute aus dem Osten im Hamburger Volksparkstadion. Da waren sicher auch Fans dabei. Aber sie waren ausgesucht. Trainer und Spieler blieben zu Hause. Meine Frau auch, als Faustpfand", berichtet Buschner. Nach dem Sieg lief die Mannschaft auch nicht in die Kurve, denn „jeder ausgewählte Zuschauer in dieser Ecke war einer zuviel", glaubt der damalige Trainer.

Nach den bemerkenswerten Spielen bei der WM 1974 bekam Buschner Angebote aus dem Westen. Werder Bremen versuchte es mit einem offiziellen Antrag an die Sportführung der DDR und später sogar über Außenminister Hans-Dietrich Genscher. Die Norddeutschen erhielten jedesmal eine Absage mit der Begründung, dass Herr Buschner nicht wolle. „Dabei haben sie mich nicht einmal gefragt. Trainer wie Heinz Krügel aus Magdeburg, Walter Fritzsch aus Dresden oder ich hätten bestimmt für Furore gesorgt", denkt der Jenaer. Mit der Nationalmannschaft ging es nach dem Olympiasieg 1976 bergab. „Wir waren ein Fußball-Hasserland, was die Funktionäre angeht. Die haben doch immer nur die medaillenträchtigen Sportarten gesehen, den Fußball vernachlässigt", hat der Trainer einen Grund parat. Es waren Buschners harter Stil, den Abnutzungserscheinungen begleiteten, und eben die nun fehlende Klasse des Personals, die den Trainer immer wieder scheitern ließen. Nach elf Jahren mit 115 Länderspielen, darunter 60 Siegen und nur 23 Niederlagen, musste der „Graf von Jena", wie Buschner aufgrund seiner abseits des Rasens charmanten, redegewandten und vornehmen Art genannt wurde, gehen. Nach seinem Rauswurf erhielt er praktisch Berufsverbot im „Paradies", der Spielstätte der Jenaer. „Ich hätte zwar als Pförtner,

DER WM-TRAINER

aber nie wieder als Trainer arbeiten dürfen". Buschner ließ sich krank schreiben, weil „ich einige Professoren kannte".

1984 wurden ihm zwei künstliche Herzklappen eingesetzt. Buschner wurde Invalide, fühlt sich aber nach wie vor pudelwohl und topfit. Mit seiner Frau Sonja ist er oft in der Welt unterwegs, um ihr „die Städte zu zeigen, in die sie früher nicht mitdurfte". Und heimlich ist der „Schorsch" immer noch Auswahltrainer und stellt die Mannschaft auf, zumindest vor dem Fernseher.

Georg Buschner, umlagert von Autogrammjägern: Auch Werder Bremen wollte ihn, aber er durfte nicht in den Westen.

ANDERE TRAINER

Bernd Stange
(14.3.1948). Über fünf Jahre Nationaltrainer. Der Thüringer scheiterte in der WM-Qualifikation 1986 um einen Punkt. Im Dezember 1988 nach einer 1:3-Niederlage gegen die Türkei zum Auftakt der WM-Ausscheidung für Italien 1990 und nach 54 Länderspielen entlassen, später Sportdirektor bei Hertha BSC, Bundesliga-Trainer beim VfB Leipzig, dann Trainer-Weltenbummler mit Stationen bei Dnjpr Dnjpropetrowsk (Ukraine), Perth Glory (Australien) und als Auswahltrainer im Oman.

Eduard Geyer
(7.10.1944). Letzter Auswahltrainer der DDR, der in der Wendezeit 1989 im letzten Qualifikationsspiel für die WM 1990 an Österreich scheiterte (0:3), danach feierte der Dresdner noch Erfolge mit der „sterbenden" Auswahl: 1:0 in Schottland, 3:3 in Brasilien, 2:0 in Belgien. Mit Dynamo Dresden wurde er als Spieler zwei Mal und als Trainer ein Mal DDR-Meister, Talentspäher für Schalke 04, Trainer bei Banyasz Siofok und Sachsen Leipzig, seit Juli 1994 Trainer beim Bundesligisten Energie Cottbus.

Karoly Soos
(5.4.1909). Der Ungar, geboren in Budapest, war sechs Jahre von 1961 bis 1967 in 43 Länderspielen DDR-Trainer und führte in dieser Zeit die wohl spielstärkste Mannschaft mit Klasse-Spielern wie Henning Frenzel, Dieter Erler, Jürgen Nöldner, Eberhard Vogel, Klaus Urbanczyk und den Ducke-Brüdern. Den größten Erfolg gab es 1964 mit Olympia-Bronze. Soos war später auch ungarischer Auswahltrainer.

„Dieses verfluchte Tor wird mich noch bis ins Grab begleiten"

Jürgen Sparwasser spricht über den Treffer von Hamburg, der sein Leben veränderte

Natürlich hat mich diese eine Szene immer wieder eingeholt. Sie lief ja auch oft genug bei uns im DDR-Fernsehen. An diesem 22. Juni 1974 waren in Hamburg im deutsch-deutschen Duell während der Weltmeisterschaft noch zwölf Minuten zu spielen. Unser Torwart Jürgen Croy hatte mal wieder einen Angriff mit stoischer Ruhe gestoppt und den Ball fest zwischen seinen Händen. Der Zwickauer warf die Kugel zu Erich Hamann, der sie mit einem weiten Pass tief in die Hälfte der bundesdeutschen Auswahl beförderte. Eigentlich hatte ich gar keine Chance als ich in die Spitze lief, denn ich war durch Bernd Cullmann, Horst-Dieter Höttges, Berti Vogts und Franz Beckenbauer gleich von vier Gegenspielern in den weißen Hemden umgeben. Ich hatte Glück, dass mir der Ball ins Gesicht sprang und dadurch eine für die Verteidiger unvorhersehbare Richtung einschlug. Diesen kleinen Vorteil nutzte ich aus, schlug einen Haken um den herausstürzenden Sepp Maier herum und schoss den Ball unter die Latte.

Dieses verfluchte Tor wird mich bis ins Grab begleiten. Wenn dann auf dem Grabstein „Hamburg 1974" steht, weiß jeder, wer darunter liegt.

Nein, der Treffer hat mir mehr geschadet als genutzt. Viele in der ehemaligen DDR haben sich doch über unseren Sieg nicht gefreut. Es waren die Leute, die schon damals in den Stuben heimlich das Deutschland-Lied gesungen haben. Und dann mussten sie den Sparwasser auch noch vor jeder Sport-Sendung im Vorspann sehen. Das hat meinem Image nicht gut getan, doch ich konnte mich nicht dagegen wehren. Es gab die wildesten Gerüchte, die den Neid schürten. Der hat dafür ein Haus bekommen und kann sich jedes Jahr ein neues Auto kaufen, hieß es. Die Wahrheit ist, es gab für mich 2500 Westmark. Damit war ich Durchschnitt in der Mannschaft. Und alle durften zu einem Essen mit Ministerpräsident Stoph. Das war's.

Ich glaube, ich habe auch viel wichtigere Tore erzielt. Treffer, mit denen wir beim 1. FC Magdeburg in den Jahren 1972, 1974 und 1975 jeweils Meister wurden. Oder im Pokalendspiel 1973 in Dessau, als ich gegen den 1. FC Lok Leipzig zwei Mal zum 3:2-Sieg traf. Oder mein „Halbes" im Europapokalfinale von Rotterdam 1974 gegen den haushohen Favoriten AC Mailand, als Verteidiger Lanzi meinen Schuss in den eigenen Kasten bugsierte. Oder in den mitreißenden Europapokalspielen im Herbst 1974 gegen die Bayern und 1977 gegen Schalke 04, in denen mir zwei bzw. drei Tore gelangen.

Im Westen war ich nach Hamburg natürlich ein bekannter und sportlich gefragter Mann. Als wir wenige Monate später in München gegen die Bayern spielten, bot mir ein Spielervermittler 350 000 Mark. Später wollte mich Mäzen Günter Mast zu Eintracht Braunschweig holen. Ich sollte für seinen Likör werben, bei Eintracht spielen und in Magdeburg wohnen bleiben. Das war natürlich völlig realitätsfremd. Ich blieb dort, wo meine Wurzeln waren. Wegen der Familie und weil ich den Luxus nicht brauchte. 1988 ging ich doch in Westen. Mit meiner Frau Christa. Sie war in Lüneburg bei Verwandten, ich bei einem Altherren-Turnier in Saarbrücken.

Die Stasi wusste nichts davon, sonst hätten wir nicht gemeinsam fahren dürfen. Es war daheim für uns unerträglich geworden. Drei Mal sollte ich Trainer beim 1. FC Magdeburg werden, drei Mal hatte ich abgelehnt, weil ich als Hochschullehrer und Trainerausbilder an der Pädagogischen Hochschule voll ausgelastet war. Das bekam ich zu spüren, konnte mir dadurch auch meine Doktorarbeit abschminken. Da zählte dieses Tor von Hamburg bei den Genossen gar nichts mehr.

DER ZEITZEUGE

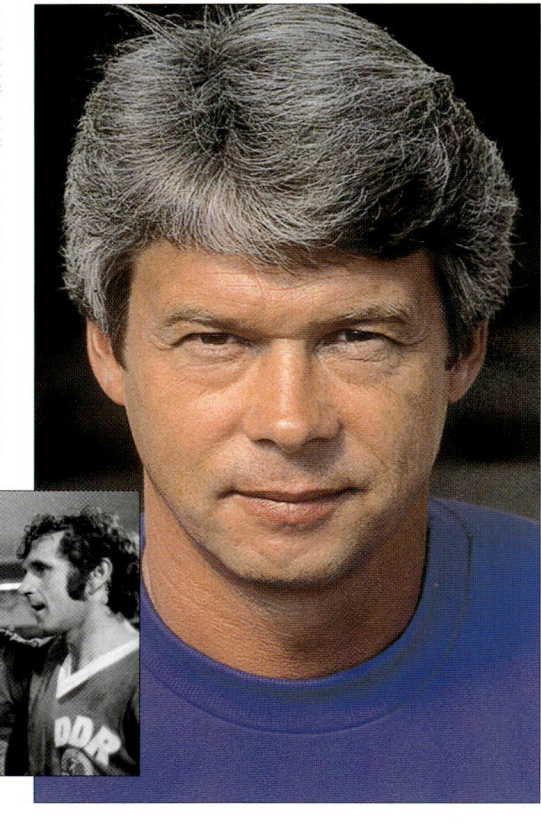

Jürgen Sparwasser: „Das Tor gegen die Bundesrepublik haben mir viele geneidet."

Jürgen Sparwasser (4.6.1948). Der Mittelstürmer des 1. FC Magdeburg schoss am 22. Juni 1974 beim 1:0 in Hamburg das berühmteste Tor der deutsch-deutschen Fußballgeschichte, Sparwasser wurde mit seinem Verein drei Mal Meister und 1974 Europapokalsieger, 53 Länderspiele (15 Tore), 271 Oberliga-Einsätze (112 Tore), 44 Europapokalspiele (20 Tore), Olympia-Bronze in München. Er flüchtete 1988 aus der ehemaligen DDR. Trainerstationen bei Eintracht Frankfurt und Darmstadt 98, mehrere Jahre Geschäftsführer bzw. Präsident der Vereinigung der Vertragsspieler, jetzt in einem Bau-Unternehmen tätig.

DER JOURNALIST
Rotwein mit Eigelb und Sonne über Nizza

Heinz Krügel, der als einziger Fußballtrainer mit dem 1. FC Magdeburg einen DDR-Verein zum Europapokalsieg geführt hat, ist ein kauziger Sachse mit ureigenem Mutterwitz. Und er hatte eigenwillige Methoden, um seinen Spielern Beine zu machen. Vor wichtigen Spielen mixte er ein Gebräu aus Rotwein und Eigelb. „Das schmeckte scheußlich. Wir sind mehr auf ein gewisses Örtchen gerannt, als über den Rasen", erinnert sich der 66-fache Magdeburger Nationalspieler Martin Hoffmann mit Grausen. Mit oder ohne Wundertrunk - Krügel hatte Erfolg. Mehr als Georg Buschner mit der Nationalmannschaft. Vielleicht fehlte dem Auswahltrainer aus Jena ein solches Zaubergetränk, denn immer wenn es nach 1974 ernst wurde in den Qualifikationen für die Welt- und Europameisterschaften, versagten die Spieler im DDR-Trikot. Meist passierte das in der riesigen Betonschüssel des Leipziger Zentralstadions.

Dort habe ich unter dem Dach im Wolkenkuckucksheim gesessen, mit Papier, Bleistift und einem Telefon, und wie die 100 000 Fans draußen gebangt, gezittert, gehofft. Am Ende war es doch immer wieder das alte Lied, wenn ich durch die Leitung die Sätze über das Ausscheiden diktierte. Wie 1977 nach einem entfesselten Sturmlauf gegen Österreich, der im deprimierenden 1:1 endete. Wie 1981, als die pfeilschnellen Polen mit der behäbigen DDR-Abwehr Katz´ und Maus spielten. Und nach der Ära Buschner klappte es auch nicht mehr. 1985 waren Franzosen und Bulgaren um einen Punkt besser, 1989 schoss in der Wendezeit Toni Polster das DDR-Team im Wiener Prater-Stadion ab. Und spätestens da fiel mir Heinz Krügel wieder ein. Der hatte über den DDR-Fußball längst den Stab gebrochen, als wir uns noch von Hoffnung zu Hoffnung hangelten: „Über Nizza lacht die Sonne, über uns die ganze Welt."

Axel Meier (Jahrgang 1952) ist seit zehn Jahren stellvertretender Sportchef der „Mitteldeutschen Zeitung" in Halle, Augenzeuge von rund 50 Länderspielen der DDR-Auswahl und nach der Wiedervereinigung Berichterstatter von allen Welt- und Europameisterschaften.

Der Blackout von New York

1994

Brasilien

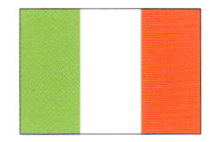

Italien

Schweden

Bulgarien

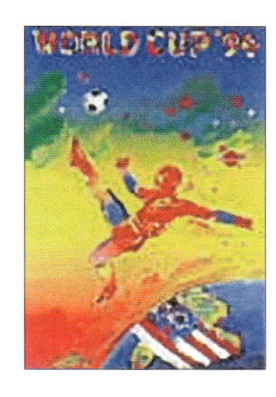

Premiere in den USA - die Fußball-WM gastierte erstmals außerhalb Europas und Südamerikas. Und Deutschlands Mannschaft begann das Turnier in Chicago mit dem Spiel gegen Bolivien.

Aus „Fußball" wurde für ein paar Wochen „Soccer". Eine Fußball-WM in den USA - eine Novität. Doch das Land bot dem neuen Spiel eine tolle Heimat. Die Amerikaner strömten zu den Spielen, sie stellten einen Zuschauerrekord für die Ewigkeit auf. Deutschland sah im Viertelfinale gegen Bulgarien schon wie der sichere Sieger aus. Doch dann kam der Blackout von New York. Das erste Finale, das im Elfmeterschießen entschieden wurde, gewann Brasilien.

BUCHKATALOG.DE

Die Brasilianer hörten auf, brasilianisch zu spielen – und wurden Weltmeister

Rekorde bei der Soccer-WM 1994 – Deutschland und Trainer Vogts scheitern im Viertelfinale an Bulgarien

Der 4. Juli 1988 war ein denkwürdiger Tag. Erstmals nämlich vergab die FIFA eine Weltmeisterschaft nicht an einen europäischen oder südamerikanischen Staat. Ausgerechnet die USA, ein Fußball-Entwicklungsland, vertreten von Ex-Außenminister Henry Kissinger und den ehemaligen Fußballstars Pelé und Franz Beckenbauer, hatte den Zuschlag bekommen. Die Aussicht auf eine Milliarde Dollar Umsatz hatte die FIFA-Bosse beeindruckt, getreu der Strategie von Präsident Joao Havelange: „Wir müssen neue Märkte erschließen."

Fußball, in den USA „Soccer" genannt, war in diesem Lande beileibe keine ernst zu nehmende Sportart. Das sagten jedenfalls die Kritiker dieser Entscheidung und schüttelten fassungslos mit dem Kopf. Basketball, Eishockey, Football oder Baseball – das sind die Dinge im Sport, für die sich die Amerikaner interessieren. War nicht das Experiment der NASL, der

DER RÜCKBLICK

North American Soccer League, nach ein paar Jahren wegen erwiesener Unfinanzierbarkeit eingestellt worden? Einfach pleite gegangen, als die großen Stars wie Pelé, Beckenbauer oder Gerd Müller abgedankt hatten. Waren die Zuschauerzahlen von Cosmos New York, dem Bayern München der Staaten, nicht innerhalb von ein paar Jahren von fast 50 000 Zuschauer pro Spiel auf weit unter 4000 gefallen? Gab es etwa eine eigene Liga in den USA? Was also wollte der Fußball dort erreichen? 1984 war die NASL gescheitert, 1986 der neue Anlauf mit der WM-Bewerbung.

Das langfristige Ziel lautete: Die WM sollte ein Zeichen setzen, dem Fußball in den Staaten zu einem neuen Start verhelfen. Einzige Bedingung der FIFA: Vom WM-Gewinn musste Generalsekretär Alan Rothenberg 20 Millionen Dollar als Anschubfinanzierung für eine neue Major League abzweigen. Sie wurde 1996 gegründet, Tendenz steigend, Ausgang offen. Denn

Glücklicher Weltmeister: Im ersten Elfmeterschießen, das ein WM-Finale entschied, gewann Brasilien gegen Italien und gedachte dann Ayrton Senna.

Frage: Was ist das? - „55:21 Sanchez E., BOL, crossing pass, 18 Klinsmann J., GER, out of bounds"?

Was sich wie die Anleitung für einen CIA-Agenten im Spezialeinsatz liest, ist nichts weiter als die 55. Minute des WM-Spiels Deutschland gegen Bolivien, und in dessen 55. Minute tat sich folgender Spielzug: Erwin Sanchez, die Nr. 21 der bolivianischen Elf, schlägt einen Querpass, aber Jürgen Klinsmann, die Nr. 18 von Deutschland, befördert den Ball ins Aus."

Über fünf, sechs Seiten erstreckten sich bei der WM in den USA die von Computern erstellten Statistiken über jede Partie, die den Medien anschließend zur Verfügung gestellt wurden. Nicht allein Tore, Gelbe und Rote Karten und Auswechslungen waren festgehalten, auch indirekte Freistöße, Pässe, Ausbälle - alles eben.

Amerikaner, so wurden die Reporter aus aller Welt von der Computer-Firma EDS belehrt, brauchen das. Das sportliche Spiel müsse zerlegbar sein in Zahlen, Abschnitte und Rela-

DIE GLOSSE
Von Soccer, Amerika und der Mathematik

tionen - sonst ist es keines. Und nach den bewegenden Momenten, die ein Fußballspiel aus amerikanischer Sicht erst nachvollziehbar und damit erkennbar machten, fahndeten bei jeder WM-Partie Dutzende von Spezialisten.

„Wir suchen den längsten, kräftigsten, größten oder auch drittbesten Spieler - wenn es sein muss an einem x-beliebigen Mittwoch im März aber nur in Schaltjahren, die mit einer Acht enden" - so beschrieb der Kolumnist und „Analytiker" Phil Harsch von der Sportredaktion der „Chicago Tribune" die Intensität solcher Bemühungen. Im übrigen konfrontierte Phil Harsch seine von Soccer, wie Fußball in den USA heißt, oft völlig unbeleckten Leser mit Zahlen, die sie von dem neuen Sport tief beeindrucken mussten: Die Fernsehzuschauer-Quote im Endspiel am 17. Juli in Los Angeles von geschätzten zwei Milliarden Menschen übertreffe, so Harsch, diejenige des größten US-Sportereignisses, dem jährlichen Football-Finale um die Super-Bowl, im Verhältnis 10:1.

Oder, wie es in den USA heißt: Soccer 10, Football 1!

Wenn Sie jetzt amüsiert lächeln, werte Leserin, werter Leser, dann bedenken Sie bitte, dass im WM-Jahr 1994 nur so den Soccer-Kritikern in den USA beizukommen war. Wie hatte doch ein Leitartikler der großen „New York Times" einmal befunden, als das WM-Spektakel im Lande ruchbar wurde? „Ein Spiel, das am Ende noch genauso stehen kann wie am Anfang (nämlich 0:0), ist nur wert, dass es vom Angesicht dieser Welt verschwindet."

Und deshalb: Danke, Mr. Harsch. Danke, EDS. Danke, Mathematik, du Mutter aller Wissenschaften!

im Fußball geben in den USA immer noch die Ladies, Weltmeisterinnen 1991 und 1999, den Ton an. Und an die Popularität oder die Gagen einer Mia Hamm kommt kein Mann heran.

In jenen Tagen, als es um den Zuschlag für die WM in Amerika ging, hatten Beckenbauer und seine Freunde auch gute Zahlen in der Hinterhand: Olympia 1984, die grandiosen Spiele in Los Angeles, hatte bewiesen: Das Interesse am Fußball war vorhanden. Kaum zu glauben, aber wahr: Der Fußball war die Sportart bei Olympia gewesen, die die meisten Zuschauer angezogen hatte. Mehr als 1,4 Millionen Tickets waren für die 32 olympischen Fußballspiele verkauft worden, 44 456 pro Spiel. Und das Finale zwischen Brasilien und Italien in Pasadena sahen 94 949 Zuschauer – es gab nur drei WM-Endspiele, jene von 1950, 1970 und 1986 die mehr Augenpaare vor Ort im Stadion verfolgt haben. In der Tat: Das Risiko eines Flops war also gering. Und so kam es auch: 3,5 Millionen Fans, eine Million mehr als vier Jahre zuvor im fußballverrückten Italien, waren bei durchgängigem Kaiserwetter in die Stadien gepilgert, 68 604 Zuschauer im Schnitt kamen zu jedem Spiel – ein Rekord für die Ewigkeit? Wahrscheinlich!

Und auch die Stimmung war bei weitem besser, als es gerade die Europäer befürchtet hatten. „Die WM 1994 war ein unbeschwertes Happening, ein Spektakel, bei dem voreilige Kritiker ihre Meinung nach Ansicht der Dinge revidieren mussten. Die WM hat wohl eher davon profitiert, dass sie in einem Fußball-Entwicklungsland stattfand", schrieb Fernseh-Moderator Jörg Wontorra später in dem Buch „Fußball WM `94" (Lingen-Verlag). In der Tat: Für Amerika war der Kick einfach für ein paar Wochen lang chic. Als sportliches Fazit konnte nur stehen: Brasilien hörte auf, brasilianisch zu spielen. Und mit der neuen Taktik wurde es 24 Jahre nach dem 4:1 von Mexiko City gegen Italien wieder Weltmeister – zum vierten Mal, so oft, wie kein anderes Land. Das mag kein Zufall sein, gewiss aber der Umstand, dass die Italiener der Finalgegner waren. Sie hatten sich mehr oder weniger und dank vieler später Treffer von Roberto Baggio, ihres Weltfußballers, ins Endspiel gemogelt. Italien hatte schon in der Vorrunde gewackelt, war nur dank eines russischen Siegs gegen die einstmals unzähmbaren nun aber zahnlosen Löwen aus Kamerun nicht vorzeitig nach Hause gefahren. Italien hatte in der Partie gegen Nigeria schon wie der sichere Verlierer ausgesehen, dank Baggio aber doch noch gewonnen. Auch gegen Spanien und Bulgarien war Baggio, der Mann mit dem lustigen Zopf, später und früher Matchwinner gewesen – und nun starrten ihn an jenem 17. Juli 1994 genau 94 949 Augenpaare an.

Roberto Baggio stand am Elfmeterpunkt der riesigen Schüssel der Rose Bowl von Pasadena, wenige Kilometer von Los Angeles entfernt. Es lief das WM-Finale gegen Brasilien, beide Mannschaften befanden sich nach dem ersten torlos zu Ende gegangenen Endspiel und einem von der Taktik erstickten Spielverlauf mitten im Elfmeterschießen. Roberto Baggio musste treffen, nachdem Libero Franco Baresi schon verschossen hatte. Er war in Zugzwang geraten. Doch ein Schuss aus elf Metern ins 7,32 Meter breite und 2,44 Meter große Tor war für einen wie ihn eigentlich eine leichte Übung. Und doch werden bei solch' entscheidenden Schüssen manchmal auch 17,86 Quadratmeter große Tore zu Nadelöhren, durch die kein Ball passt. Kurz gesagt: Roberto Baggio drosch den Ball irgendwann übers Tor hinweg. Carlos Dunga, der Kapitän Brasiliens, der damals beim VfB Stuttgart noch die gute, alte D-Mark verdiente, traf als nächster – Brasilien hatte den Cup. Und das Team widmete seinen Sieg einem Landsmann: Ayrton Senna war im Frühjahr des WM-Jahres in Italien tödlich verunglückt, doch nun lebte die brasilianische Formel-1-Legende weiter.

Weltmeister Brasilien. Doch nichts war wie früher. Bei den Titelgewinnen 1958, 1962 oder 1970. Aus den Ballzauberern, die an der Copacabana barfuß ihre ersten Tore geschossen hatten, waren kühl abwägende Fußballhandwerker geworden – allerdings die besten. Die ihr Hauptaugenmerk auf die Defensive legten. Die in sieben Spielen fünf Mal zu Null gespielt hatten. Die nur drei Gegentore hatten hinnehmen müssen. Die nur zwölf Chancen der gegnerischen Team zugelassen hatten. Das war nicht mehr der Samba-Fußball früherer Tage, diese Unbeschwertheit der Mannschaft von 1958, die Eleganz eines Pelés, die Dribbelkunst eines Garrinchas oder die geniale Strategie eines Didi. Brasilien 1994 war ein Weltmeister ohne Glanz.

Und doch, wie froh wären die Titelverteidiger aus Deutschland gewesen, wenn sie an Brasiliens Stelle in der Rose Bowl den Weltcup hätten entgegen nehmen dürfen. Jenen Pokal, den sie 1990 gewonnen und den der damalige Trainer Franz Beckenbauer bei der Eröffnungsfeier dieser WM hatte zurückgeben müssen. Berti Vogts hieß Beckenbauers Nachfolger. 1992 war er fast schon aus dessen Schatten herausgetreten, als er auf Anhieb fast sein erstes großes Turnier als Chef gewonnen hätte, Europameister geworden wäre. Fast. In Göteborg hatten die deutschen Favoriten gegen die aus dem Urlaub zurückgeholten Dänen das Finale verloren, gegen jene Dänen, deren „Danish Dynamite" inzwischen nass geworden war und die zwei Jahre später nicht einmal mehr die WM-Qualifikation schaffen sollten.

Doch Deutschlands Mannschaft hatte sich nicht weiter entwickelt, sie lebte von einigen Einzelkönnern und von großen Namen. Und Vogts besaß nicht die Autorität, diesen komplexen Haufen zu bändigen. Die Einzelinteressen verliefen zu oft konträr, das statuierte Exempel, Stefan Effenberg wegen dessen berühmt-berüchtigt gewordenen Stinkefingers von Dallas vorzeitig nach Hause zu schicken, war überzogen und kam ohnehin zu spät.

Immerhin: Die Vorrunde hatten die Deutschen dank ihres Sturmduos Klinsmann/Völler überstanden. Dem 1:0 gegen Bolivien folgte ein 1:1 gegen Spanien und im Glutofen der Cotton Bowl von Dallas, nur ein paar Kilometer von der Stelle entfernt, an der im November 1963 John F. Kennedy erschossen wurde, ein 3:2 gegen Südkorea.

Zurück in Chicago, rafften sich die Deutschen zu ihrer besten Leistung dieser Tage auf und schlugen Belgien klarer als es das 3:2 besagt. In New York, gegen alternde Bulgaren, die in

---

DER PROMINENTE

Eine Fußball-WM fasziniert mich, weil...

...ich immer noch hoffe, dass irgendwann einmal wieder ein Spieler von 1860 München dabei ist.

Ottfried Fischer, Schauspieler, der „Bulle von Tölz".

WALDIS WELT

„Mein Deal mit Bundestrainer Berti Vogts"

Waldemar Hartmann: „Wie „Effes" Rausschmiss gemeldet wurde"

Wolfgang Niersbach, der Pressedirektor des Deutschen Fußball-Bundes, hatte rechtzeitig seinen Wunsch bei der ARD angemeldet. Im Hotel der Deutschen Nationalelf in der Nähe von Chicago wurden von unseren Fernsehtechnikern die Satellitenschüsseln so eingestellt, dass in allen Zimmern unser Programm zu empfangen war. Was allerdings nur halb stimmt.

Es war nur das zu sehen, was aus unseren ARD-Studios in Dallas und Chicago gesendet oder aufgezeichnet wurde. Auch das also, was sich im Studio vor oder nach einer Sendung so abspielt, wenn ein schusseliger Techniker den Regler nicht rechtzeitig zudreht – oder ihn vielleicht auch mal ganz bewusst offen lässt. Da erzählt einem schon mal der Kameramann den neuesten Witz, oder man tauscht untereinander aktuelle Erfahrungen im Umgang mit Land und Leuten aus. Nicht unbedingt bestimmt für Ohren nicht Anwesender. Wie sich herausstellte galten diese „unsendbaren" Beiträge als absoluter Quotenhit im Hotel der Nationalmannschaft. Erst als mich Lothar Matthäus und Thomas Berthold auf dieses „Spezialprogramm" aufmerksam gemacht hatten, achteten wir genau darauf, dass nur noch das rausging, was auch rausgehen sollte. Dies galt auch für alle Fernsehgeräte im internationalen Fernsehzentrum von Oakbrook bei Chicago.

Ich verrate das deshalb, weil es der Grund dafür ist, dass die deutschen Fernsehzuschauer zwar zuerst und exklusiv in der ARD vom Rauswurf Stefan Effenbergs erfuhren, aber dennoch mit eineinhalbstündiger Verspätung. Morgens um Sieben klingelte mein Telefon. „Kalle" Rummenigge war dran. Er erzählte mir, dass ihn Egidius Braun, der DFB-Präsident, gerade angerufen habe, um mit ihm über die „Stinkefinger-Aktion" von Stefan Effenberg im Spiel gegen Südkorea gegen deutsche Zuschauer zu diskutieren. Braun entschied sich im Verlauf dieses Gesprächs, Effenberg nach Hause zu schicken. Er selbst wollte dies Effenberg mitteilen und nach Chicago fliegen. Um 8.30 Uhr Ortszeit hatte ich einen schon vorher festgelegten Interview-Termin mit Berti Vogts. Als ich den Bundestrainer beim Betreten unseres Studios fragte, ob Effenberg schon von seinem „Schicksal" wisse, wurde Berti blass. Er wollte das Effenberg erst nach dem Studiobesuch beibringen. Wir machten einen Deal. Ich fragte nicht nach Effenberg, aber es durfte auch kein anderer Journalist erfahren, bis ich zur verabredeten Zeit um 10 Uhr die Meldung live verkünden würde: „Der DFB schmeißt Stefan Effenberg aus der Nationalmannschaft." So geschah es. Alle hielten sich an die Abmachung. Es war nicht die Regel, eher die Ausnahme.

Tor im Achtelfinale gegen Belgien, das die Deutschen 3:2 gewannen: Rudi Völler (links) und Jürgen Klinsmann leben ihre Freude aus.

DFB-Kader 1994
Eingesetzt: Basler, Berthold, Brehme, Buchwald, Effenberg, Häßler, Helmer, Illgner, Klinsmann, Kohler, Kuntz, Matthäus, Möller, Riedle, Sammer, Strunz, Völler, Wagner.
Nicht eingesetzt: Gaudino, Kahn, Kirsten, Köpke.

der Qualifikation die starken Franzosen bezwungen hatten, lief alles nach Plan. Lothar Matthäus besorgte das 1:0 per Elfmeter– und Völler schoss auch programmgemäß das 2:0. Doch Schiedsrichter Cadena aus Kolumbien annullierte den Treffer. Das war zwar falsch, aber diese Entscheidung gab den Bulgaren in der Schlussphase die Chance zur Sensation. Sie nutzten sie – man möchte fast sagen zufällig. Denn die Augenzeugen dieses Spiels hatten nie den Eindruck, dass die Bulgaren gewinnen wollten, dass sie an ihren Erfolg glaubten.

Ein Freistoß von Stoitchkov führte zum 1:1 – Bodo Illgner flog lange, schön, aber vergeblich. Und als Jordan Letchkov, der Mann mit der hohen Stirne vom HSV, plötzlich den – warum auch immer – in diesem entscheidenden Moment zum Verteidiger umfunktionierten kleinen „Icke" Häßler beim Kopfballduell übersprang, hieß es 2:1 für die Bulgaren. Konfusion auf der deutschen Bank – lähmende Stille nach dem Aus in der deutschen Kabine. Im Bauch des Giants Stadium, in dem früher schon Pelé und Beckenbauer gezaubert hatten, war für Minuten nur noch die wummernde Klimaanlage zu hören. Und in die Stille hinein erklärte Bodo Illgner, der Torwart aus Köln, wirklich zum unpassendsten Zeitpunkt seinen Rücktritt. Eine Charakterfrage, wie später Egidius Braun meinte. Der DFB-Präsident, menschlich tief enttäuscht, verdrückte an der Brust eines Journalisten in einer Ecke der riesigen Gänge erst einmal zwei Tränen, ehe er sich fing, wieder zur Mannschaft zurückkehrte und sich hinter den bei dieser WM gescheiterten Trainer stellte.

Einen Tag später zerstreute sich eine in sich zerstrittene deutsche Mannschaft in alle Winde, Urlaubsreisen in aller Herren Länder waren flugs gebucht. Berühmt ist das Foto, das Vogts ganz allein am Frühstückstisch des Mannschaftsquartiers zeigte. Brauner Anzug, graues Gesicht. Das Geschirr auf dem Tisch ist gebraucht. Nach seiner letzten WM-Pressekonferenz, die er mit Anstand hinter sich brachte, verzog er sich mit Frau und Sohn erst einmal in die Nationalparks Kanadas. Ohne Telefon. Ohne Fernsehen. Und so blieb dem kleinen Bundestrainer wenigstens aktuell einer der vielen Schlagzeilen, die in diesen Tagen in der Heimat erschienen, verborgen. „Bitte hier unterschreiben, Herr Vogts", hatte die „BILD"-Zeitung getitelt und Vogts zur Kündigung seines Vertrages mit dem DFB aufgefordert. Braun und Helmut Kohl, der Bundeskanzler, redeten Vogts nach dessen Rückkehr gut zu, animierten ihn zum Weitermachen. Und zwei Jahre später hatte auch der gelernte Werkzeugmacher aus Korschenbroich als Trainer einen großen Titel gewonnen: In England wurde Deutschland mit ihm Europameister. Europameister, das war Franz Beckenbauer nur als Spieler geworden.

Völler, hier noch obenauf gegen die Bulgaren...

...und Thomas Häßler, völlig geschafft, nach dem Siegtreffer des Gegners.

ANDERE DATEN

1994
- Der FC Bayern München wird Deutscher Meister, der SV Werder Bremen holt sich den Pokalsieg.

1995
- Borussia Dortmund holt unter Trainer Ottmar Hitzfeld nach 1963 wieder einmal den Deutschen Meistertitel, Borussia Mönchengladbach gewinnt den Pokal.

1996
- Mit einem Kraftakt gewinnt die deutsche Nationalelf mit Bundestrainer Vogts das EM-Finale. Am Ende jubelt Deutschland über das Golden Goal durch Oliver Bierhoff gegen Tschechien.
- Bayern München gewinnt in Hin- und Rückspiel gegen Bordeaux den UEFA-Pokal.
- Matthias Sammer wird zu Europas Fußballer des Jahres gewählt.
- Borussia Dortmund verteidigt den Meistertitel, Pokalsieger wird der 1. FC Kaiserslautern, gerade aus der Bundesliga abgestiegen, durch einen 1:0-Sieg gegen den Karlsruher SC.

1997
- Borussia Dortmund gewinnt die Champions League im Finale gegen Juventus Turin und holt sich später auch noch den Weltpokal.
- Schalke 04 gewinnt gegen Inter Mailand den UEFA-Pokal.
- Bayern München wird Deutscher Meister, der VfB Stuttgart durch ein 2:0 über Energie Cottbus Pokalsieger.

ZEITTHEMEN

Als Mandela Präsident und Lady Di Legende wurde

1994: Im April 1994 bombardieren US-Jets erstmals serbische Stellungen vor Sarajevo, um dem Bürgerkrieg im zerfallenden Jugoslawien ein Ende zu machen. - England ist mit einem Male keine Insel mehr: „Wir haben jetzt eine Landesgrenze, Madame", sagt Frankreichs Präsident Mitterand zur Queen bei der Eröffnung des 50 Kilometer langen Kanaltunnels (6.5.). - Roman Herzog wird im Mai als Bundespräsident Nachfolger von Richard von Weizsäcker. - Nach den ersten freien Wahlen wird der 26 Jahre lang vom Apartheids-Regime eingekerkerte Jurist und Farbigenführer Nelson Mandela Südafrikas neuer Präsident (9.5.). - Israel entlässt nach 27 Jahren Besetzung den Gaza-Streifen und das Westjordanland in die PLO-Verwaltung; PLO-Chef Arafat wird überschwänglich gefeiert. - Am 29. Mai stirbt Erich Honecker in Santiago de Chile im Alter von 81 Jahren. - Das Fährschiff „Estonia" sinkt in der Ostsee und reißt 900 Menschen mit in die Tiefe. - Die zweite Bundestagswahl nach der Wiedervereinigung bringt eine Bestätigung von Helmut Kohls CDU/FDP-Regierung, die aber „nur" noch auf 48,8 Prozent der Stimmen kommt. - Gestorben: Schauspieler Heinz Rühmann (92). - Für seinen ergreifenden Film „Schindlers Liste" heimst Regisseur Steven Spielberg sechs der begehrten Oscars ein.

1995: Erdbeben fordern in der japanischen Millionenstadt Kobe im Januar 6336 und im Mai auf Sachalin 2500 Tote. - Elf Menschen sterben beim Giftgas-Anschlag auf die Tokioter U-Bahn im März. - Das Künstler-Ehepaar Christo verhüllt den Reichstag und lockt Millionen Besucher ins neue Berlin. - Israels Premier Rabin wird am 4. November von einem Studenten erschossen, der die Übergabe der ersten Städte an Palästina verhindern will. - Der Bürgerkrieg in Ex-Jugoslawien ist vorerst zu Ende. Nach massivem Einsatz von NATO-Kampfjets unterzeichnen Vertreter Serbiens, Kroatiens und Bosnien-Herzegowinas im Dezember einen Friedensvertrag.

1996: Der Hamburger Multimillionär und Kunstmäzen Reemtsma kommt nach 33-tägiger Geiselhaft gegen 30 Millionen Mark (knapp 15 Millionen Euro) Lösegeld frei (April). Die Entführer werden gefasst, das Geld bleibt unentdeckt. - Ein Brand auf dem Düsseldorfer Flughafen fordert im April 17 Tote. - US-Präsident Clinton schafft eine zweite Amtszeit (November). - Bei Rekord-Olympia mit 10 310 Teilnehmern in Atlanta gewinnt Carl Lewis zum vierten Mal den Weitsprung. - Gestorben: Frankreichs Ex-Präsident Francois Mitterand (79), Alt-Bundestrainer Helmut Schön (80).

1997: Seit ihrer Scheidung von Prinz Charles 1996 ist Lady Diana Objekt der Begierde für Klatschreporter. Auf der Flucht per Auto vor Fotografen stirbt sie in den Trümmern ihres Wagens in Paris (31.8.) in einem Straßentunnel und wird danach, weil am Königshof so ungeliebt, für Millionen zur „Königin der Herzen". - Englands Labour-Partei unter Toni Blair erringt den höchsten Wahlsieg der Geschichte und löst als Premier den Konservativen John Major ab (Mai). - Die 84. Tour de France gewinnt mit Jan Ullrich erstmals ein Deutscher (Juli). - Hongkong fällt nach 156 Jahren vertragsgemäß an China zurück (1.7.). - Gestorben: Ordensgründerin Mutter Theresa (87).

Genie auf dem Platz, ein schwieriger Typ im Leben: Romário, hier im WM-Finale gegen Italien, steuerte zum WM-Triumph der Brasilianer fünf Tore bei.

Ballzauberer auf engstem Raum

Für den Weltsportler Romário bestand das Leben (fast zu) lange nur aus Siegen

Um zu beschreiben, was für ein Großer dieser nur 1,68 Meter kleine Mann sei, griff Karl-Heinz Rummenigge, selbst eine Größe des Metiers, in einer Kolumne vor WM-Beginn ganz tief in die Kiste mit der Aufschrift „phänomenal": Dieser Romário sei „eine großartige One-Man-Show. Das Beste von Gerd Müller und Johan Cruyff". Ein wenig war diese Lobeshymne wohl dem Umstand geschuldet, dass der Exzentriker aus Brasilien in Deutschland damals noch weitgehend unbekannt war, obwohl er quasi vor der Haustür beim PSV Eindhoven (1988-1993) und danach für zehn Millionen Mark Ablöse beim FC Barcelona spielte, aber sie gebührt dem ebenso treffsicheren wie raffinierten Ballzauberer zu Recht. In beiden Ländern wurde Romário übrigens natürlich Torschützenkönig: Drei Mal in Holland, ein Mal in Spanien, bevor er dann Brasilien 1994 zum vierten Titel schoss. Sein Mannschaftskollege Santos beschrieb ihn beim Turnier in den USA so: „Ihm müssen wir nur vier Mal im Spiel den Ball geben, dann macht er zwei Tore."

Der „kleine Maradona", wie er von vielen genannt wird, hat vieles mit dem „göttlichen" Argentinier gemein: die gedrungene Statur und geringe Größe, die Herkunft aus ärmlichen Verhältnissen, Extravaganzen schier ohne Zahl - und den Titel Weltsportler des Jahres. Nach Pelé (1970), Maradona (1986) und Lothar Matthäus (1990) war der am 29. Januar 1966 in Rio de Janeiro geborene Romário de Souza Faria im Jahr 1994 erst der vierte Fußballer, dem diese Ehre der Weltsportpresse zuteil wurde. Mit klarem Vorsprung (137 Punkte) verwies er die Radsport-Ikone Miguel Indurain (92) und Tennis-As Pete Sampras (54) auf die Plätze.

Und wie Maradona, der sich uneheliche Vaterschaften, Luftgewehrschüsse auf Journalisten, Drogen- und Doping-Exzesse und ein exzessives Leben leisten konnte, ohne in seiner Heimat den Status des Fußballheiligen zu verlieren, so genehmigte sich auch Romário Skandale und Skandälchen.

Als er 1988 seine damals 17-jährige Verlobte Monica heiratet, registrieren die Medien die Zeremonie noch mit gewissem Amusement: Die Trauung lässt Romário auf dem Fußballplatz eines Dorfvereins inszenieren, der Altar steht auf dem Elfmeterpunkt. Andere Extravaganzen fanden vor allem seine Trainer weniger lustig: 1985 wirft ihn Jair Pereira einen Tag vor der Abreise zur Junioren-WM in der UdSSR aus dem Team, weil er ein Mädchen mit ins Quartier geschmuggelt haben soll. Weil Trainer Roberto Falcao ihn bei der WM 1990 in Italien nur 65 Minuten lang gegen Schottland spielen ließ, sagt Romario für die Copa América beleidigt ab: Lieber mache er Urlaub an der Copacabana, als unter Falcao zu spielen, lässt der Torschützenkönig des Olympia-Turniers von Seoul (sieben Treffer und Silbermedaille mit Brasilien) und der holländischen Ehrendivision ausrichten. 1992 verbannt ihn dann Falcao-Nachfolger Carlos Alberto Parreira für neun Monate aus der „Selecao", weil er massiv seine Aufstellung einfordert und behauptet, besser zu sein, als jeder seiner Konkurrenten. Da aber die Qualifikation für die WM in den USA in Gefahr gerät, holt ihn der in die Kritik geratene Parreira zurück. Im entscheidenden Spiel gegen den Erzfeind Uruguay schießt Romário dann prompt beide Tore zum 2:0-Sieg, und Parreira behauptet: „Romário hat uns der ‚Liebe Gott' geschickt".

Auch nach dem Titelgewinn in den USA, zu dem er fünf Tore, darunter den 1:0-Siegtreffer im Halbfinale gegen Schweden beisteuert, genehmigt sich Romário eigenmächtig einen zweimonatigen Urlaub. Zu sehr hat ihn das alles offenbar geschlaucht, zumal im Vorfeld auch noch sein Vater für einige Tage entführt (und dann wieder freigelassen) worden war, um mit Romário Lösegeld zu erpressen. Er feiert, zecht, schläft bis Mittag und spielt mit Freunden Fußball-Tennis. Die sechsstellige Geldstrafe an „Barca" fürs Zuspätkommen kann er, dessen Beine dem brasilianischen Verband 25 Millionen Mark Versicherungssumme wert waren gewissermaßen aus der Gesäßtasche zahlen, während sein Trainer und Mentor in Barcelona, Johan Cruyff, fast verzweifelt. Aber der Star, der an guten Tagen den Gegner und an schlechten seinen Coach in den Wahnsinn treiben kann, hat ohnehin mit Spanien abgeschlossen. Ein Sponsoren-Pool, der Barcelona die Hälfte der Transfer-Rechte abkauft, ermöglicht im Januar 1995 die Heimkehr nach Rio, wo Romário einst beim Promi-Club Vasco da Gama seine Karriere gestartet hatte (1980-1988). Der neue Verein heißt nun Flamengo Rio de Janeiro. 1,5 Millionen Mark Gehalt und Werbe-Einnahmen von mehreren Millionen jährlich beflügeln den „Baixinho", den Kleinen, wie ihn die Fans zärtlich nennen, ihnen inbrünstig zu versichern „wie glücklich ich bin, wieder bei euch zu sein".

Die neuen Finanziers, unter anderem eine Bank, eine Einkaufskette und ein TV-Sender, machen Romário zum landesweit perfekt vermarkteten Werbeprodukt. Sie sorgen aber auch dafür, dass er sein Image des Lotterbuben abstreift: Einsatz für wohltätige Zwecke, Spendenaufrufe für Erdbebenopfer, Stiftungen, die Schirmherrschaft über Behinderten-Schulen im ganzen Land - all das gehört zu den neuen Verpflichtungen des eigenwilligen Stars.

Der Egomane, der „noch nie an etwas anderes als an sein begnadetes Talent geglaubt hat und daran, dass für ihn das Leben nur aus Siegen besteht", wie der Sportautor Martin Hägele einmal schrieb, muss so zum Ende seiner Laufbahn lernen, dass er nicht nur zu bekommen, sondern auch zu geben hat. Kein schlechter Ansatz, um einen besseren Abschluss zu machen als sein langjähriger Gesinnungskumpel Maradona.

„Ich bin wie ich bin und verlange, dass man mich respektiert. Aber zum Glück bin ich reifer geworden und habe aus dem Leben gelernt", hat er mal in einem Interview über sich gesagt.

DER SUPER-STAR

Exzentriker Romário - der „kleine Maradona" heiratete auf dem Elfmeterpunkt eines Fußballplatzes.

ANDERE STARS

Thomas Häßler
(30.5.1966) ist einer der Dauerbrenner des deutschen Fußballs. Der kleine Berliner debütierte 1988 in der Nationalmannschaft und verlängerte 2002 seinen Vertrag beim Bundesligisten 1860 München bis 2003. Weltmeister 1990 mit dem großen Verdienst, das entscheidende Tor in der mit Ach und Krach überstandenen Qualifikation geschossen zu haben. Trainer Beckenbauers Dank: Aufstellung 1990 im WM-Finale. 1994 im Pech: Letchkov übersprang ihn in der entscheidenden Szene – Bulgarien war weiter, Deutschland ausgeschieden.

Franco Baresi
(8.5.1960) trug bei vier Weltmeisterschaften das Trikot der „Squadra Azzurra". 1982, bei seiner ersten Teilnahme, gewann Italien die WM. 1994, zum Abschluss der Karriere des Liberos vom AC Milan, verschoss er im Finale gegen Brasilien im Elfmeterschießen. Italien wurde „nur" Vize-Weltmeister.

Carlos Dunga
(31.10.1963) - bürgerlich Carlos Caetano Bledorn Verri - war Kapitän der brasilianischen Weltmeister-Mannschaft 1994. In ihm personifizierte sich der Stilwechsel der Brasilianer. Dunga, zu jener Zeit defensiver Mittelfeldspieler beim VfB Stuttgart, war eine Arbeitsbiene. Emsig und effektiv. Er verkörperte im brasilianischen Team den europäischen Stil. Die „Süddeutsche Zeitung" schrieb: Dunga ist kein Pelé und kein Garrincha, sondern eine Mixtur aus brasilianischem Zauber und deutschem Ordnungssinn."

NAMEN & NACHRICHTEN

Ohne England
Wieder einmal hatte sich England, das Mutterland des Fußballs, nicht qualifizieren können. Die Engländer waren an Norwegen gescheitert. Die Funktionäre der WM in den USA nahmen Englands Absenz mit einem weinenden und einem lachenden Auge zur Kenntnis: Zum einen wird immer bedauert, wenn die Engländer bei großen Turnieren fehlen, zum anderen hatte sich damit für Amerika das Hooligan-Problem von allein gelöst. Jubel dagegen in der Schweiz. Sforza, Chapuisat und Co. hatten nach einer langen Durststrecke die Qualifikation wieder einmal erfolgreich bestanden.

Fünf auf einen Streich
Eusébio, Pelé oder Just Fontaine hatten vier Mal in einem Spiel getroffen, nun toppte der Russe Oleg Salenko den WM-Torrekord. Er erzielte beim 6:1 gegen Kamerun fünf Tore.

Sänger
Einen stimmungsvollen Abend feierte die deutsche Mannschaft mit einem Festessen einige Tage vor dem Turnier in Chicago. Höhepunkt war ein Live-Auftritt der Rockgruppe „Scorpions". Lothar Matthäus und andere Spieler eilten auf die Bühne und sangen den berühmten Titel „Winds of change" mit.

Mit Ach und Krach
Argentinien, Weltmeister 1986 und Vize-Weltmeister 1990, hatte sich mit Ach und Krach für die WM qualifiziert. In zwei Entscheidungsspielen hatte die Mannschaft quasi im Nachsitzen doch noch das Ticket gelöst. Gegen Ozeanien-Sieger Australien gab es in Sydney ein 1:1, das Rückspiel in Buenos Aires gewannen die Argentinier knapp mit 1:0.

Eröffnungsfeier
Bei der Eröffnungsfeier gab es einige Pannen. Zum einen mussten sich die Spieler beider Mannschaften im klimatisierten Innenraum des Soldier Field in Chicago aufwärmen, bei Temperaturen von gerade einmal 15 Grad. Draußen, in der Mittagshitze (die Spiele wurden wegen den günstigen TV-Zeiten in Europa in den USA immer sehr früh angepfiffen), herrschten in der stechenden Sonne 50 Grad und mehr. Franz Beckenbauer, Teamchef der deutschen WM-Mannschaft 1990, war vorher gebeten worden, den Pokal ins Stadion zu tragen. Der ihm für den besagten Tag versprochene Wagen hatte eine Motorpanne, der zweite blieb im Verkehr stecken. Und weil ihn der Fahrer eines eilig herbeigerufenen Taxis auch noch am falschen Eingangstor absetzte, kam er zur Zeremonie fast zu spät. Bill Clinton, Amerikas Präsident, hatte sich eine schöne Rede zurecht gelegt – nur, aufgrund der schwachen Lautsprecheranlage hörte sie aber fast keiner. Die WM-Eröffnungsfeier, eine Veranstaltung der Sorte „Pleiten, Pech und Pannen".

Brandstiftung
Kamerun, wieder mit dem mittlerweile 42-jährigen Roger Milla, der diesmal aber nur 70 Minuten lang spielte, musste nach schwacher Vorrunde und einem 1:6 als Schlusspunkt gegen Russland (Torschütze Milla) früh die Heimreise antreten. Josef-Antonio Bell, der Torwart, hatte schon nach dem zweiten Spiel um seine Suspendierung gebeten, der Trainer hatte ihn aus dem Tor genommen. Dies hinderte einige Fanatiker in Bells Heimat jedoch nicht daran, das Haus des Nationaltorwarts anzuzünden.

Auftragsmord
Andrés Escobar, dem jungen kolumbianischen Verteidiger, war bei der Niederlage seiner Mannschaft gegen die USA (1:2) ein Eigentor unterlaufen. Als Escobar nach dem Ausscheiden seines Teams und der Rückkehr in sein Land wenige Tage später eine Bar verließ, wurde er auf offener Straße erschossen. „Danke für dein Eigentor", soll der Mörder gerufen haben. Es wurde vermutet, dass Escobar einem Auftragsmord irgendeines enttäuschten Wettkartells zum Opfer gefallen war. Die Enttäuschung in Kolumbien über das frühe Aus der Mannschaft war riesengroß. Immerhin hatte das Team vor der WM in 41 Spielen nur ein einziges Mal verloren und in der Südamerika-Qualifikation in Argentinien sogar 5:0 gewonnen.

Doping
Er hatte abgenommen, und er spielte wieder einen guten Ball - Diego Armando Maradona, 1992, damals noch in Diensten des SSC Neapel, wegen Kokainmissbrauchs für 15 Monate gesperrt. In den USA wurde er des Dopings überführt, fünf verbotene Substanzen ließen sich in seinem Blut nachweisen. Maradona, 34 Jahre alt, wurde erneut gesperrt, ohne ihn schied Argentinien gegen Rumänien (1:2) im Achtelfinale der WM aus.

Soccer-Fans
Die USA zogen ihre Fans mit guten und erfolgreichen Spielen in ihren Bann. Und als sich die Mannschaft sogar überraschend fürs Achtelfinale qualifizieren konnte und dort auf Brasilien traf, waren alle Amerikaner sozusagen von heute auf morgen „Soccer-Fans". In Palo Alto, vor 84 147 Fans, zogen sich die USA achtbar aus der Affäre und verloren nur 0:1.

Sündenbock
Bei Nigeria lief es nicht so gut wie erhofft. Deshalb putschte die Mannschaft unter Führung des damaligen Frankfurters Jay-Jay Okocha schon während des Turniers gegen ihren Trainer. Nach dem WM-Aus wurde der Schuldige schnell gefunden und entlassen: Clemens Westerhof, der holländische Coach.

Zollformalitäten
Wie sich die Zeiten ändern: 1970, als Brasilien als Weltmeister aus Mexiko zurückgekehrt war, durften die Spieler alle „Geschenke" zollfrei ins Land einführen. Nun, wieder als Weltmeister heimgekehrt, bestanden die Zöllner darauf, dass die rund 12 Tonnen Hightech-Waren, die die Spieler als Geschenke deklariert hatten, verzollt werden mussten. Fünf Stunden dauerte der Streit am Flughafen von Rio, das Finanzministerium vermittelte schließlich.

44 Jahre gewartet
44 Jahre warteten die USA seit dem 1:0-Sieg bei der WM 1950 auf einen weiteren Erfolg bei einem Weltturnier. Als er mit 2:1 gegen Kolumbien gelang, feierte die Presse besonders Trainer Bora Milutinovic, den Globetrotter des Fußballs schlechthin, in den höchsten Tönen. „US-Today", das amerikanische Massenblatt, schwärmte sogar: „Ein Wundermann, der auf dem Wasser wandelt und Soccer-Tote zum Leben erweckt." Und auch die deutsche FAZ titelte überschwänglich: „Ein Fußballtraum wie aus Hollywoods Filmstudios."

Neue Regeln
Erstmals waren bei dieser Weltmeisterschaft, die letztmals mit „nur" 24 Teams ausgetragen wurde, neue Regeln in Kraft getreten. Gleiche Höhe war nun nicht mehr Abseits, der Rückpass auf den Torwart war insofern verboten, als dass dieser dann den Ball nicht mehr in die Hand nehmen durfte, und für jeden Sieg gab es drei Punkte. Doch selbst wenn es bei der Zwei-Punkte-Regel für einen Sieg und einen Zähler für ein Remis geblieben wäre, hätte dies den Ausgang der WM nicht verändert. Alle Mannschaften hätten exakt die gleichen Platzierungen erreicht.

HÄTTEN SIE'S GEWUSST?

Alle Endspiel-Schiedsrichter
- 1930 John Langenus (Belgien)
- 1934 Ivan Eklind (Schweden)
- 1938 George Capdeville (Frankreich)
- 1950 George Reader (England)
- 1954 William Ling (England)
- 1958 Maurice Guige (Frankreich)
- 1962 Nikolai Latyschew (UdSSR)
- 1966 Gottfried Dienst (Schweiz)
- 1970 Rudolf Glöckner (DDR)
- 1974 Jack-Keith Taylor (England)
- 1978 Sergio Gonella (Italien)
- 1982 Arnaldo César Coelho (Brasilien)
- 1986 Romualdo Arppi Filho (Brasilien)
- 1990 Edgardo Codesal Mendez (Mexiko)
- 1994 Sandor Puhl (Ungarn)
- 1998 Said Belqola (Marokko)

Sechs Mann steigen hoch - und können doch das Freistoßtor von Stoichkov nicht verhindern. Und kurz nach diesem 1:1 fällt auch noch das 2:1 für Bulgarien - die deutsche Mannschaft ist ausgeschieden.

Schmerzensmann der „Squadra"

Der zerbrechliche Ballstreichler Roberto Baggio verschießt den entscheidenden Elfer

Als er im Halbfinale zwei herrliche Tore beim 2:1 gegen Bulgarien geschossen hatte, sagte sein Kapitän Roberto Maldini über ihn: „Roberto ist einzigartig. Ihm werden wieder die Schlagzeilen gehören. Aber man benötigt trotzdem noch ein Team, um im Fußball zu gewinnen." Stimmt. Und dennoch: Ohne die Tore des Mannes mit dem Zöpfchen, den Weltfußballer des Jahres 1993, hätte Italien wohl nie zum fünften Male im Endspiel einer Fußball-WM gestanden.

Im ersten Spiel beim 0:1 gegen Norwegen noch frühzeitig ausgewechselt, markierte Roberto Baggio im Achtelfinale gegen Nigeria Sekunden vor Schluss das 1:1 und schoss danach das 2:1-Siegtor. Und als sich die Elf von Trainer Arrigo Sacchi drei Mal in Folge mit 2:1-Siegen ins Finale geschossen hatte, waren fünf der sechs Tore Baggio-Treffer. Die Spät-

DAS WM-GESICHT

zündung war typisch für die Karriere des bei der WM 27-Jährigen.

Schon als 15-Jähriger wurde er am Meniskus operiert, und als der AC Florenz, für den er von 1985 bis 1990 spielte, das Talent vom Drittligisten Vicenza unter Vertrag nahm, riss Baggio noch vor dem Liga-Debüt das Kreuzband. Mit 20 Jahren glaubte er sich nach zwei Knieoperationen und wegen fehlender Menisken am Ende seiner Karriere, noch bevor diese begonnen hatte. Mit Juventus Turin, das ihn 1990 für 25 Millionen Mark (12,4 Millionen Euro) kaufte und zum damals teuersten Spieler der Welt machte, gewann er zwar 1993 den UEFA-Cup, aber als „Juve" 1995 Meistertitel und Pokalsieg schaffte, war der anfällige Baggio wieder nur in 17 Spielen dabei.

Sein Wechsel zu Juventus war für die enttäuschten Fiorentina-Fans sogar Anlass für Straßenschlachten gewesen, und als der gegen seinen Willen transferierte Baggio mit „Juve" auf seinen alten Klub traf, verweigerte er die Ausführung eines Elfmeters und flog fürs erste aus dem Team.

Es gibt genug solcher Leidensgeschichten, die den ohnehin stillen Menschen so ganz anders werden ließen als andere italienische Kick-Stars. Den Trubel auf der Fußballbühne hat Roberto Baggio immer nur ertragen, ihn mitzumachen, war ihm ein Greuel. Seine innere Kraft versucht der Schmerzensmann seit Jahren aus der Religion zu ziehen: 1988, während einer Verletzung, war er, mitten im katholischen Italien, zum gläubigen Buddhisten geworden. Sein Glaube, so sagt er, lasse ihn über den Dingen stehen, die von anderen zur Wichtigkeit erkoren werden.

Roberto Baggio, ein verschossener Elfmeter im Finale und viele Tränen wegen eines greifbar nahen und doch nicht erreichten Titels.

50:50 standen vor dem Finale in der Rose Bowl von Pasadena die Chancen, ob Roberto Baggio nach einer zuvor erlittenen Zerrung im Oberschenkel würde spielen können. Mit den Worten „ich bin physische Probleme gewohnt", hat er sich dann zum Mitspielen gemeldet und wurde zum unglücklichsten Spieler der „Squadra Azzurra". Als der von Krämpfen Geschüttelte den entscheidenden Elfmeter in die Wolken gejagt hatte, verübelte ihm das zwar niemand, aber der „zerbrechlichste Ballstreichler zwischen Udine und Messina" wie das Magazin „Sport" ihn nannte, weinte hemmungslos, stand fast minutenlang allein auf weiter Flur, ehe er sich wieder in die Mitte der Mannschaft nehmen ließ. Nie zuvor und nie wieder danach hat sich seine Fußball- und Lebensphilosophie so krass dargestellt: „Das ist meine Arbeit und mein Leben. Es besteht aus Schweiß und aus Tränen, und manchmal darf ich auch weinen vor Freude." Letzteres durfte Baggio diesmal nicht.

ANDERE GESICHTER

Krassimir Balakov

(29.3.1966) galt Mitte der 90er Jahre als der Inbegriff des modernen Regisseurs im Fußball. Balakov, der mit seiner ästhetischen Spielweise an große Spielmacher wie Overath, Platini oder Rivera erinnerte, war dabei, als Bulgarien in New York 1994 die deutsche Mannschaft aus dem WM-Turnier kippte. Er wechselte später zum VfB Stuttgart, und führte die Mannschaft bis ins Finale der europäischen Pokalsieger. Balakovs bekannteste Sprüche: „Die Nummer 10 heißt für mich Balakov" oder „Ich bin mit dem Ball geboren worden."

Carlos Alberto Valderrama

(2.9.1961) war mit seiner „rot-blonden" Löwenmähne immer einer der Fixpunkte auf einem Fußballfeld. Der extravagante kolumbianische Mittelfeldspieler, in seiner Heimat der „Weiße Gullit" genannt, war einer der althergebrachten Spielmacher und gehörte bei den Turnieren der 90ziger Jahren zu den großen Stars. 1998, nach 13 Jahren im Nationaltrikot und 111 Länderspielen, beendete er seine Karriere.

Matthias Sammer

(5.9.1967), der Feuerkopf, ein unbequemer, ein kritischer Geist, war einer der Köpfe der deutschen WM-Elf 1994, die im Viertelfinale ausschied. Sammer wechselte gleich nach der Wiedervereinigung von Dynamo Dresden zum VfB Stuttgart, wurde dort Deutscher Meister, ehe er sich nach einem Italien-Gastspiel (Inter Mailand) Borussia Dortmund anschloss und später beim BVB Cheftrainer wurde. EM-Titel 1996, Champions-League-Sieger 1997.

Der „Ölprinz" gehorchte nicht einmal seiner Mutter

Carlos Alberto Parreira hielt sich rigoros an sein Erfolgsrezept

Der Mann, der Brasilien mit dem vierten Titel zum Rekord-Weltmeister machte, musste sich nach dem Finale, das bezeichnenderweise im Elfmeterschießen entschieden wurde, sagen lassen, ein Team geformt zu haben, in dem endgültig die Künstler von den Technokraten abgelöst worden waren. Aber das focht Carlos Alberto Parreira nicht an.

Der Mann, der nach 1983 (acht Monate) im September 1991 erneut den „schwierigsten Trainerjob der Welt" übernommen hatte, wusste, dass kein Land so zwischen Euphorie und Depression schwankt, wenn es um Fußball geht, wie Brasilien. Und war die „Selecao" nicht oft genug ob ihrer Finesse und Ästhetik gerühmt worden, aber dann leer ausgegangen - 24 lange Jahre lang? Als der damals 51-Jährige in den USA von den Problemen Berti Vogts' hörte, der geklagt hatte, nur als „Held oder Vaterlands-Verräter" heimkommen zu können, hat der zweifache Familienvater nur amüsiert gelächelt und gesagt: „Und wenn ich nicht als Weltmeister zurückkomme, zünden sie mir das Haus an." Das hätte wahrscheinlich nicht mal der große Mario Zagalo (Weltmeister 1958 als Spieler und 1970 als Trainer), der Parreira als Assistent und Team-Manager zur Seite stand, verhindern können.

Am 20. Juni, nach dem ersten WM-Spiel der Brasilianer (2:0 gegen Russland), hatte Carlos Alberto Parreira sein Team zu einer kleinen Feier versammelt, nicht um den Auftaktsieg zu begießen, sondern um des bis dahin letzten großen Erfolges zu gedenken - des 4:1-Finalsieges 1970 gegen Italien (damals war Parreira übrigens Brasiliens Konditionstrainer).

Den Mythos der Pelé, Jairzinho, Rivellino & Co. pflegte er eifrig - vor allem auch, um den Ehrgeiz der aktuellen Spieler anzustacheln. Er wusste aber auch, dass mit dem „Samba-Fußball" von damals nichts mehr zu gewinnen war, und deshalb waren ihm europäische Tugenden wie Härte, Tempo, Disziplin und Moral genauso wichtig, wie Spielfreude und Genialität.

„Die Mischung macht's", pflegte Parreira zu sagen. Von seinen 22 WM-Spielern hatten nur sechs keine Erfahrung in europäischen Klubs gesammelt. Verteidiger Jorginho, der damals beim FC Bayern spielte, erklärte es so: „Wenn wir den Ball verlieren, spielen wir taktisch wie Europäer, wenn wir ihn haben, greift unsere Kreativität."

Die Kritik, auch vom großen Pelé, dass es von letzterer zu wenig gebe, steckte Parreira, der außer in Brasilien auch als Trainer von Ghana (1967-68), Kuwait (1976-82), den Vereinigten Arabischen Emiraten (1984-88 und 1990) sowie Saudi Arabien (1989) gearbeitet hatte, locker weg: „Großartiger Fußball ist schön. Noch schöner aber sind großartige Resultate."

DER WM-TRAINER

Der „Ölprinz", wie er wegen seiner gut bezahlten Engagements auf der arabischen Halbinsel auch genannt wurde, ignorierte einfach alle 155 Millionen Nationaltrainer, die es im 155-Millionen-Land Brasilien gibt. Selbst seine Mutter, die für das Finale den Einsatz des damals 17-jährigen Ronaldo, des größten Talents, gefordert hatte.

Am Ende haben sie Parreiras Haus dann doch nicht angezündet, und bevor sich der Weltmeister-Macher mit 400 000 Dollar Siegprämie zu seiner nächsten Station in Valencia aufmachte, sprach er diese Worte: „Heute fühle ich mich wie Frank Sinatra, der gesungen hat 'I did it my way'".

Auch er tat's auf seine Art. Und hatte Erfolg.

Selbstsicher, unbeugsam, erfolgsbesessen: Brasiliens Nationaltrainer Parreira ging wie Frank Sinatra einfach „seinen Weg".

ANDERE TRAINER

Arrigo Sacchi
(1.4.1946) schrieb Fußballgeschichte als der große Veränderer des italienischen Fußballs. Er übernahm 1987 den AC Mailand und machte aus der Mannschaft das vielleicht weltbeste Team. Als Nationaltrainer führte er die „Squadra" 1994 zur Vize-Weltmeisterschaft. Als danach die Erfolge ausblieben (Vorrunden-Aus bei der EM 1996), erklärte er Ende 1996 seinen Rücktritt. Arbeitete danach nochmals bei Milan, bei Atletico Madrid und bei Parma, ohne an frühere Erfolge anknüpfen zu können.

Roy Hodgson
(9.8.1947). Der zuvor ein Jahrzehnt in Schweden tätige Engländer beerbte im Dezember 1991 Uli Stielike als Trainer der Schweizer Nationalelf und schaffte 1994 die erste Schweizer WM-Qualifikation seit 28 Jahren. Er führte die Eidgenossen ins Achtelfinale, wo Spanien Endstation war. Im Oktober 1995 wechselte er zu Inter Mailand und arbeitete später bei den Blackburn Rovers, nochmals bei Inter Mailand, bei Grasshoppers Zürich, beim FC Kopenhagen und bei Udinese Calcio.

Jack Charlton
(8.3.1935) zeichnet als Trainer für große Erfolge der irischen Nationalelf verantwortlich. Nach den Trainerstationen FC Middlesbrough, Sheffield Wednesday und Newcastle United wurde er 1986 irischer Nationalcoach. Bei der EM 1988 sorgte er mit dem historischen Sieg über England für Aufsehen. Danach führte er die Iren 1990 (Viertelfinale) und 1994 (Achtelfinale) zwei Mal in Folge zur WM.

1994, USA, Chicago, Dallas, New York oder Los Angeles – um nur einige Spielorte zu nennen. Die WM 1994 war eine großartige Veranstaltung. Typisch für die Amerikaner war, dass alles perfekt vorbereitet war, dass sie eine tolle Organisation auf die Beine gestellt haben. Die WM war ein Publikumsmagnet, sie brachte einen neuen Zuschauerrekord. Aber die Absicht, die die FIFA mit der Vergabe des Turniers an die USA verfolgt hatte – nämlich den Fußball dauerhaft in den Staaten zu etablieren –, ist nicht aufgegangen. Der Soccer hat sich nicht gegen die publikumsträchtigen Sportarten wie Basketball, Baseball, Football oder Eishockey durchsetzen können. Die WM in den USA war ein großes Ereignis – aber leider nur während der Zeit des Ereignisses. Die Weiterentwicklung des Fußballs, der nun langsam in den Schulen und dort vor allem bei den Mädchen Fuß fasst, wird noch Jahre dauern. Die deutsche Mannschaft hat mich sehr enttäuscht. Und zwar in allen Bereichen. Im spielerischen genauso wie auch durch die Tatsache, dass sie die typisch deutschen Tugenden wie Kampf, Disziplin, Wille und Einsatz vermissen ließ. Medizinisch haben die Laktatwerte ausgesagt, dass die meisten deutschen Spieler nicht an ihre Leistungsgrenze gegangen sind. Das war augenscheinlich. Ich habe es von der Tribüne aus gesehen. Für Berti Vogts tat mir das frühe Ausscheiden leid – seine Spieler haben ihn im Stich gelassen.

Als sie gegen Bulgarien in Rückstand gerieten, haben sie nicht mehr reagieren können, und ich hatte das Gefühl, dass schon im Vorfeld dieses Viertelfinales zu viel vom nächsten Spiel und von den Italienern geredet worden ist. Der große Spieler dieses Turniers war für mich Roberto Baggio, der Italiener mit dem Zopf, der nach seiner Auswechslung im ersten Spiel gegen Norwegen eine tolle WM spielte. Ich erinnere mich noch gut an seine hervorragenden Spiele gegen Bulgarien und Nigeria. Im Finale allerdings avancierte er zum tragischen Helden, weil er den entscheidenden Elfmeter verschossen hat. Aber er konnte es aufgrund seiner vorangegangenen hervorragenden Leistungen am besten verwinden und war bei den Fans damals so gut wie unangreifbar.

Brasilien – auch wenn erst im Elfmeterschießen siegreich – war die beste Mannschaft. Diese Elf paarte brasilianische Spielfreude und europäische Disziplin meisterhaft – der Titelgewinn war für Brasilien vom Stil her atypisch, weil er auch auf Kosten der Schönheit des Spiels ging.

DER EXPERTE
Das Turnier in den USA war ein Erlebnis

Günter Netzer:
„Die deutsche Mannschaft hat mich enttäuscht"

ANDERE FAKTEN

1994 – Endrunde in den USA (17.6. – 17.7.)

Gruppe 1
USA – Schweiz	1:1
Kolumbien – Rumänien	1:3
USA – Kolumbien	2:1
Rumänien – Schweiz	1:4
USA – Rumänien	0:1
Schweiz – Kolumbien	0:2

Endstand: 1. Rumänien (6 Punkte/5:5 Tore), 2. Schweiz (4/5:4), 3. USA (4/3:3), 4. Kolumbien (3/4:5).

Gruppe 2
Kamerun – Schweden	2:2
Brasilien – Russland	2:0
Brasilien – Kamerun	3:0
Schweden – Russland	3:1
Russland – Kamerun	6:1
Brasilien – Schweden	1:1

Endstand: 1. Brasilien (7 Punkte/6:1 Tore), 2. Schweden (5/6:4), 3. Russland (3/7:6), 4. Kamerun (1/3:11).

Gruppe 3
Deutschland – Bolivien	1:0

(Tor für Deutschland: 1:0 Klinsmann)

Spanien – Südkorea	2:2
Deutschland – Spanien	1:1

(Tor für Deutschland: 1:1 Klinsmann)

Südkorea – Bolivien	0:0
Bolivien – Spanien	1:3
Deutschland – Südkorea	3:2

(Tore für Deutschland: 1:0 Klinsmann, 2:0 Riedle, 3:0 Klinsmann)

Endstand: 1. Deutschland (7 Pkte/5:3 Tore), 2. Spanien (5/6:4), 3. Südkorea (2/4:5), 4. Bolivien (1/1:4).

Gruppe 4
Argentinien – Griechenland	4:0
Nigeria – Bulgarien	3:0
Argentinien – Nigeria	2:1
Bulgarien – Griechenland	4:0
Griechenland – Nigeria	0:2
Argentinien – Bulgarien	0:2

Endstand: 1. Nigeria (6 Punkte/6:2 Tore), 2. Bulgarien (6/6:3), 3. Argentinien (6/6:3), 4. Griechenland (0/0:10).

Gruppe 5
Italien – Irland	0:1
Norwegen – Mexiko	1:0
Italien – Norwegen	1:0
Mexiko – Irland	2:1
Irland – Norwegen	0:0
Italien – Mexiko	1:1

Matthias Sammer beim Auftakt gegen Kolumbien.

Endstand: 1. Mexiko (4 Punkte/3:3 Tore), 2. Irland (4/2:2), 3. Italien (4/2:2), 4. Norwegen (4/1:1).

Gruppe 6
Belgien – Marokko	1:0
Holland – Saudi-Arabien	2:1
Saudi-Arabien – Marokko	2:1
Belgien – Holland	1:0
Marokko – Holland	1:2
Belgien – Saudi-Arabien	0:1

Endstand: 1. Holland (6 Punkte/4:3 Tore), 2. Saudi-Arabien (6/4:3), 3. Belgien (6/2:1), 4. Marokko (0/2:5).

DAS ZITAT

„Magie und Träume gehören im Fußball der Vergangenheit an. Wir werden die Art von Fußball spielen, die heute verlangt wird."

Brasiliens Trainer Carlos Alberto Parreira vor dem Turnier, das seine Mannschaft als Weltmeister beendete.

Achtelfinale
Deutschland – Belgien	3:2

(Tore für Deutschland: 1:0 Völler, 2:1 Klinsmann, 3:1 Völler)

Spanien – Schweiz	3:0
Saudi-Arabien – Schweden	1:3
Rumänien – Argentinien	3:2
Holland – Irland	2:0
Brasilien – USA	1:0
Nigeria – Italien	n.V. 1:2
Mexiko – Bulgarien	1:1, n. E. 1:3

Viertelfinale
Italien – Spanien	2:1
Holland – Brasilien	2:3
Bulgarien – Deutschland	2:1

(Tor für Deutschland: 0:1 Matthäus, FE)

Rumänien – Schweden	2:2, n. E. 4:5

Halbfinale
Bulgarien – Italien	1:2
Schweden – Brasilien	0:1

Spiel um Platz 3
Schweden – Bulgarien	4:0

Endspiel (17.7.)
Brasilien – Italien	0:0, n. E. 3:2

Brasilien: Taffarel, Aldair, Santos, Silva, Jorginho (21. Cafu), Dunga, Branco, Mazinho, Zinho (106. Viola), Bebeto, Romario. Italien: Pagliuca, Mussi (35. Apolloni), Maldini, Baresi, Benarrivo, Donadoni, Albertini, D. Baggio (95. Evani), Berti, R. Baggio, Massaro.
Schiedsrichter: Puhl (Ungarn).
Zuschauer: 94 949, Rose Bowl, Pasadena.

Torjäger des Tuniers
Oleg Salenko (Russland)	6
Hristo Stoitchkov (Bulgarien)	6
Kennet Andersson (Schweden)	5
Roberto Baggio (Italien)	5
Jürgen Klinsmann (Deutschland)	5
Romário (Brasilien)	5

Geschossene Tore	141
Tordurchschnitt pro Spiel	2,71
Die meisten Tore	Schweden 15
Das schnellste Tor	Gabriel Batistuta

(2. Min. bei Argentinien – Griechenland)

Elfmeter	15

(alle verwandelt)

Platzverweise (Rot/8)
Vladoiu (Rumänien), Bahanag (Kamerun), Etcheverry (Bolivien), Nadal (Südkorea), Leonardo (Brasilien), Pagliuca (Italien), Zola (Italien), Thern (Schweden).

Platzverweise (Gelb-Rot/7)
Gorlukowitsch (Russland), Zvetanov (Bulgarien), Christaldo (Bolivien), Clavijo (USA), Garcia (Mexiko), Kremenliev (Bulgarien), Schwarz (Schweden).

„Wir haben den Titel zum Fenster rausgeworfen"

Jürgen Klinsmann über das Aus gegen Bulgarien und dennoch tolle Erinnerungen an die WM in den USA

DER ZEITZEUGE

Zu Amerika hatte ich schon immer eine besonders enge Beziehung, jetzt natürlich erst Recht, seit ich mit meiner Frau Debbie und unserem Nachwuchs in Los Angeles lebe. Schon als junger Spieler hatte ich das wahnsinnige Glück, die USA kennen zu lernen. Ich spielte bei den Stuttgarter Kickers, wir waren in der 2. Liga unter Trainer Horst Buhtz Mitte der Vorrunde Letzter der Tabelle. Axel Dünnwald-Metzler, damals und heute noch Präsident der „Blauen" im Stuttgarter Degerloch, kitzelte uns: „Jungs, wenn ihr doch noch einen einstelligen Tabellenplatz erreicht, dann lade ich Euch eine Woche nach Florida ein". „ADM" hatte in Fort Lauderdale eine Residenz. Wir wurden schließlich Achter, flogen rüber - und ich war total begeistert. Als wir nach acht Tagen nach Deutschland zurückkamen, gingen Ralf Vollmer, damals auch Kickers-Spieler und ich sofort ins Reisebüro und buchten für die Sommerpause einen Trip nach Kalifornien. Dorthin, wo ich heute lebe.

An die Weltmeisterschaft 1994 habe ich - abgesehen natürlich von unserem gleichermaßen überraschenden wie schmerzlichen Ausscheiden gegen Bulgarien - nur positive Erinnerungen. Es waren wundervolle Eindrücke, wir spielten bei herrlichem Wetter in vollen Stadien, die Stimmung war super und ich habe in Dallas auf einem solch' tollen Rasen gespielt, wie ich es vorher und später nie mehr erlebt habe. Das war kein Fußballfeld mehr, das war eher ein Golfplatz und wir alle wunderten uns, wie die Gärtner das geschafft hatten.

Für mich selbst war's ein schönes Turnier. Ich war mental und körperlich gut drauf, ich habe meine Tore gemacht und mich von der Stimmung tragen lassen. Bis dann diese zehn Minuten gegen Bulgarien kamen, diese beiden Kunstfehler, die mich, die uns alle völlig unvorbereitet getroffen haben. Rudi Völlers 2:0 war fälschlicherweise nicht anerkannt worden - aber dennoch dachten wir nicht an eine Niederlage, ans Ausscheiden. Wir waren sicher: Wir treffen irgendwann auf Brasilien - und dann zeigen wir allen, was wir drauf haben. Doch wir haben sozusagen aus heiterem Himmel zwei Tore gefangen, hatten gar keine Zeit mehr für eine kontrollierte Gegenaktion und waren draussen aus dem Turnier. Schade, wir haben den WM-Titel - mal salopp gesagt - einfach aus dem Fenster geworfen, wir wären die Einzigen gewesen, die Brasilien hätten richtig fordern können. Weil nach dem Sieg gegen Belgien es bei uns immer besser lief.

Persönlich war ich extrem enttäuscht. Das Aus kam für mich viel zu abrupt. Ich hatte nach 1990 unbedingt noch einmal Weltmeister werden wollen, und ich weiß es: Es war möglich. Ich habe Wochen gebraucht, ehe ich diese Niederlage verarbeitet habe. Heute sage ich: 1994 war der Titelgewinn leichter als 1990. Wir haben die Weltmeisterschaft verschenkt.

Natürlich wird nach einem solchen Ausscheiden dann Vieles schlecht geredet: Effenbergs Stinkefinger war ein negatives Thema oder das Golfspielen einiger Kollegen oder das Foto, das Berti Vogts alleingelassen an einem leeren Tisch zeigte. In Deutschland suchten sie Gründe, das ist normal.

Ich blieb erst einmal in den USA, ich war mit meiner Frau in Los Angeles, dem Ort des Finales, sowieso verabredet gewesen. Nach dem Bulgarien-Spiel rief ich sie an und sagte nur: „Ich komme, aber ohne Fußballschuhe." Das Endspiel habe ich mir schließlich irgendwo in Kalifornien im Fernsehen angeschaut. Ich wollte nicht mehr ins Stadion gehen - ganz ehrlich, in diesen Tagen war ich richtig bedient...

Jürgen Klinsmann (Jahrgang 1964) absolvierte 97 Länderspiele zwischen 1987 und 1998, in denen dem Stürmer 41 Tore gelangen. Über die Stuttgarter Kickers kam er zum VfB Stuttgart in die Bundesliga und spielte später für Inter Mailand, Tottenham Hotspur und Bayern München. Mit diesen Vereinen gewann er ziemlich alles, was es im Klub-Fußball zu holen gibt. Mit der Nationalelf 1990 u.a. Weltmeister in Italien, Europameister 1996, Kapitän der WM-Elf 1998.

Persönlich lief die WM 1994 für Jürgen Klinsmann gut, aber dann kam das Aus im Viertelfinale.

DER JOURNALIST
Warum Fußball auch etwas über das Leben erzählen kann

Ja, Fußball kann etwas über das Leben erzählen. Und Fußball-Millionäre, so abgehoben sie auch heutzutage oft wirken mögen, können manchmal sogar Lehrmeister sein.
Im Guten wie im Schlechten und auch im Besonderen.
Bodo Illgner etwa. Am 10. Juli 1994 im Bauch des Giants Stadium von New York.
Deutschland hatte gerade eben in jenem Stadion, wo früher Pelé und Beckenbauer gezaubert hatten, gegen Bulgarien trotz einer 1:0-Führung mit 1:2 verloren.
WM vorbei. Das Unternehmen Titelverteidigung war gescheitert.
Fußball-Deutschland ist am Boden zerstört. Aber Illgner in der Dusche schon wieder erholt. Rausstolziert aus der Kabine, mit frischem Gel im Haar. Es gäbe etwas Wichtiges zu verkünden. Kunstpause, bis genug Journalisten zuhören wollten. Und dann: Er, Bodo Illgner, habe gerade beschlossen, seine Nationalmannschafts-Karriere zu beenden.
Um sich ganz auf den Verein zu konzentrieren. Eine Sekunde später wurde er schon nicht mehr vermisst. Aber das Bild, wie sich der hemmungslos heulende Jürgen Klinsmann 35 Minuten später noch im durchschwitzten Zeug zum Bus quälte, bleibt ewig klar im Gedächtnis. Oder die Betroffenheit von Egidius Braun, damals DFB-Präsident.
Genauso wie der tragisch-magische Moment sieben Tage später im Rose-Bowl-Stadion von Pasadena. Brasilien hatte das Finale im Elfmeterschießen gewonnen. Die besten Kicker der Welt jubelten vielleicht eine Minute. Dann rannten ein paar in die Katakomben - und kamen mit einem vorbereiteten Spruchband zurück.
„Ayrton, beschleunige mit uns zum vierten Titel." 77 Tage zuvor war Ayrton Senna, der Formel-1-Superstar, tödlich verunglückt. Brasiliens Fußballer feierten nicht ihren Titel, sondern widmeten ihrem Idol den Sieg zum Andenken. Fußball-Weltmeister als Fans. Wow.
Selbst heute löst das noch eine Gänsehaut aus. Bodo Illgner würde es nie verstehen.

Andreas Lorenz (Jahrgang 1962), seit 1987 bei der „Berliner Morgenpost" und seit 1998 dort Ressortleiter Sport. Dank Geburt in Nürnberg und Arbeit in Berlin erprobt leidensfähig im Fußball. Die Höhen deuten sich erst seit 1997 mit Hertha BSC an.

REHA-CENTER MONTAG
Praxis für Physikalische Therapie und Rehabilitation

Anmeldung

Schwimmbad
Wassertherapie

Trainingsräume
Propriozeptives Training 

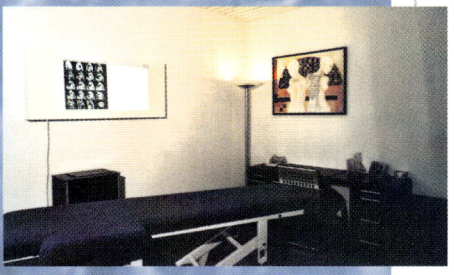

Behandlungsräume

Im Reha-Center Montag werden sowohl nationale als auch internationale Hochleistungssportler, sowie Freizeitsportler und Patienten aus der Region mit "alltäglichen" Beschwerden behandelt und wieder fit gemacht. Sämtliche physikalischen Anwendungen, die zur Behandlung notwendig sind, sowie Trainingstherapie an modernsten Geräten werden angeboten.

Der Eingang zum Reha-Center Montag erfolgt über die Sportschule Oberhaching bei München

Im Loh 2
82041 Oberhaching

Tel. 089-61384451
Fax 089-61384463

Das Festival von Paris

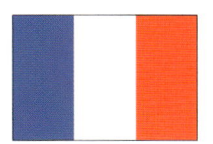

1998

Frankreich

Brasilien

Kroatien

Holland

Jürgen Klinsmann liegt in der Luft, schießt auf das Tor der Mexikaner. Doch ein Spiel später trafen die Deutschen nichts mehr.

Die Weltmeisterschaft in Frankreich war die Geburtsstunde einer neuen Fußball-Macht. Die „Equipe Tricolore" wurde im eigenen Land Weltmeister und zwei Jahre später Europameister. Das hatte es vorher noch nie gegeben. 1,5 Millionen Menschen feierten den WM-Titel allein in Paris - ein riesiges Festival. Brasilien versagte im Finale. Auch deswegen, weil Superstar Ronaldo sich unpässlich fühlte, aber spielen musste. Die deutsche Mannschaft quälte sich durch die Vorrunde, schlug Mexiko im Achtelfinale und scheiterte an Kroatien.

BUCHKATALOG.DE

Frankreichs Multi-Kulti-Truppe - die beste Mannschaft der Welt

Im Finale unerklärlich schwache Brasilianer - Deutschland verliert erst Wörns und dann gegen Kroatien

Schon vor dem ersten Spiel der WM 1998, für die erstmals 32 Mannschaften zugelassen waren, die sich aus 172 Verbänden in weltweit 643 Qualifikationsspielen die WM-Tickets gesichert hatten, stellte sich die spannende und zukunftsträchtige Frage: Wer folgt Joao Havelange, der 24 Jahre lang wie ein Feudalherr die Geschicke des Weltfußball-Verbandes (FIFA) gelenkt hatte, auf dem Stuhl des Präsidenten nach? Und hinterher wurden - aus deutscher Sicht - vor allem Antworten zu zwei großen Themenkomplexen gesucht: Wieso schied Deutschland, das gegen Kroatien zum 13. Mal hintereinander das Viertelfinale einer Weltmeisterschaft erreicht hatte, erstmals zum zweiten Mal hintereinander auf dem Weg ins Halbfinale aus? Und wie konnte es sein, dass die Franzosen, die zum letzten und einzigen Mal 1984 mit der Europameisterschaft im eigenen Land einen großen Titel gewonnen hatten, sich aber 1990 und 1994 nicht einmal mehr für die WM-Finalrunde hatten qualifizieren können, Weltmeister wurden? Durch ein sensationelles 3:0 im Endspiel gegen Brasilien, das allein in Paris 1,5 Millionen Fans ausgelassen auf die Straßen getrieben - Frankreich das größte Fest seit der Befreiung von den Deutschen im Zweiten Weltkrieg beschert hatte.

Der Wahlkampf war mit harten Bandagen geführt worden. Das Erbe des Joao Havelange, der nicht immer mit feinen Methoden, aber mit einem sicheren Machtinstinkt die FIFA zu einem weltweit operierenden und florierenden Unternehmen gemacht hatte, die Mitgliederzahl in seiner Ära von 100 auf 203 gesteigert und neben dem World-Cup noch weitere zehn FIFA-Wettbewerbe ins Leben gerufen hatte, das die Ware Fußball meistbietend verscherbelte - rund 250 Milliarden Dollar setzte der Fußball in jenen Tagen weltweit um, - lockte vor allem zwei Männer. Lennart Johansson, der wackere Schwede und Duz-

DER RÜCKBLICK

Christian Wörns greift sich an den Kopf. Doch Schiedsrichter Pedersen stellt ihn vom Platz.

Freund des deutschen Fußball-Präsidenten Egidius Braun, stand für mehr Demokratie. Er schien schon der sichere Sieger zu sein, als Havelanges rechte Hand ihm den Fehdehandschuh zuwarf.

1981, auf Empfehlung des deutschen Strippenziehers Horst Dassler (adidas), hatte der Brasilianer Havelange am schlitzohrigen Schweizer Sepp Blatter Gefallen gefunden, ihn zum FIFA-Generalsekretär gemacht. Nun nutzte der „General" seine weltweiten Beziehungen, er versprach den Kleinen Großes (zum Beispiel Südafrika seine Unterstützung bei der WM-Vergabe 2006), er verteilte geschickt und rechtzeitig Schecks an die richtigen Leute und er malte den außereuropäischen Mitgliedern des Fußball-Weltimperiums richtig kalkulierend das Schreckgespenst einer europäischen Vorherrschaft in der FIFA an die Wand.

Von Havelange und Michel Platini, dem französischen OK-Präsidenten der WM bedingungslos gestützt, sammelte Blatter Pluspunkte. Und als am Ende der Abstimmung in Paris ausgezählt worden war, hatte Blatter 111 Stimmen auf sich vereinigen können, Johansson, tief enttäuscht, nur 80. Blatter war der neue Präsident. Und nicht wenige erzählten sich hinter vorgehaltener Hand, auf die Eitelkeit des Schweizers anspielend, diesen Vergleich. Frage; „Was ist der Unterschied zwischen Gott und Sepp Blatter?" Antwort: „Gott hält sich nicht für Blatter." Doch der neue Mann war um seine Aufgabe nicht unbedingt zu beneiden. Viele irdische Probleme drängten nach einer Lösung. Und sie tun es heute noch. Nach dem finanziellen Ruin der ISL mit Millionen-Verlusten geriet Blatter in die Kritik, nicht wenige forderten seine Abwahl. Kommen wir zum Sport. Deutschland, 1994 gegen Bulgarien gescheitert, hatte es trotz und mit Bundestrainer Berti Vogts versäumt, einen radikalen Schnitt zu wagen. Der Trainer hatte es auch nicht einfach: Das Geschrei nach neuen, jungen Spielern war gleichermaßen leicht wie medienwirksam. Doch wo sollte Vogts sie hernehmen, wenn in der Bundesliga die wichtigen Positionen von ausländischen Stars besetzt

---

Spielen Sie mit Ihren Kindern manchmal Kasperltheater?
Ja. Na, dann wissen Sie ja, wie man dramaturgisch vorgeht: Im Kampf Gut gegen Böse macht man es ein wenig spannend, und am Ende gewinnt immer der Gute, der Kasper nämlich.
Auch das Fernsehen hatte beim WM-Viertelfinale Deutschland - Kroatien mit seinen Zuschauern ein wenig Kasperle zu spielen versucht. In das Stück Bertis „Oldboys" gegen den „auf EM-Revanche" sinnenden Kroaten, wurden so auch jede Menge unguter Bedenken eingestreut.
„Sie werden versuchen, uns zu provozieren", durfte Berti Vogts sagen, aber letztlich signalisierten alle relevanten „Experten" im Studio und Stadion, dass schon alles gut gehen würde. Auf einen deutschen Sieg tippten Publikum, Kanzler Kohl und auch Herausforderer Schröder. So einig waren die beiden sich sonst nie...
Aus irgend einem dummen Grund bekam

DIE GLOSSE
Von Kroatenkick, Kasperltheater und Kanzlerwort

das Kasperle aber dann vom kroatischen Räuber gewaltig eins über die Rübe, und die Beschwörungen von ARD-Kommentator Gerd Rubenbauer („Irgendwann müssen wir doch Glück haben!") verhinderten das dicke Ende ebenso wenig wie die Zuversicht von Ehrenspielführer Uwe Seeler, der bei Halbzeit trotz bereits böser Vorzeichen noch von einem „Sieg der deutschen Mannschaft fest überzeugt" war. Niemand aber hörte auf die Worte des bosnisch-kroatischen Trainers Aleksandar Ristic, der als Co-Kommentator souffliert hatte: „Ist gefährlich, wenn man nicht schießt Tor."

So war es nach dem Schlussvorhang dann auch furchtbar schwierig zu erklären, wie es trotz „70-minütiger Überlegenheit", die Altstar Karl-Heinz Rummenigge für „unser Spiel" errechnet hatte, zu einem glatten Durchfall des Stückes von Bertis „Oldboys" hatte kommen können. Die Deutungen des Verteidigers Jürgen Kohler, „nicht wir, der Schiedsrichter hat das Spiel verloren", blieben genauso rätselhaft wie diejenigen von Kanzler Kohl, der in der ganzen nun gebotenen Verantwortung für die Menschen draußen im Lande und angesichts der notwendigen Ernstes in der Schwere dieser Stunde die Worte sprach: „Sepp Herberger hat gesagt, der Ball ist rund, und das haben wir heute in dramatischer Weise gegen uns erfahren." Wenn Sie jetzt noch Fragezeichen vor den Pupillen haben, empfehlen wir ein anderes Wort des Helmut Kohl: „Entscheidend ist, was hinten rauskommt." Eben! Und das war diesmal halt Sch... - ‚aber solche Worte sollten im Kasperltheater nicht vorkommen.

waren, und die Talente im Lande keine Spielpraxis bekamen? Also setzte Vogts auf Kontinuität. Und er schien damit nicht unbedingt falsch zu liegen: Immerhin holte er 1996 mit einer Mannschaft, die spielerisch nicht zu den stärksten gehörte, nach 1972 und 1980 den dritten EM-Titel nach Deutschland durch das Golden Goal von Oliver Bierhoff. Die EM 1996 - sie war, wie sich später herausstellte, jedoch nur ein Zwischenhoch.

Deutschland hatte sich mit Mühe und Not vor der Ukraine durch ein 4:3 im letzten Qualifikationsspiel das Frankreich-Ticket erarbeitet. Arbeit, Kampf, Disziplin und Routine, so hatte sich die älteste Mannschaft des Turniers - zum Beispiel 31,5 Jahre im Schnitt beim Spiel gegen den Iran - auch in der Vorrunde (2:0 gegen die USA, 2:2 gegen Jugoslawien nach 0:2-Rückstand und 2:0 gegen den Iran) behauptet. Und diese Tugenden auch noch einmal in heißen, südfranzösischen Montpellier in die Waagschale geworfen, als die spielerisch besseren Mexikaner im Achtelfinale schon 1:0 führten, zweimal am hervorragenden Torwart Andreas Köpke scheiterten, und Bertis alte Buben durch Jürgen Klinsmann und Oliver Bierhoff doch noch das Spiel umbogen. In Lyon, gegen die erstmals bei einer WM mitspielenden Kroaten, sollte der nächste Schritt folgen. 40 Minuten lang „zauberten" die Deutschen für ihre Verhältnisse, die Frage nach dem Sieger stellte sich eigentlich nicht, im Halbfinale schien einmal mehr Frankreich in Paris zu warten.

Doch eine zu ungestüme Attacke von Christian Wörns, der mit seiner Grätsche gegen Davor Suker nahe der Mittellinie zu spät kam, brachte die Deutschen durcheinander und auf die Verliererstraße. Schiedsrichter Pedersen aus Norwegen bedachte Wörns mit der Roten Karte, eine Entscheidung, die - obwohl Wörns nicht letzter Mann war - zwar hart, aber vertretbar war. Jarni und Vlaovic mit Fernschüssen sowie Suker mit einem Kabinettstücken kurz vor dem Abpfiff demütigten die Deutschen. 0:3. Die höchste WM-Niederlage seit 40 Jahren, seit dem 3:6 gegen Frankreich, als es 1958 um Platz drei in Göteborg gegangen war, jener Stadt, in der die Deutschen nicht gewinnen können und auch das EM-Finale 1992 sensationell verloren hatten.

Vogts war sauer. Und in seinem Frust sagte er unschöne Dinge, die er besser nicht gesagt hätte. „Vielleicht ist der deutsche Fußball zu erfolgreich", begann er und setzte dann fort: „Die anderen können kratzen, beißen und spucken - gegen uns aber werden die Karten gezogen. Ich weiß nicht, ob es da eine Anweisung gibt", spielte er auch auf Schiebung an. Dies wurde ihm negativ ausgelegt. Doch auch Miroslav Blasevic wäre besser beraten gewesen zu schweigen, statt zu reden. Der kroatische Coach bekräftigte seine These, dass Fußball Krieg sei mit den Worten: „Die Fußballer sollen das wiederholen, was die Soldaten auf dem Feld erreicht haben." Angesicht des Balkankriegs eine unheimliche Aussage eines Fußball-Trainers.

Ein anderer erhob sich in diesen Tagen in den Olymp der Trainergattung. Aimé Jaquet, seit 1994 im Amt, hatte es nicht leicht gehabt. Der französische Trainer war nicht sonderlich beliebt bei Volk und Medien, sein nüchternes System kam nicht an. Und die L'Equipe, Frankreichs Sportzeitung Nummer eins, war ständig mit ihm im Clinch, auch weil er Stars und Publikumslieblinge wie Cantona oder Ginola unberücksichtigt ließ. Undisziplinierte Spieler hatten bei ihm keine Chance. Der Sohn eines Metzgers verkörperte Werte wie Redlichkeit und harte Arbeit. Jaquet erschuf eine Mischung aus Pragmatismus und Genialität, er schaffte es, brillante Fußballer zu einem Kollektiv zu formen. Wohl nie zuvor in der WM-Geschichte, ist ein Kader multikultureller besetzt gewesen als der französische 1998. Vieira stammte aus dem Senegal, Desailly war in Ghana geboren, Karambeu in Neu-Kaledonien, Angloma in Guadeloupe und Lama in Guayana. Zinedine Zidanes Eltern waren Berber in Marokko, er wuchs im Scherbenviertel von Marseille auf. Thurams Mutter war in Guadeloupe, Djorkaeffs Mutter in Armenien zur Welt gekommen. Barthez hatte eine spanische Großmutter, Lizarazus Vorfahren stammten aus dem Baskenland. Trezeguet hat einen argentinischen Vater, Boghossian armenische Vorfahren. Die Eltern von Henry und Diomède stammen aus Guadeloupe. Aus diesen Zutaten komponierte Jaquet den WM-Drink. Und der neue Weltmeister hatte auf seinem Weg zum Titel auch Glück, viel Glück.

Zum Auftakt harzte es gewaltig, Südafrika verhalf den Franzosen schließlich dennoch zu einem Start nach Maß mit zwei Eigentoren. Ge-

Machtlos am Spielfeldrand: Bundestrainer Vogts beim 0:3 gegen Kroatien.

DER PROMINENTE

Eine Fußball-WM fasziniert mich, weil...
...dann die ganze Welt unsere Leverkusener, Schalker und Dortmunder Spieler sieht und erkennt, dass NRW „Sportplatz Nr. 1" in Deutschland ist und Olympia 2012 zu uns gehört.

Wolfgang Clement, Ministerpräsident des Bundeslandes Nordrhein-Westfalen.

WALDIS WELT

„Eine Einladung von Paul Bocuse zum falschen Zeitpunkt"

Waldemar Hartmann:
„Als ich mit Berti Vogts Mitleid bekam"

Abschied von Berti auf Raten. Irgendwie hatte ich die Entwicklung im Gefühl. Da passte nicht mehr viel. Die Entscheidung, Lothar Matthäus wieder in die Nationalmannschaft zu holen, war falsch. Deswegen, weil keiner der Beteiligten offen mit der Situation umging. Die Stimmung war entsprechend angespannt. Auch Wolfgang Niersbach, Pressechef des DFB und über viele Jahre hinweg die gute Seele sowie verbindender und verbindlicher Diplomat im Dienst zwischen Vogts und Medien, zeigte resignative Züge. Im ständigen Bemühen gegen beratungsresistente Menschen kann man sich schon mal ans Aufgeben denken. Gegen schlechte Laune half uns im ARD-Team der Standort Nizza. Es kann einen im Arbeitseinsatz auch härter treffen. Die Leistungen der Nationalelf ließen allerdings nicht allzu viel Freunde oder gar Begeisterung aufkommen. USA, Jugoslawien, Iran und Mexiko wurden mal gerade so aus dem Weg geräumt.

Dann kam Lyon. Das Viertelfinale gegen Kroatien.

Im Hotel legte DFB-Delegationsleiter Dr. Franz Böhmert nicht eben Zuversicht an den Tag. Zwei Schachteln Zigaretten qualmte der Chirurg aus Bremen schon vor dem Spiel einfach so weg.

Wir hatten uns im ARD-Team etwas Besonderes ausgedacht. Um die etwas gestörte Atmosphäre zu entspannen, wollte ich Berti nach dem Spiel beim Interview eine Einladung zu Paul Bocuse überreichen. Der „Meister des Herdes" hatte sie höchstpersönlich in die Kamera gesprochen. Berti, Feinschmecker aus Korschenbroich, würde sich freuen – das glaubten wir jedenfalls.

Die FIFA schrieb uns, dass sich die Interviewer der übertragenden Anstalten zehn Minuten vor dem Abpfiff in den Katakomben des Stadions in Mini-Studios einfinden. Der Sieger hatte das Erstrecht. Als ich mich auf den Weg in den Bauch des Stadions machte, führten die Kroaten 2:0. Im Keller des „Stade Gerland" funktionierte kein „Ohrknopf", kein Handy. Wenn mich nicht der früher mal beim KSC spielende Verteidiger Slaven Bilic entdeckt und mir freudestrahlend vom 3:0 seiner Kroaten erzählt hätte, ich hätte es gar nicht mitbekommen.

Dann kam Berti. Im Studio entwickelte er die Verschwörungs-Theorie gegen die Schiedsrichter. Er war nervlich am Ende. Und ich trete nicht gegen Jemanden, der am Boden liegt. Ich ließ ihn einfach reden. Und bekam das, was ein Journalist nicht kriegen soll: Mitleid. Das brachte mich dann auf die Idee, dem Verlierer Vogts die „Bocuse-Einladung" doch zu offerieren. Das war falsch.

Aber ich würde es wieder so machen...

DFB-Kader 1998
Eingesetzt: Babbel, Bierhoff, D. Hamann, Häßler, Helmer, Heinrich, Jeremies, Kirsten, Klinsmann, Kohler, Köpke, Marschall, Matthäus, Möller, Reuter, Tarnat, Thon, Wörns, Ziege.
Nicht eingesetzt: Freund, Kahn, Lehmann.

Jürgen Klinsmann, auf dem kleinen Foto mit Oliver Bierhoff, verlässt nach dem 0:3 gegen Kroatien enttäuscht das Spielfeld in Lyon. Um die Schultern hat er sich ein Trikot des Gegners geschlungen. Für Klinsmann war dies das letzte Spiel im Nationaltrikot.

Davor Suker, später WM-Schützenkönig, nach dem Sieg gegen Deutschland unterwegs mit der Nationalfahne.

ZEITTHEMEN

Als Bill Clinton „nicht die ganze Wahrheit" sagte

1998: Im Januar berichtet die „Washington Post" über eine Sex-Affäre des US-Präsidenten mit der Praktikantin Monika Lewinsky (21). Bill Clinton leugnet zunächst, gesteht aber am 17. August mit Tränen in den Augen der TV-Nation, „nicht die ganze Wahrheit gesagt" zu haben. Im Amt bleibt er dennoch. - Beim schwersten deutschen Zugunglück kommen 101 Menschen ums Leben, als ein ICE bei Eschede entgleist (3.6.). - Deutschland hat nach 16 Jahren Helmut Kohl einen neuen Kanzler: Gerhard Schröder (27.9.). - Gestorben: Schriftsteller Ernst Jünger (103), Entertainer Frank Sinatra (82), Quizmaster Hans-Joachim Kulenkampff (77).

1999: Im Tiroler Paznauntal sterben 38 Menschen bei einem Lawinenabgang (Februar). - SPD-Vorsitzender und Finanzminister Oskar Lafontaine tritt von jetzt auf nachher von allen Ämtern zurück (10.3.) und entscheidet sich fürs Private. - Da Jugoslawiens Präsident Milosevic weiter Kosovo-Albaner verfolgen lässt, erklärt ihm die NATO den Luftkrieg (24.3.): 14 000 Bomben werden auf Serbien geworfen, dann gibt Milosevic auf (10.6.). KFOR-Truppen rücken ins Kosovo ein, um die Rückkehr von 780 000 Flüchtlingen zu sichern. - Feuersbrünste im Montblanc-Tunnel (24.3.) und Tauern-Tunnel (29.5.) töten 50 Menschen. - Ca. 14 000 Tote bei Erdbeben in der Türkei (17. 8.). - Gestorben: König Hussein von Jordanien (63), Geiger Yehudi Menuhin (82), Ex-DDR-Ministerpräsident Willi Stoph (84).

2000: Nach dem Rücktritt von Boris Jelzin ist Wladimir Putin Russlands neuer Präsident (1.1.). - Im Zuge der CDU-Spendenaffäre legt Alt-Kanzler Kohl den Ehrenvorsitz der Partei nieder (18. 1.). Angela Merkel wird neue Parteichefin (10.4.). - Bis Anfang Frühjahr scheint der Börsenboom nicht zu bremsen, dann stürzen die Kurse ab: Der Neue Markt verliert bis Jahresende 70, der Dax über 40 Prozent. - Nord- und Südkorea beschließen nach über 50 Jahren Feindschaft die Versöhnung (14.6.). - Beim Absturz einer Concorde bei Paris sterben 114 Menschen (25.7.). - Serbiens Opposition entscheidet sich gegen das Regime Milosevic, als neuer Präsident wird Kostunica vereidigt (7.10.). - Das russische Atom-U-Boot „Kursk" sinkt mit 118 Mann (12. 8.). - Deutschland belegt bei Olympia Rang fünf mit 13 Mal Gold. - Nach positivem Drogentest flüchtet der designierte Bundestrainer Christoph Daum nach Florida (21.10.). - Fünf Wochen wird in den USA gezählt und prozessiert, dann steht George W. Bush als neuer US-Präsident fest (14.12.). - Gestorben: Erich Mielke, Ex-Stasi-Chef (92), Christiane Herzog, Bundespräsidenten-Gattin (63), Emil Zatopek, Leichtathlet (78).

2001: Israels neuer Präsident heißt Ariel Sharon (20.2.) und der lässt rigoros gegen palästinensische Extremisten vorgehen. - Jugoslawiens Ex-Präsident Milosevic kommt ins UN-Kriegsverbrecher-Tribunal (28.6.). - Freitod von Hannelore Kohl, der Frau von Ex-Kanzler Kohl (4.7.). - Der 11. September als Synonym für islamistischen Terror verändert die Welt. Nach den Attentaten auf Pentagon und World-Trade-Center mit rund 3000 Toten beginnt die NATO mit Zustimmung der UNO den Krieg gegen den Terror - zunächst in Afghanistan (7.10.). - Die Entsendung von Bundeswehr-Soldaten nach Afghanistan zwingt Kanzler Schröder zur Vertrauensfrage, die er gewinnt (16.11.). - Gestorben: Ex-Beatle George Harrison (58).

---

gen Paraguay hatten sich viele schon mit einem Elfmeterschießen abgefunden, ehe Libero Laurent Blanc mit dem ersten Golden Goal der WM-Geschichte Frankreich ins Viertelfinale brachte. Dort setzten sich „Les Bleus" im Elfmeterschießen gegen Italien durch, gegen jene Italiener, die schon bei den WM's 1990 (Halbfinale gegen Argentinien) und 1994 (Finale gegen Brasilien) im Entscheidungsschießen vom Punkt gescheitert waren.

Frankreich aber war im Halbfinale und das Beste daran war, dass es dort nicht gegen Angstgegner Deutschland ging. Kroatien schien eine lösbarere Aufgabe zu sein. Doch als Davor Suker, am Ende Torschützenkönig dieser WM, zum 1:0 einnetzte, wackelten die Franzosen erneut bedenklich. Es ist in Parma nicht bekannt, dass Lilian Thuram viele Tore geschossen hat. Aber gegen Kroatien zog der Verteidiger zwei Mal aus der Ferne entschlossen ab, zwei Mal traf er, Frankreich war damit im Endspiel, das Traumfinale gegen Brasilien Wahrheit geworden.

Und wieder war das Pech des Gegners das Glück der „Grande Nation". Als die Mannschaftsaufstellungen verteilt wurden, fehlte bei Brasilien, das in seiner Geschichte damit schon sein sechstes Endspiel erreicht hatte, der Name des Super-Stars Ronaldo.

War er verletzt? Hatte es Krach gegeben? Wenige Minuten vor dem Anpfiff korrigierte Mario Zagalo, Brasiliens Trainer, seine Formation. Ronaldo spielte nun doch. Aber wie. Krank sei er gewesen, die Nacht vor dem großen Finale hatte er nach einem Schwächeanfall in einer Klinik verbracht, erst auf Wunsch der Mannschaft (oder gar des Sponsors?) hatte ihn der Trainer doch aufgestellt.

Doch er hatte sich, dem Team und Ronaldo keinen Gefallen getan. Nur zwei Mal tauchte der damals beste Stürmer der Welt, der sich seither mit Knieproblemen herumplagt, vor Fabien Barthez auf. Das erste Mal mähte ihn der französische Torwart gnadenlos um und nicht wenige Schiedsrichter hätten in dieser Szene Elfmeter gepfiffen. Doch in diesem Fall blieb die Pfeife des Marokkaners Said Belqola, des ersten Afrikaners, der ein Finale pfeifen durfte, stumm. Das zweite Mal zog Ronaldo sofort ab, doch Barthez warf sich in den Schuss, rettete famos. Zu diesem Zeitpunkt lag Frankreich schon mit 2:0 vorne.

Oft in seiner Karriere hat Zinedine Zidane nicht mit seinem Schädel den Ball ins Tor des Gegners gerammt. Er benutzte(e) ihn eher zum Denken, zum Lesen des Spiels. Gegen Brasilien aber hielt er ihn mit dem spärlicher werdenden Haupthaar zwei Mal hin - zwei Kopfballtore, zwei Wundertreffer der französischen Nummer zehn - kaum zu glauben. Dass Emanuel Petit, dem „Kleinen", in der Nachspielzeit sogar noch das 3:0 glückte, machte den Sieg der „Equipe Tricolore" noch eine Nummer größer. Es hatte eben für Frankreich bei dieser WM im eigenen Land einfach alles gepasst, solche Tage gibt es immer wieder mal.

ANDERE DATEN

1998
- Berti Vogts tritt im September nach zwei missglückten Testspielen auf Malta als Bundestrainer zurück. Erich Ribbeck wird Teamchef.
- Deutscher Meister wird zum ersten Mal in der Bundesligageschichte ein Aufsteiger - der 1. FC Kaiserslautern. Bayern München wird Pokalsieger.

1999
- Deutschland bewirbt sich um die Fußball-Weltmeisterschaft 2006. Fortan rührt Franz Beckenbauer auf der ganzen Welt die Werbetrommel.
- Bayern München verliert trotz Führung in der Schlussphase in Barcelona das Finale der Champions League mit 1:2 gegen Manchester United.
- Bayern München wird Meister. Im Pokalfinale verlieren die Bayern aber nach Elfmeterschießen gegen Werder Bremen. Lothar Matthäus vergibt den letzten Bayern-Elfer.

2000
- Nach einer völlig verkorksten EM und dem Aus nach der Vorrunde gegen Portugal muss Bundestrainer Erich Ribbeck zurücktreten. Christoph Daum soll's machen, stolpert jedoch über eine Drogenaffäre. Rudi Völler übernimmt und führt Deutschland zur WM 2002.
- Deutscher Meister werden wieder die Münchner Bayern. Sie holen auch den Pokal mit einem 3:0 über Werder Bremen.

2001
- Irres Finale um die Deutsche Meisterschaft. Schalke wähnt sich schon als Titelträger, da sichert sich Bayern durch ein Tor in letzter Minute doch noch den dritten Titel hintereinander.
- Bayern wird Champions-League-Sieger nach Elfmeterschießen gegen den FC Valencia.
- Schalke hält sich für die Enttäuschung in der Meisterschaft mit dem Pokalsieg schadlos – 2:0 über den 1. FC Union Berlin.

Ein seltenes Bild: Zidane als Torschütze per Kopfball. Im WM-Finale gelang ihm dies gleich zwei Mal. Brasiliens Torhüter Taffarel sieht das Unheil auf sich zukommen.

Der Held aus dem Armenhaus, - „made in Marseille"

Zinedine Zidane wurde vom EM-Balljungen zum WM-Künstler

Schon am Tag vor dem Finale feierten Frankreichs Medien unisono die multikulturelle Leistung der „Equipe Tricolore": Mit dem Einzug ins Endspiel konnte Frankreich auch einen Sieg über den Rassismus feiern, und der kometenhafte Aufstieg der Thuram, Trezeguet, Zidane und wie die Einwanderer-Söhne aus den ehemaligen Kolonien alle hießen, zeigte, dass auch sie persönlichen Ruhm und Reichtum ernten und darüber hinaus sogar das Ansehen der „Grande Nation" mehren konnten. Vor allem Zinedine Zidane, kurz „Zizou" oder auch „ZZ-Top" genannt, wirkte Wunder. „Er gibt den Beurs, den Algerierkindern, eine neue Würde", urteilte ein Vertreter der Menschenrechtsorganisation „SOS-Racisme", und in der Industriestadt Lille äußerte ein Sozialarbeiter im Zeitungs-Interview: „Wenn Zidane gegen Brasilien ein Tor schießt, hätte das in unserem Einwandererviertel mehr Einfluss als zehn Jahre Integrationspolitik."

Der am 23. Juni 1972 im Marseiller Armenviertel Cite Castellane als Sohn einer in den 60er Jahren eingewanderten Berber-Familie aus dem Norden Algeriens geborene Zidane erledigte dann Rekordweltmeister Brasilien quasi im Alleingang mit zwei Toren in der 27. und 45. Minute, ehe Petit in der Schlussminute den 3:0-Endstand besorgte, und Michel Platini, Frankreichs Star der 80er Jahre und Organisations-Chef dieser WM, urteilte über den Spielmacher: „Er allein hat heute den Unterschied zwischen beiden Teams ausgemacht."

Als eine „selten erlebte Symbiose aus brillanter, unberechenbarer Technik, fulminanter Schusskraft, strategischen Fähigkeiten, eines ausgeprägten Gefühls für Rhythmuswechsel und immenser Willenskraft", beschrieb ihn der „Kicker", als Zidane zwei Jahre nach dem WM-Triumph auch noch Europameister mit Frankreich wurde. Der Ball-Virtuose, der dank seiner kräftigen Statur (1,85 Meter/80 Kilogramm) körperliches Spiel mit filigraner Technik zu verbinden weiss, wurde zudem zwei Mal, 1998 und 2000, zum Weltfußballer des Jahres gewählt, und im Juli 2001 kaufte Real Madrid den 29-Jährigen für 147 Millionen Mark (75 Mio. Euro) aus seinem Vertrag bei Juventus Turin heraus. Die bisherige, ebenfalls von den Madrilenen gezahlte Rekordablöse für den Portugiesen Luis Figo (116 Mio. Mark/59 Mio. Euro), wurde deutlich übertroffen. Zinedine Zidane ist derzeit mit einem Jahresgehalt von 15 Millionen Mark (7,6 Mio. Euro) der teuerste Kicker der Welt. Und mit größter Wahrscheinlichkeit ist er auch der Beste, denn ob für AS Cannes (bis 1992), Girondins Bordeaux (1992-96), Juventus Turin (1996-2001) oder jetzt Real: „Er ist von keinem zu übersehen, er ist der Mann am Ball", so schrieb die „taz" im Sommer 1998 über ihn.

Einen kleinen Fehler nur hat der Fußballheld, der seine Herkunft nach wie vor nicht verleugnet, noch heute bei seinem Stammverein AS Nouvelle Vague in der Cite Castellane regelmäßig vorbeischaut, der leise und freundlich, aber nicht allzu gesprächig ist: Das Temperament geht auf dem Platz manchmal mit ihm durch. Auch in den WM-Tagen von Frankreich war das so. Zum Auftakt gegen Südafrika in Marseille (3:0) hatte er im Velodrome, wo er 1984 als Balljunge die späteren Europameister Platini, Giresse & Co. bewundert und „ein Fieber wie nie in meinem Leben" verspürt hatte, souverän Regie geführt. Die Heimatstadt war stolz auf ihn. Aber beim 4:0 über Saudi-Arabien erlebte er den Schlusspfiff seines zweiten WM-Spiels nicht mehr: Platzverweis wegen Tätlichkeit. Er, der mit dem Ball tanzt, ihn am Fuß führt ohne hinzusehen und statt dessen

DER SUPER-STAR

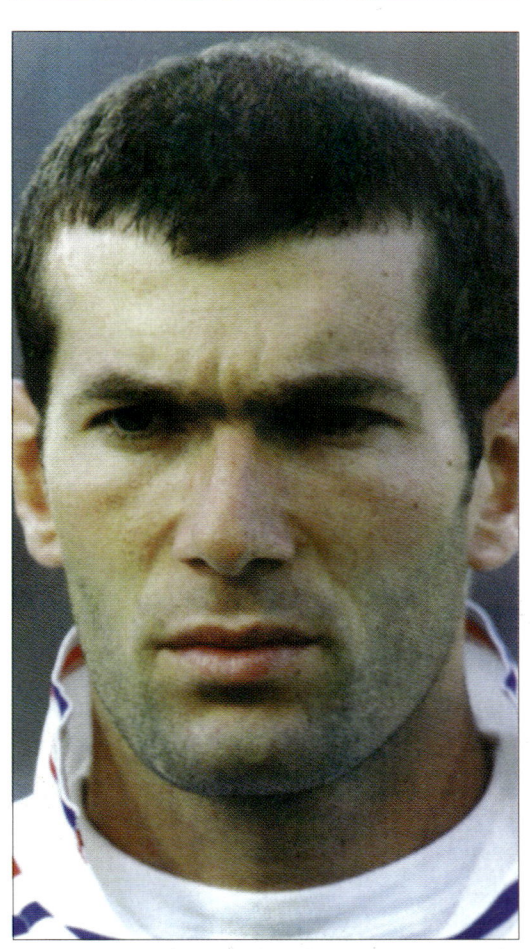

Zinedine Zidane - ein zurückhaltender Mensch, doch ab und zu geht das Temperament mit ihm durch.

den Blick frei hat für den genialen Pass, der das Leder streichelt statt tritt - war nach hartem Zweikampf einfach über seinen am Boden liegenden Gegenspieler hinweggetrampelt, hatte den Abdruck seiner Stollen auf dessen Po hinterlassen, war ein gemeiner Treter.

Zwei Spiele wurde er gesperrt und musste auch im Achtelfinale, als das Turnier in den K.o.-Modus wechselte, noch zusehen. „So etwas darf einem wie ihm nicht passieren. Er ist mein größter Trumpf", zürnte Trainer Aimé Jacquet, damals Nationaltrainer der Franzosen, über seinen Strategen, und Zinedine ging in sich: „Alle erwarten sehr viel von mir. Vielleicht stehe ich deshalb so unter Spannung. Ich muss ruhiger werden". Es ist dann alles gut gegangen, Frankreich gewann auch ohne ihn gegen Dänemark und Paraguay, und danach war Zidane wieder Stab und Stecken seiner Elf. Nur ein Tor wollte ihm nicht gelingen, und als es dann doch geschah, im Finale gegen Brasilien, hat er zwei Mal den Kopf hingehalten, sich nach Ecken im Strafraum durchgesetzt. Nicht im Stile des virtuosen Dirigenten, den er zuvor und danach abgegeben hat, sondern wie einer, der sich mit Hurra ins Getümmel stürzt. „Ein Künstler, der sich als Arbeiter nicht zu schade ist", schrieb die „Frankfurter Allgemeine Zeitung" (FAZ).

Längst ist der Held aus dem Armenhaus, dessen Konterfei mit dem Text „Made in Marseille" damals alle Plakatwände im Lande zierte, zum bekanntesten Sportler der Nation geworden, und längst könnte ihn die Popularität aus seiner bescheidenen Haut schlüpfen lassen. Aber das hat er zum Glück nie gelernt.

Nicht als seine Eltern mit den fünf Kindern das Absteigerviertel Castellane verließen, weil die Verdienste von Vater Smail als Nachtwächter im Supermarkt ein besseres Leben zuließen, und auch nicht, als Zidane für die Eltern und die eigene Familie (Ehefrau Veronique, zwei Söhne) das erste kleine Häuschen und dann die weiße Villa kaufen konnte. Er hat, so scheint es, die Mentalität so vieler Einwanderer verinnerlicht, in der neuen Heimat nur nicht aufzufallen - es sei denn durch Leistung.

Und nicht nur die EM- und WM-Titel, sondern auch das Rekordsalär in Madrid ist Beleg dafür, dass die Leistung stimmt.

ANDERE STARS

Lothar Matthäus
(21.3.1961) ist Weltrekord-Nationalspieler – er machte bei der EM 2000 sage und schreibe 150 Länderspiele für Deutschland voll. Er hält auch den WM-Rekord, auf 25 Einsätze hat es außer dem gebürtigen Franken noch kein anderer gebracht. Matthäus, Weltmeister 1990 und Weltsportler des Jahres 1990, hatte bei dieser WM seinen Zenit als Fußballer. Mit Gladbach, Bayern und Inter gewann er im Vereinsfußball so ziemlich alle Titel, die es zu gewinnen gibt.

Rivaldo
(19.4.1972), die Nummer zehn der Brasilianer, heißt mit bürgerlichem Namen Victor Borba Ferreira. Torgefährlicher Mittelfeldspieler des FC Barcelona. Beim Turnier 1998 war er die Schaltzentrale im brasilianischen Spiel und bester Spieler der „Selecao", obwohl er lange im Schatten von Ronaldo stand. 1999 Weltfußballer des Jahres und Torschützenkönig bei der Copa América, 1996 olympische Bronzemedaille, 1998 Vize-Weltmeister.

Davor Suker
(1.1.1968) zählte spätestens seit der EM 1996 in England zu den prominentesten Stürmern Europas. Kein Wunder, dass ihn Real Madrid kaufte. Der Züricher Sport schrieb nach dieser EM sogar: „Der beste Stürmer der Welt." Bei der WM 1998 fiel der Kroate noch mehr auf: Er wurde Torschützenkönig, führte Kroatien ins Halbfinale, wo seine Elf unglücklich gegen Frankreich ausschied. Wechselte 2001 in die deutsche Bundesliga zu 1860 München.

NAMEN & NACHRICHTEN

Teures Stadion
Es sieht auf den ersten Blick ein bisschen aus wie ein UFO. Doch das extra für die WM neu erbaute Nationalstadion Frankreichs, Nachfolger des 1972 fertig gestellten „Parc de Princes", ist ein Prachtbau. Mit 850 Millionen Mark Baukosten ist das „Stade de France" auch das bis dahin teuerste Stadion der Welt. 53 Prozent der Herstellungskosten stammten aus privaten Fonds, 47 Prozent steuerte der Staat aus Steuermitteln bei. Das „Stade de France" steht im ärmsten Departement Frankreichs, im Pariser Vorort St. Denis.

Joao Havelange, Sepp Blatter (links). Vorgänger und Nachfolger.

In der Minderheit
Erstmals seit 1950 waren die europäischen Mannschaften (15) in der Minderheit. Statistisch interessant: Alle Spieler Nigerias verdienten ihr Geld im Ausland. England, Spanien, Japan, Mexiko und Saudi-Arabien hatten nur Akteure nominiert, die in der Heimat spielten.

Hooligans
Englische und deutsche Zuschauer fielen einmal mehr negativ auf. Während die Engländer prügelnd durch Marseille liefen und eine Schneise der Verwüstung durch die Stadt am Mittelmeer zogen, verletzten deutsche Hooligans einen in einen Hinterhalt gelockten französischen Gendarmen so schwer, dass dieser tagelang mit dem Tode rang. David Nivel überlebte den feigen Anschlag, trug aber bleibende Behinderungen davon. Spontan überlegte sich die deutsche Mannschaftsführung unter dem Schock des Geschehens am Rande des Spiels gegen Jugoslawien in Lens, nach Hause abzureisen. Die französische Polizei verschärfte die Sicherheitsvorkehrungen und verbot an den Spieltagen in den Spielorten der englischen und deutschen Mannschaft jeglichen Alkohol-Ausschank.

Eintrittskarten
Immer wieder wurde bei dieser WM bemängelt, dass zu viele Tickets an Sponsoren und zu wenige Eintrittskarten in den freien Verkauf gegangen waren. Nur 20 Prozent der Tikkets sollen den „normalen" Fans zur Verfügung gestanden haben. Die Folge: Der Schwarzmarkt blühte, die Preise schossen in die Höhe. Mit knapp drei Millionen Zuschauern erreichte diese WM bei weitem nicht die Zuschauerzahl der Spiele vier Jahre zuvor in Amerika. Der Zuschauerschnitt sank von gut 68 000 Fans pro Spiel auf knapp 47 000. Dies lag aber in erster Linie daran, dass die französischen Arenen viel kleiner als die riesigen Spielstätten in den USA waren. Weltweit schalteten sich fast 50 Milliarden Menschen in die Spiele via TV ein, allein das Endspiel sahen 2,2 Milliarden Menschen.

Reiselust, Reiselast
Nicht wie früher wurden die Mannschaften bestimmten Städten und Regionen zugeteilt. Nach dem Willen der Franzosen mussten alle Teams reisen, was für die meisten Fußballer und Zuschauer mehr Last als Lust war. WM-Organisator Michel Platini aber hatte seinen Plan durchgesetzt, der lautete: „Die Franzosen sollen möglichst viele Mannschaften live spielen sehen können."

Mutter aller Spiele
Das Spiel mit dem größten politischen Hintergrund dieser WM fand am 21. Juni in Lyon unter äußerst strengen Sicherheitsvorkehrungen statt. Der Iran und die USA, erbitterte politische Gegner in dieser Zeit, standen sich bei der „Mutter aller Spiele" gegenüber, die Iraner siegten in einem fairen Aufeinandertreffen 2:0. Vorher hatten iranische Spieler weiße Rosen an ihre Gegenspieler zum Zeichen des Friedens überreicht. Die Siegprämie für die iranischen Fußballer bestand aus zwei Komponenten: Einem Scheck über gut 5000 Euro und dem Angebot einer kostenlosen Pilgerreise nach Mekka - selbstverständlich mit Begleitung. Im Iran wurden die Fernsehbilder zehn Sekunden zeitversetzt gesendet, um der Regie des Staates die Gelegenheit der Zensur zu bieten. Leicht bekleidete Frauen zum Beispiel durften nicht gezeigt werden.

Zu spät aufgewacht
Eine Notiz am Rande: Alle drei Treffer, die Österreich während dieser Weltmeisterschaft erzielte, fielen in der Nachspielzeit. Zu spät aufgewacht - könnte man sagen...

Rekordspieler
Als Lothar Matthäus beim Spiel Deutschland - Jugoslawien eingewechselt wurde, war er Rekordspieler der WM. Noch keiner vor ihm hatte es auf 22 Einsätze gebracht. Insgesamt spielte Matthäus schließlich 25 Mal, ehe er mit seiner Mannschaft gegen Kroatien ausschied und zurücktrat. Doch bei der EM 2000 war er wieder dabei, machte seine 150 Länderspiele voll.

Zwei Mal rot
Der Kameruner Rigobert Song war der erste WM-Spieler, der in zwei verschiedenen WM-Turnieren jeweils eine Rote Karte sah.

Gefeuert
Saudi-Arabiens Trainer Parreira war der erste Coach, der während einer Weltmeisterschaft gefeuert wurde. Vier Jahre zuvor war er mit Brasilien noch Weltmeister geworden.

Bester Torwart
Paraguays Torwart Chilavert wäre um ein Haar der erste Torsteher geworden, der einen Treffer bei einer WM erzielt hätte. Er hatte aber Pech, dass sein Freistoß gegen Bulgarien von der Latte ins Feld zurückprallte. Sein Trost: Er wurde wenigstens zum „Torwart des Turniers" gewählt.

Auch ein Rekord
Bora Milutinovic bestritt als Trainer Nigerias seine vierte Weltmeisterschaft, jedesmal als Coach einer anderen Mannschaft. Vier Jahre zuvor hatte er die USA betreut. In Frankreich blieben die USA neben Japan als zweites Team ganz ohne Punktgewinn.

HÄTTEN SIE'S GEWUSST?

Die meisten Tore in einem Spiel

5 Oleg Salenko (Russland):
  1994 bei Russland - Kamerun 6:1

4 Leonidas da Silva (Brasilien):
  1938 bei Brasilien - Polen 6:5 n.V.

4 Ernst Willimowski (Polen):
  1938 bei Brasilien - Polen 6:5 n.V.

4 Gustav Wetterström (Schweden):
  1938 bei Schweden - Kuba 8:0

4 Juan Alberto Schiaffino (Uruguay):
  1950 bei Uruguay - Bolivien 4:0

4 Ademir Marquez de Menezes (Brasilien):
  1950 bei Brasilien - Schweden 7:1

4 Sándor Kosics (Ungarn):
  1954 bei Ungarn - Deutschland 8:3

4 Just Fontaine (Frankreich):
  1958 bei Frankreich - Deutschland 6:3

4 Eusébio da Silva (Portugal):
  1966 bei Portugal - Nordkorea 5:3

4 Emilio Butragueno (Spanien):
  1986 bei Spanien - Dänemark 5:1

Weltmeister 1998 in Paris: Frankreich.

Autsch - das hat weh getan. Brasiliens Stürmer Ronaldo gegen Frankreichs Torhüter Fabien Barthez, der mit vollem Einsatz zum Ball geht. Der Schiedsrichter ließ das Spiel jedoch weiter laufen.

Der Wunderknabe und sein Preis

Brasiliens Ronaldo hat längst ausgesorgt, aber er zahlt für den Raubbau am Körper

Als zum WM-Finale 1994 in den USA sogar die Mutter des damaligen Nationaltrainers Parreira öffentlich den Einsatz von Brasiliens größtem Talent forderte, trug er noch eine Zahnspange: Der damals 17-jährige Nazario de Lima Ronaldo Luiz, kurz Ronaldo, hatte aber in 57 Junioren-Auswahlspielen 59 Tore geschossen, und so war es nur folgerichtig, dass er 1998 zum Star der „Selecao" wurde, vielleicht der WM-Star überhaupt geworden wäre, wenn er nicht im Finale so neben seinen Schuhen gestanden wäre. Dass er angeschlagen und zurückhaltend agierte, war für jedermann erkennbar, und die Spekulationen, er sei auch auf Drängen seines Sponsors, des Sport-Giganten Nike, fit gespritzt worden, wurden bis zuletzt neu belebt.

Auch Ronaldos Vater Nelio beschuldigte Brasiliens Verbandspräsident Texeira, die Gesundheit

DAS WM-GESICHT

seines Sohnes leichtfertig aufs Spiel gesetzt zu haben. Tatsache ist: Der damals 21-Jährige, der schon mit 15 Profi geworden war, mutete bei einer Größe von 1,79 Metern und 83 Kilogramm Gewicht seinen Gelenken und Bändern viel zu. Vor allem sein linkes Knie verursacht bei Inter Mailand, wo er nach den Stationen Cruzeiro Belo Horizonte (1992-94), PSV Eindhoven (1994-96) und FC Barcelona (1996) seit 1997 spielt, oder besser gesagt, zur Behandlung humpelt, eine Leidensgeschichte nach der anderen.

Dabei ging die Welt mit Fug und Recht davon aus, dass ein neuer Pelé geboren sei. Der „Stern" 1994: „Und es gibt doch einen Fußballgott, denn er schickt uns wieder einen Boten, der uns verzaubern kann." Und der Junge mit der Zahnlücke und dem kahl geschorenen Kopf zauberte: 55 Tore in 56 Spielen für Eindhoven, 47 Tore in 49 Spielen für „Barca". Bei Inter wurde er 1997 Weltfußballer des Jahres und 1997 sowie 1998 Europas Fußballer des Jahres. Ronaldos Marktwert explodierte geradezu: Eindhoven war er noch zwölf Millionen Mark wert, 30 Millionen blätterte Barcelona hin, für das Doppelte holte ihn Inter, wo er 6,5 Millionen Mark jährlich verdient. Hinzu kommen noch drei Millionen Dollar vom Sponsor, der ihm nach Karriereende lebenslang eine Million Dollar jährlich zahlen soll.

Was für eine Pension! Sofort hat sich „Il fenomeno" mit Lebensgefährtin Suzanna Werner nach der WM, die er mit vier Toren (statt des versprochenen Rekordes von 13) beendete, in einem Mailänder Penthouse mit fünf Schlafzimmern und Swimmingpool eingerichtet, hat für die Mama ein Haus mit Pool und für den Vater ein Appartement gekauft und - er hat ausgesorgt, auch wenn er nicht spielt. Wer ihm das neidet, sollte seine Geschichte kennen: Elf Jahre alt ist er, als Vater Nelio, ein Trinker, die Familie in Rios Armenviertel Bento Ribeiro, wo die Menschen teilweise von Abfällen leben, verlässt. Die Mutter jobbt als Pizza-Verkäuferin, aber fürs Bus-Ticket, mit dem Ronaldo zu Flamengo Rio, seinem Traumklub, fahren könnte, reicht es nicht. So schließt sich das Talent, das unbedingt Profi werden will, 1991 dem unterklassigen Klub Sao Cristovao an. Sein Trainer Alfredo Sampaio: „Nach dem Training ging er immer zu den Großen und bettelte um Geld, denn er hatte oft nichts zu essen."

Aber Ronaldo hatte auch Glück: Jairzinho, der Weltmeister von 1970, vermittelte ihn zu Cruzeiro, wo er als 16-Jähriger gleich im ersten Jahr in 56 Spielen 54 Tore schoss. Fortan wurde er zum Objekt der Begierde für die reichsten Klubs. Aber der Körper nimmt ihm den Raubbau der frühen Jahre übel, sehr sogar.

Ronaldo in Aktion: Der Ausnahmestürmer war indisponiert und konnte seiner Mannschaft nicht helfen.

ANDERE GESICHTER

Edgar Davids
(13.3.1975), der Mann mit der Sportbrille und dem Zopf gilt als unbequemer Mittelfeldspieler und hartnäckiger Kämpfer, allerdings mit großen spielerischen Fähigkeiten. Bei der EM 1996 ging er mit Nationaltrainer Guus Hiddink auf Konfrontationskurs und wurde vorübergehend „unehrenhaft" aus dem Team entlassen. Unter Hollands Bondscoach Frank Rijkaard stieg er zum wichtigen Spieler und stellvertretenden Kapitän auf. Kam wegen Dopings in die negativen Schlagzeilen.

José Luis Chilavert
(27.7.1965) ist nicht nur ein erstklassiger Torwart, sondern auch eine der Reizfiguren des südamerikanischen Fußballs. Scheiterte mit Paraguay bei der WM 1998 erst durch ein „Golden Goal" des Franzosen Blanc in der Verlängerung. Chilavert gilt als „Elfmetertöter" und ist gleichzeitig ein gefährlicher Freistoßschütze. Er liebt die Show und das Spektakel, er verschmäht Ordnung und Disziplin. 1995 ist er zum Welt-Torhüter gekürt worden. Mehrfacher Argentinischer Meister, in Paraguay ein Volksheld.

Didier Deschamps
(15.10.1968), Kapitän der französischen Nationalelf, war bis zu seinem Abschied aus dem Nationalteam (nach dem Gewinn der EM 2000) der kongeniale Partner für Zinedine Zidane. Deschamps, bei Juventus Turin zum Star gereift, hielt Zidane im Mittelfeld den Rücken frei, ähnlich wie dies 1972 bei der deutschen Wundermannschaft „Hacky" Wimmer für Günter Netzer getan hatte. 116 Länderspiele.

Ein Antistar wird Nationalheld

Der so völlig „unfranzösische" Aimé Jacquet triumphiert über seine Kritiker

Obwohl sein Vorname eigentlich ein gutes Omen sein musste - „Aimé" heißt in der französischen Sprache „beliebt", - war der Trainer, der die französische Nationalmannschaft am 12. Juli 1998 zu ihrem größten Triumph führte, in der „Grande Nation" lange Zeit alles andere als deren Liebling. In den 18 Testspielen vor WM-Beginn hatte Aimé Jacquet 18 zum Teil sehr unterschiedliche Formationen aufs Feld geschickt, ließ mit einer, mit zwei und dann mit drei Spitzen stürmen und versammelte noch in der Endphase der Vorbereitung einen Kader von 28 Mann um sich, um „die Konzentration zu erhöhen". Das brachte ihm nicht nur Kritik und Spott seitens der Medien ein, sondern auch die Unterstellung, die Spieler würden über ihn nur noch lachen.

Für viele Kritiker kam das schon lange feststehende Ende der Amtszeit am 31. Juli 1998 um mehrere Wochen zu spät. Der wenig schmeichelhafte Spitzname „Meme" (Mütterchen) wurde dem linkisch, brav und bieder und irgendwie „unfranzösisch" wirkenden Jacquet verpasst.

Doch der im November 1941 geborene Sohn eines Schlachters aus Sail-Sous-Couzan arbeitete so wie er es als Fräser in jungen Jahren in der Maschinenfabrik in Saint Chamond gelernt hatte - präzise und beharrlich, ruhig, aber entschlossen - auch im Fußball.

Als Spieler war er so mit St. Etienne fünf Mal Meister und zwei Mal Pokalsieger geworden, als Nationaltrainer (seit 1993) wollte er nach dem Halbfinal-Aus bei der EM 1996 (im Elfmeterschießen gegen Tschechien) so vier Jahre später den großen Coup landen und dem verspielten Fußball seines Landes Realismus beibringen.

„Natürlich wäre es einfacher gewesen, mit elf Stammspielern zu arbeiten und die eine oder andere Änderung vorzunehmen", sagte Jacquet später, aber so hatte er drei Spielsysteme in der Hinterhand, als das Turnier begann. „Bei einer WM müssen alle und jederzeit ihre Rolle spielen können", lautete sein Credo. Jacquet scheute sich auch nicht, die Jüngsten seines Kaders in die Verantwortung zu nehmen, und so hatte Frankreich dank der beiden 20-Jährigen Thierry Henry und David Trezeguet die jüngste Angriffsreihe der WM (20,5 Jahre).

Und das Wichtigste: Jacquet sah den Fußball, den er nüchtern und frei von Tricks und Firlefanz mochte, als höchsten Ausdruck von Zusammenspiel und Integration. Als der Nationalistenführer Le Pen nach dem EM-Aus 1996 bemängelte, die „Schwarzen" im Team hätten nicht die „Marseillaise" singen können, trat ihm Jacquet öffentlich entgegen: Die Nationalelf sei eine „Botschaft an künftige Gene-

DER WM-TRAINER

rationen" und Fußball „ein Reflex des Lebens, vielfältig in seinen Kontakten, im Sich-Austauschen und den Möglichkeiten, Anerkennung zu finden".

Eine Multi-Kulti-Truppe, die die einstige Kolonialmacht Frankreich einte wie nie, wurde so in der Nacht vor dem Nationalfeiertag 14. Juli von einer halben Million Menschen auf den Champs Elysees in Paris gefeiert und von zwei Milliarden vor den Bildschirmen bewundert.

Und Aimé Jacquet wurde Abbitte geleistet - zuvorderst von der größten Sportzeitung des Landes, „L'Equipe": Einen Sieg „für die Ewigkeit" habe er geschaffen. Aber Jaquet sagte nur, die Goldmedaille um den Hals: „Einem Teil der Presse vergesse ich die Lügen über uns nie." Daran hielt sich der später zum „Ritter der Ehrenlegion" und „Mann des Jahres" beförderte Trainer auch.

Aimé Jaquet mit Weltpokal: Auf dem Gipfel des Schaffens angelangt, aber die Lügen der Gegner will er nicht vergessen.

ANDERE TRAINER

Berti Vogts
(30.12.1946), von 1990 bis 1998 für die deutsche Nationalelf verantwortlich, hatte als Bundestrainer wenig Fortune. Zwar führte er die DFB-Auswahl 1996 nach einer verpatzten WM 1994 zum Gewinn der Europameisterschaft, danach ging es mit der Nationalelf aber bergab. Dem Viertelfinal-Aus bei der WM 1998 folgte zwei Jahre später (unter Ribbeck) das Debakel bei der EM. Vogts hatte bereits 1998 seinen Hut genommen, war danach Trainer bei Bayer Leverkusen, Nationaltrainer Kuwaits und wurde 2002 schottischer Nationaltrainer.

Daniel Passarella
(25.5.1953). Nach einer überaus erfolgreichen Spielerkarriere wurde Passarella auch ein erfolgreicher Trainer und feierte bei River Plate einige Erfolge. 1994 zum Nationaltrainer Argentiniens berufen, scheiterte er bei der WM 1998 nach zuvor überzeugenden Auftritten mit seinem Team im Viertelfinale an Holland. Bei den folgenden Engagements (u.a. Nationaltrainer Uruguays) war er eher glücklos.

Guus Hiddink
(8.11.1946) gilt als einer der profiliertesten Vertreter seines Fachs. Die Liste seiner Stationen (u.a. Real Madrid) ist lang, ebenso die seiner Erfolge. Höhepunkt seiner Tätigkeit war die Berufung zum niederländischen „Bonds-Coach" Anfang 1995. Er führte die „Oranjes" zur WM nach Frankreich und scheiterte hier erst im Halbfinale im Elfmeterschießen an Brasilien. Im Dezember 2000 wurde er vom WM-Gastgeber Südkorea als neuer Chef-Trainer berufen.

Die WM 1998 lehrte auch die deutsche Mannschaft, dass sogenannte „Kleine" wie Mexiko, der Iran oder die USA nicht mehr im Vorbeigehen geschlagen werden können. Wir hatten von Spiel zu Spiel die Hoffnung, dass sich die deutsche Mannschaft finden würde. Deutschland galt ja immer als ausgesprochene Turniermannschaft. Das heißt: Sie wuchs während der Turniere zusammen, sie steigerte sich an den Aufgaben, sie wurde auch in schwierigen Situationen nicht nervös. Alles dieses blieb in Frankreich aus.
Was Technik und Taktik anbetraf, hatten uns viele Mannschaft rechts und links überholt. Vor allem die spielerischen Qualitäten waren nicht ausreichend. Doch es wäre nicht korrekt, das befürchtete frühzeitige Ausscheiden allein am damaligen Bundestrainer Berti Vogts fest machen zu wollen. Ich kenne die Fähigkeiten von Berti, ich bedaure für ihn, wie dieses Turnier gelaufen ist und ich betone: Er war nicht der Allein-Verantwortliche.
Zugegeben: Es war auch ein bisschen Pech dabei. Denn wenn im Spiel gegen Kroatien,

DER EXPERTE
Berti Vogts war nicht alleine schuld

Günter Netzer:
„Frankreich hat zwei komplette Nationalteams"

als unsere Mannschaft bis zum Platzverweis von Christian Wörns kurz vor Ende der ersten Halbzeit ihr bestes Spiel bei diesem Turnier machte, diese Hinausstellung nicht erfolgt wäre, wäre diese WM für den Deutschen Fußball vielleicht ganz anders verlaufen.
Denn die Franzosen schauten schon ziemlich sorgenvoll drein, weil sie im Halbfinale mit ihrem Angstgegner, mit den Deutschen, gerechnet hatten. Doch vielleicht hatte diese Niederlage gegen Kroatien auch mittelfristig ihr Gutes. Ausreden zählten nun nicht mehr. Beim DFB hat man begonnen, sich auch an anderen Nationen zu orientieren, zum Beispiel an Weltmeister Frankreich, der jahrelang mit einem ausgeklügelten Förderprogramm im Jugendbereich konsequent auf das Turnier im eigenen Land hingearbeitet hat und sich auch durch Rückschläge nicht verrückt machen ließ. Es ist bravourös, was die Franzosen geleistet haben. Heute hat Frankreich selbst in der Spitze eine unheimliche Breite – die Franzosen verfügen im Prinzip über zwei komplette erstklassige Nationalteams.
Frankreichs Nationalelf ist deshalb so stark, weil sich Künstler und Arbeiter ideal ergänzen und weil jeder Spieler schon von Kindesbeinen an gelehrt bekam, was er auf welcher Position und in welcher Situation zu tun hat.

ANDERE FAKTEN

1998 – Endrunde in Frankreich (10.6.-12.7.)

Gruppe 1
Brasilien – Schottland	2:1
Marokko – Norwegen	2:2
Schottland – Norwegen	1:1
Brasilien – Marokko	3:0
Schottland – Marokko	0:3
Brasilien – Norwegen	1:2

Endstand:
1. Brasilien (6 Punkte / 6:3 Tore),
2. Norwegen (5/5:4), 3. Marokko (4/5:5),
4. Schottland (1/2:6).

Gruppe 2
Italien – Chile	2:2
Kamerun – Österreich	1:1
Chile – Österreich	1:1
Italien – Kamerun	3:0
Chile – Kamerun	1:1
Italien – Österreich	2:1

Endstand: 1. Italien (7 Punkte / 7:3 Tore),
2. Chile (3/4:4), 3. Österreich (2/3:4),
4. Kamerun (2/2:5).

Gruppe 3
Saudi-Arabien – Dänemark	0:1
Frankreich – Südafrika	3:0
Südafrika – Dänemark	1:1
Frankreich – Saudi-Arabien	4:0
Südafrika – Saudi-Arabien	2:2
Frankreich – Dänemark	2:1

Endstand: 1. Frankreich (9 Punkte / 9:1 Tore),
2. Dänemark (4/3:3), 3. Südafrika (2/3:6),
4. Saudi-Arabien (1/2:7).

Gruppe 4
Paraguay – Bulgarien	0:0
Spanien – Nigeria	2:3
Nigeria – Bulgarien	1:0
Spanien – Paraguay	0:0
Nigeria – Paraguay	1:3
Spanien – Bulgarien	6:1

Endstand: 1. Nigeria (6 Punkte / 5:5 Tore),
2. Paraguay (5/3:1), 3. Spanien (4/8:4),
4. Bulgarien (1/1:7).

Gruppe 5
Südkorea – Mexiko	1:3
Holland – Belgien	0:0
Belgien – Mexiko	2:2
Holland – Südkorea	5:0
Holland – Mexiko	2:2
Belgien – Südkorea	1:3

Endstand: 1. Holland (5 Punkte / 7:2 Tore),
2. Mexiko (5/7:2), 3. Belgien (3/3:3),
4. Südkorea (1/2:9).

Gruppe 6
Jugoslawien – Iran	1:0
Deutschland – USA	2:0
(Tore für Deutschland: 1:0 Möller, 2:0 Klinsmann)	
Deutschland – Jugoslawien	2:2
(Tore für Deutschland: 1:2 Mihajlovic (ET), 2:2 Bierhoff)	
USA – Iran	1:2
Deutschland – Iran	2:0
(Tore für Deutschl.: 1:0 Bierhoff, 2:0 Klinsmann)	
USA – Jugoslawien	0:1

Endstand: 1. Deutschland (7 Punkte / 6:2 Tore),
2. Jugoslawien (7/4:2), 3. Iran (3/2:4),
4. USA (0/1:5).

Gruppe 7
England – Tunesien	2:0
Rumänien – Kolumbien	1:0
Kolumbien – Tunesien	1:0
Rumänien – England	2:1
Rumänien – Tunesien	1:1
Kolumbien – England	0:2

Endstand: 1. Rumänien (7 Punkte / 4:2 Tore),
2. England (6/5:2), 3. Kolumbien (3/1:3),
4. Tunesien (1/1:4).

Gruppe 8
Argentinien – Japan	1:0
Jamaika – Kroatien	1:3
Japan – Kroatien	0:1
Argentinien – Jamaika	5:0
Argentinien – Kroatien	1:0
Japan – Jamaika	1:2

Endstand: 1. Argentinien (9 Pkte / 7:0 Tore),
2. Kroatien (6/4:2), 3. Jamaika (3/3:9),
4. Japan (0/1:4).

DAS ZITAT

„Ich bin der Ministerpräsident des größten Landes der Welt."

Sepp Blatter nach seiner Wahl zum Präsidenten des Weltfußball-Verbandes FIFA.

Achtelfinale
Brasilien – Chile	4:1
Italien – Norwegen	1:0
Frankreich – Paraguay	n. V. 1:0
Nigeria – Dänemark	1:4
Holland – Jugoslawien	2:1
Deutschland – Mexiko	2:1
(Tore für Deutschland: 1:1 Klinsmann, 2:1 Bierhoff)	
Argentinien – England	2:2, n. E. 4:3

Viertelfinale
Italien – Frankreich	0:0, n. E. 3:4
Brasilien – Dänemark	3:2
Holland – Argentinien	2:1
Deutschland – Kroatien	0:3

Halbfinale
Brasilien – Holland	1:1, n.E. 4:2
Frankreich – Kroatien	2:1

Spiel um Platz 3
Kroatien – Holland	2:1

Endspiel (12. Juli)
Brasilien – Frankreich	0:3

Brasilien: Taffarel, Cafu, Junior Baiano, Adair, Roberto Carlos, Cesar Sampaio (74. Edmundo), Dunga, Leonardo (46. Denilson), Rivaldo, Ronaldo, Bebeto.
Frankreich: Barthez, Thuram, Leboeuf, Desailly, Lizarazu, Karembeu (57. Boghossian), Deschamps, Petit, Zidane, Djorkaeff (76. Vieira), Guivarc'h (66. Dugarry).
Schiedsrichter: Belqola (Marokko).
Zuschauer: 80 000 (Stade de France, St. Denis)
Tore: 0:1, 0:2 Zidane (27./45.), 0:3 Petit (90.).

Torjäger des Turniers
Davor Suker (Kroatien)	6
Gabriel Batistuta (Argentinien)	5
Christian Vieri (Italien)	5

Geschossene Tore	171
Die meisten Tore	Frankreich 15
Tordurchschnitt pro Spiel	2,67
Das schnellste Tor	Celsio Ayala
(52. Sek. bei Nigeria – Paraguay)	
Elfmeter	17
(einen nicht verwandelt)	

Platzverweise (Rot/18)
Beckham (England), Molnar (Dänemark), Wieghorst (Dänemark), Phiri (Südafrika), Al-Khilalwi (Saudi-Arabien), Zidane (Frankreich), Blanc (Frankreich), Pardo (Mexiko), Verheyen (Belgien), Seok-Ju Ha (Südkorea), Kluivert (Holland), Kalla (Kamerun), Song (Kamerun), Etame (Kamerun), Burley (Schottland), Ramirez (Mexiko), Ortega (Argentinien), Wörns (Deutschland).

Platzverweise (Gelb-Rot/4)
Nankov (Bulgarien), Powell (Jamaika), Numan (Holland), Desailly (Frankreich).

„In der Kabine hat mich sogar der Bundeskanzler getröstet"

Christian Wörns über den Platzverweis von Lyon und die Weltmeisterschaft 1998

DER ZEITZEUGE

Eigentlich hatte ich ja ein ganz gutes Turnier gespielt. Positiv gestimmt ging ich, ging unsere ganze Mannschaft, deshalb auch ins Viertelfinalspiel gegen Kroatien. Und ich denke, dass ich mit meiner Meinung nicht allein stehe, wenn ich - auch mit dem Abstand von vier Jahren - sage: Die erste Halbzeit gegen Kroatien war die beste, die unsere Mannschaft bei der WM in Frankreich gespielt hat.

Aber dann kam diese verdammte 40. Minute im Stade Gerland von Lyon.

Ich stand zentral etwa zehn Meter hinter der Mittellinie, als Lothar Matthäus den Ball – mit Verlaub gesagt – ein wenig unglücklich und ungenau nach hinten gespielt hat. Doch ich war sicher: Ich kriege den Ball noch vor dem heranstürmenden Kroaten. Aber Davor Suker war schneller, als ich geglaubt hatte. Es geht ja in solch einer Szene um ein paar Hundertstel Sekunden. Resolut wollte ich den Ball wegschlagen, ihn weit in die gegnerische Hälfte wuchten, für Luft sorgen. Doch schon im Moment des Ausholens schoss es mir durch den Kopf: Du kommst zu spät.

Ich versuchte zwar noch zurückzuziehen, doch dies gelingt bei der Schnelligkeit des Spiels nur noch bedingt. Also traf ich Suker, der auch spektakulär fiel.

Gelbe Karte – so dachte ich. Sie wäre auch in Ordnung gewesen, auch deswegen, weil ich nicht der letzte Mann gewesen war. Doch dann war ich total perplex, als Schiedsrichter Pedersen aus Norwegen mir den Roten Karton vor die Nase hielt. Ich will nichts beschönigen, aber feststellen möchte ich doch: Es war mein erstes Foul in diesem Spiel.

Ich habe mich in der Kabine verkrochen. Und ich schäme mich nicht, es zu sagen: Ich habe Rotz und Wasser geheult. Viele haben versucht, mich zu trösten. Selbst Bundeskanzler Helmut Kohl kam nach dem Spiel zu uns in die Kabine, hat mich in den Arm genommen und mir Trost zuzusprechen versucht. Doch das gelingt so kurz nach dem Schlusspfiff keinem.

Wir hatten 0:3 verloren, wir waren ausgeschieden – und ich fühlte mich, obwohl ich eigentlich wenig dafür konnte, schuldig an unserer Niederlage. Sicher, die ersten beiden kroatischen Tore gegen uns waren Weitschüsse. Pech für uns, dass Andy Köpke zwar immer mit den Fingerspitzen am Ball war, diesen aber dennoch nicht um den Pfosten lenken konnte.

Trotzdem: Ich glaube, dass mein Platzverweis für einige unserer Mannschaft zumindest im Unterbewusstsein das Alibi für die Niederlage abgegeben hat. So hätte unser Team nicht auseinanderfallen dürfen, unsere Mannschaft hätte engagierter kämpfen müssen. Dann wäre vielleicht auch mit zehn gegen elf Mann mehr möglich gewesen. Wie oft ist uns das mit Borussia Dortmund schon gelungen...

Was bleibt von der WM 1998? Der entgangenen Chance auf ein WM-Halbfinale nachzutrauern bringt nichts. Als Profi musst du solche Nackenschläge schnell abhaken. In die Zukunft schauen, immer weitermachen, heißt die Devise. Und nun hoffe ich, dass wir den deutschen Fußball mit schönen Spielen gut vertreten.

Christian Wörns (10. Mai 1972) stammt wie zum Beispiel Jürgen Kohler, sein prominenter Vorgänger auf dem Vorstopperposten, auch aus Mannheim. Spielt zur Zeit bei Borussia Dortmund, davor auch bei Paris SG und Bayer Leverkusen. Kam für Waldhof Mannheim schon als 17-Jähriger in der Bundesliga zum Einsatz. Wörns debütierte in der Nationalelf im April 1992 unter dem damaligen Bundestrainer Berti Vogts in Prag gegen die CSFR.

Christian Wörns: Rote Karte nach ungestümem Einsatz gegen Davor Suker.

DER JOURNALIST
Flugangst? Über den Wolken zwischen Nizza und Paris lernte ich sie kennen

Flugangst? Selten. Auch an diesem 15. Juni 1998 stieg ich nicht sonderlich nervös in den Flieger, obwohl die Maschine ihre besten Tage schon hinter sich zu haben schien.

Von Nizza aus ging es mit einer uralten, offenbar mit Pinseln weiß angestrichenen Boeing 737-200, die das DFB-Reisebüro von einer kleinen, mediterranen Fluggesellschaft gechartert hatte, nach Paris zum ersten Vorrundenspiel gegen die USA. Voller Vorfreude auf das erste WM-Spiel der deutschen Elf saßen auch einige Spielerfrauen, Sponsoren sowie die Journalisten an Bord des klapprigen Fliegers. Darüber, dass unter den aufgeklebten französischen Schriftzügen an Sitzen und Verkleidung kyrillische Schrift auftauchte, lachten zunächst einige. Auch darüber, als einer den Lichtschalter drückte - und der Schalter vollständig in der Verkleidung verschwand. Lustig.

Die Stimmung war gut. Mir war nach „Über den Wolken..." Vergessen war, dass ein Mann eines DFB-Sponsors den Flug gar nicht erst angetreten hatte. Er ging von Bord, als er erkannte, in welch erbärmlichem Zustand sich der Jet befand. In 10 000 Meter Höhe entdeckte ich dann plötzlich, wie aus einer Schweißnaht der linken Düse Öl auslief. Pulsierend trat das Öl nach außen, rann über eine Breite von 30, 40 Zentimetern nach hinten. Dorthin, wo die Düse am heißesten ist.

Würde sich das Öl entzünden? Würde es Feuer fangen? Explodiert die Düse? Diese Fragen schossen mir durch den Kopf. Uns wurde langsam mulmig. Die Angst wuchs. Vor allen Dingen die Spielerfrauen, allen voran Regine Helmer und Tina Hamann, protestierten. Wir landeten dann zwar sicher, aber der Unmut war groß. Wir informierten den Steward, der lässig abwinkte und uns von Bord wies.

Im Gehen sahen wir noch, wie Pilot, Co-Pilot und Steward eine Handvoll Öl von der Düse weg wischten. Der Protest wurde so groß, dass wir für den Abend kategorisch eine andere Maschine forderten. Die kam auch. Genau so alt. Aber dennoch - alles ging gut. Ohne Flugangst. Und, dass die „Klimaanlage" anstatt kalter nur heiße Luft produzierte - wen störte es noch?

Dieter Matz (Jahrgang 1948), geboren in Reinbek (bei Hamburg). Seit 1980 HSV-Reporter, seit 17 Jahren beim „Hamburger Abendblatt" (unterbrochen von zwei Jahren bei BILD). Bei der Nationalmannschaft seit 1987 (18. April, 0:0 in Köln gegen Italien).

Fliegen und Siegen
50 Jahre Internationale Vierschanzen-Tournee

"Die 50. Vierschanzen-Tournee war eine Hannawald-Tournee."
Gerhard Schröder, Kanzler der Bundesrepublik Deutschland

"Ein Mythos ist gestorben. Aber wir können sagen, wir waren dabei."
Toni Innauer, Cheftrainer der österreichischen Springer-Nationalmannschaft

Es gibt außer den Olympischen Spielen keine Sportveranstaltung im Winter, die die Fans so in ihren Bann zieht, wie die Internationale Vierschanzen-Tournee. Wenn in Oberstdorf, Garmisch-Partenkirchen, Innsbruck und Bischofshofen die Springer ins Tal segeln, schauen Zehntausende in den Stadien zu, mehrere hundert Millionen Menschen erleben via Fernsehen Jahr für Jahr die Tournee mit.

Im offiziellen Jubiläumsbuch . . .

50 Jahre Internationale Vierschanzen-Tournee / Fliegen und Siegen

- ...finden Sie einfach alles, was Sie schon immer über diese einmalige Veranstaltung wissen wollten. Auf 232 Seiten schildern die Autoren 50 Jahre Tournee-Geschichte.
- unverwechselbar und authentisch.
- Sie werden über Anekdoten schmunzeln und über Sprüche vieler prominenter Sportler staunen.
- Sie finden Portraits über alle 37 Gesamt-Sieger, inklusive Sven Hannawald.
- Toni Innauer, Jens Weißflog, Georg Thoma und die Journalisten-Legende Bruno Moravetz berichten exklusiv über selbst Erlebtes.
- der ausführliche Statistikteil lässt (fast) keine Wünsche offen.
- die Top-Ten aller 200 Tageswettbewerbe sowie alle Tages- und Gesamtsieger auf einen Blick.
- erstmals das Springer-ABC aller jemals bei der Tournee gestarteten Athleten, insgesamt mehr als 1300 Sportler.
- jede Menge Rekorde und Fakten, nicht zu kurz kommen auch die Veranstalterstädte/Orte.
- und natürlich gibt es für jede Tournee eine eigene Doppelseite und für die 50. Jubiläums-Tournee ein eigenes Kapitel mit 16 Extraseiten über Hannawalds grandiosen Grand Slam.

Fliegen & Siegen ist gleichzeitig ein Lesebuch mit Geschichten über die Menschen, die diese Tourneen prägten, mit seltenen und schönen Fotos sowie ein unverzichtbares Nachschlagewerk für alle, die sich für diesen faszinierenden Sport begeistern können und über die mutigen Könige der Lüfte mitreden wollen.

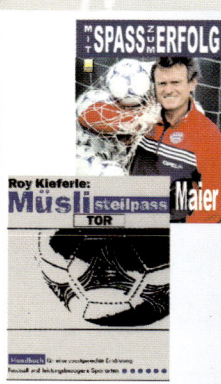

Wer wäre berufener, die tollsten Sportrekorde zu präsentieren als Gerd Müller? Wer könnte über ein modernes Torwarttraining besser schreiben als Sepp Maier? Und wer ist kompetenter in Sachen Sport-Verletzungen als Bayern-Doc Dr. Hans-Wilhelm Müller-Wohlfahrt? Drei von vielen Büchern aus dem Verlag weropress. "Rekorde" (10,50 Euro), "Mit Spaß zum Erfolg" (12,90 Euro), "Verletzt...was tun?" (13,90 Euro). Neben dem Anekdotenbuch "Lächeln mit den Bayern" (12,90 Euro) und dem großen Jubiläumsbuch zur 50. Vierschanzen-Tournee "Fliegen & Siegen" (19,90 Euro) weiter im Angebot: "Jahrhundert-Helden" (10,90 Euro), "Die Droge Eishockey" (10,50 Euro), "Feuer auf Eis" (12,90 Euro), Ernährungsratgeber "Müsli, Steilpass,Tor" (15,40 Euro), Roman "Der Trainer" (10,50 Euro), "Titel,Tränen & Triumphe" - EM 1960-2000 (14,90 Euro), Dieter Thomas "Der Feuerkopf" (17,90 Euro), die 400-seitige Traineragenda "Das Kapitel der Trainer" (49,90 Euro) und "Stuttgart kommt - der VfB" (10,50 Euro).

www.weropress.de

Das Debüt in Asien

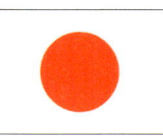

Japan

Südkorea

Stolzer Sieg der Deutschen in der WM-Qualifikation im letzten Spiel im altehrwürdigen Wembley-Stadion zu London. Doch dann kam die Ernüchterung von München - 1:5.

*Eine Weltmeisterschaft in Asien
und dazu noch in gleich zwei Ländern -
das ist ein doppeltes Novum
in der über 70-jährigen WM-Geschichte.
In Japan und Korea treffen sich die
Kickstars der Welt in diesem Jahr.
Mit dabei ist auch die Mannschaft Deutschlands,
die sich in der Relegation gegen die Ukraine
doch noch durchgesetzt hat.
Zuvor gab's ein Wechselbad der Gefühle:
1:0 in England gewonnen,
1:5 in München gegen die Briten verloren.*

BUCHKATALOG.DE

Die gute Antwort auf die „Frage der Ehre"

Nationalelf schaffte die WM-Qualifikation zwar erst in der Relegation, wurde aber dort zu einer Mannschaft

DER RÜCKBLICK

Es hatte alles so wunderschön begonnen. 4:1 gegen Spanien in Freundschaft – und keiner würde behaupten können, die nationale Vertretung einer der stärksten Ligen der Welt wäre irgendeine Laufkundschaft. Rudiralala – nach Erich Ribbeck und der verkorksten Europameisterschaft 2000 mit dem peinlichen Vorrunden-Aus gegen Portugal, schien Deutschlands Fußball wieder ungebremst zu ungeahnten Höhen aufzubrechen. Dem 2:0-Sieg zum Auftakt der WM-Qualifikation in Hamburg gegen Griechenland folgte ein gleichermaßen denkwürdiger wie stolzer Tag.

7. Oktober 2000 – das letzte Spiel im altehrwürdigen Londoner Wembley-Stadion stand an. Auf der Haupttribüne, eingerahmt von den beiden legendären Twin Towers, drängte sich die Prominenz, und auch Franz Beckenbauer schritt beschirmt durch den Regen auf den heiligen Rasen - Reminiszenzen an das 2:4 im WM-Finale des Jahres 1966. Wie schnell 34 Jahre doch vergehen können.

Den Engländern verging bald die Lust an einem glanzvollen Abschied. Denn just in jenes Tor, gegen dessen Unterkante der Latte Geoff Hurst im 66er Finale das Leder geschossen hatte, flitzte der Ball nach Dietmar Hamanns Freistoß unter David Seaman hindurch zum alles entscheidenden und frühen 1:0 ins Netz. In den Tagen, als über Christoph Daums Haarprobe im Zusammenhang mit der Kokainaffäre leidenschaftlich diskutiert und öffentlich (Calmund gegen Hoeneß) gestritten wurde, war dieser Sieg Balsam auf die Wunden und machte dieser schöne Böller Teamchef Rudi Völler zum neuen Fußball-Nationalhelden, zu „Rudi-Riese." Bald war von Daum im Zusammenhang mit dem National-

Paukenschlag in der WM-Qualifikation: Deutschland, hier mit Ballack (links) und Bode, gewinnt im Wembley-Stadion 1:0 gegen England.

ANDERE DATEN

Alle Ergebnisse der Gruppe 9 auf einen Blick

Deutschland - Griechenland		2:0
Finnland – Albanien		2:1
England – Deutschland		0:1
Griechenland – Finnland		1:0
Albanien – Griechenland		2:0
Finnland – England		0:0
Deutschland – Albanien		2:1
England – Finnland		2:1
Albanien – England		1:3
Griechenland – Deutschland		2:4
Finnland – Deutschland		2:2
Griechenland – Albanien		1:0
Albanien – Deutschland		0:2
Griechenland – England		0:2
Deutschland – England		1:5
Albanien – Finnland		0:2
England – Albanien		2:0
Finnland – Griechenland		5:1
Deutschland – Finnland		0:0
England – Griechenland		2:2

1. England	8	5	2	1	16:6	17
2. Deutschland	8	5	2	1	14:10	17
3. Finnland	8	3	3	2	12:7	12
4. Griechenland	8	2	1	5	7:17	7
5. Albanien	8	1	0	7	5:14	3

Relegationsspiele

Ukraine – Deutschland	1:1
Deutschland – Ukraine	4:1

Tore für Deutschland

Michael Ballack	6
Marko Rehmer	3
Sebastian Deisler	2
Carsten Jancker	2
Miroslav Klose	2
Marco Bode	1
Dietmar Hamann	1
Oliver Neuville	1

Dazu 1 Eigentor des Griechen Ouzounidis.

Einsätze in der Qualifikation

10 Spiele: Oliver Kahn, Jens Nowotny, Marko Rehmer.
9 Spiele: Michael Ballack, Carsten Ramelow.
8 Spiele: Carsten Jancker.
7 Spiele: Sebastian Deisler, Thomas Linke, Oliver Neuville, Christian Ziege.
5 Spiele: Gerald Asamoah, Oliver Bierhoff, Marco Bode, Dietmar Hamann, Miroslav Klose.
4 Spiele: Lars Ricken, Christian Wörns.
3 Spiele: Mehmet Scholl, Alexander Zickler.
2 Spiele: Frank Baumann, Jörg Böhme, Jörg Heinrich, Jens Jeremies, Bernd Schneider.
1 Spiel: Sebastian Kehl, Paulo Rink.

Schwarzer Tag in München: Deutschland, hier Christian Wörns gegen Michael Owen, verliert das Rückspiel gegen England 1:5.

team keine Rede mehr, Völler sollte es richten, die WM-Qualifikation so schnell wie möglich abhaken. Im Sauseschritt ging's zu neuen Erfolgen. Und als die Nationalelf am 29. März 2001 aus dem Chaos des neuen Athener Flughafens zurück nach Frankfurt startete, schien für die neuen Überflieger mit dem DFB-Adler auf der Brust mehr oder weniger alles gelaufen zu sein. Vier Spiele, vier Siege – England und der Rest der Gruppe hechelte hinter den Deutschen her.

Das 2:0 in Albanien war ein Pflichtsieg, nicht mehr, nicht weniger. In München, im Olympiastadion, in dem die deutsche Mannschaft 1974 beim zweiten Titelgewinn der deutschen Verbandsgeschichte stolze Augenblicke erlebt hatte, war alles gerichtet. Nur noch ein Pünktchen fehlte vor dem Spiel gegen England, um sich für die WM 2002 qualifiziert zu haben. Ein Remis – wer zweifelte daran?

Wir wollen nicht in alten, gerade vernarbten Wunden bohren, sondern es an dieser Stelle bei der statistischen Feststellung des Ergebnisses belassen – 1:5. Die höchste Niederlage einer deutschen Elf seit – ach, lassen wir's doch... Es war ja alles noch zu reparieren. Mit ein bisschen Glück und mit gnädiger Hilfe eines Altmeisters der Bundesliga. Otto Rehhagel trainierte inzwischen Griechenland, und der alte Haudegen versprach: „Wir werden in England alles geben, um der deutschen Mannschaft zu helfen." Man glaubte Rehhagel seine gute Absicht, doch man glaubte nicht an die Durchführung des ehrgeizigen Vorhabens. Hatten Ottos Griechen nicht unlängst mit 1:5-Toren in Finnland verloren?

Aber Otto hielt Wort: Griechenland holte das Remis im Lande der Briten, das den Deutschen bei einem gleichzeitigen Heimsieg gegen Finnland das Ticket zur WM gebracht hätte. Hätte. In Gelsenkirchen, in der neuen Arena auf Schalke, verkrampfte das deutsche Team jedoch und machte seine Fans sprachlos. Nur 0:0, Nachsitzen mit Nervenflattern war angesagt. Deutschland musste in die Relegation, Ukraine hieß der Prüfstein. Und auf einmal schien der kleine Gegner groß und fast unschlagbar zu sein.

Es begann wie Albträume nicht schlimmer enden können. Im Hexenkessel vor 80 000 Zuschauern in Kiew half Oliver Kahn einmal der Pfosten, dann nichts mehr. Nicht einmal beten. 1:0 gingen die Ukrainer in Führung. Wenigstens ein Tor, um fürs Rückspiel in eine annehmbare Ausgangsposition zu kommen, sollte es schon sein für die Deutschen. Und die sind in ihrer Geschichte in solchen Spielen ja Rückstände gewohnt. 1965, als es in Schweden um das Bestehen der „Quali" für 1966 ging, lagen sie 0:1 zurück, gewannen und wurden später Vizeweltmeister. 1969 stand es in Hamburg 0:1 gegen Schottland, und doch schoss sich die Elf mit einem 3:2-Sieg nach Mexiko und kehrte von dort nach den unvergessenen Spielen gegen England und Italien als gefeierter Dritter zurück. Und 1989 führten die Waliser in Köln 1:0, wurden 2:1 geschlagen - und Deutschland gewann in Italien den Titel.

1:1 endete das Spiel in Kiew, Michael Ballack war doch noch der Ausgleich geglückt. Und das Flugticket nach Japan (und Korea) löste die deutsche Mannschaft schließlich in Dortmund. Der Kreis schloss sich: Wie bei Völlers Start und jenem Hoffnung machenden 4:1 von Hannover gegen Spanien zauberte die deutsche Elf mit zwei weiteren Ballack-Toren auch die Ukraine mit 4:1 weg. Spielerische Akzente machten neuen Mut.

1:1 und 4:1 – die beiden wichtigsten Ergebnisse der WM-Qualifikation zierten einen gu-

DER PROMINENTE

Eine Fußball-WM fasziniert mich, weil...

...Fußball als Welt-Sport Nummer 1 die Menschen verbindet - und weil es einfach nichts Spannenderes gibt als eine WM!

Dr. Klaus Kinkel, stv. FDP-Fraktionsvorsitzender und ehemaliger Außenminister.

Das Ergebnis auf der Anzeigetafel sagt alles: 1:5! Demütigung für Deutschland, Jubel bei den englischen Fans.

Banger Blick: Christian Wörns gegen Michael Owen und der „kleine" Brite schoss drei Tore.

ten Schluss. Mit Herz, Hingabe, mit Willenskraft und mannschaftlicher Geschlossenheit, waren sie gleichermaßen erkämpft wie herausgespielt worden, hatten die Spieler aus einem Irrgarten der Selbstzweifel und Verunsicherung geleitet. 500 Tage nach seinem Einstand war auch Rudi Völler am ersten Etappenziel seiner Karriere als Teamchef angelangt, die er nun bis zur WM 2006 im eigenen Lande fortsetzen will.
Keine Frage: Im Nachhinein könnten die Nakkenschläge gegen England und Finnland sowie die Erfolgserlebnisse in Kiew und Dortmund Trainer und Mannschaft weiter gebracht haben.
Die „Frage der Ehre", gestellt vor den Relegationsspielen nicht nur von Gerhard Mayer-Vorfelder, dem DFB-Präsidenten, hat das Team eindrucksvoll beantwortet. Insgesamt sogar souveräner als es zu hoffen war.
„In solchen Stress-Situationen können Mannschaften wachsen, dann können sich Spieler zusammenfinden", hat Oliver Kahn, der neue Kapitän, gemeint.
Wahrscheinlich hat der erfahrene Torwart der Münchner Bayern mit dieser Vermutung Recht. Wir werden es bei der WM sehen...

Geschafft! Deutscher (Tor-) Jubel beim 4:1 gegen die Ukraine.

DIE GLOSSE

Als Giovanni Trapattoni wieder einmal sagt: „Ich habe fertig"

*Um das gleich mal vorweg festzuhalten: Wir sollten uns, liebe Fußballfreunde, nichts vormachen lassen, was die Weltmeisterschaft im Juni in Japan und Südkorea angeht. Unsere Gruppe ist kreuzschwer, da gibt's kein Wenn und Aber. Von wegen Losglück!
Man braucht sich doch nur die Gegner anzugucken, bitteschön: Holland-Bezwinger Irland beispielsweise - alles kernige Kerle, die erst tüchtig 'was auf die Knochen und die Birne geben, bevor es zum beliebten Kampftrinken geht. Oder Kameruns tapfere „Löwen", die mit einem damals 42-jährigen Roger Milla schon bei den Titelkämpfen 1990 in Italien bis ins Viertelfinale stürmten und jetzt den löwenmähnigsten aller löwenmähnigen Trainer zur Seite haben - wenn „Winnie" Schäfer als Kampfkluft dann noch seine berühmte Lederjacke trägt... au, au, au!
Zu Saudi-Arabien braucht man ja wohl nichts mehr weiter zu sagen - das Land, das den gefährlichsten Terroristen aller Zeiten hervorgebracht und Petro-Dollars ohne Ende hat, kann keinen harmlosen Fußball spielen. Und dann sind da ja noch die Deutschen selbst: Wir sind - siehe die vergangene Europameisterschaft vor zwei Jahren - immer noch unser größter Gegner.
Allerdings, und das wissen wir von alters her, hat der Germane die begnadete Gabe, sich, wenn's denn sein muss, auch am nicht vorhandenen Schopf aus dem Sumpf zu ziehen. Und in punkto planerischer Strategie macht ihm ohnehin keiner 'was vor.
Bereits Anfang Dezember hat so der fürsorgliche Gerhard Mayer-Vorfelder das WM-Quartier des Deutschen Fußballbundes (DFB) buchen lassen: Den siebten und achten Stock des „Sun Phönix", einer gewaltigen Bettenburg in Miyasaki auf der südjapanischen Hauptinsel Kyushu. 70 Suiten mit Meerblick und benachbartem „Ocean Dome", einem Freizeit-Center mit künstlichem Sandstrand und meteoritensicherem Dach. Wenn im „Sun Phönix" der Bundesadler nicht wie Phönix aus der Asche steigt - wo denn dann bitte schön?
Deshalb kann, bei aller Schwere der Aufgabe, schon jetzt ein durchaus frohgemuter Blick auf die Vorrunden-Spiele geworfen werden:
1. Juni (in Sapporo gegen Saudi-Arabien): Schon fast traditionell vergeigt die deutsche Elf den Auftakt. Weil der Leverkusener Nowotny seinen Gegenspieler „Yasser Muhammed Ali Omar al Yussuf Ben Bakr al Shalim" für das komplette Vierer-Mittelfeld des Gegners hält, läuft er derart motiviert über den Platz, dass in der Abwehr keine Zuordnung mehr stimmt. Das 1:0 durch einen Saudi-Stürmer, der so ähnlich heißt wie „Yasser Muhammed Ali... usw", kann aber Kahn in der 93. Minute noch ausgleichen: Er rammt einfach seinen Torwart-Kollegen mitsamt Ball über die Linie. Das Tor zählt, obwohl der saudische Delegationsleiter „Ali Omar Ben... usw." sehr gestenreich protestiert. Sein Wedeln mit 100-Dollar-Scheinen wertet der Schiri nicht als Abwerbeversuch an Kahn, sondern als Vorwurf der Bestechlichkeit - es gibt Platzverweis plus saftige Geldstrafe für Ali Omar Ben...!
5. Juni (in Ibaraki gegen Irland): Ein weiteres Unentschieden ist schon die halbe Miete, sagen sich die Iren (zuvor 0:0 gegen Kamerun) und die Deutschen, und entschließen sich in Anlehnung an den legendären deutsch-österreichischen Freundschaftsgipfel bei der Weltmeisterschaft 1982 im spanischen Gijòn zu einem Nichtangriffspakt. Alle Spieler schieben sich (wie in Gijòn) am Mittelkreis wechselweise den Ball zu. Nur der junge Sebastian Deisler vermasselt beinahe das von allen so sehnlich erwünschte 0:0. Sein Treffer aus der 83. Minute wird aber aberkannt, nachdem Carsten Jancker dem Schiedsrichter bedeutet, dass Deisler zuvor Hand gespielt und außerdem im Abseits gestanden habe. Deisler („Ich war doch aber in Gijòn noch ganz klein") muss später beim gemeinsamen Zechen an der Hotelbar der Iren einen ausgeben!
11. Juni (in Shizuoka gegen Kamerun): Die kühne Behauptung von Kameruns Trainer „Winnie" Schäfer, er kenne aus seiner langjährigen Bundesliga-Zeit ohnehin alle deutschen Spieler aus dem Effeff, und er wisse seine Mannschaft deshalb sehr wohl entsprechend einzustellen, wird schon in der dritten Minute ad absurdum geführt: Die Hintermannschaft Kameruns hält nämlich den Schalker Gerald Asamoah für einen der ihren und spielt ihm am Elfmeterpunkt vertrauensvoll den Ball zu. Asamoah fackelt nicht lange: Hacke, Spitze, eins, zwo, drei, von dort auf den Kopf - und dann ballert er das Leder wuchtig und genau ins Tordreieck!
Geschafft ist die erste Hürde! Wie es weitergeht nach dem Gruppensieg wollen Sie noch wissen? Wir wollen an dieser Stelle noch nicht allzu viel verraten, aber nach dem Achtelfinale (vermutlich gegen Paraguay, Slowenien oder Südafrika) stünden im Viertelfinale nach Voraussicht nach die Italiener als Gegner auf dem Rasen. Deren Trainer ist der berühmte Fußball-Philosoph und Sprachkünstler Giovanni Trapattoni, dessen bedeutendstem Credo wir uns hiermit gerne anschließen: „Ich habe fertig!"*

„Seit dem Ukraine-Spiel macht mich nichts mehr nervös"

Teamchef Rudi Völler über die bestandene Qualifikation und die Aussichten für die WM 2002

Als ich im Dezember vergangenen Jahres von der Auslosung der WM-Gruppen aus Korea zurückkam, bin ich immer wieder gefragt worden: „Rudi Völler, waren Sie nervös, haben Sie feuchte Hände bekommen?" Ich habe dann einfach die Wahrheit gesagt und geantwortet: Seit dem Ukraine-Spiel macht mich nichts mehr nervös. Nein, Hand aufs Herz: Natürlich hätten wir uns in der Qualifikation für das Turnier in Japan und Korea lieber ohne den Umweg über die beiden Relegationsspiele durchgesetzt. Aber, im Nachhinein betrachtet, haben uns - und auch mir - gerade diese beiden Auseinandersetzungen mit der Ukraine geholfen. Die Mannschaft und auch ich werden in Zukunft Stress-Situationen noch besser bewältigen, Rückschläge souveräner verarbeiten können. Insofern waren die Spiele gegen die Ukraine lehrreich und am Ende hat der 4:1-Sieg in Dortmund der Mannschaft mit Sicherheit viel Selbstvertrauen für die Zukunft gegeben. Sie weiß nun, dass sie sich auf sich selbst verlassen kann. Es hatte ja vorher lange danach ausgesehen, als ob wir in der Qualifikation durchmarschieren könnten. Vor allem nach unserem Sieg im Wembley-Stadion im letzten Spiel auf diesem heiligen Rasen, ehe dieses Fußball-Denkmal abgerissen wurde, schien die Sache eine ganz sichere Geschichte zu sein. Aber viele haben sich damals vom schiefen Tabellenstand täuschen lassen - die Engländer hatten lange Zeit nämlich ein Spiel weniger als wir. Ich hatte immer versucht, etwas über den Tellerrand zu schauen und mir war klar, dass in dieser 'Hammergruppe' mit England, Finnland, Griechenland und uns Schwierigkeiten auf uns zukommen konnten.

Es war dann aber schon einigermaßen verwunderlich, wie dieses 1:5 im Rückspiel gegen England nach einem einzigen Spiel, in dem wir schwach waren und deswegen zu Recht verloren haben, nicht nur die ganze Mannschaft, sondern auch das Umfeld verändert hat.

Deshalb müssen wir uns bemühen, auch vor dieser Weltmeisterschaft Realisten zu bleiben. Wir gehören nicht zu den Favoriten - dies sollte jedem Zuschauer in Deutschland klar sein. Frankreich als amtierender Welt- und Europameister, Argentinien, das eine sensationelle Qualifikation gespielt hat, und Brasiliens Team, das spielerisch immer zu den besten Mannschaften der Welt gehört, sind das Maß aller Dinge. Wir folgen in einer Gruppe etwa auf einer Ebene wie Italien, Spanien und England. Unser klares Ziel lautet: Achtelfinale. Und danach - im K.o-System - ist sowieso alles möglich. Sehen wir also optimistisch weiter.

In der Vorrunde sind wir in eine mittelprächtige Gruppe gelost worden, obwohl wir niemanden unterschätzen dürfen. Kamerun ist die beste Mannschaft Afrikas. Der Olympiasieg kommt nicht von ungefähr. In den vergangenen zehn bis 15 Jahren hat man immer wieder einer afrikanischen Mannschaft sogar einen WM-Titelgewinn zu-

DER ZEITZEUGE

Rudi Völler hat seinen Vertrag beim DFB bis zum Jahr 2006 verlängert: „Es wächst etwas zusammen."

getraut. Wenn dies eine Mannschaft aus Afrika schaffen kann, dann ist es im Augenblick diejenige Kameruns. An einem guten Tag kann Kamerun jeden schlagen. Auch Irland ist stark. Immerhin ist eine Mannschaft wie Holland an den Iren gescheitert. Wären die Holländer für die WM qualifiziert, würden sie bestimmt zu den Favoriten gezählt, aber die Iren waren einfach stärker. Saudi-Arabien ist natürlich die große Unbekannte in unserer Gruppe und ein Außenseiter. Über diese Mannschaft müssen und werden wir uns genau informieren.

Ich habe auf jeden Fall jetzt schon meinen Vertrag mit dem Deutschen Fußballbund bis zum Sommer 2006 verlängert. Die Arbeit mit Michael Skibbe, Erich Rutemöller und der Mannschaft macht Spaß, ich habe das Gefühl: Da wächst etwas zusammen.

Rudi Völler (13. April 1960) hat als Spieler national und international fast alle Titel gewonnen, die es zu holen gibt. Mit der Nationalelf Vize-Weltmeister 1986 und Weltmeister 1990. Zwischen 1982 und 1994 insgesamt 90 Länderspiele, 47 Tore. Fußballer des Jahres in Deutschland und Italien. Völler spielte für die Offenbacher Kickers, 1860 München, Werder Bremen, den AS Rom, Olympique Marseille und Bayer Leverkusen. Dort zuletzt Sportdirektor. Teamchef seit Mitte 2000.

DER JOURNALIST
Der Tag, an dem „wir" Deutschland gerettet haben

Der Tag, an dem wir Deutschland gerettet haben, war der 14. November. Natürlich haben wir Deutschland nicht allein gerettet, im Grunde haben wir... Aber vielleicht lesen Sie die Geschichte erst einmal.

In unserer Sportredaktion ist es Tradition, dass derjenige, der über eine Mannschaft oder einen Verein oder einen Sportler schreibt, dafür verantwortlich gemacht wird, was die Mannschaft, der Verein oder der Sportler zustande bringen. Das ist eine wundervolle Sache, wenn zum Beispiel die für Hannover 96 zuständigen Schreiber nach einem 5:0 gegen den Karlsruher SC in die Redaktion gehetzt kommen, um ihre Texte in den Computer zu tippen, und mit einem vielstimmigen „Die Aufstiegshelden aus dem Niedersachsen-Stadion" begrüßt werden. Klappt es auswärts mit einem Sieg beispielsweise in Duisburg, wird aus einem kleinen Sportredakteur der „Held von Duisburg", und man freut sich, dass man nicht in der Wirtschaftsredaktion arbeitet, bei all' den Unternehmen, die Pleite gegangen sind.

Nun gibt es aber leider im Sport nicht immer Erfolgsgeschichten - und in der Sportredaktion nicht nur Helden, wie das Beispiel der Kollegin verdeutlicht, die über die deutschen WM-Qualifikationsspiele gegen England und Finnland be-

richtete. „Mangelnde internationale Erfahrung" wurde ihr vorgeworfen, statt einem „Guten Tag" gab es ein schlichtes „Versagerin" zur Begrüßung. Dabei standen ihre Texte in einem deutlichen Kontrast zu den Leistungen von Rudis Kickern. Und hatte sie etwa von den Engländern fünf Stück kassiert? Nein, natürlich nicht, aber das half ihr auch nicht. Dann kam der 14. November, das entscheidende Spiel gegen die Ukraine, und Rudi Völler sagte: „Es geht um Deutschland." Der Druck war also groß, doch es gab ein 4:1, und als wir uns aus dem Stadion per Telefon meldeten, sagte unser Spätdienst-Mann: „Schön, dass du Deutschland gerettet hast."

Als wir am nächsten Morgen am Frühstückstisch saßen, fragte unsere Tochter, wo wir denn gewesen seien am Abend davor. Papa hat Deutschland gerettet, sagten wir stolz und freuten uns, ihr die ganze Geschichte erzählen zu können. Doch der kleine Frechdachs zeigte kein Interesse: „Erzähl´ doch lieber noch mal, wie Benjamin Blümchen das Wal-Baby gerettet hat..."

Heiko Rehberg (Jahrgang 1964) ist Sport-Ressortleiter der „Hannoverschen Allgemeinen Zeitung" und dort u.a. zuständig für die Berichterstattung von der Nationalelf.

HÄTTEN SIE'S GEWUSST?

Die meisten WM-Teilnahmen

5 Antonio Carbajal (Mexiko),
  WM 1950/54/58/62/66
5 Lothar Matthäus (Deutschland),
  WM 1982/86/90/94/98
4 Djalma Santos (Brasilien),
  WM 1954/58/62/66
4 Pelé (Brasilien),
  WM 1958/62/66/70
4 Karl-Heinz Schnellinger (Deutschland),
  WM 1958/62/66/70
4 Uwe Seeler (Deutschland),
  WM 1958/62/66/70
4 Gianni Rivera (Italien),
  WM 1962/66/70/74
4 Pedro Rocha (Uruguay),
  WM 1962/66/70/74
4 Wladyslaw Zmuda (Polen),
  WM 1974/78/82/86
4 Diego Armando Maradona (Argentinien),
  WM 1982/86/90/94
4 Vincenzo Scifo (Belgien),
  WM 1986/90/94/98
4 Franky van der Elst (Belgien),
  WM 1986/90/94/98

Ein Musterprofi durch und durch, im Spiel und im Training: Oliver Kahn.

Weiter, weiter, immer weiter

Oliver Kahns endloser Kampf um Perfektion und die raren Glücksmomente

Wie er manchmal guckt, wenn er auf dem Platz steht, könnte er alle Filmschurken der Welt locker in die Tasche stecken, und bei einer Begegnung des Nachts liefen ob eines solchen Gesichtsausdrucks nicht nur Frauen schreiend davon. Dabei ist er ein lieber und aufrichtiger Kerl, ruhig und sachlich, höflich und angenehm. Nur: Wenn es um den Ernst des Lebens geht, hört für Oliver Kahn der Spaß auf. Und der Ernst des Lebens ist für den weltbesten Torhüter der Jahre 1999 und 2001 eben Profi zu sein beim Champions-League-Sieger und Weltpokalsieger 2001, dem deutschen Rekordmeister FC Bayern München.

„Meine Maxime ist der Erfolg. Und davon will ich so viel wie möglich", hat der am 15. Juni 1969 in Karlsruhe geborene ehemalige BWL-Student sein Credo einmal formuliert. Und weil sein unbändiger Ehrgeiz ihm auch jede Menge Erfolge bescherte (vor dem Triumph-Jahr 2001 schon drei Meistertitel und einen Pokalsieg mit Bayern) darf „ein Oliver Kahn auch Dinge, die andere nicht dürfen", wie Manager Uli Hoeneß sagt. Nämlich: dem grimmen Erfolgsplaner des bajuwarischen Ausnahmeklubs auch einmal an den Karren fahren. Einen idealeren Nachfolger ab 2006 konnte sich Uli Hoeneß gar nicht ausgucken.

Nur eines fehlt dem deutschen Nationaltorwart der letzten drei Jahre noch in seiner sportlichen Vita: Ein großer Erfolg mit der Auswahl. Bei zwei Weltturnieren (1994/1998) und einer Europameisterschaft (1996) war er zum Zuschauen verurteilt, kam mangels Erfahrung nicht vor Bodo Illgner bzw. Andreas Köpke zum Zuge. Und „über die EM 2000 schweigen wir lieber", sagt Kahn, obwohl er vor zwei Jahren beim Vorrunden-Aus in Holland und Belgien der vielleicht einzige Spieler im DFB-Aufgebot war, der seine gewohnte Leistung brachte.

Es würde jedenfalls zum beharrlichen Aufstieg aus eigener Kraft passen, wenn der „Zuverlässigkeit in Person" (Schwäbische Zeitung) im Zenit der Karriere noch ein Coup gelänge. Der 1,88 Meter große und 87 Kilogramm schwere „Bulle" zwischen den Pfosten, der seine schier endlose Muskelarbeit im Kraftraum einmal mit den Worten begründete, „der Körper ist mein Panzer. Er nimmt die Angst und gibt Selbstvertrauen", ist schließlich auch als Perfektionist bekannt. Nichts wurmt ihn so wie Unzulänglichkeiten - am allermeisten seine eigenen, obwohl die ins Raritäten-Kabinett gehören. Mit viel Arbeitseifer und einer „Bodyguard-Mentalität, die weder sich noch andere schont" (Berliner Zeitung) lernte der 1994 für fünf Millionen Mark, damals Rekordsumme für einen Torwart, vom Karlsruher SC an die Isar transferierte Schlussmann so, sein Team vor Niederlagen zu schützen.

„Groß und körperlich stark sein, Ausstrahlung und Bewegungssicherheit haben", müsse ein guter Torhüter, wenn er sein Fach gut beherrschen will und der Gegner ihn respektieren soll, hat Oliver Kahn einmal selbst sein Metier erklärt - und dabei treffend die eigenen persönlichen Eigenschaften beschrieben. Und um den nötigen Respekt auf dem Rasen auch rasch zu bekommen, neigt ein Kahn auch schon mal zur wilden Drohgebärde, sobald ein Gegner allzu tief oder gar frech in sein Revier eindringt. Als Oliver „Wahn" und Oliver „Vul-Kahn" haben ihn die Medien und Fans gegnerischer Mannschaften deswegen skizziert, und bis heute fliegen bei Auswärtsspielen Bananen aufs Kahn'sche Gehäuse, um diesen „wilden Zerberus" zu reizen oder zu schmähen. In Freiburg war es auch einmal ein Golfball, der ihn am Kopf traf.

Nerven aus Stahl müsste einer haben, der so etwas ohne Zorn ertragen könnte. Auch Kahn hat sie nicht immer, zumal er als Schlussmann auch Enttäuschungen verarbeiten muss wie sonst keiner auf dem Feld: Kein Gegentreffer, bei dem sich der letzte Retter auf dem Rasen ja nicht irgendwie doch mitschuldig fühlte, und als Wachhabender zwischen den Kreidestrichen des eigenen Strafraums sind die Möglichkeiten, ein Spiel zu wenden, eng begrenzt. 90 Minuten lang unter Dampf, voll konzentriert sein für manchmal nicht mehr als drei oder vier Paraden - „ein grausames Leben", sei das, hat er selbst einmal beschrieben, „wenn man 89 Minuten lang fehlerlos spielt, aber an einer einzigen, fehlerhaften Szene aufgehängt werden kann". Damit umzugehen hat Kahn inzwischen gelernt.

Obwohl jedem Torhüter eine Macke zugestanden wird, hat sich der Bayern-Goalie anders als manch' anderer Kollege, vor Tätlichkeiten noch immer rechtzeitig gebremst. „Er streckt den Fuß, aber er tritt nicht, er bleckt die Zähne, aber schnappt nicht zu", stand einmal in der „Berliner Zeitung". Nein, nein, er beisst wirklich nicht, auch wenn es für Sekundenbruchteile so aussieht. Der Entertainer Harald Schmidt hat das in seiner Show humorvoll und passend ausgedrückt, als er Kahn als „Liebling der Woche" mit der Standard-Floskel eines Hundehalters beschrieb: „Der tut nix. Der will nur spielen."

Trotz des mitunter grausamen Spiels, in dem Kahn, der Profi, zu hause ist - Kahn, der Privatier, sieht sich als „stiller Genießer", liest gerne, handelt am Computer mit Aktien und findet Rückhalt bei seiner Jugendliebe und Ehefrau Simone sowie Töchterchen Katharina-Maria (geb. Dezember 1998) - hat er in seinem Job aber auch erfahren, dass es sich irgendwann auszahlt, beharrlich an höchsten Zielen gearbeitet zu haben. Nichts hat diese professionelle Einstellung des Einzelkämpfer-Typs Kahn jemals besser ausgedrückt als die Worte, die er im Hamburger Volksparkstadion mit vor Emotionen verzerrtem Gesicht ausrief, als die Bayern im Mai 2001 durch ihr 1:1-Ausgleichstor in der Nachspielzeit quasi noch nach Abpfiff der Saison Deutscher Meister wurden: „Weiter, weiter, immer weiter."

Kahn sagt es nicht nur, er handelt danach...

DER SUPER-STAR

Oliver Kahn, Welttorhüter 2001: Wenn es um den Ernst des Lebens geht, hört für ihn der Spaß auf.

ANDERE STARS

David Beckham
(2.5.1973) ist einer der schillerndsten Fußballer der Gegenwart. Verheiratet mit dem Spice-Girl Victoria, Schlossherr, Multimillionär und Flankengott. Mit Manchester United, der englischen Antwort auf Bayern München, hat er schon die Champions League gewonnen, in allerletzter Minute hat er gegen Otto Rehhagels Griechen mit einem seiner gefürchteten Freistöße England die direkte WM-Qualifikation gesichert. Nun heißt das Ziel: Weltmeisterschaft.

Roberto Carlos
(10.4.1972) ist seit Jahren eine feste Größe beim spanischen Vorzeigeklub Real Madrid. Carlos fällt bei den „Königlichen" immer wieder positiv auf durch seine Flankenläufe über links, seine hereingezwirbelten Flanken, die jede Abwehr vor Probleme stellen und seine unglaublichen Freistöße, vor denen die Torhüter der Welt zittern. Stand 1998 mit Brasilien im WM-Finale und verlor 0:3 gegen Frankreich. Diesmal will er ganz oben stehen.

Rául
(27.6.1977) ist mit gerade einmal knapp 25 Jahren schon ein alter Hase auf dem internationalen Parkett. Schon früh stand er in der Startelf von Real Madrid, mit dem der Angreifer alles gewonnen hat, was es im Fußball zu gewinnen gibt. Anders verhält es sich in der spanischen Nationalelf: Dort bringt Rául zwar wie im Verein gute Leistungen – große Erfolge allerdings kann er nicht vorweisen. In Japan und Korea soll diesmal alles ganz anders werden.

wm-spielplan

Vorrunde (31. Mai - 14. Juni 2002)

Gruppe A

Datum	Ort	Spiel	Uhrzeit
31.05.2002	Seoul (Südkorea)	Frankreich - Senegal	13.30 Uhr
01.06.2002	Ulsan (Südkorea)	Uruguay - Dänemark	11.00 Uhr
06.06.2002	Daegu (Südkorea)	Dänemark - Senegal	08.30 Uhr
06.06.2002	Busan (Südkorea)	Frankreich - Uruguay	13.30 Uhr
11.06.2002	Incheon (Südkorea)	Dänemark - Frankreich	08.30 Uhr
11.06.2002	Suwon (Südkorea)	Senegal - Uruguay	08.30 Uhr

Gruppe B

Datum	Ort	Spiel	Uhrzeit
02.06.2002	Busan (Südkorea)	Paraguay - Südafrika	09.30 Uhr
02.06.2002	Gwangju (Südkorea)	Spanien - Slowenien	13.30 Uhr
07.06.2002	Jeonju (Südkorea)	Spanien - Paraguay	11.00 Uhr
08.06.2002	Daegu (Südkorea)	Südafrika - Slowenien	08.30 Uhr
12.06.2002	Daejeon (Südkorea)	Südafrika - Spanien	13.30 Uhr
12.06.2002	Seogwipo (Südkorea)	Slowenien - Paraguay	13.30 Uhr

Gruppe C

Datum	Ort	Spiel	Uhrzeit
03.06.2002	Ulsan (Südkorea)	Brasilien - Türkei	11.00 Uhr
04.06.2002	Gwangju (Südkorea)	China - Costa Rica	08.30 Uhr
08.06.2002	Seogwipo (Südkorea)	Brasilien - China	13.30 Uhr
09.06.2002	Incheon (Südkorea)	Costa Rica - Türkei	11.00 Uhr
13.06.2002	Suwon (Südkorea)	Costa Rica - Brasilien	08.30 Uhr
13.06.2002	Seoul (Südkorea)	Türkei - China	08.30 Uhr

Gruppe D

Datum	Ort	Spiel	Uhrzeit
04.06.2002	Busan (Südkorea)	Südkorea - Polen	13.30 Uhr
05.06.2002	Suwon (Südkorea)	USA - Portugal	11.00 Uhr
10.06.2002	Daegu (Südkorea)	Südkorea - USA	08.30 Uhr
10.06.2002	Jeonju (Südkorea)	Portugal - Polen	13.30 Uhr
14.06.2002	Incheon (Südkorea)	Portugal - Südkorea	13.30 Uhr
14.06.2002	Daejeon (Südkorea)	Polen - USA	13.30 Uhr

Gruppe E

Datum	Ort	Spiel	Uhrzeit
01.06.2002	Niigata (Japan)	Irland - Kamerun	08.30 Uhr
01.06.2002	Sapporo (Japan)	Deutschland - Saudi-Arabien	13.30 Uhr
05.06.2002	Ibaraki (Japan)	Deutschland - Irland	13.30 Uhr
06.06.2002	Saitama (Japan)	Kamerun - Saudi-Arabien	11.00 Uhr
11.06.2002	Shizuoka (Japan)	Kamerun - Deutschland	13.30 Uhr
11.06.2002	Yokohama (Japan)	Saudi-Arabien - Irland	13.30 Uhr

Gruppe F

Datum	Ort	Spiel	Uhrzeit
02.06.2002	Ibaraki (Japan)	Argentinien - Nigeria	07.30 Uhr
02.06.2002	Saitama (Japan)	England - Schweden	11.30 Uhr
07.06.2002	Kobe (Japan)	Schweden - Nigeria	08.30 Uhr
07.06.2002	Sapporo (Japan)	Argentinien - England	13.30 Uhr
12.06.2002	Miyagi (Japan)	Schweden - Argentinien	08.30 Uhr
12.06.2002	Osaka (Japan)	Nigeria - England	08.30 Uhr

Gruppe G

Datum	Ort	Spiel	Uhrzeit
03.06.2002	Niigata (Japan)	Kroatien - Mexiko	08.30 Uhr
03.06.2002	Sapporo (Japan)	Italien - Ekuador	13.30 Uhr
08.06.2002	Ibaraki (Japan)	Italien - Kroatien	11.00 Uhr
09.06.2002	Miyagi (Japan)	Mexiko - Ekuador	08.30 Uhr
13.06.2002	Oita (Japan)	Mexiko - Italien	13.30 Uhr
13.06.2002	Yokohama (Japan)	Ekuador - Kroatien	13.30 Uhr

Gruppe H

Datum	Ort	Spiel	Uhrzeit
04.06.2002	Saitama (Japan)	Japan - Belgien	11.00 Uhr
05.06.2002	Kobe (Japan)	Russland - Tunesien	08.30 Uhr
09.06.2002	Yokohama (Japan)	Japan - Russland	13.30 Uhr
10.06.2002	Oita (Japan)	Tunesien - Belgien	11.00 Uhr
14.06.2002	Osaka (Japan)	Tunesien - Japan	08.30 Uhr
14.06.2002	Shizuoka (Japan)	Belgien - Russland	08.30 Uhr

Im Shizuoka-Stadion findet am 11. Juni 2002 das Vorrundenspiel Deutschland gegen Kamerun statt.

Die 20 WM-Spielorte

Eröffnungsspiel am 31. Mai 2002 13.30 Uhr

1. Seoul
2. Incheon
3. Suwon
4. Daejeon
5. Jeonju
6. Gwangju
7. Daegu
8. Ulsan
9. Busan
10. Seogwipo

fußball-weltmeisterschaft
korea/japan 2002

auf einen Blick

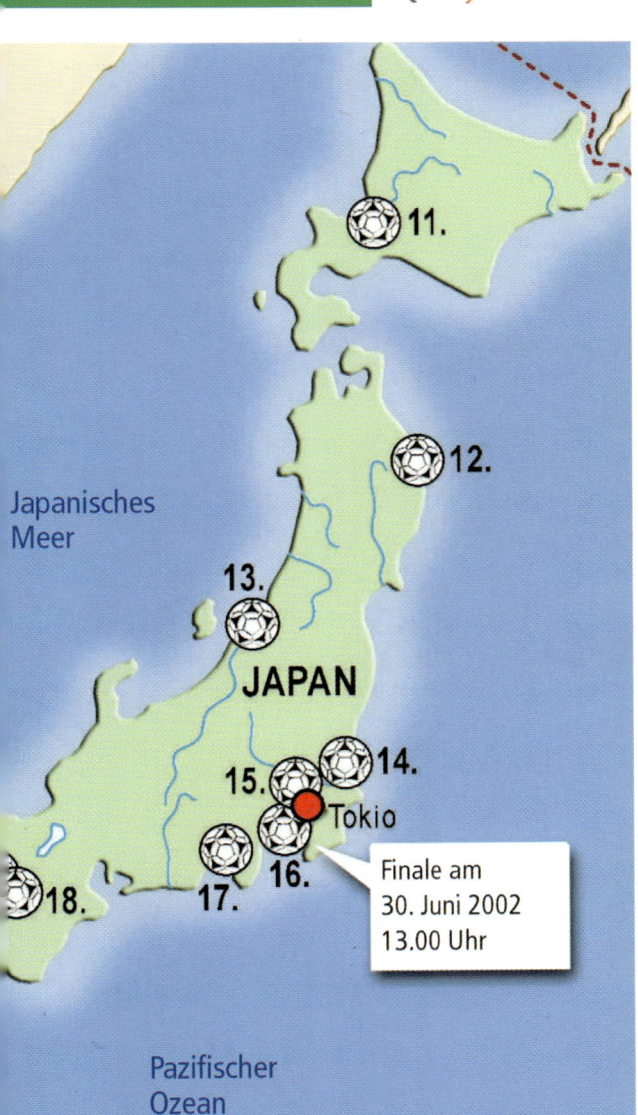

Achtelfinale (15. - 18. Juni 2002)

15.06.2002	Seogwipo (Südkorea)	49	1. Gruppe E - 2. Gruppe B	08.30 Uhr
15.06.2002	Niigata (Japan)	50	1. Gruppe A - 2. Gruppe F	13.30 Uhr
16.06.2002	Oita (Japan)	51	1. Gruppe F - 2. Gruppe A	08.30 Uhr
16.06.2002	Suwon (Südkorea)	52	1. Gruppe B - 2. Gruppe E	13.30 Uhr
17.06.2002	Jeonju (Südkorea)	53	1. Gruppe G - 2. Gruppe D	08.30 Uhr
17.06.2002	Kobe (Japan)	54	1. Gruppe C - 2. Gruppe H	13.30 Uhr
18.06.2002	Miyagi (Japan)	55	1. Gruppe H - 2. Gruppe C	08.30 Uhr
18.06.2002	Daejeon (Südkorea)	56	1. Gruppe D - 2. Gruppe G	13.30 Uhr

Viertelfinale (21./22. Juni 2002)

21.06.2002	Shizuoka (Japan)	57	Sieger 50 - Sieger 54	08.30 Uhr
21.06.2002	Ulsan (Südkorea)	58	Sieger 49 - Sieger 53	13.30 Uhr
22.06.2002	Gwangju (Südkorea)	59	Sieger 52 - Sieger 56	08.30 Uhr
22.06.2002	Osaka (Japan)	60	Sieger 51 - Sieger 55	13.30 Uhr

Halbfinale (25./26. Juni 2002)

25.06.2002	Seoul (Südkorea)	61	Sieger 58 - Sieger 59	13.30 Uhr
26.06.2002	Saitama (Japan)	62	Sieger 57 - Sieger 60	13.30 Uhr

Spiel um den 3. Platz (29. Juni 2002)

29.06.2002	Daegu (Südkorea)	63	Verlierer 61 - Verlierer 62	13.00 Uhr

Finale (30. Juni 2002)

30.06.2002	Yokohama (Japan)	64	Sieger 61 - Sieger 62	13.00 Uhr

Japanisches Meer

JAPAN

Tokio

Finale am 30. Juni 2002 13.00 Uhr

Pazifischer Ozean

11. Sapporo
12. Miyagi
13. Niigata
14. Ibaraki
15. Saitama
16. Yokohama
17. Shizuoka
18. Osaka
19. Kobe
20. Oita

* Alle Uhrzeiten in Mitteleuropäischer Sommerzeit (MESZ)

Mit freundlicher Genehmigung entnommen aus dem DFB-Magazin.

Das Genie, das sogar arbeitet

Luis Figo war vor Zinedine Zidane der teuerste Fußballer der Welt

Bei der EM 2000 in Holland und Belgien staunte die Fußballwelt: Was für ein zauberhaftes, leichtfüßiges Kurzpassspiel pflegten diese portugiesischen Spieler, und welch gefühlvolle Flanken schlug ihr Mann mit der Nr. 7, der Rechtsaußen und Spielmacher in einem war, dem der Ball so willig gehorchte und der auch noch ein Tor aus 30 Metern durch die Beine seines Gegenspielers ins Lattenkreuz (3:2 gegen England) schoss. Und waren Figo & Co. nicht auch die besten Youngster gewesen, als sie 1989 die Jugend-EM- und 1991 die Junioren-WM gewannen? Portugals Superstar, bei der EM 27 Jahre alt und in Diensten des FC Barcelona, konnte freilich auch nicht verhindern, dass seine Elf aus einem ganz simplen Grund im Halbfinale (1:2 n.V. gegen Frankreich) scheiterte: „Der Portugiese trifft das Tor nicht", sagte Franz Beckenbauer lapidar, und zumindest in entscheidenden Spielen traf dies auch immer so zu.

DAS WM-GESICHT

Und deshalb stimmt wohl auch, was Brasiliens Weltfußballer 1999, Rivaldo, über seinen Kollegen Figo sagt: „Man hätte ihm schon längst den ‚Goldenen Ball' als weltbestem Fußballer überreicht, wenn er nicht den Nachteil hätte, in einer Nationalelf zu spielen, die nicht so viel Aufmerksamkeit genießt." Gleichwohl gilt für Portugals Kapitän die Beurteilung von Englands Ex-Teammanager Bobby Robson, der Figo in dessen Zeit bei Sporting Lissabon einmal trainierte: „Er ist der Traum jedes Trainers. Der geborene Arbeiter, dazu mit großen individuellen Fähigkeiten. Ein Genie, eine Klasse für sich."

Der Mann für die linke wie rechte Außenposition hat beim Zehn-Millionen-Volk am Rande Europas, dort, wo 2004 die EM ausgespielt werden soll, jedenfalls für eine regelrechte „Figomania" gesorgt, die auch längst schon im Nachbarland grassiert: Aus seinem bis 2005 laufenden Vertrag bei Barcelona, für das er zwei Meistertitel (1998/1999), den spanischen Pokal (1997/1998) und den Europacup der Cupsieger (1997) gewinnen half, kaufte Real Madrid ihn nach der EM 2000 für die damalige Weltrekord-Summe von 116 Millionen Mark (59 Millionen Euro) heraus. Eine Marke, die von den Madrilenen erst ein Jahr später bei der Verpflichtung von Zinedine Zidane (75 Millionen Euro) übertroffen wurde.

Die einzige Schwäche des Luis Filipe Madeira Caeiro, wie er mit vollem Namen heißt, ist die fehlende Kaltschnäuzigkeit vor dem Tor. Figo ist lieber Vorarbeiter als Vollstrecker. Der Beliebtheit des aus bescheidenen Verhältnissen stammenden Einzelkindes, dessen Eltern ihm keine Fußball-Stiefel kaufen konnten, und das nun den Sprung zum Millionär geschafft hat, tut dies keinen Abbruch. „Ich bin auf der armen Seite des Tejo geboren. Im Arbeiterviertel Almada gab es keinen Klub", erzählt Figo, der mit dem schwedischen Model Helen Svelin verheiratet ist und eine Tochter hat, über seine Herkunft.

Mit 16 wurde er Profi bei Sporting Lissabon, und vom ersten großen Geld kaufte er seinen Eltern ein Haus. Ein Mustersohn, der auch ein Musterprofi wurde. Längst ist Portugals größter Star überall präsent. Auf Joghurtbechern und Litfaßsäulen prangt sein Bild. Abheben ist dennoch nicht seine Sache. Das hat er früh verinnerlicht: „Als ich zehn Jahre alt war, hat mir mein damaliger Trainer gesagt: Wirklich große Spieler sind die, die ihre Kameraden glänzen lassen."

Ob etwa zu viele portugiesische Spieler so wie Figo denken und deshalb ihr Fußball stets in Schönheit stirbt?

Feierte mit Portugals Nationalelf bei der Europameisterschaft 2000 in Belgien und Holland große Erfolge: Luis Figo (rechts).

ANDERE GESICHTER

Juan Sebastián Veron
(9.3.1975) ist Argentinier, spielte bis vor kurzem für Lazio Rom und feierte dort die italienische Meisterschaft. Dann wechselte er von der Sonne Italiens ins englische Schmuddelwetter und ließ sich den Umzug und den Verlust der Lebensqualität von Manchester United gut bezahlen. Der Mann hat keine Haare auf dem Kopf, dafür einen schönen Bart und kann mit dem Ball gekonnt umgehen. Stand schon für Argentinien bei der WM 1998 auf dem Feld und schied mit seiner Mannschaft im Viertelfinale gegen Holland aus.

Christian Vieri
(12.7.1973) gilt trotz eines Alessandro del Piero als der Vorzeige-Kicker der Italiener, die wie immer im erweiterten Favoritenkreis der WM auftauchen. Vieri stand schon bei der WM 1998 im Team Italiens und schied am 3. Juli im Stade de France von Paris mit seiner Mannschaft im Viertelfinale im Elfmeterschießen gegen den späteren Weltmeister Frankreich aus. Auch an das Champions-League-Finale 1997 hat er keine guten Erinnerungen: Mit „Juve" verlor er in München gegen Borussia Dortmund mit 1:3.

Michael Owen
(14.2.1979) war dabei, als England im September 2001 die deutsche Nationalelf in München demütigte. Beim 5:1 der Briten schoss der kleine Stürmer, ein großer Torjäger, drei Tore, und Rudi Völler, der deutsche Teamchef lobte: „Keiner verwertet die Chancen so sicher wie er." Bei der WM 1998 überzeugte Owen mit einem tollen Tor gegen Argentinien. Es nutzte dem Team allerdings wenig, es schied im Elfmeterschießen aus.

Eine Mischung aus preußischer Disziplin und Manjana-Mentalität

Bora Milutinovic, der „bunte Hund" vom Balkan, bricht bei der WM 2002 den Trainer-Rekord

Schon 1986, auf seiner ersten Station als Nationaltrainer, war er für die Mannschaft Mexikos, die er bis ins Viertelfinale gegen Deutschland führte (0:0, 1:4 im Elfmeterschießen) wie geschaffen: Die richtige Mischung aus preußischer Disziplin und Manjana-Mentalität. Velibor „Bora" Milutinovic, der „bunte Hund" vom Balkan, der schon als Twen in den 60er Jahren seinen Klub Partizan Belgrad verließ und seither als Fußball-Fachmann für alle Fälle durch die Welt zigeunert („Ja, nennen Sie mich ruhig Zigeuner. Ich habe kein Zuhause. Der Globus ist meine Heimat") ist 50 Prozent Unterbewusstsein und 50 Prozent Verstand. Kopf und Bauch fifty-fifty - ganz so, wie es seine Trainer-Vorbilder beim FC Bayern, der temperamentvolle Tschik Cajkovski und der kühle Analytiker Branco Zebec, vorgelebt haben. „Mündigkeit und Atmosphäre sind für die Spieler ungeheuer wichtig. Wenn das stimmt, klappt auch die taktische Disziplin", lautet seit den Tagen von Mexiko das Credo des Wanderers zwischen den Fußball-Welten.

Von 1983 bis 1986 und noch einmal (August 1995 - November 1997) betreute der polyglotte Serbe, der eine Mexikanerin geheiratet und eine Tochter (Darinka, geboren während der WM 1986) hat, das mittelamerikanische Land. Daneben gab er seine Visitenkarte als Nationalcoach auch noch in Costa Rica (Sommer 1990), den USA (März 1991 - April 1995), Nigeria (Dezember 1997 - Juli 1998) und im Januar 2000 bei Chinas Verband in der Tiyuguan Road 5, 100763 Beijing, ab. Bis vor kurzem hielt „Bora" noch zusammen mit Brasiliens Carlos Alberto Parreira den Rekord als viermaliger Trainer bei einer WM, aber in Südkorea und Japan kommt er mit Teilnehmer China nun auf fünf Weltturniere: 1986 mit Mexiko, 1990 mit Costa Rica, 1994 mit USA, 1998 mit Nigeria, 2002 mit China.

In jedem Land ist der Ball-Botschafter in kurzen Hosen zum Hoffnungsträger eines ganzen Volkes geworden, und jedesmal erfüllte er die Erwartungen besser als es ihm die meisten zugetraut hätten: Er überstand mit jedem seinen bisherigen vier Nationalteams zumindest die Vorrunde, was einem Parreira nicht gelang (frühes Aus mit Saudi-Arabien 1998).

Milutinovic war sich dabei seiner großen Verantwortung stets bewusst: „Diese Länder haben weit größere Probleme als die meisten der westlichen Welt. Dass sie im Fußball dabei sind und eine Rolle spielen, ist wichtig für sie."

Und wichtig ist dem Mann, der eine Woche nach

DER WM-TRAINER

der WM-Eröffnung seinen 62. Geburtstag feiert, beim Dirigieren seiner universellen Kicker-Konzerte stets die menschliche „Saite", die er mit Einfühlungsvermögen und psychologischem Geschick zum Klingen bringt.

Vor dem ersten WM-Spiel der Nigerianer 1998 gegen Spanien bat „Bora" seine Jungs kurz vor Anpfiff nochmal zur Seite: „Ich hab da was..." Dann zog der Hobbyfilmer eine Videokassette hervor, legte sie in den Rekorder und präsentierte, was er auf seinem Nigeria-Trip so alles aufgenommen hatte: Die winkenden und lachenden Familien der Spieler, eine zu Tränen gerührte Mutter, eine Ehefrau auf dem Weg in die Entbindungsstation.

Der Spieler Amokachi fand als Erster der zutiefst ergriffenen Elf die Sprache wieder und sagte: „Jetzt hauen wir sie weg." So begann der 2:3-Untergang der spanischen Armada gegen die Schwarzafrikaner, die am Ende Gruppen-Erster wurden.

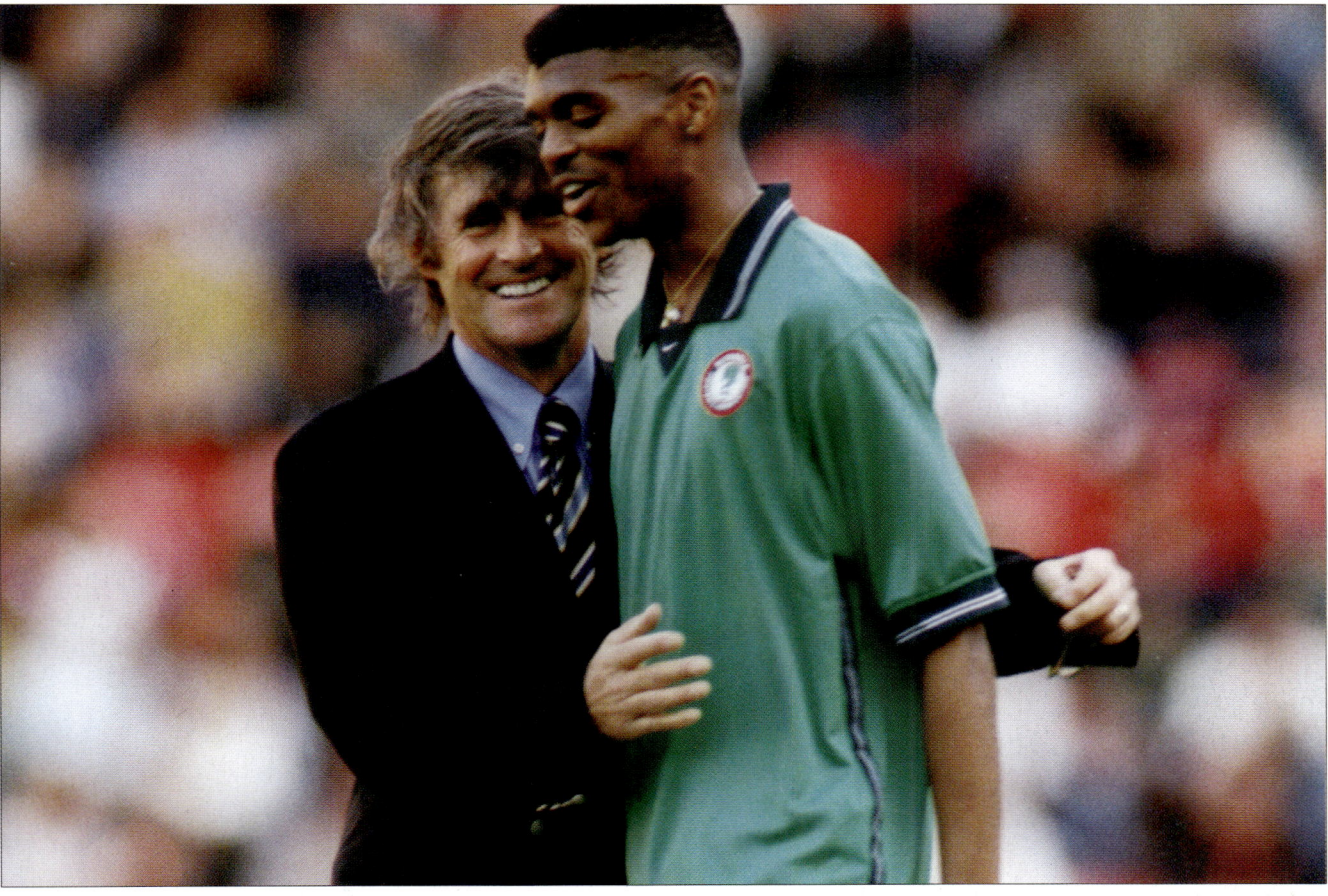

Bora Milutinovic leistete überall gute Arbeit: Mit allen vier Mannschaften, die er bisher betreute, überstand er stets die Vorrunde.

ANDERE TRAINER

Rudi Völler
(13.4.1960), eigentlich nur als Interimslösung bis zum Amtsantritt Christoph Daums vorgesehen, wurde als Teamchef zum „Retter" der deutschen Nationalelf. Der 90-fache Nationalspieler und Weltmeister 1990 brachte die bei der EM 2000 desolate DFB-Auswahl wieder auf Erfolgskurs. Der einstige Torjäger musste zwar Rückschläge hinnehmen, schaffte aber letztlich souverän die Qualifikation für die WM 2002. Danach soll er die Mannschaft für die WM 2006 im eigenen Land aufbauen.

Roger Lemerre
(18.6.1941) setzte nahtlos die Arbeit seines Vorgängers und vorherigen Chefs Aimé, Jacquet fort und führte Weltmeister Frankreich 2000 zum Gewinn der Europameisterschaft (was vor ihm noch kein Trainer geschaffte hatte). Der sechsfache Nationalspieler stand bereits seit 1986 in Diensten des französischen Verbandes und war zuletzt Assistent Jacquets.

Marcelo Bielsa
(21.7.1955). Ein internationales Expertengremium wählte Bielsa zum „Welt-Nationaltrainer des Jahres 2001". Der Coach der argentinischen Nationalelf, in Europa zum damaligen Zeitpunkt ein eher noch unbeschriebenes Blatt, erhielt damit die Würdigung für seine erstklassige Arbeit. Bielsa führte seine Elf souverän durch die schwierige Südamerika-Qualifikation und formte seit seiner Amtsübernahme 1998 ein Team, das vor der WM in Asien allgemein als Top-Favorit gehandelt wird.

Doppelte Premiere - in Asien und in zwei Ländern

Die WM-Teilnehmer standen erst nach 777 Qualifikationsspielen und 2452 Toren fest

Es ist von vielen Einmaligkeiten zu berichten, wenn wir über die Weltmeisterschaft 2002 sprechen.
Zum ersten Mal findet eine WM in Asien statt. Erstmals in zwei Ländern - in Japan und Südkorea. Und der Senegal, China, Slowenien und Ekuador geben in Japan und Südkorea ihr Debüt auf der großen, weiten WM-Bühne. 193 von 204 FIFA-Verbänden haben sich um die 29 freien Plätze beworben, erst nach 777 Qualifikationsspielen und genau 2452 Toren standen die Teilnehmer am ersten WM-Turnier des neuen Jahrtausends fest. Genug der Zahlen.

Japan ruft. Und wie schon vier Jahre zuvor in Frankreich wird sich die deutsche Nationalelf fernab vom großen Rummel im Süden des Landes einrichten. In Myazaki, um es genauer zu sagen.
Allzu viele Fans werden sie nicht begleiten. Denn Japan ist teuer. Die Japaner verdienen gut, dementsprechend teuer sind die Lebenshaltungskosten und damit auch die Preise für Hotelzimmer. Selbst die Eintrittskartenpreise erstaunen „Otto Normalverbraucher".
75 Euro wird der preiswerteste Platz bei einem Vorrundenspiel kosten, 374 beim Finale. Wer gerne beim Finale einen Sitz auf der Haupttribüne belegen würde, muss tief in die Tasche greifen - 934 Euro kostet der teuerste Platz. Schwierig wird es für Fans, die sich das teure Vergnügen leisten können und sich verschiedene Spiele anschauen möchten. So bequem wie bei der EM 2000, als der Zuschauer schnell einmal über die (eigentlich nicht mehr vorhandenen) Grenzen zwischen Deutschland, Belgien und den Niederlanden pendeln konnte, geht es bei der WM 2002 nicht. Immerhin liegt zwischen Japan und Südkorea ein Meer, das sich eigentlich nur per Flugzeug überwinden lässt. Weil sich die beiden Veranstalter-Länder seit dem Zweiten Weltkrieg nicht gerade freundschaftlich gegenüberstehen, hat auch der Umtausch seine Tücken. Japanische Yen, die noch nach der Vorrunde übrig geblieben sind, müssen in Korea erst in Dollar und können erst dann in die Landeswährung umgetauscht werden. Und auch das Telefonieren hat seine Tücken. Normale deutsche Handys funktionieren

Myazaki - der Ort und das Hotel am Meer, wo sich die deutschen Nationalspieler vor und während der WM-Spiele in Japan vorbereiten.

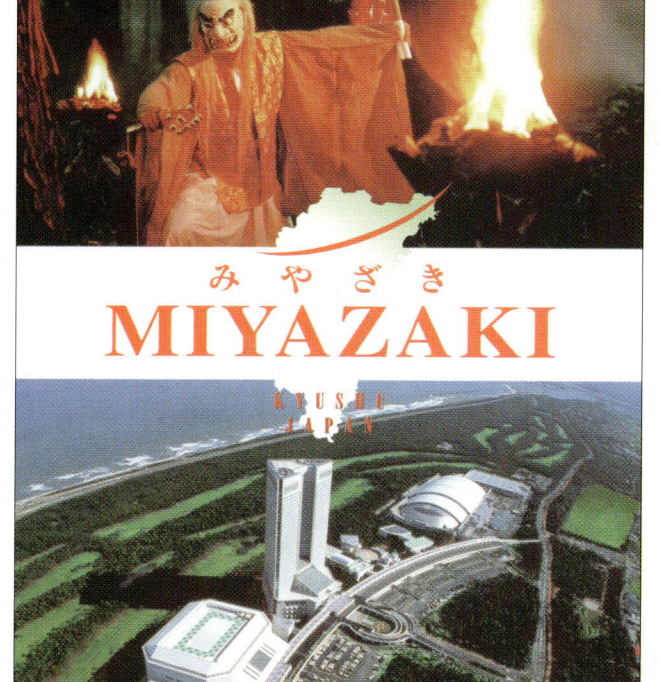

Ein Traum einer Landschaft: Abendstimmung in Korea. Ob die deutschen Spieler dort wohl hinkommen und ob sie Augen dafür haben?

nicht, man braucht in Japan und Korea spezielle und dazu noch verschiedene Geräte.
Im Grunde finden in Japan und Südkorea zwei Weltmeisterschaften statt - in insgesamt 20 Stadien. Im Vergleich zu der Weltmeisterschaft 1998 in Frankreich oder erst Recht zu der 2006 in Deutschland ist diese Weltmeisterschaft ein Turnier der langen Wege.
Diese Opfer aus sportpolitischen Gründen zu erbringen war die FIFA bereit. Es war ja auch Zeit, einen weißen Fleck auf der Weltkarte des Fußballs zu tilgen, nachdem 1994 schon eine Weltmeisterschaft in den USA stattgefunden hat und die Zeichen der Zeit darauf hindeuten, dass 2010 Afrika als nächster Kontinent die Ehre haben wird, eine WM auszurichten.

Rudi Völler, Gott sei Dank, hat den Verfall des deutschen Fußballs, den wir jahrelang besorgt verfolgen mussten, abgebremst. Ich hoffe sogar, dass er ihn gestoppt hat. Die Situation nach dem blamablen 0:3 gegen Portugal und dem peinlichen Ausscheiden bei der Europameisterschaft 2000 erinnerte frappierend an den Tiefpunkt 1984, als die deutsche Mannschaft unter Jupp Derwall ebenfalls bei einer EM tief enttäuschte. Damals kam Franz Beckenbauer, die „Lichtgestalt" des deutschen Fußballs, als Retter. 16 Jahre später setzte der DFB auf Rudi Völler und es ist genauso wie früher beim Franz: Der Rudi bringt seine persönliche Akzeptanz in den schweren Job mit ein – gerade im Umgang mit den Spielern ist dies ein ungeheuer wichtiger Vorteil im Vergleich zu anderen Kandidaten, die nicht auf solch große sportliche Erfolge in der Vergangenheit verweisen können.

Ich denke, dass wir langsam dabei sind, uns zu steigern. Ich bin zuversichtlich, dass wir bei der WM 2002 in Asien auf eine gute Mannschaft zurückgreifen können und wir haben zudem eine günstige Auslosung erwischt. Rudi scheint wie früher Franz nicht nur ein guter Teamchef

DER EXPERTE
Ich sehe Frankreich und Argentinien vorne

Günter Netzer:
„Das Erreichen des Achtelfinales ist Pflicht"

zu sein, sondern auch das Glück gepachtet zu haben. Saudi Arabien, Irland und Kamerun sind Gegner, die uns in der Vorrunde nicht stoppen dürften. Auch wenn ich warnend auf einige Zahlen hinweise: Gegen Irland haben wir keine besonders gute Bilanz aufzuweisen – sechs Siegen stehen zwei Unentschieden, fünf Niederlagen und 23:20 Tore gegenüber. Und gegen Kamerun haben wir noch nie gespielt. Dennoch: Unsere Mannschaft fliegt mit der Verpflichtung nach Japan, die Vorrunde zu überstehen. Und sie siedelt dann um nach Korea mit der Chance, mehr zu erreichen, als das Minimalziel. Der Einzug ins Halbfinale wäre ein toller Erfolg.

Ich sehe im Vorfeld dieser Weltmeisterschaft zwei Top-Teams. Argentinien verfügt über eine starke Vertretung – und natürlich ist wieder mit Frankreich, dem Titelverteidiger, zu rechnen. Frankreich hat einen solch großen und ausgeglichenen Kader, dass dieses Team auch einen kleinen Umbruch verkraften kann. Auch wenn einige wichtige Spieler aus Altersgründen nach der EM 2000 beim Welt- und Europameister aufgehört haben, ist der Qualitätsverlust bei der „Equipe Tricolore" dennoch eher gering. Die Franzosen verfügen über einen riesigen Unterbau und man kann sie nur beneiden: Ihr Fundament steht!

Spielorte und Stadien der deutschen Mannschaft

Die deutsche Fußball-Nationalmannschaft wird ihre Vorrundenspiele bei der WM-Endrunde 2002 in Japan austragen. Das Land mit seinen mehr als 125 Millionen Einwohnern besteht aus den vier Hauptinseln Hokkaido, Honshu, Shikoku und Kyushu sowie über 3000 kleineren Inseln und ist unterteilt in 4 Präfekturen. Die größten Städte sind Tokio (8 Millionen), Yokohama (3,4) und Osaka (2,6).

Die DFB-Auswahl spielt zunächst in Sapporo auf Hokkaido gegen Saudi-Arabien, die Spiele gegen Irland (in Kashima in der Präfektur Ibaraki) und gegen Kamerun (in der Präfektur Shizuoka) finden auf der Hauptinsel Honshu im erweiterten Einzugsbereich von Tokio statt.

Sollte sich die deutsche Mannschaft fürs Achtelfinale qualifizieren steht ein Umzug nach Korea auf die Insel Cheju an. In Südkorea würde die deutsche Mannschaft - ein Weiterkommen immer vorausgesetzt - bis zum Halbfinale spielen. Ein Halbfinalspiel wird wie das Eröffnungsmatch in Seoul ausgetragen. Das Endspiel findet schließlich wieder in Japan, in Yokohama, statt.

Die Vorrunden-Spielorte und Stadien der deutschen Mannschaft bei der Fußball-WM 2002 auf einen Blick:

SAPPORO, SPIEL 1
1. Juni 2002 gegen Saudi-Arabien (13.30 MESZ).
STADION: Sapporo Dome (42 122 Zuschauer), Fertigstellung Mai 2001, überdachte Multifunktionshalle (ohne Laufbahn), Spielfeld kann auf Luftkissen aus und in das Stadion gefahren werden, Baukosten: 757 Millionen Mark.
STADT: Sapporo war 1972 Gastgeber der Olympischen Winterspiele, liegt auf Hokkaido, der nördlichsten der japanischen Hauptinseln. Die Verbindung zur südlich gelegenen Insel Honshu stellt der 53,85 Kilometer lange Seikan-Tunnel her. Größte Wirtschaftsfaktoren der erst vor 130 Jahren gegründeten Stadt sind die Tourismus- und die Fisch-Industrie, berühmt ist auch das gleichnamige Bier. Sapporo, mit 1,8 Millionen Einwohnern die fünftgrößte Stadt Japans, ist eine westlich geprägte Metropole mit modernen Gebäuden und gilt als eine Feinschmecker-Hochburg. Das neue Wahrzeichen der Stadt ist der neu erbaute Sapporo Dome mit ausfahrbarem Spielfeld. Die Verbindung zwischen dem Flughafen Shin-Chitose und der Haupstadt Tokio (ca. 900 Kilometer) ist die am stärksten frequentierte Flugstrecke der Welt.

IBARAKI SPIEL 2
5. Juni 2002 gegen Irland (13.30 Uhr MESZ).
STADION: (Ibaraki Prefectural) Kashima Soccer Stadium in Kashima (41 800 Zuschauer), Fertigstellung Mai 2001, reines Fußball-Stadion, Baukosten: 425 Millionen Mark.

NAMEN & NACHRICHTEN

30. Juni 2002 – Finale in Yokohama
Die WM 2002 beginnt am 31. Mai und endet am 30. Juni 2002. Das Eröffnungsspiel findet am 31. Mai (Freitag, 13.30 Uhr MESZ) mit Titelverteidiger Frankreich gegen Senegal in Seoul (Korea) statt, das Finale am 30. Juni (Sonntag, 13 Uhr MESZ) im International Stadium von Yokohama (Japan). Der Zeitunterschied zwischen Deutschland, Südkorea und Japan beträgt während der WM jeweils sieben Stunden.

Im TV
ARD und ZDF senden maximal 25 Spiele live (darunter alle Spiele der deutschen Mannschaft, Eröffnungsspiel, Finale, Halbfinals). Bei SAT.1 wird es ab 21.15 Uhr Zusammenfassungen geben.

Der Modus
Gespielt wird in acht Gruppen zu jeweils vier Teams. Die Gruppen A bis D spielen in Südkorea, die Gruppen E bis H in Japan. Die acht Gruppen-Ersten und -Zweiten erreichen das Achtelfinale. Von da an wird im K.o.-System weiter gespielt. Die erst- und zweitplatzierten Mannschaften der Gruppen A und C sowie E (Deutschland) und G wechseln nach der Vorrunde das Land. Die Mannschaften aus A und C (zunächst Südkorea) bestreiten ihre Achtelfinalspiele in Japan, die Mannschaften aus E und G (zunächst Japan) tragen ihre Achtelfinalspiele in Südkorea aus. Zum Viertel- und Halbfinale wird das Land nicht mehr gewechselt.

Die Stadien
Jeweils zehn Stadien stehen in Südkorea und Japan bereit, zum Großteil handelt es sich Neubauten. Größtes Stadion ist das „International Stadium" in Yokohama (Japan) mit 70 564 Plätzen, Finale). Die kleinste Arena ist das Stadion von Daejeon (Korea) mit 41 000 Plätzen. Spektakulär: Der Sapporo „Dome", eine komplett geschlossene Halle mit 42 122 Plätzen und ausfahrbarem Rasen (wie in Schalke), in dem die deutsche Mannschaft am 1. Juni 2002 ihre WM-Auftaktpartie bestreitet.

Spielorte in Südkorea
Gespielt wird in Seoul, Incheon und Suwon im Nordwesten, Busan, Deagu und Ulsan (Südosten), dazu Daejeon, Gwangju und Jeonju (Westen und Südwesten). Die maximale Entfernung beträgt ca. 350 Kilometer Luftlinie. Gespielt wird allerdings auch in Seogwipo auf der Insel Jeju vor der Südspitze Südkoreas (ca. 500 Kilometer Luftlinie von Seoul).

Spielorte in Japan
Große Entfernungen müssen die Mannschaften in Japan zurücklegen. Gespielt wird: Im Norden Sapporo, ca. 900 Kilometer Luftlinie nördlich von Tokio), im Süden Oita (Insel Kyushu, ca. 900 Kilometer südlich von Tokio). Zwei Stadien befinden sich im Großraum Tokio/Yokohama: Das Final-Stadion in Yokohama, sowie ein Stadion in der Präfektur Saitama (Stadt Urawa). Dazu: Präfektur Ibaraki (Stadt Kashima, rund 100 Kilometer nordwestlich von Tokio), Präfektur Miyagi/Stadt Sendai (ca. 400 Kilometer nördlich), Niigata (ca. 350 Kilometer nordwestlich) und die Präfektur Shizuoka (ca. 130 Kilometer südöstlich - das Stadion liegt zwischen den Städten Kagegawa und Fukuori).

Internet
Weitere Informationen finden Sie im Internet, zum Beispiel auf der WM-Homepage: www.fifaworldcup.com. Die offiziellen Homepages der Organisationskomitees sind www.kawoc.org (Südkorea) und www.jawoc.or.jp (Japan). Deutscher Fußball-Bund: www.dfb.de. Weltfußball-Verband FIFA: www.fifa.com.

Die Stadien in Shizuoka (oben) und Ibaraki. Hier wird die deutsche Mannschaft ihre Vorrundenspiele gegen Kamerun und Irland austragen.

STADT: Gast- und Namensgeber ist die Präfektur Ibaraki nordöstlich von Tokio. Die regionale Hauptstadt ist Mito mit 240 000 Einwohnern. Ibaraki war zwischen dem 17. und dem 19. Jahrhundert Sitz der japanischen Behörden. In der Industrieregion Kashima, die an den Pazifischen Ozean grenzt, haben sich einige der wichtigsten Konzerne Japans mit ihren Firmensitzen und Produktionsstätten niedergelassen, sie beherbergt auch das Zentrum der Seidenindustrie. Das renovierte Kashima Soccer Stadium, Heimat des J-League-Klubs Kashima Antlers, gilt als einer der modernsten Fußball-Komplexe Japans. Es liegt rund zwei Bus-/Bahnstunden vom Hauptbahnhof in Tokio entfernt.

SHIZUOKA SPIEL 3
11. Juni 2002 gegen Kamerun (13.30 Uhr MESZ).
STADION: Shizuoka Stadium Ecopa zwischen Kagegawa und Fukuori (Kapazität 50 600 Zuschauer), Fertigstellung Mai 2001, mit Laufbahn, Baukosten: 538 Millionen Mark.

Südkoreas Hauptstadt Seoul: Hier findet das Eröffnungsspiel und auch ein Halbfinale statt.

STADT: Gast- und Namensgeber ist Shizuoka, mit 3,8 Millionen Einwohnern die zehntgrößte der 47 japanischen Präfekturen. Sie liegt südlich von Tokio in zentraler Lage auf der Hauptinsel Honshu und grenzt an den Pazifischen Ozean. In Shizuoka liegt der Fudschijama (Mount Fuji). Das milde Klima hat die Region zum wichtigsten Anbaugebiet für grünen Tee gemacht. Wichtige Wirtschaftszweige sind der Auto- und der Musikinstrumente-Bau, die Produktion von Papier und der Fischfang. Shizuoka gilt als Fußball-Zentrum Japans mit 1400 Teams (darunter den beiden J-League-Klubs Shimizu S-Pulse und der Asi-en-Meister Jubilo Iwata) und 50 000 registrierten Spielern.
Das Ecopa-Stadion liegt 50 Kilometer südlich der Stadt Shizuoka zwischen den Städten Kakegawa und Fukuori.

Anfangs- und Endpunkt für die deutsche Elf bei der WM 2002? In Sapporo findet das erste Spiel gegen Saudi-Arabien statt (ganz oben), in Yokohama das Finale - ob's die Deutschen bis dorthin wohl schaffen?

Das Ziel aller Teams - Yokohama, die Stadt, in der das WM-Finale stattfinden wird.

NAMEN & NACHRICHTEN

Alle WM-Stadien auf einen Blick

SÜDKOREA

BUSAN: Busan Asian Stadium (55 982 Zuschauer), Fertigstellung Juli 2001, mit Laufbahn, Baukosten: 200 Millionen Euro.

DAEGU: Daegu World Cup Stadium (68 014), Fertigstellung Mai 2001, mit Laufbahn, Baukosten: 255 Millionen Euro.

DAEJEON: Daejeon World Cup Stadium (40 407), Fertigstellung September 2001, keine Laufbahn, reines Fußball-Stadion, Baukosten: 130 Millionen Euro.

GWANGJU: Gwangju World Cup Stadium (42 880), Fertigstellung September 2001, mit Laufbahn, Baukosten: 135 Millionen Euro.

INCHEON: Incheon Munhak Stadium (52 179), Fertigstellung Dezember 2001, mit Laufbahn, Baukosten: 215 Millionen Euro.

JEONJU: Jeonju World Cup Stadium (42 391), Fertigstellung September 2001, keine Laufbahn, reines Fußball-Stadion, Baukosten: 125 Millionen Euro.

SEOGWIPO: Jeju World Cup Stadium (42 256), Fertigstellung Dezember 2001, mit Laufbahn, Baukosten: 105 Millionen Euro.

SEOUL: World Cup Stadium (63 961), Fertigstellung Dezember 2001, keine Laufbahn, größtes reines Fußball-Stadion der WM (Eröffnungsspiel), Baukosten: 230 Millionen Euro.

SUWON: World Cup Stadium (43 188), Fertigstellung Mai 2001, keine Laufbahn, reines Fußball-Stadion, Baukosten: 220 Millionen Euro.

ULSAN: Ulsan Munsu Football Stadium (43 550), Fertigstellung Mai 2001, reines Fußball-Stadion, Baukosten: 135 Millionen Euro.

JAPAN

IBARAKI: Ibaraki Prefectural Kashima Soccer Stadium in Kashima (41 800), Fertigstellung Mai 2001, reines Fußball-Stadion, Baukosten: 215 Millionen Euro.

KOBE: Kobe Wing Stadium (42 000), Fertigstellung Oktober 2001, reines Fußball-Stadion, Baukosten: 213 Millionen Euro.

MIYAGI: Miyagi Stadium in Sendai (49 291), Fertigstellung März 2000, mit Laufbahn, Baukosten: 225 Millionen Euro.

NIIGATA: Niigata Stadium Big Swan (42 700), Fertigstellung März 2001, mit Laufbahn, Baukosten: 272 Millionen Euro.

OITA: Oita Stadium Big Eye (43 000), Fertigstellung März 2001, keine Laufbahn, reines Fußball-Stadion, Baukosten: 230 Millionen Euro.

OSAKA: Nagai Stadium (50 000), Fertigstellung Mai 1996, mit Laufbahn, Baukosten: 365 Millionen Euro.

SAITAMA: Saitama Stadium 2002 in Urawa (63 700), Fertigstellung Juli 2001, größtes reines Fußball-Stadion Japans, Baukosten: 320 Millionen Euro.

SAPPORO: Sapporo Dome (42 122), Fertigstellung Mai 2001, überdachte Multifunktionshalle (ohne Laufbahn), Spielfeld kann auf Luftkissen aus und in das Stadion gefahren werden, Baukosten: 380 Millionen Euro.

SHIZUOKA: Shizuoka Stadium Ecopa zwischen Kagegawa und Fukuori (50 600), Fertigstellung Mai 2001, mit Laufbahn, Baukosten: 270 Millionen Euro.

YOKOHAMA: Yokohama International Stadium (70 564), Fertigstellung Oktober 1997, größtes WM-Stadion (Endspiel), Baukosten: 540 Millionen Euro.

Deutsche Gruppen-Gegner im Porträt

Start gegen Saudi-Arabien, letztes Vorrundenspiel gegen Afrikameister und Olympiasieger Kamerun

Saudi-Arabien: „Underdogs" hoffen auf ihre Chance

Saudi-Arabien - die Assoziation zu den Märchen aus „1000 und einer Nacht" liegt nahe. Doch ein traumhaftes Abschneiden bei großen Events fehlt dieser Nationalelf noch, auch wenn sie schon zum dritten Mal in Folge bei einer WM-Endrunde dabei ist und 1994 sogar im Achtelfinale stand. Saudi-Arabien ist bei der WM 2002 erneut nicht mehr als ein krasser Außenseiter. Obwohl Saudi-Arabien als eine der führenden Fußball-Nationen Asiens gilt, sind die Erfolgsaussichten 2002 in Südkorea und Japan äußerst begrenzt. Die bisher einzige Begegnung mit der deutschen Nationalmannschaft liegt rund vier Jahre zurück: In einem Länderspiel am 22. Februar 1998 in Riad siegte die DFB-Auswahl unter dem damaligen Bundestrainer Berti Vogts mit 3:0 durch Tore von Thomas Helmer, Andreas Möller und Olaf Marschall.

In seinen bislang sieben Begegnungen bei WM-Endrunden erreichte das Team aus dem 20,1-Millionen-Einwohner-Land bisher zwei Siege bei einem Unentschieden und vier Niederlagen. In der zurückliegenden Qualifikation musste das Team von Trainer Nasser Abdul Aziz Al-Johar bis zum letzten Spieltag bangen, ehe die Tikkets gelöst werden konnten. Dabei mussten die Saudis in 14 Spielen nur eine Niederlage (gegen den Iran) hinnehmen. Star der Mannschaft ist Sami Al Jaber. Der 29 Jahre alte Stürmer war der erste saudi-arabische Profi in England, scheiterte jedoch bei Zweitligist Wolverhampton Wanderers - und kehrte anschließend zum heimischen Spitzenklub Al Hilal zurück. „Wir respektieren Deutschland. Die Deutschen spielen aber nicht mehr in der derselben Liga wie früher", sagt der saudi-arabische Coach. Die Stärke Deutschlands sei aber immer noch dessen enorme Turniererfahrung. Als Schwachpunkt Saudi Arabiens gilt allgemein die fehlende Kontinuität im Umfeld der Mannschaft: Seit dem Gewinn der Asien-Meisterschaft 1996 wechselte der Trainer insgesamt acht Mal, darunter war auch der deutsche Coach Otto Pfister. Im Königreich Saudi-Arabien gibt es 117 000 aktive Fußballer. In den 153 Klubs spielen 458 Profis.

DIE BILANZ SAUDI-ARABIENS
WM-Teilnahmen (2):
1994 (Achtelfinale),
1998 (Vorrunde)
WM-Bilanz:
2 Siege, 1 Unentschieden, 4 Niederlagen - 7:13 Tore
Bilanz gegen Deutschland:
1 Niederlage - 0:3 Tore

Irland: Hollands Albtraum will DFB-Team ärgern

Für Irland ist allein schon die dritte Endrunden-Teilnahme nach 1990 und 1994 ein großer Erfolg: In der WM-Qualifikations-Gruppe 2 ließ das Team von der „grünen Insel" überraschend die Niederlande hinter sich und kam hinter Portugal auf Rang zwei. Mit einem Play-Off-Erfolg über den Iran (2:0, 0:1) wurde schließlich das Ticket für Südkorea und Japan gelöst. In der Abwehr sicher, nach vorne typisches Kick-and-Rush - eine simple Taktik und absoluter Einsatzwille kennzeichnen die Spielweise der Iren. An der eigenen Kreativität mangelt es jedoch.

Star des Teams ist Roy Keane von Manchester United. Trainer Mick McCarty hat um den 30 Jahre alten Mittelfeldspieler eine junge Mannschaft mit vielversprechenden Talenten gebildet, die großteils in der englischen Premier League spielen. Dazu gehören zum Beispiel die Leeds-Profis Ian Harte und Robbie Keane, der aber nicht mit dem Spielmacher verwandt oder verschwägert ist.

Größter Erfolg für das 3,7-Millionen-Einwohner-Land, das bis zur 0:1-Niederlage im Play-Off-Spiel gegen den Iran 16 Mal in Folge ungeschlagen geblieben war, ist die Teilnahme am WM-Viertelfinale 1990. Trainer damals war die englische Fußball-Legende Jack Charlton. In Irland sind 189 000 Spieler in 3059 Klubs organisiert.

Insgesamt 520 irische Profis können vom Fußball leben, spielen aber zumeist in starken ausländischen Ligen.

DIE BILANZ IRLANDS
WM-Teilnahmen (2):
1990 (Viertelfinale), 1994 (Vorrunde)
WM-Bilanz:
1 Sieg, 5 Unentschieden,
3 Niederlagen - 4:7 Tore
Bilanz gegen Deutschland:
5 Siege, 2 Unentschieden,
6 Niederlagen - 20:23 Tore

Kamerun: Schäfers „Löwen" euphorisch zur WM

Bei der WM-Endrunde 1990 in Italien waren Kameruns „unzähmbare Löwen" mit dem legendären Torjäger Roger Milla die sympathischen Exoten, mittlerweile ist das von Winfried Schäfer trainierte Team ein fester Bestandteil der Titelkämpfe - und besitzt durchaus Außenseiter-Chancen. Im vergangenen Jahr feierte das Land mit seinen 13,9 Millionen Einwohnern in Sydney den Sieg beim olympischen Fußball-Turnier, 1999 und auch 2002 den Gewinn der Afrika-Meisterschaft. „Der Fußball ist die absolute Nummer eins in Kamerun, und alle Spieler sind Patrioten", sagt der seit September 2001 amtierende Schäfer. In der Qualifikation setzte sich Kamerun souverän gegen Angola, Sambia, Togo und Libyen durch. Bester Torschütze war Patrick M'boma vom italienischen Erstligisten AC Parma, derzeit Afrikas Spieler des Jahres.

Im Kader steht zudem Verteidiger Rigobert Song, der 2002 für rund zwei Millionen Mark von West Ham United zum Bundesligisten 1. FC Köln gewechselt ist. Ein weiterer Star im Team ist Abwehrspieler Geremi von Real Madrid. In Deutschland spielen außerdem die Nationalelf-Aspiranten Serge Branco (Eintracht Frankfurt), Francis Kioye (SpVgg. Greuther Fürth) und Olivier Djappa (SSV Reutlingen).

„Ich bin sehr glücklich, dass wir mit Deutschland in einer Gruppe sind. Unser Trainer ist Deutscher, das bringt uns hoffentlich Vorteile. Wir haben große Chancen, die zweite Runde zu erreichen", erklärte Song nach der Auslosung. Die Stärke der Mannschaft ist die erstklassige Technik. Ihre Schwäche: fehlende Durchschlagskraft und wenig Cleverness im Angriff. Einen Vergleich mit der deutschen Nationalmannschaft gab es bisher noch nicht. Ein geplantes Testspiel vor dem WM-Turnier wurde abgesagt, nachdem beide Mannschaften in eine Gruppe gelost wurden.

Kameruns größter Erfolg bei einer WM war 1990 in Italien der Einzug ins Viertelfinale. Gegen England scheiterte das Team erst in der Verlängerung. Insgesamt stehen in 14 Endrunden-Spielen für die Afrikaner bei nur drei Siegen sechs Unentschieden und fünf Niederlagen zu Buche. Kamerun zählt knapp 100 000 aktive Fußballer in gut 700 Klubs. Kamerun hat rund 450 Profis, die überwiegend in Europa ihr Geld verdienen.

DIE BILANZ KAMERUNS
WM-Teilnahmen (4):
1982 (Vorrunde), 1990 (Viertelfinale), 1994 und 1998 (jeweils Vorrunde)
WM-Bilanz:
3 Siege, 6 Unentschieden, 5 Niederlagen - 13:26 Tore
Bilanz gegen Deutschland:
Noch kein Länderspiel

Die Nationalrelf Kameruns: Afrikameister und dritter Vorrundengegner der deutschen Elf.

Winnie und Rudi - ein Wiedersehen in Japan

Für Winfried Schäfer sind die „unzähmbaren Löwen" die größte Chance seiner Trainer-Karriere

Winnie Schäfer hat in seinem Leben schon einiges mitgemacht. Positiv wie negativ. Als Profi-Fußballer und als Trainer. Bei Mönchengladbach stand er in einer Mannschaft mit Super-Stars, den Karlsruher SC führte er als Trainer von der Zweiten Liga bis ins Halbfinale des UEFA-Cups - am Ende aber ging man zerstritten auseinander. In Stuttgart und Berlin wurde Winnie nie mehr so glücklich wie in Baden - und so strahlte er, als er die Aufgabe mit Kameruns Nationalmannschaft übertragen bekam. Das ist ein Job, der ihn wieder ganz nach oben ins Rampenlicht führt, bei dem er sich für neue, lukrative Aufgaben empfehlen kann. Denn wo gibt es mehr Aufmerksamkeit als bei einer Weltmeisterschaft? Schäfer genoss sie schon Anfang Dezember, als in Busan die Gruppen-Auslosung für die WM stattfand. So lange war er zuvor schon lange nicht mehr im Fernsehen gewesen - nicht nur wegen des „Traumloses gegen Deutschland." Er schüttelte kurz seine blonde Mähne, grinste dann aber vergnügt in die Runde: „Es ist schon ein seltsames Gefühl, gegen sein eigenes Land antreten zu müssen. Denn eigentlich wollten wir uns im Mai zu einem Testspiel in Freundschaft treffen, aber das ist nun hinfällig", kommentierte Kameruns deutscher Fußball-Nationaltrainer nach der WM-Auslosung das am 11. Juni im japanischen Shizuoka bevorstehende Vorrundenduell der Gruppe E mit der deutschen Nationalmannschaft. Das Foto-Shooting mit Rudi Völler machte ihm sichtlich Spaß.

Doch die Befürchtung, bei einem Sieg des afrikanischen Olympiasiegers, der im Januar in Mali auch den Afrika-Cup erfolgreich verteidigte, gegen den dreimaligen Weltmeister als „Vaterlandsverräter" abgestempelt zu werden, hat Schäfer nicht. „In Baden lassen sie mich überall rein", scherzte der langjährige Coach des KSC, fügte dann aber hinzu: „Wir müssen sehen, dass wir gegen Deutschland gewinnen. Wir wollen in die nächste Runde - mit Deutschland." Vielleicht ist ja aber schon vor dem Aufeinandertreffen zwischen Kamerun und Deutschland alles entschieden - beide Teams treffen erst im dritten und letzten Spiel der Vorrunde aufeinander.

Den Härtetest als neuer Trainer der „unzähmbaren Löwen" hatte der 51-Jährige jedenfalls bereits vor dem erfolgreich beendeten Afrika-Cup bestanden. Vergnügt berichtete Schäfer in den bundesdeutschen Medien vom ersten Treffen mit der Auswahl des Afrikameisters und darüber, wie er das Vertrauen der Spieler gewonnen hat: „Es war bei unserer ersten Zusammenkunft in Leverkusen. Da hat mich der für den 1. FC Köln spielende Rigobert Song immer ganz kritisch durch die Sonnenbrille angeschaut. Am Ende habe ich den Spielern gesagt, wenn ihr Probleme oder Sorgen habt, könnt ihr Euch immer bei mir melden. Da hat sich Song gemeldet und ketzerisch gefragt: 'In welcher Sprache?' Ich spreche kein französisch. Da habe ich geantwortet: Wollt Ihr einen Französisch-Lehrer oder einen Fußball-Trainer? Da hat Rigobert als Kapitän und Führungsspieler gesagt: 'Okay, wir ziehen mit'."

Die neue Aufgabe erfüllt Schäfer mit Stolz. „Der Fußball hält das Land zusammen. Das ganze Volk lebt für den Fußball. Ich trage eine große Verantwortung. Über die Politik streiten sich die Leute, aber die Nummer eins in Kamerun ist der Fußball", berichtet der ehemalige Mönchengladbacher Profi und frühere deutsche Meister. Obwohl Kamerun in der WM-Qualifikation vier Trainer verschliss, ist Schäfer nicht Bange: „Ich habe mit dem Präsidenten gesprochen und ihm gesagt, dass ich keine Lust habe, in drei Wochen entlassen zu werden, weil meine Haare denen plötzlich nicht mehr gefallen. Nein, es soll ein Neuanfang im Fußball von Kamerun sein. Mein Vertrag läuft bis nach der WM. Und dann hat Kamerun eine Option für eine Verlängerung."

Mit Hilfe eines Kameruners, der in Leipzig studiert, dort deutsch gelernt hat und als Dolmetscher fungiert, kommuniziert Schäfer mit seiner Truppe, die in Song, Eto und Geremi auch über international bekannte Akteure verfügt. Song jedenfalls hält große Stücke auf den Kameruner Coach „made in Germany": „Ich bin sehr glücklich, dass wir mit Deutschland in einer Gruppe sind. Unser Trainer ist Deutscher. Das bringt uns hoffentlich Vorteile. Wir haben große Chancen, die zweite Runde zu erreichen."

Die Art und Weise, wie Kamerun Schäfer auswählte, gehört zu den Besonderheiten des Fußballgeschäfts. Ex-Nationalspieler Horst Köppel und Schäfer waren übrig geblieben, nachdem ein Sportartikelhersteller (Puma) dem Verband fünf deutsche Fußball-Lehrer (außerdem Berti Vogts, Otto Rehhagel und Uli Stielike) sowie internationale Top-Coaches wie Werder Bremens Ex-Coach Aad de Mos und den Waliser John Toshack (früher Real Madrid) vorgeschlagen hatte. Überraschend wurde Schäfer ausgewählt. Der Deutsche weiß um den Druck, der auf ihm lastet, vertraut allerdings auf seine Schützlinge. „Sie haben alle einen sehr guten Charakter. Sie haben noch die Begeisterung für den Ball. Egal, was trainiert wird, es kommt etwas von ihnen zurück. Und das Wichtigste ist: Sie halten zusammen."

Wiedersehen bei der WM-Auslosung: Winfried Schäfer (links), der mit Kamerun auf Deutschland und Rudi Völler trifft.

„Winnie" Schäfer bei der Arbeit - mit Kamerun...

SPIELT MIT...

...FAIR PLAY UND RESPEKT

Fußball ist überall auf der Welt gleich. Die gleiche Faszination, die gleiche Begeisterung, die keinen ausschließt.

Bei Bayer 04 werden Fair Play und Respekt vor dem Anderen schon bei den Kleinen ganz groß geschrieben. Da zählen Einsatz und Mut statt Herkunft oder Hautfarbe. Denn wir finden, Sport ist eine der besten Möglichkeiten, Barrieren zu überwinden und Gemeinsamkeiten zu entdecken. Wichtig für den Sport. Wichtiger für das Leben. Das sind Werte, für die wir uns einsetzen.

www.bayer04.de **Get the Bayer 04-Feeling**

Das Heimspiel in Deutschland

2006

FIFA-Präsident Sepp Blatter zeigt es: Germany 2006, die WM kommt nach Deutschland - und die Vorbereitungen laufen schon auf Hochtouren.

Geschafft!
Hauchdünn wurde die Wahl gewonnen
- Deutschland hatte sich mit 12:11-Stimmen
bei einer Enthaltung
gegen Südafrika durchgesetzt.
Die Fußball-Weltmeisterschaft 2006
ist ein Heimspiel,
sie wird in zwölf deutschen Stadien stattfinden.
Bereits jetzt laufen die Vorbeitungen
auf Hochtouren - und Franz Beckenbauer,
der Chef des Organisationskomitees, sagt:
„Wir wollen 2006 ein guter Gastgeber sein."
See you in Germany...

BUCHKATALOG.DE

Ganz Deutschland fiebert der WM 2006 entgegen

Von 1993 bis 2006 - so lief es, so wird es laufen: Wichtige Daten zur WM-Bewerbung

Der Deutsche Fußball-Bund (DFB) startete bereits 1993 mit der Abgabe der ersten Bewerbung beim Fußball-Weltverband FIFA in Zürich das Unternehmen „WM 2006". Am 6. Juli 2000 erhielt der DFB mit Franz Beckenbauer an der Spitze den Zuschlag zur Ausrichtung des Turniers. Derzeit läuft die WM-Vorbereitung auf Hochtouren. Die bisher wichtigsten Stationen auf dem Weg zur Weltmeisterschaft 2006:

2. Juni 1993
Abgabe der ersten Bewerbung für die Weltmeisterschaft 2006 durch DFB-Vizepräsident Gerhard Mayer-Vorfelder in Zürich. Am Sitz des Fußball-Weltverbandes (FIFA) erklärt FIFA-Präsident Dr. Joao Havelange: „Deutschland ist ein großartiges Land, das alles für eine erfolgreiche Fußball-Weltmeisterschaft besitzt – eine starke Wirtschaft, eine stabile Währung, eine große Kultur, eine ausgezeichnete Infrastruktur, einen vorbildlich organisierten Verband, große Stadien und eine starke Nationalelf. Deutschland hat den Zuschlag verdient."

14. Juli 1994
Der DFB schreibt eine erste Bewerbung unter deutschen Städten aus und legt fest, dass die Länderspiele der deutschen Nationalelf nur noch in Stadien ausgetragen werden, die auch für ein WM-Turnier in Frage kommen. Pro Länderspiel überläßt der DFB der jeweiligen Stadt einen Betrag von etwa einer Million Mark, der mit Blick auf die WM 2006 zwingend in das Stadion investiert werden muss.

1. Oktober 1997
In der Zentrale des DFB treffen sich Delegierte aus 24 deutschen WM-Bewerberstädten, die sich Hoffnung machen, als Austragungsort bei der WM 2006 berücksichtigt zu werden, zu einem ersten gemeinsamen Workshop.

4. November 1998
20 Städte wollen im Falle einer erfolgreichen Bewerbung des DFB um die Ausrichtung der WM 2006 als WM-Spielort fungieren. Beim zweiten Workshop in der DFB-Zentrale in Frankfurt legen Berlin, Bochum, Bremen, Dortmund, Düsseldorf, Duisburg, Dresden, Frankfurt/Main, Gelsenkirchen, Hamburg, Hannover, Kaiserslautern, Köln, Leipzig, Leverkusen, Magdeburg, München, Mönchengladbach, Nürnberg und Stuttgart ihre Planungen vor.

27. November 1998
DFB-Vizepräsident Franz Beckenbauer übergibt bei einem persönlichen Treffen in Zürich die offizielle DFB-Anmeldung an FIFA-Präsident Sepp Blatter. Dessen Kommentar: „Die FIFA schätzt sich glücklich, dass die Ausrichtung ihres prestigeträchtigsten Wettbewerbs weltweit und insbesondere in Deutschland auf so großes Interesse stößt."

23. Februar 1999
Die Bundesregierung wischt in Bonn mit dem Zugeständnis der Ertragssteuer-Befreiung letzte Zweifel an der Unterstützung der Bewerbung um die Fußball-WM vom Tisch. Der damalige Bundesfinanzminister Oskar Lafontaine: „Wenn wir nicht auf die Steuerbefreiung verzichtet hätten, hätten wir dem DFB und Deutschland einen schlechten Dienst erwiesen. Wir wollen die WM 2006 in Deutschland."

22. März 1999
Franz Beckenbauer als Präsident des deutschen Bewerbungskomitees, DFB-Pressechef Wolfgang Niersbach und Bewerbungs-Koordinator Fedor Radmann stellen in Frankfurt die neuen Anzeigenmotive für die WM-Bewerbung 2006 und das gesamte visuelle Erscheinungsbild vor. Daneben werden Günter Netzer und Karl-Heinz Rummenigge als WM-Botschafter benannt.

4. Mai 1999
Von den ursprünglich 24 WM-Bewerberstädten sind 16 übrig geblieben, die fest zusagten, alle vom Weltfußballverband FIFA gestellten Anforderungen zu erfüllen. Dies sind Berlin, Bremen, Dortmund, Düsseldorf, Frankfurt/Main, Gelsenkirchen, Hamburg, Hannover, Kaiserslautern, Köln, Leipzig, Leverkusen, Mönchengladbach, München, Nürnberg und Stuttgart.

25. Mai 1999
Der ehemalige Nationalmannschafts-Kapitän Jürgen Klinsmann wird dritter offizieller WM-Botschafter des DFB.

18. Juni 1999
Franz Beckenbauer, der Präsident des deutschen Bewerbungskomitees, stellt die Bewerbung des Deutschen Fußball-Bundes (DFB) für die Ausrichtung der Weltmeisterschafts-Endrunde 2006 beim „G 8"-Gipfel der weltweit führenden Wirtschaftsnationen im Historischen Rathaus in Köln vor. Anwesend sind die Staats- und Regierungschefs aus den USA, Frankreich, Italien, Kanada, Großbritannien, Japan, Russland und Deutschland.

10. August 1999
Der Deutsche Fußball-Bund (DFB) übergibt sein 1212 Seiten starkes Bewerbungsdossier in Zürich an den Weltverband FIFA. Zur DFB-Delegation gehören Franz Beckenbauer als Präsident des deutschen Bewerbungskomitees, WM-Botschafter Günter Netzer, Koordinator Fedor Radmann, DFB-Pressechef Wolfgang Niersbach und DFB-Generalsekretär Horst R. Schmidt.

13. September 1999
Der 90malige Fußball-Nationalstürmer Rudi Völler wird offiziell vierter Botschafter der deutschen WM-Bewerbung 2006.

16.-20. Oktober 1999
Die fünftägige Inspektions-Tour der Delegation

Die WM-Macher: Horst R. Schmidt, Franz Beckenbauer, Fedor Radmann, Wolfgang Niersbach (von links nach rechts).

FIFA-Inspektoren auf ihrer Inspektionsreise durch Deutschland, hier in München.

Franz Beckenbauer (rechts), Moderator Waldemar Hartmann: WM-Vorstellung.

DER PROMINENTE

Eine Fußball-WM fasziniert mich, weil...
...dort im Wettbewerb der Besten hoch gehandelte Lokalgrößen auf ihr eigentliches Maß zurecht gestutzt und unter Turnier-Bedingungen die wahren Spielerpersönlichkeiten mit Führungsqualitäten entdeckt werden, ohne die keine Mannschaft den Titel erringen kann.

Gerhard Schröder, amtierender Bundeskanzler der Bundesrepublik Deutschland.

Der Aufsichtsrat: Wilfried Straub, Gerhard Mayer-Vorfelder, Otto Schily, Dr. Thomas Bach, Werner Hackmann, Dr. Theo Zwanziger. Unten: Günter Netzer, Horst R. Schmidt, Franz Beckenbauer, Wolfgang Niersbach und Fedor Radmann.

des Fußball-Weltverbandes FIFA beim WM-Bewerber Deutschland ist ein voller Erfolg für den DFB. Zum Abschluss der Tour zieht Franz Beckenbauer als Chef der deutschen Bewerbung um die WM-Endrunde 2006 in Berlin fast euphorisch Bilanz: „Solch' eine Begeisterung habe ich in diesem Land noch nie erlebt, angefangen vom Bundeskanzler bis zum kleinsten Fan." Und auch Chef-Inspektor Alan Rothenberg (USA) lobt die „warmherzige Atmosphäre" und die „außergewöhnliche Effizienz" der Reise. Mit einem parteiübergreifenden Plädoyer wirbt Bundespräsident Johannes Rau um die deutsche WM-Kandidatur. „Jenseits aller anstehenden politischen Wahlen und jenseits aller politischen Fraktionen gibt es ein Datum, das alles vereint: die WM 2006", betont Rau bei einem Empfang im Schloss Bellevue. Neben der Inspektion möglicher WM-Stadien sowie der geplanten Presse- und Fernsehzentren, überzeugen sich die FIFA-Mitarbeiter bei Empfängen durch die Ministerpräsidenten der Länder Bayern, Hessen und Nordrhein-Westfalen sowie einem Empfang, den Bundespräsident Johannes Rau im Schloss Bellevue in Berlin gibt, von der bundesweiten Unterstützung der DFB-Bewerbung durch die Politik. Auch WM-Bewerbungs-Koordinator Fedor Radmann zeigt sich sehr zufrieden mit dem Ablauf der „Deutschland-Tour": „Deutschland steht beim Thema 2006 über Parteien, Länder und Städte hinweg zusammen. Was auf die Beine gestellt wurde, ist unglaublich. Diese Inspektionsreise war perfekt."

20.- 30. Januar 2000
Franz Beckenbauer, Präsident des deutschen Bewerbungskomitees, und WM-Koordinator Fedor Radmann stellen die Bewerbung des Deutschen Fußball-Bundes (DFB) den kontinentalen Verbänden vor. Im Januar sind sie auf dem Kongress des Afrikanischen Fußball-Verbandes in Ghanas Hauptstadt Accra. Am 13./14. Mai ist das Duo beim Kongress der Staaten aus Nord- und Mittelamerika auf den Bahamas, am 18. Mai beim Kongress des Asiatischen Fußball-Verbandes in Kuala Lumpur/Malaysia und am 21. Mai auf dem Kongress des Ozeanischen Fußball-Verbandes auf Samoa. Am 30. Juni beschließen Beckenbauer und Radmann ihre Tour in Luxemburg beim Kongress der Europäischen Fußball-Union (UEFA).

6. Juli 2000
Joseph Blatter, Präsident des Fußball-Weltverbandes FIFA, gibt in der Messe Zürich die Entscheidung über die Vergabe der WM-Endrunde 2006 bekannt. Die deutsche Bewerbung setzte sich auf der Sitzung des 24-köpfigen FIFA-Exekutivkomitees im entscheidenden Wahlgang mit 12:11 Stimmen bei einer Enthaltung gegen Südafrika durch. Damit richtet Deutschland die Fußball-WM 2006 aus. In den vorherigen Wahlgängen waren die anderen Mitbewerber Marokko und England ausgeschieden.

29. September 2000
Das DFB-Präsidium beruft des Organisationskomitees (OK) für die WM 2006. Franz Beckenbauer wird das OK als Präsident führen. Vizepräsidenten sind Horst R. Schmidt, Wolfgang Niersbach und Fedor H. Radmann. Unter den Vizepräsidenten ist folgende Aufgabenverteilung vorgesehen: Horst R. Schmidt ist unter anderem verantwortlich für Stadien, Transport und Verkehr, Sicherheit, Finanzen sowie Ticketing. Wolfgang Niersbach wird der Pressechef der WM 2006 sein und die Bereiche Kommunikation, Medien, Informationstechnologie (inklusive Telekommunikation) und Akkreditierung leiten. Fedor H. Radmann ist unter anderem zuständig für Marketing, Mer-chandising und Logistik.

Januar 2001
Gründung des WM-Organisationskomitees in Frankfurt am Main und in München.

25. Juni 2001
Übergabe des erweiterten Pflichtenheftes „Stadien 2006" an die 16 Bewerberstädte.

13. November 2001
Der Aufsichtsrat der WM 2006 wird gegründet. Vorsitzender des Aufsichtsrates ist Gerhard Mayer-Vorfelder, der Präsident des Deutschen Fußball-Bundes. Eine besondere Bedeutung kommt Otto Schily zu, der in seiner Eigenschaft als Bundesminister des Inneren für das Sicherheitskonzept der WM 2006 verantwortlich ist. Dem Aufsichtsrat gehören weiterhin an: IOC-Vorsitzender Dr. Thomas Bach, Werner Hackmann, Präsident der Deutschen Fußball-Liga, Wilfried Straub, Geschäftsführender Vorsitzender der Liga GmbH, Dr. Theo Zwanziger, DFB-Schatzmeister, und Günter Netzer, Sportmarketing-Manager und TV-Kommentator. Vervollständigt soll das Gremium zu einem späteren Zeitpunkt durch zwei Mitglieder aus der Wirtschaft werden.

bis 15. Dezember 2001
Rücklauf der Bewerbungs-Unterlagen an das OK, anschließend Auswertung der Unterlagen.

15. April 2002
Offizielle Bekanntgabe der WM-Spielorte und des Sitzes des Internationalen Medienzentrums (International Media Center) durch FIFA und OK in Frankfurt/Main.

Herbst 2002
Präsentation des Logos und des visuellen Erscheinungsbildes.

Dezember 2003
Auslosung der WM-Qualifikationsgruppen in Frankfurt am Main.

bis Mai 2004
Verabschiedung des Spielplans durch die FIFA.
Festlegung des Ortes für den FIFA-Kongress, der in der Woche vor dem Eröffnungsspiel stattfinden wird.
Entwicklung eines Konzepts für kulturelle Veranstaltungen und sonstige Unterhaltungsprogramme („Kultursommer 2006").
Vorlage des Ticketplans durch das OK und Festlegung der Eintrittspreise in Zusammenarbeit mit der FIFA.

bis November 2004
Vorschlag des Ortes für die Endrunden-Auslosung.

2005
Confederations-Cup in Deutschland mit acht Mannschaften. Neben Deutschland als Gastgeber sind dies die jeweiligen Meister der sechs Kontinental-Verbände und der amtierende Weltmeister.
Vorlage eines detaillierten Konzeptes für die Eröffnungs- und Schlussfeier sowie Sicherheits- und Akkreditierungsplans.
Start des Eintrittskartenverkaufs.
Entwicklung einer Liste mit potenziellen Mannschafts-Quartieren und Trainingsstätten zur Weitergabe an die teilnehmenden Nationalverbände.

Dezember 2005
Auslosung der Endrunde mit 32 Mannschaften.

voraussichtlich 9. Juni 2006
Eröffnungsspiel.

voraussichtlich 9. Juli 2006
Finale.

Plakate kleben für die Weltmeisterschaft 2006: „See you in Germany..."

Ein Anreiz für die Jugend

„Aus, Aus, Aus! Deutschland ist Fußball-Weltmeister!"

Unvergessen ist dieser Aufschrei des Reporters Herbert Zimmermann vom 4. Juli 1954. Der ehemalige Bundestrainer Berti Vogts saß damals, gerade sieben Jahre jung, wie gebannt vor dem Radio, erlebte die rückhaltlose Begeisterung und sagte sich: „Es muss ein Traum sein, Männer wie Helmut Rahn oder Fritz Walter kennenzulernen."
20 Jahre später war Berti Vogts selbst Weltmeister. Die Helden von 1954 gehörten zu den ersten Gratulanten. Spätere Weltstars wie Rudi Völler oder Lothar Matthäus, die 1990 den Titel eroberten, verfolgten am Bildschirm, wie Berti Vogts am 7. Juli 1974 den goldenen WM-Pokal präsentierte.
Die Erfolge der Nationalmannschaft sind stets Motivation und Anreiz für die Jugend. Der WM-Gewinn 1990 löste ebenso einen Boom aus wie der EM-Triumph 1996. Begeisterte Eltern meldeten ihre Sprößlinge in den Vereinen an, umgekehrt drängten Mädchen und Jungen ihre Eltern zum Kauf von Fußball-Schuhen.
Erfreuliches Resultat: Jedes fünfte Mitglied im Deutschen Fußball-Bund ist jünger als 14 Jahre, auch bei den jüngsten Altersgruppen liegt das Spiel mit dem runden Leder auf Rang eins der Beliebtheitsskala.

WM 2006: Eine Signalwirkung für die Jugend...

...soll sie sein. So wie früher, als Berti Vogts in Fritz Walter oder Lothar Matthäus in Berti Vogts ihre Idole hatten.

DER KOMMENTAR

Diese WM ist ein Geschenk für Deutschland

Wolfgang Niersbach:
„Zahlen, die man wissen muss"

Als Frankreichs Nationalelf 1998 erstmals Fußball-Weltmeister wurde, sahen weltweit 1,2 Milliarden Menschen live den enthusiastisch jubelnden Staatspräsidenten Jacques Chirac. Insgesamt verfolgten 36 Milliarden Augenpaare und damit die sechsfache Erdbevölkerung das WM-Turnier von Frankreich. Zahlen, die man wissen muss, um die gigantische Dimension einer Fußball-Weltmeisterschaft zu begreifen. Selbst Olympia kommt da kaum mit.

Insofern ist der Zuschlag für die WM 2006 Geschenk, Herausforderung und Chance zugleich. Und zwar beileibe nicht nur für den Fußball. Das neue Deutschland als weltoffen und tolerant, als herzlich und gastfreundlich, als heiter und völkerverbindend zu präsentieren, kann weitaus besser gelingen als beispielsweise bei der EXPO. Weil eben im Sommer 2006 vier Wochen lang rund um die Uhr reportiert wird. Vorwiegend natürlich über Tore, Elfmeter und Doppelpässe, über Stars, Sternchen und Schiedsrichter, aber eben auch und insbesondere über Land und Leute.

Entsprechend verstehen wir unseren Job im Organisationskomitee, das sich als eigenständige Abteilung des DFB etabliert hat und mittlerweile rund 20 Mitarbeiter umfasst. Wir möchten eine erstklassige Organisation gewissermaßen als Pflicht darstellen, und dies möglichst lautlos, darüber hinaus aber als Kür eine erinnerungswürdige Atmosphäre schaffen. So ähnlich sah unser Erfolgsrezept bei der Bewerbung aus: Nicht selbstsicher protzen mit dem Hinweis auf die hervorragend verlaufene WM 1974 oder die EURO 1988 hierzulande, sondern immer schön locker bleiben. So hat Franz Beckenbauer einst gespielt und die Nationalmannschaft geführt, so hat er agiert während der Bewerbung, so leitet er nun unser WM-Komitee.

Nicht gerade wenige fragen, warum wir denn so früh und gründlich (typisch deutsch!?) unser Organisationsteam gegründet haben. Die Antwort: Weil in vielen Bereichen jetzt schon verbindliche Entscheidungen fallen müssen, um pünktlich fertig zu werden. Dies gilt insbesondere für die Stadien, in denen der WM-Ball rollen soll. Fest aber steht: Wir werden zur WM die vermutlich besten Stadien der Welt vorweisen können.

Voraussichtlich schon Ende des Jahres 2002 wird es das offizielle Logo und einen (hoffentlich) griffigen Slogan geben, starten wir Aktionen und Kampagnen mit dem Ziel, Vorfreude zu wecken auf die 64 WM-Spiele, zu denen wir 3,5 Millionen Fans (davon eine Million aus dem Ausland) erwarten. Die WM 2006 – sie ist näher, als mancher denkt.

„Wir wollen 2002 erfolgreich spielen und 2006 ein guter Gastgeber sein"

Interview mit Franz Beckenbauer über deutsche Aussichten in Asien und die Vorbereitungen in Deutschland

Der Count Down für die Weltmeisterschaften 2002 in Japan/Korea läuft nicht nur im sportlichen Bereich auf Hochtouren. Und in Deutschland haben die Vorbereitungen auf die Weltmeisterschaft 2006 ebenfalls begonnen. Jens Grittner vom WM-Organisationskomitee sprach mit Franz Beckenbauer, dem Chef des Teams.

Eine Weltmeisterschaft in Asien - in Japan und Korea. Wurde der Fußball damit endgültig zum Weltsport?
Fussball ist schon lange ein Weltsport. Nicht erst seit der Vergabe der WM nach Südkorea und Japan. Man muss sich nur vorstellen, dass 1998 in Frankreich 36 Milliarden Zuschauer die WM am Fernsehen verfolgt haben. Nun war der asiatische Kontinent an der Reihe, die Gastgeberrolle für das größte und bedeutendste Fußball-Turnier zu übernehmen.

Welche Mannschaften spielen bei der WM 2002 um den Titel und wem trauen Sie Überraschungen zu?
Das ist reine Spekulation. Die Argentinier haben eine sehr starke Qualifikation gespielt, mit Brasilien ist immer zu rechnen. Aus Europa zählen Frankreich, England und Spanien zu den Top-Teams. Außenseiter-Chancen räume ich Portugal und Dänemark ein. Und natürlich unserer Mannschaft, die das Potenzial hat, sich – wie fast immer bei Turnieren - zu steigern.

Wie werden die Gastgeber Japan und Korea abscheiden?
Natürlich haben beide Mannschaften den Heimvorteil auf ihrer Seite. Die Spieler werden vor eigener Kulisse kämpfen bis zum Umfallen. Ich traue beiden den Einzug ins Achtelfinale zu. Danach warten dann aber ganz harte Brocken, gegen die man sich erst behaupten muss.

Haben die Mannschaften aus Asien Anschluss an das internationale Niveau gefunden?
Global gesehen sind die Unterschiede zwischen den einzelnen Nationen kleiner geworden. Besonders deutlich wird dies am Beispiel der afrikanischen Mannschaften. Kamerun ist nicht umsonst Olympiasieger und Afrika-Meister geworden. Die Asiaten haben da sicherlich noch ein wenig Nachholbedarf, aber entscheidend ist das Potenzial und die Begeisterung für den Fußball, der dort herrscht.

Der Austausch zwischen den asiatischen und europäischen Ligen ist noch relativ gering. Wo sehen Sie Potenziale?
Ich empfinde den Austausch gar nicht als so gering. Es ist doch normal, dass die Südamerikaner in der Bundesliga noch eine größere Anziehungskraft haben als die Chinesen oder die Japaner. Ich bin aber überzeugt, dass asiatische Spieler bei der WM 2002 bei vielen großen Klubs insbesondere in Europa auf sich aufmerksam machen werden.

Welche Rolle wird die deutsche Mannschaft in Japan und hoffentlich auch in Korea spielen?
Wie schon gesagt: Unsere Mannschaft ist immer für eine Überraschung gut. Das Achtelfinale ist Pflicht. Der Einzug ins Viertelfinale müsste machbar sein, mit ein wenig Glück sogar das Halbfinale, und ab da ist ja bekanntlich alles möglich.

Die deutsche Mannschaft hat zuletzt bei internationalen Turnieren enttäuscht. Mit Teamchef Rudi Völler deutet sich ein Umschwung an. Was zeichnet ihn aus?
Rudi Völler spricht die Sprache der Spieler. Er ist einer von ihnen und wird deshalb ernst genommen. Schon als Spieler zeichneten ihn eine natürliche Autorität und ein unglaublicher Siegeswillen aus.

Von welchen deutschen Spielern erhoffen Sie sich Impulse in Japan und Korea?
Wir haben junge, starke Talente, die bei der WM die einmalige Chance haben, zu wirklichen Stars zu reifen. Dazu gehören Michael Ballack, Sebastian Deisler, Sebastian Kehl, Miroslav Klose oder auch Bernd Schneider. Und natürlich wollen auch die etablierten Spieler wie Mehmet Scholl, Oliver Kahn oder Jens Nowotny noch einmal angreifen.

Blenden wir vier Jahre weiter - Sie haben die Fußball-Weltmeisterschaft 2006 nach Deutschland geholt. Ist die WM 2002 schon eine Plattform, um für Deutschland zu werben?
Vorweg: Nicht ich allein habe die WM nach Deutschland geholt. Das war eine Mannschaftsleistung mit meinen Freunden vom DFB. Wir werden uns 2002 noch zurückhalten, denn da gehört die Bühne Anderen.

Wie ist der Stand der Vorbereitungen?
Wir haben ein gutes Gefühl, zumal uns die FIFA schon öfters bestätigt hat, weit vor dem konzipierten Zeitplan zu sein. Besonders freut uns die Entwicklung bei den Stadien. Fast überall im Lande rollen die Bagger. Ohne übertreiben zu wollen: Ich bin ich ganz sicher, dass Deutschland bei der WM 2006 erstklassige, wenn nicht sogar die besten Stadien der Welt haben wird.

Das Eröffnungsspiel der WM 2006 soll in München, das Finale in Berlin ausgetragen werden?
Über den Spielplan, inklusive der Entscheidung, in welchen Städten das Eröffnungsspiel und das Finale ausgetragen werden wird, entscheiden wir gemeinsam mit der FIFA - allerdings erst frühestens Ende 2003.

Der Künstler André Heller soll die WM 2006 „verzaubern". Was schwebt Ihnen als Rahmenprogramm vor?
Wir haben sicherlich einige Ideen in der Schublade. Aber dort bleiben sie auch vorerst. Unser Ziel hat sehr treffend Bundesinnenminister Otto Schily formuliert, als er sagte: „Wir wollen 2006 mit und für die Welt ein großes Fest feiern."

Sie werden als Fußballer, Trainer und Organisator 2006 alles erreicht haben. Gibt es noch höhere Ziele, etwa das Amt des FIFA-Präsidenten?
Daran verschwende ich mit Sicherheit keinen Gedanken. Es ist für mich auch eine persönliche Herausforderung, 2006 ein guter WM-Gastgeber zu sein.

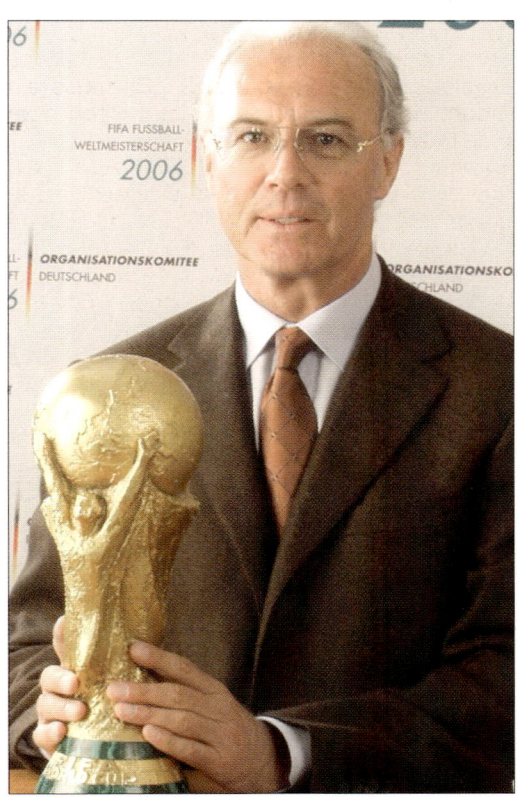

Der „Kaiser" und sein Cup: 1974 und 1990 hat er ihn schon gewonnen, nun holte er die WM nach Deutschland.

HÄTTEN SIE'S GEWUSST?

Die meisten WM-Spiele

- 25 Lothar Matthäus (Deutschland), WM 1982/86/90/94/98
- 21 Uwe Seeler (Deutschland), WM 1958/62/66/70
- 21 Wladyslaw Zmuda (Polen), WM 1974/78/82/86
- 21 Diego Armando Maradona (Argentinien), WM 1982/86/90/94
- 20 Grzegorz Lato (Polen), WM 1974/78/82
- 19 Wolfgang Overath (Deutschland), WM 1966/70/74
- 19 Hans-Hubert „Berti" Vogts (Deutschland), WM 1970/74/78
- 19 Karl-Heinz Rummenigge (Deutschland), WM 1978/82/86
- 18 Franz Beckenbauer (Deutschland), WM 1966/70/74
- 18 Josef „Sepp" Maier (Deutschland), WM 1970/74/78
- 18 Mario Kempes (Argentinien), WM 1974/78/82
- 18 Gaetano Scirea (Italien), WM 1978/82/86
- 18 Antonio Cabrini (Italien), WM 1978/82/86
- 18 Pierre Littbarski (Deutschland), WM 1982/86/90
- 18 Thomas Berthold (Deutschland), WM 1986/90/94
- 18 Carlos Dunga (Brasilien), WM 1990/94/98

Bem vindo   歡迎   Bienvenue   Welcome   Bienvenu

Willkommen in Deutschland 2006

Mit lustigen Plakaten zum Ziel

Acht Plakate mit lustigen Motiven für jung und alt spiegelten die DFB-Bewerbung um die Weltmeisterschaft 2006 wider. Ob nun „Kinder 2006", „Mode 2006" oder „Internet 2006" - alle beschäftigten sich visionär und sympathisch mit dem Weltturnier 2006. Die Motive waren auf Plakatwänden und in Zeitungsanzeigen in ganz Deutschland präsent und stießen auf eine erfreuliche Resonanz.

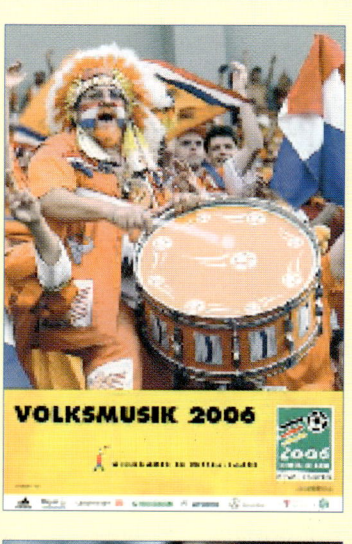

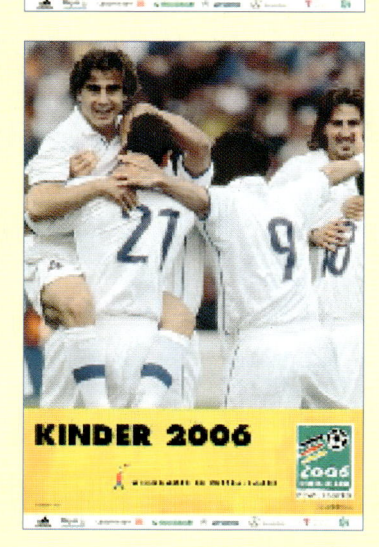

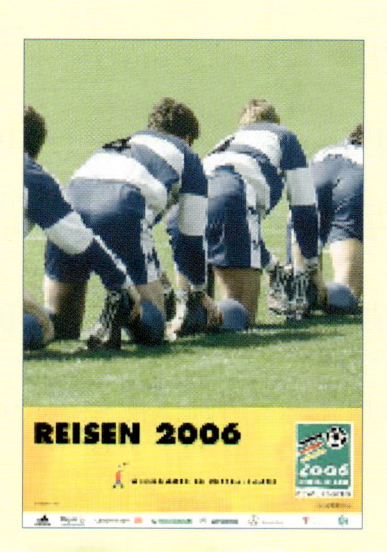

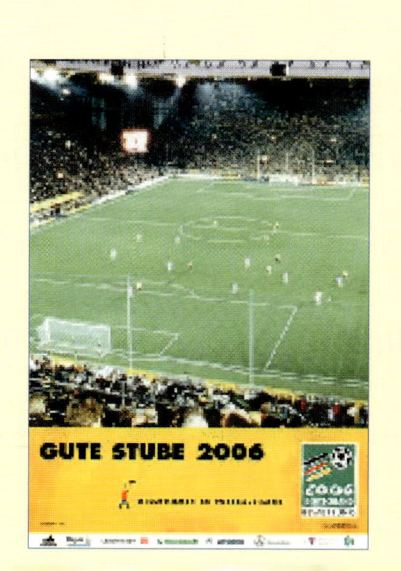

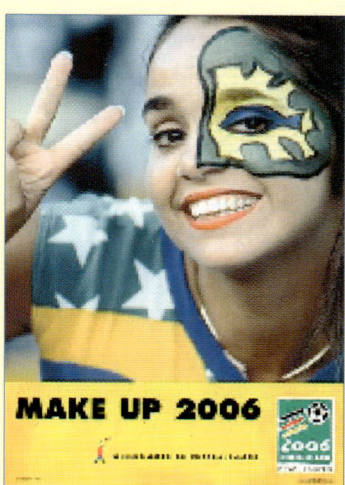

INTERNET 2006 — WISSENSCHAFT 2006 — MODE 2006 — VOLKSMUSIK 2006 — KINDER 2006 — REISEN 2006 — GUTE STUBE 2006 — MAKE UP 2006